重庆市人文社会科学重点研究基地：
西南大学农村经济与管理研究中心资助

中国农业发展：过往与未来

戴思锐　著

中国农业出版社

北　京

图书在版编目（CIP）数据

中国农业发展：过往与未来 / 戴思锐著 . —北京：
中国农业出版社，2021.7
ISBN 978-7-109-27859-2

Ⅰ. ①中… Ⅱ. ①戴… Ⅲ. ①农业经济发展－研究－
中国 Ⅳ. ①F323

中国版本图书馆 CIP 数据核字（2021）第 019726 号

中国农业出版社出版

地址：北京市朝阳区麦子店街 18 号楼
邮编：100125
策划编辑：柯文武
责任编辑：闫保荣
版式设计：王 晨 责任校对：刘丽香
印刷：中农印务有限公司
版次：2021 年 7 月第 1 版
印次：2021 年 7 月北京第 1 次印刷
发行：新华书店北京发行所
开本：787mm×1092mm 1/16
印张：37.25
字数：800 千字
印数：1～3 000 册
定价：98.00 元

前　　言

中国是世界第一人口大国，也是农村人口众多、农村地域辽阔的国家，发展农业和建设农村，为人民提供充足的农产品以满足生活所需、繁荣农村经济，让农民致富过上小康生活，始终是国之大计、民之大事。中国又是一个耕地资源不足、水资源匮乏、自然灾害频发的国家，农业发展受到资源和环境的刚性约束、多种天灾威胁，重重障碍有待化解。中国还是一个经济社会后发国家，农业发展的制度改革、基础设施建设、科学技术创新任务繁重，各个领域均有待突破。中国农业发展必然在克服险阻中前行，在战胜困难中突破，在制度和技术创新中出彩。

新中国成立以来，特别是改革开放以来，党和政府高度重视农业发展，将农业作为国民经济的基础，组织和领导全国人民进行农业发展制度变革、农业基础设施建设、农业科技创新，增强对农业的支持与扶助，努力发展农林牧渔各业。在全国人民特别是广大农民的共同努力下，经近 70 年艰苦奋斗，使我国从积贫积弱的农业弱国，发展成为主要农畜水产品产量位居世界第一、7 亿多农民摆脱贫困、全国人民衣食富足的农业大国，用占世界不足 10% 的耕地、6.4% 的淡水养活占世界近 20% 的人口，创造了世界农业发展的奇迹。中国农业发展的辉煌成就不仅改变了自身面貌，也改变了世界农业的格局，其影响甚为深远。

在农业为人民提供基本生活保障、推动国家工业化和城镇化、改变农村落后面貌的同时，也极大地改变自然资源的开发利用、生态系统的循环、生产要素的配置和农产品市场的供求关系。使农业发展的自然资源约束越来越强，生态环境压力越来越大，生产要素流失越来越多，农产品供求结构性失衡。导致农业生产成本大幅度上涨，生产效益显著下降，农产品市场竞争力严重不足，相关主体发展农业的内生动力衰减。在新的形势下，农业发展面临供给侧改革、加快农业现代化进程、促进农村繁荣和农民小康的艰巨任务，并进入一个由传统到现代转型、产业结构优化调整、由数量增长向质量提升转换的新阶段。

对于新阶段中国农业发展这样重大的理论和实际问题，自然引起社会的广泛关注及学界的深入探讨。有的主张加强农业基本建设、根本改善农业生产条件，有的强调技术创新与突破、提高农业效率和效益，有的重视土地制度创新、完善农地产权，有的关注培育农业新主体、创新农业新业态，有的提出加大政府农业投入促进农业稳定发展。观点纷呈，仁智互见，且相关研究还在不断深入。本人有幸先后在原北京农业大学（1964—1969 年）和原西北农学院（1979—1982 年）学习农业经济管理，并在一个农业县工作 10 年之后，又在原西南农业大学、西南大学从事农业经济管理教学和科研工作 30 余年。使我既有机会对全国农业发展有较广泛的实际了解，也使我有机会与农经界同仁有较深入的学术交流。作为改革开放前我国农业艰难前行的目睹者和改革开放后农业发展的亲历者，既为过往的农业成就所震撼和感动，也为未来的农业发展所思虑和探索。经过多年的准备，从 2017 年秋天开始，利用 1950 年至 2016 年相关资料，集中三年时间对过去的研究进行梳理、分析、提炼，完成了《中国农业发展：过往与未来》一书，作为多年从事农业经济管理研究的总结，也作为与学界同仁交流的一家之言、一孔之见。

本书通过对新中国近 70 年农业发展成就、特征、影响的回顾，分析农业发展的新形势、新任务、新挑战、新机遇，及其所进入的转型新阶段。通过农地制度、农业经营管理制度、农业支持保护制度的变迁，揭示农业发展制度的渐进完善、尚存缺失和深化改革的重点。通过土地资源、水资源、生物资源数量、质量及分布的变化，论证农业自然资源禀赋的先天不足及后天改造的可能。通过农业生产经营、农业生产支持服务、农业生产作业服务三类主体数量及素质的变动，论证农业发展微观主体的小、散、弱，及其可能的强化措施。通过农业劳动力、资金和技术需求与供给的测度，研判主要农业生产要素的供给水平、基本缺口及可能的保障途径。通过相关基础设施建设、涉农工业发展、物质投入水平测定，研判农业发展的物质基础、薄弱环节及加强重点。通过农业产业结构变迁、农业产业布局和农产品产区分布变动的时空追踪，分析农业发展的趋势、特征、效果及其利弊得失。通过对农业生产微观主体（农户及农业企业）、地理区域（农村社区及行政辖区）、农业生产过程分工、专业化、规模化的比较，论证它们的相互关系、实现条件及其在农业发展中的作用。通过内生动力消减、自然灾害频发、国际竞争激烈的现实，揭示农业发展的显性风险和隐性风险、眼前风险和未来风险。通过发展的可持续性、可成长性、主要农产品生产与供给的变动趋势，研判农业发展的可能前景及农产品安全。

本书在系统分析和严密论证基础上，对新阶段农业发展也提出了一些独特的观点。在农业发展上，认为现有辉煌成就是在大量消耗资源和环境、大量投入人财物力情况下取得的，这种发展难以持久、必须尽快转型。在农业安全上，认为我国农业劳动生产率和土地产出率低下，生产成本高企，已使农产品失去了市场竞争力，若不加改变，则农业产业存在生存危机、农产品生产与供给也无安全可言。在农地制度上，主张维护现有农地产权制度、强化监管和约束政府及企业的农地侵权，坚持农村土地集体所有、集体成员分享、失去集体成员身份者应无偿退还承包土地，使留乡农民随城镇化水平提高而拥有更多土地。在农业资源禀赋上，反对怨天尤人和宿命论，建议国家像建高铁那样进行农地和水利建设，在 10 年内投资 10 万亿元，建设 8 000 万公顷土质肥沃、水利设施配套、可机械化大生产的优质耕地，建设 2 860 万公顷人工草场和改良 6 000 万公顷天然草场，改造 6 500 万公顷低产林地，建成东中西线南水北调工程，从根本上破解农地和水资源制约，使农业长治久安。在农业生产经营主体上，既主张多元主体参与农业发展，更强调农户的核心作用，应通过提高农户获取和应用先进生产要素的能力和组织化，解决农户经营与现代农业发展的衔接。在农业规模经济上，主张突破扩大微观主体（农户或农业企业）生产规模的定式，推动在分工和专业化基础上的农业区域生产规模化，以及在农业生产过程分工基础上的生产作业规模化。在农业技术创新上，主张紧跟现代农业发展需要，集中力量在优质农产品品种技术、农畜产品自动化及智能化生产技术、高端农业装备制造技术、大宗农产品高效率低成本规模化生产技术等方面有大的突破。在农业发展新领域上，一是提出"生态修复农业"的理念，主张应用现代生物技术和工程技术，在环境退化土地（盐碱、沙漠、戈壁等）发展特色农业，利用农业发展改善生态环境；二是提出利用山地大规模生产木本油料（核桃、油茶籽、油橄榄），以解决我国植物油和蛋白饲料主要依靠进口的问题。在农业前景上，既对其发展可持续及可成长的各种障碍、农产品生产及供给缺口提出了警示，也对提高劳动生产率、土地产出率、降低生产成本在农业发展中化解障碍、克服困难的关键作用进行了证明。这些见解虽有的在学界尚有争论，但都与我国农业发展的现实密切相关，就此提出以就教于同仁。

　　本书在撰写过程中，周洪文、王炯、余世勇同志协助收集了资料，向他们表示感谢。

戴思锐

2020 年 1 月于重庆北碚

目　　录

第一篇

中国农业发展的新阶段

第一章　中国农业的发展及特征

新中国成立至今，特别是 1978 年改革开放以来，中国农业在不断探索中奋勇前行，经过艰苦努力，克服无数困难，得到巨大发展，取得辉煌成就。不仅结束了数千年中国人缺衣少食的历史，改变了农村贫穷落后的面貌，也极大改变了世界农业发展的格局。由特定国情及曲折的历程所决定，中国农业发展展现出鲜明的个性特征，既生动地反映了过往，也含蓄地昭示着未来。

一、农业发展条件极大改善

农业是经济再生产与自然再生产交织在一起的特殊产业，其发展不仅需要一定的自然条件和社会环境，还离不开必备的基础设施和科学技术的支撑。半个多世纪以来，中国坚持不断地进行基本条件建设，促进基础条件改善，为农业发展提供了必不可少的保障。

1. 农业制度改革创新

农业制度是包括农地制度、农业生产经营制度、农业支持与保护制度、农产品贸易制度、农业税费制度、农业生态环保制度等在内的制度体系，是农业发展的社会环境条件，也是关键的农业生产要素，对农业发展具有决定性影响。新中国成立以来，党和政府一直致力于这些制度的改革与创新，使之更加适合不同历史时期农业发展的要求。在农地制度上，由农户私有演变为农村社区小集体所有、进一步演化为农村跨社区大集体所有、后改革为所有权归集体而使用权由社区农户承包，现在又发展到所有权、承包权、经营权分置。在农业生产经营制度上，由农户个体经营过渡到农户互助经营，由互助经营又转化为社区农户小集体经营，再转换为跨社区农户大集体经营，后改革为农户家庭经营，现在又发展到农户、农业合作经济组织、农业企业等多类型主体生产经营。在农业支持与保护制度上，由农业为工业提供积累转变到工业反哺农业，由财政对农田水利及救灾等少量支持转变为对农业生产、农业基本建设、农村扶贫的全面支持。在农产品贸易制度上，由政府统购统销过渡到政府购销与市场购销双轨制，再发展到市场自由贸易，由农产品的区域分割市场发展到全国统一市场。在农业税费制度上，由名目繁多的"统筹""提留"和农业税组成的沉重农业负担，转变为对"统筹""提留"项目的减少和负担的减轻，发展到后来的农业税取消和农业其他费用负担的免除。在农业生态环保制度上，由制度的缺失到逐步建立和完善农用地保护、农业生物资源保护、水资源保护、农用化学品及生物制品监管、农业生态环境监管等法律、法规，并逐渐走上执法的正轨。制度的改革创新，破除了体制、机制的障碍，摆脱了多种束缚，调动了不同主体的积极性，激发了各种要素的潜能，有力地推动了农业发展。

中国农业制度的改革创新范围广泛、内容深刻、延续期长，始终坚持强制性创新与诱导性创新相结合，局部创新与总体创新相结合，渐进创新与彻底变革相结合的原则，将党和政府变革的决心与人民群众的创新精神结合起来，形成全社会的创新力量。并在创新中注重试验、试点，不断总结经验，纠正错误，从而使改革创新取得一次又一次成功。

2. 农业基础设施极大改善

农业基础设施包括农村公共基础设施和农业专用基础设施，前者包括农村交通设施、通信设施和能源设施，后者包括水利设施、灌溉设施、农地整治及改良、种养业生产设施、农业生产装备等，是农业发展的物质基础，其数量、质量及涵盖范围决定农业的发展水平。

在近70年中，党和政府组织广大农民，动员全国方方面面的力量，坚持不懈地进行农业基础设施建设，经长期的努力与积累，如今已有极大改善。农村公共基础设施几经建设与改造，已经建成与城镇互通的乡村公路网、联通农户的输电网、覆盖广大乡村的有线及无线通信网。农田水利建设经几十年积累，除对江河湖泊进行大规模治理、有效防治洪涝灾害外，更修建了9万余座大中小型水库、数以百万计的塘库堰及引水提水工程，还修建了一批跨江河、跨流域的调水工程，使耕地灌溉面积占比达到52％。多年坚持土地整治，重视山水林田路及灌排水系统配套建设，推进土地平整与梯田建设，对毁损土地进行及时修复，使土地利用率提高。数十年不懈农用地改良，高度重视中低产田改造，已改造农田数千万公顷。近二三十年来，大棚及温室等种植生产设施、标准化圈舍及饲舍等畜禽养殖设施、高标准淡水及海水养殖设施、喷灌及滴灌等节水设施建设进度加快，并大量应用于生产。经多年积累和升级，农业装备水平有了很大提高，2016年农机总动力已达97 246万千瓦，平均每公顷耕地达到7.207 6千瓦，全国机耕及机收面积已分别达到72.62％和55.04％，综合机械化率已达68％。农业基础设施条件的全面改善，为农业发展打下了越来越好的基础。

我国农业基础设施建设，除党和政府高度重视、常抓不懈，各级政府坚持投入外，最为突出的是广大农民群众的参与。每年冬春全国都有数以千万的农民兴修水利、建设道路、整治土地、修建生产设施，正是广大农民的积极参与，我国的农业基础设施才得以显著改善。

3. 农业科学技术显著进步

先进科学技术既是改造传统农业的重要武器，也是发展现代农业的支撑力量。先进科学技术可充分有效利用自然资源和条件、扩展农业发展空间、提高资源利用效率，也可创造更具良好效能的生产资料和工具，为农业发展提供可靠物质支持，还可提供更有效率的生产方法和手段，提高农业劳动生产率，降低农业生产成本，提升农业效益。

新中国成立至今，农业科技发展一直受到党和政府高度重视。在研究机构上，已逐步建成全国、省级（自治区、直辖市）综合性农业科学研究院，地（市）级专业性农业科学研究所，同时还在农业高校中建立了一大批农业科技研究机构，配备有专职或兼职研究人员，分别从事全国性或区域性农业科技研究，其领域涉及基础及应用基础研究、应用研究、技术推广三大板块。在研究成果上，经几代人努力攻关，取得一系列重大成果。生物技术领域已获得一批理论成果和应用成果，有的已达世界前沿。农业信息技术研究进展迅速，已有一部分应用于生产。杂交育种技术成果斐然，已选育出一大批优质高产抗逆的粮食、油料、棉花、糖类、麻类、蔬菜、水果、家禽、家畜、鱼类、苗木、花卉新品种，并广泛应用于生产。种植技术和养殖技术有不少突破，大田作物优质高产栽培、寒地水稻栽培、节水抗旱栽培、大棚栽培、热带作物北移栽培等技术，家禽家畜工厂化养殖、农区种养业结合、特种动物养殖、规模化水产养殖等技术，已达到或领先世界水平。农业生态环保技术已有很大进展，荒漠化治理技术日臻成熟，盐碱地治理技术已逐渐完善，污染土壤及水体治理技术已有重大突破，退化耕地及草地修复技术体系逐步配套。农机技术进步巨大，大中小型农机具设计及制造技术日益完善，精细农机具研发制造技术有众多突破，农业工程机械和农产品加工机械的设计及制造技术有很大进展，所需一般农业机械都有能力设计制造。在推广机构上，已建立了全国、省级（自治区、直辖市）、地（市）级、县级、乡（镇）级农业技术推广站，配备有农林牧渔等相关专业的技术人员，专门从事先进农业技术的试验、示范、传授、推广、应用。强大的研究开发体系取得一批又一批创新型农业科技成果，而遍布全国的推广网络又及时将这些成果推广应用，为农业发展提供了有力支撑，农业发展的科技贡献率已达 58.2%。

我国农业科学技术的研究工作，主要由国有的农业科研院所和农业高校承担。我国农业技术成果的应用推广工作，主要由政府农业部门的技术推广机构完成。农业科技研究和成果推广主要由政府投入，这种由政府主导的农业科技体制，有力保障了人财物力的投入、农业科学技术研究的持续开展、农业科技成果的及时推广应用，并可集中力量实现重大农业科技的突破，使我国农业科技得到巨大发展。但这一体系也表现出投入渠道单一、决策效率不高、内部活力不强的弊端。

二、农业发展成就辉煌

无论是改革开放前的 28 年，还是改革开放至今的近 40 年，中国的农业发展虽经历了不少困难曲折，甚至还遭受过挫折和出现过失误，但从总体上看，在经受住多种考验和克服了无数困难之后，新中国的农业得到了巨大发展，获得的成就十分辉煌。特别是改革开放以来，农业快速发展、农产品大幅增加、农民收入显著增长、人民生活水平极大改善，其发展引起的巨变震惊全球。

1. 农产品产量大幅度增长

在制度创新、技术支撑、基础条件改善，以及党和政府高度重视、广大农民艰苦奋斗、农村基层干部和农技推广人员的不懈努力下，农业劳动生产率逐步提高，农业资源产出率显著提升，带来农产品产量的大幅度增长。1949—2016 年中国主要农产品总产量变动如表 1-1 所示。

表 1-1　1949—2016 年代表年份中国主要农产品产量

单位：万吨

年份	粮食	棉花	油料	糖料	肉类	禽蛋	奶类	水产品
1949	11 318	44	256	283	220			45
1952	19 392	130	419	759	339			167
1978	30 477	217	522	2 382	856	257	88	466
1984	40 731	626	1 191	4 780	1 541	432	219	619
1990	44 624	451	1 613	7 218	2 514	795	416	1 237
2000	46 218	442	2 955	7 635	6 014	2 182	919	3 706
2010	54 648	596	3 230	12 009	7 926	2 763	3 748	5 373
2016	61 625	530	3 630	12 341	8 538	3 095	3 712	6 901

资料来源：关锐捷主编《半个世纪的中国农业》，附二表 4、表 6，南方日报出版社，1999 年 9 月；《2017 中国统计年鉴》，表 12-10、表 12-14、表 12-15，中国统计出版社，2017 年 9 月。

由表 1-1 可看出，无论是改革开放前的 1949—1978 年，还是改革开放后的 1978—2016 年，主要农产品总产量均有大幅度增长，而其间的 1949—1952 年和 1978—1984 年两个时段增长又更加显著。在 1949—1978 年，粮食、棉花、油料、糖料、肉类、水产品产量分别增长了 169.28%、393.18%、103.91%、741.70%、289.09%、935.56%，在 1978—2016 年，粮食、棉花、油料、糖料、肉类、禽蛋、奶类、水产品产量则分别增长了 102.20%、144.24%、595.40%、418.10%、897.43%、1 104.28%、4 118.18%、1 380.90%。尤其在新中国成立初的三年经济恢复期，粮、棉、油（料）糖（料）肉、水产品产量分别猛增了 71.34%、

195.45%、63.67%、168.20%、54.09%、271.11%。而改革开放初期的头六年，粮、棉、油（料）、糖（料）、肉、蛋、奶、水产品产量在较大基数上，又分别猛增了33.65%、188.48%、128.16%、100.67%、80.02%、68.09%、148.86%、32.83%。在短期内实现了巨额增长。

2. 农业劳动生产率和耕地产出率显著提高

由于缺乏按不变价格统计的农业总产值（或增加值）年度数据，也缺乏各年度农业劳动力的精确数据，不能对近70年的农业劳动生产率准确计算和比较。但一些局部资料及不少基本事实，仍然为农业劳动生产率的变动提供了可信的依据。改革开放前的28年，农村人口和劳动力逐渐增加（三年困难时期有波动）、农产品和农业总产值则增加更快，农业劳动生产率是逐年提高的。改革开放以来的近40年，农村人口和劳动力逐年也有增加，但因严格的计划生育使其增加缓慢，加之大量农村劳动力外出务工经商，农业劳动力在逐年减少，而农产品和农业总产值却快速增长，显示出农业劳动生产率的显著提高。

耕地是稀缺而宝贵的资源，其产出率高低对农业发展影响巨大。表1-2是1949—2016年中国主要农作物的耕地产出率变动状况。

表1-2　1949—2016年代表年份主要作物耕地产出率

单位：千克/公顷

年份	粮食	棉花	油料	糖料
1949	1 029	160	605	23 600
1952	1 322	234	734	34 500
1978	2 527	445	839	27 200
1984	3 608	904	1 372	38 900
1990	3 932	807	1 480	42 900
2000	4 753	1 093	1 919	50 426
2010	5 524	1 229	2 447	63 380
2016	5 990	1 584	2 567	72 755

资料来源：关锐捷主编《半个世纪的中国农业》，附二表4，南方日报出版社，1999年9月；《2017中国统计年鉴》，表12-11，中国统计出版社，2017年9月。

从表1-2可知，20世纪50年代以来，耕地产出率在波动中提高，且提高幅度较大。1949—1978年，粮食、棉花、油料、糖料作物的耕地产出率分别提高了145.58%、178.13%、38.68%、15.25%，而1978—2016年这几类作物的耕地产出率又分别提高了137.04%、255.96%、205.96%、167.48%。其间新中国成立初的三年和改革开放前六年，耕地的产出率提高更加迅速，1949—1952年这几类作物的耕地产出率分别提高了28.47%、46.25%、21.32%、46.19%，而1978—1984年这几类作物的耕地产出率则分别提高了 42.78%、103.14%、63.58%、43.01%。

3. 农业产业结构逐步优化

随着农业的发展壮大，农业产业结构也逐年发生变化，向优化的方向不断推进。在传统上农业分为农业（种植业）、林业、畜牧业、渔业、副业（不含村办企业）等五业，但从 1990 年起副业被分门别类归入工商业，不再包括在农业中。表 1-3 是 1949—2016 年中国农业产业结构的变动情况。

表 1-3 1949—2016 年代表年份各农业产业产值占比

单位：%

年份	农业	林业	畜牧业	渔业	副业
1949	82.52	0.59	12.39	0.23	4.27
1952	85.90	1.60	11.20	1.30	
1978	80.00	3.40	15.00	1.60	
1984	74.10	5.00	18.30	2.60	
1990	64.70	4.30	25.70	5.40	
2000	55.70	3.80	29.70	10.90	
2010	53.30	3.70	30.00	9.30	
2016	52.90	4.10	28.30	10.40	

资料来源：《2017 中国统计年鉴》，表 6-13，中国统计出版社，2017 年 9 月。

由表 1-3 可知，新中国成立最初三年，农业（种植业）产值占比上升 3.38 个百分点，畜牧业产值占比降低了 1.19 个百分点，林业、渔业产值占比分别上升了 1.01 和 1.07 个百分点，变幅很小，表明这三年的农业高速增长未对农业产业结构产生明显影响。1952—1978 年，农业（种植业）产值占比下降 5.9 个百分点，而林业、畜牧业、渔业产值占比分别上升了 1.80、3.80、0.30 个百分点，反映这一时段农业发展对产业结构产生了一定影响，但变动较小、变速较缓。改革开放初六年，农业（种植业）产值占比下降了 5.90 个百分点，而林业、畜牧业、渔业产值占比则分别上升了 1.60、3.30、1.00 个百分点，表明该时段的农业高速发展有力推进了产业结构调整。1984—2016 年，农业中各业的产值占比在年际间虽有升降波动，但总的情况是农业（种植业）产值占比明显下降，而其他各业产值占比显著上升，各业发展渐趋协调平衡，农业生产结构与农产品消费结构亦渐相衔接。

三、农业发展规模巨大

经过近 70 年的发展，我国农业已经成为规模巨大的产业。农业发展规模表现在很多方面，但主要的还是反映在生产经营规模、要素投入及消耗规模、产品产出及产值规模上。这三个方面的规模有的可用实物指标反映，有的可用价值指标反映，有的可以按不同产业分别反映，有的则可对整个农业统一反映。

1. 生产经营规模巨大

我国国土的广大、农民的众多，使农业生产经营总体规模本来就大。经过近70年的发展，由于技术的进步使农业资源开发利用水平提高，农业无论在生产经营的总体规模上，或是在农业（种植业）、林业、畜牧业、渔业生产经营的部门规模上，都有所扩大。这种扩大一方面表现为生产经营地域范围的拓展，另一方面表现为在既有生产经营地域内的扩张。前一方面如某种农作物由原来的一地生产扩大到多地生产，后一方面如某种农作物在适生地域内扩大生产规模。农业生产规模可以用实物指标加以反映，农业（种植业）可用作物播种面积反映，林业可用造林、营林面积反映，畜牧业可用畜禽饲养量反映，渔业可用养殖水面面积等指标反映。将某时段内各年的这些指标列示，就可观测到该时段内农业生产经营规模的大小及变化。表1-4是1949—2016年主要农作物及家畜的生产经营规模。

表1-4　1949—2016年代表年份主要农作物及家畜生产经营规模

年份	粮食播种面积（万公顷）	棉花播种面积（万公顷）	油料播种面积（万公顷）	糖料播种面积（万公顷）	大牲畜年末存栏（万头）	猪年末存栏（万头）	羊年末存栏（万只）
1949	10 996	277	423	12	6 002	5 775	4 235
1952	12 397.9	557.6	571	21.8	7 646	8 977	6 178
1978	12 058.7	486.7	622	87.9	9 389	30 129	16 994
1984	11 288.4	692.3	868	123	10 839	30 679	15 840
1990	11 346.6	558.8	1 091	167.9	13 021	36 241	21 002
2000	10 846.3	404.1	1 313.4	151.4	14 638	41 634	27 948
2010	10 987.6	484.9	1 234.4	190.0	12 239	46 460	28 088
2016	11 303.4	334.5	1 246.0	169.3	11 906	43 504	30 112

资料来源：关锐捷主编《半个世纪的中国农业》，附二表4、表6，南方日报出版社，1999年9月；《2017中国统计年鉴》，表12-1、表12-13，中国统计出版社，2017年9月。

由表1-4可知，农业种植业生产经营规模一直很大，只是粮食作物播种面积在波动中逐渐有所减少，而经济作物播种面积逐渐有所扩大，家畜养殖业的生产经营规模，则由较小而快速扩大。

2. 占用的资源要素种类多、数量大

农业发展占用的资源要素种类多、数量大，占用的自然资源主要是土地、水、生物、光照、温度等，占用的生产要素主要是劳动力、资金、技术、物资、设施及设备等。传统农业发展主要占用的是自然资源及体能型劳动力，对智能型劳动力、资金、技术占用的不多。现代农业的发展不仅要占用自然资源，更要占用高素质劳动力、大量的资金、先进的技术、高效设施及设备，而对体能型劳动力占用较少。同时，现代农业对占用的自然资源也有更高的要求，如耕地的平整与肥沃、农业用水的洁净、生态环境的优良等。随着传统农业向现代农业的转化，对占用的自然资源质量要求会越来越高，需占用的资金、技术、设施、设备、智能型劳动力更会越来越多。表1-5是1949—2016年农业对主要自然资源及生产要素的占用状况。

表1-5 1949—2016 年代表年份农业对主要资源及要素的占用

年份	占用耕地 （万公顷）	占用林地 （万公顷）	占用草地 （万公顷）	占用农机 （万千瓦）	占用电力 （亿千瓦时）	占用劳动力 （万个）
1949	9 788.13					29 041
1952	10 791.87	6 303.00		18	0.5	30 281
1978	9 938.95			11 750	253.1	40 115
1984	9 785.37			19 479	464	40 973
1990	9 567.29		22 434.00	28 708	844.5	38 914
2000	12 824.31	22 878.92	26 376.87	52 574	2 421.3	36 043
2010	13 526.80	25 376.60	28 717.40	92 780	6 632.3	27 931
2016	13 492.93	25 290.81	28 628.20	97 246	9 238.3	21 496

资料来源：关锐捷主编《半个世纪的中国农业》，附二表1、表9，南方日报出版社，1999年9月；《2017 中国农村统计年鉴》，表3-1、表3-4、表3-7、表3-8，中国统计出版社，2017年9月。

由表1-5可看出，农业发展占用了大量土地资源，国土的很大部分都为农地，只不过因非农转移使耕地有所减少。随着传统农业的改造，现代农业的发展，对农机和电力的占用大幅度增加，1978 年比1952 年分别增加了651 倍和505 倍，而2016 年又比1978 年分别增加了7.28 倍和35.50 倍。对劳动力占用则呈逐渐减少的趋势，改革开放前70%以上的劳动力为农业所占用，改革开放后这一比重逐渐降低，到2016年只占25%左右了。

3. 产出规模巨大

生产经营规模的巨大，以及劳动生产率、资源产出率的提高，使农业的产出规模也越来越大。表1-1展示了主要农产品在各代表年份的产出水平及变动趋势，事实上在20世纪90年代中后期，粮食、肉类、蛋类、水产品、蔬菜、水果等农产品产量已列世界第一位，油料、糖料、棉花分列世界第二、三、四位，到目前这一局面仍被保持。另外，中药材、茶叶、林产品、特产品、土产品、烟草等产出规模也很大，有的居于世界之首。农产品产出规模的扩大，加之产品质量的提高，农业产值的规模也随之增长。由于农产品品种太多又不便相互折算，故农业产出的总体规模不便用农产品实物量反映，而只能用各类农产品的价值总量加以权衡。表1-6是1949—2016年代表年份的农业总产值（当年价）及构成。

表 1 - 6　1949—2016 年代表年份农业总产值及构成

单位：亿元

年份	农业总产值	农业产值	林业产值	畜牧业产值	渔业产值	副业产值
1949	271.8	224.3	1.6	33.7	0.6	11.6
1952	417.0	346.6	2.9	47.9	1.3	18.3
1978	1 288.7	988.6	44.4	193.0	20.3	42.4
1984	2 815.6	1 966.7	140.1	479.5	58.1	171.2
1990	7 662.1	4 954.3	330.3	1 967.0	410.6	
2000	24 915.8	13 873.6	936.5	7 393.1	2 712.6	
2010	69 319.8	36 941.1	2 595.5	20 825.7	6 422.4	
2016	112 091.3	59 287.8	4 631.6	31 703.2	11 602.9	

资料来源：相关年份《中国农业统计资料》，中国农业出版社；相关年份《中国农村统计年鉴》，中国统计出版社。

　　由表 1 - 6 可知，20 世纪 50 年代初，农业总产值及各业产值的绝对量虽不太大，但相较于当时很小的国内生产总值，已经是不小的产出规模。随着农业的发展，特别是改革开放后的快速发展，其产出水平不断提高，总产值及各业产值也逐渐增大。2016 年农业总产值已达到 112 091.3 亿元，其中农业、林业、畜牧业、渔业产值分别达到 59 287.8 亿元、4 631.6 亿元、31 703.2 亿元、11 602.9 亿元，产出能力真可谓之巨大。

四、农业发展已形成独有特色

　　经过近 70 年的发展，中国农业在取得辉煌成就的同时，也逐渐形成了独自鲜明的特色，主要表现在类型的多样性、结构的复杂性、区域的差异性三个方面。这些特点一方面由农业自然资源及生态环境所决定，另一方面受农业制度、政府行为、传统习惯等社会环境的影响，再一方面还受技术、投入、设施及设备的制约。农业特色是其发展过程中各种因素综合作用的产物，它是过往发展结果的呈现，也是今后发展的起点和约束，应予高度重视。

1. 农业类型的多样性

　　由于我国国土从南至北跨热带、亚热带、温带、寒带几大气候带，故农业随之有热带农业、亚热带农业、温带农业、寒带农业等不同类型，使农业类型齐全。不同气候带的农业差异很大，农业（种植业）中作物的种类及品种不同、种植技术及生产季节也不一样，林业中林种及树种各异、造林营林技术也不相同，畜牧业中家禽家畜种类及品种各别、养殖设施及技术互异，渔业中水产的种类不同、养殖设施及技术的差异甚大，使农业生产模式多样。农业类型的齐全、农业生产模式的多样，催生了众多

· 11 ·

类型农业的发展和多种多样农产品的生产，极大扩展了农业发展的空间，使我国成为世界少数农业产业最为齐全、农产品种类最多的国家，也成为世界特色种植业和特色养殖业最为突出的国家。我国也利用这一有利条件，选育出不同气候带优良的动植物品种，研究出不同气候带的先进种植和养殖技术，开发出不同气候带农业发展的设施与设备，促进了各气候带农业有效发展，并使其形成各自特色。

国土的广大和地形地貌的复杂，使平原、丘陵、山地俱备，耕地、林地、草地、水面、沙漠、戈壁俱齐。不同的地形地貌，为与之相宜的农业产业及产品生产提供了条件。利用这些条件经过长期发展，平原地区已成为粮棉油主产区，丘陵地区已成为粮油、水果主产区及生猪重要产区，山地则成为林产品、畜产品、中药材主产区。不同类型的土地资源，也为与之相宜的利用方式及产品生产提供了载体。通过对这些载体的长期利用与改造，耕地主要用于发展粮棉油菜生产，林地主要用于生态环境保护及林产品生产，草地主要用于生态环境保护及畜产品生产，水面主要用于生态环境保护及水产品生产，沙漠及戈壁主要用于生态环境保护。不同区位地区，各有不同的生产优势。经过多年的农业生产布局调整，城市群周边地区主要生产蔬菜等鲜活农产品，交通方便地区主要生产大宗农产品，边远地区主要生产特种农产品。无论是不同的地形地貌区域，或是不同类型的土地资源，抑或是不同区位地区，其农业发展都形成了各自的重点与特色。

受多种因素的影响，长江流域及以南地区降水丰沛而为湿润区，黄河、淮河、海河流域降水偏少而为半干旱区，长城以北及西北内陆地区降水很少为干旱区。长江及以南地区稻田植稻、坡地旱作，一般依靠天然降水即可满足农业需要，只是遭遇旱灾时稻田才需应急灌溉，使这一地区成为雨养农业区。黄淮海地区基本为旱作，且天然降水不能满足农作物需要，必须灌溉补水才能保证生产正常进行，使这一地区成为补灌农业区（东北地区也大致如此）。长城以北及西北内陆亦基本为旱作，且主要依赖灌溉，使这一地区成为灌溉农业区。降水量不同的地区，不仅农业的类型与生产方式差异较大，而且林业、畜牧业、渔业的类型与生产方式也各不相同，形成各自独有的特色。这些各具特色的农业需要不同的基础设施条件，不同类型技术的支撑，不同的生产工具与设备，对其发展又有各不相同的要求。

2. 农业产业结构的复杂性

农业产业部门结构不仅与自然资源及生态环境多样性有关，更与农业产业的发展相连。由表1-3可知，新中国成立之初农业发展水平很低，农业（种植业）产值占比超过80%、畜牧业产值只占10%多一点、林业和渔业产值占比微乎其微，农业一业独大，产业部门结构单一。一直到1978年，农业（种植业）产值占比才降至80%、畜牧业产值占比微升至15%、林业和渔业产值占比5%，农业的五部门（农、林、牧、渔、副）结构才算有了雏形。改革开放之后，传统农业加快发展与改造、新型农业快速生成与壮大，产业结构渐趋复杂。到 1990 年农业（种植业）产值占比已降至 65％以下，畜牧业产值占比已超过 25％，林业及渔业产值占比已达 10％，农业的四部门（农、林、牧、渔）结构才基本成型。20 世纪 90 年代以来，不仅四部门产业有长足发展，而且旅游观光休闲农业、农业服务业（特别是生产服务业）迅速兴起，成为农业的新业态。农业正以多种方式及途径与第二、三产业融合，使其产业部门结构越来越复杂。

与产业部门结构相类似，产业部门的内部结构也随农业发展由简单变为复杂。20 世纪 50 年代初农业发展水平低，农业（种植业）以粮食种植为主（占总种植面积 80％以上），林业以用材林经营为主，畜牧业以生猪饲养为主，渔业以天然捕捞为主，副业以家庭手工业为主，各产业部门内部结构单一。在其后的 20 余年中，由于食品紧缺的巨大压力，农业产业部门内部结构调整困难重重，结构简单的状况难有大的改观。改革开放推动农业高速发展，在最初 6 年就基本解决了食品紧缺问题，同时也推进了各产业部门内部结构的变化。经 20 世纪 80 年代中至今的发展，农业（种植业）在保持粮棉油糖类作物生产的同时，逐步扩大了蔬菜、水果、花卉、中药材、特产的生产，目前已形成很大规模，内部结构越来越复杂。林业则在天然林禁伐基础上，加快各类生态保护林、防护林、用材林建设，加强荒山、荒坡、荒滩绿化，城镇及农村居民点绿化，其内部结构也有很大变化。畜牧业在发展生猪生产的同时，大力发展肉牛及奶牛养殖、肉羊及毛羊养殖、肉禽及蛋禽养殖、肉兔及毛兔养殖、特种动物（蜂、蚕、鹿等）养殖，其内部结构已十分复杂。渔业在发展捕捞业、特别是远洋捕捞业的同时，大力发展淡水养殖和海水养殖，且养殖水产多种多样，其内部结构也十分复杂。

除农、林、牧、渔四大传统农业产业部门外，新兴农业产业部门的内部结构也在日益复杂化。旅游观光农业发展出景观农业、游乐农业、体验农业、休闲农业、度假农业等多种类别，既有城郊型又有边远型，既有种植型也有养殖型，还有林业型、水产型等，内部结构日渐复杂。农业服务业在技术服务、物资供应服务基础上，发展出农业金融服务、信息服务、管理决策等服务业，以及生产服务业等众多行业，且还有迅速扩大之势，其内部结构复杂程度日益提高。

3. 农业发展的区域差异性

我国地域的辽阔、生态环境的多样，使不同区域农业发展的自然条件各别。不同区域经济社会发展水平高低悬殊，又使不同区域农业发展的社会条件迥异。不同区域的农业资源数量、质量也不相同，更使不同区域农业发展的资源条件不等。区域自然条件、社会条件、资源条件的不同，必然带来农业生产的类型、方式及水平的差异。

所处的纬度不同、海拔高度不同、地形地貌不同，农业发展的光照、温度、降水等自然条件亦随之不同，种植的农作物、栽种的树木、饲养的家禽家畜、发展的水产品也不一样，植物栽培及动物饲养的方式、方法、甚至农事季节都存在很大差异。纬度低一些的两广、福建及云南部分地区，种植籼稻（一年两熟）、部分热带水果、早季蔬菜，饲养生猪、水禽、水牛、鱼虾贝类。纬度高一些的长江流域种植籼稻（一年一熟或两熟）、玉米、麦类、油菜、亚热带水果，养殖生猪、肉牛、山羊、家禽、鱼类。纬度更高的黄淮海地区种植小麦、玉米、棉花，养殖肉牛、绵羊、家禽。而纬度最高的东北地区种植玉米、大豆、粳稻，养殖奶牛、肉牛、绵羊。

所处区位不同、所在行政辖区不同，农业发展所受重视程度不同、获得的支持和投入不同、得到的科技支撑不同，发展水平呈现很大差异。东部地区经济发达、实力雄厚、基础设施好、科技实力强、对农业发展重视程度高、支持力度大，使新兴农业、高附加值农业、特色农业发展较好，农业现代化的进程也较快。中部地区经济较发达、有一定实力、基础设施较好、科技实力较强，虽对农业发展也很重视，但支持力度有限，使传统农业发展较好、农业现代化进程较慢。西部地区经济欠发达、实力较弱、基础设施较差、科技力量不强，虽对农业发展寄予厚望，但支持力度小，使农业发展较慢，农业现代化进程更慢。

不同区域土地及淡水这两种最重要农业资源的数量（特别是人均水平）、质量不同，农业的产业类型、农产品的品种、农业生产的方式及方法差异很大。长江中下游平原、珠江三角洲水土条件好，主要生产籼稻，且机械化程度高。南方山地丘陵也种籼稻，但基本是手工操作。黄淮海地区虽水资源不足，但地势平坦、土质肥沃，农业基础设施齐全，主要生产小麦、玉米、花生等粮油作物，且机械化程度较高。东北平原地区土地肥沃、水源尚可，不仅能种植玉米、大豆、高粱，还能种植水稻，生产基本实现全程机械化，加之人少地多、农户经营规模较大，生产效率较高、效益较好。内蒙古除呼伦贝尔外，其他多为干旱草原，虽地广人稀，但草原载畜量很低，畜牧业生产效率不高、效益很差。新疆地广人稀、干旱少雨，但光温充足，依靠建设绿洲，生产大量棉花、瓜果，且现代化程度高，生产效率高，效益也较好。

五、农业发展影响深远

新中国农业的发展、特别是改革开放以来的发展，不仅是中国农业发展史上的大事件，也是世界农业发展史上的奇迹。正是农业的巨大发展，为人民生活提供了基本保障，为国民经济发展打下了坚实基础，为解决农村贫困找到了途径，同时也为世界发展中国家的社会经济发展，提供了可靠的实践和生动的经验。

1. 保障了人民的基本生活
衣食住行是人们的基本生活所需，这些生活必需品，特别是食物要由农业提供。

中国是一个人口大国，又是一个农业资源相对不足的国家，要为众多人口提供充足的食物绝非易事。在中国数千年的历史进程中，缺衣少食始终与人民如影随形，严重饥荒也时有发生。解决人民衣食所需，成为国家头等大事。

新中国成立初期，通过土地制度变革，很快使农业生产得到恢复，人民的基本生活有了低水平的保障。20 世纪 50 年代中前期，由于积极稳妥地推进互助合作、推广传统良种和精耕细作、广泛开展小型水利工程建设，使农业生产得到较快发展，人民生活水平也有所提高。50 年代后期的"大跃进"和"人民公社运动"对农业发展造成很大的冲击，加之部分地区的自然灾害，导致了连续三年农产品的大幅度减产，造成了人民生活极端困难。60 年代前期的政策调整以及对农业发展的重新关注，使农业很快又恢复和发展起来，到 60 年代中期农产品供给明显增加，人民生活明显改善。"文化大革命"的十余年间，虽然也在进行农业基础设施建设，也研发和推广了不少农业新技术，但由于政治运动的干扰和人民公社体制的约束，农业虽有发展但进展缓慢。加之人口增长，农产品供给不足，人民本来就较低的生活水平又有所下降。改革开放初六年，由于农地制度和经营制度的创新，农产品价格的上调，以及先进科技成果和基础设施的积累储备，农业实现超高速发展。到 1984 年农产品大幅度增长，农产品长期紧缺的局面得到根本改变，人民生活水平显著提高。从 20 世纪 80 年代中期至今，农业发展速度虽有所减缓，也遇到不少新的问题和困难，但在党和政府高度重视下，实施了一系列促农惠农政策，使农业保持了平稳发展，农产品产量持续增长，品种不断增加、品质逐渐提高，保障了各类农产品的及时充足供给，满足了人民生活的需要。如果说改革开放前的农业发展仅为人民提供了一个很低水准的生活保障，则改革开放后的农业发展便为人民创造了一个富足美好的生活，真正实现了以世界 7.50% 的耕地养活占世界 20% 的人口，而且养活的水平还越来越高。

中国农业发展解决了 14 亿人的衣食所需，保障了人民的基本生活，永远告别了缺衣少食，达到了衣食无忧，这是一项伟大的历史成就，也是一项巨大的功业。解决了人民的基本生活保障，使我国经济、社会、生态建设有了更为牢固的基础和更新的起点。

2. 促进了国家的工业化和城镇化

实现工业化和城镇化是发展中国家的重大任务，而实现工业化和城镇化除技术和人才不可缺少外，还需要投入大量的资金。在资金短缺的情况下，一些发展中国家靠大量借外债搞工业化和城镇化，还有一些发展中国家依靠外国力量搞工业化和城镇化，其结果前者大多归于失败且债台高筑，后者则部分经济部门被国外控制且独立的工业体系难以构建。

新中国成立后，面对"一穷二白"的困难，既未靠借债搞工业化和城镇化，也未请外国人"帮助"工业化和城镇化，而是通过发展农业，依靠自己的力量推进工业化和城镇化。首先，通过发展农业为人民提供基本生活保障，并逐步提高其水平，为推进国家工业化和城镇化创造良好社会条件。其次，通过发展农业为轻工业提供原料和产品市场，并利用轻工业的发展为重工业发展提供积累，从而形成农业—轻工业—重工业的递次促进。再次，利用工农产品价格的"剪刀差"从农业中抽取一部分剩余，为工业发展提供原始积累。据有的学者估算，改革开放前 28 年，利用"剪刀差"从农业中抽取的剩余按当时价计算超过 2 500 亿元，数量惊人。最后，通过农业发展，利用农产品出口换汇，为工业化提供外汇支持，这在改革开放前表现尤为突出，农业在这方面的贡献功不可没。正是农业的发展促进了国家工业化，在改革开放前的 28 来年内，便建成了全国较为完整的工业体系，并形成了较强的工业生产能力，同时还建成了工业化所必需的一大批交通、通信、能源设施。

改革开放从农业农村开始，农业的发展同样为国家工业化做出了重要贡献。首先，改革开放后的 20 世纪八九十年代，农业仍然通过税、费、产品"剪刀差"等为工业提供积累，这一做法直到 21 世纪初才结束。其次，农业劳动生产率的提高使农村剩余劳动力大增，为工业化源源不断地提供了巨量廉价劳动力（20 世纪 90 年代以来每年有超两亿农村劳动力进入城镇务工经商），有力支撑了加工业、建筑及建材业、交通运输业、采掘业、能源等产业的发展。再次，农业资源产出率的提高节约了农地和用水，为工业化提供更多土地和水资源成为可能，改革开放以来每年有几十万至上百万公顷农地转化为工业和城镇建设用地，有大量的地表及地下水为工业所消耗。正是有了这些条件，改革开放后传统的轻工业、重化工业才有了巨大发展，使中国成为"世界工厂"，同时也使航空航天、交通运输、信息、海洋等现代产业有了飞速发展，在部分高科技产业领域也占有重要地位。

改革开放以来农业的大发展，显著提高了农业劳动生产率和土地产出率，极大增加了农产品产量，还增加了农民收入。这为大量人口和劳动力向城镇转移、向工商业转移创造了条件，也为土地资源、水资源、资金等生产要素由农村流向城镇提供了可能。正是 20 世纪 80 年代后期开始的人口、劳动及其他生产要素由农村大规模流向城镇，才极大促进了城镇化的发展，使 2016 年的城镇化率达到了 57.50%。

3. 推动了农民的大规模脱贫

改革开放前 28 年，农业及农村经济虽有很大发展，但由于人口多、资源有限，加之体制的约束、技术与投入的限制，再加上多次政治运动、特别是"文化大革命"的干扰，除少数地区外，绝大多数农村及农民都还处于贫困状态，一些生产条件较差地区的农民连基本生活也得不到充分保障。按当年价格以现行农村贫困标准衡量，1978 年末全国农村贫困发生率高达 97.5%，农村绝对贫困人口总数达到 7.7 亿人。如果按世界银行每人每天 1.9 美元的国际贫困标准及世界银行发布的数据，1981 年末我国贫困人口更多达 8.78 亿人。经改革开放近 40 年的发展，农村贫困人口已经降至 2016 年的 4 335 万人，农业的发展在农民脱贫中发挥了重大作用。

改革开放头六年，农村集体土地的农户家庭承包经营制度，极大调动了农民生产积极性，释放了农业生产潜能，使农产品大幅度增长。加之农产品价格显著上调，到 1985 年不仅基本解决了农民食物短缺的问题，还使相当一部分农民收入大幅度增加，一些农业生产条件较好地区的农民率先摆脱了绝对贫困。由于长期困扰人们的农产品匮乏逐步消除，农村乡镇企业迅速兴起，一些乡镇企业发达的地区，农民收入快速增长，不仅摆脱了贫困，还走上了富裕的道路。20 世纪 80 年代中期之后，农业劳动生产率的提高，使农村剩余劳动力进入城镇到工商业就业和创业，在农业之外增加了收入来源，也使一部分农民摆脱了贫困。以农业发展为支撑，使农村超过 3 亿人在 2000 年之前摆脱了贫困。

进入 21 世纪，我国农村的反贫困仍以农业发展为突破口，重点在连片贫困地区发展特色粮油、水果、干果、药材、茶叶、蔬菜等种植业，发展养牛、养羊等畜牧业，发展旅游观光农业、休闲农业等，促进农民摆脱贫困。如新疆南疆的大枣和核桃种植、甘肃定西的土豆种植、四川凉山州的苦荞及石榴种植、贵州的茶叶及药材种植、渝东南的花椒种植、西藏林芝的苹果及葡萄种植、内蒙古的肉羊及奶牛养殖等，都在扶贫中发挥了重要作用。按原有的贫困标准，到 2013 年末我国贫困人口已减至 2 511 万人（由 1981 年的 8.78 亿人累计减少 8.53 亿人），且主要分布在极度贫困的农村地区。后来按提高了的贫困标准，该年全国农村贫困人口又增至 9 899 万人，通过改善农业生产条件、异地搬迁发展优势特色农业、利用农村电商推销农产品等措施，增强贫困地区的发展能力、增加贫困农民的收入。再加上其他扶贫举措，到 2017 年末农村贫困人口已减至 3 046 万人，可望在 2020 年完全摆脱绝对贫困。

我国贫困人口主要集中在农村，通过发展农业使贫困农民脱贫，是极为科学和理性的选择。首先，贫困农民技术能力和投资能力弱，从事非农产业困难，但从事农业有一定条件，发展农业可以解决贫困农民的就业。其次，通过改善生产条件、推广先进技术，在贫困地区发展种植业和养殖业，可以较为容易解决贫困农民的温饱问题。最后，在有条件的贫困地区发展特色农业、生产珍稀农产品，可以获得较高收益、增加农民收入。我国大多数原有农村贫困地区，就是根据当地实际从农业发展起步，逐渐摆脱贫困的。

第二章　中国农业发展的新阶段

中国农业的发展，不仅为人民提供了基本生活保障，推动了国家工业化和城镇化，改变了农村贫困落后的面貌，而且还极大改变了自然资源的利用、生产要素的配置、农产品市场的供求。随着国家工业化、城镇化、农业现代化的推进，以及以生物技术和信息技术为标志的新科技革命的兴起，农业发展又面临新形势、新任务、新机遇和新挑战，进入了一个新阶段。

一、农业发展形势的新变化

改革开放后，农业发展速度加快、发展领域拓展、发展质量提高，农产品数量和品种大幅增加，由长期的供不应求转变为供求基本平衡、丰年有余、结构性不足，供求关系发生巨大变化。加入 WTO 后，国内农产品市场逐步对外开放，国内农产品面临国外农产品的激烈竞争。国家工业化、城镇化进程的加快，必然占用大量的农地（特别是耕地）、水资源、农村优质劳动力资源，对农业发展造成巨大冲击。

1. 农产品供求关系改变

改革开放前农产品生产和供给不足，人民对农产品的消费在数量上不能充分满足，处于供不应求的状态。改革开放初六年农业高速发展，农产品数量和品种猛增，供给与消费需求基本平衡，到 20 世纪 80 年代中，农产品紧缺的局面根本改观。从那时至今的近 40 年中，农业发展虽在年际间有不同程度的起伏，但农产品生产的数量和品种总是在波动中逐渐增加，农产品供给能力也日渐增强，不仅充分满足了人民的基本消费需求，而且还出现了部分农产品的供过于求。时至今日，农产品卖方市场早已成为过往，农产品买方市场也已经成型。

随着经济社会发展、城乡居民收入增加、生活水平提高，人民在衣、食、住、行、保健等方面，都会有越来越高的要求。在食物方面，对直接消费的粮食需求数量会减少，但品种会增多、质量会提高，对肉奶蛋及水产品、植物油的需求数量会增加、品种会增多、质量会提高，对蔬菜、水果、干果的需求数量也会增加、品种会追求多样化、质量更讲究营养卫生。居民对农产品需求的变化，对农业发展提出了更高的要求。同时，不同社会成员及不同居民家庭的可支配收入存在较大差异，对农产品需求的品种及质量要求也各有区别。高收入居民或家庭需要的是优质、特色、可达绿色标准的农产品，中收入居民或家庭需要的是优质、无公害的农产品，而低收入居民或家庭则需要的是较便宜、干净卫生的农产品。不同收入群体对农产品需求的分层，使农业发展需要同时兼顾多种消费者的不同层次需求，并易于出现普通农产品生产过剩、而优质特色农产品生产不足的情况。

随着工商业的发展，加工业、商业、服务业等对农产品的需求，不仅品种增多、数量增加，而且对专用性还有极高要求。纺织工业的发展需要大量适纺不同类型纱线的专用棉花，面粉工业的发展需要大量专用的面包小麦、面条小麦等，大米加工业的发展需要大量专用的优质粳稻、籼稻、糯稻，玉米加工业的发展需要大量专用的高淀粉玉米、高油玉米、高氨基酸玉米，肉类加工业的发展也需要大量专用的肉猪、肉牛、肉羊等。商业、服务业对农产品的需求，对其专用性也有特定要求。由于工商业发展对专用性农产品需求的品种众多、数量各异，农业在发展中难以准确把握，容易出现一般农产品生产过多而专用性农产品生产不足。

农产品供求关系的改变和买方市场的形成，农产品生活消费多样化、分层化、优质安全的要求，农产品加工专用化、优质化的需要，使农业发展必须以市场需求为导向、按市场需求进行生产，在满足数量需求基础上，提高农产品的质量和安全性，并重视优势农业产业发展和名特优农产品生产。

2. 农产品市场竞争加剧

加入WTO前，国内农产品市场基本处于封闭运行，国外农产品虽有进口但管理严格且数量不大，进口产品形不成对国内农产品的竞争态势，农产品市场的竞争主要是国内不同产区及生产经营者的角逐。当时农产品也有一定出口，主要是土特产品、水果、蔬菜、畜产品、水产品等，利用当时劳动力价格低廉的优势占领一部分国外市场。但国外农产品市场并未真正打开，出口的国家和地区不多、出口产品种类有限且数量不大，而且波动也较大。总之，在加入WTO之前的很长时期，农产品的进口和出口对国内农产品市场的供求及价格影响十分微小。

加入WTO之后，国内农产品市场逐步对外开放，国外农产品进口的限制减少、约束放宽、关税及非关税手段的应用困难，国外农产品进入国内市场难以阻挡。世界主要农产品生产及出口大国（如北美的加拿大和美国，南美的巴西及阿根廷，大洋洲的澳大利亚和新西兰，欧洲的法国及荷兰等）基本都是农地资源丰富、农业科技发达、农业装备先进的农业强国，农产品机械化大生产，效率高、成本低，且产品质量较高、商品性较好、规格也较统一，在质量和价格上竞争优势都很强。而我国农地资源稀缺且部分农地质量不高、农业科技实力不够强大、农业装备还比较落后，农产品还主要靠农户小规模生产，生产效率低、成本高，产品的质量不整齐、商品性较差，在质量和价格上都缺乏竞争力，更无优势可言。在这种情况下，国外农产品大规模进入国内市场，国内农产品必然会遭遇巨大的市场冲击。较早受到冲击的是大豆，国外优质廉价的大豆逐渐取代国产大豆，以至目前国内大豆需求的 80％以上靠国外产品满足。与大豆同期受到冲击的还有油菜籽和棉花，优质廉价的国外产品对国内油菜籽和棉花生产造成不小冲击。近年谷物进口放宽，进口量增加，对国内谷物市场已产生了明显影响。国外优质廉价谷物（如玉米、稻谷）挤占国内市场，使国内产品销售遭遇一定困难，最近几年出现的粮食增产、进口增加、库存增长的"三增"现象就是明证。

在与国外农产品竞争的同时，国内不同区域的农产品、特别是同种农产品竞争态势也已形成。由于国内不同区域农业生产条件、生态环境、技术水平存在一定差异，生产的同种或同类农产品在质量、品相、风味上有所不同，在成本价格上也有差别，在市场上同样形成质量与价格的竞争。这一竞争的结果使某些地区的农产品获得优势地位，而另一些地区的同种（或同类）农产品则处于劣势。东北的粳稻以优质赢得对南方籼稻的优势，东北玉米以价格优势占领市场，黄淮海小麦以优质廉价赢得对南方小麦的优势，新疆棉花以优质高产获得对其他棉区的竞争优势等，就是生动证明。

国外农产品参与国内市场竞争不可避免，给国内农业发展施加了不小压力，也为国内农业发展提出了警示。国内农业生产只有在提高劳动生产率及土地产出率、提高农产品质量和安全性、降低生产成本上取得较大突破，才能在竞争中立于不败之地。而国内区域间的农产品市场竞争，又迫使区域农业发展必须突出优势与特色，在差异化发展中争取主动。

3. 农业资源要素流出加大

改革开放使农业劳动生产率提高，农村剩余劳动力增加，为工商业发展提供了大量劳动力来源。20 世纪 80 年代中期劳动力市场逐步放开，从允许农村劳动力在本地从事工商业劳动，到后来允许农村劳动力跨省区流动，东部地区农村劳动力逐渐转移到本地迅速发展的工商企业就业或创业，中西部地区农村劳动力则逐渐转移到东南沿海工商业发达地区就业。20 世纪 80 年代中后期，农村转移的还主要是剩余劳动力，对农业发展并无不利影响。但到 90 年代，由于农业比较效益低，大量农村青壮年劳动力放弃农业，到城镇工商企业就业。中西部地区农村劳动力在早期、中期主要流向东部经济发达地区，后来随中西部工商业的发展，中西部农村劳动力也有不少在本地区城镇工商企业就业。农村劳动力转移的早期，农忙季节有些劳动力还会返乡务农，后来农村转移的劳动力便脱离了农业，有的甚至彻底放弃了农业。农村劳动力转移的早期和中期，农民家庭一般只是部分劳动力转移，还留有部分劳动力从事农业，但后来青壮年基本是举家外出，留下的只是老人。目前，每年从农村转移到非农产业就业的劳动力在 25 000 万个以上，部分丘陵、山区农村早已出现农业劳动力缺乏，特别是中青年劳动力缺乏，劳动力的价格随之猛涨，对农业发展造成不小冲击，一些农村还出现良田撂荒甚至废弃的现象。

农业发展的推动、外资的引进，使工商业发展加快，并相应促进城镇化进程，以及对交通、通信、能源等基础设施建设的推进。20世纪80年代中后期主要是工商业发展占地，到90年代后期城镇建设占地、基础设施建设占地也大幅增加，每年的各种非农占用耕地少则20万公顷以上，多则80万公顷以上。基础设施建设占地有一部分为耕地，工业园区建设占地多为耕地，城镇建设占地则主要是耕地。在占用的耕地中，有相当一部分是平坦肥沃的优质地，大量优质耕地的占用，对农业发展造成长远的不利影响。

工业化和城镇化不仅吸纳大量农村劳动力、占用大量农用地，而且还从农村吸取大量资金、占用大量水资源。农村合作银行、县级各类商业银行从农村吸收存款，大多数贷给工商企业，每年数以千亿元计。邮政储蓄银行存款主要来源于农民工的汇款，每年的数千亿元存款也主要贷向工商企业，而很少流向农村。城镇发展、工商业发展都要消耗大量的水资源，有的抽取或拦截江河径流，有的抽取地下水，有的远距离引水，但无论以何种途径获取水源，都使相关地区农业用水受到严重影响。华北平原近年工业化、城镇化进程很快，所需水资源一方面靠拦截河水，另一方面靠抽地下水，结果造成海河水系很多河流断流，华北平原地下水位急剧下降，农业用水遇到很大困难。

工业化、城镇化进程中，必然会从农村吸纳大量劳动力，占用农地和水资源，还会从农村吸纳资金、物资等，这种吸纳和占用如果适量，不会对农业造成大的损害，否则，就会对农业发展造成巨大冲击。这便要求工业化、城镇化对农业资源和要素的占用要十分节省，在节省中减少占用。同时也要求农业发展要大幅提高劳动生产率、土地产出率，减少对劳动力、土地和水资源的占用。

二、农业发展面临的新挑战

经过近70年的艰苦奋斗，农业发展制度日臻完善，发展条件不断改善，发展成果举世瞩目。但由于中国相对不足的自然资源、某些脆弱的生态环境、广大农村和众多的农民、庞大而复杂的生产经营体系，加之近几十年发展中新产生的困难与问题，使农业发展面临资源环境约束刚性增强、市场竞争力严重不足、内在动力衰减等方面的巨大压力与挑战。

1. 资源环境的约束刚性增强

中国虽地域辽阔，但高寒山地、干旱荒原、沙漠戈壁占了很大面积，加之山地丘陵众多，可作农用的土地相对较少，耕地更显不足。在工业化、城镇化进程中又占用了不少农业用地，更加剧了农用地的紧缺。2016年31个省（自治区、直辖市）耕地为13 492.93万公顷、林地为25 290.81万公顷、草地为28 628.20万公顷、园地为

1 426.63万公顷，相较于庞大的人口，人均占有量很低。同时，由于先天不足和重用轻养，农用地存在不少使用障碍。耕地中有2/3为中低产田，其中盐碱地、下湿田、沙化地、陡坡地、无灌溉旱地数量都不少，还有被污染的耕地上百万公顷，对农业（种植业）发展造成极大制约。林地中灌木林地、稀疏林地、宜林荒地还不少，有林地中以新造林及单一树种林和低材质林为主，成熟林、混交林、珍稀名贵树种林较少，使林业发展受限。草地中湿润草甸草场很少，干旱荒漠草场占绝大多数，还有部分草原退化严重，产草量少载畜量极低，草原畜牧业发展困难。水面中部分江河、湖泊、塘库水体污染，水质变劣，部分近海水质不佳、大多海湾污染较重，对渔业发展极为不利。

中国又是一个水资源总量不足、时空分布又极不均衡的国家。大陆地区多年平均水资源总量为27 460.3亿立方米，产水模数为29.4万立方米/平方公里，水资源供给严重不足。在正常年份，31个省级辖区中降水量超过800毫米的只有15个，降水量不足400毫米的有5个，降水量在400~800（多数在500~600）毫米的有11个，国土面积最大的4个省区降水量很小（新疆为151.5毫米，内蒙古为282.1毫米，西藏为571.6毫米，青海为289.6毫米）。且各地降水集中在夏秋两季、占70%左右，冬春两季只占30%左右。西北及华北地区常年缺水，江南地区季节性干旱，而夏秋两季又常遇洪灾，给农业发展既造成巨大困难也带来很大损失。

工业化和城镇化不仅占用大量农地及水资源，而且对农地、水体、大气造成污染。工厂、矿山在前些年产生又未被无害化处理的废渣、废气、废水、粉尘等，严重污染土地、水源、大气。城镇生活垃圾、建筑垃圾、生活污水对周边土地、水体、大气产生污染。加之农业发展中的农药、兽药、化肥、废弃物污染，使污染范围更广。目前，受有害有毒物污染的耕地有上百万公顷，其中一部分是受重金属污染已不能使用。大小江河、湖泊、塘堰、水库等普遍受到不同程度污染，有的水体已是劣Ⅴ类水质、失去了利用价值。不少地区地下水受到污染，有的地区地下水被有毒有害物污染已不能用于灌溉。不少地区因大量废气、粉尘排放，已形成严重雾霾。这些污染不仅损坏农业资源，还严重破坏自然生态环境，使农业发展及农产品安全受到极大威胁。

自然资源的相对不足、质量不高，使农业发展受限且困难增加。而生态环境的破坏，又给农业发展施加了更大的约束。在严峻的现实面前，严格保护、合理开发、科学利用土地资源和水资源，严格防治和有效治理土壤、水体、大气污染，已成为十分紧迫的任务而不可拖延懈怠。农业发展也不能再走过度消耗资源和污染环境的老路，而要在资源永续利用、生态环境良性循环上有所创新。

2. 市场竞争力严重不足

农业自然资源的缺陷，使农业大而不强、产品市场竞争力"先天不足"。平坦、肥沃、无须灌溉的耕地不多，坡地、干旱地、贫瘠耕地不少，加之水旱灾害的频繁，使大田农作物（如粮、棉、油）生产的物资及劳动力的投入增加，而产出提高又受到局限，造成劳动生产率和土地产出率不高。林地除大、小兴安岭外，大多为陡峭山地，南方山地虽水热充足但土壤瘠薄，北方山地虽光照充足但干燥寒冷，既不利于造林和营林，也不利于采伐。还有一些林地为生态环境脆弱区，只能造林营林而不能采伐利用，使林业投入大、周期长、产出低。草地除少数草甸草原外，绝大多数为干旱荒漠草原和高寒山地草原，产草量低，放牧时间短，对草食畜牧业发展造成产出低、成本高、风险大。水面本来就少，还因污染水质变差，使不少天然水面不能用于水产养殖。淡水养殖只能主要依靠人工鱼塘，海水养殖主要依靠人工设施，造成水产品生产投入的资金、物资、劳动力大增，生产成本随之增加。

小农户经营及部分手工生产，使农业生产效率降低、产品市场竞争力减弱。全国有2亿多农户，每户经营耕地少者0.2～0.3公顷，多者3～5公顷，大田作物主要由分散的农户小规模经营。除牧区专业牧户外，农区农户家庭也养殖家禽家畜，但规模较小，作为家庭"副业"经营。不少地区的农户也生产蔬菜、水果，但除专业大户外，生产经营规模都不大。丘陵山区的农户还经营林业，但一般林地面积较小，生产经营规模亦小。农户生产经营规模小，承包的土地又不连片，加之地形地貌的限制和实力的弱小，除平原地区大田生产及大中型养殖场机械化程度高外，农户的生产经营还主要靠手工劳动完成。农户小规模分散经营，占用物资、劳动力多，手工劳动耗费劳动力多且效率低，不同农户生产的产品质量规格也难以一致，导致农产品生产成本上升、商品性降低。

农业资源的约束、农户的小规模生产经营、部分农事活动及产品生产的手工作业，在过去劳动力充裕且价格低廉时生产成本不会太高，在市场供不应求和竞争者实力相近时，产品竞争也不会激烈。但在目前农业劳动力紧缺且价格高昂时，农产品生产成本就会大幅度上涨，在市场供过于求及竞争者实力悬殊时产品竞争便十分激烈。国内农产品因生产成本高而价格高，农户分散生产又使质量及商品性不佳。面对国内农产品市场供求基本平衡而丰年有余的大格局，在国外优质廉价农产品的冲击下，国产农产品市场竞争力很弱。过去竞争力本就不足的产品现在更弱，过去有竞争力的产品现在也在弱化，处于极为不利的地位。产品市场竞争力的强弱决定对应产业的生存与发展，若不尽快解决我国农产品市场竞争力弱小的问题，农业必将面临生存和发展的危机。

3. 农业发展的内在动力衰减

农业发展要靠中央党和政府的重视、指引和扶持，中央党和政府是农业发展的重要动力源泉。改革开放前，中央按"农轻重"的顺序发展国民经济，将农业发展放在第一位，作为国民经济的基础促进其发展。改革开放又从农业发端，推行农户家庭承包经营、调整农产品价格、推广先进农业技术，在较短的时间内促进了农业的巨大发展。随后又对农业生产资源供给、农产品贸易、农村劳动力就业进行了市场化改革、培育农业发展的市场机制。同时还先后出台了一系列扶持农业发展、给农民带来实惠的政策，促进了农业发展。中央每年都要召开全国农业（或农村）工作会，对农业发展进行全面部署，中央还连续多年发布1号文件，确定农业发展的大政方针，对农业发展作出指引。无论是改革开放前还是改革开放后，也无论是农产品紧缺的过去还是农产品丰富的现在，中央政府对农业发展都给予了高度重视，农业发展的这一动力始终没有减退。

农业发展也离不开地方党和政府的组织、领导及支持，地方党和政府也是农业发展的重要动力源泉。中央有关农业发展的大政方针及政策要靠地方党和政府贯彻落实，各地农业的发展要靠当地党和政府的有力领导、有效组织、强力支持。省（自治区、直辖市）、县（市、区）、乡（镇）三级地方党和政府，特别是县（市、区）、乡（镇）两级基层党和政府在农业发展中作用重大。改革开放前，农业在国民经济中占比很高，加之农产品紧缺，农业发展状况是经济发展好坏的重要标志，各地方党和政府都将农业作为重点产业，在思想上高度重视、在决策上精心谋划、在行动上狠抓落实，组织方方面面的人财物力支持其发展。在改革开放之后，随着农产品短缺问题的解决和农业在国民经济中占比的降低，工商业发展状况便成为经济发展好坏的主要标志。在各地或明或暗的 GDP 规模及增速竞争中，工商业的作用越来越大，而农业的作用越来越小，导致不少地方党和政府忙于招商引资发展工商业，对农业的重视日渐降低，发展农业的动力自然逐渐衰减，甚至造成部分地区农业的萎缩。

农户是农业生产的主体，农产品主要由农户生产。农业企业虽也是生产主体，但因数量较少，生产的农产品有限。由此使农户成为农业生产的主力军、农业发展的决定力量，农户的积极性和努力程度决定农业发展的速度、质量和水平。在农产品短缺时期，农户为解决家庭成员的基本生活所需，从事农业生产的积极性很高，发展农业的内在动力很足。在农村劳动力禁止流动、非农产业发展受到严格限制时，农户只能从事农业，不得已而为之，也还有一定的发展农业的动力。但在20世纪80年代中期之后，随着农产品短缺局面的根本扭转和农村劳动力流动的放开，加之农业收益的低下及部分农产品出现的卖难，使农户单纯依靠农业难以获得像样的收入与生活。在这种情况下，农户发展农业的动力大为丧失，将家庭劳动力逐渐转移到城镇非农产业就业或创业，承包的集体土地租给别人利用或撂荒。到目前，大多数农村的青壮年劳动力都离开了农业到非农产业就业，从事农业的多为老人或妇女，一些地方因缺乏劳动力使大片土地荒芜。农户弃农倾向之普遍，发展农业动力衰减之严重前所未见，对农业发展已构成严重威胁。

应当指出，部分地方党和政府发展农业的动力减退，一方面严重削弱中央农业发展大政方针的落实、重大战略举措的实施，另一方面也会极大削弱对本地区农业发展的谋划、组织、引导和必要的人财物力支持，从而损害本地区农业发展。农户对发展农业的动力减退，更是使农业发展失去了根基和依靠，没有广大农户的参与，就没有农业的发展。因此，内在动力问题，是农业发展的根本问题，必须使其增强。

三、农业发展时逢新机遇

经过近70年的发展，特别是改革开放近40年的发展，农业在取得巨大而辉煌成就的同时，虽也面临不少困难和严峻的挑战，但也时逢很多新的发展机遇。这些机遇有的是特定国情所产生的，有的是经济社会发展所创造的，有的则是科技革命所催生的，是在农业发展新形势下多种因素综合作用结果所形成的。

1. 巨大市场需求提供了广阔发展空间

2016年全国有13.827 1亿人，达到峰值时可能有14.50亿人，众多的人口带来对农产品的巨大需求。若以每人年均占有粮食550千克（其中谷物450千克、薯类50千克、豆类50千克）、肉类72千克、奶类36千克、蛋类24千克、水产品60千克、油料50千克、蔬菜183千克、鲜瓜果80千克、干果21千克、糖料120千克、棉花6千克、木材0.12立方米计算，则人口达到峰值时，每年需要粮食79 750万吨、肉类10 440万吨、奶类5 220万吨、蛋类3 480万吨、油料7 250万吨、蔬菜26 535万吨、鲜瓜果11 600万吨、干果3 045万吨、糖料17 400万吨、棉花870万吨、木材17 400万立方米，其数量之大，真是举世无双。同时，我国不同地域、不同民族、不同年龄居民对农产品有不同种类的需求，加之农产品有多种用途，不同用途农产品种类也有差异，故所需农产品的品种便多得难以胜数。对农产品需求的数量之大，品种之多，形成了巨大的国内农产品需求市场，为农业发展提供了广阔的空间。

目前，全国城镇人口已达79 298万人，农村人口尚有58 973万人。近8亿城镇人口依赖市场供给农产品，近6亿农村人口所需农产品也有相当部分要靠市场供给，虽随消费倾向变化而有所变动，但对大类、大宗农产品的需求不会有太大波动，只是对农产品的质量和安全性要求越来越高。农村人口所需农产品有相当部分由自己生产，自己不生产或不足的产品靠市场供给。随着农户专业化生产水平提高和收入的增加，农村人口所需农产品由市场提供的份额会提高、数量会加大，对农产品质量和安全性的要求也会越来越高。城镇巨大农产品消费市场的形成、农村商品农产品市场的产生与发展，为商品农产品生产提供了重大机遇。

改革开放近40年来，经济持续快速发展，居民收入显著增加，2016年全国城镇居民人均可支配收入33 616.2元、农村居民人均纯收入12 363.4元。收入的增加使城乡居民有能力消费数量更充足、品种类型更多样、品质和安全性更高的农产品，这为农业发展的领域拓展、数量扩张、质量提升提供了良好机遇。同时，在改革开放中少数人先富起来成为富裕阶层，一部分人收入较高成为中产阶层，大部分人收入一般为普通阶层，少数人收入低下为贫困阶层，居民家庭收入出现大的分化，对农产品的需求随之出现分层。富裕家庭不仅需要消费高品质、高安全性、有特色的农产品，而且还要求有特定的基地采用专门技术和设施进行生产。中产阶层的家庭不仅需要消费优质、安全的农产品，而且还会分享农业的景观、休闲、娱乐功能。普通家庭则需要消费大众化的农产品，优质和一般产品均有，无公害要求不可或缺。贫困家庭虽消费的多为质量一般的大众化农产品，但也要求卫生、安全。不同类型家庭对农产品的不同需求，为不同类型、不同层次农业的发展提供了良好机遇。

2. 现代科技革命的有效支撑

20 世纪 90 年代兴起的生物技术革命，对农业发展产生越来越大的影响。基因分析技术可以揭示动物、植物、微生物生长发育甚至演化的内在机制，为定向调节这些生物、特别是涉农生物的生长发育提供可靠的路径和手段。转基因技术可以对动物、植物、微生物进行品种改良，或增强其抗逆性（抗病虫、抗干旱、抗热、抗寒等）、或提高其产出能力、或改良其产品品质、或使其产品具有特定功能，为农作物和家禽、家畜、鱼类等定向育种提供了前所未有的精准手段。基因重组技术更可按人们的愿望创造新物种，克隆技术更使生物繁殖打破常规，实现规模化、工厂化。生物技术革命已在动植物品种选育与改良、动植物生长发育调控、作物栽培、动物饲养、农产品质量与安全性提升等方面获得众多成果，可以为农业发展提供有力支撑。

20 世纪中后期兴起的信息技术革命，对农业发展的影响逐渐凸显。农产品市场信息的快速收集、整理、分析、传播，为农业生产科学决策提供可靠依据。农业资源信息的准确掌握与系统分析，为农业产业发展总体规模、结构与布局安排提供选择空间。农业技术信息的及时掌握与传递，为先进科学技术在农业上的有效应用提供支持。农地信息系统的构建为农地的保护与改良打下基础，也为农地的合理利用提供准确依据。大田、果园、菜园等管理信息系统的构建，可适时监测农田土肥水气、作物生长发育、病虫害发生情况，并适时进行管理与调控。林场管理信息系统的构建，可实时监测林地土肥水气、林木生长发育、病虫害发生、火情火险、动物生息繁衍等情况，并适时进行处置。家禽、家畜饲舍管理信息系统构建，可实时监测饲舍温度及湿度、动物摄食及饮水、动物活动及休憩、卫生状况等，并及时加以干预。信息技术与机械技术结合，使农业机械更加自动化和智能化，农机作业更为精准高效。信息技术的兴起，使农业发展的管理决策、农业资源的保护与优化利用、农产品生产过程精准监测与适时调控发生革命性变化，为现代农业发展提供了可靠支撑。

逐步推进的设施、设备、机械、工程技术革命，对农业发展产生巨大而深远的影响。现代工程机械和工程建设技术的突破，为大中型土地整治和改良工程、农田基本建设工程、水利设施建设工程、农业生态环保工程等提供了有效手段，不仅使这些工程建设提高效率和降低成本，而且还能大大提高工程质量，确保工程安全。自动化、智能化的作物种植设施（如温室、大棚）、动物养殖设施（如饲舍）、灌溉设施技术的完善，使作物生长发育突破常规的季节与产量限制、改变产出时间、提高产出数量和产品质量，使家禽和家畜等饲养动物生长发育条件优化、饲养周期缩短、产量增加和质量提高，使农作物灌溉精准有效并能大量节水。先进高效农业机械技术的突破，不仅使耕作、播种、移栽、田间管理、收获等农事活动适时高效完成，而且还能提高作业质量、降低作业成本。先进高效畜牧机械、林业机械、渔业机械技术的突破，对这些产业发展同样具有巨大的支撑作用。

3. 政策和制度提供了良好发展环境

农村土地集体所有、农户承包经营的农地制度，有效保护了集体的土地所有权和农户的土地使用权，为农业发展提供了基本的制度保障。农户承包地经营权的流转制度，既保护了农户的土地承包权，又放活了土地的使用权，为农地的充分有效利用创造了条件。市场经济制度的确立、全国统一市场的形成，使市场成为农业资源配置的主导力量，逐步实现配置的优化，还使各区域比较优势得到逐渐发挥、农业布局得到优化调整。农产品市场贸易制度的确立，使农产品由自给半自给生产向商品生产过渡，并促进农产品生产提高劳动生产率和资源产出率、降低成本、提高品质。一系列深化农业及农村改革制度的出台，促进多种类型农业合作经济组织生成与发展，促进多种新型农业生产经营主体产生和壮大，创造众多新型农业形态并引导其发展，开辟众多农业投资渠道引导社会资本投资农业，对农业发展十分有利。

大中型农业基础设施建设与维护由政府投入、小型农业基础设施建设由农民投入加政府补助的制度，使农业发展的基础条件日益改善。曾对农业造成严重水患的海河、黄河、淮河、长江、珠江等大江大河，经政府投入巨资长期治理，不仅水患已大为减轻，而且不少流域还将水患变为水利。曾对农业造成巨大威胁的旱灾，经政府长期投入先后建成9万余座大中小型水库，组织和补助农民建设数以百万计的塘库堰，使半数以上耕地实现灌溉，旱灾大为减轻。为解决北方农区的缺水问题，中央政府还投资建设巨大的南水北调工程，跨流域将长江水调往遥远的北方，目前中线调水工程已建成可向北京输水，东线调水工程部分建成可向山东输水，西线调水工程正在筹划。待三条南水北调工程建成，将极大促进西北、华北、华东缺水地区农业发展。同时，土地改良工程由政府投入引导社会资本投入的制度，可以加快大面积盐碱地、沙化土地、南方红黄壤及紫色土的改良，促进土地整治，提高土地产出能力。

21世纪初以来制定和实施的一系列扶农惠农政策，为农业发展创造了更为有利的条件。取消农业税及与农业相联系的各种费用、提留，使农民负担减轻、收益增加，可激励农业发展。对粮食生产进行直接补贴、良种补贴、其他生产资料补贴的政策，可促进粮食生产发展。对农业、林业、畜牧业、渔业生产大户、家庭农场、农业企业进行补贴的政策，可推进农业生产的规模化。对农机购买、使用、农机站点建设进行补贴的政策，有利推进农业生产的机械化。规定金融机构为农户及农业企业提供信贷服务的政策，为农业发展提供了一定的资金保障。鼓励进城务工人员、城镇工商业者、大学毕业生返乡创业的政策，为农业发展增添了新的生力军。激励高校及科研单位为农业服务、组织科技人员进行技术推广、向县乡派遣科技副县长和副乡长等政策，使农业发展得到科技的有效支撑。

四、农业发展面临新任务

经过几代人的努力，经历近 70 年的征程，今天的农业不仅面貌发生了翻天覆地的变化、发展水平有了巨大提高、产出能力有了惊人增长、供给能力有了极大增强，而且发展的形势有了深刻变化、发展的条件有了极大的改变，既时逢新的发展机遇，又面临严峻的挑战。在这一大背景下，农业发展面临推进供给侧改革、加快现代化进程、促进农村繁荣和农民小康的新任务。

1. 推进农业供给侧改革

农业供给侧改革，首先要通过产业结构调整，解决农产品生产与市场需求在品种及数量上的有效衔接与对应问题。生产的品种与需求的对应，不仅要求大类产品（如粮食、油料、肉类）相对应，而且更强调各大类农产品中的主要品种（如粮食中的水稻、小麦、玉米，油料中的大豆、油菜、花生，肉类中的猪肉、牛肉、羊肉，水果中的苹果、柑橘、梨，蔬菜中的不同季节的主要品种）也要相对应。而生产数量与需求的对应，也要求大类农产品及其主要品种的生产量与需求量相对应。只有如此对应，农产品才可能被市场出清，才可能完成生产、交换、消费的全过程。农产品供给来源于生产，供给侧改革主要还是农业生产方面改革，改革的核心是在充分掌握市场需求信息的基础上，通过产业结构调整，按市场需求的类型、品种及数量生产农产品，并及时高效地搞好农产品流通。

农业供给侧改革，也要通过产业结构调整和生产技术改进，解决农产品生产的质量与市场需求相衔接和相对应的问题。农产品质量一般可分为特优、优质、普通三类，消费者收入水平不同对消费的农产品质量要求也不一样，高收入家庭倾向于消费特优品质的农产品，中等收入家庭倾向于消费优质农产品，一般收入家庭倾向于消费普通农产品。因此，供给的大类农产品及其中的主要品种，既要有特优品、也要有优质品、还要有普通品，且各类质量农产品的数量要与市场需求相对应。这种对应也是农产品可能被市场出清，完成生产、交换、消费全过程的条件。农产品质量也源于生产，农产品质量与市场需求的对应，也需要在充分掌握市场需求信息基础上，通过品种结构调整、生产方式及方法改进、生产布局调整，按市场对不同质量农产品的种类和数量进行生产。

农业供给侧改革，还要通过提高农业劳动生产率和资源产出率，降低生产成本，解决农产品生产的高成本、高价格、市场竞争力严重不足的问题。所生产农产品的价格若比同品种同质量农产品的市价低，则其价格有竞争力，也易于被市场所接受。所生产农产品的价格若比同品种同质量农产品的市价高，则其价格没有竞争力、也难以被市场所接受。农产品的价格虽由供求关系决定，但在供求平衡条件下，农产品价格受其生产成本的影响很大，成本低则价格可以低，成本高则价格必然高。因此，农产品按市场所需品种、数量、质量进行生产时，还必须节省人财物的投入，提高农业劳动生产率和投入—产出比，降低农产品生产成本，使其价格具有市场竞争优势。

2. 加快农业现代化进程

加快农业现代化进程，首先要加强促进现代农业发展的制度体系建设。一是建设配套完善的农业资源可持续利用、农业经济可持续发展、农业生态良性循环的管理决策制度，为现代农业发展提供科学指引。二是建设配套完善的现代农业发展引导、激励、支持、约束制度体系，为现代农业发展提供可靠制度保障。三是建设配套完善的农业要素市场、农业服务市场、农产品市场制度体系，为现代农业发展提供高效有序的市场环境。四是建立配套完善的投融资制度，为现代农业发展提供充足的资金支持。五是建设配套完善的新型农业生产经营主体和服务主体培育、新型农业生产经营组织形成、新型农业生产经营业态产生的制度体系，为现代农业发展打好微观基础。六是建设配套完善的农产品再生产过程（生产—流通—消费）中相关主体利益协调的制度体系，使现代农业发展得到社会认同与支持。

加快农业现代化进程，也要加强现代农业发展的条件创造。一是研究开发现代农业发展的品种技术、作物栽培技术和动物饲养技术、农业资源利用与保护技术、农业设施技术、农业机械技术等，为现代农业发展提供先进技术支撑。二是搞好农地整治与改良，重点是耕地平整和土壤改良培肥、草原管护和生态植被修复、障碍土地（污染、沙化、盐碱等土地）修复和治理，为现代农业发展提供土地基础。三是建设配套完善的农田、菜园、果园灌溉设施和道路设施，为现代农业发展提供基本设施保证。四是建设配套完善的家禽、家畜、水产养殖设施，为畜产品和水产品的现代化生产创造条件。五是装备配套完善的农林牧渔生产作业、生态环保工程作业、农业基础设施建设工程作业的机械与设备，为现代农业发展提供有效手段。六是建设配套完善的城乡互通的农村交通、通信、能源网络，为现代农业发展提供完善的公共设施。

加快农业现代化进程，还要扎实推进农业的机械化、信息化、智能化。农业机械化是农业现代化的重要手段，也是农业现代化的重要内容，应当研究开发适宜平原、丘陵、山地不同类型土地使用的高效农业生产机械，使农林牧渔各业主要生产活动实现机械化，以提高农事作业质量和农业劳动生产率。信息已成为农业重要生产要素，信息技术不仅应用于农业管理决策，而且还广泛应用于农林牧渔各类生产过程的管理控制及远程调控，使农业生产活动精细化和精准化。智能技术的兴起为农业现代化增添了全新的内容，农业机械的智能化使农事活动的进行更加精准和高效，农业设施的智能化可以为动植物生长发育创造最适宜的环境，由此可以提高农业的产出水平及产品质量，甚至还可能降低单位产出的成本。

3. 促进农村繁荣和农民小康

改革开放近40年来，农村经济社会虽有翻天覆地的变化、得到了巨大发展，但相较于城镇经济社会的飞速发展，还是显得滞后。特别在大量农村人口转入城镇、大量农村劳动力转移到工商业、大量农地及水资源转入非农使用后，部分农村出现耕地撂荒、田园荒芜、村庄破败的景象，与欣欣向荣的城镇形成鲜明对照。这种与城乡协调发展相悖的现象，是需要在工业化、城镇化进程中认真解决的。改革开放以来，已陆续使7亿多农村贫困人口脱贫，到2016年底还有4 000多万农村人口未脱贫。已脱贫人口大多收入水平不高，还有部分人可能返贫，未脱贫的人口则脱贫难度极大。在反贫困取得巨大成就的同时，使农民彻底摆脱贫困和实现小康的任务还十分艰巨。

农村的繁荣归根到底还要靠经济全面有效的发展，农村经济虽也包括工商业和服务业，但农业是农村的基本产业，也是农村具有相对优势的产业，通过发展农业促进农村繁荣是应有之意。发展农业、特别是发展现代农业，可以使农业资源得到充分开发利用、先进技术得到推广应用、先进机械设备得到广泛使用，在新的生产要素推动下，不仅使农业得到振兴，而且还使农业的面貌根本改观，进而使农村传统的农业产业出现兴旺。同时，随着农业的发展，农副产品加工业、农产品商贸业、农业服务业也会相继发展，促进整个农村经济的繁荣。经济的有效发展也会促进农村教育、文化、科技的发展，以及生态环境的改善和自然环境的美化，进而推进农村实现全面繁荣，成为人们向往的美好之地。

无论是农村贫困人口的脱贫，或是农民小康的实现，农业都是最重要的产业依托。农村贫困人口最宜于农业就业，农业的发展既可解决这部分人的充分就业，也可满足这部分人的基本生活所需。农业资源的有效开发利用，传统农业效益的提高、新兴农业的发展，使贫困农民收入来源增加、收入水平提高，促进其脱贫致富。随着农业基础设施条件的不断改善、农业装备水平的不断提高、农业技术的不断进步，农业的劳动生产率与资源产出率会大幅度提升，农业的效益也会随之提高，农民的收入也会相应增长。随着农业多种功能的逐步发挥，以及农村生态环境的改善、自然景观的美化、农耕文明的传承等，农业的一些新业态和依托农业的一些新产业也会应运而生，农民就业和创业领域进一步拓展，收入得到更大增长，使农民实现小康的愿望更易达成。

五、农业发展进入新阶段

农业发展到现在，农产品生产和供应能力已大为增强，由卖方市场变成了买方市场，且市场竞争加剧。农产品生产的市场化程度不断提高，但对市场需求的适应能力还不强、市场竞争力较弱。农产品生产门类及品种繁多、数量庞大，但消耗的资源过多、生态环境损失过大、资源环境已不堪重负。在工业化和城镇化的浪潮中，农业比较效益下降，农业发展的内在动力不足。加之国外优质廉价农产品的强势竞争，对农业发展已造成不小压力。在这种形势下，农业发展已经到了一个必须转型的新阶段。

1. 农业发展进入由传统到现代的转型期

传统农业向现代农业转型早已开始，但进程比较缓慢，以致现代化程度还不高。农业发展到今天，传统农业越来越不适应经济社会发展的要求，也越来越步履维艰，急需利用现代农业加以替代，亦即加快传统农业向现代农业的转型。同时，政府对农业的支持力度加大，农业基础设施有了很大改善，农民的经济实力也有显著增强，为传统农业向现代农业转型提供了必要的条件。一方面有转型的客观要求，另一方面具备转型的基本条件，所以目前是传统农业向现代农业加快转型的好时机、新阶段。

传统农业向现代农业转型，需要农业发展理念的转变，建立可持续的发展观。农业发展不能简单依靠自然资源和消耗生态环境，更不能对其加以损毁和破坏，而是在利用中加以保护与改造，使农业资源在数量上保持稳定、在质量上逐步得到提升，使农业生态环境实现良性循环，以达到永续利用。农业发展也不能单纯靠增加资源、物质、人力的投入来推动，而应当依靠制度创新和技术创新，提高农业劳动生产率和资源产出率，通过提高利用效率，节省资源、物质、人力的投入量或消耗量，以降低农业生产成本并提高农业效益。

传统农业向现代农业转型，也需要农业生产主体和生产组织的转换。依靠单个小农户的小而全生产经营难以实现农业现代化，这就需要培育新型农业生产经营主体、创新农业生产组织。这类主体既可是专业农户、也可是农业企业，他们懂生产经营，有能力从事专业化、规模化生产。这类组织是生产主体之间在自愿互利基础上建立的生产经营合作组织，使分散的主体在生产经营中实现联合与合作，为现代农业发展提供坚实微观基础。

传统农业向现代农业转型，还需要生产方式的转换。无论是何种农业生产主体，也无论在何种区域，小而全、大而全生产，都难以实现农业现代化。这就应当在生产主体、生产区域进行分工基础上，实现农业生产主体的专业化生产和农业生产区域的专业化生产，并进一步实现农业生产的作业分工和专业化服务。通过生产作业的规模化服务，提高农业劳动生产率、资源产出率和降低生产成本。

传统农业向现代农业转型，更需要农业生产手段的转换。这种转换是将依靠传统经验转换到依靠现代科学技术进行农业生产，将依靠手工劳动转换到依靠机械作业完成农事活动。现代农业科学技术有远远高于传统经验的生产能力，优良的品种技术、先进的种植及养殖技术、作物病虫害及动物疫病防治技术的应用，不仅可以大幅度提高农产品产量，还可显著提高农产品质量，并能有效保护生态环境。设施技术的应用，还能为动植物生长发育创造特定环境，并生产某些特定农产品。利用先进适用机械替代人工进行农业生产，不仅效率高、不违农时，而且作业精准、规范，还能因大量节省劳动力而降低生产成本。

2. 农业发展进入由资源优势导向到市场需求导向的结构调整期

农业产业结构因市场需求的变化而调整，但在过去的多次调整中，所主要遵循的都是充分发挥资源优势的原则。资源优势的发挥有利于生产，这一原则又可称为有利生产原则。在农产品供不应求的情况下，按有利资源优势充分发挥的结构调整，可以增加农产品的市场供给，无疑是正确的。但在农产品早已供求平衡、丰年有余的条件下，将产业结构调整转换到满足市场需求上来，才能为农业发展拓展广阔的空间。

按满足市场需求调整农业产业结构，就要在掌握市场需求信息的基础上，按市场所需农产品种类和数量进行生产，而不是单纯按资源优势充分发挥进行生产。按市场需求进行生产，在种类上要细化到主要品种（特别是大宗农产品），在数量上也要落实到主要品种。当然，若发挥资源优势生产的农产品品种和数量为市场所需，则结构调整中的资源优势发挥与满足市场需求可统一起来，但若发挥资源优势生产的农产品在品种或数量上与市场需求不对应，则结构调整中的资源优势发挥就要服从市场需求的满足。

按满足市场需求调整农业产业结构，也要在掌握市场需求信息的基础上，按市场所需农产品的质量和规格进行生产。一方面要求生产的农产品质量应达到市场的基本要求，另一方面要求生产的每种农产品都有不同质量和规格的产品。前一要求如农产品应达到一定的营养、安全、卫生标准，以满足普通消费者的需求。后一要求使农产品按质量可分为特等品、优质品、普通品，或按安全卫生可分为有机产品、绿色产品、无公害产品、一般产品等，且每种质量和规格的产品产量要与市场需求相对应，以满足不同消费者的需要。

按满足市场需求调整农业产业结构，还要在掌握市场信息的基础上，按市场所需农产品的时间和空间进行生产。这一方面要求节令性强的农产品（如瓜果、蔬菜及其他鲜活产品）、在某一季节要有适应市场需求的品种和产量，另一方面要求地域性强的农产品、在某一地域要有适应市场需求的品种和产量。只有如此，农业产业结构调整才能在时空上满足市场需求。

按满足市场需求调整农业产业结构，更要在掌握市场价格信息基础上，选择具有市场竞争力的产品进行生产。一方面要使生产的农产品要有较高的劳动生产率和资源产出率，另一方面要使生产的农产品成本低廉。有了前者就能以更高的效率向市场提供农产品，有了后者就可在市场占有价格优势，从而使市场竞争力增强。

3. 农业发展进入由数量增长到质量提升的过渡期

在过去相当长的时期内，由于农产品紧缺的巨大压力，农业发展主要重视数量增长，而忽略质量的提升，以致造成农业生产效率低、效益差、市场竞争力弱。在农产品已大为丰富的今天，农业发展必须从数量增长过渡到质量提升上来。亦即将农业发展的重点，从增加农产品产量转换到提高生产效率、经济效益、市场竞争力上来，以改变农业大而不强的局面。

由数量增长向质量提升的过渡，就是将农业发展的重点由增加产量转换到提高劳动生产率和资源产出率。在农村劳动力出现紧缺、劳动价格急剧上涨、农地资源和水资源相对不足的情况下，提高农业劳动生产率可节约劳动力的使用并降低农业用工成本，提高资源产出率可节约自然资源并使其得到充分有效利用，以缓解劳动力、耕地、水资源不足对农业发展的刚性约束。农业劳动生产率的提高，一方面靠农业劳动力素质的提高，另一方面靠农业机械、设施、设备的广泛应用。资源产出率的提高，一方面要靠资源利用技术的改进，另一方面要靠先进种植和养殖技术的应用。

由数量增长向质量提升的过渡，也是将农业发展的核心由增加产量转换到提高经济效益。在农业经济效益不高的情况下，不仅影响农民收入的增长，而且对农民的生产积极性和投资意愿产生严重负面效应，如不尽快改变将对农业发展造成极大危害。农业经济效益的提高，首要的是设法降低居高不下的生产成本，同时也要提高产出水平。当前的农业生产成本除传统的劳动成本和物质成本外，还有土地成本，且劳动成本与土地成本还有剧增之势，应当通过提高劳动生产率或少用人工及调整农地流转政策加以解决。而农业产出水平的提高，则应通过提高农产品产量、质量和特色加以实现，有些农业产业也可通过多功能发挥来实现。

由数量增长向质量提升的过渡，还要将农业发展的关键由数量增长转换到增强市场竞争力上。在农产品生产成本居高不下、品质也有待提高的情况下，面对国外优质廉价农产品的竞争，国内农产品市场竞争力较为弱小。这种状况不仅使国内农产品在市场上处于不利地位、甚至出现被国外产品所取代，而且还会因产品销售困难使生产难以继续进行，对农业发展、农民就业、农民收入造成巨大冲击。要扭转这一局面，就必须提高国内农产品的市场竞争力。这一方面要利用优良品种技术、先进种植及养殖技术、严格规范的生产过程控制，提高农产品产量、质量和安全性；另一方面要大幅度降低农产品生产的劳动、物资消耗，并在政策上解决土地流转费过高的问题。通过这两方面的努力，使农产品市场竞争力得到增强。

第三章 中国农业功能与地位的新定格

在农业获得巨大发展、农产品大幅度增长、农产品买方市场基本形成、国外农产品参与竞争的背景下，随着国家工业化、城镇化的推进，农业发展的形势和条件发生了巨大变化，发展的目标和任务也有了显著改变，进入了一个前所未有的新阶段。在新的历史发展阶段，农业的功能应有科学的定位，农业的地位也应有新的定格。

一、新阶段农业的经济功能

农业作为国民经济系统中的重要产业，经济功能是最基本、也是最重要的功能。农业的经济功能具有多面性，主要体现在农产品生产、农民收益、支撑工商业发展三大方面。这些功能在传统上就具备，只不过在新阶段有不同的内容。农业在传统上分为农、林、牧、渔四大部门，各部门又包含许多不同产业，虽不同部门和产业差异巨大，但都具备这三方面的功能。

1. 农业的农产品生产功能

生产农产品是农业的基本经济功能，从农业产生至今这一功能一直在发挥作用，只是在不同时期生产农产品的品种、方法、效率有所不同。这一功能的经济性反映在生产的农产品具有使用价值和价值，使用价值体现在具有经济社会特定用途，价值体现在包含一定量的物化劳动和活劳动。农产品生产功能是在一定自然或人工条件下，经人为诱导或调控，通过动物、植物、微生物的生长发育和转化完成的，是在人与自然共同参与下实现的。在这一过程中，人的参与是创造必要的条件、对生产过程进行有效管控与调节，自然的参与是为动物、植物、微生物生长发育提供天然场所和光、温、水、气条件。由于这一特征，农产品生产是经济再生产与自然再生产交织在一起的过程。

农产品生产功能的发挥，受农业生产条件、技术、投入、气候等多因素影响，也受农业发展制度、政策的约束。为在新的发展阶段增强农产品生产功能，首先需要深化改革，进一步创新和完善农业发展支持制度、激励制度、调控制度，为农产品生产功能充分发挥提供制度保证。其次需要加强农业基础设施建设，改善农业生产条件，为农产品生产功能增强打好基础。再次是搞好先进适用技术的研究开发和推广应用，为农产品生产功能增强提供支撑。最后还要保证有足够的资金、物质、劳动力的投入，使农产品生产功能的增强有必要的物质基础。农产品生产功能的提高，一方面表现在农业劳动生产率的提高，另一方面表现在农业资源产出率的提高。在农村劳动力偏紧和农业资源约束加大的新阶段，劳动生产率与资源产出率的提高具有特别意义。

农产品生产功能的强弱，主要视其对市场需求的满足程度，满足程度越高则功能越强，反之则越弱。在新的发展阶段，农产品虽在总量上供求平衡，但在品种和质量上供求不对应。有些农产品（如豆类、油料、牛羊肉、奶类等）还存在生产不足的问题。在这种情况下，增强农产品生产功能，就是要增强农产品生产适应市场需求的能力，一方面要在农产品品种及数量上按市场需要进行生产，另一方面要在农产品质量及规格上按市场需要进行生产，再一方面要补齐农产品生产短板，增加不足农产品的生产与供给。在当前要提高农产品生产的市场适应能力，就应当进行农业产业结构的新一轮调整，这一轮调整就不是单纯地以资源优势为导向，而是在满足市场需求的前提下发挥资源优势。

2. 农业对农民的收益功能

给农民带来收益是农业的又一基本经济功能，这一收益既可是实物形态的农产品，也可是价值形态的货币。当前农民收入虽有多种渠道，但农业收入仍是重要来源。农民从事农业，通过投入资源、物资、劳动力、资金、技术等，经过动物、植物、微生物的生长发育过程，在一定周期内生产出农产品，成为农业产出（实物或货币）。农业产出在扣除了资源、物资、资金、技术消耗后为农业增加值，即农民的收入，再扣除劳动力成本后为农业利润，即农民的盈利。在新的发展阶段，农民从事农业已不是为解决温饱，而是为增加收入和盈利，收入和盈利的高低直接关系农民的切身利益，也决定农民的生产积极性。农业给农民带来的收益越多，农民就越富裕，从事农业的积极性也越高。因此，提高农业发展经济效益、增加农民收入，是新阶段农业发展的重要任务。

增加农民收入，提高农业产出水平是个关键。在一定的投入和物价水平下，对于特定生产规模的农户，产出水平越高则收入和盈利水平也越高，产出水平越低则收入和盈利也越低，产出过低则不仅没有收入和盈利，还会亏本。农业产出水平由产出农产品的数量和质量共同决定，产出农产品数量越多、质量越好则水平越高，产出农产品数量多但质量不高、或产出农产品质量好但数量少则水平不高，产出农产品数量少质量差则水平差。在农产品并不紧缺的现阶段，主要应通过提升农产品质量，而不是单纯靠增加农产品产量提高产出水平。改善农业生产条件、增加农业生产投入、利用优良品种、应用先进的种植和养殖技术，既可增加农产品产出数量，又可提升农产品的质量，对提高农业产出水平十分重要。应当特别指出，发展特色农业产业、生产名特优新农产品，对提高农业产出极为有效。

增加农民收入，降低农业生产成本是另一关键。在一定产出和物价水平下，对特定规模的生产农户，生产成本越低则收入和盈利越高，生产成本越高则收入和盈利越低，甚至可能亏本。农业生产的成本高低，主要由土地租金、物资投入的数量与价格、人工投入的数量与工资水平所决定。在租用土地发展农业的情况下，土地租金构成生产成本的大头。由于工资的大幅上涨，人工成本急剧增加。加之物资消耗居高不下，农业生产成本增长较快，严重压缩农业收入和盈利空间。在新的发展阶段，要增加农民收入，就必须将生产成本降下来，土地的高租金要靠土地制度创新解决，人工的高成本要靠农业机械化解决，而物资投入的节约要靠先进技术的有效应用才能实现。

3. 农业对工商业的支撑功能

支撑工商业发展也是农业的基本经济功能，并且这一功能在工业化和城镇化进程中日益凸显。从发展的源头上追溯，工商业在农业中孕育、成长，然后才从农业中独立出来，虽经发展壮大成独立的产业，但仍以农业这一母体为基础、受农业的支撑。农业对工商业的支撑，反映了工商业与农业的依存关系，也反映了城镇经济与农村经济的紧密联系。农业作为给人们提供基本生活品的基础产业，只有当其能提供剩余产品时，工商业才可能发展，城镇经济也才有可能应运而生。在这个意义上，没有发达的农业，便难有发达的工商业和城镇经济。过去工商业发达的国家农业也很发达，我国改革开放先有农业大发展，随后才是工商业的腾飞，就是历史与现实的证明。

农业对工商业的支撑，首先表现在对资源及要素的提供上，这一功能原本存在，只是在新的发展阶段更加突出。随着工业化、城镇化进程加快，需要大量的土地资源和水资源，其中有很大一部分由农业提供，已占用的耕地多达上千万公顷。同时还需要大量的劳动力，也主要由农村提供，目前每年有多达2.5亿多农村劳动力转移到工商业。而且这一需求还要延续很长时间，还需要农业给予持续性支持。在新的发展阶段，只有大幅度提高农业的资源产出率和劳动生产率，才可能从紧缺的农地和农用水中为工商业提供支持，也才可能从已无太多剩余劳动力的农村为工商业提供劳动力。工商业所需部分原材料和产品也要由农业提供，粮油加工、食品加工、饲料加工、纺织服装等工业，以及农产品贸易、餐饮、自然景观旅游等商业服务业，都要靠农业支撑才可能发展。只不过在现阶段，农业要为工商业提供质优价廉的专用原材料和产品，才能起到有效的支撑作用。

农业对工商业的支撑，还表现在对其产品及服务市场的提供上。农业发展为农用工商业产品提供了巨大市场，为农用工商业发展提供了广阔空间。农业对化肥的大量使用支撑了化肥工业的发展，农业对农药的使用促进了农药工业的发展，设施养殖业的发展催生了饲料工业的发展壮大。而现代化农业的发展，更是极大促进了农机产业的发展。农业发展也对生产资料供给服务、技术服务、金融服务、生产服务提供了新的要求，为这些服务业的发展提供了广阔的市场及发展机会。应当指出，传统农业对工商业提供的市场有限，只有现代农业才能为工商业提供巨大市场，在新的发展阶段，只有加快传统农业的现代化转型，才能充分发挥对工商业的支撑功能。

二、新阶段农业的社会功能

农业生产是人类重要的社会经济活动，不仅具有经济功能，还具有很强的社会功能。农业的社会功能是由其产业特质决定的，农业是为人们提供基本生活资料的重要产业，也是国民经济的基础产业，对社会发展具有全面而综合性的影响。农业的社会功能主要表现在维持社会稳定、劳动力就业、促进农村社会发展等方面。

1. 农业的社会稳定维持功能

社会稳定是经济、社会、科技、文化发展的前提，也是人民正常生活与工作的条件。没有社会的稳定，甚至出现严重的社会矛盾，人们就会被卷入各种冲突之中，不仅经济、社会、科技、文化不能发展，人民的正常生活与工作被打乱，还可能带来巨大的破坏，使国家和人民深受其害。影响社会稳定的因素很多，但人民安居乐业是社会稳定的基本条件。安居使人民具备基本的生活条件，可以享受安定正常的生活。乐业使人民有正当的职业，可以通过劳动获得应有的报酬和社会认同。安居便有了基本生活保障，乐业便有了谋生的依托，社会的稳定也就有了可靠的基础。而无论是安居还是乐业，都与农业密切相关，没有农业的充分发展，就无人民的安居乐业可言，自然也难实现社会稳定。

人民安居指居有所、饥有食、寒有衣、病有医、老有养、行有便，衣食住行能得到可靠保障、基本生活需要能得到满足。而要达到安居，衣食保障又是最基本的，缺衣少食不可能安居，要为人民提供所需衣食和住所，都要靠农业的发展。只有农业的充分发展，才能生产出品种众多且数量巨大的粮食、油料、糖料、蔬菜、水果、干果、肉类、蛋类、奶类、水产品，为人们提供丰富的食物。还是农业的充分发展，才能生产出大量的棉花、麻类、毛类、生丝、皮张等，为人们提供四季服装。也是农业的发展，才能生产出大量的竹木等建筑材料，为人们建造房舍、制作家具和用品。改革开放以来农业得到巨大发展，人民生活不断改善而得以安居，在改革大潮中团结奋进，保持了社会稳定。在新的发展阶段，更应高度重视农业发展，使其更好地发挥维持社会稳定的作用。

人民乐业指能从事按自己意愿选择的正当职业，在法律许可范围内就业或创业，享受劳动权利，获取劳动报酬，其劳动受到社会认同与尊重。而要乐业首先必须有基本生活保障，只有当人们的衣食和居所有了保证，才有可能去参与社会经济活动、从事自己喜欢的职业，这些只能靠农业的发展来解决。乐业也必须有尽可能多的就业机会，只有就业岗位数量众多、类型多样，人们对职业的选择机会才更多、余地也更大，而农业发展就能创造出众多农业和非农业就业机会。农业的充分发展，使农林牧渔各部门的产业增加，规模扩大，可使更多的人以农为业、以农谋生。农业的发展壮大又会有力地促进工商业发展，使更多的人以工商为业、以工商谋生。改革开放初期农业率先发展，在解决衣食等基本生活所需后，城乡居民掀起了就业和创业高潮，特别是两亿多农民进入城镇务工经商，极大地促进了经济社会发展，并在人口与劳动力大流动中，保持了社会的有序运行与稳定。在新的发展阶段，更好地发挥农业在人民乐业中的作用，对维持社会稳定有特别意义。

2. 农业的劳动就业功能

劳动力就业对任何国家都是重大的社会问题，对人口和劳动力大国更是如此。劳动力就业不仅关系到人们劳动权利的实现，更关系到人们劳动收入的获取，也关系到人们自身发展的实现。对于个人，就业关系到自身及家庭的利益，受到高度关切。对于国家，就业关系到经济发展和社会稳定，受到高度重视。中国人口众多、劳动力数量庞大，就业更是一个十分重大的社会经济问题，也是一项极为艰巨的任务。劳动力就业关键是就业岗位的多少及类型的多样，就业岗位越多、岗位类型越多样，劳动力就业越充分，相反则劳动力就业越困难。在我国无论是就业岗位或岗位类型，都与农业息息相关，农业对劳动力就业有极大影响。

农业作为一个巨大的产业集群，包括农林牧渔四大部门（近年又增加了一个农业服务业部门），各部门内又包括很多类别的产业，各产业内又包括众多产品生产。如农业（种植业）中又分粮食种植业、油料种植业、糖料种植业、水果种植业、蔬菜种植业等，而粮食种植业中又分水稻种植业、小麦种植业、玉米种植业、薯类种植业等。如此类推，农业的产业数以百计，而农业的产品生产数以千计、甚至万计。产业部门、产业及产品生产类别多且规模大，提供的就业岗位便多、岗位的类型也多，不仅能吸纳大量的劳动力就业，还能吸收具有不同能力与专长的劳动力就业。虽近年缺乏农业劳动力的确切统计，但按农村常住人口推算，近年农业吸纳的劳动力应当在两亿以上。随着技术进步和装备更新，农业吸纳的劳动力会有所减少，但估计近期应不少于两亿，数量仍然庞大。在新的发展阶段，应通过结构的调整、产业的升级、产品质量的提升，以及向深度和广度发展更好地发挥农业的就业功能。

农业又分产前、产中、产后三个环节，每个环节都涉及不少相关的工商业部门。在产前及产中环节，涉及农业生产资料生产与供给、农业生产信息及技术服务、农业金融及保险服务、农业生产服务等。在产后环节，涉及农产品加工、农产品储运、农产品贸易等。这些工商部门的涉农业务不仅数量庞大，而且覆盖面非常广，这些涉农业务的开展可吸纳不少的劳动力就业，其就业岗位也是由农业提供的。农业的发展，也能有力促进非涉农工商业的大发展，并为全社会增加更多就业岗位。在新的发展阶段，若农业现代化进程加快、农业发展水平进一步提高，则农业在这些方面的就业功能还可增强。

3. 农业的社会发展推动功能

农村与城镇相比有很多独特之处，作为地域农村是面而城镇是点，作为人口分布农村分散而城镇集中，作为产业农村以农为本而城镇以工商为要，作为社会农村较为传统而城镇较为现代。农村因农业的存在而存在，因农业的发展而发展。农村社会亦因农业的存在和发展而维系及进步，形成农业兴而农村社会兴、农业衰则农村社会衰的依存和循环。在工业化和城镇化进程中，农业容易被忽视，有些地区的农业受到严重削弱、出现发展困难，这些地区的农村社会随之受到巨大冲击、有的甚至难以为继。在社会发展中，如果城乡不同步，城镇进入现代文明，而农村尚处传统落后状态，则不仅会导致农村的衰败，而且还会导致城乡二元社会的矛盾。因此，通过农业发展振兴农村社会，在当下既具重要理论意义，又具重大现实价值。

农业发展推动农村社会发展，根本的原因在于农业发展为农村社会发展提供经济支撑。一方面农业的充分发展使农民收入水平提高、对社会发展的要求亦随之提高，另一方面农业的充分发展可为农村社会发展提供必要的经济支持。随着农业发展带来的收入增加和生活改善，农民对教育、科技、文化、医疗卫生的需求增加，对社会经济发展管理决策参与度提高，民主法制观念增强。这就必然要增加农村公共服务机构和人员，建设农村教育、科技、文化、医疗卫生设施，这些都需要一定的投入，当农业和农村经济发展较好时，这些投入才有可靠来源。在新的发展阶段，通过农业发展为农村社会发展提供可靠的经济支持，增强农村社会自我发展能力和可持续发展能力，是一项极为重要的任务。

农业发展推动农村社会发展，还在于农业能为农村集聚人气，使农村社会发展既有载体又有受体。农业的发展使其从业劳动力及家人汇集农村，使农村人口保持一定规模。农业发展水平越高，生态环境越改善，农村还能吸引大量城镇人口休闲、度假、旅游甚至居住，从而使农村人气旺盛，显现生机与活力。有了一定规模的常住人口和流动人口，农村各类社会组织才能构建，公共管理机构才能设置，教育、科技、文化、卫生设施建设及服务开展才有依托，社会发展才有根基。同时，农业现代化水平的提高、农村基础设施的改善，农业生产方式、农民生活方式、思想观念等会发生很大变化，传统农村社会亦随之向现代社会转变。在新的发展阶段，就是要在促进农业发展与现代化转型基础上，推进农村社会发展及现代化进程。

三、新阶段农业的生态功能

农业利用动物、植物、微生物生长发育进行生产，天生就与生态环境有着密不可分的联系。动物、植物、微生物在生长发育过程中，要利用及消耗自身及土地资源、水资源、光热资源等，对这些资源的利用与消耗，必然对生态环境造成不同程度的正面或负面影响。在农业资源消耗过度、生态环境压力增大的今天，发挥农业在生态环保方面的正面作用、减少或消除农业在生态环保方面的负面影响，便成为农业发展的重要内容。在新的发展阶段，农业可以利用自身优势在生物资源利用与保护、土地及水资源利用与保护、农业环境保护与改善方面发挥重要作用。

1. 农业的生物资源利用与保护功能

生物资源包括动物资源、植物资源、微生物资源，其中又分为众多类、科、种、属，是长期进化的产物，是宝贵的自然财富。生物资源虽种类繁多，但每一种生物都只能在特定环境条件下生长发育，生命力既强大又脆弱。种类繁多的生物组成一个庞大的系统，相互依存又相互制约，在演进中形成动态平衡。但若生物系统受到自然或人为干扰（如受种群大小的影响、受气候变化的影响、受人类活动的干扰等），就会变得脆弱和不稳定，有些生物甚至易于消亡。某些生物的消亡不仅是宝贵自然资源的永久损失，更造成生物多样性的破坏和生物系统失衡。农业是利用生物资源进行生产的产业，也是与生物系统关系最密切、影响最直接的产业，对生物资源利用与保护的责任重大，这种责任主要体现在对生物资源的合理开发利用及生物物种的保全上。

农业对生物资源的开发利用一般有三种方式，一是直接利用野生生物（如天然林木、野生动植物），二是对野生生物驯化后利用，三是对生物改良后利用（如杂交动植物、转基因动植物）。农业对野生生物的直接利用被严格限制范围和强度，对珍稀和濒危野生生物则严禁直接利用，并尽可能利用人工驯化品种对野生物种的替代，以保护野生生物。农业将驯化生物直接用于生产，因生物驯化要经过漫长的过程，故将驯化生物视为进化出的新物种，在利用中提纯复壮，充分发挥其良好的生物性状和经济性状，在利用中加以保护。农业对改良生物更是充分利用其良好的生物性状和经济性状，更加广泛应用于生产，并在应用中进一步改良，使之在利用中得到保护与提升。杂交育种、转基因育种又产生了不少新的动植物品种，这些生物物种也是靠在农业中应用才得以保护和存续。在新的发展阶段，开发生物资源潜能、充分有效而合理地加以利用，并在利用中加以保护，已成为农业发展的重要功能。

农业对生物资源的保护有两重含义，一是保护生物物种、使之世代繁衍不致灭绝，二是保护生物生存环境，使之免遭破坏，为生物提供生存繁衍的空间。农业对野生生物的保护，首先是保护野生生物的生存环境、为其生长繁衍提供庇护所，其次是保护野生生物资源，严格控制开发利用，再次是建设保护区及人工繁衍基地、对珍稀及濒危生物特别保护。农业对驯化生物的保护，一是在利用中保持物种的纯正、防止退化变劣，二是在更新中保护好种质资源，免遭遗失或丢弃。农业对改良生物的保护，一是在充分利用中保护，防止在闲置中遗失，二是在利用中进一步改良，使其具有更好生物及经济性状，三是在更新中对这些种质资源严加保护，防止遗失或丢弃。在新的发展阶段，充分发挥农业的生物资源保护功能，既有利维系生物多样性，也有利农业自身的发展。

2. 农业的土地和水资源利用与保护功能

土地和水是宝贵的自然资源，也是重要的农业资源。对于我们这样人多地少水也少的国家，土地和水更显珍贵与稀缺。土地中的农地（耕地、园地、林地、草地、水面）以及淡水，是农业的重要物质基础，没有这个基础农业就无从谈起。由于农地在土地中占有绝大部分，而农业用水又占总用水的绝大部分，故农业对土地资源和水资源利用与保护的影响极大。这些影响有的为正面、有的为负面，有的为长期、有的为短期，正面影响使土地和水资源保持良好状态、永续利用，负面影响则使土地资源和水资源状况恶化、遭到破坏。长期正面影响使土地和水资源良性循环、多方面受益，而长期负面影响则导致土地和水资源的恶性循环、多方受损且难以治理。农业发展可以对土地和水资源带来长期正面的影响，使其良性循环和永续利用。

农业对土地的利用，可粗略分为肥力和空间双重利用及空间单一利用两类，前者如利用耕地种植粮油作物、利用草地养畜、利用林地植树造林等，后者如利用土地建温室、建无土栽培设施、建畜禽养殖场、建鱼塘等。前一类利用既占用土地的空间又消耗土地的肥力，后一类利用只占用土地空间不直接消耗土地肥力。前一类利用若科学合理，不仅能提高土地产出率，还可增进土地肥力。后一类利用若科学合理，则既可使难利用土地得到利用，又可使利用方式和途径得到创新。无论哪一类利用，只要因地制宜、将土地用在最适宜的生产领域，只要节约用地、特别是节约利用耕地，只要保护与改良土地、特别是农地，则土地就可在利用中得到保护。农业对土地的保护，一是通过农地开发利用、防止废弃荒芜，二是用地养地结合，提高土地质量、防止退化，三是加强农地安全、防止人为或自然毁损，四是强化农地改造，消除利用障碍，提高产出能力。在新的发展阶段，农业发展应利用政策、投资、技术等方面的有利条件，从上述几方面搞好农地保护。

农业对水有强烈的依赖，有水才可能有农业。农业对水的利用主要是灌溉，人工灌溉一般采用漫灌、喷灌、滴灌三种方式。在降水丰沛而季节分布又均匀的地区，农业靠自然降水灌溉而不用人工灌溉。无论人工灌溉或是自然灌溉，农业用水都必须及时和适量，只有如此才能满足农业用水和节约用水。农业用水的节约，一是建设良好的输水设施、防止渗漏，二是采用先进的灌溉方法、减少用水量，三是掌握用水时机、防止无效用水。农业对水资源的保护，重点是源头的保护，一是保护森林植被、涵养水源，二是保护河流、湖泊及水库水体及保证水资源供给，三是严格控制地下水抽采、保护地下水资源。在新的发展阶段，农业通过结构调整、技术措施、工程措施，加强对水资源的保护，使水资源状况逐步好转。

3. 农业的环境保护与改善功能

生态环境是由生物、大气、土壤及水等组成的大系统，这一系统的状况不仅关系到经济发展，而且关系到人类生存。农业与生态环境关系极为密切，一方面农业依赖生态环境，另一方面农业对生态环境影响巨大。农业对生态环境的依赖，主要表现在生产过程之中。农业利用动物、植物、微生物生长发育完成生产过程，生物、大气、土壤、水在这一过程不可或缺，若缺其一农业就不会存在。农业对生态环境的影响表现在方方面面，有正面的也有负面的、有长期的也有短期的。无论何种影响，都由农业生产过程的物质能量循环所产生，科学的循环使生态环境日益改善，反之则使生态环境恶化，这取决于农业发展的理念，相关决策及应用的技术。

农业对生态环境的保护与改善，生物和大气是重点领域。由动物、植物、微生物组成的生物圈是生态系统的核心，对生物圈的保护与改善就是对生物保护的凸显。新阶段农业对生物圈的保护，一方面体现在保护所有生物物种、不能使之消亡或失传，另一方面体现在保护生物的生存环境、不能让其遭到破坏。保护的对象不仅包括栽培植物、饲养动物、利用微生物，还包括尚未利用或处于野生状态的生物。农业对生物圈的改善，一是维护生物多样性、防止生物系统退化，二是维持生物系统良性循环、增强系统的稳定性。无论是保护或改善，农田生态、畜禽养殖生态、林业生态、草原生态都发挥了重要作用。新阶段农业对大气的保护，主要体现在减少和防止有害气体的排放，特别是防止农业废弃物对有害气体的排放。农业对大气的改善，重点是发挥农田、森林、草原在消解有害气体、释放氧气、改善大气质量中的作用。

农业对生态环境的保护与改善，土壤和水体是重点对象。土壤是生物生长发育的基础，水是生命之源，保护土壤和水体就是保护生命，改善土壤和水环境就是改善生物生存繁衍条件。在新的发展阶段，农业对土壤的保护，一是保持土壤、防止流失及毁损，二是维护土壤、防治污染。农业对土壤的改善，一是土壤改良、利于使用，二是土壤培肥、增强肥力。农业对水体的保护一是涵养水源、使之永续利用，二是保持水体洁净、防止污染。对水体的改善一是蓄积水源、增加供给，二是水体治理，使之净化。在目前，农业将耕地和草原作为土壤保护和改善的重点，使耕地免遭破坏、肥力得到增强，使草原免遭退化、生态及经济功能提升。

随着农业生物技术、农业工程技术的进步，农业对退化生态系统的修复功能越来越强。利用发展林业、草业改造沙漠，利用发展水果、香料产业改造南方石漠化土地，利用特种牧草、海水稻改造盐碱地，在戈壁发展设施蔬菜瓜果种植业等，都已获得成功。农业对生态环境的改善功能凸显，也使环境保护与产业发展的结合成为可能。

四、新阶段农业的文化功能

在中国这块古老的土地上，农业发展已有 8 000 年以上的历史。在漫长的发展历程中，中国农业不仅对人类贡献了水稻、大豆、谷子、柑橘、蚕桑、茶叶等大量农作物品种，培育了不少家禽、家畜品种，还为世界提供了科学的农业发展思想理念、先进的种植和养殖技术及模式、奇妙的农业工程技术、精准的农时季节划分与历法，更创造了辉煌灿烂的农耕文明。当代农业虽发展条件、技术及生产手段已经变化，但祖先在长期实践中所形成的科学思想、所发明的先进成果、所创造的辉煌文明，是宝贵的财富，应当传承并发扬光大。

1. 农业对科学发展思想的传承功能

我国在长期的农业实践中，逐渐形成了一系列科学思想和理念，并在应用中日益完善和深化，不仅在久远的农业发展中大放异彩，而且在当代仍显现出智慧的光芒。这些科学的思想和理念，主要体现在人与自然的关系上，形成了天人合一的思想和顺应自然的理念。主张人们应敬畏自然、尊重自然、认知自然、利用自然，而不能破坏自然、傲视自然，更不能无视自然而狂妄胡为。同时也提醒人们应认识自然，利用自然力量顺势而为，发展农业生产。还告诫人们，自然不可违，更不能相悖而为，否则将会受到自然的惩罚。农业传承的这些思想和理念，在新的发展阶段仍具指导意义，需要继承和发展。

在数千年的农业实践中，人们观察到自然的变化、体验到自然的力量，既受到自然的恩惠，也受到自然的约束。由此产生对自然的敬畏和尊重，并进而发展到对自然的认知和利用。对自然的敬畏和尊重，一是表现在对自然物的爱护，不让其遭到损害，如爱护山川河流、花草树木、鸟兽虫鱼。二是表现在对自然的认知，亦即对自然规律的探索，以便为我所用，如对物候的认知，对动植物生长发育的认知，对水的运行认知等。三是表现在对自然规律的遵循，避免相悖而行，如作物种植、动物饲养、水力利用等。在新的发展阶段，农业传承的先辈敬畏和尊重自然、认知和利用自然的理念，有利于正确处理人与自然的关系，更有利于对自然规律的认知、掌握和利用。

在数千年的农业实践中，人们经过不断探索，逐渐认识并揭示出自然变动的某些规律，又将其在生产中应用，创造出不少奇迹。通过对周而复始的气候变化，认识到季节的变动规律，将一年分为四季及按春播、夏耘、秋收、冬藏安排农业生产，又将一年分为二十四节气及按不同节令开展农事活动。通过对动物生长发育规律的认知，对家禽家畜按春繁、夏养、秋肥、冬出栏的方式养殖。通过对流水动能和势能的认知，带动水车提水灌溉、利用流水带动水碾或水磨加工农产品。通过对江河运行规律的认知，不仅按疏通、引流、排放等方法治理水系和开发了河套平原、江汉平原、杭嘉湖平原等，还建设了四川省都江堰、宁夏引黄渠（秦渠、汉渠、汉延渠、唐徕渠等）、汉中三堰（山河堰、五门堰、杨填堰）、福建黄鞠灌溉工程等众多水利工程，历经一两千年至今仍发挥作用。在新的发展阶段，农业继承和发扬先辈的探索和创新精神，更加深入揭示和更为全面掌握自然规律，推动其创新性发展，并在发展过程中，不断丰富和深化科学的发展思想。

2. 农业对可持续发展模式的传承功能

在数千年农业实践中，先辈逐渐形成资源可持续利用、产业可持续发展的理念，并创造了多种模式，种养结合模式就是典型代表。该模式将种植业和养殖业有机结合起来，形成产业的良性互动和物质能量的高效循环。这一模式的具体做法是，生产者同时从事种植业和养殖业生产，用种植业的主产品及副产品发展养殖业，再用养殖业的粪便为种植业提供肥料、用养殖业的收入扩大种植业再生产，如此循环，相互依存又相互促进。这一模式的代表是种粮与养猪的循环，即粮多—猪多—肥多—粮多的关系链。在现代农业中，种植业和养殖业分离，二者难以良性循环，以致种植业肥料主要靠化肥、养殖业粪便成为污染物，不仅生产成本增加，而且还造成生态环境破坏。在新的发展阶段，充分继承种养结合模式的科学思路，利用更新的技术和手段，可以实现种植业和养殖业在更高水平上的协同发展。

在数千年的农业实践中，先辈还创造出多种循环农业模式，如桑基鱼塘模式、稻鱼（虾、蟹）模式、稻鸭模式、果禽模式、林畜模式等。桑基鱼塘模式是在鱼塘沿岸栽桑，用桑叶养蚕、用蚕粪养鱼，实现桑、蚕、鱼协同共生。稻鱼（虾、蟹）模式是稻田内放养鱼（虾、蟹），利用鱼（虾、蟹）为稻田松土，消灭害虫和杂草，实现稻鱼（虾、蟹）共生和双丰收。稻鸭模式是稻田放养鸭，利用鸭为稻田松土，消灭害虫和杂草，实现稻鸭共生和双丰收。果禽模式是在果园放养家禽（鸡为主），利用家禽消灭害虫和杂草并为果园施肥，实现果禽共生并增加收益。林畜模式在传统上是在林中放养牛羊，后来又发展到放养猪等家畜，家畜利用林中食物生长并为树林施肥松土，实现协同共生和两利。这些模式利用协同共生，实现产业间的关联与循环，为新阶段农业发展所吸收、改造和利用，并进一步创造许多新模式。

在数千年的农业实践中，先辈不仅十分珍惜耕地，还创造出很多科学合理利用耕地的方法与模式，如施用有机肥、轮作换茬、间作套种、水旱轮作等，长期以来都是靠施用有机肥进行种植业生产，即将人畜粪便和作物秸秆腐熟后作为肥料，不仅能保持和增进耕地肥力、有利于土壤改良、防止耕地退化，同时还能变废为宝，防治污染。在耕地稀缺、难以休耕的情况下，先辈采用耗地作物（如谷物）与养地作物（如豆类）轮换种植或间作、套种种植，使有限耕地在不间断的利用中，达到用养结合的目的。在南方稻作区，为避免稻田终年积水对土壤的不良影响，采用水稻—小麦（大麦)、水稻—油菜、水稻—蔬菜(饲料)等水旱轮作模式,对土壤进行改良。在新的发展阶段,这些方法与模式仍被广泛应用并有所创新,在耕地保护和科学利用上发挥重要作用,再利用现代技术和手段加以继承和发扬,其作用将更加凸显。

3. 农业对优良品德的传承功能

在数千年的农业实践中,劳动人民养成了一系列优良的品格和德行,一代代传承,成为极其宝贵的精神财富。在众多优良品德中,勤劳勇敢是其重要表现。农业生产是对自然的利用和干预,不仅会遭遇很多困难,还会面临众多不确定性,严寒酷暑,干旱洪涝时有发生。面对这些挑战,人们迎难而上,勇敢克服和战胜困难,争取好收成。在漫长的农业生产过程中,人们把握每一个环节,做好每一项工作,以争取最后的成功,由此养成吃苦耐劳、坚韧不拔的品格。这一品格不仅成就了辉煌的农业史,而且创造了改革开放以来的农业奇迹。在新的发展阶段,农业面临前所未有的新形势和新任务,传承和发扬勤劳勇敢的品格,定能克服困难、争取胜利。

在长期的农耕生产及生活实践中,人们养成的勤俭节约是又一优良品德。在农业生产过程中,人们总是通过艰苦努力、克服不少困难,才能获取一定收成,深知来之不易,形成对劳动成果的珍惜,并逐渐养成生产及生活上的勤俭节约。生产上的勤可以增加产出,生活上的俭可以减少支出,起到增产增收的作用。而生产中的勤使惰性下降,生活上的俭可避免奢靡,起到扬正气抑惰性的作用。勤劳是一切成功的基础,任何产业的发展都要通过辛勤劳动才可能实现。节俭是为人做事的要旨,使人清廉、令事功成。在新的发展阶段,农业生产条件虽大为改善,人们的收入和生活水平也已大幅度提高,但面对严峻的形势和艰巨的任务,继承和发扬勤俭节约的品德,无疑具有很大现实意义。

面对生产及生活中的各种困难,人们还养成了互助合作的习惯。为满足生产及生活的共同需要,社区居民合作兴建水利工程、道路工程和其他公共设施,并共同维护使其正常运行。在生产活动中农户间相互帮助,及时完成农事活动,以保证有良好的收成。若遭遇自然灾害,相关地区居民也会自觉组织起来共同抗击,以减轻损失。当农户生活遭遇困难,周边农户也会伸出援手,帮助其渡过难关。互助合作的传统,千百年来成就了农村的公共设施建设和公共产品提供,也在一定程度上缓解了农户个体在生产及生活上的能力不足。在新的发展阶段,传承和发扬互助合作精神仍有重大意义。特别在市场经济条件下,农业生产微观主体在自愿互利基础上,广泛开展互助合作,对农业和农村经济发展都会发挥重大作用。在各种自然灾害面前,发扬"一方有难、八方支援"的精神,一次又一次获取了胜利。在扶贫攻坚工作中,传承和发扬"扶危济困""共同富裕"的精神,开展全国性"对口支援""精准扶贫",使大量贫困人口摆脱了贫穷,走上了富裕道路。

五、新阶段农业的重要地位

我国农业长期占据国民经济主导地位，直到 20 世纪 80 年代初，农业 GDP 占比仍高达 30％以上，农业劳动力占比更高达 70％以上。经过改革开放近 40 年的发展，工商业快速增长，经济总体规模迅速扩大，农业在国民经济中的占比大幅下降，2016 年农业 GDP 占比已降至 8.90％，农业劳动力占比也大为降低。在这一背景下，如何科学再认识农业的地位，便成为重大理论和实际问题，在新的发展阶段，农业的地位可以从与国民经济发展、国家安全、乡村振兴几个方面加以定格。

1. 农业的国民经济基础地位不可动摇

对中国这样的经济和人口大国，无论国民经济总量多大、农业占比如何降低，农业的重要性都不容置疑，农业的基础地位更不可动摇。在工业化起步到传统工业化基本完成的历史阶段，农业以其为人们提供基本生活资料、为工业提供原材料、为工商业提供土地及劳动力和市场、更为工商业发展提供原始积累，建立起国民经济基础的地位。从 2004 年起取消农业税和与农业关联的其他费用及提留，农业提供原始积累的使命才告完成。在新的发展阶段，农业不仅仍然承担为人们提供基本生活资料、为工业提供原材料、为工商业提供土地及劳动力和市场的重任，而且提供的生活资料品种要更丰富、质量要更高，提供的原材料品种要专用、数量要对应、质量要上乘、价格要有竞争力，提供的土地区位要满足、数量要足够，提供的劳动力素质要高、数量要充足，提供的市场要广阔、购买力要强。这些作用的充分发挥，使农业在国民经济中的基础地位不可动摇。

随着国民经济的发展，农业的占比下降，但农业的绝对规模却越来越大，始终是国民经济体系中的重要组成部分。2016 年全国粮食总产量 61 625 万吨、棉花总产量 530 万吨、油料总产量 3 630 万吨、糖料总产量 12 341 万吨、肉类总产量 8 538万吨、蛋类总产量 3 095 万吨、奶类总产量 3 712 万吨、水产品总产量 6 901万吨、瓜果总产量 10 232 万吨、蔬菜总产量 79 780 万吨，均居世界前列。如此巨大规模的农业，无疑是国民经济体系中不可或缺的大产业，对经济社会发展具有不可替代的支撑作用。在新的发展阶段，农业发展规模还会越来越大，其实力会越来越强，在经济社会发展中的支撑作用也会更大，其基础作用更为凸显。

农业因其强大的原材料生产能力，与相关工业形成了很强的依存关系，粮食加工业、油料加工业、糖料加工业、纺织工业、屠宰及肉类加工业、奶品加工业、竹木加工业、水产加工业、蔬菜加工业、水（干）果加工业、食品工业、饮料工业等，均以农业而生成和发展。农业还因其巨大的生产资料需求，与相关工业形成了支撑关系，化肥工业、农药工业、农用塑料制品业、饲料工业、兽药工业、农机制造业等，都依靠农业的支撑而生成与发展。农业也因巨大的服务需求和提供产品及服务的能力，与相关商贸业和服务业形成了共生关系，农产品贸易业、餐饮业、农业（农村）旅游业、农业金融业、农技服务业、农业生产服务业等，都与农业同兴衰、共荣枯。农业与这些产业的紧密关系，决定了这些产业的发展对农业的依赖。在新的发展阶段，同样需要利用农业的发展推进这些产业的进一步发展，离开了农业，这些产业的发展就会成为无源之水、无本之木。

2. 农业对国家安全保障的地位日益凸显

国家安全的内容很多，食物安全、国土安全、生态安全是其重要内容。食物是人们最基本的生存需要，是不可或缺的生活品，如果人们既有机会又有能力获得所需食物、既买得到又买得起食物，则食物便是安全的，否则食物就是不安全的。人们所需食物包括粮、油、糖、肉、蛋、奶、水产、蔬菜、水（干）果等，可由国内生产提供，也可由进口获取。有机会获得食物指无论何时何地，只要有需求就可能得到，只要有需求也有能力得到。有可能得到有赖于市场的充分供给，有能力得到则要靠人们的收入和购买力。对于我们这样的人口大国，对食物的需求数量巨大、品种繁多、质量规格多样，地域与季节差异很大，只有主要靠自己生产才能保障供给，只有包括农业在内的经济有效发展才能增加人们的收入和提高购买力。在新的发展阶段，通过农业的充分发展，可以为人们提供丰富多彩、质量优良的食物，农业在保障食物安全上的地位不可替代。

国土安全是国家生存与发展的基本条件，也是人们安居乐业的基础。传统上国土安全是保疆守土、免遭入侵，现代的国土安全除消除侵扰、保持疆土完整外，还要保护和利用好国土，使其免遭自然和人为破坏。消除外部侵扰及保疆守土主要依靠国防力量，但发展农业保卫边疆的作用不可缺少。边疆地区易受外部侵扰，可边疆一般偏远，人口稀少，不易守护。若在有条件的边疆地区发展种植业、畜牧业、林业等，使其得到开发利用，不仅可以改善守护边疆的条件，还可以增强守护边疆的力量，对保护国土安全大有好处。国土的利用与保护对国土安全影响极大，科学合理利用可以有效保护国土，使其更加安全，而损毁及污染或废弃则破坏国土，使其极不安全。包括耕地、园地、林业、草地及养殖水面在内的农地，占国土的绝大部分，农地安全关系到整个国土安全。在新的发展阶段，利用先进科学技术发展现代农业，充分合理使用农地，防止农地自然和人为损毁、污染，防止农地废弃，治理有障碍农地，不仅使农业得到更大发展，而且也使国土更为安全。

生态安全关系经济社会发展，更关系人类生存，为国之大事。生态安全包括生物安全（生物多样性及良性循环）、大气安全（洁净无污染）、水安全（清洁无污染）、土壤安全（无毁损无污染）等内容，都与农业相关。农业利用动物、植物、微生物生长发育进行生产，在生产过程中要消耗水土资源和其他物资，同时也要产出产品和废弃物，对生态安全的各个方面都会产生直接影响。若按理性的思路和科学的方法发展农业，就会保障生态安全。若发展思路和方法出现大的偏差，则轻者导致生态破坏，重者造成生态灾难。在新的发展阶段，农业只要坚持可持续发展理念，应用现代科学技术解决资源利用与保护、环境保护与改善、污染防治等问题，就会有效发挥生态环保功能，使生态安全得到保障。

3. 农业的乡村振兴支撑地位不可改变

在工业化、城镇化进程中，农村人口和劳动力大规模向城镇转移，导致农村人口和劳动力（特别是青壮年人口和劳动力）减少，部分农村甚至大幅度减少。加之农业比较效益低，特别是粮油等大田作物生产效益低，使部分农民放弃农业，甚至将承包地撂荒。少数农村社区因常住人口大减、劳动力严重不足，导致田园荒芜、房屋破败、毫无生气，不仅生产难以发展，就是留守老人赡养、留守儿童抚育、社区维系也变得困难，与欣欣向荣的城镇形成巨大反差。这种反差与城乡协调发展的要求格格不入，并终将对整个经济社会发展产生严重不良影响，必须通过乡村振兴加以改变。乡村振兴内涵广泛，任务繁重，但经济和社会振兴是其主要内容，生态环境改善也不可或缺。

经济振兴是乡村振兴的基础，而经济振兴要靠发展产业才能实现。根据农村的条件，农业应当是其主要产业，也应当是其优势产业。一是因农村可为农业发展提供必要的生产资源，二是因农村有长期从事农业的传统，三是因农民有丰富的农业生产经验。农村有农业广阔发展空间，也有很好的发展前景，搞好农业发展不仅能为乡村振兴提供产业支撑，还能为乡村振兴提供经济支撑。一方面，农业是个大的产业集群，充分发展可以提供很多产品和服务，繁荣农村经济。另一方面，农业发展可以带动农产品加工业、食品工业、旅游观光业、服务业发展，改善农村产业结构。再一方面，农业的有效发展及农村非农产业的兴起，可以显著提高农村经济实力，为其振兴提供有力经济支撑。

社会振兴是乡村振兴的重要内容，而社会振兴应当以人为本，即社会为人而振兴、社会又依靠人而振兴。因此，乡村振兴必须集聚人气，只有人口的集聚才能振兴。发展农业和以农业为依托的二、三产业，提高农业的效率和效益，可创造更多更好的就业和创业机会，并给从业人员带来较高的收入，便可在农村集聚适度规模的人口和劳动力。农村有了人气就产生了对公共服务的需求，有了经济实力则社会组织管理机构就会建设和加强，教育、科技、文化、卫生设施会相继建设和完善，相关服务活动也会开展，社会保障体系会得到加强和完善，农村就会实现少有所育、老有所养、病有所医，人民安居乐业。

生态环境改善、山水绿化美化，是乡村振兴的应有之义。而新时期农业的发展，可为农村生态环境保护与建设提供有效支持。首先，在可持续发展思想指导下，利用现代科学技术发展农业，可以保护和改善生态环境，防止污染和资源环境破坏。其次，现代种植业及养殖业规模化、规范化、景观化生产，可突出农业的景观特色，可形成壮美的农业景观。再次，自然环境的维护和美化，林业、牧业、果业、特产业发展，可以打造农村秀美山川、优雅环境，还可提供美食，使农村成为人们向往的休闲、游乐、生活、安居之所。

第二篇

中国农业发展的制度环境

第四章　中国的农地制度

农地是农用土地的简称，包括耕地、园地、林地、草地、可养殖水面。农地制度包括产权制度、管理制度、使用制度等多方面的内容，是农业的基本制度。农地是国土的重要组成部分，农地制度是国家土地制度的核心，也是国家土地制度在农地上的体现。农地制度既赋予相关主体土地权利，也规定相关主体的土地责任，与相关主体的利益密切相关。农地制度也决定土地的投资、改良和使用，对土地建设、保护及产出能力有重大影响。农地制度决定农业生产管理与决策、农业生产经营组织及方式，对农业发展关系重大。

一、农地所有权制度

新中国成立后的土地改革以来，农地所有权制度经历了一系列变迁，除少部分农地属于国家所有外，大部分农地经历了从农民私有到农村集体公有的变动过程。农地所有权制度的变迁与我国农业发展紧密相连，国有农地制度因国有农业发展而产生，而集体农地制度则因农业合作化、人民公社化而生成。目前的农地所有权制度安排，一方面体现了这一制度几十年变迁的结果，另一方面也体现了农业发展的新要求。

1. 少部分农地的国家所有制

在我国农地总量中，有少部分农地为国家所有，属于国有农地。国有农地既有耕地，也有林地和草地，还有可养殖水面，类型齐全。国有耕地包括新疆生产建设兵团的耕地，黑龙江国有农场的耕地，各省（自治区、直辖市）国有农场的耕地，各地、县国有农场的耕地，各高校及科研院所实验农场的耕地等。国有林地包括各级国有林场的林地，各类自然保护区中属国家所有的林地，高校及科研院所实验林场的林地等。国有草地包括国有畜牧场的草地，各类自然保护区中属于国家所有的草地，高校及科研院所实验草原的草地，无人区中的草地等。国有可养殖水面包括国有大中型水库水面、天然江河湖泊水面、可养殖近海水面等。

国有农地一般有三个来源，一是新中国成立初承袭国民党政府遗留的部分国有农地，二是土地改革时期在无人（少人）居住区收归国有的农地，三是新中国成立后由政府主导新开发的农地。除此之外，也有少量征用农民的农地。承袭国民党政府的部分农地，主要有原来由其管控的农林牧渔企业的农地、高校及科研院所的农地、原地方政府（省、地、县）农事试验站的农地等。收归国有的农地主要是分布在边疆人烟稀少的或无人居住区域的林地、草地，分布在高寒山地而又无人或少人居住区的林地、草地，其他无人占有和管护的农地等。国有农地的开发，主要有 20 世纪 50 年代初开始的新疆生产建设兵团的农地开发，50 年代中期开始的黑龙江国营农场的农地开发，50 年代先后进行的西藏、内蒙古、甘肃、云南等省份农垦建设的农地开发，以及随后进行的林业建设、水利建设的农地开发。在国有农地中，新中国成立后开发的占了绝大部分，特别是国有耕地几乎都是新中国成立后开发的，并且在农业生产中做出了重大贡献。

国家拥有一部分农地，既可以用于解决某些特定社会问题（如在新疆开发农地是为了解决入疆解放军屯垦戍边和转业问题，在黑龙江开发农地是为了解决志愿军转业和建设边疆等），也可以用于解决部分人的就业问题（如国有农场、林场、牧场安排上山下乡知识青年就业等），还可以建设国家重点农产品生产基地（如新疆的棉花生产基地、黑龙江的粮食生产基地、海南和云南的橡胶生产基地等），还可以建设农业科研实验基地和农业科技成果示范基地（如高校和科研院所的农场）。同时，将无人或少人居住区的农地收归国家所有，也有利于这些农地的保护与利用。但部分农地国有也存在一些问题，一是国有农地所有权由谁代表和行使以及如何代表和行使不明确，二是国有农地由谁管理及如何管理不具体，三是国有农地产权如何赋权以及使用者应当承担的责任规定不清楚，四是国有农地产权如何保护以及由谁保护规定不具体，五是国有农地产权如何实现、相关改革如何深入还有待探索。这些问题的存在，使国有农地的合理利用和有效保护受到不利影响，部分国有农地产权甚至遭到侵蚀。

2. 大部分农地的集体所有制

在我国农地总量中，大部分农地归农村集体所有，属于集体公有农地。集体公有农地与国有农地类似，同样包括耕地、园地、林地、草地和可养殖水面，总体上类型齐全。但对于某个特定的农村集体，拥有的农地可能只有一两类，类型并不齐全。农村集体有时指行政村、有时指村民组，农地所有权归集体所有，在大多数场合指村民组所有，只有个别地方才指行政村所有。农地的农村集体所有，指农村集体（村民组或行政村）范围内的农地，属于该集体的成员所共有，即在集体内部成员享有同等产权，而对集体外部具有排他性，非集体成员不得享有产权。农村集体农地为村民组所有的，村民组是土地所有权的代表。农村集体土地属行政村所有的，行政村为土地所有权的代表。

农地的集体所有制产生于 20 世纪 50 年代中后期，是在农业合作化过程中完成的。土地改革使农民得到农地、农地属农民私有，在 50 年代前期的初级合作社阶段，农地仍作为私有财产作股入社并分红。在 50 年代中期的高级合作社阶段，农地才由农民私有转变为合作社所有。在 50 年代后期的人民公社阶段，农地的高级合作社所有又转变为人民公社所有。初级合作社按村民组组建，一般只有几十个农户。高级合作社按行政村组建，通常有数百个农户。人民公社按乡组建，一般有数千个农户。人民公社又分为若干大队，每个大队又分为若干生产队，大队基本按行政村（原高级合作社）设置，生产队基本按村民组（原初级合作社）设置。60 年代初，人民公社"一大二公"的体制变革为"三级所有队为基础"，农地所有权和经营权在事实上又回到了生产队（原初级合作社），少数回到了大队（原高级合作社）。但在这一过程中，根据生产及生活的方便，对生产队的农户和农地进行了小规模调整，并继续保持农地的集体所有和集体经营。至 70 年代末改革开放，农地由农户家庭承包经营，但农村土地的集体所有制一直延续至今。

农村土地的集体所有制，既为农户分散经营创造了条件，也为集体规模经营提供了可能，既为农地改良提供了便利，也为农地流转带来了方便，既可使农民享有土地权利，又减小农地变革的风险与成本。实践证明，这是一项可行而成功的制度。一方面，这一制度可以保证农村社区内的农民平均分享土地权利，避免农民在土地权属上的矛盾与冲突。另一方面，这一制度为农地整治和改良、农田水利建设和其他农业基本建设提供了方便，创造了条件。再一方面，这一制度为农村社区制定农业发展规划、协调农户生产抉择、诱导农户发展优势特色产业提供了可能。最后，这一制度为城镇建设、工商业发展、工矿建设、基础设施建设的农地征用提供了便利。但这一制度也存在一些缺陷，一是集体土地相对固定而集体成员会发生变化，如何体现集体土地的集体成员共有较为困难，二是土地的集体所有权由谁代表和行使、如何代表和行使不明确，三是集体土地由谁日常管理和维护、如何管理和维护责任不清，四是集体成员的土地权利和责任如何对应、不对应时如何处置规定不明，五是集体土地所有权如何保护、对侵权行为如何惩罚不明晰。这些问题严重影响集体土地的利用与保护、并最终侵害农民的土地权益。

3. 农地所有权的代表与行使

少部分农地的国家所有，意含这部分农地为全国人民所共有。大部分农地的集体所有，意含每个农村集体（村民组或行政村）的土地归集体成员所共有。无论是农地的国家所有制，或是农地的集体所有制，都属于公有制，即众多主体共同拥有某些农地的所有权。在这种情况下，国有农地和集体农地都难以将所有权在众多主体间进行分割，不得不由公共机构代表和行使农地所有权。由此便产生了中央政府代表国家行使国有农地所有权，村民小组或村民委员会代表集体行使集体农地所有权。很显然，中央政府代表国家，村民小组或村民委员会代表集体具有权威性，由他们行使国有农地及集体农地所有权具有正当性和合法性。

国有农地的所有权应当由中央政府行使，但国有农地类型复杂（既有耕地、园林，又有林地、草地、水面）、涉及部门多（既有农业、林业、牧业、水产等生产部门，还有教育、科技、环保等部门）、分布范围广（各省、自治区、直辖市都有类型各别、多少不等的国有农地），由中央政府直接行使所有权，无疑难度太大，难免力不从心。在这一现实面前，中央政府便将国有农地的所有权，按农地所涉部门或所分布的区域委托给国务院或相关地方省级政府，由他们代表中央政府行使所辖国有农地的所有权。国务院相关部委及省级政府，将国有农地划拨给国有企业或事业单位使用，并实施管理、监督。部委及省级政府对国有农地所有权的代理行使，有利于明晰国有农地所有权，也有利于国有农地所有权的有效行使，还有利于国有农地的有效利用。但这种代理行使，可能使相关部委和省级政府，采取有利于自身而有损于国家的机会主义行为，也可能使国有农地使用者采取机会主义行为，从而对国家农地权益造成损害。

集体农地的所有权由村民小组或村民委员会直接行使，一是代表村民组或行政村集体给农户发包集体土地，二是根据集体农地或成员的变动，在发包期内对发包农地做必要调整，三是根据农业发展需要，动用部分农地搞农业基础设施建设，四是根据集体成员的意见，对集体农地征用中的有关问题做出决策，五是按集体成员的意愿，对集体农地经营权流转中的相关问题做出决定。作为集体成员的农民，也会以所有人的身份行使农地的某些所有权，如有权参与集体农地所有权相关的决策、有权无偿承包集体农地等，由村民小组或村民委员会代表集体行使集体农地所有权，有其合法性和正当性，也熟悉当地情况，有利于实施。但这种办法有两个缺陷：一是村民小组或村民委员会决策，若经村民讨论不易统一意见，若不经村民讨论易于失误；二是村民小组和村民委员会成员也是集体成员，也有农地利益，他们在行使集体农地所有权时，可能采取对自己有利的机会主义行为。这两个缺陷导致有的村民组或村民委员会软弱无力，不能有效地行使集体土地所有权，而有的村民组或村民委员会则会胡作非为，严重损害集体土地所有权。

农地所有权的代表和行使，本来已有相关法律规定，但因在实施中存在某些问题，使其受到质疑。一是认为由政府代表国家行使国有农地所有权，形同国有土地所有权主体虚设，国有农地所有权难以实现。二是认为由村民小组或村委会代表集体行使集体农地所有权，因集体土地所有权主体软弱，集体农地所有权难有保障。其实，国有农地产权实现主要是管理问题，而集体农地的产权保障主要是对相关法律、制度的遵守问题，而不是农地所有权主体自身有什么缺失。

二、农地产权分解制度

农地产权是包括所有权、占有权、经营权在内的一束权利，所有权是农地归谁所有，占有权是农地由谁控制，经营权是农地归谁使用，这几种权利相互联系又互有区别，但所有权是核心。这几种权利可集中于一个主体，亦可分由不同主体掌握。农地所有权、占有权、经营权由不同主体掌握，就是农地产权的分解（有的又称为分离），国有农地的产权分解在改革开放前就有，之后有所深化，集体农地的产权分解则是改革开放的产物。

1. 农地产权及其获取

农地无论作为资源或资产，都是宝贵的财富，都按一定规则并以一定的方式为特定主体所拥有、控制、使用。农地的拥有者享有农地的所有权，农地的控制者享有农地的占有权，农地的使用者享有农地的经营权。拥有农地所有权的主体，可以同时享有占有权和经营权。享有农地占有权的主体，也可以同时享有经营权，但不一定拥有所有权。非拥有者占有主体不能享有所有权，非占有权经营主体不能享有所有权和占有权。农地的所有权、占有权、经营权构成完整的产权体系，在这个体系中所有权是核心、占有权是关键、经营权是手段。农地的这三种权利可以结合成为综合权利、由一个主体独享，也可分解为三个单项权利、由多个主体分享。

农地的所有权和占有权，是制度赋予的权利。我国宪法规定的土地制度，决定了少部分农地的国家所有和大部分农地的集体所有。国有农地的划拨制决定了国有企事业单位的国有农地占有权，家庭承包制则决定了农户对集体农地的占有权。由于制度在不同时期会发生变化，农地的所有权和占有权也会相应改变。20 世纪 50 年代初的土地改革，除将少部分农地收归国有外，绝大部分农地都分给农民并归其私有。50 年代中后期的合作化、人民公社化运动，农民的土地收归集体所有并由集体占有，农民失去农地的所有权和占有权，这两种权利由制度变化赋给了农村集体。70 年代后期的改革开放，一方面确认了农村土地的村民组或行政村所有、赋予了农地的集体所有权，另一方面实施农地的家庭承包制、赋予了农民对集体农地的占有权。

我国农地的所有权和占有权，虽都是制度赋权，但制度赋予的这两种权利是有区别的。农地所有权是宪法规定的，不能随意变更，具有长期效力。农地的占有权虽也是制度赋予的，但这种赋权具有时效性和灵活性，可以随条件变化而调整和改变。国有农地划拨给国有企事业单位使用，可因国家另有需要而收回，又可因这些单位的需要变化而调整。集体农地的农户承包有承包期，承包期内农户对集体农地的占有保持稳定，但占有期满后就要根据集体农地和集体成员变化，对农户的承包地进行必要的调整。

农地的经营权既可是制度赋予的权利，也可是交易得到的权利。若农地所有者或占有者自己经营所拥有或所占有的农地，则经营权就是制度赋予的，因为这一权利是与农地所有权或占有权紧密相连的、同属制度赋权。如国有企事业单位对所划拨国有农地的经营权、农户对所承包集体农地的经营权，就是国有农地划拨制度及集体农地的农户承包制度赋予的权利。若通过租用、转让、馈赠等方式获得农地经营权，则经营权就是交易得到的权利，因为租用、转让、馈赠都是正规或非正规的交易行为，故这一权利应属于交易获权。如农户租用其他农户承包地经营权、工商企业租用农户承包地经营权、农户或工商企业租用国有农地经营权等，就是通过交易获取的农地经营权。制度赋予的农地经营权是与其占有权同等时效的权利，而交易获得的农地经营权是由交易合约规定的权利，前者要与占有权合规，而后者必须严守合约。

2. 国有农地的产权分解

国有农地产权主要体现在所有权、占有权、经营权上，以及由这三权带来的相关财产权利。国家拥有少部分农地主要是为了公共目的，而不是为了获利。政府是公共组织，不应直接占有和经营农地，加之国有农地类型多分布广，政府要占有和经营这些农地也不可能。在这种情况下，为充分有效利用国有农地以实现其公共目标，有必要对国有农地产权进行分解，即将国有农地的所有权、占有权、经营权进行分离，并按一定规则与方式分别赋予不同主体，由不同主体行使不同的产权。这种分离只是实现国有土地产权的形式，并不改变国有土地产权的属性。在本质上，这种分离坚持了国有农地的国家所有（以政府为代表）、占有权由所有者赋予、经营权由所有者赋予或由交易获得。

国有农地的产权分解始于土地改革，远早于农村集体农地。在土地改革中将收归国有的农地，一方面划拨给国有教学、科研单位供教学和科研使用，另一方面划拨给新建立的国有农场、林场、畜牧场、渔场供生产经营使用。通过政府划拨，国有农地的所有权、占有权及经营权实现了分离，所有权归国家，占有权和经营权由政府赋予了国有企事业单位。从20世纪50年代初至70年代末，各级政府通过开垦荒地、改造沙漠、绿化荒山、兴修水利又造就了一批国有耕地、林地、草地、水面，并依托这些农地，建立了一批国有农场、林场、畜牧场、渔场。这些新造就的农地在国家拥有所有权的同时，也将占有权和经营权赋予了国有农业企业或事业单位。这时的国有农地产权分解，只是所有权与占有权及经营权的二分，而不是所有权、占有权、经营权的三分。在"国有"观念支配下，国有农地的占有权和经营权只能交给国有企事业单位。在国有农地的产权分解中，国家这一农地的所有者（由政府代表）始终处于核心地位，在掌控所有权的同时，将占有权和经营权交由国有企事业单位代理。

在改革开放前，划拨给国有企事业单位的国有农地只能自己经营，而不可由其他主体代劳，占有权与经营权主体同一，不存在分解问题。那时的政治理念是国有优于集体所有、集体所有优于私有、甚至私有为非法，国有农地只能国营，占有权和经营权只能交给国有企事业单位行使。国有企事业单位只能按规定占有和使用国有农地，而不能对其占有权和经营权进行分割、交易或与人分享。同时，那时的计划经济体制，也使国有农地占有权和经营权不能分解也不必分解。一是当时不允许将国有农地经营权让渡给第三方，二是国有事业单位（学校、科研单位）使用国有农地不严格计算成本、效益，三是国有企业使用国有农地，无论盈亏都由政府兜底。改革开放后这些都发生了改变，国有企事业单位占有和经营国有农地，不再只是一种权利，而还是一种责任。不仅要使国有农地得到保全和充分合理利用，还要使其保值增值。加之国有企事业单位的改革，政府财政不再大包大揽，使国有事业单位要严格核算，国有企业要自负盈亏。在这一背景下，有些国有企事业单位为减轻生产经营负担、或获取土地收益、或与他方合作等，便将自己占有和经营的部分国有农地出租给第三方经营，出现了国有农地占有权与经营权的分离。第三方为获得国有农地经营权，一般都要向国有企事业单位缴纳租金。

3. 集体农地的产权分解

集体农地产权同样体现在所有权、占有权、经营权上，以及由这三权带来的相关财产权利上。农村集体为村民小组或行政村，地域范围小、人口也不多。因此集体农地面积有限、类型相对简单，集体成员数量不大且多为熟人。这与国家范围广大、人口众多，国有农地分布广泛、类型复杂形成鲜明对比。国有农地因公共目的而生成，集体农地因农业发展需要而产生。国有农地因所有者不能直接占有和经营，而将占有权和经营权委托给国有企事业单位代理。集体农地虽所有者能够直接占有和经营，但曾经的实施因"大锅饭"和"搭便车"等致命缺陷使之归于失败，不得不将占有权和经营权转交给集体的成员——农户。国有企事业单位以代理人身份，获得国有农地占有权和经营权。而农户则是以集体所有者身份，取得集体农地的占有权和经营权。

集体农地的产权分解始于改革开放，农地由集体所有、集体经营，改革为集体所有、农户家庭承包经营，集体农地的所有权与占有权和经营权发生分解。在改革开放前的高级合作社及人民公社时期，农村土地归集体所有，亦由集体经营。高级合作社时期，农村土地归合作社（相当于行政村）所有，由生产队（相当于村民组）集体经营。人民公社时期，农村土地归公社（相当于乡或镇）所有，由生产大队（相当于行政村）集体经营，后又由生产小队（相当于村民组）集体经营。由于农业劳动的复杂性，人们的劳动很难监督和计量，收入分配出现严重的"吃大锅饭"和"搭便车"问题，难以做到"按劳分配"，造成农民生产积极性不高，生产效率低下、农业发展缓慢。农村改革从农地产权突破，在保留农地集体所有权的同时，通过农户按人口平均承包集体农地并独立经营，将农地的占有权和经营权转移到农户手中。在这一过程中，农村的村民组或村民委员会以所有者代表的身份，对农户发包农地，而村民以所有者身份，按户向村民组或村民委员会免费承包农地，集体农地的所有权归村民小组或行政村所有，而集体农地的占有权和经营权则归农户所有，由此实现集体农地所有权与占有权和经营权的分解。

家庭承包经营使农户通过承包占有和使用集体农地。这一改革初期，农户承包地由自己耕种，占有权和经营权是联系在一起的，未出现分解。但到 20 世纪 80 年代中期，沿海工商业蓬勃发展急需劳动力，部分农村劳动力外出务工经商，有的农户承包地无力耕种便租给或送给其他农户经营，由此便发生了集体农地占有权与经营的分解，即承包户占有集体农地，而农地经营则转让给其他主体完成。由于国家工业化及城镇化进程加快，一些农村人口转入城镇生活，大量劳动力更是从农业转移到工商业，部分农户的承包地无力耕种或不愿耕种，承包地经营权流转便成为大势所趋。这种流转有从承包户流向其他农户的，也有从承包户流向转投农业的工商企业的，其规模已占承包农地的 30％左右。在这种流转中，承包农户保有集体农地的占有权，向其他主体让渡经营权，但这种让渡是有偿的，即要收取租金。

集体农地的农户承包经营，使集体农地所有权与占有权及经营权实现了分解，所有权保留给集体（行政村或村民组），占有权及经营权无偿转给农户，这种产权分解是在农村集体与农户之间进行的。农户承包地流转，使集体农地的占有权与经营权实现了分解，转出农户保留了占有权，转入农户或企业有偿获得了经营权。所有权与占有权及经营权分解后，集体可利用所有权监管农户的占有权及经营权。占有权与经营权分解后，转出农户也可用占有权监管转入农户或企业的经营权。

三、农地管理制度

农地无论是耕地、园地或是林地、草地、水面，都是稀缺的资源、宝贵的资产，为对其有效保护和合理利用，必须加强管理。农地管理不仅涉及众多主体的经济社会行为，更涉及众多主体的利益，若管理不具权威性，难以取得好的效果。这种权威性一方面体现在管理主体上，另一方面则体现在管理制度和手段上。农地管理内容很多，但主要是产权管理、使用管理及保护管理，管理制度也集中在产权、使用、保护三个方面。

1. 农地产权管理

农地产权管理主要有三项任务，一是确定和维护农地归谁所有、由谁占有、由谁经营，二是规范农地所有者、占有者、经营者的行为，三是明确和履行农地所有者、占有者、经营者的权利和责任。农地产权管理是农地管理的核心，关系到众多主体的权益，也关系到农地的利用与保护。但农地的产权管理又有很大难度，一是因农地为不可再生的稀缺资源，又是可产生财富的资产，谁都想拥有更多农地产权，争夺主体多。二是有些农地产权界限不清、主体变动较大、产权界定容易产生歧义、发生争执。三是土地改革近 70 年来农地产权几经变迁，相关主体对变迁结果认同不一，有些农地的产权争议由来已久、难以协调。这些问题若不通过管理加以解决，不仅会产生不少农地纠纷，还会对农地利用和保护造成严重负面影响。

农地产权管理最有效的手段是国家法律、法规、政策，国家制定的相关法律、法规和颁布的政策，对农地产权所作的规定，具有很强的强制性，所有社会成员都必须遵守，不能有所违背，从而实现对农地产权的管理。国家法律规定少部分农地归属国有、通过划拨由国有企事业单位占有和经营，农村土地归集体所有、通过承包由农户占有和经营，国家政策又规定国有农地和集体农地都可以租赁经营。2013 年中央要求对集体农地承包经营权进行确权颁证，至 2017 年 9 月已完成确权面积 10.8 亿亩，占第二轮家庭承包账面面积的 80%。同时，中共十九大报告提出保持土地承包关系稳定并长久不变，第二轮土地承包到期后再延长 30 年，这些法律、法规、政策的制定与颁布，对国有和集体农地的所有权、占有权、经营权归属及行使，做出了明确的规定，是农地产权管理最具权威性的依据。

农地产权管理的法律、法规、政策，要靠贯彻落实、认真执行，才能有效发挥效能。而各级政府是法律、法规、政策执行和落实的主体，自然也就成了农地产权管理的主体。中央政府的国土、农业、林业、水利等部门，一方面根据国家法规及大政方针制定农地产权（包括耕地、园地、林地、草地、水面不同类型农地产权）管理的具体办法与细则，另一方面对重大的农地产权问题进行调查、研究、办理或督办。地方政府一方面认真贯彻执行中央政府有关农地产权的法律、法规、政策，另一方面要制定符合当地实际的实施细则，同时要组织国土、农业、林业、水利等部门加强农地产权的有效管理。地方政府中的县乡基层政府对农地产权的管理，一是调解相关主体的农地产权纠纷，二是处理有关农地产权的侵权行为，三是调查解决历史遗留的农地产权问题。农地产权的纠纷或争执，若不能通过协商与调解解决，就只有通过法律手段加以判决和裁定。

我国农地产权归属管理，法规、政策较为完善，除林区和牧区少数林地和草地产权归属存在争议且不易裁决外，其他农地产权归属清晰。但在农地产权相关主体的行为管理、权责管理上，法律、法规、政策不完善，管理措施、办法不健全，具体的管理工作不落实。导致农地所有权主体失职，农地占有和经营主体行为失范，甚至违法、违规，以及所有者、占有者、经营者只分享权利，而不承担责任。造成农地产权管理中的不少漏洞和缺失，必须尽快加以解决。

2. 农地使用管理

农地无论是耕地、园地或是林地、草地、水面，大多处于使用状态，对农地的使用管理便成为农地管理的日常工作。农地使用管理主要是不同类型农地用途的监管，不同主体用地行为的监管，违规用地的监察及处理不同的用地方式及后果的监测，不同主体用地矛盾的调处等。由于主客观原因的叠加，农地使用管理面临不少困难，一是农地类型多、面积大、范围广、管理任务繁重，二是农地使用主体众多、使用目标和行为方式各不相同、对其有效管理难度较大，三是不同类型农地都有多种使用方式，且不同使用方式收益差异较大，在农地合理使用与追求农地收益间进行协调难度不小，四是农地使用与农地保护需要协调，但这一协调十分不易，五是农地使用主体之间的行为可能存在矛盾和冲突、调解难度也不小。这些问题若不通过加强管理加以解决，就会对农地使用造成众多障碍。

政策法规同样是农地使用管理的重要手段，中央政府制定相关政策、法规，对农地使用提出原则及要求，对农地使用者行为做出规定、划出"红线"，具有必须遵守的强制性。地方政府又会根据中央政府的政策、法规，制定适合当地实际情况的实施细则或地方政策法规，落实农地使用的原则与要求，对农地使用者实施更加明确而具体的指导、激励和约束。政策、法规体现了国家意志，是农地使用管理的根本依据，也是农地使用管理的有效手段。国家土地管理法及其实施条例、基本农田保护条例、闲置土地处置办法、退耕还林条例、土地复垦条例等政策、法规，对农地使用做出了严格的规定，是农地使用管理的依据和手段。当然，政策、法规只有得到认真贯彻执行，才能取得应有效果。因此农地使用管理的过程也就是相关政策、法规的贯彻落实过程，只要抓住了这一环节就可能取得好的效果。

不同类型的农地有不同的用途，同种类型的农地也可以有不同用途或采取不同方式使用，使农地使用极为复杂。加之农地使用主体众多、特征各异、行为目标与方式不同，使农地使用管理面临不小挑战和考验。在这种情况下，过去采用的分类管理和分级管理相结合的办法较为有效。分类管理就是按耕地、园地、林地、草地、水面的使用进行管理，根据不同类型农地使用的要求，突出管理的重点，解决使用中的关键问题，协调使用中的主要矛盾。分级管理就是按管理主体的层级，划分管理任务和履行管理职责，中央政府负责农地使用大政方针的制定和宏观管理与调控，省级政府负责本辖区农地使用地方政策、法规制定及落实中央的管理与调控措施，县、乡政府则主要贯彻中央和省级政府农地使用管理的政策、法规，解决本辖区内农地使用中存在的问题，调解辖区内农地使用中出现的矛盾及纠纷。

我国农地使用管理的法律、法规、政策已较为齐全，规定也已十分具体，目前需要解决的主要是有法不依的问题。一方面，某些地方将大片基本农田由粮油生产改种水果、干果，甚至苗木、花卉，以"农"为掩护改变耕地用途。另一方面，某些地方在森林、草原大量放养家禽家畜，变相改变林地、草地用途。再一方面，有些地方以发展"特色产业""林下经济"为名，砍伐森林、开垦草地、毁坏耕地。这些违法行为在一些地方不仅未得到有效制止，而且还明里暗里得到地方政府支持和鼓励，甚至有些地方就是由政府组织搞起来的。一些县级和乡级政府虽未主动违法违规，但对违法违规使用农地放任不管，导致农地使用管理落不到实处，以致出现不少问题。

3. 农地划拨、征用、流转管理

国有农地由一个占有者划拨给另一个占有者、集体农地被政府征用、农地经营权在不同主体间流转，是农地使用中较常发生的事情，也是容易发生矛盾和产生利益冲突的事情，有加强管理的必要。因经济社会发展的需要，国有农地通过重新划拨变换占有者和使用者，原有农地无论是继续农用或改变用途，土地所有权仍归国有，只是土地占有权和经营权发生改变，而这种改变又是政府行为，故相对简单，矛盾也较少。但若因经济社会发展需要，集体农地被政府征用，则土地所有权、占有权、经营权都会发生改变，这种改变虽也由政府操控，但利益关系复杂，矛盾冲突很多。而农地无论是国有或集体所有，经营权流转都是一种市场行为，通过交易，一方让出农地经营权，另一方获得这一权利，但因交易双方主体众多、情况各异，也易产生矛盾和纠纷。这些问题的存在，给管理增加了难度，也提出了更高的要求。

在工业化、城镇化进程中，城镇扩张、工矿建设、交通及通信和能源设施建设、水利工程建设等，都要占用不少集体农地。需要占用的农地政府都以"公共目的"的名义加以征用，将集体土地变为国有土地，将农用地变为非农用地，再由政府将征用的土地有偿划拨或拍卖给用地主体使用。由于这种征用是政府以"公共目的"为名进行的，具有极强的权力强制和道德强制，不仅集体必须接受征用，而且还必须接受政府规定的征用条件。为降低征地成本，除少数大城市郊区外，大多数地方的集体农地征用地价低、土地附着物补偿低、征地农民安置标准低，使农民不仅失去土地，还要遭受财产损失。由于地价低、补偿低、用地便宜，又造成少用多征、浪费农地的现象。对集体农地的政府征用管理，一是严格限定政府征地只用于公共目的，商业用地由业主与农村集体按市场交易方式购买；二是调整征地政策，大幅度提高征用农地的地价、提高土地附着物补偿标准和失地农民安置标准；三是严格控制征地规模，防止少用多征、闲置浪费；四是强力约束地方政府以地生财的行为，坚决制止地方政府以用地优惠谋发展的偏向；五是坚决打击不法商人占地生财、圈地牟利的行为。

按现行政策，国有农地和集体农地的经营权都可以流转，即国有企事业单位占有的国有农地可转由其他业主经营，农户承包的集体农地也可转由其他业主经营。农地经营权的流转实际上是该权利的交易，出让方收取一定租金、并交出农地经营权，接受方付出一定租金、并获得农地经营权。在农地经营权的流转中，出让方和接受方关心的是租金的高低和租期的长短，对其他事项关注较少，流转合约有的是口头协议，有的是书面协议，书面协议大多内容简略，双方权责利界定很粗，难以严格执行。这便造成部分流转农地随意改变用途，接受方经营不好时拒付租金，接受方经营好时出让方要求增加租金等违规违约现象。农地经营权流转管理，一是规范流转程序（经过双方协商、形成内容完善的书面协议、经过公正、在相关单位备案等过程）、完善流转手续，二是严格流转农地的使用监管，既不能将农地非农使用，也不能将基本农田改作他用，三是监督双方认真履行共同达成的协议、调解流转中出现的矛盾，四是严查农地流转中的违规违法行为、严防农地流转中的腐败，五是保护双方合法权益、既使农民土地权益不受侵害、也使经营者收益有保证。

尽管国有农地划拨、集体农地征用、农地经营权流转，有一系列法律、法规、政策，甚至划有农地红线，但农地违法违规仍然层出不穷。部分地方政府靠大量征用集体农地，以地生财、以地搞工业化和城镇化，一些城镇建设、工程建设、基础设施建设超标准征用集体农地，导致集体农地、特别是耕地大量减少。一些乡（镇）、村（社）通过农地经营权规模化流转招商引资，改变农地用途。一些业主到农村流转农地，改变原有用途，用于生产高附加值产品，使粮田减少。这些问题在很多地方都有发生，也不难发现，但由于个别基层政府的急功近利，使其成为顽疾。只有加强县、乡政府和村、社两级责任，才有望解决。

四、农地保护制度

农地是稀缺而宝贵的资源，又是可以生财的重要资产，不仅应当充分有效利用，还应当严格加以保护，使之在数量上保持一定规模，在质量上逐步有所提高，实现永续利用。农地类型不同，保护的内容和重点也不一样，只有根据不同类型农地的特点，建立配套完善的保护制度，采取切实可行的保护措施才能取得好的效果。耕地、林地、草地占农地绝大部分，是农地保护的重点。

1. 耕地保护

耕地是最重要的农地，粮、棉、油、糖、瓜果、蔬菜等大宗农产品主要产自耕地，肉、奶、蛋等畜产品生产也有赖于耕地，对农业生产有决定性影响。根据 2013 年公布的第二次土地调查，全国耕地面积为 13 516.46 万公顷（20.27 亿亩），到 2016 年变为 13 492.93 万公顷（20.24 亿亩），除去因退耕和不宜耕种的 1 000 万公顷（1.5 亿亩）外，只有 12 400 万公顷（18 亿多亩）适宜稳定利用，人均仅 0.087 公顷（1.3 亩）左右。如此稀少的耕地，更需要珍惜和加强保护。耕地保护，一是减少非农占用、防止耕地大量流失，二是防止自然和人为损毁、减少耕地损失，三是防治污染、避免耕地破坏，四是科学合理利用、防止耕地退化，五是重视修复、使损毁及污染和废弃耕地复垦利用。耕地保护是一项全面而经常的工作，只有常抓不懈，长期坚持，才能取得良好效果。

耕地保护范围广泛，问题复杂，涉及主体众多，只有法律、法规、政策等制度措施，才能规范人们的行为，保护好耕地。我国已基本建立起耕地保护的相关制度，对耕地总面积划定 18 亿亩红线，对基本农田划定了 15.5 亿亩红线，颁布了基本农田保护条例、土地复垦条例、闲置土地处置办法，制定了严格的耕地非农占用审批制度、耕地人为损毁责任追究制度、耕地污染防控制度等，同时还将耕地保护纳入地方政府的政绩考核，并建立了耕地违规的行政主管约谈制度。这些制度在耕地保护中发挥了重要作用，减少了耕地的流失和损毁，修复了部分受损耕地，复垦和整治了部分耕地。但与耕地保护的要求相比，这些制度的作用还未能充分发挥，还有待进一步加强。究其原因，一是制度本身还不完善、不配套，执行容易打折扣；二是个别地方政府以地生财、以地谋发展的急功近利行为，使制度执行走样；三是部分用地主体（农户和农业企业）的机会主义行为，使制度执行难度倍增、不能全部落地。

耕地保护内容多、范围广、情况复杂，为使保护制度能贯彻执行，保护措施能付诸实施，往往采取分级负责、层层监督、基层落实的办法加以推动。中央政府制定耕地保护的制度、政策，对全国耕地保护进行宏观指导、监督，对耕地保护重大工程和措施做出决策。省级政府制定符合本地实际的耕地保护政策措施，落实中央耕地保护的大政方针，指导监督辖区内耕地保护工作，对辖区内重要的耕地保护工程和措施做出决定。县乡级基层政府贯彻执行上级耕地保护制度、政策，落实各项耕地保护措施，推进各项耕地保护工作的开展，对辖区内的耕地保护进行监管，对损坏耕地的人和事进行查处。

我国耕地保护在法律、法规、政策上，不仅较为完善而且还很严厉。尽管如此，耕地在数量上仍减少过快过多，在质量上也有所下降。这一是因为工业化、城镇化进程中，对科学用地、节约用地重视不足，加之相关主体以地谋利，造成征占耕地过多。二是因为农村集体耕地的征用，不是经过市场交易，而是由政府征收，不仅使征收更为容易，也使征收价格低廉，造成集体耕地的大量减少。三是部分农户将承包的耕地改作非农用途，如修建住宅等，使耕地减少。四是因工业污染、城镇生活污染、农业生产污染，使部分耕地失去利用价值。五是对耕地不恰当及过度利用，使其肥力和产出能力下降。这些问题只有进一步完善耕地管理制度，强化管理措施，坚持耕地治理和科学合理利用耕地才能解决。

2. 林地保护

林地是农地的重要组成部分，不仅木材、竹材、林副产品、野生中药材等产品主要产自林地，而且林地还是生物资源宝库，同时森林还是重要的生态屏障。截至2016年末，全国林地面积为25 290.81万公顷，其中有林地18 706.98万公顷，灌木林地4 326.50万公顷，其他林地2 257.33万公顷，人均林地面积较少。在全部林地中，质量总体不高，优质林地较少。东北和内蒙古林地较为平坦、土质肥沃，但气候严寒、林木生长十分缓慢。江西、福建及云贵川渝林地虽光温水气条件较好，但多为陡峭山地且土质瘠薄，有些还为喀斯特地貌，植被一旦破坏便难以恢复。西藏、青海、新疆林地多为高寒山地，不仅林木生长缓慢，而且植被一旦破坏更难恢复。鉴于我国主要林地的状况，加强林地保护，无论对林业发展或是对生态环境改善，都具有深远的意义和重要的现实价值。

林地分布地域广泛、类型多样、所属主体众多，对其保护涉及面宽、任务繁重、情况复杂。只有利用法律、法规、政策等制度措施，才能统一认识、规范行为，使林地得到应有保护。目前国家已颁布森林法、退耕还林条例、占用征用林地审核审批管理办法、林地管理暂行办法等法规，还制定了生态林建设、天然林保护、林区禁伐等政策。通过贯彻执行，对有林地加强了保护，对灌木林地进行了改造，对疏林地进行了补植，对未成林造林地加强了抚育，在林地保护中发挥了重要作用。但与林地保护的要求相比，这些制度的作用还有待进一步发挥，功能还有待进一步增强。这一方面是因为相关法律、法规、政策多为原则性规定，理解和执行容易走样。另一方面是因为相关法律、法规、政策多为正面引导，缺乏违规惩罚，约束力大打折扣。再一方面是用地主体追求即期利益，采取机会主义行为，容易对林地造成损害。

林地分布范围广、类型多，有的地处偏远，加之林地主要发挥生态环保功能，经济产出能力有限，使林地保护难度加大，相关主体的保护意愿也受到一定不利影响。为提高保护效果，我国采用分类和分级保护体制对林地实施保护。首先是对国有林地和集体林地分类保护，中央政府重点对国有林地、特别是集中连片大型林地实施保护，地方政府重点对集体林地、特别是分散林地实施保护。其次，是对所有林地分级保护，中央政府对林地保护进行宏观调控与监督、并组织实施少数大型保护工程，省级政府对辖区内林地保护进行指导和管理，也组织实施一些重点区域性保护工程，县乡级政府则主要落实林地保护工程建设、工作开展、辖区内林地保护监管，以及对损坏林地行为进行查处与纠正。

近年我国林地有所增加，森林植被有明显改善，生态林、防护林建设取得很大进展。这一方面是国家大力支持林业发展的结果，也是各种林地保护措施取得的成效。但林地保护、林业发展仅靠政府支持和管理约束还不够，还要靠林业生产经营微观主体的内在动力。有了这种动力，林业生产经营微观主体就会珍惜和保护林地资源，充分利用林地发展林业及相关产业，使林地在有效利用中得到充分保护。而林业生产经营微观主体的内在动力，来源于利用林地发展林业的预期收益，预期收益越高内在动力越强，对林地的保护也越有力。政府在林地利用政策上，应该给林业生产经营微观主体稳定可靠的收益预期，使他们成为保护林地的主要力量。

3. 草地保护

草地也是农地的重要组成部分，不仅是草食畜牧业发展的基础，也是很多农副土特产品及中药材的生产基地，更是重要的生态系统。至 2016 年末，全国草地面积为28 628.21 万公顷，其中 98% 以上为天然草地，不足 2% 为改良草地和人工草地，天然草地中荒漠草地和干旱草地又占绝大多数，湿润草甸草地很少，总的情况是以产草量很少、载畜力极低的劣质草地为主，产草量高、载畜力强的优质草地很少。我国草地主要分布在内蒙古、新疆等省区的干旱地区，还有一部分分布在青海、西藏、四川等省区的高寒山地。干旱地区不仅降水稀少，而且蒸发量大，生态环境恶劣，植被一旦破坏极难恢复。高寒山地气候恶劣，环境脆弱，若植被破坏亦难恢复。草地的这一状况使其保护难度很大，加之草地多为少数民族地区，经济社会急需发展，更加大了保护的困难程度。而草地的不良状况不仅影响畜牧业发展，更影响生态环境，保护草地已经刻不容缓。

草地分布不仅地域宽广，而且集中在经济落后、自然条件恶劣的地区，对其保护的任务繁重、难度极高。草地保护一是防止毁草开荒，二是防止过度放牧，三是防治病虫鼠害。一方面要利用制度措施统一认识和规范行为，另一方面也要保证投入使保护措施落实。目前，国家已制定并实施了生态保护区牧民搬迁、退化草地禁牧及自然恢复、一般草地控牧等政策，并对搬迁牧民进行生活及生产安置，对禁牧草地牧民实施生活保障，对控牧草地牧民进行生活补贴，同时还引导和帮助牧民在新的领域就业和创业，使禁牧、控牧能够得到落实。这些政策的实施使草地压力减轻，部分草地得到一定程度的自然恢复，但保护力度仍显不足，草地质量不高、产草量少、载畜量低的状况没有太大的改变。这一方面是因为禁牧、控牧措施还未全面充分落实，另一方面是因为草地建设（改良草地和人工草地）严重滞后。

面对草地保护任务重、难度高的现实，我国采取分区和分级保护体制加以推进。首先对自然保护区和水源保护区草地、高寒山区草地、荒漠地区和干旱地区草地等进行分区保护，自然保护区草地主要在西藏等高原地区，水源保护区草地主要在青海的长江、黄河源头地区，高寒山区草地主要在青海、西藏及四川，荒漠和干旱地区草地主要在内蒙古和新疆及甘肃等省区，对不同类型草地的分布集中区域实行分区保护。其次对各类草地实施分级保护，中央政府主要制定草地保护的政策及法规、实施重大保护工程、为草地保护提供一定财力支持、对草地保护进行谋划及调控与监管，地方政府则主要制定草地保护的实施办法和细则、实施辖区内草地保护工程、为草地保护提供人财物力支持、推进草地保护工作的开展、对辖区内草地保护进行监管、对损坏草地的行为进行查处和纠正。

近年我国草地保护有一定进展，虽面积小有减少，但通过禁牧、控牧等，使部分草地生态植被得到恢复，部分退化草地在向好的方面转化。这表明，减少对草地人为干扰，特别是牧业活动，让草地依靠自然力量恢复生态植被，是保护草地的有效办法，只是这种办法要花费较长的时间（5年左右）。但要实施这一有效的保护办法，一是需要对禁牧草地的牧民进行生活及生产安置，至少在5年以内使其有就业保障、收入不减少、生活不降低；二是对草地管护、病虫草害和鼠害防治、自然灾害监控及防治等进行必要投入。若能如此坚持十年，再加上人工草地建设，我国草地的落后面貌将会极大改观。

五、农地制度改革与创新

农地制度是农业的基本制度，不仅牵涉众多主体的切身利益，而且关系到农业的发展，应当保持稳定而不宜轻易变动。农地制度又是经济社会发展的产物，带有鲜明的时代烙印，当经济社会发展发生了变化，也应当有所调整或改变。农地制度作为上层建筑的组成部分，应当与农业生产力的发展相适应。当农业生产力水平发生改变，农地制度也必须相应改革。当前，农业发展的形势和条件已发生了新的变化，农业生产力水平也有了很大提高，农地制度改革与创新正逢其时。

1. 农村土地集体所有制改革

农村土地归集体所有，这是 20 世纪 50 年代中期以来所执行的农村土地制度，其中虽有一些小的调整与变化，基本内涵没有大的改变。目前所指的集体主要是村民小组（初级社时期的初级社、高级社时期的生产队、人民公社时期的生产队），村民小组或行政村对所辖区域内的耕地、园地、林地、草地、水面拥有所有权及其派生的权利。这种权利对集体内部是其成员的共享权利，对集体外部则是排他权利，即集体成员只能与其他成员共同而不能独立分享土地所有权，非集体成员则不能分享集体的土地权利。村民组和行政村是农村社区组织，是由村民组成的集体，不具有企业或事业法人地位，但作为农村土地的所有者，无法人地位难有相应的法权行使和责任担当，法人地位问题必须解决。

无论是村民组或行政村，地理边界是清楚的，辖区范围的农地是确定的，但辖区范围的村民因生老病死、婚姻嫁娶、迁移流动是变动的，这对农村土地集体所有制实施带来困难。一是农村土地归集体所有就是归集体成员所共有，什么样的人才能被认定为集体成员，并拥有共享土地的权利还未严格界定。二是原来已确认的集体成员或永久外迁或亡故等，原来共享的土地权利应否退出、何时退出、如何退出，还未严格规定。三是合法增加的集体成员应否分享土地权利、何时分享、如何分享也未严格规定。这些问题不确定，就有可能出现有些已不是集体的成员分享土地权利，而有些集体成员却不能分享土地权利。更为困难的是，这种情况随时都可能发生，很难及时处置。如何通过改革与创新改变这一状况，已显得十分紧迫。

农村土地的集体所有制，规定了村民组或行政村的土地归村民所共有，民选的村民小组或村委会是其所有者的代表。这一制度设计有可能产生"公地悲哀"，以及村民丧失或部分丧失土地权利的风险。村民对共有土地只想多占多用，不愿保护与建设，单个村民（或农户）对共有土地的权利分享不能自己做主，维权力量弱小，农地权利易受侵害。前一风险不利于农地的合理利用与有效保护、影响农业发展，后一风险则造成对村民合法权益的损害、诱发社会矛盾。农村土地的家庭承包经营，虽使这两种风险有所降低，但未消除，更不能根治。如何对农村土地集体所有制改革与完善，使村民不仅是农地的占有者和使用者，也是农地的保护者和建设者，使村民具有维护自己土地权益的能力和手段，使之不受侵害已成为迫切要求。

农村土地的集体所有，是数十年以来形成的制度，不仅能满足广大农民的基本土地权利，而且还具有很大包容性，能适应多种农业生产经营模式及不同农业生产力水平。这一制度的核心是农村社区土地属于集体成员所共有、为其所共享、归其所共管，而非集体成员被排斥在这些权利之外。鉴于此，那些因已进入城镇落户成为市民、长期（如 5 年）不在社区生产及生活、婚嫁离开及病故等的村民，已不再是集体成员，在新的土地承包期不应再享有集体土地的共有权、分享权、支配权。而农村社区土地的管理、使用、保护及其他与土地有关的重大决定，都应有集体成员广泛参与，并由其做出选择。

2. 改革与完善农村土地家庭承包制

农村集体土地的农户家庭承包经营，是农村改革的重大举措，推行近 40 年已成为一项基本制度。家庭承包经营不仅打破了集体经营的"大锅饭"、效率低下的局面，而且使农业理性回归到家庭经营的轨道，有力地促进了农业的发展。既大幅增加了农产品产量，又显著提高了农民收入，既满足了农产品的市场需求，又改变了农村的贫困面貌，因而受到广泛赞誉。但随着经济社会的发展，因部分农民迁入城镇生产及生活，使农村人口数量和结构发生改变，因大量农业劳动力进入城镇务工经商，使农村劳动力数量和结构发生改变，因部分青年就学、参军、就业、婚嫁等造成农村人口迁徙与流动，使农村土地家庭承包制面临新的情况。也因农户小规模经营成本高、效率低、农业比较效益低及劳动力不足，导致部分承包地撂荒，加之农地分割造成农业基础设施建设困难，使农村土地家庭承包制受到质疑。在这一新形势下，这一重要制度有必要进行改革与完善。

在农村集体土地的农户家庭承包中，作为土地所有者代表的村民小组或村民委员会是发包方，作为集体成员的以农户为单位的村民是承包方，无论是发放方或承包方都应享有相应的权利，并承担相应的责任，且权利和责任应当对应。发包方享有的是依法依规对集体土地的发包权、管理权和保护权，应承担的是维护村民土地权益、管理农地使用、防控农地损毁与破坏的责任。承包方应享有的是依法依规对集体土地的无偿承包权、经营权和收益权，应承担的是对集体土地合理利用、有效改良、悉心保护的责任。可惜的是，在农村集体土地承包的相关法规及政策中，对发包和承包双方的权利和义务规定，都较为原则而不够具体，更缺乏对权利的保护措施和对不履行义务的责任追究，以及对违法违规行为的惩治，并由此造成部分村民小组或村民委员会只发包而不管理和保护集体土地，有的甚至违背村民意愿擅自处置集体土地，一些村民只分享集体土地承包经营权和收益权，而随意改变农地用途，甚至使其遭到破坏。

当务之急是改革与完善农村集体土地的承包制度，明确发包和承包双方的权利和义务，并制定和执行相关的激励与惩罚措施。一是强化乡（镇）村（社）对土地管理的责任，监督农户合法合规使用承包地，坚决纠正土地违规违法行为。二是对改变承包地用途、损毁、撂荒者，强制其恢复农地农用，强令修复以恢复原貌，交出撂荒地承包权，用强力手段惩治。

农村集体土地的农户家庭承包制，必须面对集体成员的变动，尤其是在农村人口迁徙频繁、流动性增大的情况下更是如此。在工业化、城镇化及经济社会发展大潮中，农村行政村或村民组的人口，不仅有生老嫁娶造成的增减，更有就业、创业、就学等带来的变化。出生、嫁娶、迁入使农村集体成员增加，故去、婚嫁、永久性迁出使农村集体成员减少。在承包期内集体土地的承包可以不因家庭人口变动而调整，但承包期满在新一轮承包中，就必须根据家庭成员的变动重新确定农户家庭的承包地。一是将合法增加的集体成员纳入土地承包人口；二是将已承担公职并享受国家公职人员待遇、已迁入城镇并享受住房和社会保障、已经故去、或因嫁娶迁入其他社区的原集体成员排除在土地承包人口之外；三是对全家长期在外务工经商、承包地已撂荒 3 年以上的集体成员暂停土地承包权，待需要利用时加以恢复。

3. 改革与完善农地经营权流转制度

随着工业化、城镇化的推进，部分农村人口迁入城镇就业和生活，大量农村劳动力进入城镇务工经商，造成一些农户的承包地无力耕种或不愿意耕种而撂荒，有些国有农地因生产效益不高也缺少人耕种。在这种背景下，有些无力或不愿耕种的农户将承包地有偿或无偿转让给其他农户或涉农企业耕种，有的国有企事业单位也将国有农地租给其他主体耕种，因政府未加禁止，便在事实上形成了农地经营权的流转。但由于农地经营权流转缺乏制度的管理和规范，虽目前规模很大（已占农村集体土地承包面积的 30% 以上），仍处于自发无序的状态。一是流转程序不规范，不经双方详细协商、签订合约、公证或审批等过程，只是双方同意即可流转，造成不少后遗症。二是流转合约粗糙，有的只有口头协议而无书面合约，有书面合约的也仅有转让年限及租金等内容，缺乏双方权责利的约定、合约执行办法及违约追究等条款，导致流转后纠纷不少。三是缺乏对流转农地的使用、抵押等进行管理，造成部分流转农地改变用途、骗取融资等问题。四是违规违法流转时有发生，有的乡镇政府为招商引资强行推动行政村、村民组农地规模化流转，有的村委会、村民小组违背村民意愿流转农地，有的基层干部甚至利用农地流转谋取私利，造成恶劣影响。

农地经营权流转改革，应建立相应的制度与法规。一是明确界定农地经营权流转的性质、主体及目的，二是规范农地经营权流转的协商与决策程序，三是规定农地经营权流转合约的内容、形成过程、签订及公证程序，四是建立流转农地使用、抵押、保护等监管制度，五是建立农地经营权流转终止、流转后矛盾及纠纷的调解制度。只有界定了农地经营权流转的性质、主体及目的，才能对农地经营权流转提供正确的指导。只有规范了农地经营权流转的程序，才能使农地经营权流转有序进行和稳步推进。只有按市场交易规则形成农地经营权流转的有效合约，才能有效保护流转双方合法权益，预防机会主义行为和风险。只有加强流转农地监管，才能保证农地的正确使用、有效保护。只有建立起有效调解制度，才能及时解决农地经营权流转中及流转后出现的各种矛盾和纠纷、协调各方关系和利益，使农地能顺利流转并高效利用。

农地经营权流转必须坚持自愿互利，只能引导而不能强制，重点是对无力或不愿自己经营的农地进行流转，而对有能力又愿意自己经营的农地不应轻易流转。一方面，无力或不愿耕种的农户，将承包地经营权流转给他人，可使农地得到有效利用，还可获取一定的租金。另一方面，有能力又愿意耕种的农户自主经营承包地，可以以农为业、以农谋生。如此便各得其所，各遂所愿。同时农地经营权流转还应互惠互利，流出方租金要合理、使流入方经营土地有盈利，流入方要保护和爱惜农地、使流出方土地权益不受侵害，流转双方都必须遵守合约、尊重对方合理诉求。

应当指出，农地经营权流转作为一项制度创新，有其积极意义、也有其局限性，不能把农业发展的希望过多寄托在它身上。这一制度的积极作用，一是可以将无力或不愿耕种的承包地利用起来、防止闲置荒芜，二是可以扩大少数农业生产主体的经营规模、实现农业规模效益。但这一制度也有很大局限，一是将部分农户挤出农业发展进程，使其丧失以农求发展的机会；二是农地经营权流转租金的产生，使生产成本增加；三是经营权流转如无生产方式改变和技术进步，劳动生产率和土地产出率不会提高；四是通过农地流转实现生产主体内部规模经营，不如通过农地建设和农业生产社会化服务实现外部规模经济的效率高和效果好。

第五章　中国的农业经营管理制度

农业经营管理制度，包括农业经营制度和农业管理制度，这两类制度关系密切，有时将其合在一起作为一种制度。在传统意义上，农业经营制度是农业生产活动的组织样式或类型，农业管理制度是农业生产发展的决策方式或模式，前者决定农业生产在微观层次上的进行，后者则既在微观又在宏观层面上决定农业的发展。农业经营管理制度涉及农业发展决策、调控、推进等诸多方面，是一系列相关制度构成的体系，对农业发展作用巨大。

一、集体农地的农业经营制度

集体农地的农业经营制度，由新中国成立之初的农户家庭经营，发展到 20 世纪 50 年代中期的合作社集体经营，再到 50 年代后期至 70 年代末期的人民公社大队或生产队集体经营，70 年代末的改革开放又演变为农户家庭经营。经改革开放近 40 年的发展，目前又演化为以农户家庭经营为主、社区集体经营及农业企业经营为补充的多种经营制度并存的局面，农村地区农业经营制度也由单一趋于复杂。

1. 农户家庭经营制度

20 世纪 70 年代后期开启的改革开放，使在农村实施 20 余年的农业由人民公社大队或生产队集体经营，变革为农户家庭经营。到 20 世纪 80 年代初期农户家庭经营基本取代了人民公社生产队（或大队）的集体经营，农户家庭经营制度成为农村地区最主要的农业经营制度。经过近 40 年的发展，农村地区也有新的农业经营制度产生与发展，但农户家庭经营制度的主体地位仍未改变。

改革开放确立的农户家庭经营制度，是对农村人民公社生产队（或大队）集体经营制度的重大变革。这一变革的实现，是人们对农业集体经营制度缺陷的认知结果，也是在社会变革大背景下制度创新的结果。起始于农业合作化、加强于农村人民公社化的农业集体经营制度，连续实施 20 余年，虽在农业基础设施建设、改善农业发展条件、推动农业发展、为国家工业化提供积累、保证社会稳定等方面，取得了不少成就，但这一制度难以克服的缺乏激励、失去活力、管理难度大、监督成本高、搭便车及机会主义行为、劳动付出与收入脱节等弊病日益凸显。这些弊端使集体经营成了农业发展的障碍，以致造成农业生产效率不高、农业生产能力不强、农产品产出不足，导致城乡居民生活困难。这一局面到 20 世纪 70 年代中后期再也难以维系，变革阻碍农业发展的集体经营制度，便成为众望所归。在改革开放的大潮中，农户家庭经营制度便应运而生。

农户家庭经营制度建立在农村集体农地的承包经营基础上，农户按家庭人口以人均水平从集体（行政村或村民组）承包农地（耕地、园地、林地、草地、水面）并获得排他性使用权，再利用承包地自主从事生产经营。农户在农地规定使用范围内，根据自己追求的目标，自主做出生产经营抉择、自主调配家庭生产要素与资源、自主开展生产经营活动、自主支配所生产的农产品、自主承担生产经营的盈亏及成败。农户家庭经营制度使农业生产者获得了自主权和直接收益权，简化了管理程序和节省了监督成本，调动了农民生产积极性，提高了农业生产效率，增强了农业生产能力，增加了农业产出，并解决了长期困扰的农产品紧缺问题。但这一制度也使农业生产高度分散，组织化程度低下，农业生产规模微小，生产成本高、效益低，农业基础设施建设困难、运行及维护受阻，农业现代生产要素进入存在障碍，农业现代化进程缓慢。

由生产队（或大队）集体经营变革为农户家庭经营，是农业生产经营模式的理性回归。农业是自然再生产与经济再生产交织的产业，生产过程长而复杂，生产作业类型多样且工况差异巨大，农业劳动难以准确计量且监督困难，适合农户家庭经营。家庭经营使农户成为农业生产经营微观主体，这一微观主体内在动力的充分发挥，为农业发展提供了基本保证。因我国人多地少，农户家庭经营规模很小，在现代农业发展中显得力所不及，存在某些局限。但农户家庭经营不仅具有强大生命力，也有很大的包容性和适应性，只要因势利导，加强农户生产经营的联合与合作，改善农户农业生产条件和生产经营方式，农户家庭经营也能与现代农业发展相适应。

2. 社区集体经营制度

农村社区指的是行政村或村民组，就农业经营而言，主要指的是村民组，仅有少数地方指的是行政村。农村地区的农业集体经营制度在 20 世纪 50 年代中至 70 年代末实施了 20 余年，改革开放过程中在一部分农村被保留下来，在新的形势下通过转换机制继续运行。农业集体经营虽所占份额不大，但在特定地区和特定农业领域具有发展空间，且不可代替，应充分发挥集体经营制对家庭经营制的补充作用。

20 世纪 70 年代后期的农村改革中，少数集体经济（主要是非农产业的乡镇企业）发展很好、经济实力较强、农民收益较高的行政村（当时的人民公社大队）或村民组（当时的人民公社生产队），没有将集体农地承包给农户，而是在发展壮大非农产业的同时，组建农业专业队、改善农业生产条件、提高农业装备水平，坚持农业的集体经营制度。由于这样的行政村或村民组经济实力强，以非农收入补贴农业发展力度较大，不仅农业取得了较好成绩，而且现代化进程也较快，江苏华西村就是代表。另外在农村改革中有些不便拆分、或拆分会造成重大损失的农业项目（如水果种植，禽畜及水产养殖等)，在部分农村也未承包给农户，而是由集体经营、收入在集体成员中分配。还有一种情况，有些农村社区的农户在承包了集体某些农业项目后，无力或不愿继续经营而交还集体(村或村民组)，被迫收回进行集体经营。某些地方将成片果园拆分承包，因农户不会种果树而无收，最后只有将承包果园交还集体经营。

农村社区无论是行政村或村民组，不仅是一个社会单元，还具有一定的经济功能。它既经营集体的公有资产、发展集体经营的非农产业，也经营一些不便拆分的传统农业项目和必须由集体经营才能发展的新型农业项目。由社区集体经营一部分农业项目，一方面可以使改革开放前发展起来的某些传统产业项目得以继续发展，另一方面可以推动要靠集体力量才能发展的某些新型农业(如旅游观光农业等)的生成和壮大，再一方面可以发展壮大社区集体经济、增强集体经济实力。可惜的是，目前有集体农业经营项目的社区还很少，大多数社区集体没有经营产业，也没有收入来源。

3. 农业企业经营制度

农业企业是从事商品农产品生产、提供农业服务、按企业化管理、市场化运作的经济实体，这一实体作为独立法人，自主经营、自负盈亏。在广大农村地区，农业企业的出现还是不久之前的事，其出现不仅使农业经营主体增添了新角色，还使农业生产经营发生了新的变化，农业企业经营制度由此在农村生根、发芽、扩散。农业企业经营目前虽还弱小、也还不占主流，但发展势头很猛，对农业的农户家庭经营制度的补充作用越来越大。

20世纪90年代，部分农产品加工企业在农村建立生产基地，开创了在农村建立农业企业、对农业进行企业化经营的先河。进入21世纪，不少工商企业看到农业发展的广阔前景和有利商机，转向对农业投资，在农村转包农民承包地，建立农业企业，发展种植业、养殖业、旅游观光农业等。还有一些进入城镇务工经商的农民，在有了一定积累后返回农村创业，建立农业企业，发展特色农业。农村还有一些种植能手、养殖能人，他们善于耕种，精于养殖，逐渐成为生产大户，有的还建立了家庭农(牧)场，也成了实际的农业企业。这些农业企业无论由加工企业兴办，还是由工商企业兴办，抑或由返乡农民工兴办，又抑或由在乡能人兴办，一般都是租用农民承包地，通过投资改善生产条件，利用先进技术发展优势特色农业，利用科学管理实现资源优化配置和效率的提升，产品或服务较为单一，专业化程度较高，生产规模较大，效率较高，效益较好，是农村地区农业发展的"黑马"。

农业企业在农村的产生与发展，对农业发展具有重要影响。一是为农业带来了新的投资、先进的科学技术、科学的管理理念、严密的生产经营组织，使新的生产要素快速而便捷进入农业，有利于加快农业发展和促进农业现代化。二是使掌握在不同主体手中的农地、资金、技术等资源，实现有效整合及高效配置，用于发展优势特色农业，促进资源的有效利用，并为相关各方带来利益。三是在农村树立现代农业的典型及样板，对农民进行示范，能有力推动传统农业向现代农业的转型，全面提高农业发展质量，增强农业竞争力。但是农业企业经营制度也会对农村的农户家庭经营制度以及对普通农民的权益造成一定冲击。一是农业企业经营比农户家庭经营装备好、技术先进、生产规模大、产品和服务更具市场优势，竞争力也更强，在相同生产经营领域，农户家庭经营处于不利地位。二是农业企业经营要依靠租用农民承包地，甚至是大片长期租用，农民虽可获得一定租金，但失去了利用承包地发展农业的机会，自然也失去了在农业发展中获取利益的机会，农业企业装备较好、用工不多，租出承包地的农民往往需另谋职业。三是各级政府扶持农业发展的资金、物资往往优先向农业企业倾斜，普通农户难以获得，使农户家庭经营获得的政府扶持减少。

农业企业经营在农村的产生与发展，使农业发展增加了新的微观主体，也给农业生产经营带来了新的生机与活力。但农业企业的加入，也给农村的农业发展造成了新的矛盾和问题。一是农业企业经营要依靠租地进行，与农民形成用地（特别是耕地）竞争，且土地租用还容易产生经济社会矛盾。二是农业企业为了在支付土地租金后还有盈利产生，往往抛弃粮油种植而从事高附加值农产品生产，对粮油安全造成负面影响。三是部分农业企业只是扩大了生产规模，既没有改进技术，也没有改进生产方法，不是靠生产经营盈利，而是靠政府补贴度日。四是从事农业生产经营的企业一般都不大，经济实力不强，抗风险能力弱，一旦经营不善而倒闭，其破坏性不小。鉴于此，应因势利导，充分发挥农业企业经营的优势，而避免可能产生的问题。

二、国有农地的农业经营制度

国有农地的农业经营制度，从 20 世纪 50 年代初至 80 年代中期，一直执行的是新中国成立之初确立的国有农业企（事）业经营制度。70 年代末至 80 年代初，农村农户家庭经营制度的成功为国有农业企业改革提供了参考，在 80 年代中期由国有农业企业经营改革为职工家庭经营。20 世纪 90 年代开始，部分工商企业进入国有农业发展领域，又有了非国有农业企业经营。经过近 70 年的演进，国有农地的农业由单一的国有农业企业经营，变革为以职工家庭经营为主、国有农业企业经营及非国有农业企业经营并存的局面，经营制度变得复杂起来。

1. 职工家庭经营制度

20 世纪 80 年代中期，受到农村改革的启发，国有农业企业也推行职工家庭承包经营改革，并很快在所有的国有农业企业中推行。到 80 年代后期，职工家庭经营已成为国有农业企业的主流经营制度。由于国有农业企业与农村集体有很大的不同，国有农业企业改革之初照搬农村集体改革的经验，遭遇了不少困难，后经不断摸索总结经验教训，终于走上了正轨，使职工家庭经营成为一项有效的制度。

国有农地由国有农业企业经营，转换为职工家庭经营，是国有农地的农业经营制度的重大变革。这一变革是在国有农业企业经营制度难以维系的困境下，经改革大潮冲击而实现的。从 20 世纪 50 年代至 70 年代，我国各级政府在国有土地上投资建设了不少农业企业（农场、林场、畜牧场、园艺场、渔场等），发展多种农业产业。这些农业企业属于国有、国营，即职工由国家招聘并按月发放工资，生产经营由国家管理，产品和盈利上交国家，亏损由国家补贴。分布在祖国四面八方的国有农业企业，在国家经营制度下虽在建设发展边疆、国土资源开发、现代农业试验示范、新技术研发应用、重要农产品生产与供给等方面做出了重大贡献，但这一制度使国有农业企业既无发展的外部压力，也无发展的内在动力，职工也因缺乏激励而导致积极性下降，最终造成生产效率不高、经济效益低下、亏损面越来越大、亏损额越积越多、国家补贴的包袱越背越重。在这种情况下国有农业企业改革势在必行，以农村改革为参照，职工家庭承包经营成为合理选择，国有农业企业经营制度也就被职工家庭经营制度所取代。

职工家庭经营制度建立在国有土地的承包基础上，职工家庭从所在农业企业承包农地（耕地、园地、林地、草地、水面），并在承包期（一般较短）内获得排他性使用权，再利用承包地自主进行生产经营。由于国有农地的使用有一定要求，国有农业企业对职工要提供一定福利和生产经营服务，且在改革之后企业要自负盈亏，故职工家庭承包国有农地要向企业交付一定租金，并按企业基本要求进行生产经营，自主做出生产经营抉择、自主调配家庭生产要素与资源、自主进行生产经营活动、自主支配生产的农产品、自负生产经营盈亏。职工家庭经营制度使农业工人变成了自主的农业生产经营者，调动了国有农业企业职工的生产积极性和主动性，提高了劳动生产率，增加了农产品产出，不仅提高了职工收入，也极大改变了国有农业企业的财务状况。但这一制度也使国有农业企业规模化的集中生产转变为小型分散生产，组织化程度降低，农业机械及装备的重建和改造投资增加，企业生产经营收入减少，公共福利和公共服务开支巨大，财务负担沉重。这些问题有碍国有农业企业发展壮大，有待在深化改革中解决。

国有农业企业土地的职工家庭承包经营，虽然解决了内在发展动力不足、职工劳动积极性不高、亏损严重和财政补贴负担重等问题，但也带来部分国有农业企业由大规模生产演变为职工家庭小规模经营、农业机械和装备因承包而受损、农业基础设施建设和维护困难、公共支出巨大而又缺乏来源、一些公共目标难以实现等矛盾。面对这些新的情况，有的国有农业企业通过深化改革解决了矛盾、获得了生机与活力、很快发展壮大，而有的国有农业企业缺乏变革勇气或应对无方而陷入困境。目前，深化国有农业企业职工家庭承包经营后的全面改革，促进改革成功企业的发展壮大，帮助改革困难企业脱困，已成为国有农业企业发展的紧迫任务。

2. 国有农业企业经营制度

这里所谓的"国有农业企业"是指由政府投资建设、并赋予国有农地占有权和经营权的农业企业。国有农业企业对国有农地的经营，就代表了国家的经营。国有农业企业既有农场、林场也有畜牧场和渔场，既有20世纪50年代屯垦戍边建设的大型农场、牧场，也有在六七十年代各省（自治区、直辖市）建设的中小型农林牧场。这些国有农业企业从组建至80年代中期，一直实行按国家计划统一生产经营，即由农场（林、牧、渔场）统一配置生产资源，统一安排生产活动，统一收支核算。在80年代中期的改革中，虽主要生产经营承包给职工家庭，但仍有部分的统一生产经营被保留下来，并在新形势下通过机制转换继续运行。这种统一生产经营所占份额不大，但在特定领域难以替代，是对职工家庭经营的辅助及补充。

20世纪80年代中期的国有农业企业改革中，原有的果园、畜牧养殖场、渔场等不便拆分的生产经营，以及种子（种苗）生产，农机服务等技术和投资门槛高的生产经营，因没有或无法承包给职工家庭，仍由国有农业企业统一经营。随着改革的不断深化，国有农业企业统一经营的项目和领域大多实施改制，成立专业化公司进行生产经营，如成立果品公司、畜禽公司、渔业公司、种子（种苗）公司、农机公司等，从事相关生产经营。这些公司属于国有农业企业所有，但进行独立核算，自负盈亏，盈利要部分上缴。在国有农业企业改制初期，大多企业都保留了一部分统一经营的项目或领域。随着改革的推进，有的积极推进改制，统一经营的项目或领域得到发展壮大，有的则消极等待，导致统一经营的项目和领域每况愈下而趋于消亡。

国有农业企业，特别是大型农业企业，一般拥有先进的装备和技术力量，产前、产中、产后的全产业链体系较为健全。产业门类也比较齐全，在某些项目和生产领域，或生产经营难以拆分、或虽可拆分但要造成损失、或拆分经营会降低效率，在改革中仍实行统一经营，并在新形势下进行改制，使这些生产项目及某些生产领域得到更好发展。事实证明，在国有农业企业改革中保留部分项目和领域的统一经营，不仅避免了因不当及过度拆分带来的财产、物资损失和生产破坏，而且还使适宜统一经营的项目和领域得到了发展。并通过改制焕发出新的活力，进一步还增加了国有农业企业的管理调控能力、经济实力、发展动力，有力推进了国有农业企业的现代化进程。

有些国有农业企业在改革中，保留一部分由企业统一经营的项目，不仅保全了多年积累的财产、物资、设施、设备，而且还保障了职工家庭承包后生产的正常进行，并利用统一经营项目在改制后的优势发展产业，提供服务，拓展发展空间。这样国有农业企业改革激发了内在活力，提升了发展能力，增强了经济实力，提高了内部调控和实现公共目标的能力，使企业发展条件改善、产业发展壮大、财力日渐增强、职工福利逐步增进。也有一些国有农业企业在改革中一包到底，一分而光，放弃了所有统一经营，也有的对保留的统一经营项目沿袭旧体制，使改革陷入困境。在国有农业企业深化改革的今天，应当总结已有经验教训，使前一种改革得到发扬，也使后一类错误的做法得到纠正。

3. 非国有农业企业经营制度

这里所说的"非国有农业企业"是指国有农业企业之外，从事商品农产品生产及提供农业服务、按企业化管理、市场化运作的经济实体，作为独立法人，自主经营，自负盈亏。在国有土地上，这类农业企业的出现还是 20 世纪 80 年代中期之后的事，不仅增添了农业生产经营的新角色，还使农业生产经营发生了变化，并使企业经营制度在国有土地上生根与发展。国有土地上的非国有企业经营占比不高，企业经营制度也算不上主流，但发展势头强劲，规模和占比都在扩大。

20 世纪 90 年代，部分民营工商企业转向农业发展，向国有农业企业租用土地从事农业开发，而当时国有农业企业因农产品卖难、经营困难愿意出租土地，于是在国有农地上便产生了非国有的农业企业，这些企业利用国有农地发展种植业、养殖业、特色农业等。还有的民营企业利用滩涂、沙漠、荒山、盐碱滩等国有非农土地从事农业开发，在国有非农土地上产生了非国有农业企业。这些企业利用先进技术和巨大投资，对这些土地进行改良，并利用改良后的土地发展多种农业项目。同时，国有农业企业职工在承包经营中逐渐发展壮大，由单个家庭或多个家庭合作，组建个体或合作农业企业，在国有农地上从事种植业、养殖业、农业服务业等。这几类非国有农业企业虽背景不同，规模各异，生产经营项目及领域也有差别，但他们都以市场为导向，以商品生产和提供服务获取利润为目的，自主决策、自主经营、自负盈亏。但这些非国有农业企业一般专业性较强，生产的产品或提供的服务比较单一，特色较为明显，规模较大，效率较高，效益较好。

非国有农业企业在国有土地上发展，不仅为国有农地的充分与有效利用带来了新的投资、先进的技术、科学的管理、严密而有效的组织，而且为国有非农土地的开发利用开拓了新的途径、建立了新的模式，使掌握在国有农业企业手中的土地、掌握在政府手中的非农土地、掌握在科技人员手中的技术、掌握在业主手中的资金实现有效整合，拓展农业发展空间及领域，促进特色高效农业发展，加快农业现代化进程，其重要作用不可低估。但非国有农业企业在国有土地上发展、新型企业经营制度的推行，对国有农业企业的职工家庭经营制度和国有农业企业经营制度也可能造成一定的冲击。一是非国有农业企业经营比职工家庭经营在装备、投资、技术上占优，生产规模、产品及服务更具市场竞争力，使职工家庭经营处于不利地位。二是非国有农业企业经营要占用部分国有土地及其他资源，在农业发展上对职工家庭经营和国有农业企业经营形成一定的排挤。三是非国有农业企业利用国有土地发展农业是为了获取盈利，有可能对国有土地利用的公益性目标造成干扰。

三、农业发展管理及管理机构

农业是国计民生的基础产业，在经济社会发展和国家安全中的重要性不言而喻。农业发展需要有效的管理，而有效的管理又离不开相应机构去推进与实施。明确农业发展管理的目标及任务，审视农业发展管理机构的设置与功能，可以更加深入全面理解农业发展管理制度的产生及运行，也可为农业发展管理制度创新和管理机构改革提供依据。

1. 农业发展管理的目标

农业发展管理就是对农业发展进行决策与调控，农业发展在不同阶段有不同的目标，对其管理就是促进农业发展目标的实现。在这个意义上，农业发展的目标就是其管理应当达到的目标，二者具有高度的一致性。对我们这样的人口大国和农业大国，农业发展主要有三大目标，一是充分有效利用农业资源及保护农业生态环境、实现农业可持续发展，二是大幅提高农业资源产出率和农业劳动生产率、实现农业现代化，三是显著提高农业产出能力和效益、实现农产品的有效供给和农民增收致富。农业发展管理的目标，就是促进农业发展三大目标的实现。

为实现农业的可持续发展，农业发展管理应达到五个分目标。一是使农地资源在数量上保持稳定，在质量上逐步提高，在利用上充分合理。二是使水资源在来源及供给数量上保持稳定，在水质上逐步改善，在利用上节省。三是使生物资源在种质上得到繁衍保存，在品种上得到纯化，在生产上得到充分应用。四是使气象资源（光、温、水、气）优势得到充分利用，劣势得到克服，灾害得到控制。五是使土地环境、水环境、大气环境保持洁净，农业投入物及废弃物污染得到有效治理，农业生态环境逐渐改善。达到了这五个分目标，农业可持续发展便有了可靠的资源保障和生态环境基础。

为实现农业的现代化，农业发展管理也应达到五个分目标。一是农业发展的基础条件得到有效改善，使之满足现代农业的要求。二是使农业发展的传统观念得到更新，使之与农业可持续发展的要求相适应。三是使农业决策现代化，使之更加科学、准确、及时。四是使农业生产方法及手段现代化，使农业资源产出率和农业劳动生产率大幅提高。五是使农业各产业部门形成互促互补的产业体系，实现农业部门间高效的物质、能量、信息循环。达到了这五个分目标，传统农业向现代农业的转型就有了保证，农业现代化的实现便可水到渠成。

为实现农产品有效供给和农民增收致富，农业发展管理更需要达到多个具体目标。一是使生产的农产品在品种及数量上满足市场需求，保证农产品供给的充足性与多样性。二是使生产的农产品在质量及安全性上符合市场需求，保证农产品供给的可靠性。三是使生产的农产品在价格上具有市场竞争优势，保证农产品供给的经济性。四是使小农户生产提高组织化和现代化水平，从总体上提高农业劳动生产率。五是使农业产出水平提高及生产成本下降，从总体上提高农业效益，并使农业从业者（主要是农民）能增收致富。六是使农业发展领域扩大，发展业态增多，发展前景看好，使其成为有吸引力的产业。达到了这六个具体目标，农业供给侧改革就能大见成效。

农业发展管理是为了促进其可持续发展，实现现代化，产出能力和效益大幅提高，这三大目标既相互联系又相互区别，在管理上有不同内容与重点，涉及不同的业务领域和管理部门。可持续发展主要涉及资源环境保护，农业现代化主要涉及生产条件、生产技术、生产手段创新，产业的效益提升主要涉及劳动生产率、资源产出率提高，三者各不相同。但可持续发展才能使农业发展实现现代化，农业的现代化才能使农业产出能力和效益大幅提高，三者密切相关。这便要求农业发展管理要同时搞好三大发展目标的管理，通过各单个目标的共同实现，去推动农业发展总体目标的实现。

2. 农业发展管理的任务

农业发展管理是为农业发展服务的，农业发展对管理的需要，自然就成为农业发展管理的任务。农业发展所需要的管理主要有三个方面，一是农业发展环境的管理，二是农业发展条件的管理，三是农业发展过程的管理。由于我国农业发展管理又分为中央、省（自治区、直辖市）、县（市、区）、乡（镇）等不同层级，这三个方面的农业管理在不同层级又有不同的任务，各有分工与侧重。

农业发展环境主要指农业发展的政治环境、社会环境、经济环境。政治环境主要指农业发展的大政方针、政策法规等，社会环境主要指社会传统、社会公众、社会舆论对农业发展的重视与关注，经济环境主要指宏观经济形势、居民收入及消费、农产品市场供求等。农业发展环境管理的任务，一方面要为农业发展营造良好的政治、社会、经济环境，另一方面要在一定的政治、社会、经济环境约束下对农业发展进行引导与促进。农业发展环境的营造，一是制定和实施有利于农业发展的方针、政策、法规，二是发扬重视农业的传统、引导公众对农业发展的重视、吸引社会方方面面对农业发展的关注，三是利用经济形势因势利导农业发展、引导居民消费拓展农业发展空间、依据市场供求搞好决策。农业发展的引导与促进，主要是根据政治、社会、经济环境的约束，对农业发展方式、规模、结构等进行调整，使农业发展与相关环境相适应。

农业发展条件主要指农业发展的资源条件、基础设施条件、资金及物资条件、技术支撑条件等。资源条件主要指土地、水、生物及劳动力数量与质量，基础设施条件主要指交通、通信、能源、农田设施、生产设施的完备程度，支撑条件主要指资金、物资、农机具、技术的投入状况等。农业发展条件管理范围广泛，任务繁重。一是要充分合理利用农业自然资源（土地、水、生物等），提高其产出水平并实现永续利用。

二是要充分有效利用农业劳动力资源，提高其素质及劳动生产率。三是要搞好农业基础设施（交通、通信、能源、农田水利等）的建设、管护与使用，充分发挥其效用。四是要做好金融服务，为农业发展提供资金支持。五是要做好农用物资供给，为农业发展提供优质生产资料。六是要搞好农业装备，为农业发展提供先进手段。七是要研发及推广先进科学技术，为农业发展提供可靠支撑。

农业发展过程主要指农业发展的产前决策、产中推进、产后服务。产前决策主要指农业发展目标、布局、结构等方面的决定，产中推进主要指农业发展中资源配置、要素组合、产业推动，产后服务主要指农产品加工、储藏、营销等。农业发展过程管理涉及范围广、领域宽、内容多、任务重。一是要对农业发展确定适宜的规模、速度、质量、效益目标，二是对农业发展的布局及结构进行优化调整，三是搞好农业资源的优化配置和农业生产要素的优化组合，四是推进传统农业产业的现代化转型和新型农业产业发展，五是搞好农产品产地粗加工和精深加工，六是搞好农产品储藏运输，七是搞好农产品及其加工品的销售。

3. 农业发展管理机构

农业发展是关系国计民生的大事，受到党和政府高度重视，各级党和政府都设有专门机构对农业发展进行管理。由于党和政府在职能上的不同，所设置的农业管理机构亦不相同，所承担的任务、履行的职能、发挥的作用也有区别。又由于国家的建制分为中央、省（自治区、直辖市）、县（市、区）、乡（镇）四个层级，农村乡（镇）又主要是发展农业，故中央、省、县三级的党委和政府都分别设有专门的农业管理机构，且不同层级的管理机构职责也有所不同，形成相互关联又彼此分工的农业管理机构体系。

在中央一级，党中央和国务院都设有管理农业、农村工作的专门机构。党中央的农业管理机构先后有中央农村工作部、中央农村工作委员会，现在改为中央农村工作领导小组。国务院的农业管理机构过去分别设有农业部、林业部、农垦部、农机部、水产总局，也设置过农牧渔业部、农林部等，还有发展改革委员会、财政部、国土部、水利部分管部分工作，现在改为农业农村部。党中央的农业管理机构制定农业发展的大政方针、政策法规，确定农业发展方向、目标、任务，为农业发展营造良好环境，对农业发展进行总体谋划和战略部署，在宏观上对农业发展全面管理决策。国务院的农业管理部门贯彻党中央农业发展方针政策，落实党中央农业发展目标和任务，制定农业发展的专门法规、条例、标准，推进农业发展条件建设与改善，推动各农业产业有序协调发展，从全局上对农业发展进行指导和引领。

在省（自治区、直辖市）一级，省委和省政府都设有管理农业、农村工作的专门机构。省委的农业管理机构先后设有省农村工作部、省农村工作委员会、省农村工作领导小组，现在改为省农村工作委员会。省政府的农业管理机构过去分别设有农业厅、林业厅、畜牧厅、水产局、农机局等，还有发展改革委、财政厅、国土厅、水利厅等分管部分工作，现在改为农业厅。也有的省（自治区、直辖市）将省委、省政府农业管理机构合并为省农村工作委员会。省委农业管理机构贯彻中央农业发展方针政策，制定地方性农业政策法规，指导本辖区农业发展，实现本辖区农业发展目标。省政府农业管理机构贯彻中央农业发展方针政策，落实省委农业发展政策法规，加快农业发展条件建设与改善，对辖区农业发展进行组织、指导、协调，推进农业产业发展，完成辖区农业发展目标和任务。

在县（市、区）一级，县委和县政府也都设有管理农业、农村工作的机构。县委的农业管理机构先后有县农村工作部、县农（林）办公室，现改为县农村工作委员会。县政府管理农业的机构过去分别设有农业局、林业局、畜牧局、农机局等，还有发展改革委、财政局、国土局、水利局等分管部分工作，现在改为农业局。有的县（市、区）将县委和县政府农业管理机构合并为县农村工作委员会。县委农业管理机构执行上级党和政府农业发展方针政策，解决执行过程中的困难和问题，加快在本辖区的落实，对辖区农业发展提出目标任务，促进辖区农业发展条件建设和改善。县政府农业管理部门贯彻上级党和政府农业发展的政策法规，对辖区农业发展进行组织、指导、协调，为辖区农业提供技术服务，推进农业产业发展，完成辖区农业发展目标及任务。

四、农业发展宏观管理及制度

由于农业的重要地位，加之地域分布的广泛、产业部门的众多、生产规模的巨大，再加上生产经营主体的众多，农业的发展离不开国家层面的宏观管理。农业宏观管理是国家对农业发展理念及思路的指引，发展目标及任务的确定，发展方针及政策的推行，并通过制定和实施一系列相应的制度加以完成，对全国农业发展具有决定性作用。按经济社会发展分阶段推进的传统，农业发展宏观管理及相应制度安排也有中长期、近期、年度之分，只不过它们是相互衔接的，并保有较高的连续性及一致性。

1. 农业发展中长期管理及制度

据我国农业（其他产业也一样）发展推进的阶段划分，中期一般指 5～10 年，长期一般指 10 年以上。由经济社会体制所决定，我国的农业发展既有长远的总体目标，又有阶段性的调控性目标，并通过分阶段推进去实现总体目标。我国农业庞大而复杂，中长期发展任务繁重、不确定因素众多，宏观管理不可或缺，而完成这一管理的制度设计与实施也成必然。

农业发展的长期宏观管理，是国家对农业长远发展进行的全局性谋划、决策、调控，具体表现为决定农业的地位，明确农业发展理念，明晰农业发展思路，确定农业发展目标及任务，制定和实施农业发展的大政方针等。为此，中央赋予了农业"国民经济基础"的重要地位，始终将农业置于经济社会发展的中心与重点。坚持农业可持续发展及协调发展，高度重视农业生态环境保护和农业资源永续利用。高度重视农业与轻工业、重工业的协调发展，高度重视农林牧渔各业的协调发展。坚持以改革创新推进农业发展，不断推进农业发展管理和生产经营制度变革以激发内在动力，不断推进技术创新、组织创新、管理创新为农业发展提供支撑。确定农业实现现代化的目标，逐步推进农业管理决策现代化、发展条件现代化、生产组织现代化、生产技术及手段现代化，并随现代科学技术的发展不断丰富农业现代化的内容。提出农业发展应完成的多重任务，提高农业劳动生产率与资源产出率，降低农业生产成本及提高农业竞争力，提高农业效益及增加农民收入，增加产出提高质量及保障农产品的充分有效供给。为实现有效的长期宏观管理，中央通过制定相关政策和法律并严格实施加以保证。

农业发展的中期宏观管理，是国家对农业阶段性发展所进行的全局性谋划、决策与调控，具体表现为对未来5～10年农业在国民经济中的地位做出安排，对农业发展理念和思路加以明晰，对农业发展目标及任务进行界定，对大政方针制定与实施做出规划。为此中央要在经济社会中期发展中确保农业基础地位，使其得到充分有效发展，防止被削弱及边缘化。提出未来5～10年农业可持续发展和协调发展的基本要求，特别在农业生态环境保护、农业资源永续利用、农业与非农产业发展的协同、农林牧渔各业发展的协调等方面，提出可观测的要求。提出未来5～10年农业改革与创新的新进展，重点是在管理决策、生产经营、产权制度、主体培育、动力激发、技术研发和应用等方面有所发展、有所创新、有所突破。规划未来5～10年农业发展的目标，重点是农业现代化应达到的水平及考核标准。提出未来5～10年农业发展的任务，重点是农业发展的速度、规模、绩效等方面应当达到的要求。农业中期宏观管理是实现农业长期发展的重要手段，中央通过拟订农业中期发展规划，设计农业中期发展制度及导向性政策法规，达到管理目的。

应当指出，农业发展的长期管理十年期最重要，农业发展的中期管理五年期最重要，必须做好。一是十年期的经济社会发展、资源环境条件变化、生产要素变动容易分析判断，对农业发展目标和任务确定可以较为精准，对农业发展的管理决策可以较为科学，对农业发展管理的相关制度政策可以更具针对性和可行性。二是五年期的发展是以当下为起点，五年内农业发展的条件、目标、任务更容易明了，从现有基础出发，更容易对农业发展提出明确的目标和任务，制定符合实际的制度、政策，进行科学有效的管理决策。三是十年期的发展可分为前后两个五年完成，可以将农业发展的中长期管理有机结合起来，长期管理为中期管理提供指导，中期管理又促进长期管理的实现。

2. 农业近期管理及制度

据我国农业（其他产业亦然）发展推进的阶段划分，近期一般指 2～5 年，与经济社会发展的五年规划相一致。农业为延续性极强的产业，其近期发展不仅是中长期发展的基础，也是整个发展历程的组成部分。因此，农业发展近期管理既为中长期发展管理打下基础，也构成农业发展历程管理的构成部分，且对农业发展更具现实意义。

农业发展近期的宏观管理，是国家对未来五年内农业发展进行的总体谋划、决策、调控。具体表现为对未来五年农业与非农产业的关系做出安排，对农业发展理念和思路加以确立，对农业发展目标及任务做出规定，对大政方针的实施及创新提出方案。为此，中央要在未来五年的经济社会发展中，对农业的发展给予应有的重视和有力的支持，使其与其他产业同步发展。提出未来五年内农业可持续发展和协调发展的具体内容及要求，重点在农业生态环境保护、资源永续利用、农业内部各业协调发展等方面，提出具体配套的可考核的指标。提出未来五年农业改革创新的方案，重点突出大政方针的落实措施，并在农业生产组织创新、农业生产主体培育、农业生产业态创新、农业投融资创新、先进技术推广及突破性技术研发及应用等方面，争取取得重大进展。规定未来五年的农业发展目标及任务，主要包括农业发展条件改善、农业发展的速度及规模、农业的产出水平及农产品供给能力、农业生产成本效益、农业现代化进程、农产品市场竞争力、农民收入等内容，并列出具体的指标要求。农业发展近期宏观管理，中央除拟订农业发展五年规划加以引导、利用一系列政策法规管控外，还需利用一定行政手段和措施进行决策、指挥。

农业发展近期宏观管理，无论是在内容确定上，或是在相关政策法规制定与实施上，抑或是在措施的选择上，都受到农业发展现状的约束和中长期发展要求的影响。亦即农业发展近期宏观管理，既要以发展的现状为依据，又要与中长期发展要求相联系。农业发展现状主要指发展条件的好坏、发展制度的优劣、发展水平的高低、发展质量的优劣、发展绩效的好坏，以及在发展中存在的主要问题及其原因。只有准确掌握了这些情况，才能有的放矢地提出农业发展近期宏观管理的目标、内容、措施。农业中长期发展要求，主要指发展条件改善的要求、发展质量及水平提升的要求、发展绩效提高的要求、现代化进程的要求等，只有精准把握了这些要求，才能使近期宏观管理有效促进农业中长期发展目标的实现。

农业发展近期宏观管理，既要与前期发展的宏观管理相衔接，也要与后期发展的宏观管理相关联。一是前期农业发展管理的一些制度、政策、措施在本期还要延续或改革，应当在本期落实。二是前期农业发展中的一些产业项目、基础设施项目、科教项目等，延续到本期，也需要在本期继续推进。三是本期农业发展宏观管理中的改革创新、产业发展等目标、任务可能延续至后一时期，就需要为后续发展创造一定条件。在这个意义上，农业发展近期宏观管理应当"瞻前顾后"。另外，农业发展可能会遭遇某些突发事件，如严重的自然灾害、重大社会事件、国际关系剧变等，对农业发展可能带来较长时间的影响，则近期农业发展宏观管理，就要有应急处理能力，及时调整发展目标和任务，采取新的有效政策和措施加以应对。

3. 农业发展年度管理及制度

农业与其他产业一样，其发展都是逐年推进的，且前后相继，即前一年的发展是后一年发展的基础，后一年发展是前一年发展的延续，每个年度的发展都关系到农业近期及中长期的发展。故此，农业发展年度管理既是农业近期管理的组成部分，也是农业近期及中长期管理的基础。农业发展年度管理是农业发展在一个时间节点（年度）上的即期管理，对当期农业发展影响巨大。

农业发展年度的宏观管理，是国家对当年农业发展的总体谋划、决策、调控，具体表现为对当年农业在国民经济中的位置做出安排，对过去的农业发展理念和思路进行调整，对农业发展目标及任务提出要求，对必须坚持的大政方针进行重申，对改革和创新界定方向及目标，对农业发展提出推进措施。为此，党中央在每年年初都要发布专门文件（1号文件），对当年农业发展进行全面部署。国务院也要召开全国农业工作会议，对当年农业发展做出具体安排，显示对农业的重视与支持，促进农业稳定发展。在农业生态环境保护、农业资源（土地、水、生物）保护与利用、农业污染防治等方面提出任务与要求，促进农业可持续发展。在农业发展条件建设上规定任务，使其得到有效改善。提出农业年度改革创新的任务，在农业发展的关键制度和技术创新上获得突破。提出农业发展年度的目标及任务，在产出水平、成本效益、农民收入等方面提出具体要求。公布推进当年农业发展采取的重大措施，使相关工作得到落实，年度宏观管理提高成效。

农业发展年度宏观管理，无论在内容确定和重点选择上，或是在对策措施采用上，都要受到农业发展现状和近期发展需求的双重约束。也即农业年度宏观管理既要以发展的现状为依据，又要与近期（未来五年）发展要求相衔接。发展现状是前一年农业发展的实际情况，主要是发展环境的优劣、发展条件的好坏、发展水平的高低、发展绩效大小以及发展的障碍及存在的困难。依据这些情况，才能有针对性地提出年度宏观管理的目标、任务、对策措施。农业近期发展要求主要指发展环境及条件改善的要求，发展质量及水平的要求，发展绩效的要求等，只有准确把握了这些要求，并将这些要求分解到不同时间节点，才能使年度宏观管理有效促进近期农业发展目标的实现。

农业发展年度管理，在农业发展管理中占有特殊地位，发挥着特殊的作用。一是年度管理将农业近期和中长期发展目标和任务分解到年度，逐年推进完成，有利于农业发展的稳步推进、有序发展。二是年度管理可以根据条件和环境的变化，对农业发展思路、目标、政策进行适时调整，使之更加完善，更加符合实际，更有利于推动农业发展。三是年度管理有利于中央对农业发展的及时谋划和即期指引，也有利于各级地方政府明确目标和任务，还有利于动员和组织人民群众，以统一认识，协调行动，使每年的农业发展都能取得新的进展。

五、农业发展微观管理及制度

如果说农业发展宏观管理的主体是国家（以党中央、国务院为代表），管理的是全国农业发展的大政方针，则农业发展微观管理的主体便应当是农村社区（行政村或村民组，以村委会和村民小组为代表）、国有农（林、牧、渔）业企业（以企业领导机构为代表）、农（林、牧、渔）业生产经营者（个体农户及业主），管理的是本社区、本企业或所承包土地（租用地）的农业生产经营。农业发展微观管理是在国家大政方针指导下，将宏观管理的部分内容在微观层面上落实。

1. 农村社区农业发展微观管理及制度

就农业发展及管理而言，农村社区主要指村民组，只有少数情况下指行政村。因为大多数地区的农村土地属村民组所有，只有极少数地区的农村土地才属行政村所有，而农业发展及管理，与土地权属关系密切，故村民组是农村社区农业发展微观管理的主要主体，行政村是农村社区农业发展微观管理的补充主体。但农村社区农业微观管理主体无论是村民组或行政村，其管理职能、管理内容、管理措施、管理手段等都极为相似。应当指出，行政村和村民组虽不是行政组织，也没有行政权力，但它们是社区居民的自治组织，拥有法律赋予的相应权力，拥有并行使社区农业发展微观管理权便顺理成章。

农村社区农业发展微观管理，是村民组或行政村对本辖区内农业发展的筹划、抉择、引导，主要包括贯彻落实党和政府的农业方针政策，搞好辖区内农业资源管理，保护辖区内农业生态环境，筹划并推进农业生产发展，组织和开展集体经济活动，为社区农户生产经营提供帮助，协调与周边社区在农业发展上的互助合作等。为此，村民组及行政村要及时传达、宣传、贯彻党和政府的大政方针，将农民的生产经营纳入政策法规的轨道。搞好集体土地的承包及流转，加强农地保护和改良，保证农地合法合规使用。保护及合理利用水资源，防止污染和浪费。搞好农业废弃物利用，防止土壤污染。利用当地资源优势或独特生态环境，发展优质高效特色农业，开拓农业新领域，发展农业新业态。做好水利设施维护、道路维护及其他公共设施管护，搞好果园、鱼塘、山林等集体资产管理，壮大集体经济实力。帮助农户做好生产经营决策，选择先进技术，获取金融支持等。与周边社区合作进行农业基础设施建设，合作发展特色产业，合作开拓农产品市场等。这些管理工作的开展，都有赖于贯彻执行党和政府相关政策、法规，并依靠行政村、村民组干部认真努力才能完成。

搞好上述微观管理，无疑对农村社区农业发展具有重要作用。但可惜的是，不少农村的行政村及村民组缺乏强有力的领导，特别是行政村缺乏坚强的党支部和村委会，不仅党和政府的方针政策不能贯彻落实，而且农业资源无人管理，生态环境任由破坏，至于农业发展的筹划、农户生产经营的困难等，更是无人问津。凡是这类农村社区，由于农业发展微观管理的缺失，农业发展受到极大制约，只有从农村社区组织建设上着手，培养和使用一大批行政村及村民组的优秀领头人，才能使这一问题得到根本解决。

为解决农村社区农业发展微观管理的不足，一方面应当赋予农村社区必要的权力和责任，另一方面要培养有管理能力和经济发展谋划能力的社区领导干部，特别是行政村党支部书记和村主任。赋予村民小组和村委会当地经济、社会、生态环境管理的权力，他们才能名正言顺地进行管理。明确村民小组和村委会当地经济社会发展和生态环保责任，他们才会认真履责。如果行政村有一个愿为大家服务、而又能干的支部书记和村主任，就能对本村农业资源进行有效管理、对农业生态环境进行改善、对农业基础设施进行建设、对农业发展进行周密筹划，并能组织农民群众改造传统农业、发展新型农业产业，促进社区经济发展。现在的村支部书记外派可以解决短期的问题，最根本的还是培养当地的优秀人才。

2. 国有农业企业农业发展微观管理及制度

国有农业企业在改革前直接从事农业生产经营，是一个农产品生产或农业服务提供的实体，其管理主要是企业内生产经营的决策、组织、实施等。但在改革之后实行职工家庭承包经营，国有农业企业除保留少数不便分散承包经营的项目外，已不再直接从事农业生产经营，其管理内容、目标、手段也随之发生变化。同时，国有农业企业也是国有农地的占有及使用者，对国有农地负有利用和保护之责，国有农业企业还承担经济社会发展的某些公共责任，对本企业发展负有管理之责。因此国有农业企业是农业发展微观管理的主体，负有国有土地上农业发展的重大责任。

国有农业企业农业发展微观管理，是国有农业企业对本企业内部农业发展的谋划、指导、组织、指挥，对企业直接从事的生产经营项目搞好决策、组织、实施，对职工承包的生产经营进行筹谋、抉择、引导、规范。主要包括贯彻落实党和政府国有农业企业农业发展的方针政策，搞好企业内农业资源利用与管护，保护企业范围内生态环境，谋划并推进企业内农业产业发展，搞好企业直接生产经营项目的发展壮大，指导职工家庭搞好生产经营、帮助他们解决生产经营中的实际困难。为此，国有农业企业要认真贯彻执行党和政府有关农业发展的方针政策，以及对国有农业企业生产经营的要求，将职工家庭生产经营导入国家要求的轨道。搞好企业所管国有土地的承包及流转，使其得到充分合理及合规使用。有效利用与保护水资源，防止污染与浪费。

搞好企业内农业废弃物利用及无害化处理，防止农业面源污染。利用企业资源优势、生态环境优势、区位优势、装备和技术优势，发展优质、高效、特色农业，拓展农业发展新领域。做好水利设施、道路及其他公共设施维护，为企业发展提供有效服务。对企业直接生产经营的项目精心谋划，加强管理，利用制度和技术创新，提高效率和效益。帮助承包经营的职工家庭搞好生产经营抉择，选用先进技术，获取金融支持，并组织其产品销售。这些管理工作的开展，有赖于国有农业企业在改革中转变观念、转换职能，并依靠企业的领导认真努力才能做好。

搞好上述微观管理，对国有农业企业农业发展具有重要作用，也有不少国有农业企业探索出了很好的管理经验，取得了好的效果。但无可讳言，也还有一部分国有农业企业将改革简单等同于职工家庭承包，对职工家庭承包经营放任自流、撒手不管，不仅造成农业资源破坏、生态环境恶化、多年累积的农业生产设施严重损失，而且使农业生产经营出现严重困难，职工收入下降、农业企业债台高筑，并进一步造成内部矛盾加剧、关系紧张。这类国有农业企业因微观管理缺失，农业及其他方面的发展已受到极大制约，应当从国有农业企业领导班子建设入手，培养和使用一批优秀的领导干部，改善农业微观管理方可解决。

应当特别指出，20 世纪 80 年代中后期的国有农业企业职工家庭承包经营改革，给这类企业农业发展管理带来很多新的问题。其中最重要的是在职工家庭自主生产经营条件下，如何既发挥职工家庭经营的优势、又发挥国有农业企业的生产条件及装备和技术优势，促进企业农业发展、职工增收及企业经济实力增强。有的国有农业企业在改革中加强农业发展管理，一方面保留农业生产资料采购供应、农业技术服务、农业机械作业服务、农产品加工与营销的统一经营，另一方面加强对职工家庭生产经营的指导和服务，使多方优势得到充分发挥，企业农业得到巨大发展，职工收入大幅增加，企业经济实力大为增强。也有的国有农业企业在改革中放弃农业发展管理，既不保留适合统一经营的项目，失去为职工家庭经营提供服务的能力，又对职工家庭经营放任不管，导致职工家庭生产经营困难和收入下降，企业也出现严重困难而难以维系。两种不同的管理导致截然相反的结果，这一经验教训实在深刻。

3. 农户和业主农业发展微观管理及制度

农户一般指家住农村且从事农业的家庭，在这里也包括国有农业企业中从事农业生产经营的职工家庭，即泛指从事农业生产经营的家庭。业主指从事农业生产经营的企业主，即原来从事非农产业而后转而从事农业的企业主。无论是农户或是业主，他们都是农业生产经营的微观主体，都直接从事农产品的生产或提供农业服务，从事农业生产经营的目的都是为了获取盈利，都需要搞好农业生产经营管理。这种管理是农业生产经营主体行为的自我管理，属于农业微观管理。

农户无论是农村地区的农民家庭，抑或是国有农业企业的职工家庭，都是靠承包集体或国有土地从事农业生产经营。其管理除严格按党和政府的政策法规从事生产经营活动、依规利用和保护农业资源、保护农业生态环境之外，就是根据自己可获取的土地、资金、技术、可支配和使用的劳动力，依据当地生态环境及区位特征和市场需求，选择相宜的农业产业进行生产经营，并在生产经营中搞好资源配置、应用先进技术，提高劳动生产率与资源产出率，提高产出水平和产品质量，提高效益及增加收入。但由于我国人多地少，农户家庭承包土地较少，劳动力也不多，大多数农户为小规模经营。加之农户成员文化水平不高、技术素质较低，不少农户不仅获取资源的能力很弱，而且对所能获取资源的使用能力也不强。具体表现在不能依据资源优势、区位优势选择合适的产业，不能随市场需求变化调整产业或产品，无力对资源要素进行合理利用与配置，无力获得和应用先进技术等。培养高素质农民，提高农户农业微观管理水平已刻不容缓。

近年兴起的农业企业，一部分是工商业者在农业领域投资所建立的农业企业，另一部分是务工经商农民返乡发展农业所建立的农业企业，还有一部分是农业科技人员到农业一线建立的农业企业。无论是哪一类农业企业，都是靠租地（或部分租地）从事生产经营，规模较大且专业性较强。这类企业除严格按党和政府政策法规生产经营、充分利用和有效保护农业资源、保护和改善农业生态环境外，还需要在生产经营上加强管理。一是根据可获得的生产资源（要素）和市场需求确定回报高而风险小的生产经营项目，二是对生产资源（要素）进行优化组合并提高其利用效率，三是利用先进技术和手段进行生产经营。工商业转行的农业企业主选择生产经营项目和优化资源组合的能力较强，但缺乏农业技术支撑。返乡农民工在农业领域创业，地利人和优势明显，但生产经营项目选择能力较弱，对现代农业技术掌握也不多。农业科技人员在农业领域创业，优势在于掌握市场需求和现代农业科学技术，劣势在于投资能力弱、市场开拓能力也不强。近年兴起的农业企业中，有一部分已归于失败，原因虽然很多，业主管理能力上的缺陷无疑是重要诱因。为促进新兴农业企业的发展，全面提高业主农业企业微观管理能力同样刻不容缓。

无论是农户或是农业企业主，其农业微观管理能力的提高都主要是在五个方面。一是优化配置资源、科学合理选择产业发展和产品生产的能力，使生产经营抉择不出现失误。二是依据市场变化，适时调整产业发展和产品生产的能力，使生产经营始终与市场需求保持一致。三是及时了解、迅速学习和掌握、有效利用先进适用技术的能力，使先进的技术在自己的生产中率先应用，或在利用先进技术发展新兴农业产业中占据先机。四是获取政府政策支持、金融机构信贷支持、科技机构技术支持的能力，使这些支持为自己所用。五是掌握农产品市场需求和价格变化的能力，使自己在产品销售中占据主动地位。提高了这五个方面的能力，农户和业主农业微观管理水平将会发生显著改观。

第六章　中国的农业支持保护制度

农业是一个自然风险和市场风险"双高"的产业，又是一个关系国计民生的基础产业。自然风险高指农业生产全过程都易遭受多种自然灾害的侵袭，市场风险高指农业生产在品种、数量、质量上与市场需求保持一致的难度极大。加之我国农业以小农生产为主，而小农在投资和抗风险能力上"双弱"。在产业风险"双高"和生产者能力"双弱"的情况下，作为基础产业的农业发展，就不能单纯依靠市场调节，而更需要政府的支持和保护。新中国成立以来，中央先后制定和实施了一系列农业支持和保护制度，有力促进了农业发展。

一、农业基础设施建设支持制度

新中国成立至今的近70年间，从中央到地方的各级党和政府，为改善农业及农村经济发展条件，促进农业持续稳定发展，先后制定和实施了一系列支持农村和农业发展的基础设施建设制度，坚持不懈地推进农村交通、通信、能源设施建设，坚持不懈地推进农田水利、农田整治、水土保持工程建设。在这些支持制度的作用下，经全国人民（特别是广大农民）的长期艰苦努力，使原本十分落后的农业及农村基础设施有了巨大改观。

1. 农村公共基础设施建设支持制度

农村公共基础设施，主要指县（市、区）以下农村地区的交通设施、通信设施、能源设施，因这些设施是农村经济社会发展所需要的基本条件，故被称为农村公共基础设施。农村交通设施，主要指县级辖区内连通乡（镇）、村（社）、居民点之间的公路网络及车站，以及连通县级辖区外干道公路、铁路车站、水运码头的公路干线。农村通信设施，主要指县级辖区内连通乡（镇）、村（社）、所有农村住户的电视设施、有线及无线通信设施、网络设施及广播设施。农村能源设施，主要指县级辖区内连通乡（镇）、村（社）、所有农村住户家庭、重要生产及生活场所的输电设施、输气设施以及县域辖区布局合理的加油（加气）站点。

从20世纪50年代初以来，中央政府就逐步制定和完善了一系列支持农村交通基础设施建设的制度、政策和法规，各级地方政府也按中央要求逐步出台了支持辖区内农村交通基础设施建设的地方性制度、政策及法规。在改革开放前，将农村交通设施

（主要是公路）建设纳入国民经济发展五年计划和年度计划，建设投资纳入各级政府预算。形成农村交通设施建设的组织动员制度，每年冬春两季组织农民开展大规模农村公路建设，农民出工出力，政府物资补贴。改革开放后，仍将农村交通基础设施建设纳入国民经济发展五年规划和年度规划，在继续推进农民出工出力、政府扶助制度的同时，逐步加大了政府投入。在完善农村交通网络建设的同时，提高了建设标准和质量。进入 21 世纪，国家加大投资建设通行政村、农村居民点的交通设施，目前已大部分建成。农村交通网的建成，为农业和农村发展创造了必不可少的条件。

20 世纪 50 年代至今，中央与地方政府也先后制定和完善了一系列支持农村通信设施和能源设施建设的制度、政策与法规。从 50 年代到 70 年代，政府先后投资建设了通乡（镇）和村（社）的有线电话和广播网，并在 80 年代进行了升级换代。80 年代以来，在政府支持和引导下，利用市场力量先后建设了覆盖广大农村的无线电话网、电视网、计算机互联网，并完成多次技术改造与换代，使农村通信设施臻于完善。50 年代至 80 年代农村输电设施主要由政府投资建设，而用电设施由用户投资建设。90 年代后随电力系统改革，农村电网是在政府支持下由电力公司建设，目前已基本完成对农村的全覆盖，并经过了多次改造升级。至于农村输油、输气及加油（气）站点建设，是近年农村车辆及机具增多、部分农村住户使用天然气之后才出现的，是在政府监管下由能源企业建设的，目前覆盖面还较小。

在政府大力支持和大量投入下，经过全国人民、特别是广大农民的长期艰苦努力，现在已建成内联乡（镇）、村（社）、农村居民点及农户，外联大中城市、高速公路、铁路车站及水路码头的公路网、电网、通信网。不仅极大改善农业、农村发展条件、有力增强城乡联系，而且极大增加了农村人流、物流、资金流、信息流，为农业、农村发展增添了新的要素，增加了新的活力。这些庞大的农村公共基础设施建设不易，要使其长期发挥作用，就需要对其进行经常管理、维护、保养，使其保持完好状态。农村能源设施、通信设施提供的是有偿服务，可以利用收取的服务费解决设施的管护、升级问题。但数百万公里的农村公路是免费使用的，其日常管理、维护、保养没有投入来源，很容易造成因管护缺失而损坏，这就需要建立一套农村公路日常管理、维护、保养制度，使其保持良好使用状态。这一制度不仅要解决日常管护的投入，更重要的是要明确当地农民的责任和参与。

2. 农田基本建设支持制度

广义的农田指农用土地，狭义的农田专指耕地，本书从狭义解。2016 年全国耕地面积 13 492.93 万公顷，除去因退耕和不宜耕种的 1 000 万公顷外，大约 12 400 万公顷适宜稳定利用。在可用的耕地中，中低产田占 2/3，且旱坡地较多，而平坦耕地较少，不少耕地不仅存在生产障碍、产出水平低，而且不适合机械耕作，使用成本高。在我国人多地少、耕地稀缺的条件下，有些在国外称之为"劣等地""边际土地"

的农田，我们不仅不能丢弃，而且还要十分珍惜、善加利用。这种严峻的"地情"，给我国农田基本建设提出了艰巨的任务。

为搞好农田基本建设，改善农业生产条件，在 20 世纪 50 年代至今的数十年内，中央和地方政府先后制定了一系列支持农田基本建设的制度、政策、法规，并切实加以实施。主要体现在将农田基本建设纳入农业基本建设，制定和实施主要包括中低产田改造、农田整治、农田水利、农田道路及设施的农田基本设施建设计划（规划）。中低产田改造包括贫瘠地、旱坡地、下湿田改良，盐碱地、沙化地及其他障碍土地改良，农田土壤改良与培肥等。农田整治包括土地平整、土壤改良、农田保护设施建设等。农田水利包括耕地灌溉设施建设、排水及防洪设施建设等。农田道路及设施包括农田机耕道及桥涵建设、种植设施及其他生产设施建设。将这些项目列入建设计划（规划），有利于对农田基本建设进行统筹安排、有计划推进，也有利于农田基本建设有序而持续开展。

为推进农田基本建设的落实，中央和地方政府还建立了一套财政支持制度和建设项目实施制度。财政支持制度是按已经确定的农田基本建设年度计划（规划），在当年财政预算中设立专门科目，并按建设类型及规模确定投资预算。或在年度预算中首先确定农田基本建设的投资规模，再按轻重缓急在预算盘子中安排农田基本建设项目，由此确保列入年度建设的所有农田基本建设项目，都可得到财政资金支持。项目实施制度是对实施的农田基本建设项目，确定明确具体的负责单位和负责人，负责单位承担建设项目的组织、领导、管理、监督责任，负责人承担项目建设的质量、工程工期、环保、预算控制等责任。这样的制度可加强农田基本建设项目的管理，有效提高建设质量及降低建设成本。

农田基本建设支持制度实施多年来发挥了重大作用，取得了巨大成效。但因体制及技术上的某些缺陷，使这一制度的功效未能充分发挥，也使应有的成效打了折扣。一是不同类别的农田基本建设项目，归不同政府部门分头管理，缺乏统一规划，不能集中力量进行建设，有时甚至造成项目选择失准、重复。二是一些项目建设目的不明，不按农田用途建设，以致造成因不适用而浪费。三是有些项目建设没有明确具体标准，缺乏科学的设计和施工方案，加之有的承建者缺乏应有资质，导致建设质量不高。第一个问题因政府机构改革和职能调整可望尽快解决，但第二、第三个问题还有待管理的加强和管理水平的提高才能解决。

为使农田基本建设支持制度发挥更大更好的作用，有必要对这一制度实施新的改革。一是确定全国农田基本建设的总体目标和年度目标。总体目标是将 2/3 的耕地建成集中连片、坡度较小、耕层深厚、土质肥沃、道路及灌溉设施配套、便于大中型机械生产作业的标准农田，年度计划按 10 年完成总体目标的要求制定。二是采取连片治理，逐步推进策略。在各省级辖区内，按先易后难的原则，分年连片对耕地进行高标准建设，建设一片成功一片，逐步推进，完成所有可改造耕地的基本建设。并从目前开始，放弃过去土地整治中零星分散改造的做法。三是严格农田基本建设管理。建立和实施农田基本建设项目的立项论证、规划设计、建设方案、施工管理、项目建成验收、责任追究制度，工程建设进度管理、质量管理、预算管理制度，使建设工作有序推进。四是将农田基本建设作为国家重大基本建设工程，加大投入，持续推进，争取在 10 年内建成 8 000 万公顷（12 亿亩）可机械化大生产的高产稳产农田，使我国农业安全、粮食安全得到根本解决。

3. 水利建设支持制度

中国是一个水旱灾害频繁的国家，北方降水不足处于干旱半干旱状态，南方降水季节分布不均出现季节性干旱，全国降雨集中在夏秋两季又常有暴雨，导致洪涝灾害经常发生。旱灾造成农业减产甚至绝收，洪涝灾害不仅造成减产或绝收，还可能造成毁地、毁房，甚至人员伤亡，对农业生产、农民生活、人民生命财产造成巨大威胁。面对频繁发生的水旱灾害，全国人民面临艰巨而繁重的"兴水利、除水害"的任务，而政府也肩负领导与支持水利建设的重任。

为兴水利、除水害、防治旱涝灾害，从新中国成立至今，中央和地方政府先后制定了一系列支持水利建设的制度、政策、法规，并认真贯彻执行。主要表现在将水利建设纳入国家基本建设，制定和实施主要包括防洪（涝）工程、蓄水工程、灌溉工程的水利工程建设计划（规划），包括中长期、五年期、年度计划（规划）。防洪（涝）工程包括江河及湖泊堤防建设及维护、江河疏浚、洼地排涝等，蓄水工程包括大中小型水库建设及维护、塘堰建设及维护、水池建设及维护等，灌溉工程包括引水、提水、调水设施建设及维护、输水渠系建设及维护等。将这些项目列入建设计划（规划），有利于对水利建设进行统筹安排、有计划推进，也有利于水利建设活动有序而持续开展。

水利工程有一定公益性，建设投资大，离不开政府支持。为推进水利工程建设，中央和地方政府建立了一套财政支持制度。对于大中型水利工程建设，在正式完成建设立项后，由中央财政在项目建设期内安排预算资金支持其建设。对于小型及部分中型水利工程建设，在正式完成建设立项后，由省级财政在项目建设期内安排预算资金支持其建设，或由中央财政部分补贴后省级财政在项目建设期内安排资金支持其建设。对于微型及部分小型水利工程建设，有时也在省级和县级年度预算中，首先确定建设投资总体规模，再按轻重缓急在预算盘子中安排具体建设项目。由此可确保各类立项的水利建设项目都能得到财政支持。

水利工程建设难度大、要求高，为确保水利工程高效建设，高质量完成，中央和地方政府还建立了一套建设项目实施制度。主要包括建设项目招标制度，项目建设方案评审制度，项目建设过程管理制度，项目建成后的验收制度。项目建设招标制度就是通过招投标，择优选择水利工程建设的承建单位。项目建设方案评审制度就是通过业内专家，对水利建设项目的工程设计及施工设计进行审察评价，以实现方案的完善和改进。建设过程管理制度就是通过设置水利建设项目管理机构及管理人员，对项目建设工程的进度、质量、预算控制等，进行严格而细致的检查和监督，发现问题及时纠正。建成后的验收制度就是按项目建设要求，对水利工程建设工期、质量、成本等逐一进行检查、测度、评估，对合格工程进行验收。有了这些制度，不仅使水利工程建设能够顺利推进，还有利于提高工程建设质量，保证工期和节约成本。

二、农业科技创新支持制度

科学技术是最重要、最具活力的生产力，农业科学技术的每一次重大创新都对农业发展带来革命性变化。为充分发挥科技对农业发展的支撑作用，从新中国成立至今的近70年间，从中央到地方的各级党和政府，建设各级各类农业科技研究机构，持续开展广泛深入的农业科学技术研究，组建从中央到乡（镇）的农业技术推广网，推广应用先进适用技术。这些支持制度的实施，培育了大批农业科技人才，产出了大批农业科技成果，大大提高了农业科技水平，有力支撑了农业的快速发展。

1. 农业科研机构建设支持制度

农业科研机构是农业科技人才集聚的平台，也是农业科技人才培养和成长的场所，更是农业科学技术研究开发的基地，还是农业科技成果产生的重要源头。农业科研机构如此重要，自然引起党和政府的高度重视，不仅出台了组建农业科研机构的规定和政策，更制定了促进农业科研机构建设、运行、发展的一系列制度及措施。这些支持制度的实施，使农业科研机构形成了完整体系，不断发展壮大，在农业科技创新中发挥了主力军作用。

从20世纪50年代初至今，中央和省级党和政府就先后组建了中国农业科学院、各省（自治区、直辖市）农业科学院以及部分地区农业科学研究所，不仅建立了研究机构，还配备了研究及管理人员，建设了专用的研究室、实验室，添置了仪器设备，并配套建设有试验基地。中国农业科学院主要承担全国共性农业科学技术的研究，涉及农业基础科学、农业产业技术、农业装备技术、农业资源利用及保护技术、农业管理技术等众多领域的研究，肩负重大农业科学技术创新的重任。各省级农业科学院主要承担各自辖区内农业科学技术的研究，涉及区域农业基础科学、区域农业产业技术、区域农业装备技术、区域农业资源利用及保护技术、区域农业管理技术等众多领域的研究，肩负为本省农业发展提供技术支撑的重任。地区农业科研所主要从事某些特定领域的农业科学技术研究，为当地农业发展提供特定技术支持。对所组建的各级农业科研机构，都定性为国有事业单位，单位公共支出及人员工资由财政负担，部分研究经费也由财政拨付，为其开展科学研究创造了稳定的条件。

20 世纪 50 年代初至今，中央和省级党和政府还先后组建了全国性、区域性、省属农业高等院校，各省党和政府先后组建了不少农业中等专科学校。这些大中专农业院校、特别是农业高等院校，除为国家培养大批农业科技人才及管理人才外，由于学科专业门类齐全，专业人才集聚，具有很强的农业科学技术攻关能力。在政府支持下，农业高等院校纷纷组建不同类型的农业科技研究院、所，添置仪器设备、建设实验室及研究室，组织教师进行兼职或专职科学研究，在农业基础科学、农业应用基础科学、先进实用农业技术领域开展攻关，取得了不少创新性成果。农业高校已成为与农科院势均力敌的研究力量，并且在基础研究和应用基础研究上占有优势。各级党和政府对农业高校的科研力量高度重视，在研究条件创造、研究经费支持、研究工作开展等方面，制定了一系列制度和政策予以扶持。

党和政府除支持农业科研院所和农业高校之外，也鼓励和支持其他相关学科的科研院所和大专院校、涉农企业、民间企事业单位，建立农业科研机构，从事农业科学研究。近年来，生物科学、资源环保科学、信息科学、机械科学、智能科学等众多领域的高校和科研院所都大量涉猎农业科研，一些大型种子企业、农机企业、饲料企业、农药企业也纷纷成立研究机构从事相关研究，还有一些民间机构也从事某些特定领域的农业科技研究，这些机构的建立和从事的研究工作，都得到了党和政府的支持和鼓励，有的还得到了中央和地方政府的经费和物质支持。

2. 农业科研活动支持制度

农业科研活动是科技人员对农业科学或技术问题发生机理、变动机制、解决路径、控制手段等方面的研究、探索、论证（验证），是农业科技创新的关键环节，也是农业科技创新最复杂的过程。只有广泛、充分、有效开展农业科研活动，农业科技创新才可能欣欣向荣。为推进农业科技创新，党和政府先后制定和实施了一系列制度、政策，激励和支持农业科研活动的开展。

20 世纪 50 年代以来，中央和省级政府就通过设立研究基金、研究计划、研究专项等，建立起对农业科研活动的资金支持制度。有支持农业基础科学和应用基础科学研究的自然科学基金，有支持农业管理决策研究的社会科学基金，有支持农业科技重大及前沿领域研究的"863"及"973"计划，有支持农业产业专门技术研究的攻关专项计划，有支持面上农业科技研究的年度计划和五年规划，有支持农业急迫需求技术研究的应急计划等。这些基金项目和计划项目主要由政府科技部门管理，少数由农业部门管理，研究者可按规定程序向管理部门申请，获得批准后即可得到研究经费的支持。由于中央和各省级政府科技投入的逐年增加，研究基金、研究计划、研究专项资助的农业科技研究项目越来越多、资助强度也越来越大，使众多农业科学技术问题能得到及时而有效的研究，并取得了众多创新成果，既为农业的现实发展提供了技术支撑，又为农业长远发展提供了技术储备。

20 世纪 50 年代以来，特别是改革开放以来，中央和省级政府设立多种科技成果奖，激励农业科技的创新研究、前沿研究。设立国家科学技术奖，奖励对农业科学技术创新做出巨大贡献的科学家。设立国家和省级科技发明奖、科技进步奖、社会科学奖，对在农业科学、农业技术、农业管理决策研究中有重要发现、发明、创造、突破的团体及个人进行奖励。通过这些奖励激发农业科技人员的研究热情，也激励科技人员出高水平研究成果。同时，还对在研究工作中做出突出成绩的研究机构、研究团队、学术带头人进行专门支持，建设高水平实验室、购置专用仪器设备，给予专项研究经费等，使其研究向更高水平迈进。

政府对农业科研活动的支持，特别是研究经费的支持，有力促进了农业科学技术的研究，显著提高了农业科学技术水平，功不可没。但这一支持制度的项目选择办法烦琐又欠精准，对入选项目研究过程监管不严，对入选项目研究结果验收不规范、不严谨，导致部分农业科研项目低水平重复、研究不深入更缺乏创新，研究结果水平不高用途不大。政府的农业科技成果奖励虽也起到了不小激励作用，但在成果认定上缺乏刚性标准，重专家意见而轻实际表现，使有些成果名不符实，更出现评奖成果多而可用成果少的尴尬局面。同时，这一支持制度的项目选择长期偏重农产品生产及增产领域，对农业资源开发利用、生态环境保护、高效农业生产资料和生产工具研发、农业劳动生产率和资源产出率提高、农产品生产成本降低及竞争力增强等领域重视不足，使这些领域的研究相对滞后。另外，这一支持制度对资助项目的要求太过功利，总是要求早出成果、出大成果，这对众多农业科学技术研究很难短期做到，于是便产生了不少低水平成果。如果对这一支持制度不断加以完善，将对我国农业科研发挥更大更好的支撑作用。

3. 农业科技成果推广支持制度

农业科技成果推广，就是对经过试验、验证的先进适用农业科技成果，在农业生产中广泛普及应用。农业科技成果推广，是农业科技创新的重要过程，是农业科技成果研发到生产应用的必经阶段。只有通过宣传、展示、试验、示范让农业生产者了解先进技术成果，通过教育培训让农业生产者掌握技术成果，通过条件创造让农业生产者使用先进技术成果，才能使先进技术成果在农业生产中广泛应用。为促进农业科技成果推广，党和政府先后制定和实施了一系列制度、政策，支持和激励先进适用技术在农业上的广泛应用。

20 世纪 50 年代初至今，中央和省级政府就先后组建并逐步完善了农业科技成果推广机构。在全国建有农业技术推广总站，在各省（自治区、直辖市）建有省级农业技术推广站，在各县（市、区）建有县级农业技术推广站，在各乡（镇）建有农业技术推广站（点），在不少农村行政村还有驻村农业技术员，形成了中央、省、县、乡、村五级农业技术推广网络。全国农业技术推广总站和各省级农业技术推广站内设有作物种植、动物饲养、土壤肥料、植物保护、动物防疫等专业技术推广站，县级农业技术推广站则根据本县农业状况设置专业技术推广站（点），各专业技术推广站均配备有相应的专业技术人员，乡（镇）农业技术推广站亦配备有相关专业技术人员。农业技术成果推广机构由政府组建，所需试验、示范、分析仪器及设备、基地由政府建设，所有在编人员由政府财政供养、并参照公务员管理。有了成体系的农业技术推广机构，又有庞大而稳定的农业技术推广专业人员，先进农业科技成果在农业生产中的广泛普及应用就有了基本保证。同时，政府还重视发挥农业科研机构和农业高校在农业科技成果推广中的作用，基本形成了科研院所和高校带成果到农业第一线推广应用的制度，有的科研院所和高校还在一些县、乡建立了稳定的农业技术成果推广应用基地。在先进适用农业科技成果的推广应用中，政府不仅对推广工作给予经费支持，而且也在群众组织动员及成果应用条件创造上给予人财物力支持，这些支持制度有力地促进了先进适用农业科技成果的推广应用。

由政府组建的农业科技成果推广机构，以及由政府财政供养的农业技术推广人员，在农业技术成果推广中发挥了重要作用，对农业发展做出了重要贡献。但这一体制是在农业集体经营时期建立的，便于对农业集体提供技术服务。在改革开放、农业实行家庭承包经营后，原有的农业技术成果推广机构及人员如何为农户服务，就显得极不适应。虽然原有体制经过改革演进，农业技术服务的基本功能被保留下来，但服务效率仍有待进一步提高。同时，在原有体制下一直存在农业技术推广人员不能专注技术推广工作，以及缺乏对农业技术推广人员工作激励的问题至今存在，需要通过改革加以解决。

在新的形势下，农业科技成果推广支持制度，应当有所创新。一是利用电视、互联网、广播、报纸等传媒工具广泛宣传、传授现代农业科技成果，发动农技推广机构向农民介绍和传授农业科技成果，提高农民获取和应用现代农业科技成果的能力。二是提高科技成果应用业绩在评价中的地位，引导研究者对农业科技成果推广应用的重视。三是对在农业科技成果推广应用中做出突出成绩的单位和个人重奖，激发农技推广工作的内在活力。

三、农业自然资源保护制度

农地、淡水、森林、草原、水面、生物等是重要的农业资源，是农业发展必不可少的自然物质基础。农地（特别是耕地）是种植业发展的基础，也是养殖业发展的基础，淡水是农业生存与发展必不可少的条件，森林是林业发展的基础，也是生态环保的基础，草原是草食畜牧业发展的基础，水面是水产养殖的基础，也是农业的水源，生物是农业发展的物种宝库。这些农业自然资源的种类、数量、品质、性状等，不仅影响农业发展规模和结构，还影响农业发展的效率与效益，备受各级党和政府重视，并制定和实施了一系列制度、政策法规加以保护。

1. 农地及水资源保护制度

农地是农用土地的简称，包括耕地、园地、林地、草地、可养殖水面五大类。耕地主要用于粮棉油糖、果蔬药杂的生产，是最重要的农地。林地主要用于林业生产及生态环境保护，草地主要用于畜牧业生产及生态环境保护，可养殖水面用于淡水养殖及提供水源。水资源指地表水和地下水，在农业上主要用于灌溉和人畜饮用。我国的农地（特别是耕地）资源和水资源严重不足，急待保护以免遭受损失。农地和淡水是农业发展两大基础资源，保护这两种资源就是保护农业，中央和地方政府对此都十分重视，制定了一系列制度、政策、法规加以保护。

20世纪50年代至今，各级党和政府先后制定并实施了越来越严厉的农地保护制度、政策、法规。在耕地保护上，从耕地保护职责、耕地损毁修复、耕地破坏惩罚等制度的建立，到耕地污染防治、废弃耕地复垦、耕地用途控制制度的实施，再到基本农田划定及监管制度的推行，耕地保护制度已形成较为完整的体系，并在耕地保护中发挥了重要作用。在林地保护上，先后建立了林地禁垦、林地水土保持、陡坡地退耕还林等制度，且执行力度越来越大。在草地保护上，先后建立了草地禁垦、草地养护、退化草地恢复等制度，并得到严格执行。在水面保护上，先后建立了污染防治、水面周边生态环境保护、水面开发利用控制等制度，已取得较好效果。

20世纪50年代以来，各级党和政府也先后制定和实施了一系列水资源保护制度、政策、法规。建立了水源涵养制度及大江大河源头保护制度，以确保水的来源。建立了江、河、湖、库水体污染防控制度，以保持水源洁净。建立了水资源调蓄制度，以保证水资源均衡供给。建立了过境江河用水分配制度，以保证上、中、下游用水均衡。建立了严格的地下水开采制度，以防止地下水超采。建立了严格的污染物、废弃物排放制度，以防治水资源污染及保护水环境。

虽然各级党和政府出台了不少保护农地及水资源的制度、政策、法规，也认真加以贯彻执行，并取得了一定成效，但与这些制度、政策、法规的要求相比，还存在很大差距，在有些方面差距还很大。究其原因，除农地及水资源保护涉及面广、情况复杂、监管难度大之外，最重要的是这些制度、政策、法规在微观层面未得到有效落实。集体农地的所有者是农村集体（村民组或行政村），国有农地的控制者是国有农业企业，他们本应认真贯彻落实党和政府的相关制度、政策、法规，保护农地和水资源，但这些微观主体中的相当部分放弃了管理责任，有的甚至采取机会主义行为，追求短期利益，使一部分农地资源和水资源没有得到应有保护，有的甚至遭到了破坏。

2. 森林及草原保护制度

森林是成片林地上生长的林木，草原指成片草地上形成的草本植被。在一般意义上，大片林木才称为森林，大片有草本植被的草地才被称为草原。森林不仅是林业发展的基础，更是生态环境屏障，还是生物资源的宝库。草原不仅是草食畜牧业发展的基础，也是生态环境屏障，同样是生物资源的宝库。森林和草原地位如此重要，加之我国森林和草原数量有限、质量较差，急待保护以提高质量。为充分发挥森林和草原的多种功能，中央和地方政府制定了一系列制度、政策、法规对其加以保护。

20 世纪 50 年代至今，各级党和政府先后制定了一系列森林保护制度、政策、法规。建立了森林承包经营制度，将森林保护的职责落实到林场职工或农户家庭。建立了全民植树造林制度，每年清明节前后国家机关、人民群众大规模植树造林，已坚持多年。实施了重大森林工程，如国有林场造林工程，三北防护林工程、长江防护林工程、沿海防护林工程等，使森林面积大幅增加。下达了严厉的禁伐令，严禁天然林采伐，严禁生态脆弱区和生态保护区林木采伐，使这部分森林得以保存。实施了严格的林木采伐审批制度，严格控制对森林的采伐。建立了较为完善的森林抚育制度，加强了对森林的管护。这些制度、政策、法规的执行，使森林面积（主要是人工林面积）有所增加，森林质量也有所提高。

20 世纪 50 年代至今，各级党和政府也先后制定了一系列草原保护制度、政策、法规。建立了草原承包经营制度，将草原保护的责任落实到牧户家庭。建立了草原以草定畜制度，严格控制牲畜饲养量，降低草原载畜压力、防止过牧，保护草原。建立了退化草原禁牧制度，使这类草原休养生息，恢复生机与活力。建立了退牧激励制度，鼓励有条件有能力的牧民转行从事其他产业，政府给予资金和技术支持，以减轻草原负担。建立了草原保护支持制度，鼓励牧民减少牲畜饲养，保护和建设草原，政府按牧户承包的草原面积给予一定标准的补贴。这些制度、政策、法规的实施已显现效果，部分退化草原得到恢复，总体质量有一定改善。

虽然党和政府保护森林、草原的制度、政策、法规发挥了重要作用，也取得了较大成效，但与要求相比还存在不少差距。一方面，这些制度、政策、法规因基层执行不力，而未完全贯彻落实，使其效果打了折扣。另一方面，因森林和草原类型多，范围广，使这些制度、政策、法规的落实变得复杂，检查监督变得困难，影响执行效果。再一方面，现有制度、政策、法规不够完善，也影响执行效果。如天然林、生态林禁伐，本来是有限禁伐，但因对生态林认定泛化就变成了无限禁伐，只让栽树不让砍树，谁还会栽树？又如一些草原保护政策，只有对牧户的补贴，而缺乏对牧户保护草原的严格要求及监管，使这一政策难以达到应有效力。

3. 生物资源保护制度

生物包括动物、植物、微生物，在这里主要指动物和植物。动物和植物种类繁多，但从农业的角度看，动物可简单分为饲养动物和野生动物，植物也可简单分为栽培植物和野生植物。农业是通过动植物生长发育生产人们所需农产品的过程，所以农业与动植物密不可分。不同动植物生长发育产生不同农产品，动植物的多样性又带来农产品的丰富多彩。同时，每一种动植物都是千百万年生物进化的产物，是大自然的宝贵财富，并构成人类的生存环境，弥足珍贵。无论从农业发展的角度，或是人类生存的角度，都应当十分珍惜和保护动植物资源，使之永续生存、繁衍和利用。

20世纪50年代至今，中央及地方党和政府先后制定和实施了一系列保护动物资源的制度、政策、法规，建立了本土优良饲养动物品种普查、鉴定、提纯、繁衍制度，保存了一大批优良家畜家禽品种。建立了国外优良饲养动物品种引进、杂交、改良及繁衍制度，使饲养动物增加了新种质资源。建立了野生动物禁猎制度，收缴猎枪、猎具，惩处盗猎，防止猎捕和猎杀野生动物。建立了珍稀及濒危野生动物繁衍地保护、人工饲养保护制度，使其免于灭绝。建立了繁殖季节休渔及珍稀鱼类保护制度，使其正常繁衍并保持种群规模。

20世纪50年代至今，中央及地方党和政府也先后制定和实施了一系列保护植物资源的制度、政策、法规。建立了本土优良栽培植物品种普查、鉴定、提纯、繁衍制度，保存了一大批本土优良大田作物、园艺作物、林草植物品种。建立了引进优良栽培植物品种的鉴定、繁衍制度，使栽培植物种质资源增加。建立了珍稀及濒危植物保护制度，建立原生地保护区，并实施人工栽培保护。建立植物种质资源基因库，对植物资源进行系统性保护。建立自然保护区，保护在特定自然环境生长发育的野生植物资源。

党和政府保护动植物资源的制度、政策、法规，在执行中发挥了重要作用，使不少动植物品种得以保存与延续，但与需要保护的大量动植物资源相比，目前的保护只是极小的部分，还有大量的动植物未能保护。造成这一局面的原因有三个方面：一是动植物品种太多，在当前人财物力条件下，只能选择一部分加以保护；二是对优良饲养动物和栽培植物以及珍稀和濒危野生动植物进行了保护，对一般饲养动物和栽培植物及野生动植物未加保护；三是选育和引进的性状更优的饲养动物和栽培植物品种，替代原有的饲养动物及栽培植物，使原有品种被淘汰。这一状况已带来两个严重后果，一是我国大量的饲养动物和栽培植物品种，特别是一些地方特色品种已经或正在消失，二是我国各类畜牧业和种植业（也包括林业及渔业）品种单一化倾向越来越严重。前者造成我国动植物资源的严重损失，后者则给农业发展带来更大风险。

四、农业重点产业发展支持制度

农业是由众多种植及养殖业组成的产业集群，在这个集群中有的产业关系国计民生，是农业中的重点产业，如粮食种植业、棉花种植业、油料种植业、生猪养殖业、肉牛及肉羊养殖业、奶牛养殖业、家禽养殖业、蔬菜种植业、水果种植业等就是这样的产业。对这类产业各级党和政府历来给予高度重视，先后制定和实施了一系列支持制度、政策、法规，促进其持续稳定发展。

1. 粮棉油产业发展支持制度

粮食、棉花、油料是人民生活的必需品，必须保障供给。由于我国人口众多需求巨大，而耕地稀缺生产有限，满足粮棉油的需求难度极高。为了促进粮棉油的生产、增加产量、提高品质，各级党和政府一贯将其作为国之大事，先后制定和实施了一系列制度、政策、法规，支持粮食种植业、棉花种植业和油料种植业的发展，特别重视粮食种植业中的水稻及玉米和小麦生产，棉花种植业的优质棉生产，油料种植业中的花生和油菜生产。

20世纪50年代至今，各级党和政府都建立和实施了粮食生产领导负责制度、粮食播种面积监控制度、粮食生产基地建设支持制度等。改革开放前每年粮食播种面积控制在不少于18亿亩，改革开放后随单位面积产量提高，每年粮食播种面积控制在不少于16亿亩。中央政府设立粮食主产省基地建设计划，通过大量人财物力投入，先后建设了黑龙江粳稻和大豆生产基地、湖南和江西籼稻生产基地、河南小麦生产基地、吉林玉米生产基地。同时还设立了粮食生产大县基地建设计划，由中央和省级政府共同投入，对粮食生产大县、特别是商品粮调出大县进行建设。

20世纪50年代至今，各级党和政府也建立和实施了棉花生产布局调整支持制度和油料生产激励制度。中央政府实施棉花生产布局大调整，扩大在新疆的种植面积，调减在黄河流域的种植，退出在长江流域的种植，并在人财物力上大力支持新疆棉区建设，使其棉花生产能力迅速增强。中央及有关省级政府也相继出台支持制度，促进花生及油菜生产的发展。在黄淮海地区扩大花生种植面积，增加花生生产并给予保护价收购。在南北油菜产区，政府通过生产资料补贴，鼓励农民增加油菜种植，并将油菜生产与旅游观光（观花）结合，使油菜生产有所扩大。

党和政府支持粮棉油产业发展的制度，有力促进了粮食、棉花、油料的生产，使其产量提高、质量改善、供给能力增强。但相较而言，这些制度对粮食产业发展支持力度最大，对棉花产业发展支持力度次之，对油料产业发展支持力度较弱，使粮食生产出现结构性过剩，油料生产总体不足。同时，这些制度主要支持粮食、棉花、油料增加产量，对提高粮食、棉花、油料的品质及降低生产成本和增强市场竞争力的激励不足，使我国粮食、棉花、油料品质不高，且生产成本居高不下，市场竞争力弱。在这种情况下，应当对原有支持制度进行必要调整，加大对油料生产的支持力度，加强对粮棉油生产成本节约及产品质量提升的扶持。

应当指出，近20年党和政府对粮棉油产业发展的重视和支持已十分巨大，取得的成就也十分显著，但与巨大的努力和付出相比，我国粮棉油产业的生产能力、生产效率与效益、市场竞争力等，还未达到预期的水平。造成这一结果的原因虽然很多，但其发展支持制度主要集中在生产环节，而对其发展的基础条件（如土地条件）改善、生产技术和手段的更新、生产组织创新的支持显得不足，导致粮棉油产业发展在产量增长的同时，劳动生产率和资源产出率增长缓慢，生产成本大幅上升而市场竞争力显著下降。若对支持制度做适当调整，更加重视耕地建设，先进技术应用和生产的机械化、智能化，则粮棉油产业将会有更好发展。

2. 畜牧重点产业发展支持制度

畜牧业生产的肉、蛋、奶是人民生活必需品，肉主要是猪肉，牛羊肉次之，蛋主要是鸡蛋，奶主要是牛奶。因此，养猪业、肉牛及肉羊养殖业、养鸡业、奶牛养殖业是畜牧业中的重点产业。为满足人民对肉、蛋、奶的需求，各级党和政府历来对这些畜牧重点产业高度重视，先后制定和实施了一系列制度、政策支持其发展壮大。

20世纪50年代以来，党和政府就十分重视养猪业的发展。改革开放前主要鼓励和支持农户养猪，重点在四川等南方省份发展肉猪养殖。改革开放后在鼓励农户养猪的同时，重点支持工厂化养猪，肉猪养殖也由南方省份逐渐扩展到北方省份，并且在北方粮食主产省发展十分迅速。在这一阶段，各级政府对养猪业给予了有力支持，一方面对养猪场建设批准用地并对建设资金给予财政补贴，另一方面对生猪养殖大户按养殖数量给予一定生产补贴，再一方面对养猪场和养猪大户给予信贷支持。在这些制度和政策激励下，规模化、工厂化养猪迅速发展，农户分散养猪迅速衰落，与之伴随而生的是养猪用粮迅速增加、肉猪生产成本显著上升、粪污污染严重。20世纪80年代以来，中央政府支持部分省份利用山地、草原及农区作物秸秆发展肉牛及肉羊养殖，一方面中央和省级财政共同支持在有条件的地区建设生产基地，另一方面对肉牛及肉羊养殖给予种畜购买补贴，并对肉牛及肉羊养殖业给予信贷支持。在这些制度、政策支持下，肉牛及肉羊养殖业规模迅速扩大，牛肉、羊肉产量亦有显著增长。

改革开放前，除少数大城市建有国有养鸡场生产少量鸡蛋外，绝大部分的鸡蛋靠农户散养供给，政府只是提倡而缺乏直接支持。改革开放后，为满足人民对鸡蛋的巨大需求，各级政府纷纷出台相关制度、政策促进养鸡业发展。开始是利用财政投入建设国有养鸡场，后来改革为支持企业和个人办养鸡场。对于企业和个人兴办养鸡场，政府除给予用地支持外，还在养殖场建设、种鸡购买、设施及设备购置上给予补贴，在养殖技术及防疫上提供服务，在鸡蛋价格低迷时给予一定生产补贴。在各项制度、政策支持下，养鸡业得到迅速发展，鸡蛋产量大幅增长，满足了市场需求。

改革开放前，城市周边建有小规模的国有奶牛场，由于产量低，除供应婴儿及病人外，一般大众喝不上牛奶。改革开放后，为满足人民对牛奶的需求，各级政府都制定和实施了促进奶牛养殖业发展的制度与政策。中央政府从人财物力上支持内蒙古、东北等地的奶牛养殖，一方面通过奶牛购买补贴和贷款支持牧（农）户家庭养殖奶牛，另一方面利用饲舍建设补贴、奶牛购买补贴和贷款、技术服务提供支持奶牛养殖场建设，再一方面通过建厂用地支持、加工设备购置补贴和贷款支持，扶持牛奶加工企业发展，使之与奶牛养殖业配套。不过，由于牧（农）户分散小规模养殖奶牛与牛奶规模化加工不适应，政府逐步减少了对牧（农）户分散养殖奶牛的支持。

改革开放后一系列支持制度、政策的实施，有力推进了整个畜牧业特别是重点畜牧产业的发展，使肉蛋奶产量大幅增长，基本满足了人民生活所需。但这些支持制度及政策，越来越向规模化和工厂化畜禽养殖倾斜，而小规模分散养殖逐渐被排挤，虽可提高生产效率，但失去了公允性。因为这些制度和政策的优惠多被大的养殖业主享受，而小生产者难以分享。令人遗憾的是大养殖业主只是少数，而小生产者则是多数。

3. 果蔬重点产业发展支持制度

水果、蔬菜都是人民生活必需品，与粮棉油、肉蛋奶一样不可缺少。水果种类繁多，主要有苹果、梨、柑橘、葡萄等。蔬菜种类更多，主要有叶菜、瓜豆菜、根茎菜、芽苗菜等。水果蔬菜不仅需求量大，而且需要四季均衡供应，并要求品种丰富。为满足人民对水果、蔬菜的需求，各级党和政府先后制定和实施了一系列制度和政策，支持水果、蔬菜重点产业及重要产区发展。

改革开放前，人民收入及生活水平很低，水果属于奢侈品而不是必需品。党和政府只是鼓励有条件的地方种植，而没有专门的支持制度及政策，生产者也只是将其作为增加收入的"副业"，而未将其作为谋生的主业。改革开放后，随着人民收入和生活水平的提高，对水果的需求迅速增加，数量需求越来越大、品种需求越来越多、质量要求越来越高。为满足日益增长的需求，一方面水果种植业逐渐由"副业"变为主业，另一方面政府对水果种植也由一般鼓励变为制度、政策支持。政府对水果种植的支持，一是体现在大宗水果的生产上，二是体现在主产区的建设上，三是体现在对生产大户（企业）的扶持上。政府通过水果产区交通、通信、能源建设及灌溉设施建设，果园建设补贴及信贷支持，大力促进苹果、梨、柑橘、葡萄等大宗水果的生产，加强陕西等苹果主产区、河南等梨主产区、重庆等柑橘主产区、新疆等葡萄主产区建设，扶持水果生产大户（专业农户）或水果生产企业发展专业化、规模化种植。

改革开放前城镇化率不高，城镇人口的蔬菜由周边专设的生产基地供给，政府对生产基地的条件建设予以支持，在紧缺生产资料供应上给予照顾。改革开放后工商业迅速发展，城镇人口迅速增加，对蔬菜的需求亦随之增大。为适应新形势，各级党和政府纷纷出台新制度和新政策，建设蔬菜生产基地，促进蔬菜产业发展。一是城镇周边划出一定耕地面积作为基地，专门用于蔬菜生产，二是由财政出资对蔬菜基地进行全面建设，三是鼓励农户和企业在蔬菜生产基地从事生产经营并给予一定补贴。除此之外，中央及部分省级政府还支持在特别适宜地区建设蔬菜生产基地，跨区域供应蔬菜，如山东寿光的蔬菜基地、海南的反季节蔬菜基地等。为有效保证蔬菜供给，中央还制定了"菜篮子市长负责制"，加强了市级政府在蔬菜生产与供给中的责任。

党和政府支持果蔬重点产业发展的制度及政策，发挥了十分重要的作用，极大地促进了水果、蔬菜生产，保证了供给，提高了人民生活水平。但这些制度及政策在执行中也出现了一些偏差，一是有的水果生产基地建设选择的不准，导致建设失败；二是一些蔬菜生产基地建设靠近城区，随着城市建设的范围扩大而很快失效；三是这些支持制度和政策过分偏爱生产大户和业主，对小规模生产的农民（果农及菜农）支持不足，有失公正与公平。

过去多年的水果、蔬菜产业发展支持制度，使我国水果、蔬菜种植面积和产量已经十分巨大，可以满足人民生活所需。因此，扩大水果、蔬菜生产规模的支持制度，不宜再延续。目前水果、蔬菜产业发展的突出问题是产品结构有待优化，产品质量急待提高、产品安全性急待增强，产品储藏保鲜及冷链运输系统急待建立和完善，产品现代营销网络也有待构建，把支持制度的重点转向这些方面，不仅能有力促进水果、蔬菜产业发展水平，还能大大提高其发展效率与效益。

五、农业生产补贴制度

农业是一个自然风险和市场风险都较高的产业，农业也是一个附加值不高的产业，为降低农业风险、保护农民利益、保持农业稳定，对农业生产进行补贴已成为不少国家的通行做法。2004 年之前我国没有农业生产补贴制度，只是从 20 世纪末至 21 世纪初出现农民弃农、农业减产后，从 2004 年起才逐步建立起农业生产补贴制度，主要包括农产品生产直接补贴、农业生产资料购买补贴、农业机械购置及应用补贴三类。这些补贴制度及政策有的是中央政府出台的，有的是地方政府（省级和县级）配套的。

1. 农产品生产直接补贴制度

农产品生产直接补贴制度是 2004 年由中央制定的，开始只涵盖水稻、玉米、小麦等主要粮食作物，每种植一亩由中央财政给予 10 元补贴。因补贴范围小、补贴标准低，对生产的促进作用受到质疑，在随后的实施中逐步有所改变。一是补贴范围有所扩大，将其他大宗粮食作物和主要经济作物也纳入补贴范围。二是鼓励省级和县级政府搞配套补贴，补贴范围及标准由自己根据财力决定。这一改变，一方面使生产直接补贴由水稻、玉米、小麦三种粮食作物扩大到包括谷子、青稞、高粱在内的主要粮食作物；另一方面使生产直接补贴由粮食作物扩大到包括大豆、油菜等油料作物及甘蔗等糖料作物；再一方面因省级和县级政府也参与补贴，使补贴水平显著提高。除个别财力严重不足的省级政府未参与补贴外，绝大多数省级政府都参与了补贴，且标准都不少于中央财政的补贴标准。少数财力雄厚的县级政府也参与了补贴，且补贴标准还很高。这样一来，不同行政辖区的农产品生产直接补贴水平就出现了很大差异，最低的每亩只有 10 元，一般的每亩有 30～50 元，较多的每亩有 100 元以上。

农产品生产直接补贴制度在后来又有一些新变化，一些地方为鼓励农业的规模化生产，除将中央财政的补贴发放给规定的农产品生产农户外，将省级和县级政府的补贴集中发放给农产品生产达到一定规模的生产大户和农业企业，造成小规模生产农户的生产直接补贴水平低，而大规模生产的农户和企业的生产直接补贴水平高，少数生产大户或企业不是靠生产经营而是靠补贴获利。还有的地方在承包地经营权流转中将农产品生产直接补贴留给承包农户，而不是给予获得经营权而从事农产品生产的农户或企业，使生产直接补贴成为承包土地的另一福利，而不是促进农产品生产的手段。

对部分农产品生产直接补贴的制度，自颁发实施以来一直受到争议，焦点主要集中在作用大小及公平性上。农产品生产直接补贴水平总体上不高，对农产品生产的促进作用有限，在这个意义上其作用的确不大。但农产品生产补贴直接发放给农户，相当于增加了农产品生产的盈利，增加了农民的收入，从这个意义上讲其作用还是积极的。农产品生产直接补贴只包含部分农产品，且主要是大宗农产品，使不生产这些农产品的农户，特别是部分老少边穷地区的农户得不到补贴，的确有失公平。对生产大户或企业发放更高标准的直接补贴，更使总量有限的农产品生产直接补贴向少数生产者倾斜，亦无公平可言。

我国对某些重要农产品生产直接补贴，一是可能这些农产品生产不足、补贴可以促进生产，二是可能这些产品生产效益低下、补贴可使生产者保持生产。对于第一种情况，短期补贴就可解决；对于第二种情况，最根本的是要提高这些产品的生产效益。农产品生产，特别是粮棉油等大宗农产品生产效益不高，对其提高又要受多重约束，为改变生产者收益太低的问题，促进这些产品的生产，对其生产进行补贴是必要的。但应当清醒认识到，农产品生产量大面广，补贴水平低了不能刺激生产发展，补贴水平高了政府财政难以承担，靠补贴难以解决农业发展问题。而要提高农民收益、保障农产品生产，最终要依靠大幅提高农业劳动生产率及资源产出率、降低农产品生产成本、提高农产品质量来实现。当然，要实现这一目标必须突破多重约束，付出艰苦努力，也绝非易事。

2. 农业生产资料购买补贴

20 世纪 90 年代中后期至 21 世纪初，包括种子（苗）、化肥、农药、农用塑料薄膜、饲料、兽药在内的生产资料价格上涨，导致种植业和养殖业生产的物质成本上升、生产总成本增加，加之农产品价格低迷，造成农业生产效益下降、农民生产积极性降低，粮食等农产品连续几年减产。为扭转这一局面，在实施农产品生产直接补贴制度基础上，又制定和实施了农业生产资料购买补贴制度，对部分种植业和养殖业的主要生产资料购买进行补贴。

作为对某些种植生产的临时支持措施，对其生产资料购买进行短期的补贴很早就有，但作为一项固定的支持制度，对某些种植业生产资料购买进行补贴，还是在2005年之后才逐步实施的。补贴的种植业主要包括大宗粮食作物（水稻、玉米、小麦）、大宗油料作物（油菜、花生）、大宗糖料作物（甘蔗、甜菜）、棉花，以及基地的蔬菜生产，其他种植业不在补贴范围内。补贴的办法是对这些种植业生产购买化肥、农药、农膜、种子（苗），进行一定比例的财政支持。开始实施时是按购买生产资料的类别确定补贴标准，再按这一标准确定补贴水平。由于这种办法比较烦琐，后来就改为按单位种植面积进行补贴，每亩种植面积的补贴标准一般为30～50元不等。后来经过演变，有的地方为鼓励规模化生产，只对种植大户进行生产资料的购买补贴，而对大量的小规模种植农户不予补贴，使这一支持制度的受益主体大为减少。

作为对某些养殖生产的临时支持制度，对其生产资料购买进行一次性或季节性补贴也很早就有，但作为一项固定支持制度，对某些养殖产业生产资料购买进行补贴，还是21世纪初才有的事。补贴的养殖业主要是生猪养殖业和奶牛养殖业。其他养殖业不在补贴范围内。对生猪养殖业的生产资料（主要是饲料和兽药）购买补贴只针对规模化的养猪场，而不包含少量分散养殖的农户，以每头50元左右的标准按养殖头数计补。对奶牛养殖业的生产资料（也主要是饲料和兽药）购买补贴，开始针对的是所有奶牛养殖农（牧）户，以每头每年数百元不等的标准按养殖头数计补。后来为追求奶牛规模化养殖，改为只对规模化奶牛养殖场或养殖大户实施生产资料购买补贴。

大宗作物种植业生产资料购买补贴制度，是粮棉油糖菜生产的物质成本由政府分担一部分，使农户生产成本降低，促进种植业生产的稳定发展。而养猪业及奶牛养殖业生产资料购买补贴制度，使养殖农（牧）户及企业承担的成本减少，使养猪业和奶牛养殖业在频繁的价格波动中趋向稳定发展，保证了猪肉和牛奶的稳定供应。但这一制度明显向生产大户或规模化生产企业倾斜，一方面有失公正，另一方面也不利于激励数量众多的小农户的生产积极性，再一方面还可能导致少数农户及企业盲目扩大生产规模而遭受损失。

应当指出，对农业生产资料购买进行补贴，直接降低了农业生产成本，间接增加了某些农产品生产者的收益，有其积极意义。但追根溯源，这种补贴的产生是源于农业生产的物质成本过高，而物质成本高是因为生产资源使用过多、价格太贵造成的。降低农业生产物质成本，一方面应该降低生产资料（化肥、农药、饲料、兽药等）的消耗，另一方面应该降低生产资料的生产成本及价格，再一方面应加强种子、化肥、农药、兽药、饲料、仔畜、雏禽价格监管。将这些方面的工作做好了，农业生产的物质成本就可以大幅度降低，生产资料购买补贴也可减少。同时，生产资料购买补贴应符合市场经济规律，而不能逆向操作。特别是那些价格上涨，生产者纷纷主动进入的产品生产，不宜给予包括生产资料购买补贴在内的生产补贴，否则就会造成这些产品生产的过剩，我国生猪生产就反复出现过这种情况。

3. 农机购置及使用补贴制度

进入 21 世纪以来，由于工业化和城镇化进程加快，农村劳动力减少，农业劳动力不足，劳动力价格飙升。为解决农业劳动力紧缺和劳动力成本大幅上涨的问题，加快农业机械化的进程便成为必然选择。而要实现农业机械化就要有部分人购买农机，也要有广大农民使用农机。可现实的情况是，有能力从事农机服务的人无投资能力购买农机，而广大农民也缺乏支付能力接受农机服务。为推进农业机械化以促进现代农业发展，中央和地方政府便出台了农机购置及使用补贴制度。

农机购置补贴制度是在 2005 年之后逐步实施的，这一制度由中央财政补贴和省级财政补贴两部分组成，或由中央财政补贴、省级财政补贴、县级财政补贴三部分组成。该制度规定，凡农户或业主购买农业机械自用或从事农机服务，购置费的 30% 由中央财政补贴、购置费的 20%～50% 由省级财政补贴、购置费的 20% 在有条件的地方由县级财政补贴，但购买者出资不得少于 20%。这一补贴制度实施后，农户或业主购买农机最多只用出资 50%、最少只用出资 20%，极大节省了农机购置的投资。在这一制度激励下，不仅部分农户购置了单台套小型农业机械自己使用，而且还有一些业主购置了成套的大中型农业机械，成立农机站并提供社会化服务。在平原地区，有的农机站拥有先进的耕作、播种、收割机械，作业规模达数万公顷。

在农机购置补贴制度实施之后，为促进农机的广泛使用，各省级和县级政府又相继出台了农机使用补贴制度。这一制度由省级财政补贴和县级财政补贴两部分组成，但两级财政补贴统筹实施。由于各省（自治区、直辖市）和各县财力不同，补贴标准也不一样，一般大致相当于农机作业费用的一半左右，最高的可达 2/3。如黑龙江省某些地区机耕作业费每亩 60 元，由政府补贴 20～40 元，水稻机插（秧）作业费每亩 60 元，由政府补贴 40 元，玉米机收（含秸秆还田）作业费每亩 80 元，由政府补贴 40 元。又如四川省某些县（市、区）机耕作业费每亩 80 元，由政府补贴 40 元左右，水稻机插（秧）作业费每亩 60 元，由政府补贴 30 元左右。在这一制度激励下，农机使用快速增长，农机作业率已达 70% 左右。与此同时，农业生产人工成本下降，农民农业生产总成本的负担也因农机使用及农机作业费的政府补贴而有所降低。

农机购置补贴制度的实施，在农村迅速催生了一批经营农机、为农业提供各种社会化机械作业服务的主体，大大加快了农机服务的市场化进程。而农机使用补贴制度的实施，又使农机作业服务市场迅速扩大，极大地促进了农业机械化的进程。但这一制度在执行中也遇到了一些问题，因购置补贴比例较高使一些业主争相购置农机，造成部分地区农机过多而不能充分利用，因一些地区及产业难以机械化作业，导致这些地区及从事这些产业的农民享受不到农机使用补贴的好处。

农机购置补贴是为了培育农机服务主体、推进农业机械化，农机使用补贴是为了促进农机使用、减少农业生产者农机使用成本，总的目的是推进农业机械化。但农业机械化这一生产方式的转变靠补贴是难以持久的，只有靠市场需求，引导农机服务主体生成与发展，为农业生产者提供农机作业服务，使农业生产实现机械化。这就需要对耕地进行大规模整治与改造，对养殖设施进行改造与建设，并促进农业区域专业化生产，使种植业和养殖业生产实现大中型机械化作业。在此基础上培育专业化农机服务主体，使其在大规模农机作业服务中发展壮大，也使农机作业成本下降和农业机械化水平提高。

<<<…… 第三篇

中国农业发展的资源禀赋

第七章 中国的土地资源及农业用地

农业对土地的依赖极强，土地为动植物的生长发育提供立地条件和基本环境，是农业发展的基础。土地的类型、数量、质量、区位对农业产业选择、产业布局、产业规模、生产方式，甚至生产成本与效益都有重要影响，是农业发展的关键约束。对于一个国家或边界固定的地区，土地的类型、数量、质量、区位是既定的，农业的发展只能在土地的既定条件下进行，土地对农业产生刚性约束。农业发展依赖的土地主要是农地，而农地又是国土的一部分，要认清土地与农业的关系，就必须深入了解国土与农地。

一、中国的国土及特征

中国地处亚洲东部，东西宽 5 200 余公里，南北长 5 500 余公里，地形复杂、地貌多样、国土广大、类型齐全。东西之广使国土跨多个时区，南北之长使国土跨多个气候带，地形的复杂带来生态环境的各式各样，地貌的多样造就生物种类的千差万别，国土的广大为农业发展提供了广阔的空间，国土类型的齐全为农业发展提供了多种选择。

1. 国土区位与幅员

中国位于北纬 4°15′～53°31′、东经 73°40′～135°05′之间，地处亚洲东部、太平洋西岸。陆地面积约 960 万平方公里、海域面积约 473 万平方公里，陆地面积位居俄罗斯、加拿大、美国之后，排世界第四位。东与朝鲜、韩国、日本、菲律宾相邻，南与马来西亚、越南、老挝、缅甸、印度、不丹、尼泊尔、巴基斯坦为邻，西与阿富汗、塔吉克斯坦、吉尔吉斯斯坦、哈萨克斯坦相接，北与俄罗斯、蒙古国相连。

中国由南至北跨热带、亚热带、暖温带、温带、寒带五个气候带，年均气温由南至北逐步递减，海南三亚的年均气温可达 30℃，而黑龙江的漠河年均气温只有−5℃左右。在海南、台湾、广东、广西及云南和福建部分地区农作物可以一年三熟，在黑龙江、吉林、辽宁、内蒙古、新疆、青海、西藏农作物只能一年一熟，其他省、自治区、直辖市农作物则可一年两熟或两年五熟。不同气候带适宜不同栽培植物生长，热带地区适宜水稻、薯类、多种蔬菜、热带瓜果、热带林木生长，亚热带地区适宜水稻、玉米、小麦、薯类、油菜、多种蔬菜、亚热带瓜果、多种中药材、亚热带林木生长，温带地区适宜玉米、小麦、薯类、大豆、多种蔬菜、温带瓜果、温带林木生长，寒带地区适宜春小麦、大麦、燕麦、春油菜、多种旱地蔬菜生长。不同气候带也只适合不同饲养动物生长发育。热带地区适合水牛、生猪、山羊、多种家禽生长发育，亚热带地区适合生猪、黄牛、水牛、山羊、多种家禽生长发育，温带地区适合绵羊、黄牛、奶牛、家禽生长发育，寒带地区适合绵羊、黄牛、奶牛等生长发育。适宜在不同气候带生长发育的多种栽培植物及饲养动物，为发展各种类型的种植业和养殖业、生产丰富多彩的农产品及催生各种农业服务提供了广阔前景。

中国从东至西跨不同时区，东部沿海平原经中部山地到西部内陆高原，长达数千公里。年降水量由东南向西北逐次递减，台湾等地年降水可达 2 000 毫米以上，而新疆等内陆地区年降水不足 200 毫米，相差 10 倍以上。由此形成淮河、长江以南的丰水区，黄河及海河流域的半干旱区，内蒙古及宁夏、甘肃、新疆的干旱区。由于水资源丰度的差异，又相应形成了丰水区的稻作及雨养农业，半干旱区的旱作及灌溉农业，干旱区的灌溉农业，从而造就了不同的农作类型。年降水量的巨大差异，也相应形成了北方及西北地区水少地多及南方地区水多地少并存的局面，使北方及西北地区农业发展受水资源的刚性约束，而南方农业的发展又受土地资源的严苛限制，土地和水成了农业发展需要迈过的两道坎。

2. 国土的地形及地貌

中国陆地国土地形复杂，地势西高东低，呈阶梯状下降。按地势高低可大致分为三个梯级：青藏高原为第一梯级，平均海拔 4 000 米以上；青藏高原东北、大兴安岭、太行山、雪峰山一线以西为第二梯级，平均海拔 1 000～2 000 米；大兴安岭、雪峰山一线以东为第三梯级，平均海拔 500～1 000 米。主要山脉除大小兴安岭、太行山、横断山等少数山脉为南北走向外，喜马拉雅山、冈底斯山、唐古拉山、巴颜喀拉山、阿尔金山、昆仑山、天山、阿尔泰山、祁连山、阴山、秦岭、大巴山、南岭等大多数山脉为东西走向。与山脉走向相对应，主要河流除松花江、嫩江、怒江、澜沧江等少数江河为北—南流向外，黄河、长江、淮河、海河、辽河、珠江、雅鲁藏布江等大多数江河为西—东流向。

中国陆地国土地貌多样，高原占总面积的 26%，山地占总面积的 33%，丘陵占总面积的 10%，平原占总面积的 12%，盆地占总面积的 19%。高原、山地、丘陵占总面积的比重高达 69%，是一个名副其实的多山之国。在高原中青藏高原、云贵高原、蒙古高原各占重要地位且各具特色。青藏高原横亘上千公里、高峻严寒，云贵高原山高谷深、气候温润，蒙古高原平坦辽阔、风沙干旱。在山地中，东北的大小兴安岭及长白山区，土地肥沃、水汽较丰，生物资源丰富；北方的阴山、太行山、吕梁山、祁连山、六盘山区，地处干旱或半干旱区，水源缺乏、冬季寒冷、夏季炎热；中部的秦岭、大巴山、伏牛山横阻南北、温暖湿润；中南的大别山、武陵山及南方的武夷山、罗霄山、苗岭、南岭、大瑶山区，气候温暖、雨量充沛、光照丰富，是生物资源宝库。丘陵广布于中部及南部，一般都具有土地肥沃、气候温和、水热条件较好、生物资源丰富的特点。在大平原中，东北平原土地肥沃，水源较好，光照较足，只是无霜期较短；华北平原土地肥沃，光温充足，但水资源不足；长江中下游平原土地肥沃，光温充足，水源丰富，但易遭受洪涝灾害；珠江三角洲土地优良，光温充足，水源丰富，但也易遭受洪涝灾害。在盆地中，四川盆地、柴达木盆地、塔里木盆地、准噶尔盆地最为有名，除四川盆地土地肥沃、光热充足、水源丰富外，其余三个盆地为沙漠和戈壁，极度干旱缺水，只是在周边有绿洲分布。

复杂的地形，多样的地貌，带来了自然气候的多种类型，生态环境的多种式样，生物物种的丰富多彩，这为农业发展的多样性及多重空间提供了可能，也为农业向深度及广度拓展提供了机会。但这样的地形及地貌又给农业发展造成不少困难，一是高原和山地太多，极大地压缩了农业发展的地域空间；二是高原及山地的分布阻止了暖湿气流进入腹地，使西北及北方大片国土极为干旱；三是大江大河由西部山地流向东部平原，在夏秋暴雨季节极易造成洪涝灾害。

3. 国土利用分类

国土按其利用可分为耕地、园地、林地、牧草地、城镇村及工矿用地、交通运输用地、水域及水利建设用地、未利用土地八大类，前四类为农业用地（简称农地），第五和第六类为非农用地。耕地是种植大田农作物的土地，如用于种植粮食、棉花、油料、糖料、蔬菜、饲料等农作物的土地。园地是种植园艺作物的土地，如果园、茶园、桑园、药材园、花卉园等。林地是生长成片树木的土地，如天然林地、人工林地、成熟林地、幼林地、灌木林地等。牧草地是为牲畜放牧提供（野生或人工种植）牧草的土地，如天然草地、改良草地、人工草地等。城镇村及工矿用地是城乡居民生活设施建设、工厂及矿山建设占用的土地，包括城镇建设占地、农村居民点建设占地、工厂和矿山建设用地等。交通运输用地是用于运输通行的地面线路、场站的土地，如各种道路、机场、港口、码头、车站等占用的土地。水域及水利设施建设用地是陆地水域、沟渠、水工设施占用的土地，如河流、湖泊、水库的水面及水工建设的用地。未利用土地是尚未进行人为使用的土地，如沙漠、戈壁、裸地、盐碱地、沼泽等。

2016 年，31 个省区市（不含港澳台地区，下同）的 950.676 2 万平方公里国土中，耕地 134.929 3 万平方公里、占 14.193 0%，园地 14.266 3 万平方公里、占 1.500 6%，林地 252.908 1 万平方公里、占 26.603 0%，牧草地 286.282 0 万平方公里、占 30.113 5%，城镇村及工矿用地 30.992 7 万平方公里、占 3.260 1%，交通运输用地 8.848 9 万平方公里、占 0.930 8%，水域及水利建设用地 42.243 7 万平方公里，占 4.443 5%，未利用土地 180.205 2 万平方公里、占 18.955 5%。这八类土地中，牧草地占首位，林地次之，未利用土地第三，而耕地仅列第四。

在世界 28 个人口、土地大国中，中国国土面积占第四位，耕地面积占第三位，林地面积占第五位，牧草地面积占第二位。无论是土地总面积或是主要农地（耕地、林地、牧草地）面积都占世界前列。但在国土构成上，耕地占比列第十七位，林地占比列第十五位，牧草地占比列第七位，耕地在国土中所占比重较低，林地在国土中所占比重也不高，只有牧草地在国土中所占比重较高。国土面积比中国稍大的美国，因耕地占比近 19%，耕地面积占世界第一位。国土面积只及中国 1/3 稍多的印度，因耕地占比近 50%，耕地面积却远超中国而占世界第二位。

二、农地及变动

农地又称农用地，是农业用地的简称。农业包括农林牧渔四大产业，各业发展占用的土地都应是农地，种植业占用的是耕地、园艺业占用的是园地、林业占用的是林地、畜牧业占用的除草地外还有养殖设施占地，渔业占用的是可养殖水面。因畜禽养殖设施分散而不便统计且占地较少，可养殖水面除少数鱼塘外多为江河湖库，这些水面有多种用途，故这两类农业用地不单独列出。因此，现在的农地在内涵上虽包含所有农业用地，但在表述上只单列耕地、园地、林地、牧草地四类，以这四类土地作为农地。

1. 农地及分类

作为农业用地，可按其具体用途分为耕地、园地、林地、牧草地四大类。耕地不仅包括熟地，也包括新开发、复垦、整理地、休闲地，还包括以种植农作物为主、间有零星果、木的土地，以及每年可收获一季的已垦滩地和海涂，还有耕地的沟、渠、路、地埂等，又分为水田、水浇地、旱地。园地包括种植采集果、叶、根、茎、枝、汁的木本和草本作物的土地及育苗用地，又分为果园、茶园、其他园地。林地包括生长乔木、竹类、灌木的土地，以及沿海生长红树林的土地、还有迹地，又分为有林地、灌木林地、其他林地。牧草地包括干旱草原、湿润草地、高山草甸、草山草坡等，又分为天然牧草地、人工牧草地、其他草地。另外，农业用地还包括"设施农业用地"，指用于经营性养殖的畜禽饲舍用地、工厂化作物栽培及水产养殖生产设施及附属物用地等，有了这类用地，可弥补用耕地、园地、林地、草地代表农地的不足。

表 7-1 为 2016 年 31 个省级辖区的耕地、园地、设施农用地及林地、牧草地的面积和构成。

表7-1 2016年31个省级辖区的农用地及构成

单位：万公顷

耕地		总面积	13 492.93	林地		总面积	25 290.81
	其中	水田面积	3 256.63		其中	有林地面积	18 706.98
		水浇地面积	2 819.83			灌木林地面积	4 326.50
		旱地面积	7 416.47			其他林地面积	2 257.33
园地		总面积	1 426.63	草地		总面积	28 628.20
	其中	果园面积	881.43		其中	天然牧草地面积	21 754.26
		茶园面积	142.31			人工牧草地面积	181.66
		其他园地面积	402.89			其他牧草地面积	6 692.28
设施农业用地面积			95.18				

资料来源：根据国家自然资源部网站土地调查成果共享应用服务平台数据整理。

包括耕地、园地、林地、牧草地及设施农业用地的68 933.75万公顷农地中，耕地占19.573 8%、园地占2.069 6%、林地占36.688 6%、牧草地占41.530 0%，经济利用价值高的耕地、园地、设施农业用地占比低，经济利用价值较低的林地和牧草地占主导，林地是耕地的1.87倍，牧草地是耕地的2.12倍。同时，在耕地中以质量较差的旱地为主，在园地中以各种水果园为主，在林地中以次生林、人工林为主的有林地为主，而牧草地则以干旱草原占多数的天然牧草地为主。耕地占比的低下，使粮棉油糖等大宗农作物种植在空间上受到很大局限，而耕地中质量较差的旱地占多数，又加大了种植业发展的困难和风险。

2. 农地的变动

包括耕地、园地、林地、草地、设施农用地在内的各类农业用地，随着时间的推移而处于变动之中。农地在利用中可能因自然或人为损毁而减少，也可能出现在不同农业用途间转移而变化，或因非农占用而减少，也可能出现其他类型土地转为农用而增加。但随着工业化、城镇化的推进，基础设施建设、城镇建设、工矿建设、科教文卫设施建设要占用不少农地，使农业用地减少。1949年全国耕地约9 800万公顷，1949—1978年共开发耕地4 400万公顷，1979—1999年共开发耕地1 870万公顷，1980年耕地达到峰值的13 787万公顷，1985年耕地减少为12 518万公顷（净耕地），2000年耕地又变为12 824.31万公顷。在此之后，每年都要减少部分耕地，同时也要开发一些耕地，但耕地总体上逐年有所减少。1952年全国园地117万公顷，逐年发展到1998年的1 037万公顷，再增加到2016年的1 426.63万公顷。1952年全国林地约6 303万公顷，经数十年林业发展，2000年林地达到22 878.92万公顷，此后逐年增加，2016年达到25 290.81万公顷。在历史上草地面积缺乏统计，经第一次土地资源调查，1996年全国草地面积26 606.48万公顷，在此之后逐年小有减少。由于我国土地资源全面系统调查起步晚，第一次调查为1995年、第二次调查为2008

年，两次调查的方法及标准又不完全相同，造成我国农地资源在 1996 年前的数据不清。2009 年前第一次调查的数据与 2009 年后（含该年）第二次调查的数据不可比。表 7 - 2 及表 7 - 3 分别是 1996—2008 年及 2009—2016 年的全国农地变动情况。

表 7 - 2　1996—2008 年全国农地变动

单位：万公顷

年份	农地面积	其中				
		耕地面积	园地面积	林地面积	草地面积	其他农地面积
1996	65 996.65	13 003.92	1 002.38	22 760.87	26 606.48	2 623.00
2000	65 723.70	12 824.31	1 057.60	22 878.92	26 376.87	2 586.00
2001	65 707.24	12 761.58	1 064.01	22 919.06	26 384.59	2 578.00
2002	65 661.00	12 593.00	1 079.00	23 072.00	26 352.00	2 565.00
2003	66 116.35	12 339.22	1 108.16	23 396.76	26 311.38	2 550.83
2004	65 701.86	12 244.43	1 128.78	23 504.70	26 270.68	2 553.27
2005	65 704.75	12 208.27	1 154.90	23 574.11	26 214.38	2 553.09
2006	65 718.84	12 177.59	1 181.82	23 612.13	26 193.20	2 554.10
2007	65 701.54	12 173.22	1 181.31	23 611.74	26 186.16	2 549.11
2008	65 683.60	12 171.60	1 180.00	23 606.00	26 180.00	2 546.00

资料来源：国土资源部 1996—2008 年历年《国土资源公报》。

表 7 - 3　2009—2016 年全国农地变动

单位：万公顷

年份	农地面积	其中				
		耕地面积	园地面积	林地面积	草地面积	其他农地面积
2009	69 214.18	13 538.45	1 481.18	25 394.95	28 731.34	68.26
2010	69 162.43	13 526.82	1 470.31	25 376.61	28 717.37	71.32
2011	69 118.35	13 523.85	1 460.34	25 356.00	28 702.23	75.93
2012	69 076.33	13 515.84	1 453.33	25 339.68	28 688.67	78.81
2013	68 974.83	13 516.46	1 378.80	25 325.37	28 670.88	83.32
2014	68 995.09	13 505.37	1 437.81	25 307.12	28 654.78	90.01
2015	68 947.80	13 483.32	1 432.32	25 299.20	28 640.02	92.94
2016	68 933.75	13 492.93	1 426.63	25 290.81	28 628.20	95.18

资料来源：根据自然资源部网站土地调查成果共享应用服务平台数据整理。

由表 7 - 2 可知，第一次土地资源调查后的 13 年间（1996—2008 年），农地总面积减少了 313.05 万公顷，其中耕地减少了 832.32 万公顷，园地增加了 177.62 万公顷，林地增加了 845.13 万公顷，草地减少了 426.48 万公顷，其他农地减少了 77.00

万公顷，耕地和草地减少的面积很大。由表 7-3 可知，第二次土地资源调查的农地总面积及其分类面积与第一次调查的数据差距较大，表 7-2 及表 7-3 内部各自数据可比，但两表间的数据不可比，表 7-2 反映了 1996—2008 年的农地变动，表 7-3 反映了 2009—2016 年的农地变动。在 1996—2008 年，耕地和草地大量减少，但林地和园地面积大量增加。在 2009—2016 年，耕地、园地、林地、草地都在减少，但减少的面积都不大。两个时段的农地变动各不相同，也各有特点。

3. 农地与其他土地的协同变动

在经济社会发展的进程中，农地的变动总是与非农用地（城镇村及工矿用地、交通运输用地、水域及水利设施用地）及未利用土地的变动协同进行的，农地转为其他用地会使其减少，其他土地转为农用地会使其增加。当然农地内部的耕地、园地、林地、草地、其他农地也可能相互转化，导致不同类型农地此消彼长。表 7-4 是 2009—2016 年农地与其他土地的变动。

表 7-4　2009—2016 年农地与其他土地变动

单位：万公顷

年份	农地	城镇村及工矿用地	交通运输用地	水域及水利设施用地	未利用土地
2009	69 214.18	2 797.76	794.19	4 269.03	18 002.46
2010	69 162.43	2 847.43	811.08	4 261.00	17 985.68
2011	69 118.35	2 894.97	825.02	4 255.33	17 973.95
2012	69 076.33	2 941.76	835.98	4 247.96	17 965.59
2013	68 974.83	2 982.11	848.82	4 239.91	18 021.95
2014	68 995.09	3 026.37	864.26	4 236.01	17 963.89
2015	68 947.80	3 063.27	873.14	4 230.14	17 953.27
2016	68 933.75	3 099.27	884.89	4 224.37	17 925.4

资料来源：根据自然资源部网站土地调查成果共享应用服务平台数据整理。

从表 7-4 可知，在 2009—2016 年的 8 年间，在农地减少 280.43 万公顷（耕地减少 45.52 万公顷、园地减少 54.55 万公顷、林地减少 104.14 万公顷、草地减少 103.14 万公顷）的同时，城镇村及工矿用地增加 301.51 万公顷，交通运输用地增加 90.70 万公顷，只有水域及水利设施用地减少了 44.66 万公顷，未利用土地减少了 77.12 万公顷。由此可见，在这 8 年之中新增的城镇村及工矿用地和交通运输用地（共 392.21 万公顷）主要来自农地，城镇村及工矿用地和交通运输用地的扩张大量占用了农地，使农地面积减少。应当强调的是，20 世纪 90 年代因城镇扩张、工矿业发展、基础设施建设大量占用农地，使农地大量减少。特别是优质耕地减少（1990—1996 年平均每年减少耕地 80 万公顷以上）。进入 21 世纪后，要求耕地占补平衡，从数字上看农地、特别是耕地的绝对减少降低了，但事实是非农占用的是优质耕地（如珠江三角洲、长江中下游平原、成都平原的良田沃土），补充的则是劣等土地，更不用说有些地方是实占虚补了。

三、农地的地理分布

农地的地理分布，是指农地在地域空间的分布。我国地域广阔，各地的地形、地貌、土质、气候、水源及经济社会发展各不相同，农地的类型、数量、质量自然也不一样，有的地区农地类型齐全、数量庞大、质量优良，有的地区农地类型单一、数量不多、质量较差，差别很大。农地是农业发展的基本条件和物质基础，不同地区农地的差异也必然带来农业发展的差异。分析农地的地理分布，对统筹规划全国农业发展及区域农业定位必不可少。

1. 农地的省级辖区分布

我国的省、自治区、直辖市有的地处边疆、有的地处内陆，有的地处平原、有的地处丘陵山地，有的地处湿润的热带或亚热带、有的地处寒冷干燥的寒带，千差万别、各具特色。加之辖区范围大小悬殊，无论农地类型抑或农地数量和质量，各省级辖区相互差异都十分巨大。表 7-5 是 31 个省、自治区、直辖市在 2016 年末的农地情况。

表 7-5　31 个省、自治区、直辖市 2016 年农地统计

单位：万公顷

地区	农地面积	其中				
		耕地面积	园地面积	林地面积	草地面积	其他农地面积
合计	68 933.75	13 492.93	1 426.63	25 290.81	28 628.20	95.18
北京	118.98	21.63	13.34	73.97	8.47	1.57
天津	54.10	43.69	2.97	5.48	1.12	0.84
河北	1 480.06	652.04	83.44	459.90	275.92	8.76
山西	1 342.23	405.68	40.64	485.60	407.57	2.74
内蒙古	9 157.92	925.79	5.65	2 322.81	5 896.16	7.51
辽宁	1 215.74	497.45	46.82	561.58	107.12	2.77
吉林	1 660.28	699.34	6.58	885.32	67.50	1.54
黑龙江	3 977.35	1 585.06	4.45	2 182.14	202.12	3.58
上海	35.84	19.07	1.65	4.62	0.12	0.38
江苏	520.69	457.11	29.91	25.68	3.88	4.61
浙江	830.27	197.46	58.02	564.24	9.48	1.07
安徽	1 006.06	586.75	34.96	374.32	7.29	2.74

（续）

地区	农地面积	其中				
		耕地面积	园地面积	林地面积	草地面积	其他农地面积
福建	1 070.39	133.63	76.88	833.19	23.50	3.09
江西	1 434.38	341.55	31.36	1 032.41	27.53	1.53
山东	1 042.98	760.69	71.76	148.41	43.91	18.21
河南	1 248.62	811.10	21.65	345.69	64.48	5.70
湖北	1 462.76	524.52	48.14	859.53	28.02	2.55
湖南	1 749.83	414.87	65.65	1 221.03	47.48	0.80
广东	1 426.21	260.76	126.59	1 002.70	32.34	3.82
广西	1 984.49	439.51	101.60	1 330.50	111.04	1.84
海南	290.66	72.27	91.82	120.04	4.89	1.64
重庆	683.82	238.24	27.11	385.46	32.60	0.41
四川	4 180.10	668.29	73.01	2 215.31	1 221.84	1.65
贵州	1 517.54	449.02	16.33	893.28	158.30	0.61
云南	3 382.12	617.31	163.07	2 301.35	299.24	1.15
西藏	10 079.23	44.46	0.15	1 602.48	8 431.75	0.38
陕西	1 879.42	391.94	81.16	1 117.19	287.10	2.03
甘肃	2 587.62	529.24	25.64	609.81	1 418.64	4.29
青海	4 622.55	58.94	0.60	354.04	4 208.62	0.35
宁夏	418.67	126.88	5.04	76.68	209.00	1.10
新疆	6 474.02	518.64	62.24	896.05	4 991.17	5.92

资料来源：根据自然资源部网站土地调查成果共享应用服务平台数据整理。

　　从表7-5可知，农地在各省级辖区的分布极不均衡，有些省区很多，而有的省区又极少，相差甚为悬殊。农地面积居前三位的是西藏、内蒙古、新疆，因其林地和草地面积巨大而位居前列。耕地居前三位的是黑龙江、内蒙古、河南，园地居前三位的是云南、广东、海南，林地居前三位的是内蒙古、云南、四川，草地居前三位的是西藏、内蒙古、新疆。与最少的上海相比，农地最多的西藏，是上海的281倍，耕地最多的黑龙江是上海的83倍。农地最多的三个省区，西藏是高寒山地、内蒙古和新疆是干旱区域，不利于农业的发展。耕地最多的三个省区，黑龙江寒冷、内蒙古干旱、河南缺水，大田作物生产风险较高。农地分布的总体状况，使农业发展处于相对不利的地位。

2. 农地的大区分布

　　我国辽阔的地域，按方位可分为东北、华北、华东、华中、华南、西南、西北七大区域，各个大区地域范围、地形地貌、自然气候、生态环境互不相同，农地资源及类别构成差别巨大。表7-6是七大区2016年末的农地总数及类别构成。

表7-6 七个大区2016年农地统计

单位：万公顷

地区	农地面积	其中				
		耕地面积	园地面积	林地面积	草地面积	其他农地面积
合计	68 933.75	13 492.93	1 426.63	25 290.81	28 628.20	95.18
东北区	6 853.37	2 781.85	57.85	3 629.04	376.74	7.89
华北区	12 153.29	2 048.83	146.04	3 347.76	6 589.24	21.42
华东区	5 931.01	2 496.26	304.54	2 982.87	115.71	31.63
华中区	4 461.21	1 750.49	135.44	2 426.25	139.98	9.05
华南区	3 701.36	772.54	320.01	2 453.24	148.27	7.30
西南区	19 851.20	2 017.32	288.07	7 397.88	10 143.73	4.20
西北区	15 982.31	1 625.64	174.65	3 053.77	11 109.53	13.69

资料来源：根据自然资源部网站土地调查成果共享应用服务平台数据整理。

从表7-6可知，无论是农地总面积或是耕地、园地、林地、草地等分类面积，各大区域的差别都很大。农地最多的是西南区、其次是西北区、再次是华北区，耕地最多的是东北区、其次是华东区、再次是华北区，林地最多的是西南区、其次是东北区、再次是华北区，草地最多的是西北区、其次是西南区、再次是华北区。农地多的三个区，西南区山高谷深、西北区严重干旱、华北区降水不足，农业发展受到很大局限。耕地多的三个区，东北区无霜期短、华北区水资源不足，只有华东区光热水气条件较好。园地多的三个区，总体上能为园艺作物提供较好生长发育条件，有利园艺产业发展。林地最多的三个区，西南区的立地条件较差、东北区的气温较低、华北区较为干旱，林业发展难度不小。草地最多的三个区，西北区极度干旱、西南区山高严寒、华北区水资源短缺，草地培育难度很大。

从表7-6还可看出，各大区农地构成各具特色。东北区农地以林地和耕地为主，林地占52.95%，耕地占40.59%。华北区以草地和林地为主、耕地次之，草地占54.22%，林地占27.55%，耕地占16.86%。华东区农地以林地及耕地为主，林地占50.29%，耕地占42.09%。华中区农地以林地和耕地为主，林地占54.39%，耕地占39.24%。华南区农地也以林地及耕地为主，园地次之，林地占66.28%，耕地占20.87%，园地占8.65%。西南区农地以草地及林地为主、耕地次之，草地占51.10%，林地占37.27%，耕地占10.16%。西北区农地亦以草地及林地为主、耕地次之，草地占69.51%，林地占19.11%，耕地占10.17%。

3. 农地的东中西三大地带分布

由于地理区位的不同，基础设施和资源条件的差异，经济社会基础的差别，31

个省、自治区、直辖市在发展水平上呈现出明显的差距，沿海地区发展很快、水平较高，中部省份发展稍慢、水平稍逊，西南和西北地区发展滞后、水平较低。按经济发展的这一态势，将这 31 个省级辖区划分为东部发达地区（包括北京、天津、河北、辽宁、上海、江苏、浙江、福建、山东、广东、广西、海南），中部发展中地区（包括山西、内蒙古、吉林、黑龙江、安徽、江西、河南、湖北、湖南），西部欠发达地区（包括重庆、四川、贵州、云南、西藏、陕西、甘肃、青海、宁夏、新疆）。这三大地区又分别处于我国东、中、西部，又可称为东、中、西三大地带。各大地带农地资源状况不同，为经济社会发展，特别是为农业发展提供的条件也不相同。表 7-7 是三大地带 2016 年的农地及分类状况。

表 7-7　三大地带 2016 年农地统计

单位：万公顷

区域	农地面积	其中				
		耕地面积	园地面积	林地面积	草地面积	其他农地面积
合计	68 933.75	13 492.93	1 426.63	25 290.81	28 628.20	95.18
东部	10 137.60	3 632.84	713.23	5 130.33	627.56	48.65
中部	23 039.43	6 284.66	259.08	9 708.85	6 748.15	28.69
西部	35 756.72	3 675.43	454.32	10 451.63	21 252.49	17.84

资料来源：根据自然资源部网站土地调查成果共享应用服务平台数据整理。

从表 7-7 可看出，农地总数西部最多、中部次之、东部最少，西部是中部的 1.5 倍左右、是东部的 3.5 倍左右，中部是东部的约 2.3 倍，表明西部农业发展潜力巨大。耕地数量是中部最多、东部和西部相当，中部是东部的 1.73 倍，是西部的 1.71 倍，表明中部是大田作物、特别是粮油作物主产区。园地数量东部最多、西部次之、中部最少，东部是中部的 2.71 倍、是西部的 1.56 倍，表明东部地区具备发展园艺作物的优势，而西部地区也具有一定优势。林地面积西部最大、中部次之、东部最少，只是中部面积比西部稍小，但东部面积远比中西部都少，表明西部和中部都具有发展林业的巨大潜力。草地面积也是西部最大、中部次之、东部最少，但三区面积相差很大，西部是中部的 3 倍左右、是东部的 30 余倍，而中部又是东部的 10 倍以上，这表明西部发展草食畜牧业有很大潜力，中部发展草食畜牧业也具备较好条件。

四、农地质量评估

农地质量有狭义与广义之分，狭义的农地质量指农地土层深度、土壤质地、结构、物理及化学特征、肥沃程度及适耕性等。广义的农地质量除这些内容外，还包括集中连片程度、平整度、光温水气条件、排灌设施及道路等配套状况，以及地理区位、海拔高度等。农地质量可按一定的标准进行评估，而评估的标准是根据农地特定用途的需要而设定的。不同类型农地用途不同，其质量评估标准也不一样。农地质量不仅影响其利用范围、利用方式、利用成本，还影响其利用效率、利用效益及可持续性。

1. 耕地质量

耕地是农地中最精华的部分，主要用于种植粮食、棉花、油料、糖料、蔬菜等农作物，为人们提供基本生活资料，也为饲养动物提供主要饲料，还为生态环境提供另类保护。耕地质量表现在三个方面：一是自身质量，主要是土壤深度、质地、结构、理化特征、肥沃程度，以及连片大小、平整程度、机械适耕性；二是环境质量，主要是所处地理区位、海拔高度以及所在地域的光照、气温、降水状况；三是设施质量，主要是与耕地利用相关的道路、灌溉、排水、设施配套状况，以及耕地保护设施配套状况。

2016 年 31 个省、自治区、直辖市的耕地共有 13 492.93 万公顷，其中的水田 3 256.63 万公顷，水浇地 2 819.83 万公顷，旱地 7 416.47 万公顷。按 2015 年全国耕地质量等级评价，优等地占 2.9%，高等地占 26.5%，中等地占 52.8%，低等地占 17.7%。以此推算，2016 年全国有优等耕地 391.28 万公顷，高等耕地 3 575.63 万公顷，中等耕地 7 124.27 万公顷，低等耕地 2 401.75 万公顷。优等及高等耕地占比不足 30%，中等及低等耕地占比超过 70%，耕地质量总体不高，大田农作物生产的条件较差。

在耕地中，水田用于种植水稻和其他水生作物，水田中约 85% 的面积有可靠水源保证，15% 的面积为望天田（单靠降雨提供水源），望天田无可靠水源保障。水浇地是有灌溉而用于种植旱地作物的耕地，而旱地是没有灌溉条件的旱作耕地。在 2016 年 31 个省、自治区、直辖市的 13 492.93 万公顷耕地中，望天田约有 487.49 万公顷，加上 7 416.47 万公顷旱地，共有 7 903.96 万公顷耕地没有灌溉条件，只能靠天然降雨维持生产，这 58.58% 的无灌溉耕地极易遭受旱灾威胁。据统计，1949—2016 年受旱面积最少的一年有 239.80 万公顷，最多的一年达 4 054.10 万公顷，多数年份受旱面积都在 2 000.00 万公顷以上。还有部分耕地缺乏排水设施或处于低洼地带，容易遭受洪涝灾害威胁。同样在 1949—2016 年，受涝面积最少的一年有 250.80 万公顷，最多的一年达 2 229.20 万公顷，常年受涝面积在 1 000 万公顷上下。

据统计，耕地地块中坡度≤2°的占 55% 左右，坡度 2°～6°的占 18% 左右，坡度 6°～15°的占 15% 左右，坡度 15°～25°的占 10% 左右，25°以上的陡坡地大多已退耕还林、所剩不多。表面看绝大多数耕地较为平坦，适宜机械耕作。但实际情况是，除平原地区耕地连片较为平坦外，山地丘陵地区的耕地大多零星分散，地块窄小、高差很大。即使平原地区，有些地块也是高低不平，或沟壑阻隔互不相接。由于缺乏整治，我国有相当部分耕地不能满足机械化大生产的要求，有些只能靠人工生产，有些只能使用低效率小型机械生产。

2. 林地质量

林地是农地的重要组成部分，主要用于林木生长和生态环境保护，为人们提供各种木材、竹材、藤材、木本粮食、木本油料、各色林副产品，以及壮美森林景观、清新的空气、良好的生态环境。林地质量也表现在三个方面：一是土壤质量，主要是土层深度、质地、结构、理化特征、肥沃程度等；二是立地环境质量，主要是地形、地貌、区位、海拔等；三是气候质量，主要是光照、气温、降水、风力等。另外，也包括林地交通、监控、防护设施建设状况等。

2016 年 31 个省、自治区、直辖市的林地共有 25 290.81 万公顷，其中有林地 18 706.98 万公顷，灌木林地 4 326.50 万公顷，其他林地 2 257.33 万公顷。树木郁蔽度≥0.2 的乔木林地、红树林地及竹林地占林地总面积的 73.96%，灌木覆盖度≥40% 的林地占林地总面积的 17.11%，疏林地、未成林地、迹地及苗圃占林地总面积的 8.93%。从结构上看，有林地占比偏少，灌木林地及疏林地、未成林地、迹地占比偏多。同时，在有林地中，原始林地少，次生林地及人工林地多，成熟林地少，幼龄及中龄林地占 75% 以上，人工林中还有不少树种单一林地及高耗水肥的速生林地。

我国林地主要分布于山地和丘陵，除黑龙江、吉林、辽宁、内蒙古东部、河北北部林地地势较为平缓、土层较为深厚、土质比较肥沃、交通相对较好外，其他省、自治区、直辖市的林地大都是山高谷深、陡峭险峻、土层不厚、土质瘦薄，交通因山水阻隔较为困难。华北林地主要分布在阴山、燕山、太行山、吕梁山等山区，山势陡峻，土层瘠薄。华中林地主要分布在伏牛山、大别山、雪峰山、武陵山等山区，东南林地主要分布在天目山、仙霞岭、武夷山、罗霄山、雁荡山、戴云山、南岭、大瑶山、十万大山等山区，海拔不高、山势不险、土层不薄。华中林地土质较好，东南林地多为红壤或黄壤，较为贫瘠。西南林地主要分布在大巴山、大娄山、川西高原、云贵高原、青藏高原等高原、山地，海拔高耸、山势陡险、河流深切、交通困难、林地石多土少、部分为喀斯特地貌，但川、渝、云、贵林地土质较肥沃。西北林地主要分布在秦岭、贺兰山、祁连山、昆仑山、天山、阿尔泰山、阿尔金山等高原及山区，海拔高耸、山势陡峭，交通不便，林地以黄土为主，土层较深、肥力较好。

东北及内蒙古东部林地，年降水偏少，但基本可满足林木生长需求，日照较充足，只是地处高纬度，气候寒冷、无霜期短，林木生长较为缓慢。华北林地气候温和，光照充足，但干旱缺水，使造林、营林难度加大和成本增加。华中及东南林地气候温暖、光照充足、雨水丰沛，十分有利多种林木生长繁衍。西南林地中，西藏林地多在高寒山地，虽光照充足、水分不缺，但气温较低，林木生长缓慢。川渝云贵林地气候温暖、雨水丰沛、光照尚可，非常有利于多种林木生长繁衍，是我国的植物基因库。西北林地虽光照充足，但干旱缺水，加之冬春寒冷，不仅使造林、营林难度加大和成本增加，也使林木生长缓慢。

3. 草地质量

草地是农地最大的组成部分，主要用于牧草生长和生态环境保护，为人们提供肉、奶、皮、毛等畜产品，以及壮美的草原景观、清新的空气、优美的生态环境。草地质量与林地质量类似，也是表现在三个方面：一是土壤质量，主要是土层深度、质地、结构、理化特征，以及肥沃程度；二是环境质量，主要是地形、地貌、区位、海拔、水源（地表水与地下水），以及生态环境状况；三是气候质量，主要是光照、气候、降水、风力，以及可能的气候灾害。除此之外，也包括交通、通信、监控、防护设施等基本设施状况。

2016 年 31 个省、自治区、直辖市的草地共有 28 628.20 万公顷，其中天然牧草地 21 754.26 万公顷，人工牧草地 181.66 万公顷，其他草地 6 692.28 万公顷。以天然草本植物为主，用于放牧或割草的草地占 75.98%，人工种植牧草的草地占 0.63%，树林郁蔽度＜0.1、表层为土质、生长草本植物为主、不用于畜牧业的草地占 23.39%。很显然，产草量高、牧草品质好的人工牧草地太少，未用于畜牧业的其他草地又太多，而占总量 3/4 的天然牧草地又多分布于干旱、半干旱地区和高寒山区，总体质量低下。经近年检测，天然牧草地年平均每公顷的鲜草产量只有 167 千克，产草量太低。

全国草地主要集中在西藏、内蒙古、新疆、青海、甘肃、四川等六省区，其草地及天然牧草地面积分别占 31 个省、自治区、直辖市总和的 91.45% 和 95.19%，质量高低颇具代表性。草地 8 431.75 万公顷、天然牧草地 7 065.86 万公顷的西藏，以及草地 4 208.62 万公顷、天然牧草地 4 070.25 万公顷的青海，还有草地 1 221.84 万公顷、天然牧草地 1 084.72 万公顷的四川，除少数海拔较低、水源充足的草地质量较好、产量较高外，大多数草地在高寒山地，春末回暖晚，夏秋季节短，产草量低。而草地 5 896.16 万公顷、天然牧草地 4 866.61 万公顷的内蒙古，以及草地 4 991.17 万公顷、天然牧草地 3 536.35 万公顷的新疆，还有草地 1 418.64 万公顷、天然牧草地 584.78 万公顷的甘肃，除少数有水源的草地质量较好、产草量较高外，绝大多数草地干旱缺水、产草量极低。此外，全国还有相当部分草地，特别是牧草地，存在较为严重的鼠害和杂草危害，使其质量受损。

还应当指出，6 692.28 万公顷尚未用于畜牧业的草地也是宝贵的农地，它们主要分布在新疆（1 418.50 万公顷）、西藏（1 362.96 万公顷）、甘肃（826.68 万公顷）、内蒙古（744.18 万公顷）、山西（404.19 万公顷）以及云南（284.33 万公顷）等六省和自治区。新疆、甘肃、内蒙古、山西的这类草地干旱缺水，木本植物难以成林，草本植物也难以繁茂。而西藏、云南的这类草地在高寒山区，只有稀疏灌木，草本植物生长季节很短。这类草地目前仍然处于天然状态，质量不高，生长不多的草也主要是杂草，难以利用。

五、农地改造

在三大类农地中，耕地总量不足、人均数量短少、多数质量不高；林地总量不少，但人均数量不多，且部分立地条件不好；草地总量较多、人均数量尚可，但多为干旱和半干旱及高寒草地，质量低下。面对如此严峻的现实，为发展农业以满足人民生活所需，对农地的利用基本没有择优选择的余地。为保证主要农产品的基本供给，不得不利用包括劣等地在内的所有耕地，为保障林业发展的基本要求，不得不在立地条件及自然环境条件恶劣的地方造林和营林，为发展草食畜牧业和防止风沙危害，不得不在干旱及半干旱地区和高寒山地种草养畜。如此一来，不仅使农业发展难度加大，还使发展成本增加，也使农业竞争力减弱，大规模改造农地，从根本上改善农业发展的基本条件，已变得刻不容缓。

1. 耕地大规模整治与改良

我国耕地存在三大突出问题：一是不少耕地既零星分散又高低不平，难以进行机械化大生产；二是70%以上的耕地肥力差、存在一定生产障碍，不能满足现代农业发展要求；三是水利设施、道路设施不配套，不适应提高资源产出率和劳动生产率的需要。这三大问题严重阻碍了传统农业向现代农业的转化，因而也就阻碍了农业资源产出率及劳动生产率的提高和农业竞争力的增强，应当通过大规模整治和改良加以解决。

耕地大规模整治，就是在全国范围内对大多数耕地按现代农业发展的要求进行整治与改造，使2/3的耕地（或3/4的基本农田，即8 000万公顷耕地）成为可全程机械化大生产和旱涝保收的标准化农田。这些标准化的农田是在科学规划和设计基础上，对平原地区耕地、丘陵及山区较为平坦连片的耕地，分期分批进行整治和改造，经过多年努力逐步建成。标准化的农田建设有四方面的内容：首先，连片平整耕地，使平原地区单个地块面积不小于6公顷、坡度不大于5°，使丘陵地区单个地块面积不小于2公顷、坡度不大于10°，使山区单个地块面积不小于0.5公顷，坡度不大于15°；其次，连片耕地水利配套，对连片耕地建设完备的灌溉设施和排涝设施，在干旱及半干旱地区灌溉设施还应是节水型；再次，耕地道路配套，对连片耕地建设配套的机耕道，耕地的地块之间也要建设连通机耕道，机耕道还应达到较高通行要求；最后，防护林带建设，在连片耕地周边或沿灌排渠系及机耕道建设防护林带，为耕地建设保护屏障。

耕地大规模改良就是在全国范围内对中低等农田进行土壤改良，重点是对整治的

8 000 万公顷农田进行土壤改良。耕地土壤改良包括四方面的内容：一是增厚土层，使土层不小于 60 厘米、耕层不小于 40 厘米；二是改良土壤，改善土壤结构，改善土壤的物理及化学性状，增强其保水保肥能力；三是土壤培肥，增加土壤有机质、增加土壤有效养分并保持均衡，保持土壤肥力逐步提升；四是消除土壤生产性障碍，消除土壤污染，消除土壤湿害，治理盐碱，治理连作危害等。耕地大规模改良需要科学规划和设计，分期分批实施，经多年努力才能完成。

耕地的大规模整治与改良，是我国农业的重大基础设施建设工程，其重要意义和重大作用，与高速公路和高速铁路建设相比毫不逊色。若我国建成了土质肥沃、旱涝保收、可全程机械化大生产的 8 000 万公顷高标准农田，并使复种指数达到 125％～150％、播种面积达到 10 000 万～12 000 万公顷，只用其中的 8 000 万公顷播种面积种植粮食，每公顷产量达到 9 吨（目前的较高产量），则粮食总产量可达到 7.2 亿吨，剩下的 2 000 万～4 000 万公顷播种面积还可种植棉花、油料、糖料、蔬菜，主要农产品的产量就可基本满足人民的需要。同时，在这样的农田上应用先进技术和现代化工具进行生产，可以大大提高农业劳动生产率、资源产出率、农产品品质，显著降低农产品生产成本，极大增强农业竞争力，从根本上扭转我国农业发展的被动局面。

耕地大规模整治与改良，关系农业发展、粮食安全、国家长治久安，加之工程浩大、投资巨大，应将这一基础设施建设工程作为战略性工程，纳入国家建设规划分步加以推进。若 2020 年进行规划设计，2021 年开始工程建设，每年通过整治与改良建成高标准农田 800 万公顷，平均每公顷建设投资 7.5 万元，则经过十年努力并投入60 000 亿元（每年 6 000 亿元），到 2030 年就可建成 8 000 万公顷，彻底改变我国农业发展不利的耕地条件，使农业发展与粮食安全长治久安。

2. 林地整治与改造

与耕地上的农作物可短期收割不同，林地上的林木需要多年生长、甚至长期生长。因此，林地的整治与改造不能离开其上生长的林木，林地的整治有利于林木的生长，而林木的改造又促进林地的整治，二者密不可分。我国林地存在四大突出问题：一是大多有林地分布在陡峭山地或高寒地区，一旦林木植被被毁很难恢复，林地也随之损坏；二是不少人工林树种单一，有些还是速生的松、杨、桉等树种，且密度较大，不仅使虫灾、火险增高，还使林地水、肥消耗过度和水土流失加重；三是面积很大的灌木林地基本处于自然状态，没有发挥应有的经济功能；四是面积不小的疏林地、未成林地缺乏管护，迹地缺乏及时造林，多处于自然生长和修复状态。这些问题不仅阻碍了林业的发展和功能充分发挥，还增添了不少风险，必须加紧整治和改造。

林地整治与改造的重点是有林地。有林地的整治与改造有四个方面的任务：一是对生态脆弱区、水源涵养区、自然保护区等特定区域的森林植被严加保护，严禁破坏；二是对单一树种人工林进行间伐并补植其他树种，严格控制过度消耗水肥的速生树人工林植造；三是在林区建设完善的监控系统，适时监测森林病情、虫情、火情及其他自然灾害，以及林木保护及砍伐状况；四是在林区建设必要的公路和交通运输设施（包括改造已有道路和设施），为林区巡查、消防、经济发展等创造条件。另外，对生态脆弱区、水源涵养区、自然保护区之外的成熟林和过熟林，进行适度间伐或砍伐，使其适时更新，保持林地生机与活力。

对灌木林地进行整治与改造是又一重要任务。一是对只适宜灌木生长的稀疏灌木林地补植灌木，增加灌木密度和种类多样性，增强其生态功能。二是对稀疏灌木林地补植牧草，增加植被并提高利用价值。三是在立地条件适宜乔木生长的灌木林地补植乔木，形成乔灌结合的林地。四是对立地条件好、土层深厚、海拔高度及气候适宜的灌木林地进行改造，将其建设成水果或干果林，在不改变林地属性条件下，大幅提高林地产出。

对疏林地的改造主要是进行补植，使其密度达到标准化要求，树种实现合理搭配。对未成林地主要是管护，既要防止人畜损坏，也要防止自然灾害损失。对迹地要及时造林，尽快恢复植被。同时，退耕还林地因土质较肥沃、立地条件较好，应多用于发展经果林木及优质用材树木，以提高其产出水平。应当指出，除林区外的不少林农交错区域，对疏林地、未成林地、迹地、退耕还林地，缺乏人为整治与改造，靠自然生长、自然恢复，使这部分林地应有功能远未发挥。

3. 草地整治与改良

草地上的牧草是多年生植物，草地的整治与改造也离不开其上生长的牧草，草地的整治有利于牧草生长，而牧草的改良又促进草地整治，二者互相促进。我国草地存在三大突出问题：一是自然条件恶劣，草地及天然牧草地质量低下，91.45%的草地和95.19%的天然牧草地集中在高寒山地和干旱地区，产草量很低；二是人工牧草地数量很少，比重极低，对草食畜牧业发展缺乏支撑能力；三是未被畜牧业利用的草地面积多达 6 692.28 万公顷，占比也高达 23.39%，是一极大浪费。

草地整治与改良的重点是天然牧草地，一方面这部分草地是主体，占比高达75.98%，另一方面这部分草地用于放牧或割草，对草食畜牧业影响很大。天然牧草地的治理与改良有五方面的任务：一是对退化草地进行封闭式禁牧，经五年左右的自然修复，辅之人力保护，恢复草地植被与生机活力；二是对低产草地进行控牧，减少载畜量，降低草地压力，使其在低利用强度下得以休养生息，提高产草量，增强活力；三是对较好的草地进行轮牧，控制牲畜数量及放牧时间，使其在适度利用中能够及时恢复；四是对有条件的草地通过播种或栽植优良牧草，对其进行改良，提高质量；五是及时防治草地虫害、鼠害、毒（杂）草危害，以及预防火灾和其他自然灾害，使草原得到有效保护。若经过十年左右的持续整治和改良，目前的天然牧草地将会有很大改观。不仅牧草产量会显著增加，草食畜牧业会有很大发展，生态环境也会有极大改善。

人工牧草地建设严重滞后，应当加快其发展。人工牧草地建设可从四个方面入手：一是对半干旱或有一定水源的干旱草地进行土壤改良培肥，播种优良牧草，建设人工草地；二是对高原（山）草地中海拔较低、土质较好、有一定水源的草地进行土壤培肥，种植优质牧草，建设人工草地；三是对南方草山草坡（特别是云、贵、川、渝地区的山帽）进行改造，去除杂草，种植牧草，建设人工草地；四是对部分退耕地种植优质牧草，建设成人工草地。若将 10% 的草地面积（2 862.82 万公顷）建成人工草地，并使每公顷鲜草产量平均达到 18 吨，则产草量将达到现有草地的一半，可见效果之显著。

树林郁蔽度小于 0.1、表层为土质、生长杂草不能用于畜牧业的草地，是宝贵的农地资源，应当通过整治和改良加以利用。这类草地整治关键是消灭杂草，利用工程措施和生物措施控制杂草生长，逐渐将其清除，并在此基础上种植优质牧草，将其建成一般牧草地或人工牧草地。

草地整治与改良关系草食畜牧业发展和生态环境保护的长远大计，因其面积巨大、难度很高、任务艰巨，加之工程浩大、投资巨大，应将其纳入国家战略性工程，认真规划设计，分期分批加以推进。若 2020 年进行规划设计，2021 年开始实施，可望在 2035 年之前使草地面貌大为改善，草食畜牧业发展条件显著改善，草地及周边生态环境明显好转。

第八章　中国的水资源及农业用水

水是生命之源，是人类生存及发展的基本条件，经济社会发展的重要物质基础，更是农业的命脉。水资源的数量、质量及分布，对经济发展、社会进步、生态环境保护具有决定性影响，对农业发展更具有刚性约束。一个国家或地区的水资源数量、质量及分布既相对稳定，又会发生一定的变动，了解和掌握水资源的基本状况，是谋划经济社会发展、特别是农业发展的需要。

一、水资源数量

一个国家或地区的水资源数量反映其丰沛程度，水资源越丰沛的国家和地区，经济社会发展和生态环境保护的条件就越好。一个具体的地理区域，其水资源有三个来源，一是过往年份在本区域蓄积的水资源，二是当年本区域降水形成的水资源，三是当年由区域外流入本区域的水资源，这几个来源对水资源数量，特别是可使用数量都有影响。

1. 过往蓄积的水资源

过往蓄积的水资源是过去经漫长积累，在本区域积存的水资源，包括无数年在高山形成的积雪和冰川，蓄积在江河、湖泊、水库中及地下的淡水等。积雪和冰川的水量和地下水的水量只能大致估计，但江河流量、湖泊淡水、水库库容等，能够经测量对过往蓄积的水资源有基本估计。表8-1是我国主要江河的常年径流量，表8-2是我国湖泊面积及贮水量。

表8-1　中国主要江河年径流量

水系	集水面积（平方公里）	河长（公里）	多年平均		
			年径流量（亿立方米）	年径流深（毫米）	平均流量（立方米/秒）
长江	1 808 500	6 300	9 280	513	29 460
黄河	752 443	5 464	628	84	1 990
松花江	557 180	2 308	733	134	2 320
辽河	228 960	1 390	126	55	400
珠江	453 690	2 214	3 360	904	1 670

（续）

水系	集水面积（平方公里）	河长（公里）	多年平均		
			年径流量（亿立方米）	年径流深（毫米）	平均流量（立方米/秒）
海河	263 631	1 090	228	87	723
淮河	269 283	1 000	611	231	1 940

注：按 1956—1979 年数据平均。
资料来源：《2010 中国水利统计年鉴》，第 4～7 页表 1-2、表 1-3。

表 8-2　中国湖泊面积及贮水量

所在区域	湖泊面积（平方公里）	湖水贮量（亿立方米）		占湖水淡水贮量（%）
		总贮量（亿立方米）	淡水贮量（亿立方米）	
合计	75 610	7 510	2 150	100.0
青藏高原区	36 560	5 460	880	40.9
东部平原区	23 430	820	820	38.1
蒙新高原区	8 670	760	20	0.9
东北平原区	4 340	200	160	7.4
云贵高原区	1 100	240	240	11.2
其他地区	1 510	30	30	1.4

资料来源：《2010 中国水利统计年鉴》第 12 页表 1-7。

江河径流常年 10 000 亿立方米以上的流量，湖泊常年 2 000 亿立方米以上的淡水贮量，以及 9 万余座大中小型水库 7 000 亿立方米以上的库容，除部分来自当年降水外，相当部分是过往无数年积存下来的。为保护生态环境正常循环，对这些过往蓄积的水资源，加上高山累积的积雪与冰川和地下积蓄的地下水，只能当年补充多少才能使用多少，不能过量开发利用。过往蓄积的水资源虽是客观存在的，但是必须保持既有数量，不可因过量使用造成减少。

2. 当年形成的水资源

一个国家或地区当年形成的水资源，是指辖区内当年由降水而形成的水资源总量。对于一个特定区域，从天空降落到地面的液态或固态（经融化后）水，未经蒸发、渗透、流失而在地面聚集的深度为降水量，用毫米表示。月降水量是将全月各日降水量累加而得，年降水量是将 12 个月的降水量累加而得。降水量越大的地区降水越多，降水量越小的地方降水越少。地域面积与年降水量的乘积就是该地域的降水总量。地域越大、年降水量越多则降水总量越多。由空中降到地面的水一部分蒸发返回到空中，一部分流失到地域之外，一部分成为更新河流、湖泊、水库、冰川等水体的动态水量而形成地表水资源量，还有一部分入渗地下成为更新饱和含水层的动态水量而形成地下水资源量。从可使用的角度，一个地区当年形成的水资源总量，是辖区内降水形成地表水资源量与地下水资源量之和减去二者的重复计算量，即：

水资源总量＝地表水资源量＋地下水资源量－地表水与地下水资源重复量

根据 1956—1979 年观测数据的平均，我国 31 个省、自治区、直辖市常年的降水总量为 61 889 亿立方米，形成的地表水资源量为 26 478.2 亿立方米，形成的地下水资源量为 8 149 亿立方米，地表水与地下水资源重复计算量为 7 166.9 亿立方米，常年的水资源总量为 27 460.3 亿立方米。在常年的降水总量中，形成的地表水资源量仅占 42.78%，形成的地下水资源量仅占 13.16%，形成的水资源总量也只占 44.37%，可见降水量中超过一半蒸发和流失了，能利用的只是少部分。

我国地域广阔，跨 62 个经度、49 个纬度，加之高原和大山重重阻隔，太平洋暖湿气流向北只能到淮河流域，向西只能达四川盆地，印度洋暖湿气流则因青藏高原阻挡不能进入西北腹地，造成大片西北内陆及广大北方地区降水量极低。新疆的常年降水量只有 155 毫米，甘肃、青海、宁夏的降水量也不足 300 毫米，而内蒙古的降水量也只有 282 毫米。大范围的低降水量使 31 个省、自治区、直辖市的平均降水量也不多，常年平均只有 648 毫米。平均降水量的低水平导致水资源总量不足，常年只有 27 460.3 亿立方米，平均每平方公里国土只有 29.5 万立方米，平均每人只有 1 986 立方米/年，属于缺水国家。

3. 流入和流出的水资源

一个国家或地区的水资源数量，除受过往蓄积量、当年形成量的影响外，还受域内水资源流出和域外水资源流入的影响，若只有流出而无流入，水资源总量会减少，若只有流入而无流出，水资源总量会增加，若既有流出又有流入，则流出大于流入使水资源总量减少，流出小于流入使水资源总量增加。从可使用的角度，一个区域水资源可使用量是水资源总量加上净流入量之和，或水资源总量减去净流出量之差，也可表述为，一个区域的水资源可使用量是水资源总量加上流入水资源量再减去流出水资源量。即：

水资源可使用量＝水资源总量＋水资源流入量－水资源流出量

一个国家水资源的流入和流出主要是跨境江河、沟壑自然形成，个别也有人为形成的。发源于境外而流入境内的江河、溪沟，将一部分水资源流入境内，流入量就是入境的径流量。发源于境内而流出境外的江河、溪沟，将一部分水资源流出境外，流出量就是出境的径流量。发源于境外流入境内后又流出境外的江河、溪沟，若入境径流量大于出境径流量，其差额就是净流入量，若入境径流量小于出境径流量，其差额就是净流出量，若二者相等就没有净流入和净流出。发源于境内流出境外后又流入境内的江河、溪沟，若出境径流量大于入境径流量，其差额就是净流出量，若出境径流量小于入境径流量，其差额就是净流入量，若二者相等就没有净流入和净流出。

一国之内区域之间水资源的流入和流出为平常之事，既有跨区江河、溪沟等自然形成的流动，也有跨区水利工程人工形成的流动。区域之间自然形成的水资源流动主要靠跨区域江河，江河径流从一个区域流入另一个区域形成了水资源的跨区域自然流动。对于一个特定区域，若入境江河径流量多于出境江河径流量，其差额就是水资源的净流入，若入境江河径流量少于出境江河径流量，其差额就是水资源的净流出，若过境江河入境和出境径流量相等，则水资源无净流入也无净流出。当然，若只有入境而无出境江河，入境径流量就是净流入，若只有出境江河，则出境径流量就是净流出。区域间人工形成的水资源流动主要靠跨区域的输水工程，通过建设蓄水、提水、输水设施，将水资源从一个区域输送到另一个区域，实现水资源的跨区域人工流动。对于一个特定的区域，如果只有区内水资源输出到区外，水资源总量就会减少，减少量就是输出量；如果只有区外水资源输入到区内，水资源总量就会增加，增加量就是输入量；如果水资源既有区内输出又有区外输入，则净输出量就是区内水资源减少量，净输入量就是区内水资源增加量。我国跨越国境河流不少，如雅鲁藏布江、怒江、澜沧江、额尔齐斯河、伊犁河、黑龙江、鸭绿江等。跨省跨县江河更多，如松花江、海河、淮河、黄河、长江、珠江、汉江、乌江、嘉陵江、沱江、涪江等。国内跨省区、跨县市输水、调水工程无数，如南水北调工程等。水资源跨国境、跨区域自然或人工流动比较常见，对国内及不同区域内水资源数量有不小影响，应予重视。

二、水资源的空间分布

水资源的空间分布，是指水资源在不同地理区域的分布，我国地域广大，不同地域水资源状况差异很大，水资源的空间分布比较复杂。水资源是经济发展、人民生活、生态环保的基本条件，对经济社会发展具有决定性作用。水资源来源于降水，而降水又是由特定自然气候决定的，有一定量的约束，故在天然状态下水资源空间分布由自然形成，并对经济社会发展产生刚性约束。分析水资源的空间分布，对充分利用水资源，科学谋划经济社会发展，不仅必要也很迫切。

1. 水资源的省级辖区分布

31 个省、自治区、直辖市，各自地理区位不同、自然气候迥异、地形地貌各别、辖区面积悬殊，导致降水量、降水总量及水资源总量的巨大差异。表 8-3 是各省级辖区多年平均的水资源量。

由表 8-3 可知，年均水资源总量最多的是西藏自治区，其次是四川省，再次是云南省。常年土地平均水资源量最高的是海南省，第二是福建省，第三是广东省。常年人均水资源最丰富的是西藏自治区，第二是青海省，第三是海南省，水资源在各省、自治区、直辖市的分布是极不均衡的。

表 8-3　各省级辖区多年平均水资源量

单位：亿立方米、立方米/(人·年)、万立方米/平方公里

地区	年均水资源总量	年均地表水资源量	年均地下水资源量	年均地表水与地下水重复量	年均降水总量	常年地均水资源量	常年人均水资源量
合计	27 460.3	26 478.2	8 149.0	7 166.9	60 941.9	29.5	1 986
北京	40.8	25.3	26.2	10.7	106.8	24.3	187
天津	14.6	10.8	5.8	2.0	67.5	12.9	93
河北	236.9	167.0	145.8	75.9	1 001.9	12.6	331
山西	143.5	115.0	94.6	66.1	797.3	9.2	389
内蒙古	506.7	371.0	248.3	112.6	3 233.8	4.4	2 011
辽宁	363.2	325.0	105.5	67.3	1 004.7	25.0	829
吉林	390.9	345.0	110.1	65.1	1 153.1	20.7	1 430
黑龙江	775.8	647.0	269.3	140.5	2 208.1	16.6	2 042
上海	26.9	18.6	12.0	3.7	90.1	43.5	111
江苏	325.4	249.0	115.3	38.9	1 058.2	31.9	406
浙江	897.1	885.0	213.3	201.2	1 690.4	88.1	1 605
安徽	676.8	617.0	166.6	106.8	1 640.3	48.5	1 302
福建	1 168.7	1 168.0	306.4	305.7	1 970.6	96.3	3 016
江西	1 422.4	1 416.0	322.6	316.2	2 733.1	85.1	3 095
山东	335.1	264.0	154.2	83.2	1 057.5	21.9	339
河南	407.7	311.0	198.9	102.2	1 267.1	24.4	427
湖北	981.2	946.0	291.3	256.1	2 092.5	52.8	1 667
湖南	1 626.6	1 620.0	374.8	368.2	3 071.9	76.8	2 384
广东	1 643.3	1 625.5	419.7	402.6	3 181.1	91.4	1 494
广西	1 880.0	1 880.0	397.7	397.7	3 649.8	79.1	3 885
海南	490.8	485.5	126.2	120.2	617.7	138.5	5 352
四川	2 601.2	2 598.7	665.7	664.4	4 740.4	53.7	3 148
重庆	532.6	532.3	135.9	134.4	872.9	64.7	1 746
贵州	1 035.0	1 035.0	258.9	258.9	2 074.9	58.8	2 911
云南	2 221.0	2 221.0	738.0	738.0	3 899.6	57.9	4 655
西藏	4 482.0	4 482.0	1 094.3	1 094.3	6 871.0	37.3	135 405
陕西	441.9	420.0	165.1	143.2	1 352.3	21.5	1 158
甘肃	274.3	273.0	132.7	131.4	1 216.7	6.9	1 051
青海	626.2	623.0	258.1	254.9	2 139.5	8.7	10 559
宁夏	9.9	8.5	16.2	14.8	149.9	1.9	146
新疆	882.8	793.0	579.5	489.7	2 575.6	5.4	3 639

注：按 2016 年人口计算。

资料来源：《2010 中国水利统计年鉴》第 24 页表 1-17。

2. 水资源的大区分布

我国地域广大，在传统上按方位将其分为东北区（含辽宁、吉林、黑龙江），华北区（含北京、天津、内蒙古、河北、山西），华东区（含上海、江苏、浙江、安徽、福建、江西、山东），华中区（含河南、湖北、湖南），华南区（含广东、广西、海南），西南区（含四川、重庆、贵州、云南、西藏），西北区（含陕西、甘肃、青海、宁夏、新疆）七个大区。这几个大区因区位、气候、地形地貌不同，水资源状况差异巨大。表8-4是七个大区多年平均的水资源量。

表8-4　七个大区多年平均水资源量

单位：亿立方米、立方米/（人·年）、万立方米/平方公里

地区	年均水资源总量	年均地表水资源量	年均地下水资源量	年均地表与地下水重复量	年均降水总量	常年地均水资源量	常年人均水资源量
合计/平均	27 460.3	26 478.2	8 149.0	7 166.9	58 086.3	29.5	1 986
东北区	1 529.0	1 317.0	484.9	272.9	4 365.9	19.36	1 402
华北区	942.5	689.1	520.7	267.3	5 207.3	6.2	541
华东区	4 852.3	4 617.6	1 290.4	1 055.7	9 740.2	68.4	1 194
华中区	3 015.5	2 877.0	865.0	726.5	6 431.5	53.6	1 356
华南区	4 014.1	3 991.0	943.6	920.5	7 448.6	88.6	2 395
西南区	10 871.8	10 869.0	2 892.8	2 890.0	18 458.8	46.7	5 445
西北区	2 235.1	2 117.5	1 151.6	1 034.0	6 434.0	7.3	2 215

注：按2016年人口计算。

资料来源：根据《2010中国水利统计年鉴》第24页表1-17及相关数据整理。

由表8-4可知，水资源总量在七个大区的分布极不均衡，差异十分巨大。最多的是西南区、其次是华东区、再次是华南区，平均年水资源量占全国总量分别达到35.59%、17.67%、14.61%。最少的是华北区、其次是东北区、再次是西北区，平均年水资源量仅分别占全国总量的3.06%、5.57%、8.14%。常年土地平均水资源量分布也不均衡，相差十余倍。最高的是华南区、其次是华东区、再次是华中区，每平方公里土地水资源分布达到88.6万立方米、68.4万立方米、53.6万立方米，分别是全国平均水平的3倍、2.3倍、1.81倍。常年人均水资源量在大区之间也有很大差别，高低差距悬殊。最高的是西南区、其次是华南区、再次是西北区，人均水资源量分别是全国平均水平的2.74倍、1.21倍、1.11倍。最低的是华北区，其次是华东区，再次是华中区，人均水资源量仅分别为全国平均水平的27.24%、60.12%、68.27%。

3. 水资源的流域分布

我国国土可按江河流域分为若干片区，这些片区地理区位不同，自然气候各异，

面积大小悬殊，在降水量、径流量上存在巨大差别，从另一个侧面反映了水资源的空间分布。表8-5是各江河流域片区多年平均的降水量及径流量。

表8-5　各流域片区多年平均降水量、径流量

单位：平方公里、毫米、亿立方米

流域片区	计算面积	多年平均			
		年降水量	年径流深	年径流量	年降水总量
合计/平均	9 545 322	648	284	27 115	61 889
黑龙江流域片	903 418	496	129	1 166	4 476
辽河流域片	345 027	551	141	487	1 901
海滦河流域片	318 161	560	91	288	1 781
黄河流域片	794 712	464	83	661	3 691
淮河流域片	329 211	860	225	741	2 830
长江流域片	1 808 500	1 071	526	9 513	19 360
珠江流域片	580 641	1 544	807	4 685	8 967
浙闽诸河片	239 803	1 758	1 066	2 557	4 216
西南诸河片	851 406	1 098	688	5 853	9 346
内陆诸河片	3 321 713	154	32	1 064	5 113

注：指1956—1979年数据平均。

资料来源：《2010中国水利统计年鉴》第20页表1-15。

由表8-5可看出，各江河流域片区地域面积、年降水总量、年径流深度、年径流量及年降水总量差异巨大。流域面积是内陆诸河片最大，长江流域片次之，黑龙江流域片再次之。年降水量是浙闽诸河片最多，珠江流域片次之，西南诸河片第三。年径流深度也是浙闽诸河片最深，珠江流域片次之，西南诸河片第三。年径流量和年降水总量都是长江流域片最大，西南诸河片次之，珠江流域片第三。而流域面积最小的是浙闽诸河片，次小的是海滦河流域片，再小的是淮河流域片。年降水量最少是内陆诸河片，次少的是黄河流域片，再少的是黑龙江流域片。年径流总量和年降水总量都是海滦河流域片最少，次少的是辽河流域片，再少的分别是黄河流域片和淮河流域片。

三、水资源的时间分布及特征

水资源的时间分布，是指水资源在不同时间段的分布，时间段可以是一年、也可以是一季、还可以是一个月。水资源基本源于天然降水，而天然降水在不同时段既有一定的规律又有一定的随机性，造成特定地理区域内不同时段降水量及水资源量的不同分布态势。由于水资源对经济社会发展的重要作用，了解和掌握水资源在不同时段的分布及特征，对充分有效利用水资源，促进经济社会发展意义重大。

1. 水资源的年际分布

一个国家或地区一年的水资源总量，是其域内一年降水形成的地表水和地下水总量，即地表径流与降水入渗补给量之和。对于同一个国家或地区，在年际间降水量多少存在不小差异，造成不同年份间水资源总量的显著差别，有的年份较多，而有的年份较少。表8-6是我国31个省、自治区、直辖市多年平均及2000—2016年的水资源量。

表8-6 多年平均及2000—2016年水资源量

单位：亿立方米

年份	水资源总量	地表水资源量	地下水资源量	地表与地下水重复量	降水总量
多年平均	27 460.3	26 478.2	8 149.0	7 166.9	61 889.0
2000	27 701.0	26 562.0	8 502.0	7 363.0	60 092.0
2001	26 868.0	25 933.0	8 390.0	7 456.0	58 122.0
2002	28 261.0	27 243.0	8 697.0	7 679.0	62 610.0
2003	27 460.0	26 251.0	8 299.0	7 090.0	60 416.0
2004	24 130.0	23 126.0	7 436.0	6 433.0	56 876.0
2005	28 053.0	26 982.0	8 091.0	7 020.0	61 010.0
2006	25 330.0	24 358.0	7 643.0	6 671.0	57 840.0
2007	25 255.0	24 242.0	7 617.0	6 604.0	57 763.0
2008	27 434.0	26 377.0	8 122.0	7 065.0	62 000.0
2009	24 180.0	23 125.0	7 267.0	6 212.0	55 966.0
2010	30 906.0	29 798.0	8 417.0	7 328.0	65 850.0
2011	23 257.0	22 214.0	7 215.0	6 171.0	55 133.0
2012	29 529.0	28 373.0	8 296.0	7 141.0	65 150.0
2013	27 958.0	26 840.0	8 081.0	6 963.0	62 674.0
2014	27 267.0	26 264.0	7 745.0	6 742.0	
2015	27 963.0	26 901.0	7 797.0	6 735.0	62 569.0
2016	32 466.0	31 274.0	8 855.0	7 662.0	68 672.0

注：按1956—1979年数据平均。

资料来源：《2010中国水利统计年鉴》第23页表1-16和《2017中国水利统计年鉴》第18页表1-11。

由表8-6可知，无论是降水总量、地表水资源量、地下水资源量，或是水资源总量，在年际间的变动都很大，分布极不均衡。与多年平均水平相比较，在2000—2016年的17年间，水资源量最多的2016年降水总量比多年平均降水总量多6 783.0亿立方米、地表水资源量多4 795.8亿立方米、地下水资源量多706.0亿立方米、水资源总量多6 805.7亿立方米，分别多10.96%、18.11%、8.66%、24.78%；水资源量最少的2011年比多年平均水平降水总量少6 756.0亿立方米、地表水资源量少

4 264.2亿立方米、地下水资源量少 934.0亿立方米、水资源总量少 4 203.3亿立方米，分别少 10.91％、18.00％、11.46％、15.30％。而水资源量最多的 2016年与最少的 2011年相比较，降水总量多 13 539.0亿立方米、地表水资源量多 9 060.0亿立方米、地下水资源量多 1 640.0亿立方米、水资源总量多 9 209.0亿立方米，分别多 24.56％、40.79％、22.73％、39.40％，差距非常大，丰水年和枯水年差别特别明显。

2. 水资源的月份分布

我国地域辽阔，各地气候不同，呈现多样特征，但在总体上为大陆性季风气候，四季分明、雨热同季、冬季偏北风盛、寒冷干燥，夏季偏南风盛、高温多雨。由于气候的季节变化，每个日历年的 1月至 12月各月的降水量各不相同，降水总量及水资源总量自然也存在很大差异。由于缺乏各省、自治区、直辖市常年分月的水资源数据，便用各省级辖区首府城市的相关资料替代。表 8-7是我国 31个省会（含直辖市、自治区首府）城市 2016年 1—12月的降水量。

表 8-7　2016年 31个省会城市 1—12月降水量

单位：毫米

省会城市	1月	2月	3月	4月	5月	6月	7月	8月	9月	10月	11月	12月
北京	0.1	8.1	0.0	5.5	24.0	72.9	344.3	76.9	59.0	70.1	8.2	0.0
天津	1.2	17.6	0.0	3.5	52.0	81.4	232.3	145.4	30.8	26.3	14.1	4.0
石门	6.0	13.1	0.0	13.3	16.1	61.8	445.6	48.9	24.0	70.4	6.9	5.5
太原	2.5	4.2	3.6	40.7	23.6	74.0	209.4	71.7	21.3	62.0	4.9	10.5
呼市	0.3	3.0	0.7	3.2	34.6	108.8	140.2	115.0	74.7	48.6	0.5	1.7
沈阳	0.8	10.0	7.1	47.8	175.7	170.3	363.7	68.6	40.5	57.4	11.2	14.9
长春	0.3	5.1	11.5	55.5	205.5	113.8	115.2	109.2	194.0	45.0	19.9	15.8
哈市	2.3	2.8	10.8	15.2	106.5	206.3	44.2	31.7	70.3	16.8	28.7	2.1
上海	78.6	23.1	49.3	142.7	159.5	239.2	166.8	32.4	291.6	296.0	68.1	48.8
南京	62.8	31.1	40.0	155.4	119.6	186.2	477.3	78.7	187.4	308.0	95.4	65.8
杭州	135.5	30.6	62.5	250.6	251.7	282.4	79.5	154.9	247.5	145.9	93.9	62.3
合肥	49.4	17.6	57.4	139.4	125.0	191.0	295.0	60.4	129.0	268.1	96.0	73.7
福州	195.6	85.3	169.1	220.1	91.2	179.5	208.8	229.8	654.6	116.2	100.6	12.6
南昌	113.1	47.3	90.2	290.0	263.0	385.9	302.1	54.6	114.4	46.8	131.2	30.4
济南	7.8	32.6	0.0	9.0	49.0	160.3	237.6	421.1	2.7	51.6	22.4	14.1
郑州	4.0	21.8	0.3	42.4	57.2	125.1	243.7	95.0	62.9	116.8	39.0	24.8
武汉	39.5	23.8	69.9	166.4	70.1	360.2	676.1	163.8	7.5	128.3	63.1	58.4
长沙	89.0	51.4	139.7	292.2	228.3	118.6	352.3	79.9	133.5	60.8	97.7	61.4
广州	410.2	41.8	253.8	272.6	297.5	520.1	301.2	425.6	210.8	140.9	61.8	3.4

（续）

省会城市	1月	2月	3月	4月	5月	6月	7月	8月	9月	10月	11月	12月
南宁	129.1	19.0	38.6	130.8	203.8	345.2	76.0	355.2	47.2	152.8	44.6	4.1
海口	125.4	28.1	41.7	75.0	145.1	180.7	154.2	607.6	92.7	352.5	93.4	17.3
重庆	45.3	37.4	122.5	133.1	120.4	385.6	124.5	38.2	139.0	108.3	80.2	13.5
成都	11.4	25.0	33.9	59.2	89.3	80.3	349.9	173.0	126.3	13.6	20.7	1.3
贵阳	32.1	10.8	90.0	163.7	164.9	115.6	73.0	170.3	27.1	108.1	59.7	30.5
昆明	21.8	6.4	11.4	27.0	89.6	130.1	179.3	187.0	275.8	140.7	71.5	9.7
拉萨	0.0	0.4	0.4	2.0	74.2	144.7	166.2	66.8	96.9	0.0	0.0	0.0
西安	8.9	2.0	5.9	26.4	53.7	80.7	104.8	50.5	13.3	69.3	33.4	7.6
兰州	0.2	2.8	8.2	19.2	59.1	29.2	84.3	49.9	28.2	28.9	0.0	0.0
西宁	0.4	2.5	28.1	16.4	59.9	41.3	84.8	67.5	81.3	59.9	0.4	1.6
银川	0.1	8.0	18.9	13.2	26.5	7.6	72.9	82.6	10.4	24.7	0.0	0.0
乌市	12.6	6.2	14.2	48.5	46.0	70.5	40.6	24.4	0.0	64.6	43.6	15.9

注：石门为石家庄、呼市为呼和浩特、哈市为哈尔滨、乌市为乌鲁木齐。

资料来源：《2017 中国统计年鉴》表 8-9，中国统计出版社，2017 年 9 月。

各省会城市 2016 年各月降水量虽不能代表各省级辖区常年各月降水量，但可基本反映各省级辖区各月降水的变动，也能大致反映各省级辖区各月水资源变动。由表 8-7 可知，31 个省会城市 2016 年的各月降水量差别都极大，月际间相差数百倍。降水少的是 12 月、1 月、2 月，其中 12 月最少，有 18 个城市 1 月及 3 月的降水多于 12 月，有 16 个城市 2 月降水多于 12 月。降水最多的是 7 月、8 月、9 月，其中 7 月份又最多，有 20 个城市 7 月的降水多于 8 月和 9 月。北方省会城市 3 月、4 月降水量普遍很少，而南方省会城市 10 月份的降水量还比较多，而无论南北的省会城市都有一部分在 6 月份的降水量很可观，这也大致反映了各省级辖区不同月份的水资源分布。7 月、8 月、9 月降水集中，容易引发洪涝灾害。

3. 水资源的季节分布

按气候周而复始的变化，一年可分为春夏秋冬四季。春季为 2—4 月，夏季为 5—7 月，秋季为 8—10 月，冬季为 11 月至次年 1 月。春季回暖，夏季炎热，秋季凉爽，冬季寒冷。与这些气候特征相对应，不同季节的降水量差异很大，并造成降水总量及水资源总量的季节变动。由于缺乏各省、自治区、直辖市分季的水资源数据，便用各省级辖区省会（含直辖市、自治区首府）城市的相关资料替代。表 8-8 是我国 31 个省会城市 2016 年春夏秋冬四季的降水量。

各省会城市 2016 年各季降水量虽同样不能代表省级辖区常年各季降水量，但仍可基本反映各省级辖区各季降水的变动，也能大致反映各省辖区各季水资源的变动。从表 8-8 可知，31 个省会城市 2016 年不同季节降水量相差都很大，季度间相差数十倍至数百倍。总的态势是冬春两季降水少，夏秋两季降水多。有的北方省会城市冬春两季降水不足全年的 5%，有的南方省会城市冬春两季降水最多的只占全年的 35%，而大多数省会城市冬春两季降水占全年的 20%～30%，夏秋两季降水占全年的 70%～80%，这也大致反映了各省辖区不同季节的水资源分布。春季降水少不利于春播，秋季多雨又不利于收割。

表 8 - 8　2016 年 31 个省会城市四季降水量

单位：毫米

省会城市	春季	夏季	秋季	冬季	省会城市	春季	夏季	秋季	冬季
北京	13.6	441.2	206.0	8.3	武汉	260.1	1 107.4	299.6	61.0
天津	21.1	365.7	202.5	19.3	长沙	483.3	699.2	274.2	248.1
石门	26.4	523.5	143.3	19.4	广州	568.2	1 118.8	777.3	475.4
太原	48.5	306.0	155.0	17.9	南宁	188.4	624.0	555.2	177.8
呼市	6.9	283.6	238.3	2.5	海口	144.8	480.0	1 052.8	236.1
沈阳	64.9	709.7	166.5	26.9	重庆	293.0	530.5	285.5	139.0
长春	72.1	434.5	348.2	36.0	成都	118.1	519.5	312.9	33.4
哈市	28.8	357.1	118.8	33.1	贵阳	264.5	353.5	305.5	122.3
上海	215.1	565.5	620.0	255.5	昆明	44.8	398.9	503.5	103.0
南京	226.5	783.1	574.1	224.0	拉萨	2.8	385.1	163.7	0.0
杭州	343.7	613.6	548.3	291.7	西安	34.3	239.2	133.1	49.9
合肥	214.4	611.0	457.5	219.1	兰州	30.2	172.6	107.0	0.25
福州	474.8	479.5	1 000.0	308.8	西宁	47.0	186.0	208.7	2.4
南昌	427.5	951.0	215.8	274.7	银川	40.1	107.0	117.7	0.1
济南	41.6	446.9	475.4	44.3	乌市	68.9	157.1	89.0	72.1
郑州	64.5	426.0	274.7	67.8					

注：石门为石家庄、呼市为呼和浩特、哈市为哈尔滨、乌市为乌鲁木齐。

资料来源：《2017 中国统计年鉴》表 8 - 9，中国统计出版社，2017 年 9 月。

四、水资源质量

水资源质量是指由江河、湖泊、地下水等水体理化性状、生物群落、洁净程度、与外界物质能量交换能力等所决定的水资源功能状况，这一功能可根据《地表水环境质量标准》（GB 3838—2002），按功能高低依次划分为六类。能达到水源源头地、自然保护水体质量的水资源其水质可划为 I 类，能达到集中式生活饮用水地表水源地一级保护区、珍稀水生生物栖息地，鱼虾类产场、仔稚幼鱼索饵场水体质量的水资源其水质可划为 II 类，能达到集中式生活饮用水地表水源地二级保护区、鱼虾类越冬场、洄游通道、水产养殖区、游泳区水体质量的水资源其水质可划为Ⅲ类，能达到一般工业用水区、人体非直接接触娱乐用水区水体质量的水资源水质可划为Ⅳ类，能达到农业用水区、景观用水区水体质量的水资源水质可划为Ⅴ类，丧失水体功能、无利用价值的水资源水质可化为劣Ⅴ类。

1. 江河水质

江河是其流域地表水的汇集之所，江河水质代表其流域水资源的质量。江河特别是大江大河很长，流域范围很广，要了解某条江河的水质，就需要对该江河不同河段的水质进行监测。不同河段的水质各不相同，不能用某个河段水质反映整条江河水质，为全面反映某条江河的水质，就需要对不同水质河段占该江河评价长度百分比进行计算，视各类水质河段占比高低进行评判。表8-9是2016年按水资源分区的江河水质状况。

表8-9　2016年全国分区江河水质状况（按水资源分区）

水资源	评估河长（公里）	分类河长占评价河长百分比（％）					
		Ⅰ类	Ⅱ类	Ⅲ类	Ⅳ类	Ⅴ类	劣Ⅴ类
全国	235 218.8	6.5	48.3	22.1	9.6	3.7	9.8
松花江区	16 239.5	0.4	17.2	49.1	21.5	4.2	7.6
辽河区	5 974.2		37.8	19.0	18.2	5.4	19.6
海河区	15 565.2	1.4	20.7	11.8	14.7	6.8	44.6
黄河区	20 503.9	9.0	53.5	6.0	7.4	4.6	19.5
淮河区	23 639.3	0.3	11.9	37.9	22.1	8.2	19.6
长江区	70 456.1	7.4	49.4	25.9	8.8	3.7	4.8
其中：太湖区	6 295.5		6.8	21.3	45.0	18.3	8.6
东南诸河区	12 191.6	4.7	68.8	19.9	4.3	1.2	1.1
珠江区	27 592.3	3.2	67.1	17.6	4.7	2.4	5.0
西南诸河区	21 338.4	6.1	72.1	20.0	0.8	0.3	0.7
西北诸河区	21 718.3	23.4	67.0	4.9	3.4	0.8	0.5

资料来源：《2017中国水利统计年鉴》第22页表1-15。

从表8-9可知，2016年全国江河水质有喜有忧，喜的是全国江河水质达到Ⅰ、Ⅱ、Ⅲ类的河长占评估河长的76.9％，而西南诸河区、西北诸河区、东南诸河区更达到90％以上，珠江区和长江区也达到80％以上。忧的是全国江河水质为较差的Ⅳ类、Ⅴ类的河长占评估河长的13.3％。劣Ⅴ类的河长占评估河长的9.8％，Ⅳ、Ⅴ类水质河长占比高的有松花江区（25.7％）、辽河区（23.6％）、海河区（21.5％）、淮河区（30.3％）、太湖区（63.3％）。劣Ⅴ类水质河长占比高的有海河区（44.6％）、辽河区（19.6％）、淮河区（19.6％）、黄河区（19.5％），不少区域江河水资源质量不好。当然，也应肯定江河水质的改善，与六年前的 2009 年相比，全国Ⅰ、Ⅱ类水质河长占比分别上升 1.9 及 17.2 个百分点，Ⅲ、Ⅳ、Ⅴ及劣Ⅴ类水质河长占比分别下降 1、4.8、3.7、9.5 个百分点，改善程度相当明显。

2. 湖泊水质

湖泊是其所在地域山川、河流水资源汇聚之地，其水质也在一定程度上反映了所在地域水资源质量。当然湖泊贮水量大，是重要水源地，全国湖泊水质也是整个水资源水质的重要反映。表 8-10 为 2016 年全国重点湖泊水质及富营养化状况。

表 8-10　2016 年全国重点湖泊水质及富营养化状况

湖泊名称	水质类别	富营养化状况	湖泊名称	水质类别	富营养化状况
太湖	Ⅴ	中度	大官湖	Ⅳ	中度
白洋淀	Ⅴ	中度	滇池	Ⅴ	中度
洪泽湖	Ⅴ	轻度	抚仙湖	Ⅱ	中度
查干湖	Ⅴ	中度	城西湖	Ⅳ	轻度
骆马湖	Ⅳ	中度	女山湖	Ⅳ	轻度
高邮湖	Ⅳ	轻度	洱海	Ⅲ	中度
巢湖	Ⅴ	中度	纳木错	劣Ⅴ	中度
鄱阳湖	Ⅳ	中度	普莫雍错	Ⅱ	中度
南四湖	Ⅲ	轻度	羊卓雍错	劣Ⅴ	中度
邵伯湖	Ⅳ	轻度	青海湖	Ⅱ	中度
洪湖	Ⅳ	轻度	瓦埠湖	Ⅴ	轻度
长湖	Ⅴ	轻度	乌伦古湖	劣Ⅴ	中度
梁子湖	Ⅳ	轻度	赛里木湖	Ⅱ	中度
龙感湖	Ⅴ	轻度	博斯腾湖	Ⅲ	轻度
洞庭湖	Ⅳ	轻度	东平湖	Ⅲ	轻度
宝应湖	Ⅳ	轻度	班公错	Ⅱ	中度
滆湖	Ⅴ	中度	佩枯措	劣Ⅴ	中度
石臼湖	Ⅳ	轻度	克鲁克湖	Ⅱ	中度

资料来源：《2017 中国水利统计年鉴》第 23～24 页表 1-16。

从表 8-10 可知，2016 年全国重点湖泊的水质较差，富营养化程度较重。在列示的 36 个湖泊中，只有 1 个淡水湖（抚仙湖）、5 个咸水湖（普莫雍错、青海湖、赛里木湖、班公错、克鲁克湖）的水质达到Ⅱ类，只有 3 个淡水湖（南四湖、洱海、东平湖）、1 个咸水湖（博斯腾湖）的水质达到Ⅲ类，有 12 个淡水湖（骆马湖、高邮湖、鄱阳湖、邵伯湖、洪湖、梁子湖、洞庭湖、宝应湖、石臼湖、大官湖、城西湖、女山湖）的水质为Ⅳ类，还有 10 个淡水湖（太湖、白洋淀、洪泽湖、查干湖、巢湖、长湖、龙感湖、滆湖、滇池、瓦埠湖）的水质为Ⅴ类，并且有 20 个湖泊（淡水湖 11 个、咸水湖 9 个）为中度富营养化，只有 16 个湖泊（淡水湖 15 个、咸水湖 1 个）为轻度富营养化。值得注意的是，与六年前的 2009 年相比，全国重点湖泊水质及富营养化状况小有改善但极不明显。一方面表明湖泊水质较差的问题依然严峻，另一方面也表明湖泊水质改善难度极大，应加大治理力度。

3. 地下水水质

地下水是水资源的重要组成部分，2016 年全国地下水资源量 8 854.8 亿立方米，地下水水质也从一个局部反映了水资源的质量。2016 年，国土资源部以地下水含水系统为单位，以潜水为主的浅层地下水及承压水为主的中深层地下水为对象，对全国 31 个省、自治区及直辖市 225 个地级行政区的 6 124 个监测点（其中国家级监测点 1 000 个）进行了地下水水质监测，其结果是水质为优良级、良好级、较好级、较差级、极差级的监测点分别占 10.10%、25.40%、4.40%、45.40%、14.70%。水质优良、良好、较好的监测点占比不到 40%，而水质较差和极差监测点占比超过 60%，表明地下水水质总体上较差。与 2011 年对全国 200 个城市、共 472 个监测点的地下水水质监测结果相比，2016 年地下水水质优良级、良好级、较好级、较差级、极差级监测点占比分别少 0.9 个、少 3.9 个、少 0.2 个、多 5.1 个、0.0 个百分点，表明 2016 年地下水质量比 2011 年要差，地下水水质状况有恶化趋向。

水利部门对全国各大流域地下水水质也进行了监测，其监测点主要分布在松辽平原、黄淮海平原、山西及西北地区盆地和平原、江汉平原等重点地区，监测以浅层地下水为主，基本涵盖了地下水开发程度高、污染较严重的地区。2016 年 2 104 个监测点地下水质量综合评价结果如表 8-11 所示。

表 8-11　2016 年全国各流域片区地下水水质综合评价

流域	占监测点比例（%）		
	良好以上	较差	极差
全国	24.00	56.20	19.80
松花江流域	12.90	72.00	15.10
辽河流域	10.60	60.60	28.80
海河流域	31.10	52.00	16.90
黄河流域	25.50	44.10	30.50
淮河流域	25.10	65.40	9.50
长江流域	20.00	65.70	14.30
内陆河流域	26.10	48.60	25.40

资料来源：《2016 年中国环境状况公报》。

由表 8-11 可知，全国主要流域片区的地下水水质都较差，辽河流域、黄河流域、内陆河流域地下水水质极差的监测点高达 25% 以上。松花江流域、辽河流域、淮河流域、长江流域地下水水质较差的监测点高达 60% 以上，已经严重影响了地下水的安全和使用。

地下水水质差，主要是锰、总硬度、溶解性总固体、亚硝酸盐、硝酸盐、氨氮、硫酸盐、氟化物超标，个别监测点还存在砷、铝、汞、六价铬、镉等重金属超标。这些物质超标，大多数是由污染造成的。一是采矿产生的废渣、废水污染地下水，二是其他工业产生的废弃物、废水污染地下水，三是农业过量施用化肥及农药污染地下水，四是农业废弃物（特别是畜禽粪便）污染地下水。要使地下水的水质得到改善，必须严格治理污染，阻断生产及生活污染地下水的各种来源，使地下水质量在自然循环和人为利用中得到保护并逐渐好转。

五、蓄水、调水与节水

我国水资源不仅总量不足、人均占有量少，而且在时间和空间两个维度上分布严重失衡。在时间上，水资源不仅在年度间差异极大，而且在季度间和月份间也有很大不同，既有丰水年、平水年、枯水年之分，也有夏秋丰水季、冬春枯水季之别，还有不同月份水多水少的巨大差距。在空间上，南方水多地少，北方地多水少，特别是广大西北、华北地区严重缺水，东北地区水资源也相对不足。为解决水资源时间分布失衡，就有必要将丰水期的部分水资源蓄积起来供枯水期使用。为应对水资源空间分布失衡，就有必要将富水区的部分水资源调往贫水区使用。为缓解水资源不足的问题，就必须节约用水。

1. 水资源蓄积

水资源蓄积是通过工程措施，将丰水期多余的水资源逐步存积起来，并累积起一定的数量，供枯水期使用。水资源蓄积要靠水库，依靠建设在江河或低洼地区的水库，蓄积水资源以备使用。20 世纪 50 年代以来，我国先后在松花江区（含内蒙古、吉林、黑龙江）、辽河区（含内蒙古、辽宁、吉林）、海河区（含北京、天津、河北、山西、内蒙古、辽宁、山东、河南）、黄河区（含山西、内蒙古、山东、河南、陕西、甘肃、青海、宁夏）、淮河区（含江苏、安徽、山东、河南）、长江区（含上海、江苏、浙江、安徽、江西、河南、湖北、湖南、广西、重庆、四川、贵州、云南、陕西、甘肃、西藏、青海）、东南诸河区（含浙江、安徽、福建）、珠江区（含湖南、广东、广西、海南、贵州、云南）、西南诸河区（含云南、西藏、青海）、西北诸河区（含内蒙古、甘肃、青海、新疆）等十个水资源一级区，修建了大量水库用以蓄积水资源，表 8-12 为截至 2016 年末已建成的水库数量及库容。

表 8-12　2016 年末已建成水库分区数量和库容

单位：座、亿立方米

水资源一级区	已建成水库		大型水库		中型水库		小型水库	
	座数	总库容	座数	总库容	座数	总库容	座数	总库容
合计	98 460	8 967	720	7 166	3 890	1 096	93 850	705
松花江区	2 728	613	49	520	201	62	2 478	31
辽河区	1 096	424	45	375	121	35	930	13
海河区	1 948	337	36	273	160	46	1 752	18
黄河区	3 176	835	37	722	227	73	2 912	40
淮河区	9 631	510	59	373	295	80	9 277	57
长江区	52 546	3 407	267	2 683	1 525	410	50 754	315
东南诸河区	7 604	625	49	478	331	91	7 224	56
珠江区	16 227	1 428	111	1 084	724	204	15 392	140
西南诸河区	2 545	562	30	510	132	35	2 383	18
西北诸河区	959	225	37	148	174	60	748	17

资料来源：《2017 中国水利统计年鉴》第 32 页表 2-4。

从表 8-12 可知，到 2016 年底，我国已建成大中小型水库共 98 460 座、总库容达到 8 967 亿立方米，水库数量惊人，库容量达到全年水资源量（多年平均）的 1/3 左右、相当于 2016 年用水总量的 1.48 倍。这些水库已成为重要的水源地，在农业灌溉、生活用水、工业用水、生态用水、能源生产等方面发挥了巨大作用。但也还存在一些问题，一是部分水库出现病险、难以正常运行，二是部分水库淤积严重、功能下降，三是部分水库水源不足（或改变）、功能降低或丧失，四是干旱地区水库数量较少、库容较小，五是江河大中型水库的水资源调节、调度功能还未充分发挥。针对这些问题，应加强现有水库维修维护，去病除险、防渗加固、护岸清淤，还应保护水库水源、保障库容、保护水体，同时加强水库水资源管理、充分发挥蓄积和时空调节、调度功能。若将现有水库蓄积、调节、调度的功能充分发挥出来，我国水资源的供给状况将会显著改善。

2. 水资源调度

水资源调度是通过工程措施，将水资源从一个地区调到另一个地区。调水可远可近，近者可为毗邻、远者可为跨流域，一般通过输水实现。我国水资源空间分布严重失衡，南方水多、北方水少，长江以北地区人口和土地分别占全国的 37% 和 45%，而水资源仅占全国的 19.6%。黄淮海流域 145 万平方公里，耕地面积、粮食产量、国内生产总值均占全国 1/3 左右，可水资源仅占全国的 7.2%。为解决北方特别是黄淮海流域的缺水问题，跨流域将南方部分水资源调往北方，便是现实的选择。

为解决水资源南北分布的严重失衡，缓解北方地区严重缺水的局面，20世纪50年代就开始了南水北调的调查、勘测、规划和研究，提出了分别从长江上中下游多点取水，调往西北和华北，接济黄淮海的工程方案。后经40余年的多次调研、分析、论证，在90年代末形成了海河、黄河、淮河、长江为四横，东、中、西线输水工程为三纵的"四横三纵"南水北调工程总体布局。东线工程从扬州附近抽引长江水，利用京杭运河及平行河道逐级提水北送，连通洪泽湖、骆马湖、南四湖、东平湖后，一路向北穿黄河为河北、天津输水，一路向东为烟台、威海输水，预期年输水106.2亿立方米，可每年分别为江苏、安徽、山东、河北、天津输水32.7亿立方米、5.3亿立方米、40.6亿立方米、12.7亿立方米、15亿立方米。中线工程从汉江丹江口水库陶岔引水，经长江、淮河分水岭方城垭口，沿唐白河流域及黄淮平原西缘开渠，经郑州西穿黄河后沿京广路西侧北上，可自流至北京、天津，预期年输水126亿立方米，可每年分别为河南、河北、北京、天津输水50.0亿立方米、48.3亿立方米、17.5亿立方米、10.2亿立方米。西线工程有从大渡河和雅砻江支流调水的达曲—贾曲自流线（达—贾线）、调水40亿立方米，有从雅砻江调水的阿达—贾曲自流线（阿—贾线）、调水50亿立方米，有从通天河调水的侧坊—雅砻江—贾曲自流线（侧—雅—贾线）、调水80亿立方米，三条线共调水170亿立方米，由贾曲入黄河。三条线调水工程建设完成后，每年可由南方向北方调水402.2亿立方米，缓解北京、天津、山东、河北、河南、青海、甘肃、宁夏、陕西、内蒙古、山西等省（自治区、直辖市）用水紧张的局面。目前，东线和中线一期工程已建设完成，东线已实现向山东输水，中线已向河南、河北、北京输水150亿立方米，只是西线还未开工建设。

我国跨流域调水，山河阻隔、路途遥远、工程艰巨、技术难度高、投资巨大，南水北调东、中、西线都是如此。除此之外，东线工程还面临水源水质不好、输水过程污染以及多级提水的高成本，中线工程面临水源不足、调水有限、输水线缺乏大型调蓄库，西线工程面临在高海拔地质复杂地区建7座水坝，开通1 021.8公里大口径隧道（最长洞段长73公里）的技术难题、施工难题。解决了这些问题，才能使东、中、西线工程达到设计输水能力，也才可使黄淮海流域11省（自治区、直辖市）的水资源短缺得到缓解。若三条调水线的输水能力提高，则可使这些地区的水资源供给得到更大改善。

根据目前的情况，北京、天津、河北、河南、山东、江苏的水资源短缺正在得到缓解，青海、甘肃（中、东部）、宁夏、陕西、内蒙古（中部）、山西的缺水也有望在西线工程建成后缓解。但新疆南部及东部和甘肃西部、内蒙古东部及吉林和辽宁西部，这些干旱地区的缺水尚无解决设想。新疆南部及东部和甘肃西部，离水源太远，又有高原阻隔，调水非常困难。但内蒙古东部及吉林和辽宁西部地区，可以从嫩江调水缓解水资源不足，若调水较多，可从嫩江上游其他河流向其补水。若能使内蒙古东部及吉林和辽宁西部的缺水得到缓解，则只剩新疆南部及东部和甘肃西部的缺水难以解决。

3. 水资源节约

我国不仅北方缺水，而且是一个总体上水资源紧缺的国家，人均水资源量只有世界平均水平的 1/4。水资源量总体不足、人均占有量少、时空分布不均是基本格局，虽可通过建设水库蓄积水资源，也可以通过调水将水资源从南方输往北方，但蓄水和调水毕竟数量有限，且受水范围也有很大约束，只能使部分缺水季节或缺水地区的水资源供给有所改善，并使缺水状况有一定缓解，而不可能从根本上改变水资源紧缺的基本格局。随着经济社会发展及工业化、城镇化进程加快，农业用水不可或缺，工业用水、生活用水、生态用水还会增加，用水量只会增加。在水资源不足，供给约束增强的背景下，通过水资源节约、减少消耗、缩小供需差距甚为重要。

2016 年 31 个省（自治区、直辖市）用水总量达到 6 040.2 亿立方米，其中农业用水、工业用水、生活用水、生态用水分别为 3 768.0 亿立方米、1 308.0 亿立方米、821.6 亿立方米、142.6 亿立方米，与 2000 年相比，用水总量及农业、工业、生活用水分别增加 542.0 亿立方米、－15.5 亿立方米、168.9 亿立方米、246.7 亿立方米，生态用水比 2003 年增加 63.1 亿立方米。从用水结构上看，2016 年农业、工业、生活、生态用水分别占用水总量的 62.38%、21.65%、13.60%、2.37%，农业用水占了大头，从用水变动看，在 2000—2016 年的 16 年间，用水总量增加 9.87%，除农业用水减少 4.09%，工业用水增加 14.82%、生活用水增加 42.90%、生态用水增加（与 2003 年相较）79.37%，生态和生活用水增长太快。在此期间由于节水技术的推广，在灌溉面积增加 23.31% 的情况下，农业用水还减少了 4.09%，在工业国内生产总值增长 5.15 倍情况下，工业用水只增加了 14.82%。

农业是用水大户，水资源节约应在农业节水上多下功夫。2016 年 31 个省（自治区、直辖市）灌溉面积已达 7 317.69 万公顷（实灌面积 5 810.70 万公顷），节水灌溉面积 3 284.70 万公顷，占总灌溉面积的 44.88%。在北方干旱地区，利用节水灌溉技术，每公顷耕地用水 3 000～4 500 立方米，利用传统灌溉技术，每公顷耕地用水在 7 500 立方米以上，只要进一步推广节水灌溉技术，农业节水潜力还很大，若将节水灌溉面积再增加 2 000 万公顷，则农业用水每年就可节约 500 亿立方米左右。工业用水仅次于农业，虽近年节约用水有不小进步，但亿元工业国内生产总值耗水仍然高达 52.77 万立方米，若能达到或接近国际先进水平，则工业用水可节约 20% 以上。随着城镇化进程加快和农民生活条件改善，生活用水会较快增长，但大多城镇居民生活用水缺乏严格控制和管理，以致人均用水量普遍较高，甚至高过一些发达国家的城市，若采用严厉的用水定额管理及阶梯水价，生活用水的节约空间也不小。另外，我国每年产生的城镇生活污水有数百亿立方米，每年产生的工业废水也有数百亿立方米，往往是经过简单处理后直接排放到江河，不仅污染环境，还造成巨大浪费。若将这些污水、废水进行较高标准的净化处理，就可获得数百亿立方米的再生水，作为农业用水、生态用水、甚至工业用水加以循环利用。

第九章 中国的生物资源及农业生物

按照分类理论，生物可分为植物、动物、微生物三大类，生物资源就是三大类中的所有生物物种。在生物中动物和植物占有独特的地位，农业就是利用动物及植物生长、发育、繁衍提供产品和服务的产业，正是动植物这些生物资源，为农业发展提供了载体。动物及植物有众多门类和品种，不同门类及品种的生长、发育、繁衍过程、方式、结果各异，所提供的产品和服务也各式各样、丰富多彩。生物的多样性决定了农业的多样性，生物资源自然成为农业发展的基础资源。我国地域辽阔、地形地貌复杂、生态环境多样，动植物资源极其丰富，为农业发展创造了很好条件。

一、中国的生物资源

中国南北跨热带、亚热带、暖温带、温带、寒带五大气候带，东西越平原、丘陵、山地、高原不同地形地貌区，陆地辽阔，海域广大，江河、湖泊、沼泽、森林、草原、沙漠、戈壁、海岛齐备，生态环境、自然气候复杂多样，适宜多种动植物生长、发育、繁衍，是生物资源最为富集的国家之一，也是很多动植物的起源地，还是不少珍稀动植物的保育地。

1. 生物资源的多样性

我国自然气候、地形地貌、生态环境的多样，带来生物资源的多样性。生物多样性是指国土范围内基因（遗传）多样性、物种多样性、生态系统多样性的总和，基因多样性是国土上各种动物、植物、微生物所携带遗传信息的总和，物种多样性是国土上各种动物、植物、微生物物种数量的总和，生态系统多样性是国境内不同生物圈内生境及生物群落和生态环境变化的总和。这三个方面的多样性，我国都是多姿多彩、复杂多样。

我国不同气候带有各自不同的生物，不同的地形地貌区也有各自不同的生物，有的是原生生物、有的是外来生物，有的是驯化生物、有的是野生生物，还有的是孑遗、珍稀生物。这些各式各样的动物、植物、微生物，在不同的自然环境下生长、发育、繁衍，经过长期进化形成各自特有的生物性状和遗传特性，其遗传信息更是浩如烟海。生物的性状及遗传由其特定的基因所决定，不同的基因又决定生物的不同性状，生物及其性状的多样性是遗传信息或基因构成多样性的表征。

我国既有丰富的陆生生物、也有丰富的水生水物、还有丰富的海洋生物，不仅有多种动物、还有多种植物及微生物，生物物种极为丰富。据统计，我国已记录主要生物类群的物种有 83 000 余种，全世界主要的 11 个动物门类的动物品种和主要的 15 个植物门类的植物品种，在我国都有大范围分布。其中有大量的野生生物物种、也有不少驯化生物物种，有很多多国共有的生物物种、也有不少我国特有的生物物种，在生物类群及品种上多样性明显。同时，生物资源广泛分布于各类生态环境区域，包括很多条件恶劣、人迹罕至的区域，还有很多生物种类还未被人们发现和记录，实际存在的生物物种比已记录的更多。

我国既有陆地生态系统、也有水生生态系统、还有海洋生态系统，既有平原生态系统、也有丘陵生态系统、还有山地生态系统，既有农田生态系统、也有草地生态系统、还有森林生态系统，既有沼泽生态系统、也有沙漠生态系统、还有戈壁（荒漠）生态系统等，不同类型的生态系统形成不同的生境，为不同生物提供了生存空间。在特定生存环境下，不同生物又逐渐进化出独特的性状或类群，生态系统的多样性催生了生物物种的多样性。当然，生态系统也是发展变化和逐渐演进的，在这一过程中有的旧物种被淘汰，有的新物种产生出来，使原有物种构成发生改变。

2. 丰富的动物资源

我国生态环境复杂多样、生态系统类型众多，为多种动物提供了生长、发育、繁衍的理想场所，也为其种群发展进化创造了良好条件，从而造就了丰富的动物资源。在动物分类的主要门类中，从原生动物的原生动物门到侧生动物的多孔动物门，再到真后生动物的腔肠动物门、扁形动物门、原腔动物门、环节动物门、软体动物门、节肢动物门，直至后口动物的棘皮动物门、半索动物门、脊索动物门，都有某些种类的门内动物在国内有它们的踪迹。无论是高山或大川、沃野或荒原，也无论是严冬或酷暑、白天或黑夜，动物无处不在，物种之丰富、分布之广泛，令人惊叹。

我国动物资源不仅种类丰富，而且高等动物种类还很多。已记录的脊椎动物共有 7 516 种，占世界已知脊椎动物种类的 14%。其中，兽类 562 种、占世界已知兽类的 13.4%，鸟类 1 269 种、占世界已知鸟类的 14.2%，爬行动物 403 种、占世界已知爬行动物的 6%，两栖动物 346 种、占世界已知两栖动物的 7.1%，鱼类 4 936 种、占世界已知鱼类的 17.5%。这些脊椎动物广泛分布在从南到北的不同气候带、从东到西的不同地形地貌区，除少数濒危物种外，大多数种群庞大。脊椎动物很多是饲养动物，和农业发展关系密切，这类动物种类多、分布广泛，对农业发展十分有利。

因青藏高原隆起和第四纪冰期未大面积受冰盖覆盖，我国成为世界上动物保存相对比较完整的古老区系之一，动物的特有性较强。已记录的特有动物较多，在脊椎动物中特有种就有 667 个，占国内脊椎动物总数的 10.5%。其中，特有兽类 72 种，特有鸟类 112 种，特有爬行动物 26 种，特有两栖动物 30 种，特有鱼类 427 种。除特有动物外，还有不少珍稀动物，如大熊猫、白鳍豚、朱鹮、海南坡鹿、普氏原羚、藏羚羊、金丝猴、盘羊等。这些特有及珍稀动物有极高的科学价值，有些还具有很高的经济价值，是十分宝贵难得的动物资源。

我国动物中还有种间杂交种、种以下的亚种和品种。杂交种是非同种动物杂交的后代，如驴和马杂交产生的骡。亚种是种内因地理充分分隔所形成的形态特征有一定差别的群体，如东北虎和华南虎。品种则是种内经人工选择产生的新形态或新性状个体，如家鸡中的肉鸡、蛋鸡、肉蛋兼用鸡以及不同地方鸡种，又如经长期选择的役用、肉用、奶用牛及不同地方牛品种。动物的杂交品种、亚种及人为选择培育出的有特定性状和功能的品种，对动物养殖、特别是发展养殖产业意义重大。

3. 丰富的植物资源

我国多样的自然气候、复杂的生态环境、多类的生态系统，为各种植物提供了生长、发育、繁衍的适宜场所，也为其种群发展、进化创造了优越条件，从而形成了丰富的植物资源。在植物分类的主要门类中，从低等植物（无胚植物）的蓝藻门、裸藻门、绿藻门、金藻门、甲藻门、红藻门、褐藻门、细菌门、黏菌门、真菌门、地衣门，到高等植物（有胚植物）的苔藓植物门、蕨类植物门、裸子植物门、被子植物门，都有某些种类的门内植物在国内有它们的身影。无论是高山或平地、沃野或荒原，也无论是热带或寒带、陆地或水体，植物随处都有，物种之多样、分布之广泛，叹为观止。

我国植物资源不仅种类繁多，而且其中的高等植物种类丰富。在已记录的被子植物中，双子叶植物常见35科，单子叶植物常见11科我国全有。其中，双子叶的木兰科植物14属、165种（世界18属、335种），毛茛科植物41属、725种（世界59属、2 000种），睡莲科植物5属、15种（世界9属、70种），十字花科植物96属、411种（世界375属、3 200种），石竹科植物32属、400种（世界75属、2 000种），蓼科植物14属、230种（世界40属、1 200种），藜科植物40属、187种（世界100属、1 400种），苋科植物13属、39种（世界65属、850种），亚麻科植物4属、12种（世界12属、290种），葫芦科植物29属、142种（世界110属、700种），锦葵科植物17属、80种（世界75属、1 500种），大戟科植物60属、370种（世界300属、8 000种），蔷薇科植物51属、850种（世界120属、3 300种），豆科植物151属、12 000种（世界690属、17 600种），杨柳科植物3属、320种（世界3属、620种），壳斗科植物7属、300种（世界8属、900种），榆科植物8属、50种（世界16属、220种），桑科植物17属、160种（世界70属、1 800种），大麻科植物2属、4种（世界2属、5种），鼠李科植物14属、133种及32变种（世界58属、900种），葡萄科植物9属、150种（世界16属、700种），槭树科植物2属、140种（世界2属、200种），胡桃科植物8属、27种（世界9属、63种），仙人掌科植物栽培600种（世界 140 属、2 000 种），伞形科植物 59 属、500 种（世界 275 属、2 900 种），五加科植物 23 属、160 种（世界 80 属、900 种），木樨科植物 12 属、200 种（世界 30 属、600 种），菊科植物 230 属、2 300 种（世界 1 000 属、30 000 种），茄科植物 24 属、155 种（世界 85 属、3 000 种），旋花科植物 22 属、125 种（世界 50 属、1 500 种），玄参科植物 56 属、650 种（世界 200 属、3 000 种），唇形科植物 99 属、800 种（世界 220 属、3 500 种），堇菜科植物 4 属、121 种（世界 22 属、900 种），柿树科植物 1 属、50 种（世界 7 属、500 种），忍冬科植物 12 属、200 种（世界 14 属、800 种）；单子叶植物的泽泻科植物 4 属、20 种（世界 11 属、100 种），百合科植物 60 属、560 种（世界 230 属、3 500 种），薯蓣科植物 1 属、49 种（世界 9 属、650 种），凤梨科植物多属、多种（世界 446 属、2 000 种），石蒜科植物 17 属、30 种（世界 90 属、1 300 种），棕榈科植物 22 属、72 种（世界 217 属、2 500 种），鸢尾科植物 11 属、71 种及 13 变种（世界 66 属、2 025 种），禾本科植物 190 余属、1 200 余种（世界 620 属、10 000 种），莎草科植物 31 属、670 种（世界 80 属、4 000 种），兰科植物 171 属、1 247 种（世界 700 属、20 000 种），天南星科植物 35 属、206 种（世界 115 属、2 000 种）。如此众多的高等植物属和种，为农业发展提供了极其丰富的植物种质资源。

　　同样因青藏高原隆起和第四纪冰期未大面积受冰盖覆盖，我国也成为世界上植物保存相对比较完整的古老区系之一，特有植物、珍稀植物、子遗植物较多，也有不少起源于我国的重要物种（如谷类、薯类、蔬菜、果树、中药材、香料、染料、花卉、纤维等），还有一些重要植物的原始种及野生种（如野水稻、野大豆、野油菜、野苹果、野杏、野核桃、野柑橘、野香蕉等），这些物种是极其宝贵的遗传资源。

　　除了众多天然品种外，我国植物中还有不少种间杂交种，种下面的亚种及品种。杂交种是非同种植物杂交的后代，如桃和李杂交的水果，橘和橙杂交的水果等。亚种是种内因地理充分分隔所形成的形态特征有一定差别的群体，如不同海拔地区的杜鹃、南方与北方的侧柏。品种是种内经人工选择产生的新形态或新性状个体，如小麦种的面包小麦、面条小麦等，马铃薯种的菜用薯、粉用薯、烤用薯等。这些植物品种一般都具有特定性状和功能，开发利用价值较高。

二、中国的饲养动物

　　中国先民在很早以前就成功驯化和饲养动物，动物养殖的历史十分悠久，养殖品种越来越多，养殖的规模越来越大。从古至今，无论是何种民族，也无论居住何地，只要是农牧民，一般都会养殖动物，或作役用，或作食用，或作商品。在相当长的时期内，农区都将动物饲养作为种植业的附属，只是到了现代，动物养殖才成为相对独立的产业，领域也不断拓展，规模也逐渐扩张。

1. 养殖的家畜和家禽

在传统意义上，家畜是经过驯化可由人工养殖而发挥某些经济功能的兽类，家禽是经过驯化可由人工养殖而发挥某些经济功能的鸟类，也即家畜和家禽是已驯化的动物，养殖这些动物是为了一定经济目的。经过数千年的驯化和选择，目前养殖的家畜和家禽品种很多，总数多达 570 余种。家畜养殖的目的或提供肉、奶、皮、毛等畜产品，或作役用、药用等，家禽的养殖则主要是为了获取肉、蛋、毛等禽产品。随着养殖技术及设施的进步，由人工养殖的动物也逐渐增多，家畜及家禽的队伍也会扩大。

我国长期养殖的大牲畜有牛、马、驴、骡、骆驼，主要的家畜有猪、羊、鹿、兔等。过去养殖大牲畜是作役用，现在役用需求下降，牛的用途发生转变，马、驴、骡的饲养减少。目前，家畜的养殖以猪、牛、羊为主，其他畜类养殖为辅助和补充。猪主要是肉猪养殖，牛主要是肉牛及奶牛养殖，羊主要是肉羊及毛羊养殖，兔主要是局部地区的肉兔养殖，马、驴、骡也只有局部地区饲养作为役用。我国引进的猪品种有英国的大白猪、丹麦的长白猪、美国的杜洛克猪、比利时的皮特兰猪，国内品种有华北型的东北民猪、西北八眉猪、河套大耳猪，华南型的广东小耳花猪、广西陆川猪、贵州香猪、台湾桃园猪，华中型的浙江金华猪、湖南宁乡猪，西南型的四川内江猪、重庆荣昌猪，高原型的青藏高原藏猪、甘肃合作猪等。养殖的肉猪，特别是工厂化养殖的肉猪多为引进品种和国内品种的杂交种，国内品种由少数业主集中养殖和农户分散养殖。我国引进的奶牛是荷兰的荷斯坦牛，引进的肉牛是法国的利木辛牛和夏洛来牛、英格兰的海福特牛、苏格兰的安格斯牛，引进的肉奶兼用的瑞士的西门塔尔牛。国内品种主要是役用黄牛、水牛和牦牛。黄牛品种很多，分为中原黄牛、北方黄牛、南方黄牛三大类，代表性的有秦川牛、晋南牛、南阳牛、延边牛和蒙古牛。牦牛有四川阿坝麦洼牦牛、甘肃天祝白牦牛、西藏高山牦牛三种，水牛只有中国水牛一种。养殖的奶牛是荷斯坦牛与中国黄牛的杂交种，养殖的肉牛多数为引进品种与国内黄牛的杂交种及国内良种黄牛、少数是国外引进品种，牦牛和水牛是养殖的国内品种。我国引进的绵羊品种有澳大利亚的美利奴羊及无角陶塞特羊、英国的罗姆尼羊及萨福克羊、中亚的卡拉库尔羊，引进的山羊品种有瑞士的萨能奶山羊及吐根堡奶山羊、南非的波尔山羊、土耳其的安哥拉山羊。国内的绵羊和山羊品种很多，优良绵羊品种有新疆的哈萨克羊、山东等地的小尾寒羊、浙江的湖羊、宁夏的滩羊，优良的山羊品种有陕西关中奶山羊、四川南江黄羊、湖北马头山羊、辽宁绒山羊、宁夏中卫山羊等。养殖的羊多为国内优良品种与国外良种的杂交种。我国养殖的肉兔有新西兰兔、加利福尼亚兔（中外兔杂交种）、比利时兔、法国垂耳兔、哈白兔（中外兔杂交种），毛兔有安哥拉兔（中外兔杂交种），皮兔有法国獭兔、荷兰哈瓦拉兔和亮兔，皮肉兼用的有中国白兔和喜马拉雅兔、日本大耳兔、法国青紫蓝兔。

我国长期养殖的家禽主要有鸡、鸭、鹅，另外还有少量养殖火鸡、鸵鸟、鹌鹑、鸽等，主要是为了生产禽肉和禽蛋。对家禽业有重大影响的鸡品种有意大利白来航鸡、美国洛岛红鸡和白洛克鸡、美国的科尼什鸡，以及我国的狼山鸡、九斤鸡、丝羽乌骨鸡。我国地方鸡种资源丰富，蛋用的有仙居鸡，肉蛋兼用的有庄河鸡和固始鸡，肉用的有惠阳三黄鸡、寿光鸡、北京油鸡。工厂化养殖的蛋鸡主要有罗曼白鸡、海兰白鸡、罗曼褐鸡、海兰褐鸡、罗曼粉鸡、农大粉鸡、苏禽青壳蛋鸡、东乡青壳蛋鸡、卢氏鸡、预农一号鸡，工厂化养殖的肉鸡主要有艾维茵鸡、爱拔益加鸡、罗曼肉鸡、安那克 40 鸡、红布罗鸡、新兴鸡、岭南黄鸡、固始鸡、黄羽青脚鸡、白（乌）皮鸡、丝毛乌鸡等。我国鸭、鹅品种也是很多，养殖的蛋鸭主要有绍兴鸭、金定鸭、卡基—康贝尔鸭，肉鸭主要有北京鸭、樱桃谷鸭、狄高鸭，养殖的鹅主要有太湖鹅、豁眼鹅、皖西白鹅、狮头鹅等。

2. 养殖的水生动物

水生动物种类繁多，我国仅海水及淡水鱼类就有 4 621 种，还有众多的甲壳类、贝类等水生动物资源。水生动物中的鱼类、甲壳类、贝类，有些品种可以经过驯化人工饲养，为人类提供丰富的水产品。我国是淡水鱼和海贝养殖最早的国家，在公元前5 世纪就有养鲤的经验总结，在 2 000 多年前的西汉就有牡蛎养殖。发展到现在，我国已成为世界水产养殖规模最大、产量最多的国家，养殖的水生动物涵盖鱼类、甲壳类、贝类中的很多品种。

目前，我国海水、淡水养殖的鱼类有 70 余种，海水养殖 20 余种，淡水养殖 50余种，分属 12 个目。其中鲟形目有史氏鲟、中华鲟、俄罗斯鲟、西伯利亚鲟、小体鲟、匙吻鲟 6 种（前两种产自中国，中间三种引自俄罗斯和德国，后一种引自美国），鼠鱚目只有遮目鱼 1 种，鲑形目中有虹鳟、大马哈鱼、香鱼、池沼公鱼、大银鱼、太湖新银鱼 6 种，鳗鲡目中有日本鳗鲡、欧洲鳗鲡、美洲鳗鲡 3 种，鲤形目中有短盖巨脂鲤、鲢、鳙、草鱼、青鱼、鲮鲤、鲫、银鲫、白鲫、团头鲂、鳊、细鳞斜颌鲴、泥鳅 14 种，鲇形目有鲇、大口鲇、革胡子鲇、长吻鮠、斑点双尾鮰 5 种，刺鱼目有日本海马、斑海马 2 种，鲻形目有鲮、鲻 2 种，合鳃目只有黄鳝 1 种，鲈形目有花鲈、鳜、石斑鱼属（4～5 种）、大黄鱼、真鲷、黑鲷、平鲷、尼罗罗非鱼、加州鲈、乌鳢等 10 余种，鲽形目有牙鲆、大菱鲆、黄盖鲽、高眼鲽、石鲽 5 种，鲀形目有红鳍东方鲀、假睛东方鲀、暗纹东方鲀 3 种。随着技术的进步，驯化饲养的鱼类品种还在不断增加。

目前，我国养殖的甲壳类主要是虾类和蟹类，其他种类极少。养殖的虾主要是中国对虾、日本对虾、斑节对虾、长毛对虾、墨节对虾、南美白对虾、刀额新对虾、罗式沼虾 8 种，养殖的蟹主要是锯缘青蟹、中华绒螯蟹、三疣梭子蟹 3 种。与鱼类类似，随着技术的进步，驯化饲养的甲壳类品种也在增多。

目前，我国养殖的贝类主要有蛏类、蛤类、牡蛎、蚶类，按其生活方式又可将其分为埋栖型、固着型、附着型、匍匐型四种类型。养殖的埋栖型贝类有缢蛏、泥蚶、蛤仔、文蛤、青蛤、河蚌 6 种，养殖的固着型贝类有褶牡蛎、大连湾牡蛎、近江牡蛎、太平洋牡蛎等 20 余个品种，养殖的附着型贝类有扇贝中的栉孔扇贝、华贵栉孔扇贝、海湾扇贝、虾夷扇贝，也有贻贝中的贻贝、翡翠贻贝、厚壳贻贝，还有珠母贝中的合浦珠母贝、大珠母贝、珠母贝、企鹅珠母贝等 10 余种，养殖的匍匐型贝类有皱纹盘鲍及杂色鲍和大瓶螺（苹果螺）数种。随着技术进步，贝类驯化养殖的品种同样会增多。

3. 养殖的经济动物

经济动物指不同于一般家畜、家禽、鱼虾贝类，有较高经济价值又可规模养殖的动物。这些动物有的已经被人类驯化，有的处于野生、半野生状态，但其生长、发育、繁衍的规律已被人类所掌握，容易加以利用。我国是养殖经济动物历史最悠久的国家，桑蚕养殖可追溯至数千年前，并创造了享誉世界的丝绸文明。经过长期的生产实践和经验积累，加之现代科学技术的进步，我国养殖的经济动物品种越来越多，包括兽类、鸟类、两栖类、爬行类、昆虫类及其他类型中的多种动物。

我国养殖的经济兽类分药用型、毛皮型、肉用型等多种，养殖的药用型兽类主要有梅花鹿、马鹿、熊、麝、麝鼠等，养殖的毛皮型兽类主要有水貂、旱獭、狐、海狸鼠等，养殖的肉用型兽类主要有狍、貉、野猪、竹鼠、果子狸等。经济兽类养殖的品种在总体上呈增加趋势，但因动物保护主义的兴起，以及维护人类健康的需要，食用野生动物被禁止，不少陆生野生兽类的养殖品种已受到严格限制。

我国养殖的经济鸟类主要是肉用、蛋用两种类型，个别用于观赏，且肉用和蛋用可兼容。已经养殖的肉用或蛋用鸟类有雉鸡、珍珠鸡、火鸡、乌骨鸡、鹌鹑、野鸭、鸵鸟、鹧鸪、鸽、大雁等，养殖的观赏鸟类有孔雀、天鹅、鹦鹉等，这些鸟类经人类饲养，有的已被驯化并实现规模化养殖。另外，过去有些地方有鹰的饲养、用于打猎，也有鸬鹚的饲养、用于捕鱼，现在已经很少。为保护鸟类，很多鸟类的饲养与交易已被禁止。

我国养殖的经济两栖类及爬行类动物，主要有药用、皮用、肉用几种类型。养殖的药用两栖动物有蟾蜍等，养殖的药用爬行动物有多种毒蛇，养殖的药用及肉用兼容的两栖动物有林蛙、乌龟、鳖等，养殖的肉用两栖动物有青蛙、牛蛙等大型蛙类，养殖的皮用及肉用兼容的两栖动物有鳄鱼等，这些动物的养殖很多已经实现规模化。目前，这些野生动物的养殖已受到严格管理和限制，有的已禁止饲养和交易。

我国养殖的经济昆虫有丝用、食用、药用等多种类型。养殖的丝用昆虫是多个品种的桑蚕和柞蚕，养殖的食用昆虫是生产蜂蜜的中华蜜蜂及意大利蜂，直接食用的蜗牛及蝗虫等，养殖的药用昆虫有蝎子、蜈蚣、蚂蚁等，随着昆虫食物的开发，食用昆虫养殖种类不断增加，养殖规模也逐渐扩大。不过，有些昆虫养殖也已受到限制。

三、中国的栽培植物

中国先民在很早以前便成功驯化和种植植物，植物栽培的历史已达万年之久，种植的品种越来越多，种植的规模也越来越大。古往今来，中华民族高度重视农耕，创造了辉煌的农耕文明。驯化了众多食用、饮用、衣用、药用、建筑用、芳香用、胶用、绿化及美化用等植物，并研究总结出相应的种植方法，为人类生存和发展做出了巨大贡献。种植业在中国是一个古老的产业，经过长期积累和现代发展，种植的植物类型和品种复杂多样，不少类型和品种的植物种植规模巨大，并形成很多各具特色的种植产业。

1. 种植的大田作物和园艺作物

在习惯上，大田作物是指在田间大面积栽培的农作物，如粮、棉、油、糖、麻、烟、菜、饲料等作物。园艺作物指在园地上栽培的植物，如水（干）果、茶、桑、药、花卉、苗木、香料等作物。人们日常生活所需植物型农产品，主要由大田作物和园艺作物种植所提供。我国地域辽阔，自然气候、地形地貌、生态环境多样，适宜多种植物生长、发育、繁衍，大田作物和园艺作物不仅种类繁多，而且每种作物中还有很多不同的品种，已栽培的有上万种。

我国的大田作物主要有粮食、棉花、油料、糖料、麻类、烟草、饲料、蔬菜等类，每一类中又有若干种，每一种中又有若干不同品种。粮食作物中主要有水稻、小麦、玉米、大豆、薯类，还有大麦、高粱、谷子、蚕豆、豌豆等，多得难以胜数。粮食作物中的每种作物又有很多栽培品种，如栽培稻按系统有籼型和粳型之分、早中型和晚型之分、水稻和陆稻之分、黏性和糯性之分，按品种有早中晚熟之分、高中矮秆之分、大穗型和多穗型之分、杂交稻和常规稻之分、优质稻与普通稻及劣质稻之分，按特点有一般稻和香稻、白米稻与红米稻及黑米稻和绿米稻之分、一般稻与甜米稻之分、一般稻与巨胚稻之分等，将不同分法交叉计算，栽培的水稻品种便多得惊人。而其他的大田作物的栽培品种与水稻大致相似，如粮食作物中的薯类，其他作物的蔬菜，其栽培品种比水稻要多得多。加之近半个世纪大田作物育种突飞猛进，新品种不断涌现，大田作物的栽培品种更是猛增。目前国内大田作物栽培的主要是自主选育的杂交品种，但一些小宗作物使用的还是常规品种。

我国的园艺作物主要有水果、干果、茶叶、桑、中药材、花卉、苗木、香料等类，每类中又有很多种，每种中还有许多品种。水果中有苹果、梨、柑橘、香蕉、葡萄、桃、杏、李、枣、草莓、杧果、荔枝、龙眼、木瓜、樱桃等，还有很多小水果品种，加起来多达上百种，每种水果中又有不同的栽培品种。如苹果有 15 个主要栽培品种，梨有 29 个主要栽培品种，葡萄有 13 个主要栽培品种，桃有 38 个主要栽培品种，杏有 26 个主要栽培品种等。干果中有核桃、板栗、坚果等，每种中都有不少栽培品种，核桃有 20 多个主要栽培品种，板栗有 17 个主要栽培品种。茶和桑种植历史悠久，栽培品种数以百计。中药材有上千种，人工栽培的已有 300 种以上。花卉、苗木、香料作物则种类更多，品种更为复杂。目前国内种植的大宗水果（苹果、梨、柑橘）使用的主要是引进的优良品种和少数国内选育的良种，小宗水果及干果主要使用国内优选的品种和优良地方品种，其他园艺作物则主要使用自主选育的优良品种或地方品种。

2. 种植的林草植物

所谓的林草植物，是指除大田作物和园艺作物之外的木本及草本植物。种植这类植物一是为了绿化美化国土，二是为了保护改善生态环境，三是为了促进经济社会发展，人们的生存环境、生活质量、食物来源都与此相关。我国人民有植树种草的传统和习惯，加之复杂多样的自然条件，适宜多种林草植物生长、发育、繁衍。大田作物和园艺作物之外的木本植物、草本植物种类繁多，而且每种植物中还有许多不同品种，已被种植的林草植物品种远多于大田作物及园艺作物。

我国可供种植的木本植物很多，裸子植物和被子植物中很多科属都有。在裸子植物中，主要有苏铁纲 11 属 200 余种，银杏纲 1 种，松柏纲 44 属 400 余种，红豆杉纲 14 属 160 种等。在被子植物中，种植的主要有木兰科 14 属 165 种、大戟科 60 属 370 种，蔷薇科中的亚科约 30 属 500 余种，部分豆科约 50 属 1 000 余种，杨柳科 3 属 320 种，壳斗科 7 属 300 多种，榆科 8 属 50 余种，桑科 17 属 160 余种，鼠李科 14 属 133 种和 33 变种，槭树科 2 属 140 余种，胡桃科 8 属 27 种，部分五加科约 7 属 50 余种，忍冬科 12 属 200 余种，部分木樨科约 6 属 100 余种，柿树科 1 属 50 余种，棕榈科 22 属 72 种等。在木本植物中著名的树种有松、杉、柏、桐、杨、柳，名贵树种有楠、檀、樟等，这些木本植物很多已经种植。已经种植的本木植物基本都是国内原生品种及改良品种，只有极少数是引进品种。

我国可供种植的草本植物也很多，在被子植物中主要有毛茛科 41 属 725 种，睡莲科 5 属 15 种，十字花科 96 属 411 种，石竹科 32 属 400 余种，蓼科 14 属 230 种，藜科 40 属 187 种，苋科 13 属 39 种，葫芦科 29 属 142 种，锦葵科 17 属 80 种，蔷薇科中的亚科 20 属 300 余种，部分豆科 100 属近 10 000 种，大麻科 2 属 4 种，葡萄科 9 属 150 余种，仙人掌科 40 属 600 余种，伞形科 59 属 500 种，五加科 23 属 160 种，菊科 230 属 2 300 种，茄科 24 属 155 种，旋花科 22 属 125 种，玄参科 56 属 650 种，唇形科 99 属 800 余种，堇菜科 4 属 121 种，泽泻科 4 属 20 种，百合科 60 属 560 种，凤梨科若干属数百种，石蒜科 17 属 30 种，鸢尾科 11 属 71 种及 13 变种，禾本科 190 余属 1 200 余种，莎草科 31 属 670 种，兰科 171 属 1 247 种，天南星科 35 属 206 种等。这些草本植物很多也已经种植，绝大多数是国内原生品种及改良种，只有少数是引进品种。另外，我国草地还有一些专门的种植草种，主要有苜蓿、沙打旺、羊草、胡枝子、老麦芒、蒙古岸黄芪、无芒雀麦、苇状羊茅、小冠花、白三叶、红三叶、黑麦草、雀稗、鸭茅、宽叶雀稗、卡松古鲁狗尾草、大翼豆、银合欢、垂穗披碱草、中华羊茅、木地肤等。

3. 种植的藻类和菌类

藻类植物是一类具有光合色素，能独立生活的自养原植体植物，其植物体无根、茎、叶的分化，是单细胞个体或多个细胞丝状体、球状体、枝状体。菌类植物是一群没有根、茎、叶的分化，一般无光合色素，不能进行光合作用的异养植物。藻类植物的 7 个门类、菌类植物的 3 个门类在我国均有分布，但通过种植加以利用的只有个别门类中某些属的部分品种，其他门类及某些属和种因无利用价值或有害，不被种植利用。

我国种植的藻类主要是蓝藻门、褐藻门、红藻门中的少数品种，其他各门的藻类绝少种植利用。蓝藻门有 150 属 2 000 余种，种植利用的只有普通念珠藻（俗称地木耳）、发状念珠藻（俗称发菜）等少数品种。褐藻门有数十属 1 500 余种，种植利用的只有海带等少数品种。红藻门有 550 属 4 410 种，种植利用的只有紫菜、石花菜、鹧鸪菜等少数品种。藻类植物种类很多，功能多样，开发利用的前景广阔。

我国种植的菌类主要是真菌门中子囊菌纲和担子菌纲中的一些品种，细菌门、黏菌门的菌类极少种植利用。子囊菌纲有数百属 15 000 余种，种植利用的主要是酵母菌属、青霉属、羊肚菌属、虫草属中的一些品种，用于生产食品和药品，如酵母、青霉素、虫草、羊肚菌等，有很高的利用价值。担子菌纲有 900 余属 20 000 余种，只有部分属的部分种可种植利用，特别是伞菌属（蘑菇属）的一些品种利用价值高，已大量种植的香菇、竹荪、银耳、木耳、猴头菇、马勃（中药）、灵芝等就是该属品种。伞菌属中也有一些有毒有害菌，在利用中应严加区分。

四、生物资源利用与保护

中国生物资源种类繁多、门类复杂、品种齐全，是世界生物资源最丰富的少数国家之一。中国也是一个饲养动物、种植植物、利用微生物历史悠久的国家，对生物资源的利用范围广泛、经验丰富。中国还是一个重视生物资源保护的国家，对生物资源的保护有良好传统。生物资源的利用，一方面是作为种质资源的利用，另一方面是作为产品的利用。生物资源的保护一方面是生存繁衍地的保护，另一方面是种质资源的保护。在这些方面既取得了重大的进步，也存在不少问题。

1. 生物种质资源的利用

无论是动物、植物、微生物，每一个物种就是一份独特的种质资源，利用这一资源就可以生产特定的动物产品、植物产品、微生物产品，形成相应的特定产业。生物种质资源的外在表现为种子、种苗、仔畜、雏禽（禽蛋）、菌株等，内在表现为遗传基因（每种生物都有特定基因组及功能基因），其利用也可分为外在资源的利用和内在资源的利用，前者是对某一生物物种的利用，而后者是对某一生物物种的某些遗传基因的利用。

生物种质资源的外在利用，就是对某些生物物种经过人工驯化、诱导、优选，通过其生长、发育、繁衍产出产品的利用。从源头上看，无论是饲养动物，或是栽培植物，原来都属野生物种，后经人工饲养、栽培，逐渐驯化、诱导、优选，经过漫长而艰辛的过程，才从这些野生物种中选育出适合饲养的动物及适合栽培的植物。这些选育出的饲养动物及栽培植物，与其对应的野生品种相比，品种属性相同，外观也有某些相似之处，但样貌已有很大改变，性状也有很大不同，大多已不适应野生环境，只能依靠人们的饲养及栽培才能正常生长、发育、繁衍。而人们利用选育出的饲养动物及栽培植物，从事多种养殖业和种植业生产。驯化、诱导、优选的动物、植物、微生物的品种越多，养殖业和种植业的门类也越多，对生物资源的利用也就越广泛。我国生物资源极为丰富，利用前景非常广阔。

生物种质资源的内在利用，是指对某些生物物种遗传基因的利用。这种利用目前有两种方式，一种是杂交利用，一种是转基因利用。杂交利用是将同一物种中不同品种的生物进行杂交，并对杂交后代进行优选，进而选育出具有优良性状的杂交品种。如目前生产上应用的杂交水稻、杂交玉米、杂交小麦、杂交谷子、杂交猪、杂交牛、杂交羊等，就是杂交利用的例子。杂交是将同物种中不同品种生物的优良性状进行优化组合，以获得杂交优势并加以利用，但杂交利用难以在不同物种的生物品种间进行，并且杂交优势一般只在杂交一代品种上表现明显，在杂交二代品种上遗传性状不稳定、优势衰退。基因利用是在生物物种基因测序及功能基因研究基础上，将某一物种的特殊功能基因转移到另一物种中，使另一物种具有新的特殊功能，而成为更具优势的物种，如目前生产上应用的转基因抗虫棉、抗虫玉米等。基因利用还可以将优良基因进行优化组合，创造出新的物种，这种利用打破了物种间的阻隔，可以在不同物种间进行，利用前景比杂交利用更为广阔。

2. 天然生物资源的利用

所谓天然生物资源，是指自然而非人工产生并生长、发育、繁衍的动物、植物、微生物资源，人们可以通过猎取、采集获得并加以利用。天然生物资源是生物自然进化的产物，是大自然对人类的恩赐，其种类众多但数量多寡不等，大致可分为天然植物资源和天然动物资源两大类，前者如原始森林中的林木、天然草地的牧草，后者如野生动物、自然生长的鱼类等。在这类资源中，有许多是经济社会发展重要的原料、材料，也有一部分是人们需要的生活品，还有一部分则是维系生态系统稳定、保持生态系统良性循环。因此，对天然生物资源的利用，应当有所取也有所留，取者不应使其丧失再生能力，留者应保持其良性循环。

天然动物资源的利用，主要通过人工捕获动物体加以利用。如通过狩猎获取野生动物、利用其皮毛及肉类，通过捕捞获取野生鱼虾蟹贝、利用其肉类等。由于不少野生动物具有食用、药用、皮毛用价值，受到一些人的追捧，加之捕猎的工具越来越先进、捕猎的手段越来越多，再加上环境破坏与污染，在相当长时间内野生动物被大量猎杀，野生鱼类被过度捕捞，导致不少野生兽类濒临绝迹、野生鸟类大量减少、野生爬行动物少有踪影、江河湖泊野生鱼类极其稀少、沿海鱼场产量更是大幅下降。只是近些年实施严格的禁猎、禁渔、生态保护措施，才使这一现象有所缓解，野生动物种类和数量有所增加，江河湖海的鱼类也有增多。但这一变动只是一个初步的结果，离天然动物资源的再生能力恢复和良性循环及可持续利用，还有很大的差距。

天然植物资源的利用，主要是通过人工采集或采伐植物体（整体或部分）或其产物加以利用。如采伐原始森林的林木、利用其木材，在天然草地放牧或割草、利用其牧草，挖取野生药材，采收野生植物籽实，割取野生植物汁液等。由于不少野生植物具有较高的经济价值，导致在很长时期内的乱挖乱采、乱砍滥伐，造成绝大部分原始森林消失、大量草地退化、大量沼泽及湿地消失、大量名贵林木采伐几尽、大量名贵药材采挖一空，还带来严重的生态环境破坏及不少生态灾害。只是在近年实施了严格的禁伐、禁采措施，以及森林、草原、湿地保护政策，才使这些乱象有所改变，森林覆盖有所增加、草原植被有所改善。但这一变化同样只是改变的开始，离天然植物资源再生能力的恢复、离野生植物系统的良性循环、离天然植物资源的可持续生息繁衍和利用，还有很长的路要走。

3. 生物资源的保护

生物资源无论是动物、植物、微生物，其野生物种是自然进化的产物，其饲养或栽培物种也是人类对野生生物驯化、改良的产物。自然进化产生的这些精灵，是人类生存发展的宝贵资源，应当倍加珍惜。生物资源的保护，就是利用人为的和自然的力量，使现有的所有动物、植物、微生物物种得以正常生长、发育、繁衍，使之世代更替不致中断并永续利用。这一保护的对象，既包括饲养的动物和栽培的植物，也包括形形色色的野生动物和野生植物。这一保护的内容，既包括各种生物生存繁衍地的保护，也包括各种生物物种种质资源的保护。

每种动物、植物、微生物都需要特定的生存环境，只有在适宜的环境中才能正常生长、发育、繁衍，而失去了适宜的环境就会走向消亡。因此，保护生物的生存环境就是保护生物本身，破坏生物生存环境就是灭绝生物本身。对于饲养动物和栽培植物，适宜的生存环境是根据需要由人为创造的，这类动植物正常生长、发育、繁衍是有充分条件保障的。但对于野生动物、植物、微生物，适宜的生存环境是自然选择的，它们只能在适宜的环境中生长、发育、繁衍，而这类环境往往又容易受到人为或自然（主要是人为）干扰，特别需要保护。保护生物生存环境的办法是建设保护区，如自然保护区、动物及植物保护区等。目前，我国已建国家级自然保护区 363 个、面积达 9 415 万公顷、占国土面积 9.7%，已建各类不同级别自然保护区 2 669 个、面积 14 978 万公顷、占国土面积 14.9%，20% 的天然优质森林、85% 的野生动物种群、65% 的高等植物得到有效保护。

每一个生物物种都是一份种质资源，这份资源是生物长期进化的结晶。蕴藏复杂的遗传信息，携带各自的特定基因，是当前或长远可资利用的宝贵资源，但这些种质资源易受人为及自然因素影响而丢失。一方面人们的经济社会活动对某些野生动植物生存造成严重威胁，可能造成一些物种灭绝。另一方面，随着动植物新品种的不断产生，原有饲养动物和栽培植物的很多传统品种，特别是一些有特色的地方品种，被丢弃不用而已经或正在消失。再一方面，某些突发自然灾害对一些动植物物种的生存造成威胁，特别是珍稀动植物物种可能面临灭顶之灾。如不采取措施加以保护，很多生物物种就会消亡，相应的种质资源亦随之丢失。种质资源保护一是建设种质资源库，二是建设种质资源保护区。种质资源库是能长期保持生物物种繁衍物质（如植物种子、动物精子和卵子等）活力的设施，我国已建有许多专门性种质资源库，专门保存某些门类的动植物种质资源。我国也建立了许多大小不等的生物保护区，保护动植物在区内生存繁衍。

五、生物资源的引进与入侵

对于特定生态系统和栖息环境，任何非本地的物种都是外来物种，通常指出现在正常的自然分布范围之外的物种。对国家而言，外来物种有的是人为引进的，有的是对外经济社会交往传进的，有的则是自然力传播的。外来物种也有好坏之分，好的和坏的都有。有的外来物种能与本地物种和谐共生，是优良的种质资源，可以发挥重要的经济、社会、生态功能。有的外来物种十分有害，会对生态系统及栖息环境和其他物种甚至人类产生危害，是外来入侵物种。引进域外优良物种，特别是优良的饲养动物和栽培植物十分必要，而防止域外有害生物入侵也不可缺少。

1. 生物资源的引进

生物资源引进是指人们有意将域外生物物种引入国内，并在国内生态系统或栖息环境中生长、发育、繁衍并形成种群。从域外引进动物和植物品种古已有之，早在汉朝就从中亚引进良种马和苜蓿、蚕豆、大蒜等农作物，唐朝更是从中亚、东南亚引进不少动植物品种，元朝更使西亚、东欧、南亚一些动植物品种流入中国，明清两朝也先后引进甘薯、马铃薯、玉米、烟草、番茄、辣椒等农作物品种，近代和现代亦先后引进优良的家畜（肉猪、肉牛、奶牛、羊等）、家禽（肉鸡、蛋鸡）、水果（苹果、梨、柑橘等）、多种蔬菜及部分粮油作物品种，以及橡胶等特种林木品种。在从古至今的农业发展中，引进的域外品种不在少数。

生物资源的引进有两种情况，一是引进域内没有的生物物种，二是引进比域内更好的生物物种。每一个生物物种都有特定的起源地和正常的分布范围，由于自然阻隔并不能分散到所有适宜生长发育的地区。我国地域辽阔，自然气候和地形地貌多样，适宜很多生物物种生长、发育、繁衍，但不少生物物种在国内没有自然分布，只有靠引进。如我国原来并无玉米、甘薯、马铃薯、烟草、甘蔗、橡胶等物种，是通过引进才在国内形成种群并生长、发育、繁衍的。每一个国家对生物资源开发利用的程度和水平不同，所选育的饲养动物和栽培植物品种质量有很大差异，从国外引进比国内更优良的品种就是一种理性行为。如我国养猪、养牛、养羊、养鸡历史十分悠久，还是很多水果的发源地，但国外选育出了比我国更好的品种，引进良种肉猪、肉牛、奶牛、肉鸡，以及良种苹果、梨、柑橘等加以利用，就十分必要。

优良生物资源的引进和利用，对经济社会有重要促进作用。首先，新物种的引进可以形成新的产业，如玉米、甘薯、马铃薯的引进形成了新的粮食产业，烟草引进形成了烟草产业，甘蔗引进形成了制糖业，橡胶引进形成了橡胶产业，薰衣草引进已经形成了香料产业等。其次，优质种质资源的引进加快了动植物品种改良，如引进良种肉猪、肉牛、奶牛、肉羊品种与国内品种杂交，已培育出一批优良的杂交肉猪、肉牛、奶牛、肉羊等品种，引进良种苹果、梨、柑橘等良种对国内品种进行改良，已培育出一批优良品种。再次，引进的优良品种直接推动了产业发展，如引进的优良家畜、家禽、水产、水果、蔬菜、树木等品种直接用于生产，有效促进了不少养殖产业、园艺产业、林业的发展。

2. 外来物种入侵

外来物种若能在传入的生态系统或栖息环境中建立种群，并对生态系统、栖息环境、物种、人类健康带来威胁，这类外来物种就成为外来入侵物种（invasive alien species，IAS）。外来入侵物种正成为或已成为威胁生态环境安全和经济社会发展的重要因素，很多国家深受其害，具有国际化特征。由于世界各个国家和地区人员往来日益增多、经济交往日趋密切，外来生物入侵概率亦随之增高。如不有效防治，像斑马贝、水葫芦、老鼠、温带及热带病原体那样的危害还会有增无减，带来的损失更是难以计量。

我国地域辽阔、地形地貌多样、跨五大气候带、生态环境复杂，又有漫长的陆地和海洋边界，加之历史上的外敌入侵，以及近年对外经济社会交流，很多外来物种容易传入国内，并都能找到合适的栖息地而成为入侵物种，使我国成为世界上外来物种入侵最严重的国家之一。一是入侵种类多，近代入侵我国的物种有 400 多种，产生明显危害的有 100 多种，世界自然保护联盟列出的 100 种外来最有害的物种中，入侵我国的就有 50 种。二是蔓延范围广且速度极快，除少数青藏高原保护区外，各地都有外来入侵的物种，几乎所有生态系统都有外来入侵物种，一些入侵生物短则几年、长则一二十年就能蔓延全国。三是新的入侵物种不断增加，随种子、花卉、苗木引进，不少新的入侵物种被传入，近 10 余年就有香蕉枯萎病、锈色棕榈象、褐纹甘蔗象、水椰八角铁甲、加拿大一枝黄花、烟粉虱、椰心叶甲、苜蓿黄萎病、西花蓟马、红火蚁、刺桐姬小蜂、三叶草斑潜蝇、螺旋粉虱等 20 余种严重危害农林业的病虫入侵。四是入侵物种来源广、势头猛，近年来我国各口岸截获的有害物种种类和频次急剧增加，每年达 300 宗左右、近 20 万批次，一些危险物种（比如小麦矮腥黑穗病、大豆疫霉病、梨火疫病、地中海实蝇等）也被发现，疫情来自 158 个国家和地区。

外来物种入侵已经给我国经济社会发展、生态环境保护、生物多样性维护等方面，产生了严重的负面影响，并造成了一系列重大损失。据初步估计，外来物种入侵每年给我国造成数千亿元经济损失，仅紫茎泽兰、豚草、稻水象甲、美洲斑潜蝇、松材线虫、美国白蛾等 13 个外来入侵物种，每年给农林牧渔业造成的直接经济损失就达 570 多亿元，间接经济损失更难以计算。入侵物种还威胁我国生物资源、破坏物种多样性、毁坏生态环境，甚至危害社会安全，如引进西方蜜蜂使我国土著蜜蜂（东方蜜蜂）分布区域缩小 75%、种群减少 80% 以上。一些入侵生物消灭本土生物、导致生物多样性降低，椰心叶甲危害面积 4 167 万公顷，严重破坏广东、海南生态环境。一些入侵昆虫还会传播多种人类疾病，有的还会危害电力及通信设施等。

3. 外来物种的管控

在世界各国及各地区经济、社会、科技、文化交流日益频繁的情况下，不少生物物种会随物流、人流在不同国家及地区间传播。在自然力（如洋流、河流、风力等）作用和迁徙影响下，一些生物也会在不同国家及地区间传播。无论是"有意栽花"或是"无心插柳"，任何国家及地区都难以避免外来物种入境，禁不了也堵不住。在消积禁止及拦堵无效的情况下，应当采取主动措施加以应对，一方面对外来有害物种严格管理与控制，另一方面对外来有益物种善加利用，再一方面对入侵物种进行控制及消灭。

有些外来生物物种是通过人为引进"合法"入境的，有的则是随人流、物流"偷渡"入境的，还有的是借自然力量"随波逐流"入境的。前两种入境物种要经过国门，可以在国门进行严格检疫，阻止外来有害物种入境。一方面对入境的活体生物及可能的寄主、附着物进行检疫，另一方面对入境货物、包装物、运输工具进行检疫，发现外来有害生物及时消灭。对那些借助自然力入境或"偷渡"入境成功的外来有害物种，应尽早发现并及时处置，最好是在其形成种群之前将其消灭。对那些非法引进外来动植物的行为应当严禁和严惩，引进的活体应当销毁。对那些合法引进的动植物，应当在封闭范围内进行安全性试验及评估，在安全性得到充分肯定的情况下才能投入使用。对那些虽为合法引进但属我国原来没有的生物物种，更需要在小范围封闭环境中进行多种类型的安全性试验，若无完全肯定的安全性，应及时将其销毁。对于已经入境并形成种群造成危害的外来物种入侵，则应加强相关科学研究，找到有效的防治方法，减轻其危害。

　　在外来物种中，有些物种对生态系统、栖息环境、物种、人类健康不仅没有威胁，而且对经济社会发展还有好处，特别国外选育出的优良饲养动物和栽培作物品种就属此类。对于这类外来物种不但不应拒绝，而且还应多加引进为我所用。一方面利用引进的优良物种对国内同一物种进行改良、培育出更好的生产用种，另一方面利用引进的新物种发展新的种养业，我国在这两方面都有很多成功范例，值得继承与发展。当然，即使是引进这类外来物种、特别是引进我国没有的新物种，同样需要进行严格的安全试验，在其安全性得到充分确认后方可使用。

第四篇

中国农业发展的微观主体

第十章 中国农业生产经营微观主体

农业生产经营微观主体，是指具有独立法人地位、对农业自主生产经营和自负盈亏的基本经济单元或经济实体。这类微观主体不仅是农业生产经营的决策者，也是农业生产经营活动的组织者，还是农业生产经营过程的实施者，更是农业生产经营后果的承担者，其自身特征及行为对农业发展具有重大影响。中国农业生产经营微观主体几经历史变迁，在历经近 40 年改革开放之后，逐渐形成了由农户及国有农林牧场职工家庭（简称农工家庭）、农业合作经济组织、农业企业所组成的三大类农业生产经营微观主体，正是这三大类主体在微观层面支撑了农业发展。

一、农业生产经营微观主体分类

按基本经济单元（实体）的属性和特征，及其在生产经营中的目标模式和行为方式，可将农业生产经营微观主体大致分为农户类、合作社类、企业类三种类型。农户类（包括农户及农工家庭）是农业生产经营的最主要微观主体，承担农业发展最重要的任务，保障主要农产品的生产与供给。合作社类（包括各种农业生产合作组织）是农业生产经营中正在发展的微观主体，在农业生产经营组织化和规模化方面发挥重要作用。企业类（包括国有企业、个体企业、其他企业）是农业生产经营中新型微观主体，在农业市场化和现代化方面发挥重要作用。

1. 农户及农工家庭

农户是以血缘为纽带形成的基本社会单元，也是利益共同体结成的基本经济单元。20 世纪 50 年代初期至中期，农业由农户自主经营，农户既是基本社会单元也是基本经济单元，农户自然是农业生产经营的微观主体。20 世纪 50 年代中期至 70 年代后期，农业实行集体生产经营，农村集体经济组织（生产队和生产大队）成为农业生产经营的微观主体，农户只是农业合作社或人民公社的成员，不具有独立自主从事农业生产经营的权利，自然也就不是农业生产经营的微观主体。20 世纪 70 年代后期的改革开放，农业由农村集体生产经营转变为农户家庭生产经营，生产经营决策也由计划安排变为自主决定。从此之后，农户利用承包地（也包括租用土地）自主做出生产经营抉择，独立开展生产经营活动，自主销售产品和提供服务，自己承担生产经营盈亏，又重新成为农业生产经营微观主体。我国耕地主要属于农村集体所有、且为农户承包经营，农户便成为农业生产经营最主要的微观主体，其农产品主要生产者和提供者的地位不可动摇。

国有农（林、牧、渔）场是 20 世纪 50 年代至 70 年代，先后由政府建立的农业企业，集中的有新疆生产建设兵团所属的 100 多个团场、黑龙江农垦局所属的 100 多个农场、东北及西南林区的林场、海南及云南的橡胶园等，分散的有各省（自治区、直辖市）的农场、林场、牧场、渔场等。这些农业企业在开发和保卫边疆、现代农业发展、先进技术研发应用、重要农产品生产与供给、特定人群就业等方面，发挥了巨大而又不可替代的作用。在 20 世纪 80 年代中期之前，国有农业企业按计划统一生产经营，是农业生产经营的主体，而农场职工只是企业的劳动者，参与企业生产经营活动。20 世纪 80 年代中期，国有农业企业借鉴农村改革经验，推行农工家庭承包经营。由此开始，农工家庭便利用自己的承包地（后来也包括租用土地），自主做出生产抉择、独立进行生产经营、自主销售产品和提供服务、自己承担生产经营盈亏，从劳动力的提供者转变为农业生产经营的微观主体。由于国有农业企业拥有的农地资源规模不小，企业农工人数较多，实行家庭承包经营后，这些企业的生产经营便主要转移到农工家庭中，农工家庭随之成为农业生产经营重要的微观主体。

农业是自然再生产与经济再生产交织在一起的特殊产业，利用动植物生长、发育、繁衍获取农产品或提供服务，且生产过程多在自然环境中进行，不可控因素众多。对于这样的产业，需要长达数月甚至数年的连续精心耕耘、照料和管护，使每一个生产环节都能有效完成，才能获得良好的结果。这便要求农业劳动者自觉而不是靠监督（成本太高也不太有效）参与生产经营活动。并按要求保质保量完成每项工作，而这只有家庭成员之间才容易做到。因此，农户和国有农（林、牧、渔）场职工家庭成为农业生产经营微观主体，是农业生产经营体制的理性回归。

2. 农业合作经济组织

这里所谓的农业合作经济组织，是指由农业生产经营者在自愿互利基础上建立的农业生产经营实体。由于参与者合作的方式及内容各有不同，农业合作经济组织又有很多不同的类型，有的合作程度紧密、有的合作程度松散，有的是农业生产经营的全面合作、有的是农业生产经营的部分合作，有的采取股份合作、有的采取其他形式合作，有的合作社自己进行生产经营、有的合作社委托给第三方生产经营，类型多样、运行方式各别。不同类型的农业合作经济组织，具有独立的法人地位，在其农业生产经营的总体和局部都能自主抉择、独立开展生产经营活动、自主销售产品和提供服务、且自负盈亏，成为农业生产经营新的微观主体。只不过农业合作经济组织这一微观主体，产生和发展的时间还不长、数量还较少、力量也还不强，但发展势头很猛，有很大成长空间。

农业合作经济组织，是新形势下农业发展的产物。进入 21 世纪之后，农业面临由传统向现代转型的历史使命，面临生产及供给结构深度调整的迫切要求，面临降低成本和增强竞争力的艰巨任务。在这些难以完成而又必须完成的重任面前，单个农户势单力薄、无能为力，只有通过合作将分散的力量集中起来，才能有所作为。在这一背景下，各类农业合作经济组织在广大农村便逐渐发展起来，有些农户将承包地入股统一生产经营，有些农户在某种农产品的生产经营上进行专项合作，有些农户则采取协同抉择、分散生产经营、联合销售产品及提供服务的方式进行合作，还有的农户是在农产品加工和营销企业组织下进行生产经营合作等。这些具有实体性质的农业合作经济组织，无论其类型如何，都具有相对独立的法人地位，对某项或某些农业发展具有自主抉择权、生产经营权、产品及收益处置权，并承担生产经营盈亏后果，成为农业生产经营微观主体的新成员。

农业合作经济组织要成为农业生产经营的微观主体，首先必须是农业生产经营的实体，其次必须是参与者在自愿互利基础上建立的，再次必须是在良好机制下运行。离开了这三条就不是真正的农业合作经济组织，也不可能有效充当农业生产经营的微观主体。在党和政府提倡农业合作的背景下，一些地方为了快速合作化，将村民小组更名为合作社，只有一块牌子而无合作实际内容，自然成不了农业生产经营微观主体。有的地方不按自愿而用行政力量组建农业合作经济组织，由于参与者目标不同、合作意愿不强、很难统一行动，运转十分困难，更谈不上充当农业生产经营微观主体。也有的农业合作经济组织建立起来之后，缺乏规范管理和运作，使其功能丧失甚至解体，自然也不能有效充当农业生产经营微观主体。

3. 农业企业

农业企业是具有独立法人地位、自主做出抉择、独立进行农业生产经营、自主销售产品和提供服务、自负生产经营盈亏的高度组织化的经济实体。这类经济实体有的由政府兴办、有的由工商企业兴办、有的由农业科技人员兴办、有的由城镇的农业投资者（自然人）兴办、有的由农民兴办，政府兴办的为国有农业企业，其他主体兴办的为个体农业企业或其他性质的农业企业。农业企业有的从事粮油种植、有的从事果蔬种植、有的从事畜禽养殖、有的从事水产养殖、有的从事林草种植等，有的生产经营规模很大、有的生产经营规模较小、还有的生产经营规模微型，各种各样、不一而足。尽管这些农业企业各不相同，但它们的生产经营都以市场需求为导向，都以先进技术为支撑，都以提高效率（劳动生产率和资源产出率）为手段，也都以获取盈利为目的，并在对盈利的追求中成为农业生产经营的微观主体。

国有农业企业是 20 世纪 50 年代至 70 年代先后建立的，在 80 年代中期的改革后仍从事某些农业项目的生产经营。个体及其他农业企业是 20 世纪 90 年代推进"农业产业化"过程中产生的，后来随着农业发展转型、工商企业业务拓展、大众创业活动的兴起，不少投资者将注意力转向农业领域，兴办各种类型的农业企业。有的农产品加工企业为保证原料来源及质量，自己兴建农产品生产基地。有的工商企业将业务拓展到农业领域、创办农业企业，有的工商企业将业务转向农业领域、演变为农业企业，有的工商业者放弃工商业、转向农业发展而建立农业企业。有些农户在积累了一定资本后依托某些优势兴办农业企业，有的农业科技人员依托技术优势兴办农业企业，有的社会投资者看好农业发展前景兴办农业企业，还有些有经济实力的城里人向往农村、通过兴办农业企业达成愿望。这些先后兴办起来的农业企业，有的生产大宗农产品、有的生产珍稀农产品、有的提供观赏服务、有的提供休闲服务，生产经营业务五花八门。这些农业企业无论由谁兴办、也无论从事何种生产经营，都具有政府认可的企业法人地位，都能自主抉择、独立开展生产经营，自主销售产品及提供服务，也必须自负盈亏，成为新的农业生产经营微观主体。只不过，农业企业这一微观主体发展时间还不长，规模还不大，力量也还不强，但发展势头不错，成长空间很大。

农业企业这一新的农业生产经营微观主体的产生与发展，对于农业生产经营具有重大意义和深远影响。首先，农业企业的加入使农业生产经营有了新的生力军，既增强了农业生产经营微观主体的力量，也改变了它的构成。其次，农业企业的加入使传统的农业生产经营理念发生改变，更加重视生产与市场的衔接。再次，农业企业的进入使农业生产经营手段得到改进，更为重视科学技术的作用。最后，农业企业的进入使农业生产效率得到提高，更加重视成本的节约和竞争力的增强。因此，农业企业不仅是新的生产经营微观主体，而且还是具有创新性、示范性、带动性的微观主体。

二、农户及农工家庭生产经营

农户是农村集体成员承包集体农地从事农业生产经营的主体，农工家庭是国有农（林、牧、渔）场的职工家庭承包国有农地从事农业生产经营的主体。农户和农工家庭虽有很多不同，但他们都是实行家庭经营，都是农业生产经营微观主体，在生产经营中都是自主抉择、独立开展生产经营活动、自主销售产品和提供服务、自负盈亏，是同一类型的农业生产经营者。农户和农工家庭数量庞大，经营全国大多数农地，担负主要农产品生产与供给，是农业生产经营的主力军。

1. 农户及农工家庭特征及类型

2016 年全国共有户籍农户约 2.30 亿户，户均人口约 3 人，户均劳动力 1.8 个左右，数量庞大但户均人口及劳动力规模较小。农户中除老年人口还有文盲外，50 岁以上人口多有小学文化，中青年人多有初中文化，少数人有高中文化，个别有大学文化，但大多数农户的家庭成员既缺乏科学知识，也缺乏现代农业技术，更缺乏管理决策能力，在知识与技能上不适应现代农业发展要求。一般农户生产性固定资产很少，生活性固定资产只有住房，流动资产不足，投资能力很弱。一般农户与政府部门、工商部门、科技部门联系松散，社会资源不足，对各种资源、要素、信息的获取能力和利用能力较差。同时，农户受传统习惯的影响，还缺乏先行先试、破旧创新的勇气，也缺乏契约精神。

2016 年国内农（林、牧、渔）场职工有 276.7 万人，但无职工家庭数量的统计，若以农户的户均人口为参照，国内农（林、牧、渔）场职工家庭应当有近 90 万户左右。与农户相类似，农工家庭人口及劳动力规模也较小，但家庭成员的文化程度普遍较农户高，老年人口少有文盲、50 岁以上人口多有初中文化、中青年人多有高中文化、少数人有大学文化，大多数农工家庭的成员有一定的科学知识，也掌握一定的现代农业技术，具备一定的管理决策能力，在知识和技能上对现代农业发展有一定适应能力。一般农工家庭生产性固定资产也很少，生活性固定资产也不多，流动资产同样不足，与农户一样投资能力很弱。但农工家庭与政府部门、工商部门、科技部门有较多联系，有一定社会资源，对资源、要素、信息有一定获取能力，也有一定的先行先试勇气及遵守契约的习惯。

无论是 20 世纪 70 年代后期农村改革中的农户，还是 20 世纪 80 年代中期国有农业企业（国有农林牧场）改革中的农工家庭，因少有其他就业机会而只能选择务农，那时的农户和农工家庭，只能利用承包地从事农业生产经营，都属于纯农户。后来随着农产品短缺的消除、人口流动的放开、劳动力市场开放，不少农户及农工家庭将剩余劳动力向工商部门转移，只留下部分劳动力从事农业生产经营，成为兼业农户。再后来随着工业化、城镇化的推进，除少部分农户及农工家庭只从事农业生产经营、为纯农户外，大多数农户及农工家庭都将青壮年劳动力转移到工商部门，只留老年及妇女劳动力从事农业生产经营，成为兼业农户，还有部分农户及农工家庭放弃农业，从事工商业经营，成为个体工商户，也有部分农户及农工家庭离开农村和农场，进入城镇就业及生活，与农业、农村脱离了联系。

2. 农户及农工家庭农业生产经营行为

在原身份为农户及农工家庭的总体中，目前只有纯农户、纯农工户和兼业农户才直接从事农业生产经营，已转为工商户及进入城镇成为住户的，虽还保有承包地，但也不愿或无力自己耕种，只能有偿或无偿转让给他人生产经营。由于自身特点及生产经营环境条件的不同，农户与农工家庭的农业生产经营行为有一定区别，表现出不同的特征。

按户籍计算，2016 年我国有农村人口 7.20 亿左右、农户 2.30 亿左右，而农村集体耕地只有 12 848.24 万公顷，在按户籍承包的情况下，平均每个农户的承包地只有 0.558 5 公顷。绝大多数农村人多地少，户均承包地少的仅 0.2 公顷左右，多的也只有 1.0 公顷上下。只有在极少数地多人少的农村（多为生产条件恶劣地区），户均承包地才能达到 5 公顷左右。加之承包过程中不同质量土地的搭配，使农户的承包地零星分散、难以连片。面对承包地少而分散的局面，大部分纯农户和大多数兼业农户只能选择利用承包地小规模生产经营，只有少数有实力、会经营的纯农户才会租用其他农户承包地搞规模化生产经营。纯农户以农业谋生，希望从农业中获得更多收益，农业生产经营自然较为精细。兼业农户中很多以农业为副业，甚至主要收入并不依靠农业，加之农业劳动力不足，农业生产经营便较为粗放。除平原地区农业机械化水平较高外，山地及丘陵区农业还主要依靠人力，由于生产经营规模太小及农业机械化程度不高，导致农户劳动生产率、土地产出率不高，农业效益下降。农户对先进技术很有渴求，但一般不会先行先试，只有在看到效果后才会跟进。在生产经营抉择上，农户往往盲目跟进市场，带来很大生产经营风险。

国有农（林、牧、渔）场的农地面积较大，农工家庭承包的土地面积较多，少的有3～5公顷，多的有10公顷以上，有的林场、牧场农工家庭承包土地甚至在100公顷以上。加之国有农（林、牧、渔）场土地多年整治、改造，质量较好，灌溉设施、道路等基础设施齐全，农工家庭承包的土地不仅较多，而且集中连片，方便生产经营。由于国有农（林、牧、渔）场承担一定公共目标及任务，还要为职工提供一定的服务和福利，加之拥有较强的技术及生产服务力量，所以农工家庭农业生产经营行为与农户有很大的不同。在农业生产经营选择上，农户是独立抉择，而农工家庭必须服从农（林、牧、渔）场总体规划。在技术选择使用上，农户是自由选择，农工家庭必须接受农（林、牧、渔）场指导。在生产经营活动开展上，农户是独立安排、自主完成，而农工家庭之间是协调行动、外包完成。在农产品销售上，农户是自主决定，而农工家庭之间是联合决定。总之，农工家庭农业生产经营比农户简单方便，且劳动生产率、土地产出率较高，经济效益也较好。

3. 农户及农工家庭生产经营的优势和局限

农村改革使农户成为农业生产经营微观主体，这一主体的确立使我国农业、农村和农民发生了巨大变化。一是显著改变了农业落后的面貌，成为农业大国，主要农产品的产量跃居世界前列。二是农产品产量大幅度增长，由严重短缺演变为供求基本平衡、丰年有余。三是使7亿多人先后摆脱了绝对贫困，并逐步达到小康。四是广大农民群众收入显著增加，生活水平大幅度提高。五是农民科技、文化素质明显提高，精神面貌发生很大变化。之所以产生如此巨变，是农户家庭生产经营的独特优势所带来的。首先，农户家庭生产经营将其收入及生活与劳动付出紧密联系在一起，极大调动了农户发展农业的内在积极性，激发出巨大的动力，极大地推动了农业发展。其次，农户家庭生产经营适合农业的产业特点，使农业生产全过程都能得到及时而有效的管护，并使成本降低、产出提高。再次，农户利用自主经营权，科学配置家庭劳动力资源、土地资源、资金及其他资源，使其得到充分有效利用，同时根据市场变化，及时主动调整生产结构，增加家庭收入。最后，农户渴望利用先进技术提高农产品质量和品质，降低生产成本和提高效益，努力学习和应用现代农业科学技术，促进了先进农业科学技术的应用和推广，提高了农业科技水平。

国有农（林、牧、渔）场改革也使农工家庭成为农业生产经营微观主体，这一主体的确立同样使我国农业、国有农业企业及职工发生了巨大变化。一是逐步改变了国有农业企业办社会、大包大揽，企业不像企业、政府不像政府的体制，回归到企业的本质，并严格按现代企业制度运行。二是逐步改变了国有农业企业大面积连年亏损的被动局面，不少农（林、牧、渔）场扭转了多年亏损、产生了盈利、步入了良性发展轨道。三是国有农（林、牧、渔）场交通、通信、能源条件大为改善，农业装备水平显著提高，农业现代化进程加快，现代化水平迅速提高。四是国有农（林、牧、渔）场生产的农畜水产品大幅增加，成为国家粮食、油料、棉花、橡胶、肉类、奶类、禽蛋、水产等重要农产品的生产及供给基地。五是国有农（林、牧、渔）场职工收入显著增加，生活水平大幅提高，居住条件极大改善，不少农工家庭已实现"生活在现代化的城镇里，劳动在绿色的大地上"。之所以有如此巨大变化，仍是农工家庭生产经营的独特优势所致。首先，农工家庭生产经营解决了国有农业企业长期存在的出工不出力、劳动效率低、劳动监管难、生产成本高的顽疾，极大提高了劳动生产率，大幅降减了管理成本。其次，农工家庭生产经营将其收入及生活与劳动付出联系在一起，极大调动了生产积极性、激发了内在动力、有力促进了农业发展。再次，农工家庭生产经营更将其收益与福利与所在国有农业企业的发展联系在一起，由此造成国有农业企业与其职工家庭的良性互动，有力推进国有农（林、牧、渔）场的发展、壮大。

农户和农工家庭的农业生产经营，虽然有很多优势并发挥了重大作用，但从现代农业发展的要求看，也还存在一些不容忽视的局限。一是农户和农工家庭农业生产经营规模小、占用资源多、劳动生产率和资源产出率不高，产品生产成本高、市场竞争力弱。二是农户和农工家庭实力弱小、又缺乏相互的联合与协作，在农业生产经营中投资能力严重不足，发展现代农业困难极大。三是农户和农工家庭各自独立自主生产经营，很难组织起来进行农业基本建设，农业基础设施得不到应有建设和维护，必然对农业发展造成严重阻碍。

三、农业合作经济组织生产经营

所谓农业合作经济组织，指相关主体在自愿互利基础上，组织起来所形成的从事农业生产经营的经济实体。这一经济实体需要有三个条件：一是在形成上必须坚持自愿互利，二是在管理上必须坚持成员平等，三是在从业上必须坚持农业生产经营。这一经济实体具有独立法人地位，独立进行生产经营抉择，自主开展生产经营活动，自主销售产品和提供服务，且自负盈亏，是农业生产经营的又一微观主体。这一主体发展时间不长、数量也还有限，但它具有不同于农户及农工家庭的特点，在农业生产经营中发挥重要作用。

1. 农业合作经济组织的特征及类型

农业合作经济组织无论何种类型、何种称谓，它们都有一些基本的共性特征。它们是由已经从事或有志从事农业生产经营的主体，在自愿互利基础上组织形成的经济实体，从事农业生产经营、为社会提供农产品及服务、具有法人地位，拥有自主生产经营抉择、独立开展生产经营活动、自主销售产品和提供服务的权力，也负有承担盈亏的责任，内部进行民主管理，成员可申请加入也可申请退出。这些特征决定了农业合作经济组织的性质，也反映了农业合作经济组织的运行，凡符合这些特征的才是真正的农业合作经济组织。现有的农业合作经济组织有多种，但从构成主体上看，主要有由农户组建的农业合作经济组织，以及由企业与农户共同组建的农业合作经济组织两大类。

由农户组建的农业合作经济组织，主要有社区性农业合作社和跨社区农业专业合作社两类。社区性农业合作社是农村村民小组或行政村的农户，在自愿互利基础上组建的农业生产经营实体，通过联合与合作共同发展特色农业产业、生产优势特色产品、提供多种服务，从而促进社区农业的发展与提高、农户的增收与致富。社区性农业合作社，往往是因为某一特色农业产业发展、或某一优势特色产品生产、抑或为某一特殊服务提供需要而建立起来的，没有产业发展的需要就失去了存在的基础。社区性农业合作社的产生和发展，需要有带头人发动与组织，只有发动和组织才能将分散的农户团结起来，带头人可以是行政村和村民组的干部，也可以是农户中的能人。社区性农业合作社有严密的组织（社员大会、理事会、监事会）、严格的章程，实施民主管理，具有独立法人地位，拥有生产经营抉择权、生产经营活动组织指挥权、产品及收益分配权。跨社区农业专业合作社，是不同的村、村民组（甚至是不同的乡镇）从事同种农产品生产的专业农户，在自愿互利基础上组建的某种农产品专门生产经营实体，共同制定生产标准、共同采用先进技术、合作控制产品质量、联合销售产品，同时也共同分享发展机会和利益。跨社区农业专业合作社的建立和运行有较大难度，需要行业中有经济和技术实力的"带头大哥"号召和组织才能建立和运转。

由企业与农户共同组建的农业合作经济组织，主要有"公司＋合作社"的农业产业化合作经济组织，以及企业入股的股份制农业合作经济组织两类。农业产业化合作经济组织，是在农产品加工或营销企业倡导下，由农户自愿组建农业生产合作社，按企业要求的品种及技术规范生产农产品，企业再按合同订购价收购合作社的农产品。企业虽不是农业生产合作社的社员，但参与了合作社生产经营抉择、生产经营活动推进、产品销售，这类合作社体现了企业与农户的共同组建。股份制农业合作经济组织，是非农企业与某一社区农户在自愿互利基础上，企业以资金投入、农户以承包地投入组建的股份制农业生产合作社，从事农业生产经营。股份制农业生产合作社有严密的组织（股东大会、理事会、监事会）、严格的章程，实行民主管理，具有独立法人地位，拥有生产经营自主权，收益按股份分配。

2. 农业合作经济组织的生产经营行为

农业合作经济组织虽有多种类型，但它们都是由多个主体在自愿互利基础上组建起来、从事农业生产经营的实体，并都按照一定的规则运行，所以它们在生产经营行为上有一些共同的特点。而不同类型的农业合作经济组织，在成员构成上、管理方式上、生产经营领域及目标上又存在很大差别，故它们在生产经营行为上又各具特色，体现一定的差异性。农业生产经营行为的差异来源于行为的主体，由此便造成农户组建的合作经济组织、企业与农户共建的合作经济组织之间，在农业生产经营行为上的区别。

由农户组建的社区性农业合作社，生产经营规模远大于农户，经营的农地少则10公顷左右、多则上百公顷，且一般以一业为主、多种经营。生产经营抉择由合作社统一做出，生产经营活动有的由合作社集中组织完成，有的则按合作社的要求由农户完成，还有的委托外包完成，农产品销售及服务提供由合作社决定，而收益分配则按社员大会（或代表大会）的决定进行。这类合作社有严密的组织、规范的管理，加之有较大规模，极为重视按市场需求选择生产经营项目、按先进适用选择生产技术、按优质高效选择生产手段，追求农业效率和效益的提高。由专业农户组建的跨社区农业合作社，生产经营规模也比单个农户大得多，联合的农户越多生产经营规模越大。这类合作社只从事某种单一农产品的生产经营，统一生产经营抉择、生产规程、技术规范，由农户按要求完成生产经营活动，再由合作社组织销售产品和收益分配。为增强市场竞争力和减少市场风险，这类合作社高度重视先进技术的应用、生产规范的遵守、产品质量的保证。

企业与农户组建的农业产业化合作经济组织，其架构是"公司＋合作社"。这里的公司是从事农产品加工或营销的"龙头企业"，这里的合作社是为"龙头企业"生产农产品的农户组建的生产经营实体。公司向合作社提出农产品生产的品种、数量、质量要求，提供相应的技术及生产规范，有的还垫付部分资金和生产资料（收购产品时扣回），合作社按公司要求组织农户生产，生产的产品由公司按协议价收购。这类合作经济组织以龙头企业的存在为前提，生产经营项目（产品）单一，生产技术较为先进，产出水平较高，产品质量较好。企业与农户共建的股份制合作经济组织，一般是农业股份合作社，由企业（或其他投资主体）以资金、农户以承包地入股组建起来，从事某种农产品生产经营。企业的加入使这类合作社规模较大，投资实力较强，选择的生产经营项目具有优势和特色，采用的技术先进，生产水平高，产品质量好。这类合作经济组织按股份制企业管理，只是以资金入股的企业占有优势。

3. 农业合作经济组织生产经营的优势和局限

农户在自愿互利基础上组建合作社，联合起来从事农业生产经营，改变了农村和农民的面貌，为农业发展增添了动力。一是将分散的农户组织起来，形成新的农业生产经营微观主体，使农村众多孤立的小农户生产经营，实现了初步的组织化。二是将分散的农户组织起来形成较大合力，有利于开展农业基础设施建设，改善农业生产条件。三是将小农户组织起来生产经营，有利于先进科学技术推广应用，有利于推进农业现代化。四是将分散的农户组织起来生产经营，可在更大范围内优化土地、劳动力、资金的配置及提高利用效率。五是将众多小农户组织起来生产经营，可实现一定程度的规模经营，提高农业劳动生产率和土地产出率。

企业与农户在自愿互利基础上组建合作经济组织，无论是"公司＋合作社"的架构，还是股份合作社的形式，都实现了农户与农户及农户与企业的联合和合作，并对农业和农村发展产生重大影响。一是企业的加入带动了农户的联合与合作，形成了新的农业生产经营微观主体，增加了农业发展的生力军。二是企业的加入不仅带来农业新项目、新投资，更带来农业发展的新理念、新思路、新技术，拓展了农业发展空间。三是促进了农业生产经营在微观层次上的科学抉择、规范管理，先进技术的推广应用，以及效率和效益的提高。四是通过企业的带动和引领，使农业生产与市场需求更好地对接，降低农业生产的市场风险。五是通过企业与农户的合作，使农户摆脱了零散生产和孤立闯市场的困难。

农业合作经济组织的生产经营虽优势多多，但从我国当前农业、农村的现实及农业现代化发展的要求看，仍存在一些局限。一是无论何种类型的农业合作经济组织，都离不开组织动员、管理抉择能力强又具有奉献精神的带头人引领，而目前农村还缺乏这样的人，农业合作经济组织在不少地方难以建立。二是农业合作经济组织只有在农业产业结构调整、先进科学技术应用、劳动生产率和土地产出率提高、经济效益提升、农户收益增加等方面有所突破，才可能巩固和发展，而要做到这些绝非易事，故有相当部分农业合作经济组织缺乏生气与活力。三是农业合作经济组织需要有严密的组织、严格的规章、民主的管理才能正常运行，而目前有部分农业合作经济组织的组织架构残缺、规章不全，少数人操纵操控，造成管理混乱、运转失灵、甚至解体。四是少数地方基层政府不尊重农户自愿，强制推行所谓的合作化，多数是将村民小组改名称为合作社，有名无实，不存在任何生产经营合作。五是少数不法业主冒农户之名组建虚假的合作社，并以其名义骗取贷款和税收优惠，假冒的农业合作经济组织必须清理，存在问题的农业合作经济组织更应加强建设。

四、农业企业的生产经营

农业企业是由特定主体兴办、从事农业专业化生产经营、提供商品农产品和农业服务、以盈利为目标的高度组织化的经济实体，是经济社会发展中新产生的农业生产经营微观主体。这一微观主体与其他主体（农户、农业合作经济组织）一样，具有独立法人地位，拥有自主抉择、独立生产经营、自主销售产品的权利，也负有承担盈亏的责任。这一微观主体也与其他主体在生产经营项目选择、生产目标确定、生产技术筛选、生产手段应用、产品销售等方面有很大差别，具有鲜明的自身特点。

1. 农业企业的特征及类型

农业企业无论由谁兴办，无论是何称谓，也无论从事何种农业生产经营，都具有企业法人应有的地位和相应的权利及责任，自然也拥有农业生产经营主体的身份，并成为推进农业发展的角色。农业企业兴办的主体不同、生产经营的项目不同、生产经营目标定位不同，又使不同企业在生产经营的各个方面互不相同、各具特色。特别是农业企业兴办的主体不同，对企业的生产经营影响极大，使政府、工商业主、农户、其他投资者兴办的农业企业，在生产经营上有很大差异。

政府兴办农业企业有五种类型。一是 20 世纪 50 年代为安置转业军人和屯垦戍边兴建的国有大型农场，开发和建设边疆。二是为开发利用国有耕地、林地、草地、水面兴建的国有大型农场、林场、牧场、渔场，生产大宗农产品。三是为生产国家急需农林产品兴建的特定国有农林企业，专门从事某种（些）农产品生产。四是为满足科学研究、技术推广需要，兴建的国有农、林、牧、渔试验场。五是为了其他公共目的兴建的国有农业企业。国有农业企业是在 20 世纪 50 年代至 70 年代兴建的，改革开放之后基本没有新增。

工商业主兴办农业企业有三种情况，一是农产品加工和营销企业为保证原料来源，自己建立企业组织生产；二是业务向农业领域扩展、兴办农业企业从事农业生产经营；三是业务从工商业转向农业、兴办农业企业谋求新的发展。有的工商业主独立投资兴办农业企业，并自主进行生产经营，这类农业企业是只有一个业主的独资企业。有的工商业主是几个业主联合投资兴办农业企业，并合作进行生产经营，这类农业企业是有多个业主的股份制企业。还有的工商业主与农户合作投资兴办农业企业，并合作进行生产经营，这类农业企业是股份合作企业，已在农业合作经济组织部分有所论述。

农户兴办农业企业也有三种情况。一是在农村从事农业并懂生产、会经营的农户，在有了一定积累后，将家庭生产经营规模扩大、水平提高，并对传统农业进行现代化转型，形成农业企业。二是有的农户外出务工经商，有了一定积累之后返乡创业，兴办农业企业，从事农业生产经营。三是有的农户通过在其他农业企业打工或经过专门的技能培训，掌握了某些专门的种植或养殖技术后，自己兴办农业企业，从事农业生产经营。由第一种情况兴办的农业企业，由农户家庭经营演化而来，在产业和生产经营方式上有一定的传统性。由第二、第三种情况兴办的农业企业，立足新的投资及技术，具有新创性，在产业和生产经营方式上有一定的开拓性。

其他投资者新办的农业企业，因投资的具体背景及意图不同，其类型也不一样。有一类投资者是农业科技人员，利用自己掌握的先进专门技术，兴办科技示范型农业企业，并带动面上相关产业发展。还有一类投资者是有一定经济实力、又想在农业领域寻找发展机会的自然人，利用投资兴办农业企业，从事商品生产，谋求盈利。再有一类投资者是城镇有一定经济实力，又向往农业、农村的居民，利用投资兴办农业企业、建设农业庄园。科技人员新办的农业企业具有先进技术的示范性和带动性，既有功利性也有公益性。自然投资人兴办的农业企业，谋求高回报，功利性很强。向往农业农村投资人兴办的农业企业，追求的是在小有盈余情况下，提供优质安全的农产品、优美洁静的人居环境、恬静优雅的田园生活。

2. 农业企业的生产经营行为

虽然农业企业的兴办主体多样，企业的类型也比较复杂，但不同的农业企业基本都按现代企业制度组建及运行，都从事某一领域的农业生产经营，都进行农产品商品生产并追求盈利，都进行严格经济核算并自负盈亏，有许多共同点。但因兴办主体的背景与追求目标不同，兴办的农业企业类型及规模也不一样，再加上不同农业企业的自然条件、社会环境差异，使不同农业企业在项目选择、规模大小、技术应用、生产经营活动开展、产品营销等方面各有特色，互有区别。

政府无论为何具体目的兴办农业企业，都是利用国有土地、部分其他公共资源从事农业生产经营。为实现政府公共目标及国有资产保值增值，国有农业企业规模一般较大、基础设施较好、装备较为先进，生产经营项目比较单一和专业化，采用的生产技术和手段先进，生产要素投入也有保证。为实现公共目标和提高效益，国有农业企业高度重视劳动生产率和资源产出率提升、生产成本降低、产品质量提高，以及国家重要农产品需求保障，并发挥现代农业的示范作用。

工商业主无论在何种情况下兴办农业企业，都要靠租用农户承包地或国有农（林、牧、渔）场职工家庭承包地、或农村集体未承包土地、或政府掌握的国有土地从事农业生产经营。为提高效率和效益，工商业主兴办的农业企业规模一般较大，生产经营的项目多为附加值高的农产品。在外部力量支持下，采用的技术和应用的生产手段也较为先进。由于这类企业实力较强，对农业设施建设和农业生产条件改善比较重视，在生产经营中的要素投入也有充分保证。为保证在支付土地租金及生产成本后还有较高的盈利，这类企业特别重视提高劳动生产率以降低生产成本，提高土地产出率以增加产出量，提高农产品品质以增加产值。但这类企业缺乏技术力量，需要外部提供可靠农业技术服务。

农户兴办的农业企业若由农户承包经营发展而来，一般靠转租临近的农户承包地扩大生产经营。因农户家庭人财物力有限，生产经营规模不会太大，生产经营项目主要是原来从事的又十分熟悉的产品生产，生产技术及手段的选用也多以已成功应用的为主，同样力求增加产出、降低成本、提高效益、减少风险。农户返乡创业兴办的农业企业，一般利用自家承包地和转租其他农户承包地生产经营，规模也不会太大，生产经营项目多选择附加值高的产品生产，生产技术和手段的选用则以先进适用为准，追求的是稳定的产出，较高的效益，尽可能小的风险。掌握专门技术农户兴办的农业企业，也多以自家承包地和转租其他农户承包地生产经营，规模一般也不大，生产经营项目依其所掌握的技术类型进行选择，生产技术及手段的采用靠自己解决，用以实现生产经营的高效率和高效益。

其他投资者兴办的农业企业，在生产经营行为上也各有不同。农业科技人员兴办的农业企业，靠租用农户和农工家庭承包地，或农村社区集体土地、政府掌握的国有土地生产经营，一般规模较小，生产经营项目新颖，采用的生产技术和生产手段先进而前沿，生产经营活动规范有序，产品质量整齐优良，生产效率和效益高，示范带头作用强。自然人投资兴办的农业企业，也靠租用农户、农工家庭承包地和集体及国有土地从事农业生产经营，生产经营附加值较高的农产品，规模一般不大，采用的生产技术和生产手段较为先进，生产经营活动管理严格，产品质量较好，生产效率与效益也较高。向往农业、农村的投资者兴办的农业企业，大多选择在离城镇有一定距离但交通方便、生态环境良好、自然环境优美的地方，靠租用农户承包地和集体闲置土地从事庄园式农业生产经营，规模一般较小，按园林建设要求，生产经营观赏性强、品种独特、品质优良的农产品，并提供观赏、休闲服务，采用的生产技术及手段先进前沿、洁净卫生，产品达到无公害或绿色标准，景观独特而优美。

3. 农业企业生产经营的优势与局限

政府兴办的农业企业，既是为了实现某些公共目标，也是对农业的投资，不仅是为了保障国家安全和经济社会发展，也是为了获取盈利。作为一类特殊微观主体，其生产经营有五方面的优势。一是无偿使用国有土地，节省了用地成本。二是有一定政府财政投入，农业基本建设、农业生产装备、农业生产的物资投入能力强，基础较好。三是科技实力强，生产技术和手段先进，劳动生产率、土地产出率高。四是生产专业化程度高、产品数量大、质量高，市场竞争力较强。五是生产条件、设施及设备较好，有利于推进农业现代化。

工商业主和自然人投资兴办的农业企业，是对农业的投资行为，目的是获取利润。作为新的微观主体，其生产经营有三方面的优势。一是有能力建设必要的农业生产经营设施，改善生产经营条件，从而有利于提高农业劳动生产率、土地产出率。二是对市场分析判断能力强，有能力搞好生产与市场需求的衔接，从而降低市场风险。三是有能力保证生产经营过程中的劳动及物质投入，先进技术和生产手段的应用，从而提高产量、质量和效益。这类农业企业如果是规模较大的特种农产品专门生产企业，还会成为某一农产品的重要生产基地。

农户兴办的农业企业，既是农民的从业行为，更是农民的创业行为，其目的既是为了获取利润，也是为了谋取自身发展。农户兴办农业企业多在故乡，其生产经营具有四大优势。一是在本乡本土租用邻居承包地，交易成本低、交易后矛盾较少，有利于农业企业生产经营及顺利发展。二是对本地资源、土地、气候特点熟悉，熟知如何科学有效利用，也熟知生产经营项目选择。三是这类农业企业多为家庭企业（或家族企业），兴办农户也多为技术能手，其生产经营往往具有效率高、成本低、失误少的优势。四是这类农业企业若遭遇困难，容易得到乡亲帮助，使其困难易于克服。

农业科技人员与农业、农村向往者兴办的农业企业虽有所不同，但在企业规模、技术水平、产品及服务要求上有诸多共同之处，在生产经营上也有一些共同优势。一是企业规模不大，有的甚至秀珍，便于经营和管理，有的业主甚至自己就能完成生产经营。二是生产经营项目或为珍稀品种、或为独特产品、或具极高景观价值等，具有独、特、优、新特质，难以替代。三是采用的技术先进而前沿，具有很高的增产、提质、降成本效能。四是提供的产品独特而优质，提供的服务自然而美妙，市场竞争力强。五是先进农业发展理念、资源环境深度开发利用、现代农业科技应用示范的展示功能强，既是样板、也是引领。

农业企业这一微观主体虽有不少独特优势，但由其产生背景及运行方式所决定，其生产经营不可避免存在相应的局限。一是农业项目一般投资大、回收期长，且自然风险、市场风险、社会风险较高，很多投资者不敢轻易涉足，导致农业企业相对较少，作用也相对有限。二是个体及其他农业企业要靠租用土地进行生产经营，土地租金较贵，陡然增加生产经营成本，在承担高额土地租金情况下争取农业盈利，是一件难度极大的事。三是农业企业在农地及其他农业资源占用、农业发展机会获取、农产品市场占有等方面，与其他农业生产经营主体（特别是农户）存在竞争，并使其他主体处于相对弱势的地位。四是租用土地遭遇失信风险很大，农业企业租用农户承包地一般要求有较长租期，在协商好租金及租期并签订合约后，农业企业便取得使用权并投资建设必要设施、开展生产经营，当无收获或收获较少时还相安无事，但当收获较大及获利较多时，出租土地的农户普遍会要求追加租金，且要价很高，使农业企业继续生产经营困难重重。

五、农业生产经营微观主体的演化

农村改革开放近 40 年来，农业生产经营微观主体几经变换，形成了以农户为主体、以农工家庭及农业合作经济组织和农业企业为补充的基本格局。这一格局由改革初期的农户家庭承包经营演化而来，是农业和农村经济改革发展的产物。随着经济社会发展的转型升级、农村改革的深化和振兴以及农业现代化的推进，农业生产经营微观主体还会在新的形势下逐步演化，有的转换角色与身份，有的壮大与发展，有的则缩小或衰退。

1. 农户及农工家庭生产经营可能的演化

农户及农工家庭的农业生产经营，都属于小规模经营（农工家庭的经营规模一般比农户大），有的农户及农工家庭单靠农业生产经营还不能维持一家生计。加之农业生产成本高、风险大、效益低，不少农户及农工家庭还要靠外出务工经商以补充家用。在小规模生产经营造成农业收益低下且不稳定的情况下，任何经济社会发展的变化，都可能诱发农户及农工家庭这样的小农发生分化，走向不同的发展轨道。

部分农户及农工家庭，农业生产经营卓有成效，收益和财力逐步增长，生产经营规模渐进扩大，效率及效益亦随之提高，不仅摆脱了小规模经营困境，还使农业生产的家庭经营步入良性循环。这样的农户及农工家庭无疑会继续从事农业生产经营，充当农业生产经营微观主体。另有少数农户及农工家庭，因主客观原因的约束只能从事农业生产经营，而不能从事非农职业，继续充当农业生产经营微观主体。还有部分农户及农工家庭，因生产条件优越，农业机械化水平高，农业收益较好，农事活动又可方便外包，只须作出生产安排，而无需直接从事农业劳动就会取得农业收益，他们也不会轻易放弃农业生产经营并继续充当微观主体。

部分农户及农工家庭，在改革初期从事农业生产经营，是农业生产经营微观主体，但后来转而进入工商业就业或创业，并由农民转变为城镇市民，放弃了农业、脱离了农村，由农业生产经营微观主体演化为工商业者。还有少数农户及农工家庭，因城镇、工矿及公共设施建设征地而搬迁，从农村进入城镇成为市民，由农业生产经营微观主体演化为非农从业者。也有部分农户及农工家庭原先以农为业、是农业生产经营微观主体，后因主客观原因而主动放弃农业，离开农村进入城镇，由农民变身为市民。这几类农户及农工家庭，一旦从普通农户及农工家庭中分化出来，从农村进了城镇、由农民变成了市民，就不会再返回农村从事农业。随着经济社会发展，以及新型工业化、城镇化、农业现代化进程加快，这三类分化出的农户及农工家庭还会增多。

目前绝大多数农户及农工家庭是兼业农户，青壮年劳动力外出务工、老弱劳动力留乡务农，在实质上还保留着农业生产经营微观主体的地位。有一部分青年及壮年夫妇家庭，带着小孩外出务工，承包地撂荒或租给别人耕种，只是在名义上还保留着农业生产经营微观主体地位。这些兼业农户及农工家庭（无论是实质上或名义上），受经济社会发展变化的影响极大，抗冲击能力弱，容易产生分化。当基础设施建设规模扩大、工业化及城镇化进程加快、非农就业机会增多时，兼业农户就相对稳定，角色也不会发生大的变化。当宏观经济形势逆转、非农产业发展出现困难时，部分外出务工劳动力就会返回农村，一些兼业农户随之又成为纯农户。有些兼业农户从非农产业中积累了资金、学到了技术，自己在非农产业创业，并迁入城镇生活，转变了职业和身份，由农业生产经营微观主体演变为工商业者。有的兼业户从非农产业中积累了资金，了解了市场信息，返乡从事农业创业，成为道地的农业生产经营微观主体。

2. 农业合作经济组织可能的演化

农业合作经济组织主要是农村社区农户在自愿互利基础上组建的农业合作社，另外还有跨社区农户组建的农业专业合作社，以及工商企业与农户共同组建的农业合作经济组织、农业股份制合作经济组织。这些不同类型的农业合作经济组织，在组成成员、组建目的、管理模式、运行方式、利益分配等方面差异较大，对经济社会发展变化的适应性也各不相同，在未来新的发展形势和条件下，它们可能在不同发展方向上演化。

工商企业与农户组建的"公司＋合作社"的农业产业化合作经济组织，以及股份制合作社，其好处是企业能带来好的农业项目、先进的生产技术、充足的农业投资、生产与市场的对接，其坏处是企业往往居于主导地位，农户权益难以充分保障。在经济社会发展水平较低的农村地区，这类农业合作经济组织会促进农业发展、农民增收，有一定发展空间。但随着广大农村经济社会的发展，信息服务、管理决策服务、技术服务、金融服务、产品营销服务的逐步完善，企业的作用将会被社会化服务所取代。农业的合作随之由企业与农户的合作，演化为农户之间及农户与服务者之间的合作，企业被逐步排除在外，企业与农户组建的农业合作经济组织逐渐减少，有的演化为社区农户组建的农业合作社，有的演化为企业单独兴办的农业企业，也有的因企业与农户产生矛盾、经营不好，不能维系而解体。

应当指出，国有农（林、牧、渔）场改革后，农工家庭生产经营不是孤立进行而是有合作的。这种合作有的是通过建立合作经济组织完成的（如前所述），有的则是通过农（林、牧、渔）场组织架构完成。如生产经营项目决策、主要农事活动安排、关键技术选择与应用、产品营销组织等，要由农（林、牧、渔）场统筹安排，不能由农工家庭各行其是。但这种对农工家庭生产经营的协调行为，带有很强的行政管理特征，随着国有农（林、牧、渔）场改革的深入，行政协调将会让位于现代企业管理。

3. 农业企业可能的演化

农业企业兴办的主体不同、生产经营项目不同、生产规模及技术水平不同、产品质量及特性不同，其发展所需要的条件、环境也不一样，抗击自然风险、市场风险、社会风险的能力更是大相径庭。在经济社会发展转型、新型工业化及城镇化推进、现代农业发展和农村振兴的背景下，不同主体兴办的各类农业企业，既存在不少发展机遇，也面临不少发展障碍。抓住了机遇的企业发展壮大，而为障碍所阻的企业只有被淘汰。

政府兴办的国有农业企业，其优势在于有国有土地、一定财政资金、先进科学技术投入，基础设施、生产装备较为齐全，劳动生产率和土地产出率较高。但劣势在于长期企业办社会，各类社会负担沉重，企业化改革困难重重。若不在企业化改革上有所突破，则国有农业企业不仅不能发挥自身优势而发展壮大，而且还会因各种压力和矛盾而陷入重重困难。只有那些在企业化改革中取得突破，并有所创新的国有农业企业，才会有广阔发展前景。

工商业兴办的农业企业，其优势在于选择的农业项目适应市场需求、有能力改善生产经营条件、生产投入有保证、应用的技术及生产手段先进、市场营销能力强，其劣势在于租用土地、支付土地使用租金、缺乏自有技术力量。若市场需求及产品价格没有大的变动，这类企业充分发挥自身优势，提高农业生产效率与效益，就会克服劣势而发展。若市场需求改变、产品价格大幅降低，原有生产经营项目调整困难、或造成的损失难以弥补，则企业就难以继续生存，但当生产经营项目调整及时，则企业可转型发展。若企业不能充分发挥优势和克服劣势，以致劳动生产率及土地产出率不高、产品市场竞争力不强、生产经营效益低下，导致土地租金都不能如期支付，就只能破产。

农户兴办的农业企业一般规模不大，其优势在于人熟地熟、生产经营易于开展、生产经营项目与本地条件相宜、生产技术及手段较一般农户先进、生产效率及效益也比较高，其劣势在于投资能力不大、技术力量不强、市场营销能力弱。若市场需求及产品价格变动不大，这类企业依靠优势的充分发挥，不仅可以克服劣势，还能有效提高劳动生产率及资源产出率，降低成本及增加效益，得到巩固和发展。但市场需求改变或产品价格大幅下降时，这类企业就会因严重亏损而陷入困境。如能转产成功便可继续发展，如难以转产或转产失败便只能破产。这类企业因规模不大、盈利和积累相对有限、经受不起外力冲击，如遇重大自然灾害造成严重减产或绝收，往往导致一蹶不振。

其他主体兴办的农业企业一般规模也较小，但生产经营项目有特色、生产技术及手段先进、效率及效益较高，但要靠租用土地才能发展，支付租金也不低、产品或服务较单一、承受冲击能力弱。这些企业如能随市场需求变化调整生产经营项目、能随科技发展更新生产技术和手段，就能在原有基础上继续发展，否则就会逐渐衰落、以致被淘汰。这几种主体兴办的农业企业往往在初期受到精心培育，发展也很不错，但在发展起来之后，有的便以为"万事大吉"而放松经营管理，出现昙花一现的恶果。

第十一章　中国农业支持服务微观主体

农业生产支持服务微观主体，是指对农业产前、产中、产后直接提供支持服务的企业及事业单位，即公共及私人机构、团体或个人。这类微观主体不仅为农业生产提供信息及物质服务，还为农业生产经营提供技术支撑和金融支持，更为农产品营销提供帮助。这些服务、支持及帮助是农业发展的重要条件，对于农业生产经营微观主体更是不可缺少。这类微观主体经过多年发展变化，逐渐形成了由农资企业、金融企业、农产品营销企业，以及政府管理部门、公共及私营农业科技部门、相关社会团体及个人组成的多元体系，并对农业生产经营提供多方面支持服务。

一、农业生产信息服务微观主体

对于农业生产经营的微观主体，与之关系重大而又应及时了解的信息有三类，一是农产品市场供需状况及变动趋势，二是农业生产要素（特别是可流动性要素）供给及价格状况，三是农业生产经营可能遭遇的风险。第一类信息对做出正确的生产经营抉择必不可少，第二类信息对科学配置及合理利用生产要素、提高全要素产出率、降低生产成本极为重要，第三类信息对防范风险、减少生产经营损失不可或缺。这几类信息都需要相关主体提供，并且越准确越及时越能发挥重要作用。

1. 农产品市场供需信息服务主体

农产品市场需求包括居民生活消费需求、生产消费需求、出口需求、库存调整需求、应急需求等。农产品市场供给包括国内生产供给、国外进口供给、库存调减供给等。无论需求或供给，都需要了解大宗农产品品种及一般农产品类别的相关信息，以便为农业生产经营微观主体的抉择提供依据。农产品市场需求和供给的相关信息，可以通过周密的统计、调查、分析、测算获取。但无论是统计、调查或是分析、测算，涉及的部门多、范围广，并且还有一定的技术难度，应当由相应的政府部门完成这些工作，收集整理这类信息，并及时向社会发布。

农产品市场需求与供给信息，过去主要由政府统计部门和农业部门收集、整理及公布。基础数据的统计、调查及初步分析、测算由农业部门完成，综合分析、测算、校正由统计部门完成。综合指标的相关信息由统计部门公布，分项指标的相关信息由农业部门公布。公布的农产品市场需求与供给信息，因不全、不准、不及时而广受诉病。所谓不全指需求只有生活消费及生产消费两类信息，供给只有国内生产方面的信息，进出口、库存、应急方面的信息缺乏。所谓不准指统计部门与农业部门公布的相关信息不一致，各下辖单位相关信息的总和与上级单位公布的同类信息不一致，不知该相信谁。所谓不及时指上一年的农产品市场需求与供给相关信息，一般要到第二年3月左右才向社会正式公布（即在全国人代会及全国农业工作会上公布），属于事后公布。信息不全无法判定大宗及主要类别农产品供需均衡态势，信息不准无法判别真伪、更不敢轻易将其作为抉择依据，信息公布太晚不能为次年生产经营抉择所用。在不能从正规渠道及时获得全面准确农产品市场供需信息的情况下，农业生产经营微观主体只能盲目跟市场。上一年什么农产品价格好，下一年就大力生产这一产品，大家一哄而上造成生产过剩，价格大跌。

为尽快解决农产品市场供需信息服务存在的诸多缺失，及时、全面、准确为社会（特别是为农业生产经营微观主体）提供相关信息服务，首先要明确服务主体，其次是要确定服务内容，再次是要规定服务时点（时段）。服务主体最好由各级农业农村部门的信息机构担任，由其牵头整合统计部门及商业部门的信息机构，按统一的规程及方法进行统计、调查、分析、测算，经校核和确认后向社会发布。提供的信息应当包括，大宗农产品品种及一般农产品类别国内生产供给、国外进口供给、动用库存供给的信息，这些产品的居民生活消费需求、生产消费需求、出口需求、库存需求及应急需求的信息，这些产品期货及现货的价格信息等。农产品市场供需信息应当每月、至少每季公布一次，农产品期货及现货价格（特别是鲜活农产品价格）则应天天公布。

2. 农业生产要素市场供需信息服务主体

农业生产要素包括土地、劳力、物资、技术、资金等多个方面，由于农业生产资料容易满足需要、农业信贷资金来源渠道又较为明晰，故土地（主要是农地）、劳动力、技术就成为农业生产经营者重点关注的三种要素。目前，农村集体土地经营权可以依规流转，国有土地经营权也可依法租用，劳动力可自由流动、自主就业，农业技术也可自由传播、自主选用。在这种情况下，已从事或希望从事农业生产经营的微观主体，就急需知晓这些农业生产要素的供给信息。而拥有这些要素又未利用的主体又急需其需求方面的信息。这便需要一个服务主体，将农业生产要素供给与需求的信息收集起来并及时向社会公布，使供给方与需求方实现信息互通，促进农业生产要素的市场交易、有序流动和有效利用。

长期以来，全国各省（自治区、直辖市）、各县（市、区）、各乡（镇）、各行政村及村民小组，每年都有人口、劳动力、国土面积、各类农地面积的详细统计，并由统计部门和农业部门共同公布。全国及各省级辖区，每年也有农业科技成果的统计，并由科技部门和农业部门共同发布。这些生产要素的信息虽每年都在发布，但只有总量的信息，缺乏分类信息及使用信息，且这些信息只到乡（镇）一级，行政村及村民组的信息不予公布。这便造成生产要素的组成不明、结构不清，使用不明、余缺不清，分布不明、区位不清，闲置或需流动的生产要素不能为公众确知，需要利用这些要素的主体也不知从何索取，导致大量闲置生产要素弃用。最为典型的例子就是部分农村耕地撂荒，大片耕地无人耕种也无人问津，而很多搞农业开发的业主到处寻找土地而不可得。

为解决农业生产要素供给与需求信息服务的匮乏问题，为农业生产要素的供给方和需求方提供双向服务，同样也应明确服务主体、确定服务内容、规定服务时点（时段）。由服务对象所决定，这类信息的服务主体仍由农业农村部门的信息机构担任较为合适，由其牵头整合统计部门、国土部门、科技部门的信息机构，按统一规定收集、整理相关信息，经校核确认后向社会发布。提供的信息应当包括三方面的内容，一是农业生产要素（主要是土地、劳力、技术）数量、类别、所在区位，二是农业生产要素闲置或需流动及需重新开发的数量、类别、所在区位及联络人，三是农业生产经营主体对生产要素需求的数量、类型、所在区位、要求及联络人。农业生产要素供给与需求的信息应当每月公布一次，不可间断。

3. 农业风险信息服务主体

农业是一个易于遭受多种自然灾害打击的产业，农业又是一个市场风险很高的产业，农业还是一个极易受到某些突发事件冲击的产业。自然灾害的发生虽有一定的随机性，但也有一定的规律性。市场风险虽有偶发性，但也有规律可循。突发事件虽不可预知，但也可以有预案。如果利用现代自然科学及社会科学技术对农业自然灾害和市场风险进行预测预报，对突发事件做出应急预案，农业生产经营微观主体就可以事先采取防灾、避灾、风险防控措施，以及对可能的突发事件做应对准备，避免或减少损失。这便需要有相应的主体对农业自然灾害进行长中短期的预测预报，对农业市场风险进行分析、评估并预告，对突发事件的应急处理做出预案，并进行必要的演习，为农业生产经营微观主体提供风险信息服务。

农业自然灾害既包括高温、干旱、暴雨、洪涝、低温、阴雨、大风、冰雹、大雪、严寒，也包括病害、虫害、动物疫病等。前十种灾害由气候变化引起，而各地的气候变化有长期的观察、记录、分析，农业生产经营者对其有丰富的经验认知，加之现在的气候预测技术的进步，对这些灾害大多能在事前准确预报，使人们对其能有所防范，并使损失尽量减小。只不过目前的气候预测预报主要是近期（一周左右），中期（一个月左右）及远期（一个季度左右）预报还有一定难度，只能做到防灾，还难做到避灾。气候灾害的预测预报一直由气象部门负责，并且每日给予固定时点的服务，收到了良好的效果，应予坚持。植物病、虫、草害及动物疫病有一个发生、发展、造成危害的过程，只要在发生阶段就能及时发现并进行防治，就能阻止其发展，避免产生大的危害。这一监测预报工作一直由农业部门的植保机构及动物防疫机构承担，一般都达到了监测准确、预报及时。

农业市场风险是指因市场需求改变、市场供求关系变化，诱发的农产品销售及价格的剧烈波动，以及生产要素价格变动引起的农产品生产成本的剧烈波动。对于农业生产经营微观主体，市场需求减少及市场供过于求，农产品销售就会发生困难，价格也会相应降低，使其处于不利地位。而生产要素价格上涨，农产品生产成本就会上升，盈利就会相应下降。若农产品市场需求及供求关系变化、农业生产要素价格变动的信息可以预知，则农业生产经营微观主体就可以通过调整农产品生产品种及数量、采用节省生产要素的方法等，回避、预防和化解市场风险。这就需要相关的主体，对主要农产品在当年及下一年市场需求变化、供求关系态势做出预测与评估，对主要生产要素价格变动趋势及幅度进行判断，并按月（或按季）向社会公布。过去没有农业市场风险的信息服务，现在应当确定由农业部门的信息机构承担。

对农业带来风险的突发事件有多种，如地震、台风、地质灾害、火灾以及畜禽紧急疫情、三聚氰胺式安全事故等，有的是自然力量引起的，有的则是人为造成的。这些事件发生突然、发展迅猛、破坏严重，能防范的应尽量使其不发生，能预报的应尽早预报以便应对。不能防范和预报的应做好应急预案备用，做好了这些工作就可以减少突发事件的发生、降低对农业带来的风险。这就需要有相关主体对各种可能的突发事件进行分析、论证、评估，对事件发生后的应急处理进行研究论证，并将相关信息按旬公布。过去这方面的信息服务较为零星，现在应当由农业部门的信息机构牵头，整合气象、国土、食品、卫生等部门的力量，将这一类信息服务做好。

二、农用物资供应服务微观主体

农业生产经营需要的物资主要有种子（苗）、肥料、农药、饲料、兽药、塑料制品、农业机械、生产工具、器具等，种类繁多、规格各异，但都要求优质、高效、安全。这些农用物资的供应服务主要指营销环节的服务，不包括这些物资的生产或制造。经过近40年的改革和发展，目前已形成了遍布城乡的农用物资供应服务网络，这一网络由生产商、经销商及中介组织构成，为农业生产经营微观主体提供物资供应服务。

1. 生产商兼任的供应服务主体

农用物资生产商是指各种农用物资的生产及制造企业，在传统上这类企业的任务是生产或制造出优质、高效、安全的物资产品，再将其交由经销商在市场销售，自己并不直接销售产品。经过多年的市场化改革，农用物资生产企业逐渐改变了只管生产能力发挥而不管市场需求、只管产品生产而不管产品销售的习惯，将生产能力发挥与更好满足市场需求结合起来、将产品生产与促进销售结合起来，形成产品生产与销售的良性循环，进而促进企业发展。同时，农业生产经营微观主体因特定的物资需求，或因需要物资生产企业的特定技术服务，或因获得直接购买的价格优惠，也有向生产企业直接购买农用物资的要求。

农用物资生产企业成为其产品供应服务的主体，这种情况可能在该物资有特定要求、需专产专供时出现。有些农业生产经营微观主体，需要一些特定要求的农用物资，如特殊的种子（苗）、某种专用肥料、某种专用饲料、某些专用制品、专用的机械及设备、专门的工具及器具，只有向相应的生产或制造企业定购，这些企业按要求生产出这类农用物资后，只能直接供给这些定购的农业生产经营者使用，以满足其特定要求。农用物资生产企业成为产品供给服务主体，可使这些企业按农业生产经营主体的要求，为其量身定制农用物资，并使农用物资更为充分有效地发挥效能。

农用物资生产企业成为其产品供应服务的主体，也可能是购买产品的农业生产经营微观主体需要企业提供配套服务造成的。有些农用物资的使用需要掌握专门的技术、或有专门的要求，如农药的使用要求有恰当的计量及科学的方法，兽药的使用更有严格的安全要求，农业机械的使用还需要严格的技术培训等。农用物资的使用技术，其生产或制造企业掌握得最深入、最全面，由生产或制造企业传授其产品的使用技术不仅方便，而且十分可靠。因此，不少农业生产经营微观主体，选择直接向生产或制造企业购买农用物资，并相机获得使用技能，使农用物资生产企业也同时成为其产品供给服务主体。

农用物资生产企业成为其产品供应服务的主体，还可能在农业生产经营微观主体大批量购买产品时发生。有些农业生产企业生产经营规模很大，每年消耗的农用物资数量也很大，为保证所需物资的质量、减少交易环节、降低交易成本、获得批量购买的价格优惠，这类农业企业往往会直接向农用物资生产企业购买产品，农用物资生产企业也就成了其产品的供应服务主体。生产企业直接向农业生产经营微观主体销售产品，既增加了产品销售渠道，也可节省销售成本，一举两得。

2. 经销商为主的供应服务主体

农用物资经销商，是指从事各种农用物资批发或零售的商业企业，这些商业企业有的专门从事某一种农用物资的营销，有的同时从事几种农用物资的营销。农用物资生产或制造企业完成产品生产及包装后，按出厂价格将产品卖给一级批发商，一级批发商再将产品按一级批发价卖给二级批发商，二级批发商又将产品按二级批发价卖给三级批发商或零售商，最后由零售商按零售价将产品卖给农业生产经营主体，由此完成农用物资的销售过程，也即农用物资的供应服务过程。

农用物资从生产或制造企业出厂，只有快捷高效传递给广大的零售商，才有可能及时销售给农业生产经营微观主体使用，使生产或制造企业收回成本并获得盈利，也使农业生产经营微观主体得到所需农用物资的供应服务。在这一快捷高效的传递过程中，农用物资的批发企业发挥了十分关键的作用。一级批发商将生产或制造企业的产品分散到所需片区，二级批发商再将产品分散到所需重点区域，三级批发商进一步将产品分散到所需集中区域，如此一步一步地使农用物资向使用者靠近，促进其尽快进入市场。批发商凭借对农用物资市场的了解，能较为准确地把握不同农用物资需求的市场分布，并据此建立不同层次的批发网，加快农用物资向需求市场流动，并从中发挥农用物资供应服务主体的作用。

直接为广大农业生产经营微观主体提供农用物资供应服务的是零售商，其数量庞大、分布面广，与农业生产经营微观主体关系密切，十分了解他们所需农用物资的种类、数量、质量、规格及时间，并根据这些熟知的信息，适时组织货源，及时向农业生产经营微观主体提供农用物资供应服务，满足其生产经营所需。由于农业生产经营微观主体数量巨大、高度分散、地域广布，加之所需农用物资类型多样，只有数量大、分布广的零售商才能为其提供农用物资的供应服务。但因当前农用物资零售行业进入门槛低，各类零售商家林立、良莠混杂，甚至出现个别商家以假乱真、以次充好、价格混乱的问题，今后应加强对农用物资零售商的组织管理、规范运行，更好地发挥农用物资供应服务主体的作用。

3. 中介组织为辅的供应服务主体

农用物资供应中介组织，是指不以营利为目的，而为农业生产经营微观主体提供农用物资供给服务的组织。这一组织或在若干农业生产经营微观主体间生成，或跟若干农业生产经营微观主体的效率及效益有联系，或对若干农业生产经营微观主体（或群体）负有某种责任，或因其他原因、为若干农业生产经营微观主体提供非营利农用物资供应服务，成为另一类农用物资供应服务主体。这类中介组织主要是国有农业企业及农业合作经济组织，前者为国有农业企业内部农工家庭生产经营提供农用物资供应服务，后者为农业合作经济组织的农户生产经营提供农用物资供应服务。

国有农业企业改革虽实行农工家庭承包经营，但并没有因此而放手不管，而是保留了必要的管理、决策、服务功能，为农工家庭生产经营提供农用物资供应服务，就是被保留的功能之一。国有农业企业一般规模较大，如新疆生产建设兵团的团场、黑龙江的国有农场、东北及西南地区的林场等，其农地少则数万公顷、多则上十万公顷，每年（甚至每季）所需的农用物资，不仅种类繁多而且数量惊人。由国有农业企业根据需要，统一向农用物资生产或制造企业直接采购，或统一向农用物资的一级批发商采购，再转售给农工家庭使用，不仅极大方便了农用物资的采购与供应，而且保证了农用物资的质量，还显著降低了农用物资的采购和使用成本。现在国有农业企业所需的大宗农用物资，基本都用这一方法采购与供应，国有农业企业也就成了农用物资的供应服务主体。

农业合作经济组织虽有多种类型，但都是由多个农业生产经营微观主体在自愿互利基础上所组成。这些微观主体在生产经营抉择、技术采用、生产过程控制、产品质量要求、产品销售方面进行合作，但生产经营活动大多独立开展。农业合作经济组织也会给成员农户提供一些服务，帮助他们解决生产经营中的某些实际问题，为他们提供农用物资供应服务便是惯常做法。农业合作经济组织根据成员农户需要，统一向农用物资生产或制造企业、批发商采购，再转售给成员农户使用，不仅大为方便了农用物资的采购与供应，还明显降低了农用物资的采购和使用成本，由此也使农业合作经济组织成为农用物资的供应服务主体。

三、农业技术服务微观主体

农业技术的内涵和外延十分广泛，这里专指其中的种植业技术和养殖业技术，亦即植物产品生产和动物产品生产的相关技术。农业技术服务的内容也很广，这里专指对种植业及养殖业技术的提供、传授、示范及指导。现代先进技术是农业的核心生产要素，也是推动农业发展的关键生产力，让农业生产经营微观主体掌握和应用现代先进技术，对提高农业效率与效益，推进农业现代化十分重要。而要使现代先进农业技术得到广泛推广应用，对农业生产经营微观主体提供周到的技术服务必不可少。多年来我国已建立了一套较为完整的农业技术服务体系，并培育了以农业院校及科研院所为依托、政府农技服务部门为主体、民间农技服务部门为补充的农业技术服务主体。

1. 农业院校及科研院所充任的农业技术服务主体

农业院校指农科的大专院校，同时也指综合性大学、其他学科大专院校中的涉农学院或系科，全国及各省（自治区、直辖市）都有这样的院校。农业科研院所指从事农业科学研究的国家及省级研究院（内设若干研究所）及地区（市）级农业科研所，这些院所各地都有。农业院校及科研院所集中了大批农业科技人才，拥有先进而齐全的设施与设备，是最重要的农业科研基地，是先进农业科学技术产生和提供的源头。农业院校及科研院所又承担新技术传授、示范及应用指导的重任，在农业技术服务中充当重要角色。

由于我国农业企业及涉农企业实力不强，还不能充当农业技术创新的主角，所以农业科学技术的研发重任，便落在农业院校及科研院所身上。全国数十所农业高校及数百所其他高校，数十个农科院及上千个农业科研所，每年投入大量人财物力，从事动植物优良品种选育、农地整治与改造、作物栽培与管理、动物饲养与疫病防治、新型肥料及创新开发、高效节能农业机械及设备研发、节水节肥及省工技术、农业废弃物利用等方面研究，并且产生了大量的先进适用技术成果。这些成果经政府科学技术部门及农业部门鉴定、检验、审核后，通过政府渠道及现代传媒向社会推介，成为农业生产经营微观主体技术来源，并由此使农业院校及科研院所成为农业技术服务的提供者。

农业院校及科研院所的各种研究，都必须经过严格的试验考核，还要经过多点（多区域）的大面积示范和检验，有的技术成果还要求一定时间的试用观察。这一过程起到了很好的展示作用，也是对农业生产经营微观主体的技术引导，通过展示和引导，充当了提供农业技术服务的角色。同时，农业院校及科研院所一方面有主动推广自己研发技术成果的内在动力，也有应政府要求推广应用先进技术成果的责任，他们会带着农业技术成果到生产第一线，向农业生产经营微观主体直接传授，并具体指导他们在生产经营中应用。有不少农业院校及科研院所还专门建有固定的农业科技成果示范基地，并有常驻专业技术人员，将先进成熟的技术成果率先在示范基地应用、推广。由此，农业院校及科研院所在农业技术服务中发挥了不可替代的作用，成为农业技术服务的重要依托。

2. 政府农技机构充当的农业技术服务主体

政府农业部门具有双重功能，一重功能是对农业发展进行行政管理，二重功能是对农业发展提供技术及信息服务。原来在农业部门内部，行政管理机构和技术服务机构虽然分设，但都属于行政机构。后来的改革将技术服务机构从行政机构分离出来，成为农业部门中提供公共技术服务的事业单位，虽属性发生了改变，但仍未脱离政府农业部门，仍未失去"公共性"，仍从事农业技术服务，故将其称为"政府农技机构"，意为政府部门内的农业技术服务机构，它所提供的服务属政府服务，是无偿的。

政府农技服务机构在中央、省级、县级的三级政府农业部门中都有，并且机构十分齐全，一般都设有农技站、畜牧站、水产站、土肥站、植保站、兽医站、果树站、农经站等，在乡（镇）一级也设有综合性农业技术站点。这些机构都配置了农业科技人员及相关的设施、设备、仪器，为其开展农业技术服务创造了基本条件。这些农技服务机构涵盖了农业生产经营的众多领域，可以为不同农业产业及其不同生产环节提供技术服务。且不同层级的农技服务机构上下关联，同一层级的不同农技服务机构相互配合，更能全面综合为农业生产经营微观主体提供服务。更为重要的是，这些农技服务机构拥有一大批不同学科专业、掌握现代农业科学技术、具有技术服务经验的科技人员，使其成为农业技术服务的主要力量。

政府农技服务机构的主要任务就是提供农业技术指导，提供方式一是培训、二是试验示范、三是现场指导及传授，主要在农业生产一线针对农业生产经营微观主体进行。农业技术培训，就是农技服务人员在农村开办技术培训班，对当期生产所需先进技术进行专项宣讲，让农业生产经营微观主体掌握技术要领和应用方法。农业技术试验示范，就是农技服务人员在农村创建先进技术应用的试验田，对先进技术应用的规程、方法、要点及效果进行现场展示，使农业生产经营微观主体现场参观学习。农业技术现场指导和传授，就是广大农技服务人员到农村驻点包村，在农业生产的各个环节向生产经营微观主体逐项传授先进技术，并指导其在生产实践中的应用。多年来，政府农技服务机构及其广大农技服务人员，在先进农业技术应用推广中做了大量工作，为农业发展做出了重要贡献，是农业技术服务的主力。但政府农技服务机构也还存在运行机制不活、内在动力不足、工作效率不高的问题，需要通过内部改革加以改变。

3. 民间组织及个人充当的农业技术服务主体

这里所谓的民间组织不是一般意义上的社会团体、群众组织，而是能为农业生产经营主体提供技术服务的公益性或营利性民众组织。这里所谓的个人也不是指一般的自然人，而是能为农业生产经营微观主体提供技术服务的专业技术人员。在市场经济条件下，逐渐产生了一些民营的农业科技组织（或企业），进行农业科学技术的研发和成果推广，为农业生产经营微观主体提供有偿技术服务。也有一部分农业科技人员，利用自己掌握的特定技术，为农业生产经营微观主体提供有偿技术服务。当然也有社会团体、群众组织以及某些企业和个人，为履行社会责任，为特定区域或特定农业生产经营微观主体提供无偿技术服务。这些为农业生产经营微观主体提供有偿或无偿技术服务的民间组织及个人，成为新形势下农业技术服务的补充性主体。

20 世纪 90 年代以来，一些投资者及农业科技人员成立各种类型的科技企业，从事农业新技术的开发及推广应用。这些企业主要进行动植物优良品种的选育、名贵珍稀栽培植物和饲养动物品种引种、优良动植物种子及种苗繁育、新型肥料研制、新型农药研制、新型饲料及添加剂研制、新型农机具研发、设施农业技术开发、新型栽培技术研发、新型饲养技术研发、植物病虫害防治、动物疫病防治等，研发的成果或物化为产品销售给农业生产经营微观主体，或作为知识及技能有偿向农业生产经营微观主体传授，或作为专利向使用人转让。也有一部分农业科技人员、包括部分退休的农业科技人员，利用自己掌握的特定农业技术，为农业生产经营微观主体，特别是为专业农业企业、农业专业合作经济组织、农业生产大户，有偿提供专门农业技术服务。

长期以来，我国各级工会、妇联、共青团、科协、某些学会及基金会等社会团体及群众组织，具有向农业生产经营微观主体（主要是农户）无偿提供农业技术服务的传统。一方面，每年定期开展农业科技活动周，组织农业科技人员在乡镇开展科技成果宣传、介绍、展示、传授。另一方面，建立固定的农业技术服务点，派驻农业科技人员为农业生产经营微观主体服务。再一方面，组织农业科技人员在农业生产的关键时节，到生产一线指导先进农业技术的应用。由此，使这些团体和群众组织发挥了技术服务功能，成为农业技术服务的辅助主体。还有一部分农业科技人员，特别是退休农业科技人员，出于对农业和农业科技的热爱，力所能及地为农业生产经营微观主体、特别是为农户无偿提供农业技术服务。

四、农业金融服务微观主体

农业金融服务主要是为农业发展提供资金支持，一方面为相关主体的正常生产经营提供必要的资金支持，另一方面为相关主体的生产经营风险提供一定的资金扶持。在传统意义上，农业金融服务只包括金融机构对农业的信贷服务和保险机构对农业的保险服务。但从为农业发展提供资金支持的角度，除金融机构和保险机构外，政府财政部门的作用不能小视。若将政府财政部门的作用考虑进来，农业金融服务的微观主体便有商业银行、保险公司、政府财政部门三家，它们的属性不同、功能各异、运行方式各别，但都以各自特点为农业提供金融服务。

1. 商业银行为主的农业金融服务主体

目前，除工商银行、农业银行、交通银行、建设银行四大国有商业银行之外，还有很多专业银行、地方银行。这些商业银行虽都可以为农业发展提供信贷资金的支持，但承担这些责任的主要是农业银行及成立较晚的农村合作银行（由农村信用合作社改制而来），其他商业银行如邮政储蓄银行及某些基金公司也会参与部分农业金融服务。在本质上，商业银行是通过揽储集中闲散资金，通过借贷向需求者提供资金，通过存贷利息差获取盈利，最后通过资金使用者按期还本付息实现资金循环。因此，商业银行是否为某个产业的生产经营主体提供金融服务，完全视其能否如期还本付息而定，而不是依其是否需要而定。

我国农业生产经营的微观主体主要是农户及农工家庭，其余的还有农业合作经济组织和农业企业，但数量要少得多。农户及农工家庭的农业生产经营规模小，若从事传统农业生产经营，需要的资金投入十分有限，一般能够自己解决，即使需要贷款数额也很小。但若农户及农工家庭从事新的农业创业，或对传统农业进行现代化改造，就需要贷款支持，且需要的贷款数额较大。而农业合作经济组织和农业企业，一般生产经营规模较大，需要的投入较多，其生产经营需要贷款支持。随着农业现代化的推进，农户及农工家庭创业的兴起，以及新型农业生产经营微观主体的产生与发展，对农业信贷的需求会越来越大，对农业金融服务的要求会越来越高。

面对农业信贷需求的日益增长，包括农业银行和农村合作银行在内的商业银行，因高成本和高风险，为农业提供信贷支持的积极性并不高，出现"银行有钱贷不出、农业无钱无处贷"的相悖现象。农业信贷的高成本，是指因贷款的农业生产经营微观主体数量多、居住分散、贷款项目类型复杂、贷款数额小，造成信贷项目考察、审核及贷后监管、贷款到期催收成本高昂，甚至造成亏损。农业信贷风险，是指因自然风险或市场风险导致贷款项目失败而使贷款无法收回。面对这一局面，商业银行一方面提高贷款利息，以抵消高成本，另一方面严格抵押和担保，以降低高风险。但这两种办法在实施上都存在不少困难，一般农业项目回报不会太高、难以承受高利息贷款，农业生产经营微观主体缺少有效抵押物、无物可押，且有能力的担保人难寻、普通的担保人无用。其结果就是商业银行不给或尽量少给农业信贷支持，农业发展也难以利用信贷资金。

为摆脱农业信贷高成本、高风险、难获得的怪圈，应当通过建立农业生产经营微观主体信息系统以及农业生产经营项目评估系统，提高农业信贷的管理决策效率，降低管理决策成本。应当通过提高信贷项目优劣评估准确性及借贷主体诚信评估准确性，并强化失信惩罚来减少农业信贷风险。只有如此，商业银行，特别是农业银行和农村合作银行，才可能真正充当农业金融服务的主体。如果不思改进信贷管理方法和手段，死抱着抵押贷款的思路不放，最终就只有放弃农业信贷市场。

2. 财政部门为辅的农业金融服务主体

财政部门为政府部门，本不应该成为农业金融服务主体。但财政部门承担支持农业发展的重任，财政支农资金也大多通过商业银行管理与兑付，或用于商业银行农业信贷的抵押，由此起到了为农业提供资金支持的作用。正是在这个意义上，财政部门才成为农业金融服务主体，只不过财政部门的各种支农资金是对农业发展的专项投入和定向支持，有的支农资金用于农业发展之后不用偿还，而有的支农资金用于农业发展需要返还本金用于再循环使用，与商业银行的农业信贷资金有根本的区别。

每年各级财政预算都要安排一定的资金用于土地整治、水利建设、土壤改良、林业建设、生态环保等农业基本建设，在预算盘子内由政府相关业务部门安排建设项目，并招标进行建设。财政部门将预算支农资金以专项存入商业银行由其代管，待项目建设正式开工后分阶段向项目承建方拨款，项目建设完工后经验收合格进行结算。由财政资金支持建成的农业基本建设项目，如整治好的土地、兴建的水利工程、改良培肥的耕地、建成的林地及林带、建成的农业生态环境工程等，均无偿交由农村社区或农业生产经营微观主体使用。财政部门通过对农业基本建设项目投资，间接发挥了为农业提供金融服务的作用。同时，还有一部分用于农业生产补贴（粮食生产补贴、良种补贴等）的财政资金，也是通过商业银行管理以及向农业生产经营微观主体兑付，财政部门也充当了间接为农业提供金融服务的角色。

在财政支农资金中还有一种产业发展基金，用于支持优势特色农业产业发展。这一基金仍通过商业银行管理，支持的农业产业发展项目由生产经营微观主体申请，由农业部门审批，银行将发展基金作为贷款向通过审批的申请项目发放。支持的项目由农业部门和商业银行共同监管实施，项目实施完成后收回贷款，再作为发展基金支持下一轮农业产业发展项目。与一般商业银行的贷款不同，产业发展基金贷款主要用于支持特定农业产业项目，只要申请的支柱产业符合规定，申请者又有能力完成项目发展就可以获得贷款，不需要抵押和担保，并享受无息或低息优惠。财政部门通过对优势特色农业产业发展提供资金支持，也使其成为间接为农业提供金融服务的主体。

国家各级财政部门为农业提供部分金融服务，既体现了党和政府对农业的高度重视，也反映了农业发展离不开政府强有力的支持。财政部门为农业提供金融服务已有数十年，近年随财力增强服务力度也越来越大，虽功效巨大但也还存在一些问题。一是财政支农资金掌握在很多部门手中，难以统筹规划、统一利用、使用效率不高。二是财政资金支农范围太广太杂，不能集中力量用于耕地整治、土地改良、大规模水利建设等农业基本建设上，以从根本上改善农业生产条件。三是财政支农资金应主要用于广大农户发展农业生产，而不应集中使用在农业生产大户、个别农业企业上。应当对财政支农资金的使用制度进行改革创新，使其发挥更好的作用。

3. 保险企业为补充的农业金融服务主体

农业的自然风险和市场风险高，一旦遭遇自然风险轻则减产、重则绝收，一旦遭遇市场风险轻则产品价格下跌、重则产品销售困难。对于绝大多数小规模农业生产经营微观主体，轻则减少收入及降低生活水平，重则生活无着、农业简单再生产也无力进行。为减轻自然风险及市场风险造成的危害，最理想的是预防，但有些风险是人力不可抗拒的，必然会发生。这类风险对农业生产经营微观主体造成的损失，只有通过农业保险才能部分弥补。农业保险是农业生产经营微观主体，针对某种或某几种自然风险或市场风险向保险公司投保，保险公司在收取保险费后，向农业生产经营微观主体提供担保，在风险发生后按事先约定进行损失赔付。

从理论上讲，农业保险可以部分补偿农业生产经营微观主体的风险损失，使其不致失去生计和破产。但农业保险因操作上的诸多实际困难，很难普遍实施，局限性很大。一是大多数农业生产经营微观主体的规模较小、收入有限，一般不愿意支付保险费为其可能的风险投保。二是农业生产大户、农业合作经济组织、农业企业生产经营规模较大，如遇风险损失也大，虽愿意为某些农业风险投保，但因实力有限，加之农业回报本来不高，保险费过高则农业生产经营微观主体难以承受，保险费过低则保险企业难以运行。三是农业为高风险产业，农业生产经营微观主体投保的风险发生概率很大，保险企业面临的风险赔偿概率很高，对农业保险业务的开展并不积极。四是农业风险损失评估较为复杂和困难，且容易发生分歧，给保险理赔也带来困扰。鉴于此，开展农业保险的难度不小，用农业保险解决（缓解）农业风险的难度更大。

鉴于农业保险自身的局限和实施的困难，有些地方政府通过对保险企业进行补贴（或兜底）的办法，鼓励其开展农业保险业务，经试验基本不成功。事实上农业保险还是可以开展的，只不过只能针对投保的农业生产经营微观主体众多、投保的险种发生概率又小的业务，如农作物暴发性病虫害、动物流行性疫病、农机偶发性事故等，就可开展市场化农业保险。对于多发性农业风险，如水灾、旱灾、市场需求及价格波动等，就应当通过政府而不是市场加以解决。在各级财政预算中，都应建立农业风险基金，在支农资金中还应列出"大灾救助"专项，以便在农业风险发生时，用这两笔基金对受损的农业生产经营微观主体实施救助，使其能维系正常生产与生活。

五、农产品营销服务微观主体

农产品营销服务在原本意义上就是农产品收购、储藏、运输、销售的一系列工作的总称，本书重点指对农业生产经营微观主体提供的农产品（服务品）收购或直接销售服务。农产品一般不耐储藏，即使能储藏时间也较短，且还需要一定条件，农业生产经营微观主体都希望所生产的产品能及时售出，以收回成本、获取盈利并减少储藏损失，营销服务显得极为重要。在市场经济条件下，除少量无须任何加工就可直接消费的农产品，除一部分由生产者出售给消费者外，绝大多数农产品都需要通过相关营销服务主体才能销售出去。目前从事农产品营销服务的主要有国有农产品营销企业、民营及外资农产品营销企业、农产品电商企业三类主体。

1. 国有企业充当的农产品营销服务主体

为农业生产经营微观主体提供农产品营销服务的国有企业有多种，一种是国有农产品加工企业，一种是国有农产品贸易企业，还有一种是国有农产品收储企业。国有农产品加工企业，一般生产规模较大，所需原料农产品数量也很大，为保证充足的原料来源、可靠的原料质量，也为降低原料农产品的采购成本，往往直接到原料农产品主产地，向农业生产经营微观主体收购农产品。国有农产品贸易企业，一般经营规模巨大、购进和售出的农产品数量惊人，为保证充足的农产品货源、良好的货源品质，同样为了降低货源农产品购入的成本，也喜欢到农产品货源地，向农业生产经营微观主体收购农产品。国有农产品收储企业，一般的收储规模也很大，多在农业生产经营微观主体农产品销售困难时购进并储存。这三种类型的国有企业，都是以收购农业生产经营微观主体的农产品，成为农产品营销服务主体的。

国有农产品加工企业因加工的农产品种类不同分为多种类型，每类加工企业的专业性很强，所需原料农产品品种相对单一，但质量规格有特定要求。为保证原料农产品来源及质量，加工企业或到符合要求的产区定点收购原料农产品，或事先与产区农业生产经营微观主体签订合同，按要求的品种和质量进行生产，产后由加工企业收购。这些年的实践证明，加工企业在原料农产品主产区，与农业生产经营微观主体订立收购合同，农业生产经营微观主体按要求进行生产，产品由加工企业按协议价（或市场价）收购，既可使农业生产经营微观主体有稳定的收入预期，又可使国有农产品加工企业有可靠的优质原料农产品来源。

国有农产品贸易企业一般从事大类而非单一农产品购销，所需农产品货源的品种较多，规格质量多样。为保证农产品货源的稳定和质量的可靠，贸易企业除在传统货源地采购农产品外，也在适宜地区建立农产品生产基地，以保证农产品货源的稳定。由于贸易企业营销的农产品有多种，其中的主营品种对企业发展影响较大，故往往对主营品种的货源倍加重视，一般都要建立相应的生产基地，并与农业生产经营微观主体签订收购合同，待产品产出由公司收购。通过建立农产品货源基地及产地收购货源农产品，国有农业贸易企业充当了农产品营销服务主体。

国有农产品收储企业带有一定的公益性，大多在农产品滞销、出现卖难、价格严重下跌时，按一定的保护价收购农业生产经营微观主体的农产品并暂时储存，以保护生产者的基本利益。但收储的农产品仅限于小麦、玉米、水稻、棉花等少数品种，其他农产品因经济及技术原因难以收储。尽管收储的品种十分有限，但收储的都是种植范围广、生产者数量多、产量巨大的主要农产品，这些农产品的营销及价格对农业发展及生产者利益影响很大。国有农产品收储企业在滞销、卖难、跌价时收储，为农业生产经营微观主体提供营销服务，起到了雪中送炭的作用。但这种收储也存在很大的风险，一是收储的农产品可能是供过于求或品质不良的农产品，不能作为国家战略储备；二是按保护价收储滞销农产品，可能带来亏本风险；三是不利于引导农业生产者及时调整产业及产品结构，助长某些市场过剩农产品生产。鉴于此，有必要对农产品收储制度进行调整，使之更加符合市场经济规律。

2. 民营及外资企业充当的农产品营销服务主体

在民营及外资企业中，有一些是从事农产品加工或农产品贸易的企业，还有一些是从事其他行业但也需农产品作原料，也将其归为农产品加工企业。农产品加工企业需要农产品作原料，农产品贸易企业需要农产品作货源，无论是作原料的农产品或是作货源的农产品，除部分由国外进口外，主要从国内获取，即向农业生产经营微观主体购买。通过这一购买，农业生产经营微观主体为这些企业提供农产品，这些企业为农业生产经营微观主体提供营销服务。

我国民营的农产品加工企业数量众多、类型复杂，但各个企业专业性强、加工的农产品相对单一。民营的农产品加工企业除极少数外，多为中小型企业，有的还以当地农产品加工为主。有的加工企业是依托原料产地而建的，有一定地域性特征。这些企业根据加工需要，直接或间接收购农业生产经营微观主体生产的原料农产品进行加工，为这类农产品的生产者提供营销服务。只有少数规模较大的加工企业，才会在产地与原料农产品生产者签订购销合同，在产后以协议价收购产品，为原料农产品生产者提供营销服务。

我国的民营农产品贸易企业也很多，类型也很复杂，各个企业都是经销某一类而不是某一种农产品，业务相对综合。民营农产品贸易企业只有极少数规模较大，大多数都为中小型企业。这些企业一般是将产地的农产品收购起来运往异地销售，加之经销的农产品是某一大类中的很多种，需要到多种农产品的产地去组织货源，通过直接或间接收购货源农产品，为其生产者提供农产品营销服务。当然，规模较大的民营农产品贸易企业，为保证货源及质量，也逐渐形成较为固定的农产品货源地，通过长期稳定的采购，为货源地农业生产经营微观主体提供可靠的农产品营销服务。

国内的外资农产品加工和贸易企业不多，但规模较大，主要集中在粮食、油料等领域，如利用粮食加工饲料，利用油料加工食用油等。由于这类企业规模大，所需原料农产品和货源农产品数量多，不能靠直接向农业生产经营微观主体收购获取，而只能通过向国有或民营农产品贸易企业及国有农产品收储企业购买获得。因此，外资农产品加工及贸易企业多是间接购买农业生产经营微观主体的农产品，提供的只是间接的农产品营销服务。还必须指出，一些外资农产品加工及贸易企业，大量采购国外原料农产品和货源农产品，对国产农产品营销造成了一定冲击，起到了反向服务的作用。

3. 电商充当的农产品营销服务主体

近年飞速发展的电子商务，彻底改变了农产品营销的传统模式，冲破了农产品传统营销的局限与约束，为农产品营销提供了全新的交易平台，极大拓展了农产品交易市场、缩短了交易时间、节省了交易费用。电子商务的扩大、拓展和水平的提升，不仅使农产品生产与供给信息能及时传递给需求者，也能使农产品需求信息及时反馈给生产或供给者，从而促进农产品生产与需求的有效对接。电子商务在农村的广泛发展，使众多农业生产经营微观主体生产的农产品，通过互联网直接销往全国各地，电商便成为农产品营销新的服务主体。

农村电商通过图片、文字说明将农产品产地信息在互联网上发布，这些信息包括农产品产地、品种、数量、质量、个性化特征、安全性、品牌等。当农产品需求者从网络上获知相关信息后，就会选择合意的农产品下单购买，电商从产地向购买者发货，货到验收后即完成交易。这种电商交易不仅使包括偏僻地域的农产品能销往广阔市场，也使相距遥远的消费者能及时获得所需特定农产品，并且使农产品直接从生产者手中传递到消费者手中。这种电商交易既能实现大宗农产品的购进和售出，更易实现小宗农产品的买卖，特别是易于实现一般农产品贸易企业不愿经销的交易频次少、交易数量微小的特殊农产品的购进和售出。从而打破了农产品传统的收购—储存—批发—零售的营销模式，以及买卖双方面对面的交易方式，既给需求者购买农产品提供了很大便利，更为农业生产经营微观主体销售农产品提供了极大方便，使电商成了新的农产品营销服务主体。

近年农村电商发展较快，在农产品营销，特别是名优特及珍稀农产品营销上发挥了重要作用。但当前电商的发展也还存在一些问题，影响其作用的发挥。一是还有相当部分农村没有电商，特别是偏远农村电商缺失，不能为当地农业生产经营微观主体提供农产品电商交易服务。二是对电商缺乏严格管理，以致出现发布产品虚假信息欺骗消费者，以及提供与合约不符的劣质产品。三是交易农产品在运输传递过程中受损、过时、差错时有发生，责任确认、损失赔付难以解决。电商发展需要制度加以约束，需要管理加以规范，需要诚信加以自律，只有做好这些工作，电商发展才会走上正轨，农产品营销服务主体的作用才能充分发挥。

第十二章　中国农业生产作业服务微观主体

农业生产作业服务微观主体，是指在农业生产过程中承担各种农事活动、完成相关生产作业的企业、经济组织及个人。这类微观主体所提供的是在农业生产过程中各环节的农事作业服务，既包括机械服务也包括人工服务。这些服务有种植业生产的种子（种苗）生产服务、耕作与栽培服务、田间管理服务、收获服务等，养殖业生产中的仔畜（雏禽、鱼苗）生产服务、饲养服务、疫病防治服务、出栏服务、粪污处理服务等。农事作业服务可以由农业生产经营微观主体自己提供，称为自我服务，也可由别的主体提供，称为外包（外雇）服务。

一、种子（苗）生产作业服务微观主体

发展种植业离不开种子和种苗，发展畜牧业需要仔畜、雏禽，发展水产业需要鱼（虾、蟹）苗，种子（苗）生产是农业生产的起始阶段，是农业生产中的重要过程。在传统上，种子（苗）生产是与种植业和养殖业紧密相连的，即种子（苗）由种植及养殖业者自产自用，随着农业分工及技术进步，种子（苗）生产正逐渐从一般种植业和养殖业中独立出来，成了一种特殊的种植业和养殖业。这一特殊的种植业和养殖业由专业的企业或农户经营，专门生产种子（苗）供一般种植和养殖业者使用。

1. 植物种子生产作业服务主体

农业使用的植物种子包括粮食、油料、棉花、糖料、麻类、蔬菜、水（干）果、牧草、饲料、林木及竹类、中药材等各类栽培植物的籽实，各类栽培植物又有很多不同的种属，每一种属的植物还有众多的品种，故农用植物种子的种类繁多、产地各别、特征各不相同。由于种子对农业生产的重要性，现在栽培植物的种子大多数都是经过人工选育、改良的优良品种，如杂交改良品种，转基因品种、特定品种等。生产这类种子需要专门的技术和特定的条件，普通的种植业者很难完成，只能依靠具有较强技术能力和投资实力的种子企业承担，并逐步形成了农用植物种子，特别是大宗农作物种子，主要由种子公司生产与供给的局面。

种子公司生产种子的一种模式是委托生产，即委托一个片区的农业生产经营微观主体进行生产，生产量大而技术又不太复杂的种子适用这种模式。种子公司首先

选择气候、环境、土壤及其他条件适宜的区域作为种子生产的产地，与产地内的农业生产经营微观主体签订种子生产委托合同，由种子公司向委托者提供种子生产的原材料及相关技术，并派专门的技术人员在产地进行技术指导。受委托的农业生产经营微观主体，严格按照相关技术要求，把握好每一个生产环节，完成好每一项农事活动，生产出合格的种子。种子收获后由种子公司按委托合同商定的价格，向委托的生产者收购种子。在种子的这一生产模式下，种子生产作业服务是由受委托的农业生产经营微观主体提供的，而不是种子公司自我提供的。

种子公司生产种子的另一种模式是自主生产，即由公司租用土地自己组织生产，生产量不太大且技术复杂又难掌握的种子生产适用这种模式，种子生产的原材料需要严格控制和保护的也使用这种模式。种子公司选择气候、环境、土壤及其他条件相宜的片区，租用片区内的土地使用权，利用租赁土地进行种子生产。公司按种子生产的过程递次安排各项农事活动，一般的农事活动在技术人员指导下外包给其他主体完成，关键的农事活动由公司组织专业人员完成，以确保生产合格的种子。种子收获后完全归种子公司所有，对租用的土地按事先约定支付租金即可。按这一模式生产种子，可以确保生产的种子、生产种子的原材料及生产种子的技术不流失，种子生产作业服务由种子公司及外包方共同提供。由于这一模式要由种子公司投入更多人财物力，种子生产的成本较高，不是迫不得已，一般会采用委托生产而不自主生产。

2. 植物种苗生产作业服务主体

农业使用的植物种苗同样包括粮食、油料、棉花、糖料、麻类、蔬菜、水（干）果、林木及竹类、中药材等多类栽培植物的幼苗，这些栽培植物有很多类型，每一类型中有众多品种，故植物种苗也多种多样、各不相同。种苗与种子一样对农业十分重要，种苗生产同样受到重视。种子耐储运、可异地生产，种苗难储运，大多只能就地生产，种子靠植物有性繁殖，种苗既可以有性繁殖又可无性繁殖，二者在生产上有很大差别。农用植物种苗类型虽多，但使用量最大的是水稻的秧苗、蔬菜的菜苗、果树的果苗、花卉的花苗、林木的树苗。传统上农民使用的种苗多为自产自用，即使生产种苗出售也是手工生产、规模很小。随着农业分工的发展和种苗生产技术的进步，集中使用的大宗种苗逐步实现了工厂化大规模生产，只有零星少量使用的种苗仍分散小规模生产。

农业现代化的推进使农业内部分工越来越细，种苗生产逐渐独立出来成为一个新的产业，一些业主也投资建设种苗生产工厂，利用现代技术与设施、设备，对集中使用的大宗种苗进行工厂化大规模生产。目前工厂化种苗生产发展较快、运行又较成功的，有水稻集中产区的秧苗工厂化生产、蔬菜集中产区的菜苗工厂化生产、花卉集中产区的花苗工厂化生产、风景集中建设区的景观树苗工厂化生产、水（干）果集中产区的果树苗工厂化生产、林区的树苗工厂化生产等。现代化的种苗工厂设施先进、设备配套完善、自动化程度高、生产能力很强，有的育秧工厂可为 2 万～3 万公顷稻田提供秧苗，有的苗木工厂每批能育出数百万株果苗或树苗。这些种苗生产工厂由专门的技术人员管理，每一项生产作业都由经过严格训练的专人负责完成，种苗生产的所有作业服务，都由种苗生产企业提供。

在农业生产中除集中使用的大宗种苗由工厂大规模生产外，大范围零星使用的种苗多采用分散小规模生产。种苗的分散小规模生产有两种方式，一种是小业主的小规模商品种苗生产，另一种是种苗使用者自种自用的种苗生产。小规模商品种苗生产的业主，一般都具有种苗生产的实际经验，也需要建设种苗生产的小型设施，利用经验和设施自己进行种苗生产，供给周边农业生产经营微观主体使用。生产条件容易满足、技术要求又不高的种苗，一般由使用者自己生产，既能满足生产需要，还能节省种苗成本。这两种分散小规模种苗生产，其生产作业服务都由生产者自己提供。

3. 动物仔畜、雏禽、鱼苗生产作业服务主体

饲养动物有家畜、家禽、鱼虾蟹、昆虫、特种动物等多种类型，各大类饲养动物中又分为不同种类，不同种类饲养动物中还有很多不同品种，故饲养动物的仔畜、雏禽、幼苗种类繁多。这些仔畜、雏禽、幼苗对养殖业发展极为重要，受到养殖业者的高度重视。由于不同类型动物的养殖地域、规模、方式不同，其仔畜、雏禽、幼苗的生产也随之改变，有些仔畜、雏禽、幼苗生产与商品动物生产结合在一起，有些仔畜、雏禽、幼苗生产又与商品动物生产相互分离，有些仔畜、雏禽、幼苗集中大规模生产，有些仔畜、雏禽、幼苗分散小规模生产，其生产作业服务的主体也互不相同。

猪、牛、羊等家畜的仔畜生产有两种模式，一种是专业化的养畜场大规模商品仔畜生产，一种是家畜养殖户小规模自用仔畜生产。专业化仔畜养殖场由业主投资兴建，设施及设备配套齐全，配备有专业技术人员及训练有素的工作人员，仔畜生产的每一个环节都有良好的条件和周到的照料。专业化的仔畜养殖场规模较大，有的仔畜养殖场一年生产仔猪上十万只，有的犊牛养殖场一年生产牛犊上千头，有的羔羊养殖场一年生产羊羔数千只，供大型养畜场使用。仔畜养殖既包括繁殖又包括饲养，加之规模较大、技术要求高、作业规范严格，其生产作业服务由养殖场自己提供。有的牛、羊养殖户生产规模不大，所需仔畜往往在技术人员帮助下用自己的母畜繁殖，繁殖的仔畜主要是自养，少量用于出售，这样的仔畜生产作业服务在技术环节由专业技术人员提供，在其他环节由养殖户自己提供。

鸡、鸭、鹅等家禽的雏禽生产也有两种模式，一种是专业孵化厂大规模商品雏禽生产，一种是家禽养殖场自备孵化设施小规模自用雏禽生产。专业孵化厂由业主投资兴建，设施设备配套齐全，配套有专业技术人员及严格训练的工作人员，雏禽生产的各个环节都有良好的条件，严密监控、照料周到。这种孵化厂的规模较大，每批孵化雏禽少则数十万只，多则数百万只，供应大型养禽场使用。有的家禽养殖场，特别是种禽养殖场，自己购置小型孵化设备，小规模生产雏禽自用，只不过这种小规模自产自用的雏禽生产模式已越来越少。无论是专业孵化厂的大规模生产，或是小型孵化设备的小规模生产，雏禽生产的技术要求都较高、生产规范严格，其生产作业服务都由孵化厂及养禽场自己提供。

鱼、虾、蟹等水产的幼苗生产，只有专业化繁殖场大规模商品苗生产一种模式，也就是由业主投资兴建育苗场，繁殖水产幼苗供养殖者使用。水产幼苗繁殖不仅投资较大，技术要求高，而且还有一定风险，因此只有掌握相关技术又有一定投资能力的人才会从事这一行业。专门的繁殖场每年生产的水产幼苗数量都很大，能供给较大范围水产养殖业者用苗，由水产幼苗繁殖的技术要求所决定，其生产作业服务只能由繁殖场自己提供。

二、植物种植生产作业服务微观主体

在传统意义上，种植业主要指大田作物（粮食、棉花、油料、糖料、蔬菜、饲料作物等）的生产，有时也包括园艺作物（水果、干果、茶叶、花卉、蚕桑、中药材等）的生产，但不包括植树造林和草原建设。实际上，林、草和大田作物、园艺作物都是植物，在种植上有很多相通之处，种植业生产作业服务也适宜于林草业。种植业中因作物不同使生产过程的作业有所区别，但无论何种作物的种植，都必须依次完成土地耕作平整、施肥、播种（栽插）、田间管理、病虫害防治、收获产品等生产作业活动。对于一年生作物的这些作业在一个生产周期内完成，对于多年生作物播种（栽插）只需第一年完成，其他生产作业必须年年重复完成。种植业生产作业可用人工完成，也可用机器完成，可由种植业生产经营微观主体自己完成，也可外包给其他服务主体完成。

1. 大田作物生产作业服务主体

粮食、棉花、油料等大田作物的生产，都要经过土地耕耘平整、底肥施用与播种（栽插）、中耕除草及水肥管理、作物病虫害防治、产品收获及秸秆处理等一系列作业，才能完成整个生产过程并获得收益。在传统上，大田作物的所有生产作业，都是农业生产经营微观主体自己完成的，也就是生产作业服务是生产经营者自己提供的，是一种自我服务而无求于他人。如20世纪90年代中期之前，因缺乏农业生产作业社会化服务，小农户只能靠自己使用人力完成从种到收的全部生产作业，农业企业也只能靠自己使用职工人力及自有农机具完成各项生产作业。此后因专业化农业生产作业服务的逐步兴起，大田作物生产作业服务的提供也逐渐发生改变，由生产经营者自我提供转变为生产经营者和生产服务者共同提供。

20世纪90年代中期，因大量劳动力外出务工使农村劳动力不足，很多农户大田作物生产出现困难，生产作业需外力帮助。一些农户及其他业主看到商机，便购买农机具为农户提供耕作、播种（栽插）、施肥、病虫害防治、收割等专项生产作业服务，收取服务费用，有的还以此为业而成为农业生产作业服务业主。进入 21 世纪，国家大力推进农业机械化，对农机购买和使用进行财政补贴，一些投资者更是建立农机服务站，购买农机具，招聘农机操作人员，专门为农业生产经营微观主体提供生产作业服务，一些农业生产大户也购买农机具、雇请农机操作人员，既给自己也兼给其他农业生产经营微观主体提供生产作业服务。由此，以农机服务为主的大田作物生产作业社会化服务迅速兴起，社会化服务业主及服务队伍也快速形成。与此同时，粮食、棉花、油料等主要大田作物逐渐向优势产区集中，在一定区域内形成了很大生产规模，提供了巨大的大田作物生产作业市场，又极大吸引和刺激了生产作业社会化服务的发展。

大田作物生产作业服务需求市场的逐渐形成，以及大田作物生产作业社会化服务主体的发展，使大田作物生产作业服务的主体和方式发生了根本的变化。在平原地区土地平坦连片，一般农户的大田作物生产，几乎所有的生产作业都是外包给社会化农机服务主体完成，自己不用提供生产作业服务；农业生产大户或农业企业因拥有农机具，有一部分生产作业是用自有农机完成，另外的生产作业也是外包给社会化农机服务主体完成。在山地及丘陵地区因土地不平、地块较小又不太连片，一般农户的大田作物生产，只有较大地块的部分生产作业才能外包给社会化农机服务主体完成，其余的生产作业只能靠自己人力完成；农业生产大户或农业企业因拥有中小型农机具，部分大田生产作业可以利用自有农机具完成，不能使用农机具的生产作业只能组织人力完成。

目前兴起的大田作物生产作业社会化农机服务，表现出某些独有的特点和优势。其最显著的特点就是社会化农机服务的生产作业效率高、质量好，使大田作物生产作业水平得到很大提高。社会化农机服务机构拥有先进的农业机械、训练有素的专业农机人员、先进的生产作业知识、丰富的生产作业经验，为生产作业高效率、高质量提供了物质保障和技术保障。社会化农机服务的严格合约，又为生产作业高效率、高质量提供了制度保障。其最明显的优势表现在促进农业机械化并节省投资，以及提高大田农作物生产的效率与效益。在大田作物产区建设专业化农机服务站，每个站可为大面积农田提供生产作业的农机服务，不仅可以加快农业机械化进程，还能大大节省单位土地的农机投入。大田作物生产作业的农机服务，在节省人工的同时还能提高作业效率与质量，使生产成本下降和效益增加。

2. 园艺作物生产作业服务主体

水果、茶叶、花卉等园艺作物的生产，因作物自身特点及种植方式差异较大，其生产作业也各不相同。但某些同类的园艺作物（如一年生草本植物或多年生木本植物），其生产作业也有类似之处。即使不同类型的园艺作物生产，也都有一个先期建园（园地整治、改良、培肥及园内水、电、路等设施建设）的过程。在园地建成后，花卉等一年生草本作物的生产，都要经过土地耕耘、底肥施用与播种（栽插）、中耕除草及水肥管理、病虫害防治、产品收获及废弃物处理等一系列作业，才能完成整个生产过程。而水果等多年生木本作物的生产，第一年要经过土地耕耘、底肥施用与播种（栽插）、中耕除草及水肥管理、病虫害防治、防止人畜损害等生产作业，第二年要经过幼树修剪整形、中耕除草及水肥管理、病虫害防治、防止人畜损坏等生产作业，第三年及后续年份每年都要经过中耕除草及水肥管理、病虫害防治、防止人畜损坏、产品收获及废弃物处理等生产作业。在传统上，园艺作物生产作业是由生产经营者自己完成的，亦即生产作业服务由自我提供。后来由于园艺作物生产的大发展及园艺作物生产作业社会化服务水平的提高，园艺作物生产作业服务由生产经营者自我提供，逐渐演变为生产经营者和生产服务者共同提供。

20 世纪 80 年代后期开始，我国水果、茶叶、花卉等园艺作物生产快速发展，种植范围拓展、种植规模扩大、种植品种增多，且不同园艺作物生产逐渐向最适产区集中，形成规模大小不等的生产基地。由于园艺作物生产技术要求较高，专业性较强，而农民又缺乏相关技术，在快速发展中出现了建园不规范、品种选择不恰当、栽培管理混乱、病虫防治不及时等问题。为解决这些问题，一些专门为园艺作物生产提供建园、种植成园、水肥管理、苗木修剪整形、病虫害防治、产品收获等方面服务的实体和队伍应运而生。20 世纪 90 年代中期，农村劳动力不足的问题突出，对劳动密集型的园艺作物生产带来很大冲击。在这一新的形势下，对生产作业社会化服务的需求越来越大，为园艺作物生产提供专业化社会服务的经济实体也随之发展壮大，不仅拥有专门化知识和技能的服务队伍，还配备有先进的农机具及设施与设备。由此使园艺作物生产的部分作业，特别是技术要求高的作业，由专门化的服务主体有偿提供，其余的部分作业则由生产经营微观主体完成。

目前的园艺作物生产作业社会化服务，还只限于部分作物的部分生产作业，不如大田作物那么广泛。这一方面是因为园艺作物生产作业比较烦琐、有的还不便细分、不便于外包完成，另一方面是因为园艺作物生产作业机械化程度较低，有很多作业需人工完成，外包给专业化服务主体完成的成本很高。但事实证明，园艺作物生产作业的专业化社会服务效率高、质量好，有利于产量增加、品质提高等诸多优势，应当创新园艺作物生产技术、简化作业程序，创造机械作业条件，使其生产作业的专业化社会服务水平提高。

3. 林业及草业生产作业服务主体

林业和草业是农业的重要组成部分，不仅有重要的经济社会功能，更有巨大的生态环保功能。林业生产从源头算起，要经过植树造林、幼林抚育、成林管护、病虫害防治、水火灾害防治、成熟林采伐与更新等过程，一个生产周期短则数十年、长则上百年。若为天然林地，则人工植树造林环节不会发生，但其他生产过程不可缺少。草业生产从源头算起，要经过草地耕耘、施肥种草、草场病虫鼠害防治、草场害草防治、草场水火灾害防控、放牧管理、草料收割等过程，一个生产周期数月至一年。若为天然草地，则人工耕耘、种草不会发生，但其他生产过程不可缺少。在传统上，林业生产作业是由林业生产经营者完成，草业生产是由牧业生产经营者完成。随着现代林业及草业发展的加快、生产作业技术和手段的进步，林业及草业生产作业服务发生了改变，由生产经营者自我提供，逐渐转变为生产经营者与生产服务者共同提供。

20世纪80年代后期开始，我国林业和草业发展加快，造林范围及规模扩大、幼林抚育和成林管护加强、病虫害防治及火灾等防控更为严格，人工草场建设及草地改良加快、草地保护及植被恢复加强、草地病虫鼠害防治强化，发展的要求也越来越高。由于林业和草业发展涉及范围广，又多处于地广人稀的山地、荒漠、高寒地区，自然环境和生产条件都比较恶劣，单靠当地林业及牧业生产经营者，完成繁重而艰巨的生产作业是极困难的。面对林业和草业发展的巨大生产作业服务需求，在20世纪90年代，一批专门为林业生产和草业生产提供作业服务的实体应运而生，这些实体经过发展壮大，不仅拥有技术熟练、生产经验丰富的服务队伍，还装备有先进的机具、设施、设备，生产作业服务能力很强。目前，这些实体主要为林业生产提供植树造林及飞播造林、森林病虫害监测及防治、森林火情监测及防火灭火、森林间伐、成熟林采伐等作业服务，为草业生产提供人工草场耕耘及播种、改良草场补种、草场病虫鼠害监测与防治、草场水火雪灾监测及防治、牧草收割等作业服务。至于林业及草业的日常管护和零星生产作业，则主要由生产经营主体自己完成。

目前的林业及草业生产作业的社会化服务，虽然还局限在部分林区及草原地区的局部领域，但其独特的优势和强大的生产作业服务能力已充分显现出来。一是能及时准确监测和报告森林及草原险情和灾情。专业化的林业及草业生产作业服务实体，拥有先进的设备和技术，可迅速而准确地对成百上千平方公里森林及草原进行监测，及时发现险情、灾情并能精准评估和报告。二是能及时高质量完成大规模生产作业服务。专业化的林业及草业生产作业服务实体，拥有经验丰富的生产作业队伍和先进配套的机器、工具及设备，可以在短期内完成大面积造林种草、森林及草原病虫害防治、大面积牧草收割等。三是具有强大的救灾抢险能力。林业及草业生产作业服务实体，既有专业技术人员，又有配套的实施设备及装备，具有较强的突击抢险能力，可及时对森林和草原突发灾害进行抢险。

三、动物养殖生产作业服务微观主体

在传统意义上，养殖业主要指家畜（猪、牛、羊、马、驴、骡等）和家禽（鸡、鸭、鹅等）的生产，以及经济动物（蚕、蜂等）生产，但不包括水产品（鱼、虾、蟹等）生产。可实际上，水产品和家畜、家禽都是动物，在养殖上有许多相通之处，在养殖生产作业服务上也有某些类似之处。养殖业中因动物类别及种类不同，使其生产作业互有区别，但无论何种动物的养殖，都必须依次完成养殖设施（饲舍、鱼塘等）建造、仔畜（雏禽、鱼苗等）购买及投放，饲料生产及购买，动物饲喂育成，疫病防治，育成动物出栏，动物粪污处理等生产作业活动。养殖设施建成后可多次重复使用，而其他生产作业在每一个生产周期都必须进行。这些生产作业有的靠人工完成，有的靠机器设备完成，有的由养殖生产经营者完成，有的由养殖生产服务者完成。

1. 家畜养殖生产作业服务主体

以猪、牛、羊为主的家畜养殖生产，因家畜的种类不同及养殖方式的差异，其生产作业也各不一样。但作为家畜这一大类，猪、牛、羊的养殖生产作业都包括养殖设施建造、仔畜购买及投放、饲料生产及购买、每日定时饲喂、疫病日常防治、育肥商品畜出栏、粪污处理等事项，只不过不同家畜养殖生产作业具体内容差别较大。其中生猪为舍饲，养殖生产作业按这一程序进行，若牛、羊为舍饲其生产作业亦类同，但若牛、羊为放牧，则"饲料生产及购买"就应改为"草场建设及饲料购买"，"每日定时饲喂"就应改为"每日放牧与补饲"。在传统上，家畜是农民、牧民分散养殖，生产作业也由农民、牧民自己完成。从 20 世纪 80 年代后期开始，家畜逐渐向工厂化规模养殖过渡，养殖生产作业也随之由家畜养殖生产经营主体完成，演变为生产经营主体与生产服务主体共同完成。

20 世纪 80 年代中后期，随着粮食短缺的消除及人们生活水平的提高，以猪、牛、羊及奶牛养殖为主的家畜生产蓬勃发展。进入 20 世纪 90 年代，由于农村劳动力大量向城镇转移，以农（牧）户为主体的家畜分散养殖，逐渐向业主为主的工厂化集中养殖过渡，一些有能力的农（牧）户和其他业主，投资兴办养猪场、养牛场、养羊场、奶牛场，对猪、牛、羊、奶牛进行规模化养殖。经过 20 余年的发展，目前已形成了以业主工厂化规模养殖为主，以农（牧）户零星分散养殖为辅的家畜养殖格局。对于量大面广的农（牧）户零星分散的家畜养殖，除疫病防治这一生产作业由兽医及防疫人员提供服务外，其他作业基本都由农（牧）户自己完成。但对于工厂化规模养殖家畜的业主，家畜的饲舍及其中的设施和设备要专业的企业建设和安装，仔畜投放及饲料购买需要供应商服务，疫病防治需要兽医及防疫人员提供服务，育肥商品畜出栏也需要收购商提供服务，只有每日的定时饲喂、自产饲料的生产作业才由养殖场自己完成。由此，为家畜工厂化规模养殖提供饲舍建设、仔畜供应、饲料供给、疫病防治、商品畜营销、粪污处理等生产作业社会化服务的实体，也应运而生并发展起来，成为家畜生产作业服务主体。

家畜工厂化规模养殖生产作业服务，主要由专门的社会化服务主体提供。一是因这一养殖方式技术要求较高，养殖作业难以自己承担，有些生产作业需要专业队伍来完成。二是部分生产作业外包，使养殖场减少人员并提高生产作业效率、降低生产成本。三是可使家畜养殖生产作业规范化，有利于保证畜产品质量与安全。由于家畜生产作业社会化服务的发展时间还较短，一些家畜养殖场还不善于利用这一新的生产作业服务力量，一些家畜生产作业社会化服务主体也还存在技术力量不强、生产作业服务不到位的问题。

2. 家禽养殖生产作业服务主体

以鸡、鸭、鹅为主的家禽养殖生产，虽家禽种类不同及养殖方式的差异，造成生产作业的具体区别，但在基本的生产作业上仍是类同的，都包括养殖设施建造、雏禽购买及投放、饲料生产及购买、每日定时饲喂、疫病日常防治、商品禽出栏、粪污处理等事项。只不过家禽的工厂化规模养殖与农（牧）户零星分散养殖，在生产作业上是有差别的，工厂化规模养殖基本遵循上述生产作业程序，但农（牧）户零星分散养殖的饲料一般不必购买，放养而不是定时饲喂。农（牧）户零星分散养殖家禽，其生产作业除疫病防治需兽医防疫人员服务外，其他都由自己完成。而工厂化规模养殖家禽，其生产作业中的饲舍建设及设备安装、雏禽投放、饲料购进、疫病防治、商品禽出栏等生产作业，都有赖于外部的专业实体提供社会化服务，养殖企业只能完成自产饲料生产及每日饲喂的生产作业。

20世纪80年代中后期，人们对家禽产品需求急剧增加，刺激了家禽养殖业的发展。一方面农（牧）户家庭养禽数量增加、规模扩大，另一方面家禽工厂化规模养殖迅速发展、特别是大中城市郊区率先发展。进入20世纪90年代，因大量农村劳动力向城镇转移，农（牧）户零星分散养殖家禽逐渐萎缩，使家禽工厂化规模养殖渐成主流。一些业主及有投资能力的农（牧）户，投资兴办养鸡场、养鸭场、养鹅场，并由城市郊区扩展到农村腹地，甚至在一些村社形成了家禽养殖基地。经过20余年的发展，已经形成了以工厂化规模养殖为主体，以农（牧）户零星分散养殖为补充的家禽养殖格局。家禽工厂化规模养殖的兴起，一方面使家禽养殖生产作业更为规范化和程式化，另一方面也使家禽养殖生产作业更加细分和专业化，使一部分生产作业可由养殖企业自己完成，而另一部分生产作业因技术要求高需专业队伍完成。面对这一市场需求，为家禽工厂化规模生产提供饲舍建设、雏禽供应、饲料供给、疫病防治、商品禽（禽产品）营销等生产作业社会化服务的实体及队伍也迅速发展起来，对家禽养殖场提供生产作业有偿服务，成为家禽生产作业服务主体。

家禽工厂化规模养殖生产作业服务、特别是技术性强的生产作业服务，主要由专门的社会化服务主体提供，是家禽养殖业发展的一大进步。一是使家禽养殖业内部分工细化，使每项生产作业由专业人员完成，有利于提高生产效率。二是重要的生产作业由专业人员完成，有利于提高生产作业质量，进而提高家禽产品质量和安全性。三是部分作业外包，使家禽养殖企业可以减少人员，提高生产作业效率并降低生产成本。只不过因传统生产经营习惯的影响，一些家禽养殖企业还是宁愿增加员工自己完成生产作业，不愿将部分生产作业外包，而一些家禽养殖生产作业服务实体队伍不强、技术不精、服务质量不高，又影响其生产作业服务功能的发展。

3. 水产养殖生产作业服务主体

以鱼、虾、蟹、贝为主的水产养殖生产，虽具体的养殖方法大相径庭，但其商业养殖的生产作业程序却极为相似，包括养殖池（塘）设施建设（整治）、水产幼苗购买和投放、饲料生产及购买、每日定时饲喂、疫病防治、养殖水体管理及维护、水产品捕捞及营销等事项。如果是在江、河、湖、水库天然放养，则只包括水产幼苗购买和投放、水体保护、渔业保护、水产品捕捞及营销等事项，与商业养殖的生产作业有显著差别。水产的商业养殖都是业主的规模化养殖，不同业主养殖不同品种，并熟悉相应的养殖技术。除养殖池塘及设施建设、水产幼苗供给、专用饲料供给、水产品捕捞及营销由其他主体提供服务外，其余的生产作业都由养殖场自己完成。江、河、湖泊、水库的天然放养，主要由所在地方政府农业部门负责实施，生产作业也由农业部门组织专门力量完成。

20世纪80年代中后期，人们对水产品需求迅速增加，靠天然捕捞已不能满足需要，极大地刺激了水产养殖业的发展。一些农民，首先是城市周边的农民，建设水池、水塘或承包堰塘养殖水产。为掌握养殖技术，有的聘请水产科技人员当顾问，有的到高校和科研院所学习，政府也主办水产养殖技术培训班，向养殖农民传授技术，使一批水产养殖业主成长起来。进入20世纪90年代，水产品市场进一步看好，进一步激发了水产养殖业发展，一些有实力的业主在学习掌握了水产养殖技术后，纷纷投资建设水产养殖场从事水产养殖。而为水产养殖提供养殖池塘设施建设及水产幼苗供给、饲料供给、养殖技术指导、水产品捕捞及营销服务的实体和队伍也相继发展起来，并为水产养殖场提供所需生产作业的有偿服务，成为水产养殖生产作业的服务主体。

水产养殖生产作业服务，特别是技术要求高和专业性强的生产作业服务，主要由专门的社会化服务主体提供，是水产养殖业内部分工及专业化的结果，对促进水产业发展大有好处。一是将技术要求高、专业性强的生产作业外包给专门的社会化服务主体完成，可以消除或缓解水产养殖业的技术约束。二是将一些需要专用设备、机械才能完成的生产作业外包给专门的社会化服务主体完成，可以大大节省业主的固定资产投资。三是将一些生产作业外包给专业化服务队伍完成，有利于提高生产效率和质量，进而提高水产品产量和质量。四是将一部分生产作业外包给专门的社会化服务主体完成，可以减少水产养殖企业的人员聘用，提高生产效率和降低生产成本。只不过除水产养殖业比较集中的区域外，为水产养殖提供生产作业服务的实体和队伍还很缺乏，即使在水产养殖集中的区域，水产养殖生产作业服务，特别是技术服务仍然不足。

四、新型农业生产作业服务微观主体

随着经济社会的发展、科学技术的进步，人们对农业发展的认知和理念有了很大的变化，资源的节约、生态环境的保护、发展的可持续引起高度关注，农业的多功能性也受到重视。在这些新认知和新理念启发下，加之现代科学技术的支撑，诸如设施农业、旅游观光农业、生态修复农业等新型农业先后产生，并迅速发展壮大，在农业体系中占有一定地位。这些新型农业在生产条件塑造、生产作业程序安排、生产技术选择、生产资料使用、生产过程控制等方面，都与传统农业有很大的差别，具有投资较大，技术要求较高，产出能力较强的特点。这类农业的发展，不仅要求生产经营微观主体具备必要的知识和技能，更需要专门的社会化服务主体为其生产作业提供服务。

1. 设施农业生产作业服务主体

设施农业是指通过建造人工设施，以突破自然条件的限制，为动植物创造一个适宜生长发育的人工环境，从事农产品生产的新型农业。设施农业既可发展种植业，也可发展养殖业，但目前是设施种植业发展较快。20 世纪 80 年代中期，随着收入和生活水平的提高，人们对冬春两季的新鲜蔬菜瓜果需求增加。因北方在冬春两季难以在露地生产蔬菜瓜果，就只能在南方生产后运往北方，导致长途运输损失严重，仍供不应求。于是人们利用温室大棚在北方的冬春两季试种蔬菜、瓜果，经过试验和探索，创造出一套塑料温室大棚建造和使用技术。塑料大棚建造简单、成本低廉、使用方便，可四季生产，产量高、效益好，很受农民欢迎，从北方到南方得到大面积推广，成为设施种植业的主流模式。

利用塑料大棚种植蔬菜、瓜果及其他作物，虽与露地生产有某些相似之处，但也有很大不同。大棚种植虽也要经过土地耕耘平整、施肥及播种（栽插）、田间水肥管理、病虫害防治、产品收获与营销等生产作业，但这些作业与露地生产有很大不同。此外，大棚种植还需要对大棚进行建造维护，以及适时对大棚温度、湿度进行调控，这些生产作业是露地生产没有的。塑料大棚因其空间较为狭小，目前的生产作业基本靠生产经营微观主体人工完成，劳动环境艰苦、劳动强度大、效率也不高。大棚内温度高、湿度大，作物病虫害严重，难防难治。大棚种植蔬菜、瓜果，一年几茬产量很大，及时收获和销售困难不小。大棚易受大风、冰雹、大雪等灾害毁损，及时修复难度不小。大棚温度、湿度调控对生产影响很大，但这需要一定经验和技术。这些问题给大棚种植业者带来不少困扰，急需有专门的社会化服务实体为其提供生产作业服务。

作为设施农业代表的大棚种植，其发展已有 20 余年，遍布全国东西南北，在蔬菜、瓜果、苗木、花卉等生产中发挥了重要作用。但这一新型农业产业的发展，除塑料大棚建造及产品营销等生产作业有专业的社会化服务实体提供服务、病虫害防治有农技部门提供指导外，其他生产作业没有相应的专业社会化服务主体提供服务，只能靠生产经营微观主体自己完成，究其原因主要有三个方面。一是大棚种植经营的面积不大，种植过程的生产作业自己可以完成，不用依赖他人。二是大棚种植基本沿用露地种植技术，专业的社会化服务在技术上没有优势。三是大棚种植还缺乏相宜的作业机械，其生产作业主要靠人工，专业的社会化服务在人工作业上不占优势。要改变这种状态，必须开发出更适宜大棚生产的种植技术，也必须研发出适宜大棚种植使用的农业机械，而这两项工作也正是大棚种植业需要突破的重点。

2. 旅游观光农业生产作业服务主体

农业本来就具有多功能性，景观功能是其中之一。农业的景观功能是指其具有观赏性，能够给人带来自然、清新、美丽、壮观、奇特等多种观感和享受，这种功能的开发和利用便形成了旅游观光农业这一新的农业形态。这里所谓的旅游观光农业，就是兼具农产品生产功能和观赏服务功能的新型农业。农业有多种景观，浩瀚的林海、辽阔的草原、绿色的田野、金色的稻浪等是农业的大景观，油菜花和葵花的金黄、梨花的洁白、桃花的嫣红、其他水果花卉的五彩缤纷、果园的硕果累累等是农业的小景观，各种农业庄园、观光园、公园是农业的微景观。农业的这些景观原本就有，只是有的地处偏远、交通不便而难以观赏，有的零星分散不具有观赏的规模效应，有的未被开发利用，也未被挖掘而熟视无睹，更重要的是人们精神生活需求不足，导致农业景观功能受到抑制。

20 世纪 90 年代后期，特别是进入 21 世纪以来，随着人们物质生活的提高，对精神生活的需求也日益增长，特别是对旅游、观光、休闲、度假的需求急剧增加。加之返璞归真、亲近自然、追求健康渐成时尚，农业旅游、农业观光、农村休闲、农村度假首先在城市周边兴起，后来逐渐扩散到包括边疆森林、草原在内的广大农区、林区、牧区。而发展农业旅游、观光及农村休闲、度假等产业，都必须以各地独特的农业景观及与之相关的自然环境为依托和支撑，以旅游观光农业为载体。因此，不少地区都兴起了以农业景观打造和自然环境改善为主要内容的各类景观农业项目建设，如大田作物景观，苗木花卉作物景观，果园景观，草原景观，森林景观建设及农村休闲度假乡村、庄园、集镇建设等。在这些由地方政府和企业推动的项目建设中，不乏一批项目选择准确可靠、设计科学合理、建设特色突出、运营效果理想的好项目，也有一批项目选择欠精准、设计简单粗糙、建设无特色、运行效果欠佳的一般化项目，还有一批项目选择脱离实际、规划设计混乱、无法投入运行的失败项目。之所以如此，缺乏专业社会化服务支持是其重要原因。

旅游观光农业发展，要经过项目论证、项目设计、项目建设、项目运行、项目管理等过程，每一个过程还有很多作业程序，都需要具有专门知识及技能的人才和队伍才能完成。景观农业发展又是一个全新的领域，研究积累不足、经验不多、人才也较少，为其服务的力量跟不上。目前急需建设一支旅游观光农业发展项目可行性论证队伍、建设规划设计队伍、建设施工队伍、项目运行服务队伍、项目运营管理服务队伍，一方面为新建旅游观光农业项目提供全方位服务，另一方面为已有景观农业项目提供改造提升服务，用以改变旅游观光农业发展中项目随意选择、规划设计混乱、建设质量不高、运行不畅和效率不高的乱象，使旅游观光农业发展走上正轨。

3. 生态修复农业生产作业服务主体

这里所谓的生态修复农业，是指对已受到破坏或已经退化的生态环境进行修复，使之重新步入良性循环的农业。受自然力作用或人类活动的影响，有些生态环境遭到破坏或已经退化，如戈壁、沙漠、盐碱土地、退化草原、荒山荒滩等。这些退化的土地虽有一部分可以修复，但成本很高，投入巨大，若修复后只有生态效益而无经济回报，其修复很难持续。但如果用农业发展来修复这些土地，则就使这种修复可获得经济收入，实现生态环境修复与经济发展的有机结合。虽然遭到或已退化的土地连一般的生态恢复都十分艰难、发展农业更非易事，但依靠科技人员的长期探索和劳动人民的长期积累，在这些土地上发展农业已经有了很大进展，塞罕坝荒漠造林的成功、库布齐沙漠农业的发展、海水稻种植的成功等就是明证。

从我国数十年沙漠及戈壁治理、盐碱地开发利用、石漠化土地利用、退化草原修复等实践看，生态环境修复与经济发展的最佳结合点是农业，发展生态修复农业对于改善生态环境、拓展农业发展空间、促进条件恶劣地区农民脱贫致富等，具有多重意义。但发展生态修复农业是一件复杂而困难的事情，一是要研究开发出已破坏或已退化生态环境修复（工程修复或生物修复）的技术；二是要培育或筛选出可在已破坏或已退化生态环境中生长发育并有经济价值的植物（最好是农作物、蔬菜、水果、牧草等）；三是要研究开发出在已破坏或退化生态环境中进行相宜农业生产的有效机器、设施、设备及工具；四是要研究开发出在已破坏或已退化生态环境中进行相宜农业生产的先进、高效、成本节约的种植技术；五是组织人财物力完成生态修复农业的所有生产作业，并使这一生产过程具有商业价值。由此可见，生态修复农业技术要求高、实施难度大，不仅前期要有充足的技术储备，而且从种到收的每一个生产作业都会遭遇不少困难，需要专业社会化服务主体提供帮助。

由于人们生态环保意识的增强，政府对生态环保的重视，更由于相关技术的进步，生态修复农业在各地逐步兴起。北方利用沙生植物治沙并发展农林牧业，南方利用特色林果治理石漠化并发展优势产业，盐碱区利用耐盐碱作物发展特色农业等，日益受到社会重视，吸引农（牧）民、企业、科研单位参与。农（牧）民、企业主主要是通过发展优势特色农业，改造沙漠、戈壁、石漠化土地、盐碱地，拓展发展空间，获取更大收益。科研单位则是通过试验和示范，展示和推广生态修复农业的先进技术。目前，农（牧）民发展的生态修复农业规模较小，使用的主要是传统技术，生产作业主要靠自己手工完成，生产效率和效益不高。企业发展的生态修复农业规模较大，使用的技术较为先进，生产作业主要靠自己用机械完成，生产效率和效益参差不齐。生态修复农业的环境条件恶劣，使用的土地存在生产障碍，作物生长发育制约因素众多，从种到收的每一项生产作业都充满困难和风险，需要专业的社会化服务主体为其提供服务。培育专业社会化服务主体，培养专业化服务队伍，已成为生态修复农业发展的重要任务。

五、农业废弃物处理作业服务微观主体

农业废弃物是指农业生产过程中产生的、不便利用或利用价值不高、对生态环境又会产生负面影响的有形物体，如农作物秸秆、薯类藤蔓、树木枝叶、畜禽粪污、使用后的塑料地膜等。农业废弃物不是废物，它有一定利用价值，利用得好的价值还不低。农业废弃物也不是污染物，加以合理利用就是有用资源。在传统的农业社会，农业废弃物是作为燃料、饲料、肥料充分使用的，不会被遗弃，也不会污染环境。可是现在的农村因生产及生活方式的转变，农业废弃物不再被传统式利用，有的被野外焚烧、有的在自然环境中丢弃，不仅造成浪费，还造成大范围环境污染。农业废弃物处理是指农业废弃物的收集、储运和资源化利用，它是农业生产全过程中的重要一环，应当由农业生产经营微观主体完成。农业废弃物主要是农作物秸秆、畜禽粪污、塑料地膜三大类。其处理作业也主要是对这三种物体的收集、储运及资源化利用。

1. 农作物秸秆处理作业服务主体

按经验农作物的籽实与秸秆重量大致相当，以此推算，我国每年粮食作物的秸秆（含藤蔓）便超过 6 亿吨，再加上其他农作物的秸秆及林果业等产生的枝条，总量应有 10 亿吨以上，数量极为庞大。农作物秸秆有些可以作青贮饲料或干草草料，有的可以就地还田或腐熟还田作肥料，有些可以作工业原材料，有的可以作生物质燃料。农作物秸秆虽有多种用途，可通过利用对其处理，但真要加以利用进行处理，还存在不少障碍。一是若由农业生产经营微观主体自己处理农作物秸秆，有些秸秆不能或不需要做饲料，也不能全部还田，使部分秸秆难以自行消化。二是若由农业生产经营微

观主体收集、储存农作物秸秆，再用于出售，则会因秸秆价值低，收集和储存不具有商业价值，而难以推行。三是若将分散的农作物秸秆集中利用，又会出现集中的成本较高，利用的产出较低而难以实施。由于这些原因，就导致了有一段时间焚烧和丢弃农作物秸秆的现象，造成了大面积环境污染。

农作物秸秆野外焚烧和随地弃置被禁止后，其无害化处理及资源化利用有了一定进展。在农作物机器收割的平原地区，一部分秸秆被粉碎还田，一部分秸秆被收集打捆用作热电厂燃料或纸厂、建材厂原料，还有一部分秸秆收集起来用作牲畜饲料。在农作物人工收割的丘陵山地，一部分秸秆收集起来用作牲畜饲料，一部分秸秆收集起来用作肥料或基料，一部分秸秆仍被弃在田野。在平原地区，秸秆的还田、收集打捆、运输及利用等是由专业服务队伍用机械完成的，效率高、成本较低、易于推行。在丘陵山地，秸秆的还田、收集打捆、运输及利用等是由农业生产经营微观主体用人工完成，效率低、成本高、难以推行。由此造成平原地区有专业化服务使秸秆处理水平较高，丘陵山地难有专业化服务使秸秆处理较为艰难。

农作物秸秆量大而分散且价值不高，靠农业生产经营微观主体自己处理难度大、成本高，也难以完成。在能机械收割的地区，最方便的是将秸秆处理作为收割的必需作业程序，或粉碎还田、或收集打捆，由收割服务主体完成农作物秸秆田间处理，剩余的处理作业再由经销和使用的相关主体完成。在手工收割的地区，最好能培养一批农作物秸秆处理服务实体，在政府支持下，将零散的秸秆收集、打捆并进行销售，帮助农业生产经营微观主体完成农作物秸秆处理作业。应当指出的是，目前农作物秸秆处理遭遇的困境，根本的原因在于秸秆开发利用的技术没有大的突破，如果能用便捷的方法将秸秆生产成优质饲料或有机肥料，则秸秆利用价值就会大为提高，处理就更容易开展。

2. 畜禽粪污处理作业服务主体

近年，我国年末大牲畜存栏 1.19 亿头左右，生猪存栏 4.35 亿头左右，羊存栏 3.01 亿只左右，家禽存栏 59.0 亿羽左右，年出栏肉猪 6.85 亿头左右、肉牛 5 110 万头左右、肉羊 3.07 亿只左右、肉禽 123.7 亿羽左右，饲养量及出栏量都极为巨大，产生的粪污数量自然十分惊人，畜禽粪尿及其附随污物估计在 10 亿吨以上。由于目前畜禽以工厂化集中养殖为主、农（牧）民零星分散养殖为辅，导致畜禽粪污大多分布在养殖场，少数分布在农（牧）民养殖圈舍。畜禽粪污腐熟后可作肥料，也可用作生产沼气后再作肥料，还可通过加工生产有机肥料。畜禽粪污无论作何用途，都极耗费人工且搬运困难，还容易造成二次污染，但若不加利用则会造成巨大而直接的污染，对土壤、水体、大气造成严重危害。

农（牧）民零星分散养殖的畜禽，在地域上散布、在规模上较小，产生的粪污也就量小而分散，一般由农（牧）民直接作为农家肥使用，也有先用于生产沼气后再作为农家肥使用。但工厂化集中养殖的家畜家禽，在地域上集中，在规模上很大，产生的粪污也就量大而集中。为处理这些粪污，养殖场将一部分向周边农田排放，一部分用粪污池存积起来。长时间积累，养殖场周边农田被粪污污染，甚至遭到毁坏，粪污池也难以容纳，到处流失而造成严重污染。很显然，靠养殖场自己使用传统方法，难以处理量大而集中的粪污，粪污处理已成为工厂化养殖的一大难关。

在严厉的生态环保要求下，畜禽养殖场通常采用三种办法解决粪污问题，一是采用楼上养殖、粪污直接排放楼下发酵干燥后作有机肥，二是建肥料加工厂，将粪污加工成商品有机肥料，三是委托粪污处理服务主体，将粪污分散给周边农户使用。但从实施的效果看，第一种办法难以解决养殖场周边的环保问题，第三种办法因农户接受程度不高而难以推行，只有第二种办法较为可行且有一定商业价值。办肥料加工厂将畜禽粪污加工成商品有机肥料，可由养殖场自己办理，也可由专门的有机肥生产企业办理，由后者办理更为专业，也更有效率，只不过由前者办理粪污是自行处理，而后者办理粪污是服务主体处理。

3. 废弃塑料地膜处理作业服务主体

塑料地膜覆盖栽培具有保温、保湿、防止杂草等多种好处，且成本低廉、增产显著、广受欢迎。但塑料地膜在使用一季后就会破碎成块散落在土壤中，并且长期不能自然降解，如果不将其收回就会在土地中越积越多，最后使耕地丧失利用价值。我国塑料地膜覆盖栽培在北方已相当普遍，在南方也有部分应用，加之其他塑料垃圾的散落，废弃塑料地膜及塑料杂物对耕地的污染已经较为严重，对其清除已不能拖延。为解决废弃塑料制品对耕地的污染，已开发出可天然降解的地膜，但因成本高、强度不够而难以推广应用，短期内还不能取代塑料地膜，废弃塑料地膜及塑料杂物清理仍是重要任务。

为防治日益严重的废弃塑料地膜及杂物污染，各地都要求对散落在耕地中的废弃塑料地膜和塑料制品进行清除。目前一般采取两种清理方式，一种是人工捡拾，另一种是机器梳捡。人工捡拾就是利用人力将散落在耕地中的废弃塑料地膜及杂物清理出来，去掉泥土及杂质后做回收处理。机器梳拣就是利用类似梳子的农具，在耕地时将废弃的塑料地膜及杂物梳拣出来。人工拣拾对废弃塑料地膜及杂物清理较为彻底且能回收处理，但效率低、成本高。机器梳拣效率高、成本低，但对废弃塑料地膜及杂物清理不彻底，且与泥土和作物枝叶混杂，不易分离也难回收处理。鉴于这两种清理方式都还在存缺陷，对散落在耕地中的废弃塑料地膜及杂物清理还没有取得突破性进展，若不加重视这种污染还可能加重。

废弃塑料地膜及杂物对耕地污染已有多年，有的存于地表，有的已埋入土层之中，清理作业较为复杂。在机耕地区，应将废弃地膜及杂物收集作为机耕的重要作业内容，既要有对地表废弃地膜及杂物的收集，也要有对夹杂在土壤中的这类污染物的收集，并对收集的带泥土和作物枝叶的这类污染物进行分离，以便回收再利用。收集作业由机耕服务主体完成，分离作业可由农业生产经营微观主体完成，也可委托专门服务主体完成。在人工耕作区，则应主要由农业生产经营微观主体清理耕地地表及土壤中的废弃塑料地膜及杂物。应当特别指出，我国农业生产经营微观主体耕作的土地面积不大，只要自己重视，每年及时清理耕地中废弃的塑料地膜及杂物是可以完成的。

<<< ······ 第五篇

中国农业发展的要素供给

第十三章 中国农业发展的劳动力供给

劳动力是农业的基本生产要素，也是最活跃的生产要素，农业的发展就是靠劳动力与资源、资金、技术的结合加以推进的。无论是传统农业或是现代农业，都离不开一定数量和素质劳动力的支撑。我国农村人口众多、劳动力丰富，在过去的很长时期，农村劳动力被禁锢在土地上，使农业劳动力处于过剩状态。改革开放逐步打破了城乡间和地区间的就业障碍，使大批农村劳动力进入城镇务工经商，逐渐造成农村劳动力，特别是青壮年劳动力大幅度减少，加之独生子女政策的推行，农村人口及劳动力增长放缓，农业劳动力也由过剩变为紧缺。

一、农业发展对劳动力的需求

农业作为国民经济基础的实体产业，其发展对劳动力的需求是不言而喻的。这种需求不仅体现在各种普通农业生产活动的开展上，也体现在各类农业基础设施项目的建设上，还体现在各种新型农业产业活动的推进上。只有当劳动力的需求得到满足，普通农业生产和新型农业生产才能有效发展、农业基础设施建设才能顺利进行。需求是供给的依据，只有对农业的劳动力需求做出正确判断，才能对农业的劳动力供给进行科学分析。

1. 普通农业生产活动对劳动力的需求

普通农业生产活动，是指一般农产品生产及一般农业服务提供，所应经过而且必须完成的一系列农事作业。如粮食生产中的耕地、施肥、播种、田间水肥管理、病虫害防治、收获等，畜禽养殖中的饲舍消毒、仔畜（雏禽）购买及入栏、分群饲养、定时喂饲、疫病防治、育肥出栏等，林业发展中的植树造林、幼林抚育、成林管护、病虫害防治、火险监测等。不同农产品生产和农业服务产生的条件和过程不同，其生产活动的类型和特点也存在很大差异。但无论何种农产品生产及农业服务提供，也无论其生产活动为何种类型和具有何种特点，都需要劳动力的投入。所不同的只是所需劳动力在数量、体能、技能要求上各有区别。这表明，普通农业生产活动对劳动力的需求具有多样性，具有不同体能及技能的劳动力都有一定用场。

利用简单工具主要依靠人工完成各种农事作业，不仅十分辛苦，而且作业效率低下、质量参差、成本高昂。现代农业利用专门机械主要依靠农机完成各项农事作业，不仅十分便捷，而且作业效率很高、质量统一、成本低廉。农业生产的农机作业效率极高，大型拖拉机每天可翻耕平整耕地50公顷以上，大型播种机每天播种80公顷以上，大型收割机每天可以收割农作物40公顷以上，是人工作业速度的数百倍。即使是小型农机，其作业速度也能达到人工的数倍至十数倍。农机作业有严格技术标准，作业质量也有充分保障。由于农机作业效率极高，又大幅降低了对劳动力的使用，故使农业生产作业成本显著下降，有的甚至比人工作业成本降低一半以上。

随着农田基本建设的推进、农机制造及应用技术的进步、政府对农业机械化的引导和支持、劳动力成本上升压力的增大，农业机械化的潮流势不可挡。一是普通农业生产机械作业地域范围越来越大，由城郊走向边远农村、由平原走向山地丘陵。二是普通农业生产机械作业的产业领域越来越广，由种植业扩展到养殖业、林业及水产业。三是普通农业生产机械作业的类型越来越复杂，由简单作业拓展到复杂作业，由一般作业拓展到精细作业甚至智能作业。农业机械化的推进，使很多农事作业由机械替代人工完成，不仅使普通农业生产活动对劳动力需求的数量减少，而且对农业劳动者的体能要求降低，但对农业劳动者的知识及技能要求，特别是专业知识技能和管理决策技能要求大为提高。

2. 农业基础设施建设对劳动力的需求

农业基础设施建设包括农田基本建设、水利设施建设、交通设施建设、通信及能源设施建设、农业生态环保建设等，涉及农业发展的多个方面。农业基础设施建设的每个方面又包含众多内容，农田基本建设包含耕地平整、土壤改良及培肥、生产障碍因子消除等，水利设施建设包含引水及蓄水设施建设、灌溉设施建设、排涝设施建设等，交通设施建设包含入村公路建设、田间机耕道建设、城乡公路连线建设等，通信及能源设施建设包含有线及无线通信设施建设、电网建设、油气设施建设等，农业生态环保建设包含农业废弃物处理、水源保护、防护林建设等。这些农业基础设施不仅建设任务繁重、需要投入不少的劳动力，而且在建成后每年的维护及维修和保养任务也很繁重，同样需要投入一定的劳动力。农业基础设施建设越完备，其建设及维护需要的劳动力就越多。

农业基础设施建设多为工程建设，可以靠人力施工完成，也可以靠机械施工完成，但二者差异极大。靠人力搞农业基础设施建设，施工效率低下、建设周期长、质量难保证、建设成本高，目前多不采取。利用机械搞农业基础设施建设，施工效率高、建设周期短、质量有保障、建设成本较低，目前多被采用。农业基础设施建成后的维护及维修，也是机械施工优于人力施工。之所以如此，一是现在已研究开发出农业基础设施建设的专用机械设备施工效率高，二是农业基础设施建设工程多由专业施工队伍承担、采用机械施工进度快且质量高，三是农村劳动力价格高、机械施工可大量减少用工而降低成本。农业基础设施建设及维护大量使用机械，不仅使其对劳动力需求数量明显减少，也使其对劳动者体能要求降低。

随着农业基础设施建设管理的规范化，各建设工程项目都会通过招投标，选择拥有技术、设备、施工队伍的建设主体承担。中标的建设主体为保证建设工期及工程质量、节省建设成本，肯定会使用机械施工而尽量少用人工。再者，施工机械制造和应用技术的进步，使农业基础设施建设使用机械作业的领域越来越广、作业的类型越来越多、作业的水平也越来越精细，对人力的替代能力也越来越强。鉴于这两方面的原因，农业基础设施建设和维护所需劳动力会逐步减少。

3. 新型农业生产活动对劳动力的需求

新型农业生产活动，是指特殊农产品生产、特色农业服务提供所应经过而且必须完成的一系列农事作业。如设施农业中的种植设施建造及设施内耕种、施肥、田间管理、病虫害防治、收获等，旅游观光农业中的景观规划设计、景区设施建设、景观作物选择及培育与管理、景区观赏服务、景区休闲及度假服务、景区餐饮及娱乐服务等，生态修复农业中的规划设计、土地改良和治理、水利设施建设、先锋植物栽培及管理、适生农作物栽培与管理、修复生态系统的维护及良性循环等。这些不同的新型农业之间及与普通农业之间，在生产条件及生产过程等方面差异很大，其生产活动的类型与特点也各不相同。但无论何种新型农业，也无论其生产活动为何种类型或有何特点，都需要劳动力的投入，所不同的只是所需劳动力在数量上、在体能及技能素质上的要求互有区别。这一方面表明，新型农业生产活动对劳动需求具有多样性，具有不同体能及技能的劳动都有一定用场。另一方面也表明，普通农业与新型农业对劳动力需求差异很大，不能简单类比。

从理论上讲，新型农业生产活动既可靠人工完成，也可靠机械完成，但不同类型的新型农业生产活动，在使用人工或使用机械的可能性和必要性上是有很大区别的。设施种植业因空间狭小、不便农机作业、使用劳动力较多，设施养殖业便于程序化及自动化、方便机械作业、使用劳动力较少，旅游观光农业生产活动具有服务提供特点、有些只能由人工完成、使用劳动力较多，而生态修复农业一般面积广大、环境恶劣、不少工程施工靠人工难以完成、必须多用机械而少用劳动力。除了劳动力数量外，不同类型新型农业生产活动对劳动力的技能要求也有巨大差异。设施农业生产活动要求劳动力具有农业设施使用及管护技能、设施种植或养殖的专门知识和技能，旅游观光农业生产活动要求劳动力具备景观作物的种植和管护、景观设施及景观环境的维护、多种服务知识与技能，生态修复农业生产活动要求劳动力具有对恶劣环境的适应能力、对已破坏或已退化生态环境的修复知识与技能、对抗逆（如抗干旱、抗盐碱等）农作物（或植物）栽培及管理的专门知识与技能。这表明，各种新型农业生产活动对劳动力的要求虽互不相同，但都要求劳动力具有某些专业技能。

目前，设施农业已跨越规模扩张阶段而进入巩固提高阶段，对劳动力的数量需求不但不会有显著增加，而且还会随设施自动化和智能化水平提高、设施种植和养殖技术及机械技术进步，对劳动力的数量需求有所减少。旅游观光农业正处在发展壮大时期，随着发展领域和规模的扩大，加之服务提供的产业特色，其生产活动对劳动力的数量需求还会有较大增长，只不过增长的不是一般体力劳动者，而是有一定专业技能的智能型劳动力。生态修复农业还处在初始发展阶段，因其发展领域宽广、空间巨大，其生产活动对劳动力需求不仅在数量上会有很大增长，而且对素质要求会越来越高，特别是对具有修复遭破坏或退化生态环境知识和技能、抗逆农业发展知识和技能、操控先进农业机械知识和技能的高素质劳动力需求会大幅增加。

二、全国农村人口与劳动力供给

在 1978—2016 年的近 40 年间，全国 31 个省级辖区农村人口和劳动力发生了巨大的变化，一是大量农村人口向城镇转移、使城乡人口比例倒转，二是大量农村劳动力向工商业转移、使农业劳动力供求关系倒转，三是农村人口和劳动力增速下降、使人口红利及劳动力无限供给消失。改革进程中人口迁徙制度和劳动力就业制度的变革，以及同期内实施的计划生育政策，不仅催生了上述变化，而且还会在相当长时期内对我国人口及劳动力产生深远影响。

1. 农村户籍人口与常住人口

当人口在地区间及城乡间自由流动时，某地的人口就有户籍人口和常住人口之分。所谓的户籍人口就是户籍在该地登记的人口，所谓常住人口就是一年中有 6 个月以上的时间在该地居住的人口。某些有户籍的人不一定在户籍地居住，在某地无户籍的人则可以在该地居住，这就造成了户籍人口与常住人口不一致。当外来人口增加时，常住人口就多于户籍人口，而当本地人口外出增多时，常住人口就少于户籍人口。在我国，户籍不只是表明户口所在地域，还代表一种身份，同时还连带一些福利。虽然户籍制度已有很大改革，但户籍并不容易随人口流动，与户籍连带的福利也难施与他人。

在改革开放前，农村人口迁徙困难，除少数升学、从军、招工可离开农村，婚嫁可离开原籍外，其他人等只能在原籍从事农业生产直至终老，那时农村常住人口与户籍人口基本一致。改革开放后，农村人口迁徙的限制逐渐取消，农民可以在不改变户籍的情况下，仅凭身份证就能在户籍地之外的农村或城镇就业和生活。从 20 世纪 80 年代后期开始，内地农村人口到沿海省份打工，开了人口流动先河，后来逐渐形成了大量农村人口外出务工经商的潮流。在近年，每年从农村外出务工经商的人数已达 2.5 亿以上，这些外出人口在原籍虽有户口但不常住，在就业地虽无户口但却常住。由于这一原因，在内地一些劳务输出大县，常住人口只有户籍人口的 2/3，在劳务输出多的村社常住人口不到户籍人口的一半，而在沿海经济发达的县（市），常住人口是户籍人口的数倍。

由人口迁徙造成的户籍人口与常住人口的不一致，不仅表现在不同地域的行政辖区内，也表现在城镇与农村之间。总的情况是，沿海地区的常住人口多于户籍人口，而内地的户籍人口多于常住人口，城镇的常住人口多于户籍人口，而在农村的户籍人口多于常住人口。地区间及城乡间常住人口与户籍人口的不一致，反映的是人口的流进与流出，影响的是经济社会的发展，带来的是与人口流动相关的一系列问题。关注常住人口与户籍人口不一致及其影响，重视与此相关的问题并加以解决，有利于促进经济社会发展。当前，特别应当对农村人口流出及其影响高度重视，一方面维护他们在流入地的合法权益，另一方面逐渐放宽户籍条件，允许流出人口在长期工作及生活地点（包括城镇）获得新的户籍，再一方面重视解决人口流出严重农村社区的发展。

2. 农村户籍劳动力和实际劳动力

农村人口有户籍人口与常住人口之分，与之相关的农村劳动力也有户籍劳动力与实际劳动力之别。所谓的农村户籍劳动力，就是农村户籍人口中的劳动力。所谓的农村实际劳动力，就是农村常住人口中的劳动力。由于农村户籍人口中有不少的人离开原籍进入城镇务工经商，只有部分户籍人口还在农村常住，故大多数农村的户籍人口多于常住人口。加之离开原籍进入城镇务工经商的多为青年及壮年人口，就造成农村的户籍劳动力远多于实际劳动力。在人口大规模流动的今天，农村的户籍劳动力只是农业发展名义上的资源，而农村的实际劳动力才是农业发展可利用的资源。

在 20 世纪 80 年代中期之前，农村少有人口迁徙和流动，即使很稀少的迁徙和流动，也是人和户籍随迁，户籍地和就业及生活地保持一致。在那个时期，农村户籍人口与常住人口保持一致，农村户籍劳动力和实际劳动力自然也保持一致，全国如此、各地农村也如此。在此之后，随着农村人口迁徙和流动的频繁，特别是大批青壮年劳动力由内地到沿海、由农村到城镇务工经商，远离家乡在外工作和生活，在家乡只是空留户籍，导致农村常住人口大量减少，农村实际劳动力自然随之减少，造成农村户籍劳动力与实际劳动力的严重脱节。农村实际劳动力的减少，不仅表现在总体数量上的减少，更表现在文化素质和体能素质较高的青壮年劳动力数量的大幅度减少。在内地部分农村社区，青壮年劳动力几乎全部外出务工，剩下的劳动力不但数量少，且多为老年及妇女劳动力，劳动力过剩的景况已不见踪影，劳动力不足的场景已充分显现。

农村人口迁徙和流动带来的农村人口减少，大量青壮年劳动力进入城镇务工经商，又带来农村劳动力数量减少、素质下降，对农业及农村发展以及整个经济社会发展都造成了巨大而深远的影响。一方面，大量的农村劳动力由农业向工商业转移，为工商业发展提供了可靠的人力资源，促进了国家工业化。另一方面，大量农村人口向城镇转移，促进了城镇的繁荣，加快了国家城镇化进程。再一方面，大量农村劳动力向工商业转移，既使劳动力资源得到有效配置，也使农村劳动力过剩的问题得以解决。当然，农村常住人口和实际劳动力的减少，也给农业和农村发展带来一些新问题，应当如何应对和解决这些问题，必须引起高度关注。

3. 1978—2016 年的农村人口及劳动力变动

自 1978 年改革开放以来，伴随着经济社会发展，加之计划生育政策的实施，农村人口及劳动力发生了巨大变化，总体表现为人口及劳动力的变动推进经济社会发展，而经济社会发展又拉动人口及劳动力变动。表 13-1 是 1978—2016 年全国 31 个省、自治区、直辖市农村人口及劳动力变动情况。

表 13-1 1978—2016 年全国农村人口及劳动力变动

年份	农业增加值（亿元，当年价）	农村常住人口（万人）	农村常住人口占总人口比例（%）	农村劳动力（万个）	农业劳动生产率（万元/人）
1978	1 027.5	79 014	82.08	47 408.4	0.021 6
1985	2 564.3	80 757	76.29	48 454.2	0.052 9
1990	5 061.8	84 138	73.59	50 482.8	0.100 3
1995	12 135.1	85 947	70.96	51 568.2	0.235 3
2000	14 943.6	80 837	63.78	48 502.2	0.308 1
2005	22 416.2	74 544	57.01	44 726.4	0.501 2
2010	40 530.0	67 113	50.05	40 267.8	1.065 0
2015	62 911.8	60 346	43.90	36 207.6	1.737 5
2016	65 964.4	58 973	42.65	35 383.8	1.864 3

注：农村劳动力按农村常住人口的 60% 推算。

资料来源：《2017 中国统计年鉴》第 31 页表 2-1，第 56 页表 3-1。

从表 13-1 可知，农村常住人口由 1978 年的 79 014 万人，缓慢上升至 1995 年的峰值 85 947 万人，随后又逐年下降至 2016 年的 58 973 万人。农村劳动力也从 1978 年的 47 408.4 万个，上升到 1995 年的峰值 51 568.2 万个，随后也逐年下降至 2016 年的 35 383.8 万个。38 年间农村常住人口减少 20 041 万人，占总人口比例下降近 40 个百分点，农村劳动力也随之大幅减少，但农业国内生产总值（GDP）大幅增长、农业劳动生产率大幅提高。这表明，农村常住人口和劳动力的减少，并未对农业发展产生不利影响，将农村原本过多的人口和劳动力转移出来，对农业发展有利而无害。从现有农村劳动力数量和占比看，总体上还是数量过多、占比过高的状况，农村劳动力还有向外转移的余地，从农业劳动生产率水平看，总体上还很低，上升的空间还很大，若农业劳动生产率显著提高，则农村劳动力的数量还可以大幅减少，占比还可以大幅降低。

三、各省、自治区、直辖市农村人口与劳动力供给

经改革开放近 40 年的发展，各省、自治区、直辖市的农村人口和劳动力都发生了巨大变化，除大量农村人口向城镇转移、大量农村劳动力向工商业转移、农村人口和劳动力增速下降的共同变化外，一些内地省份的大量农村劳动力跨区域转移到沿海省份的工商业，使部分内地省份农村常住人口及实际劳动力显著减少，部分沿海省份城镇常住人口及实际劳动力大幅增加。农村人口和劳动力的跨区域和跨行业流动，使各省、自治区、直辖市人口和劳动力的原有格局被打破，并对经济社会发展产生重大影响。

1. 各省、自治区、直辖市 2016 年农村人口与劳动力

改革开放以来，各省、自治区、直辖市的农村人口和劳动力，一方面因自然增长而发生变化，另一方面则因跨区域、跨行业流动而发生改变。在严格的计划生育政策下，近 40 年农村人口及劳动力增长缓慢。而城乡人口和劳动力流动，使各省、自治区、直辖市的农村常住人口和实际劳动力减少、城镇常住人口和实际劳动力增加。农村劳动力的大规模跨区域流动，又使部分省、自治区、直辖市农村劳动力显著减少，而使某些省、自治区、直辖市城镇劳动力大幅增加。这种省辖区内城乡人口和劳动力的流动和省际间劳动力的流动，对各省级辖区农村人口和劳动力总体格局产生决定性影响，表 13 - 2 反映了这些影响的结果。

表 13 - 2　2016 年各省、自治区、直辖市农村人口及劳动力

地区	农业增加值 （亿元，当年价）	农村常住人口 （万人）	农村常住人口占总 人口比例（%）	农村劳动力 （万个）	农业劳动生产率 ［万元/（人·年）］
北京	132.20	293	13.5	175.8	0.752 0
天津	222.05	267	17.1	160.2	1.386 1
河北	3 644.82	3 487	46.7	2 092.2	1.742 1
山西	827.32	1 612	43.8	967.2	0.855 4
内蒙古	1 663.87	978	38.8	586.8	2.792 6
辽宁	2 296.55	1 428	32.6	856.8	2.680 4
吉林	1 549.26	1 203	44.0	721.8	2.146 4
黑龙江	2 731.65	1 550	40.8	930.0	2.937 3
上海	113.47	293	12.1	175.8	0.645 4
江苏	4 323.53	2 582	32.3	1 549.2	2.790 8
浙江	2 000.23	1 845	33.0	1 107.0	1.806 9
安徽	2 693.19	2 974	48.0	1 784.4	1.509 3

（续）

地区	农业增加值 （亿元，当年价）	农村常住人口 （万人）	农村常住人口占总 人口比例（％）	农村劳动力 （万个）	农业劳动生产率 ［万元/（人·年）］
福建	2 444.81	1 410	36.4	846.0	2.889 8
江西	1 962.35	2 154	46.9	1 292.4	1.518 4
山东	5 171.13	4 076	41.0	2 445.6	2.114 5
河南	4 439.96	4 909	51.5	2 945.4	1.507 4
湖北	3 780.80	2 466	41.9	1 479.6	2.555 3
湖南	3 725.90	3 223	47.3	1 933.8	1.926 7
广东	3 781.83	3 388	30.8	2 032.8	1.860 4
广西	2 873.47	2 512	51.9	1 507.2	1.906 5
海南	977.63	396	43.2	237.6	4.114 6
重庆	1 324.66	1 140	37.4	684.0	1.936 6
四川	4 005.42	4 196	50.8	2 517.6	1.591 0
贵州	1 944.32	1 985	55.9	1 191.0	1.632 5
云南	2 242.22	2 623	55.0	1 573.8	1.424 7
西藏	118.76	233	70.4	139.8	0.849 5
陕西	1 776.29	1 703	44.7	1 021.8	1.738 4
甘肃	1 027.73	1 444	55.3	866.4	1.186 2
青海	224.69	287	48.4	172.2	1.304 8
宁夏	256.27	295	43.7	177.0	1.447 9
新疆	1 691.80	1 239	51.7	743.4	2.275 8

注：农村劳动力按农村常住人口的60％推算。

资料来源：《2017中国统计年鉴》第36页表2-8，第69页表3-9。

从表13-2可看出，2016年全国31个省、自治区、直辖市的农村常住人口仍保持不小的规模，农村常住人口占总人口的比例在20％以下的只有3个直辖市，在30％～40％的有7个省（自治区、直辖市），在40％～50％的有13个省（自治区），在50％～60％的有7个省（自治区），达到70％以上的只有西藏一个自治区。同年，各省、自治区、直辖市农村劳动力的状况大致与人口相似，还保持不小的规模和不低的占比。相对于农业发展的规模，2016年各省、自治区、直辖市农村劳动力的数量仍显过多，农村劳动力占比（与农村常住人口占比相当）仍显过高。对于地势平坦，农业机械化程度较高的省、自治区、直辖市，农村劳动力的数量及占比更显得太多、太高。总的态势是，各省、自治区、直辖市农村劳动力不仅不缺少，而且还有一定剩余。再从农业劳动生产率考察，2016年每个农村劳动力创造的农业增加值，只有1个省平均超过4万元，9个省（自治区）超过2万元，有17个省（自治区、直辖市）平均才超过 1 万元，有 4 个省（自治区、直辖市）平均不足 1 万元，总体水平太低。若能大幅提高，各省（自治区、直辖市）的农村劳动力向外转移的潜力还大。

2. 各省、自治区、直辖市的农村劳动力流动

从 20 世纪 80 年代中期开始，农村劳动力就从农村向城镇转移、从内地向沿海转移，经过近 40 年发展已形成多达 2.5 亿以上的"农民工"大军。开始转移的是农村剩余劳动力，后来扩展到农村青壮年劳动力。早期转移的进城打短工、做零工，后来转移的成批到沿海工商企业务工，再后来转移的到内地发展起来的工商企业务工，也有少数自主经商办企业。总体上，从农村转移出来的劳动力基本都流向城镇或工矿从事工商服务业。只不过有的是从农村流向本省的城镇从事非农产业，有的则是从农村流向省外城镇从事非农产业。农村劳动力在省级辖区之间及城乡之间的流动，可依照各省级辖区城乡户籍人口和常住人口，推算城乡户籍劳动力（应有的本地劳动力）及实有劳动力（流动结果的劳动力），将二者比较便可分析流动状况。但因缺乏户籍人口资料，便以 1978 年各省级辖区城乡户籍人口为基础，以 1978—2016 年总人口增长速度为依据，对 2016 年各省级辖区城乡户籍人口及户籍劳动力进行估算，并与当年城乡常住人口及劳动力进行比较，借以分析各省级辖区农村劳动力的流动，其结果如表 13-3 所示。

表 13-3　2016 年各省、自治区、直辖市农村劳动力流动

单位：万个

地区	农村劳动力			城镇劳动力			劳动力省际流动	
	估计户籍劳动力	实际劳动力	流出量	估计户籍劳动力	实际劳动力	流入量	流入量	流出量
北京	412.5	175.8	236.7	338.1	1 128.0	789.9	553.2	
天津	308.9	160.2	148.7	314.8	777.0	462.2	313.5	
河北	3 867.4	2 092.2	1 775.2	487.9	2 389.8	1 901.9	126.7	
山西	1 748.2	967.2	781.0	339.1	1 242.0	902.9	121.9	
内蒙古	1 171.9	586.8	585.1	398.4	915.2	516.8		68.3
辽宁	2 226.2	856.8	1 369.4	696.7	1 769.4	1 072.7		296.7
吉林	1 282.9	721.8	561.1	567.9	918.0	350.1		211.0
黑龙江	1 728.1	930.0	798.1	967.1	1 349.4	382.3		415.8
上海	390.2	175.8	214.4	560.6	1 276.2	715.6	501.2	
江苏	4 334.8	1 549.2	2 785.6	689.6	3 250.2	2 560.6		225.0
浙江	2 860.8	1 107.0	1 753.8	370.4	2 247.0	1 876.6	1 228.8	
安徽	3 624.7	1 784.4	1 840.3	434.0	1 932.6	1 498.6		341.7
福建	1 643.7	846.0	797.7	290.5	1 478.4	1 187.9	390.2	
江西	2 281.9	1 292.4	989.5	459.1	1 462.8	1 003.7	14.2	

（续）

地区	农村劳动力			城镇劳动力			劳动力省际流动	
	估计户籍劳动力	实际劳动力	流出量	估计户籍劳动力	实际劳动力	流入量	流入量	流出量
山东	5 607.2	2 445.6	3 161.6	558.9	3 522.6	2 963.7		197.9
河南	5 196.6	2 945.4	2 251.2	829.3	2 773.8	1 944.5		306.7
湖北	3 351.2	1 479.6	1 871.6	588.6	2 051.4	1 462.8		408.8
湖南	3 937.4	1 933.8	2 003.6	511.4	2 159.4	1 648.0		355.6
广东	4 039.8	2 032.8	2 007.0	321.3	4 566.6	4 245.3	2 238.3	
广西	2 619.7	1 507.2	1 112.5	310.2	1 395.6	1 085.4		27.1
海南	388.4	237.6	150.8	66.7	312.6	245.9	95.1	
重庆	1 984.7	684.0	1 300.7	284.9	1 144.8	859.9		440.8
四川	5 408.8	2 517.6	2 891.2	675.3	2 439.6	1 764.3		1 126.9
贵州	2 050.1	1 191.0	859.1	263.4	942.0	678.6		180.5
云南	2 355.7	1 573.8	781.9	306.6	1 288.8	982.2	200.3	
西藏	126.5	139.8	−13.3	27.5	58.8	31.3	44.6	
陕西	2 002.2	1 021.8	980.4	391.0	1 266.0	875.0		105.4
甘肃	1 378.4	866.4	512.0	232.1	699.4	467.5		44.5
青海	255.8	172.2	83.6	58.4	183.6	125.2	41.6	
宁夏	253.7	177.0	76.7	52.5	228.0	175.5	98.8	
新疆	785.1	743.4	41.7	276.8	695.4	418.6	376.9	

由表 13-3 可知，2016 年除西藏外，各省、自治区、直辖市农村劳动力都是流出的，流出最多的前六位依次是山东、四川、江苏、河南、广东、湖南。同年 31 个省、自治区、直辖市的城镇劳动力都是流入的，流入最多的前六位依次是广东、山东、江苏、河南、浙江、四川六省。同年劳动力净流出的省、自治区、直辖市有 16 个，流出最多的前六位依次是四川、重庆、黑龙江、湖北、湖南、安徽，同年劳动力净流入的省、自治区、直辖市有 15 个，流入量最多的前六位依次是广东、浙江、北京、上海、福建、新疆。该年劳动力净流出的省级辖区主要集中在东北地区、中原地区及西南地区，而劳动力净流入的省级辖区则主要集中在华北地区、华东地区及华南地区。

3. 各省、自治区、直辖市的农村劳动力供给

对于各省、自治区、直辖市，农村劳动力的供给数量由多种因素决定，且在年际间会发生改变。某个年份的这些决定因素有四个方面，一是农村常住人口数量及年龄结构，二是农事作业、农业基本建设、农业生态环境保护的社会化服务规模，三是外出务工人员短期返回原籍参加劳动的时间，四是城镇个人或企业在农村兴业投入的劳动力多少。某一时段的这些决定因素也有四个方面，一是农村户籍人口数

量及年龄结构的变化，二是农村常住人口数量及年龄结构的变化，三是农事作业、农业基本建设、农业生态环境保护的社会化服务水平，四是城镇个人或企业在农村兴业的规模。很明显，在时点上的农村劳动力供给数量主要由农村常住人口及年龄结构决定，其他因素起辅助作用。但在时段上，农村劳动力供给数量由农村户籍人口及年龄结构起基础作用，由农村常住人口及年龄结构起决定作用，其他因素起辅助作用。

从表 13-2 可知，2016 年农村常住人口占总人口 10%～20% 的只有上海、北京、天津，占 30%～40% 的有内蒙古等 7 个省（自治区、直辖市），占 40%～50% 的有河北等 13 个省（自治区），占 50% 以上的有 8 个省（自治区）。由此可见，我国绝大多数省份的农村常住人口占总人口的比重都在 40% 以上，以此推算，我国农村劳动力占总劳动力比重在 40% 以上的省市区也占绝大多数。由表 13-2 还可发现，2016 年除农业规模很小的上海、北京、天津三大直辖市外，其余省级辖区农村常住人口在总人口中的占比均超过 30%，农村劳动力占比亦应与此相当，如此高比例人口和劳动力在农村，农村劳动力的供给是很充足的。

表 13-2 还表明，各省、自治区、直辖市的农业劳动生产率普遍较低，只有 1 个省超过 4 万元/（人·年），9 个省级辖区超过 2 万元/（人·年），17 个省级辖区只有 1 万元/（人·年），还有 4 个省级辖区不足 1 万元/（人·年）。劳动生产率的提升空间很大，若农业劳动生产率显著提高，还可以大量节省农业劳动力，使农业劳动力需求大幅度减少。再从表 13-3 看，2016 年除西藏外，其他 30 个省级辖区的农村劳动力都在外流，流出量超过一半的省级辖区有 11 个，流出量接近一半的有 6 个省级辖区，表明农村劳动力还有剩余，还有向外流出的潜力。从城乡人口构成看，2016 年城镇人口 79 298 万、占 57.35%，农村人口 58 973 万、占 42.65%，比发达国家 70%～80% 的城镇化率还有不少距离。若我国人口达到峰值（14.5 亿）时的城镇化率为 70%～80%，则我国农村人口及劳动力保有量仍将多达 4.35 亿～2.90 亿和 2.61 亿～1.74 亿，完全可以满足农业发展对劳动力的需求。

四、全国农业劳动力的供给

如前所述，农业劳动力是用于农林牧渔业生产、农业基础设施及生态环保建设、新型农业发展的劳动力，以此与农村从事非农产业的劳动力和城镇从事工商业的劳动力相区别。在传统农业社会，人口格局主要集中在农村，农业生产是主要的经济社会活动，完全依靠农民完成，农业劳动力自然由农村的农民提供。可在现代社会，人口虽主要集中在城镇，但与农业这一重要基础产业有千丝万缕的联系，农业发展也形成了以农民为主的多主体参与格局，农业劳动力也就由以农民为主的多主体供给。

1. 农业劳动力的供给主体

在传统上，农业是农民从事的职业，农业生产活动在有限的时空内进行，农业劳动力只能由农村的农民提供，农村农民是农业劳动力的供给主体，并且是唯一的供给主体。可在当代，农业是农民和其他主体共同从事的职业，农业生产活动在更广的时空领域进行，农业劳动力除主要由农村农民提供外，也由从事农业的其他主体提供，农业劳动力的供给主体趋向多元。农业劳动力由单一农民提供转变为多元提供，一方面拓宽了农业劳动力的来源，另一方面也改变了农业劳动力的构成，在总体上对农业发展有利。

无论过去和现在，农民都是农业发展的主体。农业生产活动主要由农民承担，主要的农产品生产由农民完成，农业劳动力也主要由农村的农民供给。在改革开放前，占总人口80%以上的农民被束缚在农村土地上，为农业提供远超需要的劳动力，导致农业劳动力严重过剩。改革开放后，随着劳动力市场逐步放开，农村劳动力向城镇工商业转移，并逐渐形成庞大的"农民工"大军。与此同时，也还有一部分劳动力，包括超过劳动年龄的劳动力留在农村，成为农业劳动力的主体。这些年农林牧渔各业的主要生产活动就由留村的劳动力完成，主要的农产品也由留村的劳动力生产。虽然随着城镇化和工业化的发展，一部分农村人口会转移到城镇，一部分农村劳动力会转移到工商业，但仍有一定数量的农村人口和劳动力留在农村，成为农业劳动力的主要供给来源。

随着农业现代化的发展，农业分工细化和生产作业专业化，使农业生产作业及农业基本建设的专业化、市场化服务实体成长起来，为农业发展有偿提供生产服务，使很多农业生产作业和农业基本建设任务由专业化服务实体完成，使这些服务实体也相应成为农业劳动力的供给主体。随着经济社会的发展，一些工商企业在农业领域寻求发展，投资兴办各类农业企业，从事农业生产经营，成为农业生产经营的新主体，随之亦成为农业劳动力的供给主体。还有一些有投资能力又热心农业的城里人，到农村兴办种植园、养殖场，从事特色农产品生产经营，也成为农业劳动力的一个来源。也有一些外出务工的农民，在学到技术和有了积累后回乡从事农业创业，发展特色种植业、养殖业或新型农业，甚至兴办家庭农场、林场、牧场，变为新农民，同样成为农业劳动力的供给者。这些传统农民之外的农业劳动力供给主体，虽当前对农业劳动力的供给还处于辅助地位，但因发展前景广阔，对农业劳动力的供给能力会越来越大。

2. 农业劳动力的供给数量

农业劳动力的供给数量，是指各供给主体可提供给农业使用的劳动力之和，既包括以农村农民为主提供的农业劳动力，也包括以农业生产服务实体和其他农业生产经营主体为辅提供的农业劳动力。以农民为主提供的农业劳动力数量，由农村常住人口数量及年龄结构所决定。以农业生产服务为辅提供的农业劳动力数量，由农业生产作业和农业基本建设的市场化服务领域和规模决定。以其他农业生产经营主体为辅提供的农业劳动力数量，由这些主体的数量及生产经营规模决定。随着农业机械化水平的提高，农业劳动力的需求数量会逐渐减少，但无论怎么减少，一定数量的农业劳动力都不可或缺，必须保障供给。

随着工业化、城镇化的推进，部分农村居民进入城镇成为市民，部分农村劳动力离开农业转移到工商业，农村人口和劳动力逐渐减少是必然趋势。从 1978 年至 2016 年，农村常住人口从 79 014 万人下降至 58 973 万人，农村劳动力也从 47 408.4 万个减少至 35 383.8 万个。下降的数量虽然不少，但目前仍留在农村的人口和劳动力还极巨大，占比也还保持在 42.65％的高位。这表明为农业提供劳动力的农民数量还足够多，可用于农业的劳动力数量也足够大，提供农业劳动力的主要来源十分充足，当前还不存在因农村人口及劳动力转移而影响农业劳动力供给缺乏的问题。当然这是总体的情况，不排除个别乡（镇）及村（社）人口和劳动力转移过度，而造成农业劳动力不足的情况发生。有些人将一些农村的土地撂荒归结为农业劳动力不足，这是十分片面的，大多数情况是因耕种这些土地收益低下而放弃。

随着农业现代化的推进，为农业基本建设和农业生产作业提供市场化服务的主体逐渐发展和壮大，利用先进技术和机械，高效率完成农业基本建设项目和多种农事活动，替代了大量人工作业。这些主体投入农业服务的劳动力虽然不多，但节省的农业劳动力数量巨大，随其发展壮大这一作用还会更大。随着经济社会的发展，一些看好农业发展前景的工商企业、个体业主，也会投资农业，从事现代新型农业开发，生产优质特色农产品，提供优美舒适景观和舒适的休闲服务。这些主体一方面可为农业带来技术型劳动力，另一方面可吸收部分农村劳动力从事农业，随其发展壮大吸收农村劳动力的能力越强，但对农业劳动力供给的增加作用有限。

3. 农业劳动力的供给质量

农业劳动力的供给质量，是指提供给农业使用的劳动力的体能、文化、技能、管理等方面的素质。劳动力的体能主要指健康状况及体力强弱，一般由劳动力的年龄决定。劳动力的文化主要指受教育程度及知识水平，由劳动力受教育年限决定。劳动力的技能主要指掌握和应用专门技术的能力及水平，由劳动力的学习及培训决定。劳动力的管理能力主要指对市场分析判断、要素配置使用、生产经营抉择的能力，由劳动力的学习及经验积累决定。随着现代农业的发展，特别是农业机械化、信息化、智能化的推进，对农业劳动力的体能要求逐渐降低，而对其文化、技能、管理素质要求越来越高，全面提高农业劳动力的综合素质已刻不容缓。

改革开放以后，农业快速发展，各类农产品大幅增加，食品及其他生活用品极大丰富，加之农民收入不断增长，农民生活水平有了很大提高，丰衣足食早成现实，使农业劳动力的体能有了基本的物质保障。农村医疗卫生条件有了极大改善，村有医疗站，乡有卫生院，县有综合性及专业性医院，加之农村医保制度的普遍推行，农村居民疾病能得到及时治疗，又使农业劳动力的体能有了可靠的医疗保障。由此带来劳动年龄段内的农业劳动力体能充沛，还带来不少60~70岁的农村居民能胜任农业劳动。

新中国成立以来，党和政府对农村教育一贯高度重视，建立各类学校，普及九年义务教育，取得了很大成效。据2016年抽样调查，在15岁以上人群中文盲人口占比为5.28%（男占2.74%，女占7.89%），基本都是超过劳动年龄的老人。在农业劳动力中，大多数只有小学和初中文化程度，小部分才有高中文化程度，大专文化的极少。总体上文化、知识水平不高，虽具有一定的学习新知识、接受新技术的能力，但这种能力还不够强。

现有的农业劳动力，在劳动年龄段内的基本是20世纪50年代至90年代出生的人，极少数是21世纪出生的人。50年代及60年代出生的农业劳动力，具有传统农业的生产经验，有能力从事传统农业的生产经营。而70年代及以后出生的农业劳动者，传统农业的生产经营经验不足，但学习和接受新知识及新技术的能力较强。总的情况是，现有农业劳动力对现代农业生产的知识和技术掌握不足，生产经营管理决策能力不强，还远远不能适应现代农业发展的要求，离高素质职业农民要求相差甚远，培训农业劳动者的任务任重道远。

五、全国农业劳动力的供需匹配

随着工业化、城镇化、农业现代化在更大深度和广度上推进，以及我国经济社会向更高水平发展，农村人口和劳动力的数量及结构会发生极大改变，农业发展对劳动力的需求也会发生很大变化，而社会对农业劳动力的供给也会相应变动，并在新的形势下形成农业劳动力的供需匹配。这些变化总的趋势是，农村人口和劳动力数量会继续减少、但仍会保持较大绝对数量，农业发展对劳动力数量需求减少、但质量要求提高，农业劳动力供给仍以农村农民为主、但农业生产服务实体的供给能力会越来越强。

1. 农业劳动力的需求变化

农业对劳动力的需求主要集中在三个方面，一是普通农林牧渔业生产，二是农业基础设施建设，三是新型农业发展。在现代科学技术支撑、大量财力物力投入支持下，农业发展目标会有新定位、农业发展思路会有新理念、农业发展推进会有新手段。与此相对应，农业发展对劳动力的需求也会发生重大变化。

首先，普通种植业、林业、畜牧业、渔业生产机械化水平提高，使其对劳动力的数量需求减少、体能要求降低、技能要求提高。进入21世纪以来，我国农业机械化水平快速提升，特别是种植业和畜牧业的机械化水平提高很快。2016年主要农作物生产的机耕、机播、机收面积占比已分别达到 72.62％、52.75％、55.04％，家畜家禽养殖半数以上实现了工厂化，畜牧业的机械化水平显著提高，林业上造林、营林、病虫害防控、灾害监测、采伐等广泛使用机械与设施。机械作业水平的提高，特别是需要大量劳动力的种植业和畜牧业机械化水平的提高，大大减少了对劳动力的数量需求，也降低了劳动强度，但农机作业要求劳动力具备较高的文化及技能素质。

其次，现代农业发展对农业基础设施（特别是农地）要求提高，大规模农业基本建设对劳动力的数量要求增加、技能要求提高。受土地资源约束，我国耕地中 70％为中低等地，58％为无灌溉地，不少耕地高低不平且零星分散，林地中疏林地、未成林地、迹地较多，牧草地主要是分布在干旱、半干旱、高寒山地的天然草地，每公顷平均年产鲜草只有 167 千克，农地质量总体较差，需要大力加以改造。耕地改造主要是大规模连片平整、土壤改良培肥、水利和道路配套，建设土质肥沃、旱涝保收、可大规模机械化生产的优质农田。林地改造主要是有林地管护、幼林地抚育、迹地及荒山（坡）造林，提高森林覆盖率和森林质量。草地建设主要是天然草地保护与修复、人工草地和改良草地建设、改善草地生态环境及产草能力。农地的建设和改造工程巨大且需多年努力，需要大量劳动力投入。

再次，新型农业发展对农业劳动力数量需求增加，质量要求提高。设施农业以其高产出和高效益已发展到很大规模，旅游观光农业适应市场新的需求正在发展壮大，生态修复农业以其多功能性开始兴起且前景广阔。这些新型农业极大拓展了农业发展的领域和空间，需要增加劳动力的投入。这些新型农业对专门技术、设施、设备依赖较大，要求从业劳动力具备相关专业知识，并掌握有关设施及设备的使用技能。当然，不同类型新型农业对劳动力的需求也有区别，设施农业更需要掌握专门种植和养殖技术的劳动力，旅游观光农业更需要具有园林景观打造和服务提供技能的劳动力，而生态修复农业则更需要具备生态系统维护、逆境改造、抗逆种植技能的劳动力。

2. 农业劳动力的供给变化

农业劳动力的供给主要有三个来源，一是农村从事农业生产经营的农民，二是为农业生产活动及农业基本建设提供社会化服务的主体，三是从事农业生产经营的新型主体。三种来源的供给主体由其特征所决定，对农业劳动力的供给数量、素质、方式存在巨大差异，但在他们的共同作用下，会决定农业劳动力的供给状况，并且这种状况会随经济社会发展而变化。

常住农村从事农业生产经营的农民，既是农业生产经营者，又是农业劳动者。作为农业劳动者，农民要承担和完成家庭经营中的各种农事活动和作业任务，还要参与相关农业基本建设，并以这种方式为农业发展提供劳动力。由于常住农村从事农业生产经营的农民数量庞大，使之成为农业劳动力的主要供给来源。而工业化及城镇化又使农村人口和劳动力向城镇流动，农村常住人口及实际劳动力会发生变动，对农业劳动力的供给也会发生变化。虽然农村人口和劳动力逐年减少是大势所趋，但即使城镇化率达到70%，我国农村人口也有4亿多人，农村劳动力也有2亿多个，仍有充足来源为农业提供劳动力。

农业生产服务主体，是为各种农业生产作业及农业基本建设工程提供社会化服务的实体。这类实体一般都配备有先进的农业机械或农业工程建设设备，拥有训练有素的农业生产作业队伍或农业工程施工队伍，为农业生产提供从播种到收割、从仔畜（禽）投放到出栏的生产作业社会化服务，为农业工程建设提供各类施工社会化服务，由于这些服务是由专业队伍使用先进机械及设备完成的，作业效率高、作业质量好、作业成本低，为农业节省了大量的劳动力，很受农民欢迎。21世纪以来，顺应市场巨大需求并在政府引导及支持下，农业生产机械化作业服务、农业基本建设工程施工服务实体迅速发展起来，为各种农产品（特别是大宗农产品）生产作业及各类农业基本建设工程，提供专业化、社会化服务，甚至跨省区服务，为农业节省的劳动力越来越多，直接和间接为农业提供了大量劳动力。

农业经营新型主体，指传统农户及农业企业之外、新从事农业生产经营的经济实体，如转向农业生产经营的工商企业、投资农业的城镇居民或团体、农村外出人员返乡创业者等，目前全国这样的主体有700余万个。这些主体从非农领域进入农业创业，建立类型各异、大小不等的农业企业，有的从事特色农产品生产，有的从事新型农业开发，生产的是名特优新产品，提供的是高端特色服务。这些产品的生产和服务的提供对生产条件和生产技术要求很高，生产经营主体往往从受过专业教育或专门培训的人员中招聘技术工人，并且聘请技术专家对其进行指导，从事相关农事作业。农业生产经营新型主体通过招聘技术型工人，从事农产品生产和服务，为农业提供了部分劳动力，并伴随生产经营规模扩大，为农业提供的劳动力也相应增加。

3. 农业劳动力的供需匹配

农业劳动力的供需匹配，就是农业劳动力供给满足需求的状况，若供给正好满足需求就为适配，若供给不满足需求就为缺配，若供给超过需求就为过配，缺配和过配都为失配。农业劳动力的供需匹配，不仅表现在数量上，也表现在素质上，还表现在价格上。农业劳动力的供需数量和素质匹配，就是全国及各区域和农业内部各业，劳动力供给在数量及素质上满足需要的状况。农业劳动力的价格匹配，就是不同类型及不同素质劳动力价格，为农业发展所能承受的程度。农业劳动力的供需数量匹配，主要由农业劳动力需求和供给总量及地域、行业分布决定。农业劳动力的供需素质匹配，主要由农业劳动力的素质需求和其实际体能、技能水平决定。农业劳动力的供需价格匹配，主要由农业劳动力的供求关系及劳动力市场价格决定。

随着农业现代化、信息化、智能化的发展，农业对劳动力的数量需求会逐步减少。虽然工业化、城镇化也会使农村人口及劳动力减少，但因总人口众多，即便城镇化率达到 70%，农村人口仍会超过 4 亿、劳动力也会超过 2 亿，从总量上完全可以满足农业发展需要。只不过农村人口在区域分布上存在巨大差异，有的区域农业劳动力充足，有的区域则可能农业劳动力不足。由于农民生活水平的提高和农村教育的发展，农村劳动力（特别是青壮年劳动力）的体能及文化素质有很大提高，可以满足农业发展需要。但农村劳动力缺乏现代农业知识及技能的专门训练，在技能上不能充分满足农业发展需求。农村劳动力大量向工商业转移，使农业劳动力由严重过剩到局部偏紧，加之劳动力市场价格上涨，导致农业劳动力价格飙升，并进一步造成农产品生产成本大幅上涨，严重影响农产品市场竞争力，只有显著提高农业劳动生产率，才能摆脱这一困境。

在社会劳动力资源并不缺少的情况下，农业劳动力的供需匹配状况，是由劳动力的从业选择决定的。自愿选择从事农业的劳动力多，农业劳动力的供需就会出现适配或过配，而自愿选择从事农业的劳动力少，农业劳动力的供需就会出现缺配。劳动力从业主要是在农业和工商业间进行选择，其依据主要是从业收益。若从事农业的收益高于工商业，就会有数量更多和素质更好的劳动力选择农业，使农业劳动力供过于求，出现过配。若从事农业的收益与工商业相当，也会有足够的劳动力从事农业，使农业劳动力供需平衡，出现适配。但若从事农业的收益低于工商业，就会有数量更多和素质更好的劳动力选择工商业，使农业劳动力供给大量减少，出现缺配。目前，从事农业的收益远低于工商业，导致部分地区农业劳动力紧缺，只有大幅度提高农业效益，才能吸引数量足够、素质优良的劳动力从事农业，改善农业劳动力供需匹配状况。

第十四章　中国农业发展的资金供给

资金是农业的重要生产要素，资金投入是农业发展的推动力量，现代农业的发展更离不开资金的支持。我国经过改革开放近 40 年的发展，经济实力已大为增强，有一定的实力投资农业发展。但资金作为一种稀缺而又极度趋利的要素，要流向回报不高而风险又大的农业领域，在实际上存在不少的障碍，造成农业发展资金供给出现困难。目前农业正处于由传统到现代的转型时期，对资金的需求巨大，如能有效解决农业发展的资金供给，将对实现农业现代化产生巨大促进作用。

一、农业发展对资金的需求

农业的发展需要多种必不可少的投入，这些投入都直接或间接与资金相关，对资金的需求也就成了农业发展的必然。农业发展对资金的需求主要在三个方面，一是农业基本建设投入，二是农业固定资产投入，三是农业流动资金投入。前者是为农业发展创造良好条件，中者是为农业发展提供先进的装备，后者是为农业生产提供必要的人、财、物力。这些投入虽然对传统农业也是需要的，但对现代农业却是必不可少的，只有满足了这些投入的需求，现代农业才可能实现。

1. 农业基本建设对资金的需求

农业基本建设是为现代农业发展创造必备的基本条件，主要包括耕地连片平整、土壤改良培肥、蓄水及引水和调水工程建设、农田水利建设、田间道路建设、草地生态植被修复和改良、林地保护及森林生态恢复、生态环境保护工程建设等。耕地的建设是为了提高其质量，并为大田作物机械化大生产创造条件。水利工程建设是为农业发展提供可靠水源，以解决水资源时空分布不均的问题。农田水利建设是为农业发展提供有效灌溉和排涝，以实现旱涝保收。田间道路建设是为方便农机作业，也方便生产物资及农产品运输。草地建设一是为修复草原生态、改善大片国土生态环境，二是为了增加草地郁蔽度，提高产草量，为发展草食畜牧业创造条件。林地建设是为提高森林覆盖率，提高林地质量，并为林地生态效益和经济效益的共同发挥创造条件。农业生态环保工程建设则是为了防治大气、水体、土壤的污染，为农业发展提供洁净自然环境，保证农产品安全。

农业基本建设涉及一系列的庞大工程，需要投入的资金数量十分巨大。若按山水林田路综合治理的要求，将耕地中的 8 000 万公顷建设成可机械化大生产的高标准农田，不仅可以生产出我国所需的主要农产品，还可以大幅提高农业劳动生产率、土地产出率和降低生产成本。若将现有耕地改造为这样的高质量耕地平均每公顷投入 7.5 万元，则建设 8 000 万公顷这样的耕地需要投入 6 万亿元。若将南水北调东线、中线、西线工程全部建成，可向黄淮海流域、胶东地区、西北内陆部分地区调水 400 亿立方米左右，缓解这些重要农产区的严重缺水问题，可这些工程的静态预算为 4 600 多亿元，最终建成可能需要投入上万亿元。若将 28 628.20 万公顷的牧草地的一半进行生态修复和改良，草地产草量和载畜量将会大幅提高，以每公顷修复和改良投入 1.5 万元计，则修复和改良 14 314 万公顷草地需要投入 21 471 亿元。若将林地中的灌木林和其他林地 6 584 万公顷加以改造，以每公顷改造投入 1.5 万元计，则这些林地改造需要投入 9 876 亿元。仅这几项农业基本建设投入，即需要投入资金 10 万亿元以上。

应当说明的是，农业基本建设是需要经过长期努力才能完成的，例如 8 000 万公顷耕地建设、14 314 万公顷草地建设、6 584 万公顷林地建设、南水北调工程建设，即使抓紧实施并付出巨大努力，没有 10～15 年的时间是不可能完成的。这表明，农业基本建设投入数量虽然巨大，但是在一个较长时段内分散投入的。若上述几项基本建设在 15 年内完成，则平均每年的农业基本建设投入的资金就只有 1 万亿元，只不过这 1 万亿元要连续 15 年投入，其间不可中断。

2. 农业固定资产投资对资金的需求

农业固定资产一方面指农业生产可长期或多次使用的设施、设备、机械、工具、器具等，另一方面指可长期或多次提供产品的母畜（禽）、种畜（禽）、奶畜、果园、茶园等。固定资产投资是为农业发展创造必要的条件，没有必备的设施、工具、器具传统农业都难进行，没有先进的设施、设备、机械和工具也不可能有现代农业，没有母畜、种畜就没有畜牧生产，没有奶畜更谈不上奶业发展，没有果园、茶园也不可能有水果、茶叶生产。固定资产的投资水平也决定农业的生产水平，有了先进的设施、设备、机械、工具才能提高农业劳动生产率和资源产出率，有了优良母畜（禽）、种畜（禽）才能实现畜禽产品的优质高产，有了良种奶畜才可能实现奶产业的优质高产高效，有了高标准的果园才可能实现果品的优质高产，有了高标准的茶园才有可能生产出高品质茶品。固定资产投资对农业发展如此重要，对资金的需求应当得到满足。

农业固定资产投资既涉及设施建设、机械设备购置，还涉及畜禽养殖设施和园地建设等，对资金投入的需求量很大。大田种植业的固定资产投资主要是购置农业机械（耕作、播种、中耕、病虫害防治、收割、运输机械等）和建造少量种植设施，以每公顷平均投资 1.5 万元计，全国 13 492.95 万公顷耕地的固定资产投入共需资金 20 240 亿元。全国园艺种植业的固定资产投资主要是建园和成园，以每公顷平均投资 3 万元计，全国 1 426.63 万公顷园地的固定资产投入共需要资金 4 281 亿元。养殖业的固定资产投资主要是饲舍、养殖设施、粪污处理设施建造以及母畜、种畜、奶畜购买及饲养，这些投资若依据畜禽 2016 年末存栏量以大牲畜 0.1 万元/头、猪 0.05 万元/头、羊 0.02 万元/只、家禽 0.001 万元/只的标准推算，大牲畜养殖业、养猪业、养羊业、养禽业的固定资产投资，需要分别投入资金 1 191 亿元、2 175 亿元、602 亿元、590 亿元，加上母畜、种畜、奶畜的购买及饲养，养殖业固定资产投入的资金需要 5 000 亿元左右。

值得注意的是，农业固定资产投资已经积累了很多年，目前已经有了很大的存量，特别是大田种植业的农机装备，果园及茶园等建成投产面积，肉牛及奶牛养殖饲舍及配套设施、生猪及家禽饲舍及养殖设施等都有很大存量并正在使用，只是在有些领域及有些类型上的固定资产投入还存在不足、留有缺口，已有的某些固定资产也存在质量不高、应当更新换代等问题。鉴于此，农业固定资产投资所需资金投入虽总量很大，但实际投入不是从头建设，只需补齐短板和搞好升级换代即可。

3. 农业生产流动资金投入需求

农业生产流动资金，是指用于购买农业生产资料、支付生产服务费用和雇工工资的资金，它是农业生产成本中需要即期支付的部分。在种植业生产中，流动资金主要用于购买种子（种苗）、肥料、农药，以及支付技术服务和生产作业服务费用、雇用人工工资等支出。在养殖业生产中，流动资金主要用于购买仔畜（雏禽）、饲料以及支付防疫服务、技术服务、生产作业服务费用和雇用人工的工资等支出。生产流动资金一部分用于生产资料购买，一部分用于生产活动的开展，对农业生产不可或缺。生产流动资金又是一种短期占用资金，在生产过程中占用、在产品销售后收回，占用时间一般不超过一个农业生产周期。农业生产流动资金的投入水平，对生产水平及效率和效益有重要影响，投入了足够的流动资金，生产资料的供给、人力的投入、生产服务的提供就有了保证，农业生产水平及效率和效益也会相应提高。

农业生产流动资金投入受生产规模和投入标准双重影响，我国农业生产规模巨大，投入标准也不低，所需流动资金数量十分庞大。按 2016 年的统计，全国农业生产总值为 112 091.3 亿元，增加值为 65 964.4 亿元，中间消耗为 46 126.9 亿元（其中种植业为 21 135.4 亿元、林业为 1 606.2 亿元、畜牧业为 16 211.1 亿元、渔业为 4 607.3 亿元）。中间消耗要靠流动资金解决，若再加上人工成本（种植业人工成本高于中间消耗、养殖业人工成本约为中间消耗的 20% 左右），则 2016 年全国农业生产所需流动资金为 6 万亿元左右。若以 2016 年全国水稻、小麦、玉米、大豆、棉花、花生、油菜、烟叶、甘蔗、甜菜的播种面积及每公顷现金成本计算，这十种农作物生产所需流动资金就分别达到 2 735 亿元、1 723 亿元、2 342 亿元、329 亿元、442 亿元、359 亿元、266 亿元、282 亿元、315 亿元、212 亿元，总量高达 9 000 亿元以上，可见数量庞大。

农业生产流动资金的投入有两点值得注意，一是投入的主体众多，二是投入的数量分散。农业生产流动资金都由生产经营微观主体自行投入，而我国种植业生产和部分养殖业生产主要是靠千千万万的小农户完成的，其余的也是靠数量不少的生产大户和农业企业完成的，承担投入的生产经营主体数量极为庞大。我国农户的生产经营规模一般都很小，农业企业的生产经营规模一般也不大，生产大户和大型农业企业只是少数，农业生产流动资金的投入总量虽十分巨大，但绝大多数农业生产经营微观主体投入的数量也很有限，特别是小农户更是如此，一般由自己投入就能解决。只有少数生产大户和大型农业企业投入的数量才比较大，需要信贷支持。

二、农业发展资金的投入来源

按用途划分，农业发展资金包括基本建设资金、固定资产投资资金、生产流动资金三大部分，各自有不同用途，缺一不可。农业作为市场经济中的一个产业，按常理其发展资金应由生产经营者用自有资金或信贷资金解决。但农业又是国民经济的基础产业，其发展不仅与生产经营者切身利益相关，而且与国计民生紧密相连，发展资金的投入也就不仅是生产经营者的"私事"，同时也是政府的"公事"。有鉴于此，农业发展资金的投入应当有生产经营者自有资金、生产经营者信贷资金、政府财政资金三种来源，只不过不同来源的资金用于农业发展的不同领域。

1. 农业生产经营微观主体的自有资金

农户及农场职工家庭、农业合作经济组织、农业企业是农业生产经营微观主体，也是农业发展的资金投入主体。尤其是其中的农户是农业生产经营微观主体中最大的群体，自然也成了农业发展资金投入的主要群体。农业生产经营微观主体对农业发展的资金投入，首先是使用自有资金的投入。这些自有资金是农业生产微观经营主体往昔收入减去支出后的结余，或为现金、或为存款，可以自由支配，用于农业发展投入。

随着农业及农村经济发展，农业生产经营微观主体收入增加，经济实力随之增强。2014—2016 年农村居民人均可支配收入分别达到 10 488.9 元、11 421.7 元、12 363.4 元，而同期农村居民人均消费支出分别为 8 382.6 元、9 222.6 元、10 129.6 元，同期农村居民人均收入结余则分别为 2 106.3 元、2 199.1 元、2 233.8 元。若以当年农村居民人口计算，2014—2016 年全国农村居民的收入结余总额分别达到 12 485.05 亿元、13 170.69 亿元、13 173.39 亿元，这些资金作为农村居民的自有资金，其中的一部分可用于投入农业发展。考虑到进入 21 世纪以来农村居民可支配收入的连续增长，农户家庭以自有资金为主的流动资金已有一定积累，对农业发展有一定的资金投入能力。同时，农垦系统 1 781 个国有农场，经过多年生产经营和积累，也有一定的财力，有能力对农业发展投入一定资金。再者，近年一些新型主体进入农业领域，创建农业企业，投资发展农业，为农业发展的资金投入增添了力量。

农业生产经营微观主体自有资金对农业发展的投入，首先选择的是对农业生产流动资金的投入，一是因为流动资金需要的数量相对较少、比较容易满足，二是流动资金投入要及时、使用自有资金解决较为方便。对于广大农户因其生产经营规模小，所需流动资金不多，往往用自有资金就能解决。对于农业企业或生产大户，上一生产周期的收入会预留下一生产周期的投入，流动资金也主要靠自有资金解决，不足时才会贷款。若农业生产经营微观主体自有资金投入流动资金后还有剩余，就会投入农业固定资产，而不会投向农业基本建设。2016 年全国农村住户投向农林牧渔业固定资产的资金达到 2 079.2 亿元，而投入农业基本建设（水利）的资金只有 36.9 亿元，这是因为农业基本建设投资大、见效慢、不占先机，而农业固定资产投资可选择急需又见效快的项目，有一定占先优势。

2. 农业生产经营微观主体的信贷资金

在农户及农场职工家庭、农业合作经济组织、农业企业三大类农业生产经营微观主体中，除少数个体生产经营效益好、经济实力强、自有资金充足、可以自己满足农业发展的资金投入需求外，大多数个体的生产经营效益不高、经济实力不强、自有资金有限，不能自主满足农业发展的资金投入需求。为了满足农业发展的必不可少的资金投入，这些无力自主投入的生产经营微观主体，就只有向金融机构贷款，用信贷资金满足农业发展的需要。

农业生产经营微观主体需要利用部分信贷资金投资农业发展，一是因为农业发展对资金投入的要求提高，二是生产经营微观主体自有资金不足。随着传统农业向现代农业转变，农业基本建设要求提高，农业固定资产投资加大，农业生产流动资金增加，使农业发展对资金投入的需求急剧增长，资金投入远超传统农业要求，并成为影响农业发展的一大因素。改革开放近 40 年来，以农户为主体的农业生产经营者虽收入显著提高，但总体水平还不高，虽有一些流动资金积累可数量不多。即便是近几年收入增长还较快的情况下，农村居民人均可支配收入在扣除了支出后，每年也只有 0.2 万元左右的结余。农户积累的流动资金十分有限，面对农业发展对资金的大量需求，自有资金是远远不够的，需要向金融机构贷款，利用一部分信贷资金满足农业发展的资金需求。农业生产经营微观主体的信贷资金可用于农业基本建设投入，也可用于农业固定资产投入，还可用于农业生产流动资金投入。

农业生产经营微观主体的信贷资金，是向金融机构贷款获得的。我国很多银行都开展农业信贷业务，但为农业生产经营微观主体提供信贷支持的，主要还是农业发展银行、农业银行、农村合作银行、邮政储蓄银行等少数几家。农业生产经营微观主体获取贷款要向金融机构申请，并要经过审查、评估、提供抵押或担保，才可能核准，不仅过程复杂，而且条件要求严苛，获取并不容易。由于农业信贷风险大、成本高，金融机构惜贷现象长期存在，一般商业银行更是如此。但如农业发展银行这样的政策性银行，在农业信贷中发挥了重要作用，2016 年累计发放支农贷款 1.77 万亿元，净投放 1.15 万亿元。信贷资金的获取具有不确定性，无论农业生产经营微观主体对信贷资金有多大需求，也只有经金融机构核准发放的贷款，才能实际使用。信贷资金在贷款期内为农业生产经营主体所有，可在约定范围内自行使用。

3. 政府的财政支农资金

农业是关系国计民生的基础产业，对经济、社会、生态具有全面而重大的影响。农业的发展不仅是其生产经营微观主体的职责，也是政府应当承担的责任，利用财政资金支持农业发展为应有之意。政府使用一部分财政资金投入农业发展，既是对农业发展的特殊支持，也是对农业在经济、社会、生态三大效益外溢的补偿，还是对增进社会公众福利的投资，合理、公平而又有效。

政府利用部分财政资金投资农业发展，一是因为农业为社会提供了公共产品，二是农业生产经营微观主体投资能力不足，三是农业发展的某些领域只能由财政资金投入。农业的充分有效发展，可以提供质优价廉物美和丰富多样的农产品、使社会公众衣食无忧，可以解决大量劳动力就业，使社会公众安居乐业，可以优化美化生态环境，使社会公众改善生存条件。农业提供这些公共产品，理应得到政府财政投资。农业生产经营微观主体以小农户为主，经济实力弱小，难当农业发展投资大任，需要政府的帮助才能保证农业发展的必要投入。农业基本建设和农业固定资产投资，因其投资巨大，没有政府财政资金的有力支持，单靠农业生产经营微观主体的力量是永远不能完成的。农业发展既需要激励也需要调控，而财政资金的投入，是政府实施激励和调控的重要手段。农业投资也需要引导，而财政资金的投入是政府引导农业投资的重要手段。投资农业发展的财政资金，有的来源于中央政府，有的来源于地方政府，中央、省级、县级财政，都有支农资金用于农业发展投入。

政府财政资金投资农业发展，都是通过财政预算进行安排。根据农业发展的需要，分农业发展的不同领域，做出财政资金的投入预算。财政资金投资农业的多少，一方面受财政收入的影响，另一方面受经济总体形势的影响，再一方面也受农业发展需求的影响。财政收入增加对农业的投入也会增加，宏观经济向好对农业投入也会增加，农业发展遇到困难，需要更多支持，财政投入更会增加。近年财政资金对农业的投入，每年大致在 15 000 亿元左右。2016 年财政对农业的投入达到了 16 768.4 亿元，其中对农牧渔业投入 6 250.4 亿元，对林业投入 1 676.9 亿元，对水利投入 4 408.6 亿元，对南水北调投入 66 亿元，对扶贫投入 2 284.4 亿元，对农业综合开发投入 610.8 亿元，对农村综合改革投入 1 471.3 亿元。财政资金投资农业的项目选择，主要集中在农林牧渔各业发展的支持和激励、农业基本建设及固定资产形成、农业生态环境保护三个方面。

三、生产经营微观主体对农业发展的自有资金投入

农业生产经营微观主体，无论是农户和农场职工家庭，或是农业合作经济组织，抑或是农业企业，都是以农为业、以农谋生、以农求发展、以农受益的微观业主。他们作为农业发展的直接受益者，不仅负有农业发展投资的责任，也具有农业发展投资的内在动力。以投资促进农业发展，是生产经营微观主体的职责所系，也是其生存与发展所需，更是追求收益增加的动力所在。职责与动力的结合，使生产经营微观主体成为农业发展最主动的投资者。由农业的风险所决定，农业生产经营微观主体从其他渠道获取资金并不容易，对农业发展的投资动力必然驱使其首先使用自有资金，投入农业发展的急需领域。

1. 农业生产经营微观主体的自有资金来源

农业生产经营微观主体投入农业发展的自有资金，来源于过往可支配收入减去消费支出后的结余，这一结余是指过去多年的累积，而不只是上一年度的剩余。农业生产经营微观主体的年度可支配收入，由工资性收入、经营性收入、财产性收入、转移性收入四部分组成，不同生产经营微观主体的可支配收入水平及其构成各不相同。农业生产经营微观主体的年度消费支出，由食品烟酒、衣着、居住、生活用品及服务、交通通信、教育文化娱乐、医疗保健、其他用品及服务八部分组成，不同生产经营微观主体的消费支出水平及结构也不一样。收入结余是生产经营微观主体投入农业发展的自有资金来源，不同主体每年的结余多少，由当年可支配收入的高低和消费支出的多少决定，结余多投入农业发展的自有资金就多，反之则少。

对于农户及农场职工家庭，其可支配收入主要来源于劳务输出和家庭经营、其次是转移性收入、还有少量财产性收入，其消费支出主要是食品烟酒及居住、其次是交通通信和教育文化娱乐、再次是医疗保健和生活用品及服务加衣着、最后是其他用品及服务。2016年，全国农村人均可支配收入12 363.4元（工资性收入5 021.8元、家庭农林牧渔业经营净收入3 269.6元、二产业经营净收入287.9元、三产业经营净收入1 183.8元、财产性收入272.1元、转移性收入2 328.2元），人均消费支出10 129.8元（食品烟酒3 266.1元、居住2 147.1元、交通通信1 359.9元、教育文化娱乐1 070.3元、医疗保健929.2元、生活用品及服务595.7元、衣着575.4元、其他用品及服务186.0元），收入扣除支出后结余2 233.6元。近年农村居民人均年可支配收入减去消费支出，结余在2 000余元。若以每户平均3.5人计，则农户年均结余在7 000～8 000元，这些结余就是农户及农场职工家庭可投入农业发展的自有资

金来源。

对于农业合作经济组织，用于农业发展投入的自有资金有三个来源，一是过往多年积累的公积金，二是上一年度可支配收入减去分配后的结余，三是当年可用于农业发展投入的部分劳务收入、财产收入、转移收入。不同的农业合作经济组织，用于农业发展投入的自有资金在总量及来源结构上有很大差别。发展时间较长、水平又高、效益又好者，公共积累多、经济实力强，农业发展投入的自有资金数量大且主要靠过去的积累。而发展时间短或发展水平及效益不高者，公共积累少、经济实力弱，农业发展投入的自有资金数量少且主要靠上年度的收入结余和当年部分的劳务、财产及转移收入。

对于农业企业，用于农业发展投入的自有资金也有三个来源，一是企业主在创办农业企业前积累的资金，二是农业企业创办以来所积累的盈利，三是农业企业当年可用于农业发展投入的部分对外服务收入、财产收入及转移收入。有些业主过去从事工商业、服务业或提供劳务，积累了一定的资本并兴办农业企业，业主过去积累的资本越多，投入农业发展的自有资金就越多，反之投入农业发展的自有资金就越少。农业企业生产经营水平高、效益好、盈利多、积累的经济实力越强，投入农业发展的自有资金越多，反之则投入农业发展的自有资金必然不足。除旅游观光农业企业外，一般农业企业的服务收入、财产收入、转移收入有限，对投入农业发展的自有资金数量也有限。

2. 农业生产经营微观主体自有资金的投向

不同类别及不同个体的农业生产经营微观主体，可投入农业发展的自有资金虽差别巨大，但总体上都显得数量十分有限，相对需求严重不足，特别是广大农户及农场职工家庭、农业合作经济组织更是如此。当这些主体从其他渠道获取资金较为困难时，他们对有限的自有资金投向就有严格的选择。对农业发展的资金投入有农业基本建设、农业固定资产、农业生产经营三大领域，基本建设和固定资产投资巨大但可逐步进行，生产经营的投资有限但不可耽误，生产经营主体会根据自有资金的多寡，对农业发展的投向做出抉择。

对于农户及农场职工家庭，可用于投入农业发展的自有资金十分有限，只能选择最急需的领域投入。对这类主体而言，维持农业生产经营正常进行关乎家庭基本收入和生活来源，是最为紧迫和重要的事情，会将有限的自有资金优先投向农业生产经营，亦即作为生产流动资金投入，以保证相关农事活动的有效开展和顺利完成。在满足流动资金投入后若还有剩余自有资金，则会选择扩大生产经营规模以增加收入，或投向固定资产、购买农机具以提高生产效率。但农户及农场职工家庭一般不会将自有资金投向农业基本建设，一是这类投资数量大而力所不及，二是这类投资见效慢且回收期长。

农业合作经济组织生产经营规模虽然较大，但农业经营的资本积累能力不强，其经济实力一般不强，自有资金同样有限。在这种情况下，这类主体同样只能选择最急需的领域投入。对这类主体，搞好农业生产经营是其生存与发展的头等大事，有限的自有资金当然应当优先投向生产经营，以满足流动资金需要，保证生产经营过程的顺利完成并争取较高效益。若在满足生产流动资金需求后自有资金还有剩余，也会选择扩大生产经营规模以增加收入，或投入固定资产以提高农业装备水平。与农户及农场职工家庭相类似，这类主体如果不是经济实力很强，一般也不会将自有资金投向农业基本建设。

农业企业一般由较强经济实力的业主兴办，且发展的是现代农业而不是传统农业，对农业基础设施和农业装备的要求较高。对于这类主体，搞好农业基本建设和装备现代生产设施及设备，就成为企业生存和发展的起点，必然将自有资金优先投向农地改良、水利设施建设、生产设施建设、农业机械及设备购置等方面，为现代农业发展创造必要条件。在基本建设和固定资产投资基本完成后，再将自有资金投向农业生产经营，以满足生产流动资金需要，并保证农业生产经营的正常进行。当然，农业企业中也有一部分是由农户或务工返乡农民兴办的，这些业主经济实力虽强于一般农户，但自有资金仍然有限，无力投资农业基本建设，一般将自有资金优先投向生产经营规模的扩大以增加收入，或将自有资金优先投向生产设施及设备的改善以提高生产效率和效益。

3. 农业生产经营微观主体自有资金投入的困境

我国农业生产经营微观主体以农户为主，而农户生产经营规模小、效率低、成本高，导致经济实力弱小、自有资金不足，即主要的农业生产经营主体自有资金严重不足。由于自有资金的不足，农户难以担当农业发展投资者的角色，亦即主要的农业生产经营微观主体，难以承担农业发展投资的重任。加之我国农业基本建设任务繁重、农业固定资产投资巨大、农业生产经营成本高，资金需求量惊人，形成了农业生产经营微观主体的自有资金严重不足、远远不能满足农业发展投入需求的困境。

农业生产经营微观主体自有资金投入困境，首先表现在数量严重不足上。按前面的匡算，我国农业基本建设投资需 10 万亿元以上、分十年建设每年也需投入 1 万亿元以上，农业固定资产投资需 3 万亿元以上、分十年添置每年也需投入 3 000 亿元以上，每年的农业生产流动资金投入需 6 万亿元左右（其中的物资消耗需投入 46 000 亿元左右），初算下来每年农业发展投入需 7.3 万亿元左右。若以 2016 年农村居民人均可支配收入和消费支出计算，全国农村居民可支配收入减去消费支出后的结余总数也只有 13 132 亿元，即使全部投入农业发展，与投入需求也相差太远，充分显示农业生产经营微观主体经济实力的弱小，以及投入农业发展的自有资金十分有限。

农业生产经营微观主体自有资金投入困难，其次表现在投资领域缺失。在农业生产经营微观主体中，除部分自有资金丰裕的农业企业外，其他主体因自有资金不足，优先将其投入农业生产经营，而无力向农业基本建设和固定资产两大领域投资，由此造成农业生产经营微观主体在这两大领域的投资缺失，并导致这两大领域投资对政府的依赖，以及农业基本建设的滞后和固定资产数量及质量的不足。

农业生产经营微观主体自有资金投入困难，再次表现在走出困境的难度极大。农业生产经营微观主体因自有资金严重不足，才会陷入农业发展投入困境。要摆脱这一困境，只有使现有农业生产微观经营主体自有资金大幅增加，或将经济实力强的业主引入农业领域作为新型农业生产经营主体。前者有赖于生产经营规模的扩大、生产效率和效益的提高，这些都不能在短期内完成。而后者又要以城镇资金及人才成规模进入农业领域创业为前提，也不能在短期内实现。由此可见，农业生产经营微观主体自有资金投入农业发展的困境，在相当长的时间内都是难以摆脱的。

四、生产经营微观主体对农业发展的信贷资金投入

农户及农场职工家庭、农业合作经济组织、农业企业这些农业生产经营微观主体，都有赖农业发展实现充分就业、增加收入和增进福利，谋求农业发展是他们的共同愿望。农业的发展离不开良好的基本条件、先进的设施设备、充足的物资、现代的技术，而这些又需要大量的资金投入。在农业生产经营微观主体自有资金不足的情况下，要解决农业发展的资金投入困难，获取信贷资金并用于农业投资是一种可行的办法。农业生产经营微观主体通过获取信贷资金，可以有效克服自有资金不足，大大增强对农业发展的投资能力。

1. 农业生产经营微观主体信贷资金的获取

农业生产经营微观主体的信贷资金，是来源于金融机构的农业贷款，这一贷款要通过申请、审核、抵押、担保、批准等一系列程序才能获取。农业贷款按时间长短有一年期、两年期、三年期贷款，鲜有几个月期限的短期贷款，除部分固定资产贷款外，也少有三年期以上的长期贷款。农业贷款按利息状况分，有商业贷款和政策贷款，商业贷款是按市场利率支付利息的贷款，政策贷款是低息或无息的优惠贷款。商业贷款和低息贷款到期都必须还本付息，无息贷款到期也必须还本。

农业生产经营微观主体的商业贷款，来源于农业银行、农村合作银行、邮政储蓄银行及其他商业银行。通过向这些金融机构提出贷款申请的数额、期限及用途，经过审查、评估，提供抵押或担保，在核准并达成合约后才能获取。商业银行向农业生产经营微观主体发放贷款是为了获利，所关注的是贷款如期还本付息。而金融机构的农业贷款风险较高，成本也较高，惜贷现象普遍存在，加之农业生产经营微观主体缺乏有效抵押物，也不容易找到担保人，获取商业贷款有一定难度。应当指出，近些年金

融机构向农村居民发放的贷款在逐年增加，但这些贷款大多用于消费（如投入住房、教育、医疗等），只有少部分用于农业发展。由于发放贷款的机构多、获得贷款的农村居民多，用于农业发展的商业贷款数量难以统计，但数量不足、不能满足需要是不争的事实。

农业生产经营微观主体的政策性贷款，是政府贴息的低息或无息贷款，用于农业重点领域发展和重点项目建设，来源于农业发展银行等政策性金融机构。通过向这类金融机构提出政策性贷款的项目、期限、金额申请，经过考察、审核、评估，提供抵押或担保，在核准并达成合约后就能获取。这类贷款具有政策扶持的特征，只有贷款项目符合扶持的要求，项目实施又有较大保证，申请的贷款才会获得批准。2016 年，中国农业发展银行作为主要的农业政策银行，发放支农贷款 1.77 万亿元、年末支农贷款余额 4.1 万亿元，发放扶贫贷款 4 882.7 亿元、年末扶贫贷款余额 9 012.3 亿元，对农业发展和扶贫发挥了重要作用。政策性农业贷款到期必须还本，有息的还须付息。

农户及农场职工家庭，除向金融机构申请商业贷款、政策贷款外，有时也在民间借贷，即向其他农户或业主借贷，以用于农业发展的应急支出。这类借贷一般在邻里、亲友间进行，经双方协商借贷数额、周期、利息，达成一致即可。民间借贷数额较小、周期较短，多用于生产经营的流动资金。这种借贷的好处是简单方便，可及时获得资金，但不利的是存在过高利息和还贷风险。

2. 农业生产经营微观主体信贷资金的投向

农业生产经营微观主体的信贷资金名义上归自己使用，但其投向要受贷款规定范围的严格约束。贷款使用范围在申请时就作了说明，在审批及核准时也做了规定，这一规定既包括贷款使用的产业（农林牧渔中的某一具体产业），也包括贷款使用的具体领域（农业基本建设、农业固定资产投资、农业生产经营），还包括贷款使用的具体事项。贷款有专门的指向性（针对性），必须按规定使用，而不能随意改变。之所以如此，是为了提高农业贷款使用的有效性和安全性，保证农业贷款的到期还本付息。

农业信贷资金必须按规定使用有两种情况，一是商业银行的信贷资金必须按申请和核准的范围使用，但农业生产经营微观主体可在使用范围内自主确定使用事项；二是政策性银行的信贷资金发放本身就规定了使用范围，农业生产经营微观主体只能遵循规定的使用范围去申请。这便意味着商业银行的农业贷款不局限特定范围，使用范围由贷款申请者决定，但核准后不能更改。而政策性银行的农业贷款有特定范围，使用范围由银行事先决定，农业生产经营者只能按规定申请和使用。鉴于此，对于农业生产经营微观主体，无论是商业贷款或是政策性贷款，其投向在申请时便已决定，在获取后不能自行改变用途。

农业信贷资金按规定的投向使用，是金融机构的刚性要求，为满足这一要求，农业生产经营微观主体就要申请自己最急需的贷款。一方面，按农业发展急需资金的领域（农业基本建设、农业固定资产投资、农业生产经营）申请贷款，以满足特定领域的投资需求。另一方面，按农业发展急需资金的产业（农业、林业、牧业、渔业）申请贷款，以保障特定产业发展的资金需求。再一方面，按农业发展急需资金的项目申请贷款，以满足特定项目对资金需求。如此一来，既能做到农业信贷资金按规定投向使用，又满足农业生产经营微观主体最急需的资金投入。从当前的情况看，农业生产经营微观主体最需要的是解决流动资金不足的问题，他们申请的主要是生产经营贷款，获得贷款后也用作农业生产经营的流动资金。当然，也有一部分农业生产经营者，推进传统农业向现代农业转型，或从事新型农业发展，他们也申请农业固定资产贷款、新型农业开发贷款，并将贷款投向农业机械设备或新型农业的创业。

3. 农业生产经营微观主体信贷资金投入的风险

信贷资金是一种借入资金，农业生产经营微观主体利用这种资金投入农业发展，虽能在一定程度上解决自有资金不足、农业发展受阻的问题，但也存在不少的风险。这种风险一方面表现在信贷资金的可得性上，另一方面也表现在信贷资金的使用性上。信贷资金的可得性风险，体现在因农业生产经营微观主体或金融机构的原因，使预期的农业信贷资金不能获取或不能完全获取，从而使农业发展投入落空，进而使农业发展受阻甚至遭受损失。信贷资金的使用性风险，体现在因农业生产经营微观主体对信贷资金使用不当或发生意外，造成农业发展投入失败或效益低下，使农业信贷资金难以还本付息，甚至发生意外，使农业生产经营微观主体破产。

可得性风险是农业信贷资金获取机制带来的，且发生的概率较高，不能避免。农业信贷资金的获取，要经过农业生产经营微观主体向金融机构申请（包括贷款项目、数额、期限等），金融机构对申请的贷款项目及申请者进行考察和评估，申请者向金融机构提供抵押或担保，金融机构核准并与申请者达成贷款合约等过程。在这一过程中，若金融机构对申请人的贷款条件或贷款项目的可行性存疑，就会拒绝申请而使申请者不能获得贷款，或削减数额使申请者不能获得足额贷款。当然，在农业生产经营微观主体不能提供有效抵押物或担保的情况下，即使申请的贷款项目很好，也不会获得贷款支持。这些情况在农业信贷过程中极易发生，农业生产经营微观主体在农业发展投资预算时，一定要充分考虑资金的可得性风险，预防风险发生时的被动。

使用性风险是农业信贷资金在使用过程中出现的，其发生有一定的随机性，但有些风险可以防范与避免。农业信贷资金的使用，因其范围、条件、管理及偶发事件，会出现一定的风险。由于农业生产经营主体申请时就决定了信贷资金使用范围，若确定正确而又可行，则信贷资金的使用就会产生良好的效果而无风险。信贷资金投入的农业项目如具备必要而充分的条件，则该项目可有效实施，信贷资金使用也不会出现风险。信贷资金在投入农业的发展过程中加强管理，可以提高利用效率，也会降低风险。相反，若信贷资金使用范围选择失准，投入的项目不具备发展条件，或投资项目疏于管理，则信贷资金的使用风险就会大增，只不过这些风险可通过主观努力而降低。同时，农业是一个自然风险和市场风险较高的产业，若农业信贷资金在使用过程中遭遇重大的市场变化或重大的自然灾害，就可能导致所投入的农业项目失败，而出现难以避免的风险。

五、政府对农业发展的财政资金投入

政府虽然不是农业生产经营主体，但能从农业发展中"受益"，只不过所受的不是经济利益，而是经济、社会、生态发展的公共利益。政府追求的目标是促进经济繁荣、社会发展、生态改善、人民安居乐业、福利增进，而农业的发展对这些目标的实现有不可替代的作用，政府对农业发展给予一定投入，是对农业贡献的应有回报。同时，农业发展投入巨大，有些投入回收期很长，而以农户为主的生产经营微观主体经济实力弱小，无力独自承担农业投入重任，政府对农业发展给予一定的投入，是对农业发展应有的支持和应尽的义务。再者，政府的财政收入应当用于公共支出，而农业有一定的社会公益性，也应得到财政资金支持。

1. 政府的财政支农资金投入

在中央、省（自治区、直辖市）、县（市、区）、乡（镇）四级政府中，有财权的是中央政府、省级政府、县级政府。政府的财政支农资金，就是指中央政府、省级政府、县级政府在本级财政收入中，用于支持农业发展的资金，这一资金是根据经济社会发展需要，在财政预算中进行安排的。因此，政府财政支农资金有中央的、省级的、还有县级的，一般意义上的政府支农资金如无特指，则为三级政府财政支农资金的总和。由于政府财政收入主要来源于税收，而我国目前又实行中央和地方分税制，因此，全国的政府财政支农资金中，中央政府占小头而地方政府占大头。

政府的财政支农资金，在每年的各级政府财政预算中做出安排，其具体数额及其在一般公共预算支出中的占比，由财政收入水平和经济社会发展需要决定，并在年际间有一定波动。政府的财政支农资金有广义和狭义两种内涵，广义的财政支农资金是指支持农村建设、农业发展、农民保障的财政资金，狭义的财政支农资金专指支持农业发展的财政资金。前者表示政府对"三农"的财政支持，涉及经济、社会、生态等众多方面。后者反映政府对农业发展的财政支持，仅涉及农业基本建设、农业固定资产投资、农业生产经营三个领域。同时，由于财政支农资金大多来源于地方政府，而不同的省级和县级政府的财力大小相差很大，故不同行政辖区财政支农资金的绝对数量和投入强度相差也很大，财力强的行政辖区支农资金充足，而财力弱小的行政辖区支农资金短少。

2016 年，中央和地方政府一般公共预算支出 187 755.21 亿元，农林水支出 18 587.36 亿元、占 9.90%。其中，中央政府一般公共预算支出 27 403.85 亿元、农林水支出 779.07 亿元，占 2.11%，地方政府一般公共预算支出 160 351.36 亿元、农林水支出 17 808.29 亿元、占 11.11%。同年各地方政府一般公共预算支出及农林水支出如表 14-1 所示。

表 14-1 2016 年各地方政府一般公共预算及农林水支出

单位：亿元、%

地区	一般公共预算支出	一般公共预算农林水支出	农林水支出占比	地区	一般公共预算支出	一般公共预算农林水支出	农林水支出占比
北京	6 406.77	443.55	6.92	湖北	6 422.98	704.59	10.97
天津	3 699.43	161.02	4.35	湖南	6 339.16	729.75	11.51
河北	6 049.53	800.79	13.23	广东	13 446.09	715.44	5.32
山西	3 428.86	432.02	12.60	广西	4 441.70	573.48	12.91
内蒙古	4 512.71	729.02	16.16	海南	1 376.48	179.04	13.01
辽宁	4 577.47	480.73	10.50	重庆	4 001.81	347.99	8.69
吉林	3 586.09	550.50	15.35	四川	8 008.89	988.71	12.39
黑龙江	4 227.34	801.77	18.96	贵州	4 262.36	629.39	14.74
上海	6 918.94	327.41	4.73	云南	5 018.86	712.92	14.19
江苏	9 981.96	985.62	9.87	西藏	1 587.98	243.28	15.32
浙江	6 974.26	722.41	10.36	陕西	4 389.39	543.30	12.38
安徽	5 522.95	624.83	11.31	甘肃	3 150.03	488.10	15.49
福建	4 275.40	410.58	9.60	青海	1 524.80	232.35	15.23
江西	4 617.40	580.90	12.58	宁夏	1 254.54	201.29	16.04
山东	8 755.21	943.44	10.77	新疆	4 138.25	717.02	17.32
河南	7 453.74	807.06	10.82				

资料来源：《2017 中国统计年鉴》第 211~212 页，表 7-6。

从表 14-1 中可看出，以工商业为主、农业规模较小的四大直辖市及广东省，农林水支出占地区一般公共预算支出比重较低，但绝对量不小。江苏、福建两省农林水支出占地区一般公共预算支出比重接近 10%，但绝对量也不小。其余省、自治区农林水支出占地区一般公共预算支出比重都在 10% 以上，且有 8 个省、自治区的占比超过 15%，表明地方政府对农业发展的重视，对农业发展的财政投入已达到了不低的水平。

2. 政府财政支农资金的投向

财政支农资金是政府支持农业发展的专项资金，这项资金在财政预算中进行安排，按农业发展项目安排使用。而农业发展项目安排是政府农业部门按农业发展需要及轻重缓急决定的，而不是农业生产经营微观主体决定的。这就决定了财政支农资金的投向是由政府决定的，体现了政府的意愿、目标及偏好。政府决定财政支农资金的投向，一方面可以增强政府对农业发展的调控能力，促进农业发展总体目标的实现，另一方面可以集中力量办大事，解决农业发展中的重大问题。

财政支农资金的投向，具有投向何种产业及何种领域、投向何种地域及主体、投向何地及何业的多少等三重含义。从支持农业产业发展的角度，政府财政支农资金可以投向农业，也可以投向林业、牧业、渔业，甚至细化到这些产业中的某些产品。从支持产业发展领域的角度，政府财政支农资金可以投向农业的基本建设，也可投向农业固定资产，抑或投向农业生产经营。从支持对象的角度，政府财政支农资金可以投向甲地，也可投向乙地，还可投向丙地，可以投向农户，也可以投向农业合作经济组织，还可以投向农业企业。从支持产业发展强度的角度，政府财政支农资金既可向某个产业、某个领域、某个地域、某类主体增加投入（或多投入），也可向其他的产业、领域、地域、主体减少投入（或少投入）。值得注意的是，财政支农资金投向的三个方面，是由政府相关部门在经过论证后决定的。

2016 年，政府财政资金用于农林水各项支出为 16 768.4 亿元（比预算支出少 1 818.96 亿元），其中用于农业的支出 6 250.4 亿元，用于林业的支出 1 676.9 亿元，用于水利的支出 4 408.6 亿元，用于南水北调的支出 66.0 亿元，用于扶贫的支出 2 284.4 亿元，用于农业综合开发的支出 610.8 亿元，用于农村综合改革的支出 1 471.3 亿元，分别占总支出的 37.27%、10.00%、26.29%、0.41%、13.62%、3.64%、8.77%。这些财政支农资金投向农业基本建设的主要是耕地整治（平整、改良、培肥、修复等）、林地建设（天然林保护、退耕还林、造林及抚育等）、草地建设（生态保护、退牧还草、草地建设）、农田水利建设（灌溉设施建设、节水设施建设）、防灾减灾（防汛抗旱、江河治理、气象服务）、水土保持、农村交通及通信和能源建设，投向农业固定资产的主要是农机购置补贴及种植和养殖设施建设，投向农业生产经营的主要是农业补贴、产业结构调整、现代农业生产经营体系建设、技术推广、产业扶贫等，投向的领域及范围很广，包含农业发展的方方面面。

3. 政府财政资金投入农业发展的变革

新中国成立以来，政府财政资金的持续投入，极大地支持了农业发展。近年来随着经济发展、财力增强及对农业的重视，财政支农资金投入逐年增加，对农业发展的促进作用也越来越大。但与此同时，农业在经历改革开放近 40 年发展后，面临现代化转型、提高发展质量和效率、增强市场竞争力、确保产业及产品安全的一系列繁重而艰巨的任务。在新的形势下，政府财政资金对农业的投入，应当在原有基础上有所变革和调整。

首先，应当为财政资金投入农业确定占比。通过立法，为财政支农资金在一般公共预算支出中确定占比。根据目前的预算规模及农业发展需要，在一般公共预算支出中，农林水支出占比应不少于 12%，中央一般公共预算支出中农林水支出不应少于 4%、地方一般公共预算中农林水支出不应少于 15%。既使财政资金对农业发展的投入有法可依，又使财政支农资金随经济发展逐年有所增加。

其次，应加大财政资金对农业发展的专项投入。应当在今后 10～15 年，每年投入 1 万亿元左右的财政资金，专门用于耕地建设、林地建设、草地建设、水利建设，建成连片平整、土质肥沃、旱涝保收、便于机械化大生产的优质耕地 8 000 万公顷，显著提高森林质量、森林覆盖率、优化森林结构与布局，显著改善草原生态环境、草地产草量显著提高，主要江河得到有效治理、江河水患得到可靠防治、江河湖泊水质显著改善。经过 10～15 年建设，使我国农业生产基本条件得到根本改善，农业生产效率和效益大幅提高。

再次，应突出财政支农资金的投入重点。农业发展需要财政资金支持的领域很多，但在资金有限的情况下，应当集中使用、突出投入重点。在投入的产业上应突出对国计民生影响巨大的大宗农产品生产，在投入的领域上应突出农业经营主体难以承担的农业基本建设、农业现代装备、先进技术研发及推广，在投入的地域上应突出大宗农产品主产区，使有限的财政资金，发挥最大及最好和最持久的效果。

最后，应当建立科学的财政支农资金投向的选择制度。财政支农资金的使用为无偿投入，大家都想分享一份，使用竞争十分激烈。在这种情况下，为保证财政资金投入的合理及有效，必须建立一套科学的投向选择制度（包括选择规则、选择程序、选择方法），使财政资金对农业的投入更加精准、发挥的作用最大。

第十五章 中国农业发展的技术供给

技术是农业的核心生产要素，是推动农业发展的革命性力量，现代农业的发展离不开先进技术的支撑，农业发展的诸多困难与障碍也只能依赖技术创新化解。农业发展的技术供给，是解决农业发展的技术来源（研究开发）和使用（推广使用）问题。新中国成立以来，特别是改革开放以来，农业技术的研究开发广泛开展，众多创新成果大量涌现，大量先进技术广泛推广应用，在农业发展中发挥了强有力的支撑作用。农业技术类型多、范围广，研究开发和推广应用的任务重、难度大，在取得巨大成就的同时，还不能完全满足农业发展的需要。

一、农业发展对技术的需求

农业发展是通过农业生产实现的，而农业生产又是利用植物种植及动物饲养完成的。因此，凡植物种植及动物饲养的相关技术都是农业发展所需要的。这些技术主要包括栽培植物和饲养动物的品种技术、作物栽培及动物饲养技术、农业生产资料及设施和设备技术三大类，每一大类又包括若干分类，每一分类中又包括若干种，种类繁多、功能各异。不同的技术有其特定功能，相关技术形成的体系，支撑不同农业产业的发展。

1. 农业发展对品种技术的需求

品种技术是栽培植物和饲养动物优良品种的选育、引种及繁育技术的总称，它是农业发展的基本技术，同时也是核心及关键技术。农业发展对品种技术的需求，主要体现在通过育种、引种技术的进步与创新，选育出或引进种植业和养殖业发展所需要的优良品种，并通过繁育技术的进步与创新，大量提供优质廉价的种子、种苗、仔畜、雏禽。很显然，先进的育种技术能选育出优良的自主知识产权品种，先进的引种技术能引进优良的域外品种，先进的繁育技术能大量生产质优价廉的种子、种苗、仔畜、雏禽等。农业发展对品种技术的需求，在实质上是对优良品种的需求。

品种对农业发展的重要性体现在四个方面，每一个方面都关系到农业的生存与发展、效率与效益。一是品种决定农产品的质量和产量潜力，在同等生产条件下，优良品种能生产出质量更好、数量更多的农产品。二是品种决定农业生产对自然资源利用的广度和效率，适应性、抗逆性强的品种能更广泛及更有效地利用农业自然资源。三是品种决定农业生产的要素投入水平及利用效率，优良品种可节省农业生产的物质及人工投入，并提高利用率。四是品种决定农业生产的方法和方式，更新更优的品种可以催生新型农业和促进传统农业的现代化转型。正因为品种的这些重要作用，农业发展对品种技术的需求才十分迫切。

农业发展对品种技术的需求量大、面广、要求高，满足的难度较大。农产品种类数以千计，每种产品生产都需要良种，而每种良种都需要特定育种技术才能选育成功。我国农业生产规模巨大，主要农产品生产需要的种子、种苗、仔畜、雏禽数量巨大，都需要特定繁育技术才能生产和满足。农业发展对品种的经济性状（质量及产量）、环境适应性状（适生地域、条件）、抗逆性状（抗旱、抗涝、抗虫、抗病）要求越来越高，对品种选育和繁殖技术提出了更高的要求。根据当前农业发展的需要，对品种技术的需求主要在四个方面：一是创新杂交育种技术，选育优质、高产、抗逆的农作物及畜禽品种，主要是在粮食、棉花、油料、家禽、家畜、水（干）果、蔬菜育种上有新突破；二是突破生物技术育种，选育常规品种不可能具备的特有质量、产量、抗性的农作物及畜禽新品种，主要是在特殊品质与功能、适应极端环境、高效物质能量转换品种选育上有所突破；三是创新繁育技术，大规模或快速繁殖作物种苗、水产幼苗、家畜仔畜、家禽雏禽上有较大突破；四是在抗恶劣环境作物及林草品种选育上有所突破，选育出抗盐碱、抗干旱、耐高温、抗严寒的作物品种和林草品种。

2. 农业发展对种植和养殖技术的需求

种植和养殖技术是种植业及养殖业生产条件塑造、物质支持、管理调控技术的总称，也是农业发展的基本技术，同样也是农业发展的核心和关键技术。大田作物、园艺作物、林草植物种植对技术的需求，主要体现在农地整治、土壤改良、耕作施肥、播种（栽植）、抗旱排涝、病虫害防治、田间管理技术的进步与创新，推进种植业生产活动高效有序低成本进行。家禽、家畜、家鱼饲养对技术的需求，主要体现在饲舍改良、设施配套、饲喂管理、卫生防疫、粪污处理技术的进步与创新，促进养殖业生产活动高效有序低成本进行。很明显，有了先进的种植和养殖技术，就能有效推动种植业和养殖业生产活动的高效开展和顺利完成，进而促进农业发展。

种植和养殖技术对农业发展的重要性，主要体现在四个方面，其影响不亚于品种技术。一是直接决定农产品的质量和产量，在同等条件下，先进的种植和养殖技术，可显著提高农产品质量及产量水平。二是决定农业资源的利用水平，同等条件下，先进的种植和养殖技术，可更加有效和节约利用生产资源。三是直接决定农产品生产的成本和效益，先进的种植和养殖技术，可显著减少人力和物质消耗，节省人工及物耗成本，提高生产效益。四是可以加快农业现代化进程，先进的种植和养殖技术，能促进农业机械化、信息化、智能化，促进传统农业向现代农业转型。种植和养殖技术的这些重要性，决定了农业发展对它的迫切需要。

农业发展对种植和养殖技术的需求，同样存在量大、面广、要求高的特点。栽培植物数以千种、饲养动物数以百种计，每种植物有各自的种植技术，每种动物也有各自的养殖技术，农业发展对种植和养殖技术的需求量巨大。我国地域辽阔，各地自然气候及生态环境互不相同，种植和养殖技术也不一样，农业发展对种植和养殖技术的需求面很广。种植及养殖技术决定农业发展的质量、数量、效率、效益，对其要求自然很高。根据当前的农业发展，对种植技术的需求主要是在农地改良（平整、改良、培肥）技术、耕作栽培技术、施肥灌溉技术、病虫草害防治技术、收获技术、废弃物利用技术、人工及物质节约技术上有所创新和突破，对养殖技术的需求主要是饲舍技术、设施技术、饲喂技术、防疫技术、粪污处理技术、人工及物耗节约技术上有所创新和突破。随着农业现代化的推进，适合大规模机械化生产、显著提高劳动生产率和资源产出率、大幅降低生产成本的技术体系尤为重要。如果这些技术要求得到满足，农业发展的面貌将发生重大变化。

3. 农业发展对生产资料、设施、设备技术的需求

生产资料是农业发展投入的物质，设施、设备是农业发展投入的装备，三者属性虽然不同，但都是农业发展的投入品，其技术可统称为投入品技术（前者为物质技术，后二者为装备技术），是农业发展的支撑性技术，同时也是保障性技术。农业发展对生产资料技术的要求，主要体现在传统生产资料改良及新型生产资料研制技术的创新，以提高生产资料的效能、降低生产资料使用成本。农业发展对设施、设备技术的需求，主要体现在传统设施设备的改造、新型设施及设备的研制、设施及设备的功能优化和效率的提升、信息化及自动化和智能化设施及设备研制技术的创新与突破，以提高设施及设备的效能和效率。

生产资料主要指肥料、饲料、农药、兽药、塑料制品等，设施主要指大棚、温室、饲舍、鱼塘、灌排及节水设施等，设备主要指各种农业生产机械和机具，这些投入物的相关技术，对农业发展的重要性主要体现在四个方面。一是决定农产品的质量和产量，先进的生产资料技术及现代设施、设备技术，可显著提高农产品质量和产量，使农业实现优质高产。二是决定农业劳动生产率及要素产出率，先进技术使生产资料更加优质高效，使设施和设备功能更强且效率更高，从而大幅提高投入产出比，提高农业劳动生产率。三是决定农产品生产成本与效益，先进的生产资料技术可减少生产资料的投入并增加产出，先进的设施和设备技术可提高生产作业效率而降低成本，对农产品生产的成本与效益产生决定性影响。四是决定农业现代化的进程，生产资料、设施及设备技术水平越高，农业生产资料就越好，农业装备水平及生产机械化、信息化、自动化、智能化水平也越高，农业现代化水平随之提高。

农业发展对生产资料、设施及设备技术的需求，虽也有量大、面广、要求高的特点，但主要集中在几个重要生产资料和几个关键领域设施、设备的技术突破上。一是高长效缓释肥、商品有机肥、专用肥研制，优质、高效、安全专用饲料研制，无毒副作用、无残留农药和兽药研制，可降解、高强度塑料薄膜研制。二是高效节能种植大棚、温室设计与建造，自动化及智能化种苗、雏禽繁育工厂设计与建造，大田节水灌溉系统设计与建造，自动化家畜、家禽、水产养殖设施设计与建造，大田、园地、林地、草地远程自动监控系统设计与建设。三是土地平整改良、道路建设、水利建设工程机械设计与制造，适应多种工况、高效精准作业的大田作业机械设计与制造（特别是适宜平原地区的大型作业机械和适宜山地丘陵地区的中型作业机械的设计与制造），高效、灵巧的园地、大棚生产作业专用机械设计与制造，高效专用林业、草业机械设计与制造，传统农业设施及机械设备的自动化和信息化、智能化改造等，这些技术的研发与创新，将使农业的面貌发生巨大改变。

二、农业发展的技术供给主体

农业发展的技术供给，一方面是技术的研究开发（或技术的引进），另一方面是技术的推广应用，前者解决农业发展的技术来源，后者解决农业发展的技术使用，二者缺一不可。无论是技术的研发（引进）或是技术的推广，都需要相应的主体承担，研发主体便成为技术的创新者，推广主体便成为技术的传播者，二者都是技术的供给主体。由基本国情及传统体制所决定，我国农业发展的技术供给，在改革开放前由公共部门提供，在改革开放后由公共部门为主、企业部门为辅共同提供。

1. 公共部门为主的农业技术研发主体

公共部门是由财政资金供养，为经济社会发展提供公共服务的部门。农业技术研发的公共部门主要有两类，一类是以农业科研院所为主的国有科研院所，另一类是以农业高校为主的国有大专院校。农业科研院所是以农业科学技术研究开发为己任的专门机构，担负着为农业发展提供技术支撑的重任。其他类型的科研院所也有涉农方面的研究，只在某些专门技术领域为农业发展提供技术成果。农业高校在为国家培养农业技术及管理人才的同时，利用学科专业齐全、科技人员集聚、仪器设备先进的优势，从事广泛的农业科学技术研究，为农业发展提供技术支持。其他类型的大专院校也有部分涉农学科专业，并从事涉农领域的科学技术研究，在相关领域为农业发展提供技术成果。

我国有国家级农科院、林科院、水（产）科院，有省级农科院、独立林科所、水（产）科所各 31 个，有地级农科所 334 个。在国家级农科院、林科院、水（产）科院中，分别有按专业及产业设置的研究所。在省级农科院中，也分别有按专业及本辖区主要产业设置的研究所。在地级农科所中，是按本地区主要产业划分研究室。各层级研究院所形成了既包括农业制度政策、农业基本建设、农业生产经营、农业装备的相关研究，也包括粮食、棉麻、油料、糖料、水（干）果、蔬菜、蚕桑、茶叶、中药材、林草业。主要家禽（鸡鸭鹅）、生猪、肉牛、肉（毛）羊、奶牛、水产等产业发展或产品生产的相关研究，形成涵盖范围广泛、长中短期衔接的研究体系。而中科院等研究院所，其生物学、遗传学、生态学研究及水土保持、沙漠治理、盐碱地改良等研究，也涵盖了农业科技的众多领域。由此形成了以农业科研院所为主体，其他科研院所为辅助的专业化农业技术研究队伍，这支队伍以自己"半壁江山"的研发成果，成为一类农业技术的创新主体和供给主体。

我国有本科院校 1 237 所，专任教师 113.40 万人。在本科院校中农业高校 50 余所，专任教师及研究人员 6 万余人。一些综合性大学、理工科大学、财经院校，甚至师范院校，在"综合化"过程中也纷纷设立农科专业，设置专门的学院或系科。农业高校既有全国性及大区性农林水产院校，也有各省（自治区、直辖市）的农林牧院校，分布广泛。农业院校的农科专业齐全，既涉及农业的各类产业，又涉及农业产业的各个领域及方面，且相关的专业人才集聚，仪器设备先进齐全，在培养人才的同时也广泛开展农业科学技术研究。农业高校利用人才和设备优势，既重视农业发展的理论研究，又重视农业发展的先进实用技术的研发，其研究范围涵盖农业发展的众多领域和大量的产业与产品，形成了与农业科研院所并行而又各具特色的研究体系。其他高校则利用各自学科及人才优势，对农业发展的特定领域或相关领域进行专项的科学技术研究。由此又形成了以农业高校为主体、其他高校为补充的专兼业结合的农业技术研究队伍，这支队伍也以"半壁江山"的研发成果，成为另一类农业技术的创新主体和供给主体。

2. 企业部门为辅的农业技术研发主体

企业部门是通过自主生产经营，为市场提供产品或服务，以求得生存与发展的部门。农业技术研发的企业部门主要也有两类，一类是农业生产资料、设施及设备生产企业，另一类是农业科技企业。专门从事农业生产资料、设施、设备的生产企业，为了提高本企业产品质量、改进产品效能或实现产品创新，而研究开发农业技术，技术研究开发的针对性和专门性较强，如种子企业研究新的育种技术、选育新品种，肥料企业研究肥料生产新技术、开发新型肥料，农机企业研究农机设计和制造技术，制造新型高效智能化农机等。专门从事农业技术研究开发的科技企业，为了获取有商业价值的成果，而研究开发农业技术。科技企业技术研究的市场取向明显，如研究优良品种选育、新型高效生产资料（肥料、饲料、农药等）生产、高效自动化及智能化设施及设备制造等。

农业生产资料及农业生产设施、设备生产企业，过去都是按既定的技术生产设定的产品，生产技术及产品规格多来自企业外部的研究机构。由于农业发展对生产资料、设施、设备的要求越来越高，更新速度也越来越快，过去那种技术及产品规格主要由外部提供的情况，已不能适应企业生产的要求。于是一些大的生产企业便建立专门的技术研发部门（研究中心、研究院等），专门从事相关技术的研究开发。一方面研究原有产品的改进，提高其品质与效能，使其更适合农业生产需要。另一方面研究原有生产工艺技术的改进，提高其生产效率，减少生产消耗、降低生产成本，使产品更加适用和廉价。再一方面研究新技术、开发新产品，实现农业生产资料、设施及设备生产技术的创新和产品的更新换代。生产企业的农业技术研究针对性强、转化较快，具有很多优势，但需要不少的人财物力投入，只有规模较大且经济实力较为雄厚的企业才能做到。因此，生产企业研发农业技术还不普遍，还只是一个辅助性的农业技术研发和提供主体。

农业科技企业是近年发展的新型企业，专门从事农业技术的研究开发，为市场提供技术成果和技术服务。这类企业有的由公共农业技术研究机构兴办，有的由工商企业兴办，还有的由私人业主兴办，其研究的领域较窄且很集中，专业性很强。农业科技企业对农业技术的研究，主要集中在先进实用技术领域，如优质高产抗逆品种选育，新型高长效复合肥研制，高效无毒无残留农药研制，高效节能及自动化、智能化种植及养殖设施研究，精准高效作业的农机具研制等领域。这些领域的技术突破易于转化为市场需求的产品，因而容易向生产企业转让，使农业科技企业易于回收技术研发成本并获取盈利。只不过农业科技企业发展时间较短，力量还较弱小，也还只是农业技术研发和提供的辅助性主体。

3. 公共部门为主的农业技术推广主体

农业技术推广就是将农业技术成果，向农业生产经营者推介、传授、指导其应用，使其在生产经营中得到普及。农业技术推广工作量大面广，带有一定的公益性和普惠性，难以商业化运作，主要依靠公共部门以技术服务的方式提供。在以农户为主的农业生产经营微观主体技术获取、掌握、应用能力不足的情况下，搞好农业技术推广，对农业发展至关重要。长期以来，为农业生产经营微观主体提供技术推广服务的主体，主要是政府农业部门内的技术推广系统，以及农业科研院所及农业大中专院校，前者是农业技术推广的主力军，后两者是重要的补充力量。

在中央、省级、县级的农业部门中，都专门设有农业技术推广的事业单位，下设农业各领域技术服务机构，并配备具有专业知识及推广技能的人员。在乡级政府中配备有农业技术推广人员（事业编制、参照公务员管理），由此形成由中央到地方的农业技术推广组织网络体系。在农业农村部及国家林业和草原局，分别设有农业、林业技术推广总站，总站下面又分设相关业务站，对全国农林牧渔技术的推广工作进行指导、督促、协调，并建立有技术推广示范基地，以总结经验并向全国推行。省级农业及林业部门（厅、委、局），也分别设有农技站和林技站，下面也分设有若干专业技术推广站，负责本辖区内农林牧渔业先进技术推广工作的指导、监督，并深入生产一线，向农林牧渔业生产经营者传授先进技术。县级农业部门（委、局）也设有专业性农技站，其农技推广人员常驻生产一线，对农林牧渔业生产者进行技术指导。在乡一级配有专门的农技推广人员，向生产者传递农业技术信息、搞技术应用示范、指导其技术应用、培养农村技术骨干。各级政府农业部门内部的推广体系，是最主要的农业技术推广主体，在先进农业技术普及应用中发挥了巨大的不可替代的作用。

农业科研院所的主要职责，是从事农业科学技术的研究开发，为农业发展提供科技支撑。农业高校的主要职责，一是培养农业技术及管理人才，二是从事农业科学技术研究开发，为农业发展提供人才和科技的支撑。但无论是农业科学技术的研究开发，或是农业技术及管理人才的培养，都离不开农业生产的实践，在与农业生产实践的结合中，农业科研院所和农业高校必然会主动承担部分农业技术推广责任。一方面，农业技术成果的研发需要生产一线试验和验证，从而使部分农业生产经营主体获知相关的技术来源。另一方面，农业技术成果的认定需要在生产一线示范和展示，从而使农业生产经营主体对成果认同和接受。再一方面，农业技术人才及管理人才的培养需要生产实践，而农业技术推广是这一实践的有效途径。最后，农业技术的研发者负有该技术推广的责任，而农业科研院所和农业高校是众多农业技术的研发主体，自然需要承担农业技术推广任务，从而成为农业技术推广的重要主体。

三、农业品种技术的供给

品种技术既是农业发展不可或缺的基本技术，也是决定农业发展质量和水平的关键及核心技术。在一定意义上，品种技术决定农产品的质量和数量、生产成本和效益，甚至农业的产业结构与布局，并从多个方面综合影响农业发展。品种技术的供给，广义指先进育种技术的研制与提供、优良品种的选育与提供、优良品种在生产中的推广，狭义指优良品种的育成及应用。新中国成立以来，先进育种技术有了突飞猛进的发展，选育出的优良品种众多，栽培作物和饲养动物基本实现良种化，为农业发展做出了重大贡献。但在不同的产业领域，农业品种技术的供给存在较大差异，某些领域还存在短板。

1. 栽培植物品种技术供给

栽培植物种类繁多，主要包括大田作物（粮食、棉麻、油料、糖料、蔬菜等）、园艺作物（水果、干果、茶叶、花卉、桑、中药材等）、林草植物（用材林、生态林、经济林、景观林、牧草等）三大类。我国在这三大类栽培植物的品种技术供给上都取得了重大进步，特别是大田作物的品种供给成就凸显，在某些方面已处于世界前列。

从20世纪50年代至今，大田作物育种技术从穗选、株选及提纯复壮的经验选择，发展到杂交育种、再发展到生物技术育种，在育种技术上实现了多次飞跃。与此同时，也先后选育出数以千计的常规良种、杂交良种及部分转基因品种，并在生产中广泛应用（部分转基因品种除外）。以粮食作物为例，20世纪50年代主要选育及推广常规高秆良种，60年代至70年代中期主要选育及推广常规矮秆良种，70年代中期至今主要选育及推广杂交良种，20世纪90年代以来育成了小批转基因品种（但只有抗虫棉获准使用）。目前，我国主要大田作物品种基本都实现了杂交化，都由国内选育，具有完全自主知识产权，良种覆盖率达到90％以上，且新的优良品种还在继续选育，接班品种也有一定储备。

20世纪50年代至今，园艺作物育种技术从穗选、株选及提纯复壮，发展到嫁接、杂交育种，以及放射育种、太空育种、生物技术育种，育种技术有了巨大提升。与此同时，还从国外引进了不少园艺作物的优良品种及新品种。国内自主选育的园艺作物优良品种，既有苹果、梨、柑橘等水果品种，也有核桃、板栗等干果品种，还有茶叶、花卉、蚕桑等特产品种，更有优选及驯化的中药材品种，特别是利用地方良种为材料，选育出不少园艺作物优良品种。国内选育及引进的优良品种有效支撑了园艺产业发展，园艺作物的良种覆盖率也达到了90％以上，虽然新的优良品种仍在继续选育和引进，但接班品种稍显储备不足。

同样在20世纪50年代至今，林草植物品种技术也有巨大进步，一方面优选驯化了一大批用材、生态、环保、景观、防护林的乔木及灌木优良树种，另一方面选育了一批优良的经济林及用材林树种，还发现并保护和扩繁了一批珍稀及孑遗树种，再一方面选育了一批优良的牧草品种及抗干旱、抗极端温度、抗盐碱的草种，为林草业发展及生态环境改善提供了品种支持。同时，也从国外引进了一些重要经济林木（如橡胶）和牧草品种，对林草业发展提供了新的支持。与大田作物和园艺作物相比，林草植物的品种技术供给相对滞后，一是育种方法还未有重大突破，二是优良品种选育进展缓慢，三是优良品种推广也不够快，与林草业发展还不太适应。

2. 饲养动物品种技术供给

饲养动物的种类虽难与栽培植物相比，但绝对数量仍然很多，主要包括家畜（猪、牛、羊、驴、马、骡、兔等）、家禽（鸡、鸭、鹅等）、水产（鱼、虾、蟹、贝等）、特种动物（蜂、蚕等）四大类。新中国成立以来，政府高度重视饲养动物品种改良及良种推广，使四大类饲养动物的品种技术供给得到很大改善，供给质量得到很大提升。

20世纪50年代至今，家畜育种技术从地方品种优选及提纯，到二元或多元杂交选育，再到生物技术育种，经过了多级跳跃，在育种技术上实现了突破。同时，也从国外引进不少家畜品种，有的直接用于生产，有的用于对国内品种的杂交改良。无论是国内选育的或是国外引进的家畜品种，主要集中在生猪、肉牛、奶牛、肉羊、毛羊、肉兔、毛兔少数品种上，驴、马、骡等主要还是依靠优良地方品种。目前，除极少数边远地区之外，依靠自己选育和引进，家畜养殖基本实现良种化，只不过自主选育的良种较少，转基因品种还未使用。

20世纪50年代至今，家禽育种技术也从地方良种优选及提纯，发展到杂交育种，再到生物技术育种，有了很大的进步和提高，并选育出一批优良肉禽及蛋禽良种，提纯一批名特肉禽及蛋禽良种。与此同时，也从国外引进了一批肉禽及蛋禽良种，并直接用于生产。依靠良种的选育与引进，我国家禽生产也基本实现了良种化，只不过工厂化养鸡主要使用国外引进良种、农户分散养鸡主要使用地方良种，而各地养鸭、养鹅主要使用地方良种。

我国水产育种技术的研发与其他动物育种有所不同，不是在新品种的选育上，而是在已有品种的提纯复壮及繁殖技术突破上。经过多年努力，不仅在四大家鱼品种纯化及繁殖技术上十分成熟，而且在珍稀名贵鱼类、虾类、蟹类、贝类等品种纯化及繁殖技术上获得突破，使水产养殖业主要依靠自己的品种技术支持发展。同时，近几十年也先后从国外引进优良水产品种，特别是热带和寒带鱼类良种（如鳟鱼、罗非鱼）及名贵水产（如鲟鱼），也使水产业变得更加丰富多彩。

我国家蚕、蜜蜂等特种动物养殖历史十分久远，其品种技术也在逐渐进步，20世纪50年代至今，这一进步的进程显著加快。家蚕育种技术从地方良种优选及提纯，发展到杂交育种，再到生物技术育种，不断进步与提高，选育出一大批优良品种，包括具有特殊性状的转基因品种。蜜蜂育种技术主要是对中国蜜蜂地方品种的纯化、优选及改良，同时也引进国外优良蜜蜂品种（意大利蜂等）。在生产上，养蚕业主要靠自主品种技术支持，而养蜂业主要靠引进品种技术支持，只有部分区域养蜂业靠自主品种技术支持。

3. 农业品种技术供给的缺失

新中国成立近70年来，农业品种技术有了突飞猛进的发展，在少数领域已处于世界领先地位，在大多数领域处于中间偏上水平，在有些领域尚处于后进状态。就农业发展过往而言，品种技术供给在总体上发挥了可靠的支撑作用，但就农业发展前瞻而言，目前的品种技术供给还不能有效满足要求，还存在不少缺失。一是部分产业领域品种技术创新能力不足，特别是优良品种选育能力不足，提供的品种不太优良。二是品种选育主要以高产为导向，对品质要求重视不足，品质特优的良种稀少。三是良种繁育技术创新不足，过程复杂成本高昂，使良种价格过高。

我国在不同农业领域，品种技术创新能力差异很大。大田作物种植业的品种技术创新能力强，使用的优良品种特别是粮棉油大宗作物品种，基本都是自主研发的。园艺作物种植业的品种技术创新能力不强，大宗水果（苹果、梨、柑橘）生产使用的优良品种主要是引进的，只有茶叶、蚕桑、干果、中药材等生产使用的优良品种是自己选育的。而林业的品种技术创新能力弱，选育和使用的新品种不多。在动物养殖各业的品种技术创新能力都不强，生猪、肉牛、奶牛、肉羊、毛羊、肉鸡、蛋鸡养殖使用的优良品种主要靠引进，自主研发的良种较少。水产及特种动物养殖业的品种创新能力较强，使用的优良品种主要靠自主研发。

半个多世纪以来，我国农业科技工作者经过坚持不懈努力，先后选育出数以万计的大田作物、园艺作物、林草植物、家畜、家禽、特种动物、水产优良品种，并大量用于生产，有力地促进了农业发展。由于育种的取向主要是高产，这些选育的品种主要优势在产量上，虽也有部分品质较优，但与特优质量的品种相比仍有差距。在水稻育种上还没有选育出能与日本、泰国优质稻比肩的品种，在小麦育种上还没有选育出品质与欧美品种相当的品种，在玉米育种上其品质与国外育种仍有差距，在水果育种上还没有选育出品质超过红富士的苹果、超过日系的梨、超过美国及巴西的柑橘，在家畜育种上还没有选育出品质与国外相当的猪、牛、羊品种，在家禽育种上也没有选育出与国外优质肉禽及蛋禽品质相当的品种。

众多高产品种、快速生长发育品种的育成和广泛投入生产，有力而迅速地将原有的大田作物、园艺作物、家禽、家畜生产使用的传统品种排挤出生产领域，使大批栽培植物和饲养动物品种，特别是不少地方良种遭到淘汰，有的甚至已经消失。这种"创造性破坏"对品种资源带来的损失后果严重，应当引起高度重视。

随着杂交育种和生物技术育种的兴起，品种技术垄断日渐增强，加之杂交及转基因种子、种苗、仔畜、雏禽生产过程复杂，成本较高，导致其价格昂贵。以杂交种子、种苗、仔畜、雏禽为例，粮棉油作物种子每千克数十元至百余元，果树苗一株十余元至数十元，仔猪一只数百元，牛犊一头数千元，只有雏禽可工厂化生产较为便宜。如果不创新优良品种的繁殖技术，则优良品种技术的供给就会带来农业生产成本的明显增加。

四、种植及养殖技术的供给

与品种技术相似，种植技术和养殖技术也是农业发展不可或缺的基本技术，更是决定农业发展质量和水平、成本与效益的关键及核心技术。种植技术是由栽培植物从播种（栽植）经生长发育各阶段、到成熟收获全过程相关技术构成的体系，养殖技术是由饲养动物从仔畜（雏禽）入栏、经生长发育各阶段到出栏全过程相关技术构成的体系，每种栽培植物和饲养动物都有各自的技术体系，并依靠这一体系保障生长发育全过程的完成，种植及养殖技术被视为农业生产过程的管理、操控、调节技术，通过生产要素的优化组合促进生产过程的完成。新中国成立以来，种植及养殖技术研究开发有了很大进步，取得了一系列成果，极大地促进了农业发展。

1. 种植技术的供给

我国的栽培植物种类数以千计，又分为大田作物、园艺作物、林草植物三大类别，以及木本、草本和一年生、多年生等类型，种植方式也千差万别。从种植的基本过程看，都要经过耕作、施肥、播种、灌溉、病虫草害防治、收获等活动，才能完成生产全过程。每种栽培植物要完成这些生产活动，都要相应的技术供给予以支持，这些支持技术构成的体系就是种植技术。半个多世纪以来，我国在大田作物、园艺作物、林草植物种植技术供给上取得巨大进步，尤其在大田作物种植技术供给上进步显著。

从20世纪50年代开始，大田作物种植技术在传统精耕细作基础上，不断发展和创新，取得巨大进步。在种植方式上继承和完善了轮作换茬技术、间种及套种技术，在耕作上继承和完善了深耕技术、又创造了少耕及免耕技术，在播种（栽植）上完善和创新了精准技术、高效省工技术，在施肥上由经验施肥过渡到测土配方施肥，在灌溉上由大水漫灌过渡到喷灌和滴灌，输水由沟渠输水发展到管道输水，在植物保护上由应急防治发展到病虫草害预测、预报、统防统治，在收割上由人工粗放采收发展到机械精准采收，由只采收主产品发展到副产物也得到收集利用。这些技术的广泛应用，极大地改变了大田种植业的面貌，并极大促进了耕地有效利用，以及粮、棉、油等大宗农产品产量的提高。

还是从20世纪50年代开始，园艺作物种植技术在过去简单粗放基础上，不断研究探索，取得了很大进步，在部分领域获得了突破性进展。在园地建设上形成了一套完整的改土、培肥、设施配套的技术规范，在播种（栽植）上突破了小型园地的传统经验，探索出主要园艺作物规模化园地种植的模式及配套技术，在肥水管理上实施一体化自动控制技术，在园地病虫害防治上采用系统监控及生物防治技术，在收获上采用机械或半机械化作业技术。总体上使园艺作物种植技术由经验渐成规范，由精细复杂渐成简约实用，在茶叶、桑、中药材等种植技术上已形成了成熟的体系，在大棚种植技术上更是有很多突破。

仍然是从20世纪50年代开始，林草种植也是在原来简单粗放基础上，经不断研究探索，取得显著进步。在森林植造上建立了用材林、生态防护林、护岸林、护路林种植及管护技术体系，在森林抚育上建立了间伐、混交、乔灌草结合等技术体系，在森林及草原保护上建立了病虫害、火情自动监控及预警技术，对橡胶等热带经济林木创建了在亚热带大规模种植的成套技术，在林草种植及保护手段上大量采用大飞机及无人机播种、防治病虫害及灭火，在草原建设及保护上采用了人工草场建设和天然草场改良、草畜平衡、禁牧恢复等技术体系，更是独创了沙漠植树种草、盐碱地种植牧草的技术体系。

2. 动物养殖技术的供给

我国的饲养动物种类数以百计，又分家畜、家禽、水产、特种动物四大类，每一大类中又有若干不同的品种。虽不同的动物在养殖方式上互不相同，但同类动物的养殖过程及所经历的生产活动大致相似，都要经过养殖设施消毒防疫、仔畜（雏禽、水产苗）投放、日常饲喂及圈舍清理、疫病防治、圈舍温度及湿度控制、出栏等活动，才能完成生产过程。每种饲养动物要完成这些生产活动，都有赖相应技术供给予以支持，这些支持技术构成的体系就是养殖技术。半个多世纪以来，我国四大类饲养动物养殖技术从传统经验起步，在研究开发现代养殖技术上取得了巨大进步。

20世纪50年代开始，家畜养殖技术在传统经验基础上，不断研究开发科学饲养技术，取得了巨大进步。在养殖方式上改进了分散小规模人工养殖传统技术，建立了集中大规模工厂化养殖技术体系，在饲养方法上建立和完善了饲料日粮及饲喂技术，在防疫上完善了仔畜防疫、饲舍消毒防疫、养殖过程防疫技术体系，在饲养管理上研发了饲舍温度、湿度、气流控制和饲料、饮水自动供给技术，在环保上创建粪污清理及资源化利用技术，在仔畜入栏和商品畜出栏上更有销售网络服务技术支持。这些技术的开发和利用，有效保障了家畜现代化养殖技术的供给。

也是20世纪50年代开始，家禽养殖技术在传统经验基础上，不断改进与发展，基本建立起较为完善的技术体系。在养殖方式上，改进了分散小规模人工养殖的传统技术，建立起集中大规模工厂化养殖技术体系，在饲养上建立了饲料日粮及饲喂技术，在防疫上完善了雏禽防疫、饲舍消毒防疫、封闭养殖防疫技术体系，在饲养管理上研发了饲舍温度、湿度、气流调节技术和饲料、饮水自动供给技术，在环保上创建有粪污清理及资源化利用技术，在雏禽入栏及商品禽出栏上亦有销售网络服务技术支持。这些技术的研发和应用，有效保障了家禽现代养殖技术的供给。

20世纪50年代以来，水产养殖技术和特种动物养殖技术在传统经验基础上，不断研究探索并取得了重大进步。在水产品生产方式上主要靠自然生长过渡到主要靠设施养殖，在养殖技术上研发了传统水产的规模化设施养殖技术、名特珍稀水产驯化及规模化设施养殖技术，在饲养管理上建立了系统规范的饲料投放、水温水质及溶氧控制、疫病防治技术。在家蚕饲养方式上由传统养殖过渡到设施养殖，在养殖技术上研发出家蚕多季养殖、半机械化省工养殖、病害专门防治、养殖设施管理及控制技术、新型上蔟技术。在蜜蜂养殖上研发出中蜂驯化技术及放养技术、意大利蜂疫病防治及放养技术、蜂群维护及分群技术，以及蜂产品分类提取技术、蜜蜂越冬技术等。这些技术的研发与应用，有效保障了相关产业发展的技术供给。

3. 种植及养殖技术供给的缺失

20世纪50年代以来，中国的种植及养殖技术从传统经验起步，经过半个多世纪的研究开发，有了巨大的进步。现代种植及养殖技术体系的雏形已经形成，对产业发展的支撑作用也已初显，技术供给功能在总体上得到发挥。但从现代农业发展需求看，种植及养殖技术的供给还存在不少缺失。一是部分产业领域的种植技术或养殖技术创新能力不足、提供的技术不够先进；二是部分产业领域供给的种植或养殖技术多为增产技术，而缺少提高质量和节约生产成本的技术；三是部分产业领域提供的种植或养殖技术比较适合小规模生产，而不适合机械化大规模生产。

我国无论是大田作物、园艺作物、林草植物之间，或是各类栽培植物品种之间，其种植技术的供给状况差异很大。同时，不同地域、不同地形地貌地区，其栽培植物的种植技术水平也各不相同。有些作物的种植仍依赖粗放的传统经验，缺乏精准技术支持，更没有规范化技术供给，这在小宗大田作物、部分园艺作物、大多林草植物种植上都不同程度存在。也有些作物种植采用过度精耕细作、大量施用肥料及农药等物质投入的技术，虽使产量提高，但农产品质量和安全性下降、生产成本上升，这在大田作物、园艺作物种植中普遍存在。还有些作物种植采用一般劳动者难以掌握的复杂技术，不便机械操作又需大量消耗人工的技术，只适合小规模生产使用，完全不适合机械化大规模生产需要，这在水果、蔬菜种植上表现得较为突出。

由于技术进步和产业发展的差异，我国家畜、家禽、水产及特种动物养殖技术水平各不相同，养殖技术的供给状况在这四大产业中也不一样。同时，动物养殖还分工厂化规模养殖和零星分散养殖两种模式，它们的养殖技术供给差别巨大。对于零星分散养殖的家畜、家禽、水产、特种动物大多还是采用简易的传统养殖经验，缺乏现代养殖技术的供给。对于工厂化规模养殖的家畜、家禽、水产及特种动物，采用的多是缩短饲养周期、增加产量的技术，这些技术的应用虽有利于产量增加，但对产品质量、安全性带来一定风险。包括草食畜牧业在内的养殖业越来越向工厂化养殖方向发展，依靠一套舍饲养殖（设施养殖）技术支撑，形成对放牧养殖模式及其技术的替代，带来加工饲料供给的巨大压力，并使养殖成本的上升成为必然。

五、生产资料及设施、设备技术的供给

农业生产资料及设施、设备技术，是农业发展必不可少的保障技术，也是决定农业发展质量与水平、成本与效益的关键技术。生产资料技术是农业生产所需投入物质的生产及使用技术，设施和设备技术是农业生产所需设施、机械、工具的制造及应用技术。生产资料技术属于物质保障类技术，设施技术属于条件保障类技术，设备技术属于手段保障类技术，这些技术保障农业生产活动的有效开展，在农业生产过程中发挥重要作用。半个多世纪以来，我国在没有任何基础的条件下，从头开始、白手起家，在主要农业生产资料及设施、设备技术研发上努力探索、积极创新，获得了很大进步，取得了不少成果，保障了农业发展的相关技术供给。

1. 农业生产资料技术的供给

农业生产资料是农业生产过程中所需投入的物质资料，类型众多品种复杂。种植业的生产资料主要有肥料、农药、塑料制品等，养殖业的生产资料主要有饲料、兽药等。种植业中有不同种类的作物栽培，对肥料、农药、塑料制品有不同要求，养殖业中也有不同种类的动物饲养，对饲料、兽药需求也不一样，足见其种类的多样。我国现代意义上的农业生产资料技术起步于20世纪60年代，先是引进后是自主研发，经过20世纪六七十年代打基础，改革开放后获得了大发展。目前，现代农业生产资料在研制、生产、使用上都有巨大进步，农业生产资料技术供给有了较充分的保障。

20世纪60年代以来，化肥生产从微薄基础起步，经技术引进到自主研发，历经多年努力，在技术上有了巨大进步。在化肥生产工艺技术上既有学习继承也有创新发展，不仅能生产一般化肥还能生产高端化肥，不仅能生产单质肥料还能生产复合肥料，不仅能生产速效肥料还能生产长效肥料，2016年氮、磷、钾化肥产量已达6 629.62万吨，基本能满足农业生产需要。近年商品有机肥生产兴起，技术不断创新，产量也逐渐增加。农药生产也是在极低基础上起步，从仿制到自主研发，在生产工艺技术上有了很大进步与提升。在产品生产上从高毒高残留的农药发展到低毒低残留农药，再发展到无毒无残留农药，还开发出生物农药，2016年农药原药生产320.97万吨，能满足农业生产需要。塑料薄膜的生产从无到有，生产技术逐步发展已趋成熟，已能生产不同规格及功能的薄膜产品，还开发出可降解薄膜制品，供地膜覆盖栽培及温室大棚建设所需。

20世纪70年代以来，饲料工业化生产开始起步，经技术引进到自主研发，历经多年探索创新，在产品研制及生产工艺技术上都有巨大进步。在饲料原材料研究上有所突破，为饲料生产拓宽了原材料来源，特别是扩大了蛋白质原料来源。在饲料添加剂生产上取得较大进展，研制出一批高效而安全的添加剂。在产品研发和生产上，研究出不同饲养动物在不同生育期的专用饲料并实现规模生产。还开发出一批新型的饲料品种。这些成果的开发及使用，为养殖业发展提供了有效技术供给。兽药中的中兽药古已有之，但西兽药是在20世纪50年代开始逐步发展而来，由仿制到自主研发，取得了一些进步。在产品生产上主要是疫病防控的抗生素类药物、寄生虫及皮肤病防控药物，也开发出一些新型中兽药和西兽药，但还未广泛在生产上使用。

2. 农业生产设施及设备技术的供给

农业生产设施是农业生产过程应具备的硬件条件，如大田种植的灌溉设施、设施种植的温室及大棚、畜禽养殖的圈舍、水产养殖的鱼塘等。农业生产设备是农业生产过程中需要使用的各类机械、农具、工具等，如拖拉机、各式作业（耕、播、收）机械、犁耙等农具、农用运输车辆、农业废弃物收集及处理机械等。农业设施很多涉及工程建设，农业设备主要涉及机械制造，这两个领域的技术都是在新中国成立之后才逐渐发展起来的。经 20 世纪 50 年代的启动、60 年代的积累、70 年代的进步，再经 80 年代至今的不懈努力，这两个领域的技术有了突破性发展，基本保证了相关技术供给。

20 世纪 80 年代以来，随着设施农业的兴起，农业生产设施技术从引进起步，经吸收、改造到自主创造取得了巨大进步。在灌溉设施上完善和配套了管道输水、喷灌及滴灌技术，还研制出一套田间灌溉自动控制技术。在设施种植上，研发出经济实用的塑料大棚技术，广泛用于蔬菜、水果、花卉种植。在设施畜禽养殖上，研发出不同地理区域的各类畜禽饲舍建造及配置技术，还开发出光照、温度、湿度、通风智能控制技术。在淡水养殖上不仅建立了鱼塘建设规范，还创新了流水养殖设施技术，以及养殖污水生物净化技术。在海水养殖上不仅研发出经济实用的浅海养殖设施技术，还研发出深海高价值海产养殖自动化设施技术。在家蚕养殖上研发出可四季养蚕的智能化设施技术。

20 世纪 50 年代以来，农业机械技术从引进起步，经吸收、改造到自主研发，取得了很大进步。在农业基本建设机械技术上，能自主设计和制造土地平整机械、沟渠开挖机械、道路修筑机械、打井机械、不同扬程提水机械等，并大量投入使用。在大田作物生产机械技术上，能自主设计和制造大中小型拖拉机、播种机、栽插机、中耕机、植保机械、收割机、秸秆处理机械，以及各型犁、耙等农具和各类农用运输工具，并广泛用于生产。在园艺作物生产机械技术上，能自主设计和制造园地改土机械、苗木栽植机械、专用收获机械，已部分用于生产。在林草业生产机械技术上，已研发出高效造林机械和种草机械、森林及草原病虫害防治机械、林木采伐和牧草收割机械等。在家畜家禽养殖机械技术上，已研制出饲料精准投放机械、粪污清理机械并用于生产。

3. 生产资料及设施、设备技术供给的缺失

经过近 70 年的艰苦努力，现代意义上的农业生产资料、设施、设备的生产制造及应用技术从无到有、从简单到复杂、从低级到高级，获得了巨大的进步与惊人的成就，为农业发展提供了相关技术的有效供给和保障。但从农业发展面临的问题和现代化转型需要看，农业生产资料及设施、设备技术的供给还存在不少缺失。一是高质、高效、无污染、无残留生产资料研发和生产技术还较欠缺，还不能为高端生产资料生产和使用提供有效支持。二是普通农业生产设施、设备（特别是农机具）的设计及制造技术还不够高，产品在复杂工况下性能的稳定性、工作效率等方面还存在缺陷。三是高端农业生产设施及设备（大功率拖拉机、大型农机具、智能农机具、精细作业农机具）的设计及制造技术还不够成熟，相关产品还不能自主生产。

农业生产资料虽都能自主生产，但化肥、农药、塑料薄膜、饲料、兽药这些主要产品基本都是普通的产品，在优质产品生产技术上还存在不足。在化肥生产上，主要生产氮、磷、钾单质肥料，复合肥生产量较少，长效复合肥、微量元素肥料、特种专用肥生产更少。在农药生产上，主要的杀虫、防虫药物都还有一定的毒副作用，也有一定残留，无毒无残留农药、生物农药研发进展缓慢，在生产上还不能大规模使用。目前使用的塑料薄膜不能天然降解，不便回收，对土壤破坏很大，而可降解薄膜生产技术还未达到成熟，难以对传统塑料薄膜形成替代。在饲料生产上，抗生素、铜、锌等物质超标，优质"清洁"饲料研发进展不快。在兽药生产上，其产品也存在毒副作用及残留问题，而无毒副作用、无残留兽药研发同样滞后。生产资料的缺陷已明显影响农产品质量及安全，优质农业生产资料研究开发刻不容缓。

　　农业生产设施、设备虽也能自主生产，但其产品也多为普通产品，高精产品生产技术滞后、生产能力不足。在种植及养殖设施建设上，精细化、自动化、智能化技术发展不足，建设的一些设施在完备性、耐久性、自动化、智能化方面存在缺陷。在农机产品研发和生产制造上，集中在主要大田作物生产的耕、种、收机械（如拖拉机、播种机、收割机），而对园艺作物生产、大田小宗作物生产、林草生产、畜禽生产所需专用机械研发滞后、生产不足。在农机高精产品研发和生产制造上落后，大功率（200 马力*以上）拖拉机、大型播种机及收割机、精细化采摘机、特用微型及小型农机、智能化农机具设计和制造技术不足，在生产上还存在不少困难。在农业生产设施及设备制造技术上还存在一定不足，使设施及设备性能的稳定性、效能发挥的充分性、作业实施的精准性、特殊工况的适应性还存在缺陷，与国外先进产品相比还有差距。

---

* 1 马力＝0.735 千瓦。

第六篇

中国农业发展的物质基础

第十六章　中国农业发展的基础设施

农业发展离不开基础设施，这对任何国家和地区都是如此。但在中国，基础设施对农业发展还有更为特别的意义，一是很多地区自然条件较差，导致农业发展对基础设施的依赖很大；二是现代农业发展起步较晚，造成相关基础设施建设滞后；三是特定地形地貌及气候特征，造成基础设施建设任务繁重且难度极大。农业发展所需基础设施有多种，而农村公共基础设施、农地整治及配套设施、农业水利设施、农业生产设施、农业生态环保设施最为紧要，与农业发展及长治久安关系极大。

一、农村公共基础设施

农村公共基础设施，是指农村经济社会发展和生态环境保护共同需要的基本设施。这类设施虽然有很多，但最主要的是交通设施、通信设施、能源设施。农村有了这些设施，就能物畅其流、人尽其才、信息互通、动力不竭，为包括农业在内的产业发展提供有力支持。同时，交通、通信、能源三类基础设施，还是其他农业基础设施的重要条件，对其他基础设施建设具有很大保障及促进作用。

1. 农村交通设施

交通设施指铁路、公路、水路、空路及车站、码头、机场等，即道路设施和部分运输设施（不含运输工具）。对于广大农村，交通设施主要指公路设施。一方面农村广大、村庄分散，只有公路易于通达；另一方面农村地形地貌复杂，只有适应性强的公路才能将各地连通；再一方面农村人流及物流较为零散，公路运输机动灵活。

1978 年以来，我国进行了大规模交通建设。到 2016 年底，铁路运营里程由 5.17 万公里增加到 12.40 万公里（铁路电气化里程由 0.10 万公里增加到 8.03 万公里），高速铁路从无到有、运营里程达到 2.50 万公里；公路里程由 89.02 万公里增加到 469.63 万公里（等级公路 422.654 3 万公里、等外公路 46.971 9 万公里），等级公路中高速公路 13.097 3 万公里、一级公路 9.915 2 万公里、二级公路 37.110 2 万公里。到 2017 年底，农村公路里程更达到了 401 万公里。纵横交错的铁路和公路网，不仅将不同地区连接起来，也将广大农村与城市连接起来。一是由高速铁路在各大区、各大中城市之间形成了快速通道，二是由高速公路及高等级公路在各省（自治区、直辖市）、各城市及各县（市、区）之间织就了与广大农村相连的便捷交通网，三是由二、三级公路在县城与乡（镇）间及不同乡（镇）之间连成了县内公路干道网，四是由等外公路或低等级公路在乡（镇）与村社之间及不同村社之间连成了农村公路网。这些公路网络相互沟通并与铁路车站、水运码头、空运机场衔接，形成了区域间、城乡间互联互通的多层次交通体系，为人流、物流提供了极大便利。特别是近年对县乡公路的升级改造、对通村公路的大力建设，使包括边远地区、偏僻山区在内的农村地区，交通条件大为改善，为农村经济社会发展创造了必要条件。

庞大的农村公路网络虽已基本建成，但还需要进一步完善。一是部分村、社公路太过狭窄、路基欠坚实、边沟及护坡不配套，需进一步建设。二是部分农村产业基地的道路还未建成，需要补缺。三是对已建成的村、社公路需要维修和维护。村社公路建设标准不高，又无国道、省道那样的专业维护，很容易损坏，加之里程较长，维护维修任务很重。各地应制定相应的制度，在政府支持下，主要依靠当地群众搞好村、社公路的维护和维修。同时，还应建立相应的法规，保护村、社公路在内的农村公共设施，以防止自然和人为损坏。

2. 农村通信设施

通信设施指有线及无线电话、电视、互联网、邮政等，既包括线路、机站，也包括相应的设备。当前农村与城镇一样，对这些通信设施都需要，在电话、电视、邮政设施上城乡趋同，在互联网设施上城镇领先农村，但农村正在快速发展追赶，而邮政的传统功能正在减弱，正被电话及互联网替代。

20世纪80年代后期，有线电话首先在城镇家庭推广，到90年代中期在部分农村家庭推广。相应地电话线路及通信设备也得到技术改造与提升。在90年代后期无线电话首先在城镇兴起，并迅速在技术升级基础上得到扩散和向广大农村蔓延。经过20余年的发展，遍布全国城乡各地（特偏远、偏僻地方除外）的通信基站建立起来，3G及4G手机在城乡居民中普遍使用，无线电话网络已延伸至祖国四面八方。在广大农村，农民对外电话联系基本达到了畅通无阻。

20世纪90年代初期，电视首先在城镇家庭普及，中后期逐渐向农村扩散。开始各地建差转台转播，后来转换为有线及网络服务。电视机类型由黑白到彩电再到液晶，电视机大小也由14寸*到各型大屏幕。电视频道少则十数个、多则上百个，电视节目从时政要闻、政策宣传、经济信息、科技传播、理论宣讲到生活常识、医疗健康、文娱体育、音乐舞蹈、电影戏剧等，内容丰富多彩，成为包括农民在内的广大群众了解党和政府方针政策、掌握经济及科技信息、学习科学技术知识、娱乐消闲的重要平台，收看电视成为人们日常生活不可缺少的部分。

互联网在20世纪90年代开始在城镇发展，后来在城镇逐渐普及并向农村扩散。

---

* 1寸≈3.33厘米。

经过 20 余年的推进，有线及无线网络设施在城镇及部分农村已经建成运行，还有一部分农村正在建设之中。大多数城镇家庭网络终端已经入户，而农村只有少数农户有网络终端入户，不过发展势头很猛，2017 年末通宽带的行政村已占 90%。随着互联网的发展，农民可以非常及时了解农产品市场供求、市场价格的信息，掌握农业技术的发展和相关技术成果的获取渠道，还能清楚了解农业生产资料的供给，农业信贷发放的相关信息等，以做出正确的生产经营抉择。同时，还可以通过网络宣传、推销，甚至直接出售农产品，也可以通过网络方便地购买各种农业生产资料及引进先进生产技术。

3. 农村能源设施

能源设施指输电及供电设施、输气及供气设施、输油及供油设施、煤炭供应设施、沼气设施等供给设施，而不含生产设施。对于农村地区，主要指电力、天然气、汽（柴）油等输送及供给设施，只有极少数地区还需要煤炭供给及沼气设施。随着农村经济社会的发展，对电力、油气的需求日渐增加，农村能源设施已不可或缺。

从 20 世纪 80 年代中期开始，广大农村就积极进行电力设施建设，建设输电线路、建设变电站，将星罗棋布的小型水电站生产的电力送往农村。到 90 年代小水电进入大电网，农村输电网经改造后与大电网相连，供电能力增强，农村供电范围扩大。进入 21 世纪后，农村电网经改建和扩建，基本实现对农村地区的全覆盖、农户的全覆盖，农网成为大电网的组成部分。农村电力供应也有了可靠保证，既能满足农民生活用电，也能满足农村生产用电，即使在用电集中的高峰时节，也能优先保障农业生产用电。在边疆及牧区的少数边远地带不能由电网供电，也安装有微型风力发电和太阳能发电设备，为牧民提供电力。

20 世纪 90 年代中期以来，随着农村公路网的建设，以及农村公路交通运输的发展，汽油及柴油的加油站逐步向农村延伸。21 世纪以来，农业机械的大量使用及农村购车人群的增加，更使农村地区的加油站增多，给农机及车辆用油带来很大方便。在新农村建设的热潮中，天然气管网逐渐由城镇向农村延伸。首先在新建设的农民新村接通了管道天然气，然后逐渐向周边地区农户家庭扩展。目前已有一部分农村有了管道天然气供给，为农民提供生活能源，且供给的范围还在迅速扩大。还有些农村地区虽没有管道天然气，但有罐装燃气供应，部分农户也用它作生活能源。

过去农村用煤较为普遍，现在已大为减少，煤炭储运和供给设施也大幅萎缩。沼气是利用人畜粪便发酵产生的可燃气体（甲烷），不仅是一种优质清洁能源，还能通过生产处理粪便，有利于环境保护。过去主要是利用农户家庭养殖畜禽的粪便小规模生产沼气，供家庭作生活能源使用，目前这种模式随家庭养殖的减少而逐步消亡。随着畜禽大规模工厂化养殖的兴起，利用畜禽粪便生产沼气，经净化处理后供周边居民使用，发酵后的畜禽粪便再制作有机肥料，不仅能增加养殖企业的收益，还能将畜禽粪便资源化利用并保护生态环境。现在已有部分养殖场在实施这一模式，且在严格环保要求下，这一模式发展前景较好。

二、农地整治及配套设施

农地是农业用地的统称，具体包括耕地、园地、林地、牧草地、可养殖水面五大类，水面较为特别，往往将其单列，故农地通常指前四类。农地的整治包括地面平整、土壤改良培肥、生产障碍因子消除等，农地配套设施包括水利设施、道路设施、防护设施等，不同类型的农地在整治内容和配套设施上有不同要求和重点。农地整治及配套设施建设，是农业发展的重大基础工程，关系到农业发展的质量、水平、竞争力，决定着农业发展的前景及长治久安。

1. 耕地整治

据统计，2016 年全国耕地面积 13 492.93 万公顷，其中水田 3 256.63 万公顷、水浇地 2 819.83 万公顷、旱地 7 416.47 万公顷，在水田中有 487.49 万公顷无水源保障，有可靠灌溉的耕地只占 41.93%、无灌溉的耕地占 58.07%。在综合质量上，优等和高等耕地只占 29.4%，而中等地占 52.8%，低等地占 17.7%。在地块及坡度上，除平原地区外，山地丘陵区的耕地小块而零星分散，地块内平坦但地块间高差较大，即使成片耕地也呈阶梯分布。从总体上看，我国耕地数量少、质量差、配套设施不足，其整治改良及配套设施建设任务十分繁重。

耕地整治首先要扩大地块、平整土地，为大中型农机作业创造条件。在平原地区，需要在准确勘测和严密规划基础上，对现有耕地片区及地块划分进行适度调整，将其改造为片区及地块较为整齐、地块面积不小于 6 公顷、方便配套设施建设、便于机械耕作的连片耕地。并对片区内的每一块耕地进行平整，使其坡度不大于 5°。在丘陵山地，需要对山间平坝、平缓坡面、平坦山帽的耕地进行整治，将高差不大的相邻小块耕地连片平整，建成面积不小于 2 公顷、坡度不大于 10°的大块耕地，将高差较大的梯级耕地沿等高线平整，建成面积不小于 0.5 公顷、坡度在 15°以下的平缓坡耕地。若能将平原地区的全部耕地、丘陵和山区 1/3 的耕地进行平整，则全国 2/3 的耕地（8 000 万公顷）都能实现生产的全程机械化。

耕地整治其次要改良土壤，培肥地力，为提高产出打好基础。一是对受污染耕地（重金属污染、化学物质污染、牲畜粪污污染等耕地）进行修复，消除污染物，使之逐步恢复生产功能。二是对生产障碍耕地（盐碱、沙化、下湿等耕地）进行改良，消除生产障碍因子，提高产出水平。三是对贫瘠土地进行改良，重点对南方黄土、红土、紫色土、水稻土进行改良，以及北方盐渍化、沙化土地改良，使之肥力提高。四是对耕地特别是平整后的耕地进行培肥，增厚土层（60 厘米以上），增加耕层（40 厘米以上），增加土壤有机质（1%以上），改良土壤结构（疏松、保肥、保水），使其肥沃适耕。若绝大多数耕地都能得到这样的改造，则农产品产出水平将会大幅度提升，而农产品的生产成本还会大幅度下降。

耕地设施配套，是在耕地整治的同时，建设田间道路与桥涵、灌溉和排涝输水渠道或管线、节水灌溉设施、防护林网等，使大田生产便于农机作业、农业生产旱涝保收，农业自然灾害减少。

2. 园地整治

2016年全国园地统计面积1 426.63万公顷，如加上统计在林地中的园地面积，总数应有2 000万公顷左右。其中，果园面积1 298.15万公顷，茶园面积290.21万公顷，中药材种植园面积223.61万公顷，花卉种植园面积13.30万公顷，桑园面积100万公顷。这些园地除近年新建的部分果园外，绝大多数建园不规范、质量不高、配套设施短缺，不仅产量不高、质量无保证，而且生产率较低、成本高，其整治改造和配套设施建设任务也很繁重。

园地整治首先是对现有园地进行标准化改造，使之适应现代化生产。一是对成片园地中的苗木分布进行微调，使其排列较为整齐，株行距较为合理，使其便于生产管理。二是对园中弱小衰老染病苗木进行去除、更换补植，使园中苗木整齐。三是对园中劣质品种进行改良，对一年生苗木及时更换优良品种，对多年生苗木高接换种，使园地实现良种化。我国过去的园地建设，特别是果园建设，多不符合现代园地建设要求，应当按现代园艺生产所要求的标准，逐渐对其改造。

园地整治其次是土壤改良和培肥，以提高产出水平及质量。一是通过翻耕，改土增厚园地土层、疏松土壤，使其有利于苗木生长。二是通过科学施肥，特别是施有机肥料，增强土壤肥力，改善土壤结构。三是在园地内（主要是果园内）种植豆科牧草，一是防治园地水土流失，二是在夏季调节园地温度和湿度，三是可增进园地土壤肥力。很多园地建设都未认真进行改土，对这样的园地更需要持续多年对土壤进行改良和培肥。即使是在建园时进行了改土，也应重视常年对园地土壤的改良培肥，使其保持较高肥力。

园地整治再次是配套设施建设，为园艺产业的现代化生产创造条件。一是建设园地内部及园地周边的公路，以及园地与干线道路的连接公路，以方便生产物资的运进及园地产品的运出。二是建设完备的水利设施：一方面要建设水源设施，以便保证供给；二方面要建设喷灌或滴灌设施，以适应坡地灌溉需要；三方面要建设园地内部及周边排水系统，严防园地湿害或涝灾。我国园地建设（特别是果园建设）大多缺乏水利设施，导致干旱严重减产及洪涝严重受损，必须尽快将水利设施建设起来。

中药材种植园的整治，除其他园地整治的内容外，还有一些特定的要求。一是要营造药材天然生长的自然环境，如温度、湿度、光照、伴生植物等，为其生长发育提供最适条件。二是要对土壤进行严格消毒，以避免对药材生产的不利影响。三是按药材天然生长对土壤的特定要求，对园地进行土壤改造，或制造符合要求的人工土壤，以保证药材生产对土壤的特定要求。

3. 林地及草地整治

2016 年全国林地面积 25 290.81 万公顷，草地面积 28 628.20 万公顷，数量巨大。在林地中，郁蔽度≥0.2 的有林地 18 706.98 万公顷、占 73.96％，覆盖度≥40％的灌木林地 4 326.50 万公顷、占 17.11％，疏林及其他林地 2 257.33 万公顷、占 8.93％。有林地不仅占比偏低，且多为单一树种人工林或次生林，成熟林、原始林少，木材累积量不高。在草地中，天然牧草地 21 754.26 万公顷、占 75.98％，人工牧草地 181.66 万公顷、占 0.63％，其他草地 6 692.28 万公顷、占 23.39％。天然牧草地占比低，人工牧草地太少，不能用于放牧和割草的其他草地占比很高。天然牧草地质量差，平均年产草量只有 167 千克/公顷，为提高林地和草地质量，增加产出和增强生态功能，其整治任重而道远。

林地整治首先是提高有林地质量，一是改造单一树种人工林，使之混交化；二是改造残次林，使其质量改善；三是抚育幼林，促其成长。其次是在疏林地、未成林地、迹地、江河两岸、道路两侧造林，增加林地面积。最后是搞好林地基础设施建设，一是建设林地内及林区周边公路，为发展林区经济及森林防灾提供便捷交通条件；二是建设森林防火带（隔离带），预防森林火灾；三是建设森林监测站，配备现代化设备，适时监测森林火情、虫情、病害；四是设立森林警察，配备先进装备，及时防止森林自然灾害及人为损害。应当强调指出，林地整治要将生态功能提升放在首位，但同时也应高度重视其经济功能和社会功能的发挥。只有当三种功能都得以充分发挥，林地整治才会成为可持续的经济社会行为，而不至变为难以维系的公益活动。

草地整治首先是提高天然牧草地的质量，一是通过禁牧、控牧、轮牧等措施，使草原休养生息，恢复生态及植被，产草量大幅提高；二是大范围防治草原病虫草鼠危害，特别应重视利用生物防治以保护草原；三是对水土条件较好的草原补种优良牧草，提高牧草产量和质量；四是建设草原监控设施，对草原植被、生态、灾情适时监测和及时防范。其次是人工牧草地和改良草地建设，在水土条件好的地区建设高标准人工牧草地（产草量 30 吨/公顷以上），并对现有草地进行人工改良（产草量 15 吨/公顷以上），使人工牧草地和改良草地面积能逐渐达到牧草地的 20％左右。再次是加强对未利用草地的保护，一是对分布于甘肃、新疆、内蒙古、山西的干旱草原加强保护，严禁放牧，使其植被天然恢复；二是对于分布于西藏、云南的高寒草原加强保护，减少人为干扰，防止生态环境遭到破坏；三是将这类草地作为生态脆弱区加以重点保护，退出经济利用领域。最后是重视草原基础设施建设，一是建设草原公路，为草地整治及长远建设创造条件；二是建设林带、围栏等防护设施，使草地在保护中发展；三是保护和涵养草地水源（包括地下水源），为草地永续利用创造条件。

三、农业水利设施

我国是水旱灾害频发的国家，水旱灾害对农业发展威胁很大。兴水利、除水患，历来就是农业发展的重要保障，而水利设施就是兴利除患的重要手段。水利设施类型很多，按其功能主要有洪涝防治设施、蓄水及引水（提水和调水）设施、农田水利设施三大类。新中国成立以来，全国经近70年不断努力，建设了数以百万计的大中小型水利设施，在抗旱、防涝、供水等方面发挥了巨大作用。但与农业发展要求相比，还有不小差距，水利设施建设任务还很艰巨。

1. 农业洪涝灾害防治设施

农业洪涝灾害，主要是夏秋暴雨导致江河、湖泊洪水猛涨，轻者造成庄稼被淹，重则导致毁屋毁地、甚至人员伤亡，也就是通常所说的洪水泛滥。为防治这一对农业发展和人民生命财产造成巨大威胁的灾害，从20世纪50年代开始，就采取综合措施加以防治。一是大规模堤防建设、加固加高堤坝，防止溃堤危害；二是疏通河道，甚至开辟新河、疏通水流，分流洪水；三是修建江河水库、拦截和调节洪水。几十年来，对大江大河的整治已取得明显成效。

对洪涝灾害的防治，首先是从危害最重的黄河、长江、淮河、珠江、海河、辽河、松花江的河防建设开始的。从20世纪50年代初开始，在政府的组织和支持下，各条大江大河两岸的县、乡居民，每年冬春都要用近两个月的时间修堤护堤，一方面对河堤加固，另一方面对河堤加高，有些关键河段还要修建两道河堤。至2016年，已建河堤29.932 2万公里，保护耕地4 108.7万公顷，保护人口59 468万。河堤建设大大减少了各条大江大河的洪水泛滥，近20年基本再未发生大的洪涝灾害。但到目前为止，对中小江河的堤防建设还有不小差距，一些江河堤坝建设标准较低、难以抵御较大洪水冲击，一些江河堤坝建设不完整、存在漏缺，一些江河堤坝多年失修、不能抵御洪水，导致近年中小江河泛滥成灾时有发生，并造成不小危害，加强中小江河堤防建设已刻不容缓。

为防治洪涝灾害，还在低洼地区疏通河道，开辟新河或沟渠，以便在洪涝发生时解除洪峰，排出积水。从20世纪60年代起，就在华北平原黑龙港地区、东北三江平原地区、苏浙两省太湖流域地区、湖北江汉平原地区、广东珠江下游地区，疏通河道、开辟新河（新渠），使夏秋洪峰能快速过境，平时水流通畅。至2016年，除洪面积已达2 306.67万公顷，在这些工程完成后，这些地区再未发生大的洪灾。另外，黄河还利用小浪底水库放水冲沙，长江下游部分江段机械清淤，都显著改善了河道，使水流更为顺畅，有利防治洪涝灾害。

为有效拦截、调蓄、调度洪水，也为了生产电力和蓄积水源，从 20 世纪 50 年代起，我国就在大小江河上兴建水库。到 2016 年末，已建成水库 98 460 座，总库容高达 8 967 亿立方米。特别是建在大江大河干流及支流上的大型水库（2016 年末有 720 座，库容 7 166 亿立方米），库容少则数十亿立方米，多则数百亿立方米，洪水调节库容也有数十亿至上百亿立方米（三峡水库库容 390 亿立方米、洪水调节库容 220 亿立方米）。在夏秋洪水来临之际，这些水库就可以利用其巨大防洪库容蓄积部分洪水，再利用错峰调节实现安全有序行洪，从而避免洪灾发生。自从长江、黄河中上游建成了大型梯级水库之后，其下游再也没有发生过大的洪涝灾害。

2. 农业蓄水、引水、提水、调水设施

我国水资源地域分布和季节分布不均，为解决农业用水，蓄水、引水、提水、调水设施不可缺少。蓄水设施主要是大中小型水库及堰塘，引水设施主要是拦水及分流设施和输水渠道，提水设施主要是电机井、固定提水站、流动提水站，调水设施主要是水源设施、输水设施等。新中国成立以来，就一直坚持对这些设施的建设，经大量人财物力的投入，已建成了大量的工程设施，并在保证农业用水中发挥了重大作用。

蓄水设施除已建成的 720 座大型水库（库容 7 166 亿立方米）、3 890 座中型水库（库容 1 096 亿立方米）、93 850 座小型水库（库容 705 亿立方米）外，还有数以百万计的山塘和水堰（无库容统计），另有南方上千万公顷的冬水田和北方部分地区的水窖。就蓄水能力而言，水库最强、塘堰次之、冬水田较小、水窖微小。从 20 世纪 50 年代开始至 60 年代，全国范围内大量建设山塘、水堰、小型水库，为农业灌溉蓄积水源，并同时探索中型及大型水库建设经验。自 60 年代后期以来，先后开工并建成很多大中型水库，形成了现有水库格局。近年又大规模对病险水库加固除险，对山塘水堰进行维修清淤，形成了以水库为主、塘堰为辅、冬水田为补充的蓄水体系。这一体系虽发挥了重大作用，但也还存在一些问题。一是部分水库淤积严重、蓄水功能严重下降，二是部分水库因水源不足而蓄水不多、功能难以发挥，三是部分水库、塘堰用于养鱼、旅游和其他用途，不能正常发挥蓄水及灌溉的作用。这些问题有碍蓄水设施功能发挥，应加以解决。

20 世纪 50 年代初至今的近 70 年内，我国先后建设了众多大中型及微型引水、抽水、提水工程，如著名的四川武都引水工程、河南的红旗渠工程、江苏的江都提水工程等，在北方地区还打了很多机井，抽取大量地下水。在没有水库蓄水保障或地高水低的地区，利用引水、抽水、提水的办法解决农业用水，既有必要又较为可行，2016 年机电提灌面积就达到了 3 815.1 万公顷。这些水利设施虽发挥了重要作用，但也存在一些问题，有的遭到自然损毁、有的缺乏维护，使其功能丧失或下降，用机井大量抽取地下水造成地下水严重超采，这些问题对于农业发展造成危害，急需解决。

跨江河、跨流域通水工程古已有之，大运河便是历史见证。但跨江河、跨流域大规模调水还是现代的事。为解决相邻区域间水资源余缺不均的问题，从20世纪50年代开始，就先后建立了很多邻近区域间的调水工程，这些工程虽大多规模较小但成效显著。为解决水资源南北分布严重失衡、北方严重缺水的问题，经几十年的研究和论证，规划了以海河、黄河、淮河、长江为四横，东、中、西线调水工程为三纵的"四横三纵"南水北调工程布局，目前已完成从扬州向北调长江水的东线一期工程和丹江口向北调水的中线一期工程，已累计向江苏、山东、河南、河北、北京、天津调水300亿立方米。待东、中、西线调水工程完成后，可每年从南方向华北、西北调水400亿立方米以上，使北方地区的缺水状况大大缓解，并为农业发展提供更好的水资源保证。

3. 农田水利设施

广义的农田水利设施包括灌区的输水设施、排水设施，以及农田内的灌溉设施和排涝设施。灌区的输水设施主要是渠道（干渠、支渠、斗渠、农渠、毛渠）、管道、桥涵、闸阀，将灌溉用水从水源地输往农田。灌区的排水设施主要是渠道、管道、闸门，将灌区内多余积水排出。农田内（包括园地、草地内）的灌溉设施主要是灌水渠道或管道、喷灌设施、滴灌设施，排水设施主要是排水渠道、管道，分别完成供水和防涝。

2016年全国农地灌溉面积已达7 317.7万公顷，其中耕地灌溉面积6 714.1万公顷（占耕地面积的49.8%）、林地灌溉面积238.8万公顷、牧草地灌溉面积107.6万公顷。在667公顷以上的7 806个灌区中，绝大多数灌溉设施齐全、渠系配套完整、输水和排水设施能正常运行。但在667公顷以下的小型及微型灌区中，有相当一部分灌溉设施不全、渠系配套不完整、输水和排水设施不能正常运行。无论是大中型灌区，还是小微型灌区，输水和排水设施都还有不少问题。一是输水渠道多为土质明渠，渗漏蒸发严重，输水损失很大。二是输水渠道日常维护差，有的破损垮塌，跑水漏水。三是部分输水桥涵、闸阀缺乏维护维修，使用不灵，有的甚至不能使用。四是不少输水及排水渠道淤积堵塞，输水困难，排水不畅。由此导致灌溉用水利用率下降，有的还达不到60%，耕地实际灌溉面积减少，只有5 810.7万公顷（占耕地灌溉面积的86.54%）。对这些问题需通过维修改造加以解决。一是对输水渠道作加固防渗处理，或改用防渗暗渠、管道输水，以减少输水损失。二是加强输水设施的日常管护及维修，提高其完好程度。三是对排水渠道及时清淤，使其保持通畅。若全国所有灌区输水渠道得到改造提高，使输水损失减少10%，则农业用水可减少380亿立方米左右。

在2016年全国7 317.7万公顷灌溉面积中，喷灌面积409.95万公顷、滴灌面积585.46万公顷、低压管灌面积945.13万公顷，节水灌溉面积共1 940.54万公顷，占总灌溉面积的26.52%，而其余占灌溉面积73.48%的农地（5 377.16万公顷），都是采用传统的漫灌方式进行灌溉。不同灌溉方式用水量相差极大，节水灌溉每公顷年用水约为 0.45 万立方米，而大水漫灌每公顷年用水在 0.75 万立方米以上。全国漫灌方式面积太大，耗水太多，若能将现有漫灌面积减少一半（2 688.58 万公顷）、改用节水灌溉，则在保持现有灌溉面积基础上，每年可节省灌溉用水 538 亿立方米左右。

从总体上看，我国农田水利设施已初步建成配套，体系也基本形成，并在抗旱防涝中发挥了重要作用，促进了农业发展。但设施质量还不高，功能也欠完善，特别是输水设施质量欠缺，输水损失严重，农田内部灌溉设施落后，耗水量很高。为适应现代农业发展对水利的要求，应花大力气更新、改造输水设施和灌溉设施，大幅提高灌溉用水效率，显著节省农业用水。

四、农业生产设施

农业生产无论按产业特征或是按产品特征，都有很多种类型，其生产所需的设施也各式各样，难以穷尽。为分析农业生产设施的方便，将农业生产粗略归并为种植业生产、养殖业生产、林草业生产三类，再按每一类分析其设施水平。这里的种植业包括大田作物种植业、园艺作物种植业、特种植物种植业，养殖业包括家畜及家禽养殖业、水产养殖业、特种动物养殖业，林草业包括林业、草业、园林业。这些产业的发展，都需要相应的生产设施。

1. 种植业生产设施

无论是大田作物种植、园艺作物种植，或是特种植物种植，其种植活动的正常开展，都离不开一定的设施条件，这些支撑种植业生产活动的相关设施，就是种植业的生产设施。虽种植业涉及数以千计甚至万计的产品生产，而不同产品生产所需设施也不相同，但无论何种产品生产都离不开种子或种苗、某些人为控制环境、农业机械。因此，种子或种苗生产设施、温室及大棚设施、农机站是各类种植业生产的基本设施，不可或缺。

种子生产设施包括种子的田间生产设施及产后的加工设施，种子的田间生产设施除一般生产设施外，还包括种子生产的专用设施及隔离设施，种子加工设施包括分选设施、包衣设施、干燥设施、储藏设施，这些设施一般都由专门的种子公司购置或建造。我国主要大田作物的种子生产专用设施较为先进和齐全，能满足生产需要，只是一些小宗作物的种子生产设施还较缺乏，需要补上这个缺口。种苗生产设施就是将精选加工后的种子育成生产用苗的温室、苗床、苗场，这些设施也都由专门的种苗公司建造。目前，园艺作物（果树、花卉、茶叶等）种苗生产设施较为先进和齐全，使用也较为广泛和普遍，但大田作物除蔬菜、水稻等少数作物有少量种苗生产设施外，其他作物少有种苗生产设施。大田种苗生产设施建设严重滞后，不能满足生产需要，应当尽快改变。

为提高农作物产量和品质，或改变农产品成熟及上市季节，或实现农产品周年生产，设施种植业特别是温室和大棚种植迅速发展，形成了一种新的种植模式。在这一种植模式的发展中，我国农户创造的塑料大棚种植优势突显。先是用于种植蔬菜及花卉，后来用于种植瓜果及水果，再后来用于种植药材及苗木等，种植的作物种类越来越多、种植的范围越来越广（南方北方都有）、种植的面积越来越大（全国已有数百万公顷）。但目前的塑料大棚、塑料温室主要由农民自己兴建，面积虽大但规格五花八门、材料各式各样、质量好坏不一、效果优劣不等，既缺乏科学的规划设计，也缺乏正规的建造要求，更缺乏专用的棚架及薄膜材料，既影响大棚的安全及寿命，也影响使用的效率和效益，应及时加以改进。

农业机械化是农业现代化的重要内容，也是农业现代化的基本体现，在传统农业向现代农业的转型中，加快农业机械化是必然要求。因此，在农村建设布局合理且规模适当的农机服务设施，为农业机械提供保养、维护、维修、停放、生产作业服务，就显得十分必要。目前，在东北、华北、华中等农业机械化程度较高的地区，部分农村已建有农机服务站，只不过各地农机服务站在运行机制、功能发挥上存在很大差异，黑龙江省兴办的"民办公助"农机服务站具有一定优势。在农业机械大量增加的情况下，建设功能齐全的农机服务设施刻不容缓，一方面，加快农机服务站建设，可使已有农业机械充分发挥作用，另一方面，对已有农机服务站加强管理和必要扶持，可使其功能得到更为有效发挥。

2. 养殖业生产设施

与种植业相类似，包括家畜及家禽养殖业、水产养殖业、特种动物养殖业在内的养殖业，其养殖活动的正常开展，也离不开一定的设施条件。这些支撑养殖生产活动的相关设施，就是养殖业生产设施。养殖业饲养的动物数以百种，且不同动物养殖的设施有很大不同，难以逐一罗列。但无论养殖何种动物，都要有饲料生产或存贮设施、饲舍及养殖设施、粪污处理设施，这三类设施虽因饲养动物不同而各有区别，但每一类都不可缺少。

无论是家畜养殖、或是家禽养殖，或是水产及其他动物养殖，也无论是养殖规模大小，所用饲料都有一部分是自己生产。一是为了满足饲养动物特定配方要求，二是为了降低饲料成本，三是为了解决商品饲料无法供给的问题。因此，饲料生产及存贮设施就不可缺少，以用于生产特定配方饲料、混配饲料、青饲料或青贮饲料。目前，有相当部分养殖场有饲料生产或存贮设施，以解决部分饲料的自我供给，而散养的农户则主要靠自己生产饲料养殖动物，但饲料生产设施简单落后。为保证饲料质量，降低饲料成本，加工饲料还是应当由专业化的饲料生产企业应用先进设施大规模生产，而不应由养殖企业利用自有设施进行小规模分散生产。

养殖家畜、家禽、水产品及特种动物，都需要饲舍和饲喂设施。如家畜养殖要有专门的圈舍及投料、饮水、活动设施，家禽养殖要有笼舍、棚架及投料、饮水设施，水产养殖要有鱼塘、网箱及增氧、饲喂设施等。目前，凡具有一定养殖规模的养殖业主，都建有较为完备的饲舍和饲喂设施，并且大多是依照一定技术规范建造，基本能满足养殖的需要。只不过有的建设标准较高、自动化和配套设施更好一些，有的建设标准较低、自动化及配套设施差一些。从养殖业长远发展的方向看，饲舍及饲喂设施应向自动化及智能化方向发展。

无论养殖何种动物都会产生粪污，如不妥善处理就会造成污染。在生态环保要求成为硬约束的情况下，养殖业发展必须建设粪污处理设施。这些设施包括粪污收集设施、粪污暂储设施、粪污利用设施，利用这些设施防止粪污对环境的污染并对其进行资源化利用。目前畜禽养殖企业一般都建有粪污收集和暂储设施，少数企业还有粪污利用（生产沼气及有机肥料）设施，没有粪污利用设施的企业粪污越积越多，造成严重污染，而水产养殖企业普遍缺乏废水净化设施。目前的任务一是研究畜禽粪污的资源化利用及产品开发技术，二是督促养殖企业加强粪污设施建设和粪污的开发利用。而对水产养殖企业，要建设养殖废水的净化设施，做到养殖废水的达标排放。

3. 林草业生产设施

林业和草业生产具有范围广大、人为可控性差、受自然力影响巨大的特点，其发展虽也需要相应的生产设施，但这些设施只有一部分是直接促进产业发展的，大多数则是促进自然力发挥和自然灾害防控的。按林业和草业的特点，人为可提供的生产设施虽然不少，但实际可实施又很重要的主要是种子及种苗生产设施、森林交通及草原护栏设施、森林及草原灾害监测防控设施三大类，有了这三类设施，就能有效促进林业及草业健康发展。

在林业发展中，疏林地造林、迹地造林、灌木林地改造，以及护岸、护路、护田、防风固沙等生态林植造，再加上城镇及风景区绿化等，需要大量的树苗、树种，离不开树苗及树种生产设施的支撑。草业的发展既需要建设高标准人工草地，还需要对大量低产牧草地进行改良，需要大量优质牧草种子，更离不开草种生产设施的支撑。鉴于此，各林区、草原地区、大中城市郊区、重点绿化地区，都建有种子、种苗生产设施。在林区主要是建设苗圃生产树苗，同时也收集树种，在草原地区主要是建草种生产基地生产牧草种子，在大中城市郊区主要是建设观赏苗木园、生产景观树木、花草、草皮等，在重点绿化地区主要是建设苗圃生产树苗。现有林草种子、种苗生产设施虽数量不少，也发挥了很大作用，但除大中城市郊区部分苗木园的设施较为先进外，其他地区的林草种子、种苗生产设施都比较原始和落后，现代先进的种子、种苗生产技术难以应用和推广，应尽快转变。

当前森林既需建设保护，又需科学利用，林区交通就是必不可少的条件。建设林区公路等交通设施，对造林、营林、护林，以及发展林下经济、森林旅游等，具有极大保护和促进作用。有了交通设施，就可使森林实现"在建设保护中利用，在利用中建设保护"的良性互动。目前绝大多数牧草地植被稀疏、产草量极低，不少牧草地还出现退化，急需休养生息、恢复生态植被，通过建设草原护栏设施禁牧、控牧，对草原保护十分必要。目前，只有部分林区有公路和小火车相通，不少林区不通公路，导致建设、保护、利用困难。只有部分草原建有简易护栏网，不少草原没有阻隔设施，也不能禁止或控制牲畜进入。如此状况不能适应林草业发展要求，应逐步补上林区交通设施和草原保护设施建设的缺口。

森林和草原面积广大，管护难度极高。森林和草原又有遭受病虫鼠危害的风险，还有遭受大风、冰雪、火灾的威胁。为保护宝贵的森林和草原，对其生长繁育、病虫鼠害、灾情、火情适时进行监测，及时加以防治非常重要。这就需要配备对森林及草原进行快速准确监测的设施、配备能及时有效预防和消除灾情和险情的设备，以便适时发现和及时防治灾情、险情，以减少损失。可目前在森林和草原只有较为原始简陋的灾情及险情监测和防治设施，根本不能满足防灾减灾需要。应当尽快建立森林和草原灾情、险情监测站和专业防治队伍，并配备现代监测设施和灾险防治装备，以有效保护森林和草原，使其免遭损坏。

五、农业保护设施

农业保护涉及的内容非常广泛，这里只包括与农业生产环境直接相关的几个主要方面，一个是水土流失治理、一个是污染防治、一个是农田防护。之所以将这三个问题抽出来分析，是因为水土流失、环境污染、农田侵害正严重危害农业发展和安全，特别是对农业发展的基础造成威胁。就农业发展的设施而言，水土流失治理设施、污染治理设施、农田防护设施无疑占有重要地位。这些设施的完备程度和质量高低，对农业长期稳定发展具有决定性影响。

1. 水土流失治理设施

水土流失是指由水力、风力、重力等引起的水土资源及土地生产力遭到破坏和损失的现象，水土流失可因自然因素造成，也可因人为活动引起。遭到水土流失侵害和损失的土地面积称为水土流失面积。据 2011 年水利普查，全国水土流失面积 36 101.18 万公顷、占国土 13.49％，其中水蚀面积 12 932.46 万公顷、风蚀面积 16 559.16 万公顷、冻融蚀面积 6 609.56 万公顷，面积巨大、占比很高。水土流失不仅降低农地肥力、破坏农地，还造成江河泥沙淤积和洪水泛滥，更带来沙尘风暴和环境为害，需要建设相关设施加以治理。

小流域治理是水土流失治理的重要内容，这一治理以 5～50 平方公里小流域为单位，在全面规划基础上，合理安排农林牧用地，采取农业技术措施、林草措施、工程措施相结合，形成综合性水土流失防治体系。小流域治理是山、水、林、田的多措施综合治理，可以在局部范围内根治水土流失。在 2016 年总计的 12 041.2 万公顷水土流失治理面积中，小流域治理面积就达到了 3 973.8 万公顷，占将近 1/3。小流域治理效果虽有诸多优势，但其中的林草设施和工程设施建设任务重、投资大，应作为重点。根据目前水土流失的状况及治理的轻重缓急，应重点搞好黄土高原区、大江大河两岸及近岸区域、环湖及环水库周边区域的小流域治理，使林草设施、工程设施配套完善，充分发挥在这些重点区域的水土保持作用。

我国有旱作耕地 7 416.47 万公顷，其中 15°～25°坡耕地 1 350 万公顷左右，还有 25°以上陡坡耕地数百万公顷。这些旱地中的坡耕地，在夏秋两季受雨水冲刷极易产生水土流失，导致耕层变浅、土壤变瘦、肥力降低。通过平整耕地、建设水平梯田、建缓坡地、建防护绿篱等，可有效治理坡耕地水土流失。但建设这些类型的基本农田设施，工程量大、投资要求高，在 2016 年才建成 57.50 万公顷。不过，通过建设基本农田治理水土流失可以一举多得（提高耕地质量、促进农业机械化等），投资虽大但可长期全面受益，在总体上仍然是值得的，应全面加大建设力度。

大范围大规模植树种草，建造水土保持林、生态防护林、农田防护林等，利用生物措施防治水土流失，被实践证明是一条可持续的成功之路。建设乔灌草结合的水土保持林，不仅使林地水土流失不再发生，而且能有效保护周边（特别是下沿）耕地。建设连片成网的农田防护林，可使农田免遭风灾及其他多种灾害侵袭。建设大型生态防护林工程，更可在大范围内治理水土流失。最典型的例子是三北防护林工程，经 40 年艰苦努力，在三北（西北、华北、东北）地区建防风固沙林 788.2 万公顷，治理沙化、盐碱化草原 1 000 多万公顷，营造农田防护林 165.6 万公顷、保护农田 3 019.4 万公顷，营造各种经济林 463 万公顷，年产干鲜果 4 800 万吨，成效之大举世瞩目。

我国水土流失治理虽取得了巨大成就，但由于水土流失面积大、流失程度严重，治理任务还非常繁重而艰巨。直到 2016 年末，治理的水土流失面积也只占 1/3，还有 2/3 的水土流失面积等待治理。同时，已治理的水土流失面积还有待巩固和提高。因此，今后应将水土流失治理作为国家经济社会发展的一项基本建设工程，每年坚持在小流域治理、基本农田建设、林草工程建设上进行投入与推进，争取再经过二三十年的努力，基本消除危害我国数千年的水土流失顽疾。

2. 农业污染防治设施

农业遭受污染的类型及途径很多，其类型主要有土壤（农地）污染、水污染、大气污染，其途径有内部产生和外部施加。其原因有自然产生和人为活动造成。在农业遭受的众多类型污染中，土壤、水、大气污染是影响范围最广、程度最深、时间最长的三种污染，应当是重点防治的对象。而这三类污染有的是自然力量造成的，有的是非农产业发展带来的，有的是农业自身发展产生的，要对其治理，应当从三个来源着手，从源头上对其防治。

自然形成的盐碱、风沙等，都会对当地、周边甚至遥远地区的土壤、水源、大气产生不同程度的污染，对农业造成一定危害。对这类由自然力造成的污染，只能通过治理、改造、顺势而为加以防治。如通过生物措施和工程措施治理盐碱、防风固沙，通过因势利导利用矿区土地等。而要进行这类污染防治，就需要建设必要的盐碱治理设施、防风固沙设施、土地改良和利用设施等。我国目前对这类污染已有较大规模防治，并取得了较大成效，但因这类污染涉及范围太广，现有防治还只是局部，大范围防治还需要付出巨大努力。

工商业特别是采矿业和加工业等，会排放不少废渣、粉尘、废水、废气，有的还有毒有害，如不治理就会大范围污染土壤、水源、大气，如延续时间长还会使污染越来越严重。要防治这些污染源，一是强化对工商企业的环保监管，使其有效治理"三废"，尽可能减少"三废"产生；二是加强采矿企业对废渣及废水的治理，防止废渣及废水进入农田和水源；三是严防污染企业下乡，将污染带到农村。这一类污染来自农业外部，重点是搞好源头防治，将工商企业产生的污染在内部治理，避免向农业领域扩散。我国对工商企业的污染治理有严格要求，目前大中型国有企业的"三废"基本实现达标排放，但小型加工企业还有差距，且不少采矿企业废渣、废水无害化处理和排放还远未达到要求，应加强相关"三废"治理设施建设，严格运行管理，使工商业发展对农业的污染被逐步消除。

农业在发展过程中会产生污染物，对土壤、水源、大气造成污染。一方面，农业发展要投入化肥、农药、兽药、塑料制品等现代生产资料，这些物品本身对土壤、水源、大气会带来一定的污染，使用过度则污染还会很严重。另一方面，农业生产不仅产出大量的农产品，同时也会产生数量惊人的农业废弃物（近10亿吨农作物秸秆、数亿吨畜禽粪污），这些废弃物如不进行无害化处理和资源化利用，就会严重污染土壤、水源、大气，对农业造成很大危害。对化肥、农药、兽药污染的防治，一是要提高质量、降低污染风险，二是精准使用、减少用量，这就需要测土施肥设施、病虫害及疫病监测设施的提供。塑料制品污染则主要靠回收，需要有便捷高效回收设施。而农业废弃物污染的防治主要靠收集利用，这便要有便捷、高效、低成本收集利用的设施。目前除少数地区外，大多数农村在这几个方面都还未起步，农业污染防治设施建设相差很远，急需快速跟上。

3. 农业废弃物利用设施

农业废弃物是农业生产过程中产生、人们不便直接利用而价值又很低下的物质，如农作物秸秆、树木的枝条、畜禽粪尿、使用后的塑料制品等。这些物质有一定的利用价值，加之数量十分庞大，如收集起来加以利用，就能使其成为一笔不小的财富，如任其弃置不加处理，就是分布广泛的污染之物，并对广大农村造成严重的土壤、水源、大气污染。对农业废弃物善加利用、变废为宝，已成为新时期农业发展不能回避的任务。而农业废弃物的利用，相关设施建设是前提条件。

我国每年产生的农作物秸秆近10亿吨，修剪的林木枝条上亿吨，这些农业的副产品，在传统上是作为燃料和饲料被消耗，并不是废弃物。现在农民的燃料已被化石能源取代，而养殖畜禽也不再使用营养价值不高的秸秆，加之劳动力成本上升，收集处理分散的秸秆及林木枝条极不经济，于是废弃物被焚烧或弃置，造成环境污染。其实，农作物秸秆和林木枝条经过加工，就能生产出高热值燃料、优质饲料、有机肥料、建筑材料、优质纸张、生产用品及工艺品等多种产品。而要让这些废弃物变废为宝，一是要在田间收集打捆，二是要安全堆储保存，三是要集中加工，这就要有高效的收集打捆设施、运输堆放设施、专门的产品加工设施。目前，除少数平原地区有小麦、玉米秸秆收集打捆、运输堆放及加工设施并投入使用外，大多数农作物产区还缺乏这类设施，也未对大量的农作物秸秆和林木枝条进行加工利用。对农作物秸秆和林木枝条加工利用，不仅有利于环保，还可发展为一个巨大的产业，相关设施建设必须跟上。

我国每年生产大量的畜禽产品，同时也产生大量的粪尿。加之畜禽大多采用工厂化大规模养殖，畜禽粪尿在养殖场大量集中。若不加处理而随便弃置，不仅会严重污染土壤、水源，还会产生恶臭、破坏环境。畜禽粪尿无害化处理方法有多种，较为可行的是将其发酵生产沼气后再制造成商品有机肥，生产的沼气可供养殖场周边农户使用，生产的商品有机肥可行销全国。而要进行这样的处理，应由大型养殖场单独或多个临近养殖场合作，建设沼气生产设施和商品有机肥生产设施，使养殖场在生产畜禽产品的同时，还利用畜禽粪尿生产沼气及有机肥料。实践证明，这是粪尿高效处理和资源利用的良好途径，只可惜实施这一办法的养殖场还较少，还需要更多养殖企业建设相配套的粪尿处理设施。

使用后的塑料薄膜、包装物及其他塑料制品，是又一类农业废弃物，每年以百万吨以上的速度累积。废旧塑料及制品已广泛分布于农田、水体、荒野，甚至荒漠和海洋，对土壤、水体及环境造成严重污染和破坏。对这类废弃物，特别是散落在耕地及水体中的部分，应当进行清理和回收利用。除零星分布的废旧塑料及制品只有通过人工捡拾清理回收外，农地中的废弃塑料及制品应通过耕作及其他农事活动使用机械设施清理回收，应在庄稼收获后的土地翻耕环节及春播前的土地翻耕环节，利用与耕作机械配套的清理设施回收这类废弃物。同时，应尽快研究出可降解塑料，以根除现在已经成灾的塑料污染。

第十七章　中国农业发展的工业基础

现代农业的发展离不开工业的支撑，强大的工业基础特别是强有力的农用工业基础，是大国现代农业发展必不可少的条件。在中国，传统农业正向现代农业转型，需要大量先进生产设施及设备来装备，需要大量现代生产资料的供给，需要大批高效、精准、智能生产工具的提供，需要各类农产品安全储运及精深加工设施的保障等。这些需要都必须通过工业发展才能满足，特别是与农机、化肥、农药、饲料、兽药、农产品加工等工业的发展关系最为密切。我国在这些工业的发展上取得了巨大进步，为农业发展提供了基本支撑，但与现代农业发展要求相比，还存在不小差距。

一、农机工业基础

农机工业是研发、制造农业生产机械、设施、设备的产业部门，是工业体系中的重要组成部分。农机工业有狭义和广义两种内涵，狭义的农机工业是指研发、制造种植业生产机械设备的产业部门，广义的农机工业是指研发、制造种植业、林业、畜牧业、渔业生产机械设备的产业部门，在多数情况下作狭义理解。新中国成立以来，我国农机工业从零起步，经过近70年的发展，已成为世界第一农机生产大国和使用大国，对农业发展起到了重大促进作用。但与农业现代化的要求相比，农机工业无论是在产品设计、技术研发，还是在制造工艺上，都还有很多方面不能满足需求，与先进国家相比差距还很大，总体状况是大而不强。

1. 农机工业的发展

新中国的农机工业，从20世纪50年代前期起步发展。最具标志性的事件，是在苏联帮助下建设的洛阳拖拉机厂，生产"东方红"牌履带式拖拉机及配套农机具。在此之后，很多农机生产企业先后建立起来，从50年代中期至60年代，由引进苏联及东欧社会主义国家、日本等国技术和设备，逐步发展到独立设计和制造中小型拖拉机、联合收割机、播种机及配套农机具。至70年代中后期又在引进西欧、美国、日本农机产品及技术基础上，提升和改造原有的农机工业，形成了较为完整的农机工业体系，具备了自主研发、设计、制造常用农业机械的能力，并培养了一批农机工业专门人才。改革开放后，随着农业的快速发展和现代化进程的加快，加之农村劳动力大量向非农产业转移，拉动了对农机需求的大幅增长，促进了农机工业在近40年的时期内持续发展。

我国农机工业经过改革开放前的打基础、改革开放后的持续发展，已经形成规模巨大、门类齐全、具有一定研发能力和较强制造能力、能设计和制造常用及一般专用农业机械及设备和机具等众多产品的产业部门。至2016年，全国规模以上的农机企业已发展到2 500余家，涵盖农机动力机械、耕作机械、播种（栽插）机械、田间管理机械、植保机械、排灌机械、收获机械、配套农具、设施及设备等生产领域，年生产农机动力约9 720万千瓦、农业机械与设备近1 000万台（套）、配套农机具近400万部，主营收入4 516.39亿元，已成为规模巨大、地位重要的制造业部门。同时，农机工业在我国分布广泛，31个省、自治区、直辖市几乎都有农机产业，是工业发展的组成部分，对农业发展提供有力支撑。有的省农机工业规模较大，在地区经济发展中占有重要地位，如江苏省2017年农机工业产销收入就已达到千亿元以上。

在种植业生产机械设备制造业发展的同时，林业及草业、畜牧业、渔业生产机械设备制造业也有了很大的发展。林业及草业的播种（含飞播）机械、苗木移栽机械、病虫害防治机械、采伐及收割机械、森林及草原监测设备，畜牧业的饲舍、饲喂设施、粪污清理及资源化利用机械与设备，渔业的淡水养殖设施及设备、养殖水体净化设施及设备、捕捞机械与设备、海水养殖设施与设备及海洋捕捞设施与设备等，都有专门的生产企业研发和制造，并能提供给相关产业业主使用。除此之外，还能设计制造一些专用的林业机械、畜牧业机械设备、水产养殖设施及设备，如沙漠高效造林机械、特种动物养殖设施、深海养殖设施等。

2. 农机产品数量及质量

农机产品类型多、型号多，如果将各类农机企业生产的各种农业动力机械、作业机械、机具、农具、设施、设备等都计算在内，农机产品可能多达上千种。但为了从总体上反映农机产业的发展状况，往往只对主要农机产品按大类进行统计。对种植业生产机械与设备，分为农业机械动力类产品和农业机械与设备类产品，前者又分为柴油发动机类、汽油发动机类、电动机类、其他动力机械类等四类，后者则分为大中型拖拉机类、小型拖拉机类、大中型拖拉机配套农机具、小型拖拉机配套农机具、农用排灌电动机、农用排灌柴油机、联合收割机、机动脱粒机、机电井、节水灌溉类机械、农用水泵等十一类。

农机产品的产量，一方面受农机企业的生产能力和已有农机存量制约，另一方面还要由市场需求决定，由此造成农机产品的产量在年际间有所波动。2016年我国农机生产除公布有大中型拖拉机、小型拖拉机、联合收割机、其他农业机械的产量外，其他农机产品未公布产量。若按当年农机生产量占年末农机拥有量的10%对其他农机产品的产量进行估算，并将其列入表17-1中，则表17-1能基本反映2016年全国主要农机产品生产量。

表 17-1　2016 年中国主要农机产品生产量

农机（具）品名	单位	生产数量	农机（具）品名	单位	生产数量
柴油发动机	万千瓦	7 520.00	农机排灌电动机	万台	130.00
汽油发动机	万千瓦	360.00	农机排灌柴油机	万台	94.00
电动机	万千瓦	1 830.00	联合收割机	万台	24.549 7
其他动力机械	万千瓦	8.50	机动脱粒机	万台	105.00
大中型拖拉机	万台	62.989 3	电机井	万眼	45.00
小型拖拉机	万台	135.529 9	节水灌溉类机械	万套	23.00
大中型拖拉机配套农具	万部	103.00	农用水泵	万台	220.00
小中型拖拉机配套农具	万部	300.00	其他农业机械	万台	7.40

由表 17-1 可知，因我国农业规模很大，即使现在农作物耕种收综合机械化率只有 68% 左右，农机拥有量的总量也已经十分巨大。为了更换过期或损坏的农机，以满足农业生产增加的农机需求，每年生产的农机数量也很大，远超世界任何国家。

我国绝大多数农机产品安全、可靠、实用，受到使用者充分肯定。有一部分农机产品性能优越，质量上乘，受到使用者好评。也还有一部分产品在可靠性、适应性、精准性等方面存在一些差距，需要进一步改进和提高。与国外一般产品相比，国产农机产品质量与其基本相当，但与国外优质产品相比，国产农机产品质量还存在明显差距，特别在大型复式、节能高效、智能精准农机产品质量上差距更大。

3. 农机工业的水平

我国农机工业经过近 70 年的发展，已成为生产规模巨大、企业数量众多、产品门类齐全的制造业体系。在这个体系中已形成研究设计—原材料供应—农机产品加工制造—农机产品营销的完整产业链，通过各环节的分工与协同，推动以市场为导向的农机工业发展。在农机产品研究设计上，有能力研究设计一般农业生产所需的各类机械、设施、设备、机具，也有能力研究设计特殊农业生产（生产的条件及过程特殊）所需的部分机械、设施、设备、工具。在农机生产的原材料供应上，国内生产的原材料品种齐全、质量优良，且价格具有竞争优势，完全可满足农机产品生产的需要。在农机产品制造上，拥有较为先进的制造设备、完善的自动化生产流水线、较为先进的制造工艺技术，生产的产品安全、可靠、实用。在农机产品营销上，建立有覆盖全国的营销体系及售后服务体系。整个农机工业已达到体系完整、门类齐全、规模巨大、基本满足农业生产需要的水平，已完成从无到有、由小到大、由仿制到创造的发展历程，正处在由大到强的发展进程之中。我国农机工业虽已有了巨大发展，取得了很大成绩，但与农业发展的要求相比，与世界农机工业发达国家相比，还存在不小差距，主要表现在以下四个方面。

一是农机核心技术缺乏、关键技术还未突破。由于公共研发平台投入不足、企业研发投入短少、研究队伍分散而弱小且后继乏人，对农机新技术、新产品研发缺少专门支持，使农机核心技术和关键技术未能突破，特别是在节能环保农用发动机、农机专用传感器、无极变速器、大型拖拉机智能作业电控单元等产品的制造技术还不掌握，不能自主生产。

二是农机工业结构层次不高。农机工业生产一般的农用动力机械、农业生产作业机械及设备，产品以中低端为主且产能已经过剩。而高端高效、节能环保、智能化的农机产品不能自主生产，只能依赖外资企业生产或进口。整个农机工业大而不强的特点明显，结构层次提升的任务还十分艰巨。

三是农机产品品种有待优化、质量有待提高。农机产品以平原（平坝）地区的大田作物生产机械为主，山地丘陵地区使用的农机产品、温室大棚内使用的农机产品、园艺作物生产机械等还存在缺口。同时，现有农机产品在工况适应性、运行稳定性、作业精准性及高效性方面还有一定差距，如国产水稻插秧机和收割机就不如日本产品、国产大功率拖拉机质量也不如欧美产品。

四是农机企业多而不强。全国规模以上农机企业多达 2 500 余家，并且在地域上也高度分散，产品同质化严重，导致力量分散、实力不强，中低端产品过度竞争、高端产品无力生产的被动局面。

农机工业存在的问题，既有计划经济留下的影响，也有改革进程中未克服的困难及障碍，还有发展中存在的不足，只有通过制度创新、整合力量、增强内生动力，通过技术创新掌握核心技术、增强发展动力，才能实现由大变强。

二、肥料工业基础

肥料是为植物提供养分的物料，分为有机肥料和化学肥料。肥料是农业生产最重要的生产资料之一，对提高农产品产量、改善农产品品质、保持土壤肥力具有十分重要的作用。我国有机肥使用已有数千年历史，主要靠就地取材采用原始积制的简易方式生产，只是近年才有工业化商品生产。我国化肥使用只有 100 年的历史，生产只有 80 年历史，比国外晚 100 年左右。新中国的化肥工业从 5 家企业、年产 6 000 吨起步，经近 70 年努力发展到 1 100 余家企业，年产化肥 6 629.6 万吨的大产业，成为世界最大化肥生产国和使用国。肥料工业虽规模庞大，但在总体水平上大而不强，还不能完全满足农业发展需要。

1. 有机肥产业发展

有机肥料又称为农家肥料，在传统上由农民利用有机物、畜禽粪尿、人粪尿、作物秸秆，就地积制、简易生产而取得，具有悠久的使用历史。有机肥分为粪尿类、堆沤肥类、绿肥类、饼肥类、泥炭类、泥土类、城镇废弃物类、杂肥类等八大类，以牲畜粪尿提供的养分占比最大（约 2/3）。有机肥料的优势是制作原料来源广泛，属废弃物利用又生态环保，养分全面且肥效较长，能有效改良土壤、增进土壤肥力。有机肥料的弱点是养分含量不高、用量很大，生产和使用的机械化难度较大，难以迅速、大幅度提高农作物产量。但随着"生态农业""绿色食品"的兴起，以及生态环境保护要求的提高，有机肥料的生产和使用越来越受到重视。

我国农民施用有机肥已有数千年的历史，不仅使农产品持续增产，还使农田在长期高强度使用下维持了地力，也使畜禽粪尿、农作物秸秆等农业废弃物得到资源化利用。直到 1949 年，中国农业生产投入的总养分（$N+P_2O_5+K_2O$）428 万吨，几乎全是由有机肥提供的。20 世纪 50 至 70 年代中期，农田养分投入仍以有机肥为主，占比高达 60% 以上。到 1980 年，有机肥为农业提供的养分有 1 300 万吨左右，仍略高于化学肥料的贡献。到 2000 年，有机肥为农业提供的养分达到 1 828 万吨、占比下降到 38%，直到这时农田养分投入才改变了数千年来有机肥为主的模式。在此之后，有机肥生产仍保持增长态势，对农田养分投入的占比保持在 30% 左右。而在优质粮食、油料、蔬菜、水果、茶叶、中药材等产品生产中，有机肥已成为肥料的首选，受到高度重视。

长期以来，有机肥料都是农户采用原始简易的方法分散生产，且自产自用。对畜禽粪尿及人粪尿，采用天然发酵处理，待腐熟后使用。对农作物秸秆和其他有机物，采用原始堆制发酵处理，待腐熟后使用。对有机肥的生产和使用，主要靠人工完成，费时、费力、不卫生，效率也不高。20 世纪 90 年代中期之后，随着"生态农业""循环经济""环境保护"的兴起，有机肥生产和使用又热火起来，先后研发出利用畜禽粪尿、农作物秸秆及其他副产物、人粪尿工厂化生产商品有机肥的技术、设备，并首先在大型畜禽养殖场和主要农产区应用，已生产出多种肥效较高、运输和使用方便、省工省力且卫生的有机肥，受到市场欢迎和好评。目前，商品有机肥市场需求量巨大，特别是在水果、蔬菜、茶叶、中药材生产上，以及高档粮油产品生产上，成了抢手的生产资料，市场前景广阔。只是商品有机肥的工业化生产，在技术、设备、产品开发上还有待进一步成熟，使生产过程更加简化和节能、环保，使生产成本降低，才能使其成为一个能获取盈利、靠自身能力可发展壮大的产业。

2. 化肥工业发展

我国化肥工业始于 20 世纪 30 年代（1937 年在南京建成第一家氮肥厂、1942 年在昆明建立第一家磷肥厂），到 1949 年全国共有 5 家化肥厂，年产化肥 6 000 吨。新中国成立之后，在农业发展的拉动下，化肥工业进入快速发展期，1949—1980 年化肥产量年均增幅达到 18%，1980 年化肥产量（按 N、P_2O_5、K_2O 养分量计算）已达到 1 232 万吨。改革开放后农业发展加快，对化肥需求进一步增加，使化肥产量以近5% 的速度增长，到 2000 年化肥产量增加到 3 186 万吨，成为世界第一化肥生产大国。进入 21 世纪以来，化肥工业继续稳定发展，到 2016 年化肥产量达到了 6 629.62 万吨，仍高居各国之首。

新中国的化肥工业是在基础十分薄弱、技术和人才十分缺乏、投资能力严重不足的条件下起步的，经四个阶段的发展而逐步壮大起来。20 世纪 50 年代至 60 年代为打基础阶段。一是对老企业改造和扩建，二是在苏联援助下建设了吉林、兰州、太原三个年产 5 万吨合成氨、配套 9 万吨硝酸铵的中型氮肥厂，三是经消化吸收自主建设了 20 多家中型氮肥厂，四是引进苏联普钙技术在南京、太原建设了数家磷肥企业，五是自主开发在遵义、鹰潭建设了钙镁磷肥生产企业。20 世纪 60 年代至 70 年代为全面发展阶段，一是利用自主研发的合成氨联产碳酸氢铵（碳铵）工艺建设小氮肥厂（1963—1979 年共建 1 500 余家，单厂规模为每年 3 000 吨合成氨），二是在 70 年代中后期从国外引进当时世界先进水平的 13 套大型合成氨、尿素生产装置（规模为年产合成氨 30 万吨、尿素 48 万吨），三是建设了 50 余家中型氮肥企业，四是于 70 年代末引进建设了大型生产高浓度硝酸磷肥的山西化肥厂。20 世纪 80 至 90 年代为升级改造阶段，一是利用国际金融机构和政府贷款建设了 12 套大型氮肥和 10 余套大中型磷肥复肥装置，二是由国家提供专项资金对国内中小型化肥企业进行大规模技术改造，三是依靠自有技术建设 120 多套小尿素装置和小磷铵装置。20 世纪 90 年代中后期至今为结构优化阶段，一是对引进技术建设的大型氮肥企业进行节能增产改造，二是对中小型氮肥企业进行节能挖潜及淘汰落后工艺及提高产品质量，三是对小型磷铵企业改产复合肥，四是进行企业重组及建立现代企业制度，五是进行结构调整、淘汰小氮肥及增加磷肥产量和提高磷肥品质。全国钾肥生产受资源制约而受阻，青海盐湖氯化钾生产能力 100 万吨左右，新疆罗布泊地区钾盐矿虽较为丰富，但年产钾肥也只有 100 余万吨，生产能力明显不足，需要进口弥补。

除传统有机肥和主导化肥产品外，还有一些中量养分和微量养分肥料及改性肥料（如硅肥、镁肥、稀土肥），以及一些新型肥料（如作物专用肥、配方肥、长效缓释肥、叶面肥），在多年被冷落后，这些年又受到重视，有一些企业开始生产，但由于一些产品缺乏标准及规范，产量也相对较少。

3. 肥料工业水平

我国的有机肥和化肥，无论在生产上或在使用上均冠盖世界，2016 年有机肥提供的总养分在 2 000 万吨以上，化肥提供的总养分在 6 000 万吨以上。然而就生产而言，有机肥还处在十分原始和落后的状态，化肥虽已采用现代技术和设备进行生产，但仍然存在受资源约束大、产业结构不合理、技术创新能力不强、管理混乱、环保不能全部达标等问题，使我国肥料工业在总体上表现为大而不强的特征，难以完全承担支撑农业发展的重任。

我国每年产生人畜粪尿及附随污物 10 亿吨以上，农作物秸秆及林果业等产生的枝条 10 亿吨左右，加之其他可用之物，制造有机肥的原材料极为丰富。可长期以来，人畜粪尿、其他有机肥资源要么放弃使用，要么只作简单堆沤后使用。简单的原始手段，难以使有机肥工厂化商品生产，只能就地取材、就地生产和使用。由于技术和设备落后、投入不足等多种原因，现有的有机肥工厂规模小、技术落后、工艺不规范、产品质量无保证。人畜粪尿、生活垃圾等，要经过发酵、除臭、杀菌、干燥后才能加工成无病菌、无毒、无臭便于运输与贮存的商品肥料，目前只有少数生产厂有能力达到。有机肥的工厂化商品生产是一个很有前途的产业，只是现在还处在起步阶段。

我国虽已成为化肥生产第一大国，但化肥工业发展还存在诸多问题。一是因优质磷资源少及钾资源不足，导致高浓度磷复肥和钾肥生产不足，要依赖进口。二是产业结构不合理、产业布局不合理，不少化肥企业远离原料产地；企业规模结构不合理，中小型企业充当主体，企业总数占比超 90%，产量占比超 50%；原料结构不合理，有相当部分氮肥企业以煤而不是天然气为原料；产品结构不合理，化肥复合肥占比不足 40%，高浓度化肥占比不足 50%，而国外化肥产品复合化率在 60%~80%，高浓度肥料占 80% 以上。三是研发不足、缺乏自主知识产权，大型化肥生产工艺技术及设施设备主要靠引进，关键技术及装备的自主研发未获突破，自主产权技术很少，小型化肥企业大部分技术装备落后，新产品开发能力也不强。四是化肥生产、流通、使用由多部门管理，且多经变换，体制不顺，导致管理混乱。五是化肥生产中的污染未有效解决，CO 及 H_2S 等有害废气、粉尘、含氰及含氮废水、含氟磷石膏废渣排放，污染环境。这些问题严重制约化肥工业发展，应当下大力气加以解决。

随着现代农业的发展，对肥料的要求越来越高。一是对优质高效有机肥的需求越来越大，二是对高长效、低流失化肥需求增加，三是对作物专用肥料需求大为增加，四是对有一定特殊功能的中量、微量元素肥料需求增加，五是对便于高效施用的特殊剂型肥料需求增加。这便要求开发肥料新品种，研发新型肥料高效率低成本生产的工艺技术和设施设备，为肥料工业发展提出了新要求。

三、饲料工业基础

饲料是饲养动物的食料，是为饲养动物提供营养的物料。饲料按来源可分为天然饲料和加工饲料，天然饲料是可直接采集或采食的饲料（如自然生长的牧草、种植的粮食等），加工饲料是利用原材料按特定工艺技术加工的饲料产品（如配合饲料、浓缩饲料等）。以工厂化大规模养殖为主要特色的现代畜牧业，要以大量的加工饲料来支撑。因此，现代畜牧业的发展带动饲料工业的发展，而饲料工业的发展又给现代畜牧业发展以有力保障，发挥着基础性作用。

1. 饲料工业发展

与其他工业相比，我国饲料工业起步很晚。由于饲料工业与工厂化大规模养殖的现代畜牧业相联系，而我国的家畜、家禽及水产养殖长期以农户分散小规模（甚至零星）生产为主，所需饲料以农户简单加工解决而无须外购，极大限制了饲料工业的发展。改革开放前，虽部分大中城市为解决肉、蛋、奶等畜产品的供应，也建立了一批养殖企业，从事生猪、家禽、奶牛的工厂化养殖，但因总体规模和企业规模不大，加之所需饲料主要由企业内部加工满足，也未能促进我国饲料工业的发展。当然，改革开放前我国饲料工业得不到应有发展，还有一个根本的原因，就是饲料原料特别是饲料粮供给严重不足。1949—1978 年我国粮食产量虽从 11 318 万吨上升到 30 477 万吨，但人均粮食占有量很低，口粮都不能有效满足，没有多少粮食可用于饲料生产，使饲料工业成为"无米之炊"而难以发展。

改革开放后，农业迅速发展，粮食产量在 1978—1984 年由 30 477 万吨增加到 40 731 万吨，粮食紧缺局面根本扭转，除满足口粮外，还有粮食供饲料加工，从而为饲料工业发展提供了物质基础。与此同时，随着城乡居民收入的增加，对动物食品的需求快速增长，促成了从 20 世纪 80 年代中至 21 世纪初畜牧、水产业近 20 年的大发展，并带动了饲料工业在同期内的大发展。20 世纪 80 年代中至 90 年代中，为适应养猪业和养禽业的大发展，猪饲料生产企业、禽饲料生产企业应运而生。20 世纪 90 年代中，为适应奶牛养殖业、肉牛及肉羊养殖业、水产养殖业的大发展，奶牛饲料、牛羊饲料、鱼虾饲料生产企业亦大量产生。在这 20 年的时间里，特别是 80 年代中至 90 年代中的 10 年里，众多主体都参与创办饲料加工企业，是饲料加工企业快速成长而又激烈竞争的时期。这些创办饲料企业的主体有政府、集体、个体、联合体、港澳台商、外商等，尤以个体及联合体居多。饲料加工企业、特别是生产配合饲料的企业，技术要求不高、规模可大可小、进入门槛较低，因此竞争也很激烈。在这 20 年的大发展中，饲料加工企业有的加入进来、有的被淘汰出局、有的逐渐成长壮大，犹如大浪淘沙。进入 21 世纪之后，饲料加工企业进入了一个相对稳定的时期，既无大量新企业进入，也无大量老企业退出，形成了分工明确、专业性强、生产与供给平稳的基本格局。

经过近 40 年的努力，我国饲料工业从零起步，2016 年已发展为拥有分布在 30 个省、自治区、直辖市（缺港澳台及西藏）的 10 027 家企业、47.612 3 万职工、年产饲料 20 917.524 6 万吨，产值达到 8 013.526 0 亿元，营业收入达 7 778.348 2 亿元的大产业。饲料工业已成为我国加工业的重要组成部分，是我国畜牧业、水产业发展的重要支柱，随着经济社会发展，饲料工业还会进一步发展提高，并发挥更大更好的作用。

2. 饲料产品生产

2016 年全国饲料总产量已达到 20 917.524 6 万吨，其中配合饲料 18 394.509 8

万吨、占 87.93％，浓缩饲料 1 832.376 0 万吨、占 8.79％，添加剂预混合饲料 690.638 8 万吨、占 3.28％，以配合饲料为主。这些不同类型的饲料，按其用途又可分为不同的品种。表 17－2 是 2016 年全国各种饲料产品的生产情况。

表 17－2　2016 年全国饲料产品生产

单位：万吨

饲料产品	总量	其中		
		配合饲料	浓缩饲料	添加剂预混合饲料
总产量	20 917.524 6	18 394.509 8	1 832.376 0	690.638 8
猪饲料	8 725.703 1	7 175.347 4	1 138.439 5	411.916 2
蛋禽饲料	3 004.574 2	2 535.580 0	316.882 5	152.111 7
肉禽饲料	6 011.264 1	5 798.783 3	169.813 1	42.667 7
水产饲料	1 929.953 8	1 904.004 7	1.643 9	24.305 2
反刍动物饲料	222.358 7		183.299 2	39.059 5
精料补充料	657.542 9	657.542 9		
其他饲料	366.127 8	323.251 4	22.297 9	20.578 5

资料来源：根据《2017 中国饲料工业年鉴》第 423～426 页。

由表 17－2 可知，在 2016 年我国生产的饲料中，主要包括猪饲料（仔猪饲料及肉猪饲料）、肉禽饲料（肉鸡饲料及肉鸭饲料）、蛋禽饲料（蛋鸡饲料及蛋鸭饲料等）、水产饲料（鱼饲料、虾饲料、蟹饲料等）、精料补充料及其他饲料、反刍动物饲料 7 种，饲养动物所需的饲料品种基本齐备。在这些饲料品种中，猪饲料达到 8 725.703 1 万吨、占 41.71％，肉禽饲料达到 6 011.264 1 万吨、占 28.73％，蛋禽饲料达到 3 004.574 2 万吨、占 14.36％，水产饲料达到 1 929.953 8 万吨、占 9.23％，精料补充料达到 657.542 9 万吨、占 3.14％，其他饲料达到 366.127 8 万吨、占 1.75％，反刍动物饲料只有 222.358 7 万吨、占 1.08％。这一方面表明我国生猪及家禽养殖规模巨大，且主要靠加工的商品饲料饲养，其所用加工商品饲料占了生产总量的 84.80％。另一方面也反映我国水产养殖（鱼虾蟹养殖）和反刍动物（肉牛、肉羊、奶羊）养殖规模虽大，但并不主要靠加工的商品饲料饲养，而靠业主自己加工（或生产）的饲料饲养，其所用加工商品饲料只占生产总量的 10.32％。

3. 饲料工业水平

我国现代意义上的饲料工业，从 20 世纪 80 年代中期起步，经近 40 年努力，现今已发展成一个规模巨大的产业，有力支撑了畜禽养殖业、水产养殖业、其他动物养殖业的发展，为经济发展做出了重要贡献。但由于资源的约束、技术积累的不足、发展的自发性、管理不到位等原因，使饲料工业存在基础不牢、企业分散且平均生产规模较小、产品结构不合理、产品质量监管不足等问题，表现出明显的大而不强的特征。

我国因耕地资源不足，农产品生产成本高、价格贵，一些主要饲料原料要依靠进口。大豆是饲料的蛋白来源，因国内生产严重不足而主要靠进口，2016 年大豆净进口 8 310.191 9 万吨，近年还在继续增加。另一重要原料玉米本来国内生产在数量上可以满足，但因生产成本高、价格贵，竞争不过国外玉米，也已逐步增加进口，2016 年净进口 316.412 4 万吨，2018 年净进口更超过 2 000 万吨。同时，饲料用鱼粉也长期进口，年净进口 100 万吨以上。重要饲料原料大量进口，有的重要原料甚至主要依赖进口，使我国饲料工业基础不牢，易受外来冲击。

我国饲料加工企业多而分散，表 17 - 3 是 2016 年各省、自治区、直辖市饲料加工企业状况。

表 17 - 3 2016 年全国 30 个省级辖区饲料加工企业状况

地区	企业（家）	饲料产量（万吨）	企业平均年产能（万吨/个）	地区	企业（家）	饲料产量（万吨）	企业平均产年能（万吨/个）
北京	218	262.217 0	1.202 8	河南	535	1 137.108 4	2.125 4
天津	148	211.054 7	1.426 0	湖北	441	876.119 1	1.986 6
河北	952	1 342.040 0	1.410 0	湖南	412	1 173.286 3	2.847 8
山西	181	285.057 6	1.575 0	广东	733	2 824.813 3	3.853 8
内蒙古	242	278.604 0	1.151 2	海南	42	242.524 7	5.774 7
辽宁	712	1 073.878 5	1.508 2	广西	267	1 216.407 3	4.555 8
吉林	315	321.369 6	1.020 2	重庆	127	230.963 3	1.897 3
黑龙江	368	582.854 2	1.583 7	四川	430	1 070.105 4	2.488 6
上海	135	162.219 9	1.201 6	贵州	83	123.396 5	1.485 7
江苏	595	1 123.228 1	1.887 8	云南	260	366.247 3	1.408 6
浙江	395	419.476 4	1.061 9	陕西	172	301.216 7	1.170 0
安徽	299	598.179 8	2.000 5	甘肃	93	92.674 7	0.996 5
福建	299	882.476 8	2.951 4	青海	15	11.155 4	0.741 0
江西	204	902.005 1	4.421 6	宁夏	39	28.233 8	0.723 9
山东	1 229	2 587.224 4	2.105 1	新疆	86	190.786 0	2.218 4

资料来源：根据《2017 中国饲料工业年鉴》423 页、428 页资料整理。

由表 17 - 3 可知，30 个省、自治区、直辖市除港澳台及西藏外，都有饲料加工企业，最多的有 1 229 家（山东省）、最少的也有 15 家（青海省），表明饲料加工企业多而高度分散。同时，单个饲料加工企业年产出能力低，单个企业的平均年产量只有海南省达到 5 万多吨，江西及广西达到 4 万多吨，广东一个省达到 3 万多吨，而安徽等 7 个省、自治区只达到了 2 万多吨，北京等 16 个省、自治区、直辖市只达到了

1万多吨，还有甘肃等3省、自治区只达到几千吨。表明小企业众多，生产规模太小，效益难以提升，饲料加工企业还有优化重组的巨大空间。

由于小企业众多，企业技术力量不足，不仅技术研发能力不强，而且产品质量控制也存在很多不足，使有些企业的产品不能达到应有的营养标准和安全卫生标准。加之企业高度分散，现有监管力量相对不足，质检部门对商品饲料的质量监管还存在缺失，应当加强。很多饲料加工企业特别同一地域内的饲料加工企业，产品同质化严重，造成恶性竞争，引起市场混乱，也应加强监管。

四、农药工业基础

农药是植物保护的重要物资，是预防、抑制、消灭植物病虫草鼠危害的利器。病虫草鼠危害是较为普遍而经常发生的自然灾害，不仅危害大田作物、园艺作物，而且危害森林、草原，轻者造成减产、重者造成绝收、最严重的还可能造成某些植物的消亡和某些产业的毁灭。对病虫草鼠害进行有效防治，是农业发展的重要任务，农药不可或缺。现代农业的发展，更离不开高效无（低）毒无（低）残留农药的保护。我国是农业大国，对高效无毒无残留农药需求量大，农药工业是农业发展的基础工业，需要与农业发展相适应。

1. 农药工业发展

在新中国成立之前，全国没有现代意义上的农药工业，除了极少量进口农药外，几乎没有国产农药生产与供给。遭遇农业病虫草鼠灾害，只能依靠一些传统原始方法防治，往往遭受巨大损失。新中国成立之后，在农业发展的刺激之下，农药工业迅速产生并快速发展。20世纪50年代中期至70年代末期，一批大中型农药企业和一大批小型农药企业先后建立起来，在开始阶段主要仿制国外的杀虫剂、杀菌剂，到60年代至70年代逐渐自主研发一些新的农药并投入生产。进入70年代，农药毒害及环境污染日渐突出，高毒高残留农药被禁止生产和使用，农药生产逐渐向低（无）毒、低（无）残留转型。

改革开放后，我国农药工业发展进入一个新阶段。一方面，粮油生产、蔬菜及水果生产、花卉苗木生产等迅速扩大，林业和草业发展加快，大棚种植大规模推广，对杀虫剂、杀菌剂、除草剂需要量增加。另一方面，人们对生态环境保护和食品安全的重视，高毒高残留农药遭到抵制，低（无）毒、低（无）残留农药特别是无毒副作用的生物农药受到欢迎。在这一大背景下，20世纪80年代，有一批大中型农药企业淘汰高毒高残留产品、转产新的低毒低残留产品，也有一批生产高毒高残留农药的小型企业难以维系而倒闭，还有一批生产生物农药及植物源农药的企业产生。这些企业发展到90年代，经过企业改革、优化重组，全国农药企业减少到2 000余家，形成了农药工业的基本格局。又经过 20 余年的发展，目前农药企业有 2 100 余家，其中规模以上企业有 822 家（化学原药制造企业 680 家，生物化学农药及微生物农药制造企业 142 家）。

经过半个多世纪的发展，我国农药工业由小到大，已成为全世界农药生产大国和出口国。2016 年全国农药行业规模以上企业的资产累计已达到 2 469.25 亿元，主营业务收入 3 308.67 亿元，利润总额 245.87 亿元，总体运行状况良好。农药工业发展至今，不仅能为国内植物病虫草鼠危害防治提供各种有效药物，而且不同类型药物还有不少出口。2016 年我国有 137.25 万吨农药出口到 162 个国家和地区，出口金额达到 56.16 亿美元。

2. 农药产品生产与经营

2016 年全国共生产农药 377.80 万吨，产量微增、发展趋缓。表 17 - 4 是 2015—2016 年的农药产量及构成。

表 17 - 4　2015—2016 年全国农药产量及构成

单位：万吨、%

农药总计		2016 年产量	2015 年产量	同比增减
		377.80	375.00	0.70
其中	杀虫剂原药	50.70	51.80	−2.20
	杀菌剂原药	19.90	18.20	9.20
	除草剂原药	177.30	177.20	0.10

资料来源：国家统计局数据库。

按 2016 年全国农药登记，农药登记产品共有 35 604 个，登记有效成分 665 种，其中正式登记的有 34 236 个（其中原药登记 4 163 个），临时登记的有 869 个（其中原药登记 45 个），分装登记的有 499 个。在登记产品中，杀虫剂、杀菌剂、除草剂为主体，占总数的 89.70%。其中，杀虫剂共有 14 233 个（其中原药 1 308 个）、占登记总数的 40%，杀菌剂 9 121 个（其中原药 959 个），除草剂 8 584 个（其中原药 1 553 个）。登记的农药产品以低毒品种为主、有 26 520 个、占 74.50%，中等毒产品次之、有 5 840 个、占 16.40%，微毒产品再次之、有 2 767 个、占 7.80%，高毒及剧毒产品极少、仅占 1.40%。登记的农药产品剂型多样，乳油制剂产品有 9 414 个、占 30.00%，可湿性粉剂产品有 6 731 个、占 21.40%，另外的悬浮剂、水剂、水分散剂分别有 3 527 个、2 143 个、1 643 个，剂型十分齐全。在登记的农药中，数量居前十位的品种依次是阿维菌素（有 1 642 个、原药 31 个）、吡虫啉（有 1 290 个、原药 76 个）、高效氯氰菊酯（有 1 072 个、原药 31 个）、毒死蜱（有 1 064 个、原药 70 个）、辛硫磷（有 997 个、原药 17 个）、草甘膦（有 956 个、原药 158 个）、多菌灵（有 953 个、原药 21 个）、代森锰锌（有 877 个、原药 30 个）、高效氯氟氰菊酯（有 783 个、原药 43 个）、莠去津（有 766 个、原药 24 个），品种十分齐全。

我国生产的农药除供自己使用外，还有大量出口，供众多国家使用，当然我国也有农药少量进口，表 17-5 是 2011—2016 年我国农药进出口情况。

表 17-5　2011—2016 年全国农药进出口情况

单位：万吨、亿美元

年份	农药出口		农药进口	
	数量	金额	数量	金额
2011	140.88	61.99	4.39	5.21
2012	159.91	78.63	5.35	5.64
2013	162.19	85.23	6.22	6.98
2014	164.17	87.60	6.72	7.15
2015	150.95	72.83	5.76	6.78
2016	137.25	56.16	3.91	4.28

资料来源：农业部农药检定所。

2016 年我国农药出口 100 多个国家和地区，前十位的是美国（10.85 万吨、7.15 亿美元）、巴西（13.19 万吨、6.14 亿美元）、澳大利亚（11.37 万吨、3.78 亿美元）、阿根廷（7.01 万吨、2.74 亿美元）、印度（2.60 万吨、2.30 亿美元）、越南（6.01 万吨、2.21 亿美元）、印度尼西亚（6.32 万吨、2.11 亿美元）、泰国（8.72 万吨、1.90 亿美元）、俄罗斯（3.11 万吨、1.39 亿美元）、巴基斯坦（2.44 万吨、1.22 亿美元）。

3. 农药工业水平

新中国的农药工业在 20 世纪 50 年代白手起家，经过近 70 年艰苦努力，现在已经发展成为拥有 2 000 余家企业、积累了巨额资产、年主营业务收入 3 300 亿元以上、年利润近 250 亿元的大产业，每年生产杀虫、杀菌、除草三大类农药 35 000 余个品种、370 余万吨，不仅广泛用于国内大田作物、园艺作物、森林、草原的病虫草鼠防治及部分卫生防疫，还有 40%左右的产品出口到 100 多个国家和地区，满足他们对农药的需求。无论从农药生产的数量还是从农药生产的品种，抑或从农药供给的范围上评估，我国都是最大的农药生产国和供应国，在世界农药生产和供应中占有重要地位。

经过 20 世纪 80 年代至 90 年代农药企业的淘汰和优化重组，又经过其后的技术与设备更新，现有农药企业的生产设备及工艺技术先进成熟，生产的农药质量可靠、性能稳定、效果较好，受到国内外广大用户的肯定。但生产的众多农药品种中，低毒的只占 74.50%，而中毒的占有 16.40%，微毒的占有 7.80%，另外还有高毒及剧毒的占有 1.40%，低毒农药占比太低、有毒农药占比太高。农药有很大一部分用于粮油作物、蔬菜、水果生产的病虫草鼠害防治，有毒农药会对食物带来安全隐患。农药使用后会有部分留存于土壤、水体之中，有毒农药使用会污染土壤、水体（包括地下水）。因此，高毒及剧毒农药应当即刻取缔、禁止生产和禁止使用，中毒和微毒农药应尽早研发替代品、降低其毒性、用低毒农药替代。从用药安全的角度看，我国农药生产质量和安全性还有待提高。

我国虽是农药生产大国，但不是农药研发大国。几十年来，国内科技人员也研究开发出一些农药新产品，并投入生产和使用。可是从总的情况看，自主研发的产品还不多，国内生产的相当一部分农药产品都是仿制或授权生产，没有自主知识产权。一方面，我国在化学农药研究开发上还处在跟进阶段，在高效低毒农药开发上还未取得突破。另一方面，我国在微生物农药、植物源农药研究开发上具有资源优势，但优势还未充分发挥，虽已取得一些进展，但离形成产品并工厂化生产还有不小距离。增强研发能力，开发出更多拥有自主知识产权的高效、无毒、无（低）残留农药新产品，是我国农药工业艰巨而又不能回避的任务。

五、兽药工业基础

兽药是动物保护的重要物资，是防控动物疫病、确保动物产品安全、促进畜牧业和水产业稳定发展的利器。随着我国家畜、家禽、水产养殖规模的扩大，养殖集中度的提高，传统和新型疫病国内发生和境外传入的可能性增大，加之宠物饲养的增加，动物疫病便成为容易发生的自然灾害。动物疫病一旦发生，轻者导致少数动物死亡或动物产品质量下降，重者导致某些动物的灭顶之灾和某些养殖产业的毁灭性打击，恶者导致凶险疫病在动物与人之间传播流行，严重威胁人类健康及生命安全，禽流感发生的后果就是明证。对动物疫病进行有效防控，是养殖业发展的重要任务，也是维护公共卫生安全的部分内容，兽药便不可或缺。现代畜牧业、水产业的发展，离不开高效、无毒、无残留兽药的保护。我国是养殖业大国，对兽药的需求质量高、数量大，兽药工业是养殖业的基础工业，应当与养殖业发展相匹配。

1. 兽药工业发展

在新中国成立之后，兽药工业才起步发展。在 20 世纪 50 年代至 70 年代，我国畜牧业、水产业规模较小，且以农户分散养殖为主，对兽药需求量不大，使兽药工业发展缓慢，主要依靠数量有限的小型兽药厂生产一些简单药物。同时，民间兽医也使用中草药为畜禽防疫治病。在这一时期，兽药生产主要是疫苗、灭虫及灭菌药品，产量不高，使用范围也不广泛。很多动物疫病还不能有效防控，多在发生之后才被动应对。

进入 20 世纪 80 年代，随着养殖业的大发展，带动了兽药工业的兴起。在中央政府的指导下，各省、自治区、直辖市兴建一批规模较小的兽药厂，兽药产品由政府组织销售。进入 90 年代，养殖业规模的进一步扩大、工厂化养殖的兴起，对兽药的需求猛增，全国各地小兽药企业应运而生，加之国外动物保健品企业的进入，使兽药工业急剧膨胀。发展到 2004 年，全国兽药生产企业已有 3 000 余家，但生产的规模很小、技术和设备落后，加之管理不规范，导致部分企业为追求利润，不顾产品质量、降价促销、恶性竞争，对兽药产业发展造成损害。2006 年之后，随着 GMP 及 GSP 认证制度的实施、执业兽医师制度的推广，兽药行业进入门槛提高，使一大批不合格兽药企业退出市场。后经 10 年左右发展，2017 年全国共有兽药企业 1 644 家，其中生物制药企业 94 家，化学药品和中兽药企业 1 550 家。但目前的兽药企业仍以中小型为主，缺乏大型骨干企业支撑。据 2015 年统计，年度销售额前十的兽药企业在该年的销售总额才 7.54 亿元，排名前 50 位的中兽药企业平均每个年销售额只有 0.21 亿元，排名前 100 位的中兽药企业平均每个年销售额只有 0.07 亿元，可见规模之小。

经过数十年的起伏，特别是经过 21 世纪之初的整顿、规范、淘汰、重组，到 2017 年已形成有 1 644 家企业、2 124.42 亿元资产、年生产总值 522.45 亿元、销售额 473.11 亿元的兽药产业。94 家生物兽药企业完成生产总值 144.74 亿元、销售额 133.64 亿元、毛利 84.32 亿元，形成资产总额 420.73 亿元、固定资产 104.78 亿元，从业人员达 2.18 万人。1 550 家化学药品和中兽药企业完成生产总值 377.71 亿元、销售额 339.47 亿元、毛利 82.59 亿元，形成资产总额 1 703.69 亿元、固定资产 574.77 亿元，从业人员达 14.93 万人。兽药工业为我国养殖业疫病防控提供了药物保障，有力支撑了养殖业的发展。

2. 兽药产品生产

至 2017 年底，全国兽用生物制品注册产品共有 366 个，其中用于禽类的产品占 44.00%、用于猪类的产品占 30.00%、用于羊类的产品占 15.00%，属于预防类的产品占 73.00%、属于诊断类的产品占 23.00%、属于治疗类的产品占 4.00%。至 2018 年 7 月，兽药生产企业有效批准文号 81 832 个，比 2017 年 7 月少 8 706 个，其中化学药及中兽药 79 913 个、比 2017 年 7 月减少 8 799 个，生物制品 1 919 个、比 2017 年 7 月增加 93 个。目前，我国有关部门批准生产的生物制品有 539 种，但实际生产的只有 220 多种，还不到一半，在生产的产品中以诊断制品和灭活疫苗为主，抗血清类制品产量低，不能满足需求。

按 2015 年的统计，全国兽药销售额 413.57 亿元，其中化学制剂 169.41 亿元、占 40.96%，生物制品 107.08 亿元、占 25.89%，原料药 94.82 亿元、占 22.93%，中兽药 42.26 亿元、占 10.22%。在 169.41 亿元的化学兽药中，抗微生物药 120.67 亿元、占比高达 71.23%，抗寄生虫药 19.68 亿元、占比 11.62%，其他种类化学制剂较少。在 107.08 亿元的生物制品中，活疫苗 34.69 亿元、占比 32.40%，灭活疫苗 65.71 亿元、占比 61.37%。在使用上，猪用占比 46.81%（50.12 亿元）、家禽用占比 32.62%（34.93 亿元）、牛羊用占比 18.35%（19.65 亿元）、其他用途占比 2.22%（2.38 亿元）。中兽药占比虽然不高，但用途越来越广，尤其是无（低）残留中兽药越来越受到重视。

2017 年我国兽药企业虽多达 1 644 家，但大型企业只有 200 余家，上市企业 30 家左右，分布在 30 个省、自治区、直辖市。兽药企业规模都不大，所谓的 200 家大型企业，年平均产值也只有 2 亿元左右，大量的小型兽药企业，年平均产值仅有 0.3 亿元左右。整个兽药产业低水平重复建设严重，企业生产缺乏优势与特色，产品高度同质化，导致低端产品生产过度竞争，总体产能利用极低，处在 20%～40%的水平。在兽药品种中，以抗微生物药物和疫苗为主，品种不多且质量不高，难以完全满足国内养殖业的需要，对于一般的动物疫病还具有防控能力，但在大的疫病、传统疫病的变种、新型疫病面前，就显得无能为力。由于产品竞争力弱，兽药出口也很少，2016 年兽药出口销售额仅有 11.67 亿元，出口的主要是生物制品。

3. 兽药工业水平

我国兽药工业虽也从 20 世纪 50 年代起步发展，但起点很低。在 50 年代至 70 年代，主要依靠作坊式的小企业生产。直到改革开放后的 80 年代至 90 年代，兽药工业才进入快速发展期，至 21 世纪初才步入规范化、规模化发展时期，正逐步走上发展正轨。与农机、化肥、农药等涉农工业相比，兽药工业算是发展缓慢、规模较小、水平不高、实力不强的产业，对养殖业发展的保障作用还不强，还不能有效满足畜禽养殖业、水产养殖业发展的需要。

目前兽药生产企业虽有 1 600 余家，但主要是小型企业，少数大型企业其实也不大。这些企业经济实力不强，生产技术和生产设备相对落后，只能生产普通的兽药，很多已被批准生产的药品不能生产，特别是防控恶性疫病、变种及亚种疫病的药物、诊断类药物、高效无残留药物的生产能力很弱，以致造成低端药物过剩，而高端药品严重紧缺的局面。同时，一些兽药产品还缺乏质量标准，至 2018 年 8 月共计制定了 2 738 个兽药的标准（其中化学药 1 013 个，中药 1 217 个，生物制剂 508 个），还有不少兽药无生产标准，或只有生产企业标准，而收入 2015 年版《中国兽药典》的药物只有 1 634 种。没有严格的质量标准，造成部分兽药质量低劣。

我国少数高等院校和科研院所，有兽药研究机构和人员，一些大的兽药企业也有少数研究人员，经长期努力，也研究开发出一批兽药产品。据统计，1987 年以来共研制成功并获准生产和使用的新兽药 1 159 种，但由于研究力量投入不足，研究经费短缺，重大疫病防控、新型高效、低（无）残留兽药的研制没有突破，新型生产技术工艺的研发也没有重大进展，一些研究成果还与市场需求脱节，无法形成产品。为促进我国兽药工业发展和提高，高效新型兽药产品研究开发已成为紧迫任务，特别是疫苗产品新技术和新工艺（新型疫苗、抗原浓缩技术、病毒培养技术）、灭活疫苗及冻干保护剂和新型杀虫剂、中兽药新品种及制剂的研究，显得极其重要。

　　我国虽先后出台了兽药产业的相关法规，但现行规章制度已不能满足兽药产业发展要求，监管体系不健全、监管制度不完善还很普遍。在兽药行业，不规范生产和使用兽药广泛存在，伪造生产编号、假冒非法生产、地下窝点和不按行业标准生产屡禁不止。不法商贩销售劣质假药，养殖业主滥用兽药甚至违禁药物也时有发生。只有加强监管、严格执法，坚决打击违法行为，才能促使兽药工业发展走上正轨。

第十八章　中国农业发展的物质投入

农业发展离不开必要的物质投入，而现代农业发展更有赖于强有力物质投入的支撑。农业发展的物质投入有两种类型，一是多年使用的固定资产投入，二是当年使用的生产资料投入，前者如农用建筑、设施、设备、工具、器具等，后者如农业生产所需能源、肥料、饲料、药品等。这些物质投入的数量和质量，对农业发展的影响巨大。新中国成立以来，特别是改革以来，一方面随经济实力增强而逐步增大对农业的投入，另一方面随农用工业的发展也逐步增强了对农业投入的物质保障，使农业发展的物质投入有了很大改观。但因我国现代农业发展起步晚、难度大，对物质投入要求的类别多、数量大、质量高，目前的投入水平与需求相比还有很大差距。

一、农业固定资产投入

农业固定资产主要指农业装备类资产，如农用房屋、设施、设备、建筑物，以及农业机械、工具、器具等。这些固定资产有的是为农业生产提供基本条件（如灌溉设施、畜禽饲舍、鱼塘），有的是为改善农业生产条件（如温室、大棚），有的是为农业生产提供手段，其作用及功能重要而多样。农业固定资产的形成需要较大投入，但形成之后一般可使用多年，只不过在使用中会逐年折损。为减轻农业固定资产投资的压力以及便于逐年更新，往往采用分年投入又逐年折旧累积形成农业固定资产。21世纪以来，我国农业固定资产投入快速增加，投入水平也显著提高，但与农业现代化的要求相比，还显得不足。

1. 全社会农林牧渔业固定资产投入

全社会对农林牧渔业的固定资产投入，主要指设备、工具、器具购置，房屋及设施建筑与设备安装，以及其他投入三大部分。投入的主体有国有及集体企业、股份合作企业、联营公司、有限责任公司、股份有限公司、私营企业、个体户、其他企业、港澳台商、外商等，投入的资金有国家预算资金、国内贷款、外资、自筹资金、其他资金等。进入21世纪，国家对农业发展更为重视，不同主体从事农业生产经营积极性提高，全社会对农林牧渔业固定资产投入逐年增长。表18-1列示了2003—2016年各年以当年价计算的全社会农林牧渔业固定资产投入，以及按每年以原值10%折旧后的各年农林牧渔业固定资产总额。

表 18-1　2003—2016 年全社会农林牧渔业固定资产投入

单位：亿元

年份	农林牧渔业固定资产当年投入	农林牧渔业固定资产投入总额*	年份	农林牧渔业固定资产当年投入	农林牧渔业固定资产投入总额*
2003	1 652.3		2010	7 923.1	24 626.32
2004	1 890.7	3 378.31	2011	8 757.8	30 193.86
2005	2 323.7	5 347.17	2012	10 996.4	37 124.22
2006	2 749.9	7 510.40	2013	13 478.8	45 437.44
2007	3 403.5	10 052.24	2014	16 573.8	55 656.81
2008	5 064.5	13 914.73	2015	21 042.7	68 887.67
2009	6 894.9	19 101.17	2016	24 853.1	84 053.43

注：* 按前 1～9 年投入数以每年 10% 折旧后累积、再加上当年投入得出固定资产总额。

资料来源：《2017 中国统计年鉴》第 300 页表 10-6。

由表 18-1 可知，进入 21 世纪我国农林牧渔业固定资产投入快速增加，在 14 年间增加了 14 倍以上，投入的绝对量也由 21 世纪初的每年千余亿元，增加到现今每年的两万余亿元。随着每年投入数量的显著增加，农林牧渔业固定资产形成的规模也越来越大，2012 年便达到了 3.7 万亿元以上，2016 年更超过了 8.4 万亿元。这表明，我国农林牧渔业固定资产已达到了较大的规模，是一笔巨大的财富，应当充分利用，使其在农业发展中有效发挥作用。

2. 农村农户固定资产

农村农户是农业生产经营数量最多、分布最广的微观主体，直接承担农业发展固定资产投入的重任，其农业固定资产投入的意愿、数量、类型，对农业发展尤其是现代农业发展，具有重要而深远的影响。农户对农业固定资产投入的意愿，主要由这一投入的预期回报及风险决定，预期回报越高、可能的风险越小，对农业固定资产投入的意愿越高。农户对农业固定资产投入的数量和类型，则主要由生产经营的需要和经济实力所决定，生产经营急需而又有支付能力，对农业固定资产的投入就多，类型也较先进。改革开放后，农村农户收入逐年增加，经济实力相应增强，对固定资产的投入也逐年增多。表 18-2 列示了 1985—2016 年以当年价计算的农村农户固定资产投入及基本构成。

由表 18-2 可知，改革开放以来，农村农户对固定资产的投入逐步增加，由过去每年的数百亿元增加到现在的上万亿元。这些投资主要的投向是房屋建设，房屋建设投资又主要投向住宅建设，而投向非房屋建设的投资、投向非住宅房屋建设的投资都较小。若将农村农户房屋建设中的非住宅房屋视为农业生产用房，将农村农户非房屋建设投资视为农业生产性固定资产投入，则将这两项投资加在一起（表 18-2 中最后一列），便可将其粗略视为农村农户对农林牧渔业的固定资产投入。从计算的结果来看，农村农户虽固定资产总投入还不算少，但主要用于住宅建设，只有少部分用于农业生产性固定资产，造成农村农户对农林牧渔业固定资产的投入不足。这一状况既不适应农业发展的要求，也与农村农户作为农业主要生产经营微观主体的地位不相称。

表 18 - 2　1985—2016 年农村农户固定资产投入

单位：亿元

| 年份 | ①农户固定资产总投入 | 其中 | | | | ⑥农户农林牧渔业固定资产投入估计值 |
| | | ②房屋建设投入 | 其中 | | ⑤非房屋建设投入 | |
			③住宅投入	④其他房屋投入		
1985	478.4	350.1	313.2	36.9	128.3	165.2
1990	867.5	777.1	649.8	127.3	99.4	226.7
1995	2 007.9	1 709.4	1 349.9	359.5	298.5	658.0
2000	2 904.3	1 969.3	1 846.8	122.5	935.0	1 057.5
2005	3 940.6	2 190.6	2 083.1	107.5	1 750.0	1 857.5
2006	4 436.2	2 620.1	2 490.2	129.9	1 816.1	1 946.0
2007	5 123.3	3 228.3	3 022.0	206.3	1 895.0	2 101.3
2008	5 951.8	3 748.5	3 547.1	201.4	2 203.3	2 404.7
2009	7 434.5	5 029.9	4 743.3	286.6	2 404.6	2 691.2
2010	7 886.0	5 247.0	4 931.7	315.3	2 639.0	2 954.3
2011	9 089.1	5 983.7	5 636.0	347.7	3 105.4	3 363.1
2012	9 840.6	6 395.3	6 051.6	343.7	3 445.3	3 789.0
2013	10 546.7	7 244.6	6 735.9	513.7	3 297.1	3 810.8
2014	10 755.8	7 387.5	6 843.0	544.5	3 368.3	3 912.8
2015	10 409.8	7 157.1	6 709.6	447.5	3 252.7	3 700.2
2016	9 965.2	6 812.9	6 331.3	481.6	3 152.3	3 633.9

注：①＝②＋⑤，②＝③＋④，⑥＝④＋⑤。

资料来源：《2017 中国统计年鉴》第 333 页、表 10 - 23。

3. 农业固定资产投入水平

改革开放以来，特别是进入 21 世纪，无论是全社会农林牧渔业固定资产投入，或是农村农户农林牧渔业固定资产投入，都有巨大增加。前者由 2003 年的 1 652.3 亿元增加到 2016 年的 24 853.1 亿元，按当年价增加了 14 倍多。后者由 1985 年的 165.2 亿元增加到 2016 年的 3 633.9 亿元，按当年价增加了 21 倍多。由于逐年投入的增加，农林牧渔业固定资产总额亦快速增长，2013 年之后每年以超万亿元的速度递增。由此，使我国农业固定资产已达到相当规模，对农林牧渔业发展提供了基本支撑与保障，在提高农业现代化水平、增加农产品产出、降低农业生产成本、提高农业效益、抗御自然灾害等方面发挥了重大作用。

我国农业固定资产投入虽取得巨大进步，但从现代农业发展要求上看还存在不小差距，在总体水平上还不高。一是与我国农林牧渔业发展的巨大规模相比，固定资产的年投入数量及累积的总量都显得不足，还不能充分有效支撑农业发展。二是农业固定资产投资在地域和产业部门上分布极不均衡，平原地区的农业固定资产投资水平明显高于丘陵地区、更高于山区，种植业和畜牧业的固定资产投资水平明显高于林业，也高于渔业，种植业内部大宗作物生产的固定资产投资水平明显高于小宗作物生产。三是农业固定资产投资主要集中在传统领域，自动化及智能化固定资产偏少，现有投资多集中在普通农用房屋、设施及农机、工具、器具上，对节水、节能，适应复杂环境及工况、精细及精准作业、高稳定及高可靠的先进建筑、设施、机器、工具、设备等投资不足，对自动化及智能化设施、设备、机器的投入更显短少，造成农业固定资产的质量在总体上不高。

从我国农业固定资产投入来源上看，虽现有资料不能明确反映相关主体的投入数量和具体领域，但可以肯定的是投入主体趋于多元，政府财政投入占有较大比重，以农村农户为主的农业生产经营微观主体投入偏少。农业固定资产投入主体多元，一是政府为支撑农业发展对其固定资产进行投入、并随财力增强而加大投入力度；二是农村农户为改善生产条件、提高生产效率及效益，对其固定资产进行投入并随经济实力增强而增加；三是一些新的农业创业者和服务者为发展新型的现代农业，对农业固定资产进行投资，作为新增的投资主体，且投资能力较强。政府财政预算每年都列有农业基本建设、水利建设、林业建设、农机购置及应用补贴等专项科目，以支撑农业固定资产建设，并随国力增强逐年增大了投入，在总投入中占比超过了其他微观主体。农村农户是我国主要的农业生产经营主体，但受收入不高的限制，对固定资产投资能力弱，还未成为投资主力。农业固定资产投入来源的这一格局，不利于其良性循环，也不具有可持续性，应当逐步过渡到以农业生产经营微观主体（农户及业主）投入为主，以政府投入为辅的轨道上来。使农业生产经营微观主体（包括生产服务主体），承担起农业固定资产投资的主要责任，而政府应承担生产经营微观主体难以承担的投资任务。

二、农业机械投入

农业机械是现代农业发展的必备物质条件，其投入水平反映农业的装备水平，既决定农业现代化的程度，也决定对农业资源的利用能力，更决定农业生产的效率、成本及效益，在一定程度上甚至决定农产品的品质。农业机械、特别是现代化大中型农业机械投入，具有一次性投资额度大但可使用多年的特点，故某一主体或区域在某一时点农业机械的投入，是该时点及之前若干时期农机投入折旧后的总和。农业机械的种类多，其投入水平一般用农业机械动力类指标和农业机械设备类指标加以反映。

1. 全国农业机械投入

全国农业机械投入包括农林牧渔各业（不含渔用机动船）机械的总投入，反映全国农业机械投入的总体水平。由于某年全国农业机械投入总额是当年投入与过去数年投入折旧后的总和，故对某年全国农业机械投入还应从较长时段进行考察。表 18-3 和表 18-4 分别列示了 1980—2016 年代表年份年末已投入的农业机械动力及农业机械设备。

表 18-3　1980—2016 年代表年末农业机械总动力投入

单位：万千瓦、千瓦/公顷

年份	农业机械总动力	其中				单位面积耕地农机动力
		柴油发动机动力	汽油发动机动力	电动机动力	其他机械动力	
1980	14 746					
1985	20 913					
1990	28 708					
1995	36 118	24 176.3	3 433.9	8 443.7	64.2	2.78
2000	52 574	39 140.0	3 128.9	10 126.7	89.9	4.10
2005	68 398	53 889.3	2 603.5	11 794.1	111.0	5.60
2010	92 780	74 597.1	2 596.6	15 518.8	68.0	6.86
2015	111 728	89 783.8	3 669.8	18 189.3	85.0	8.28
2016	97 246	75 220.3	3 640.7	18 299.7	84.9	7.21

资料来源：《2017 中国农村统计年鉴》第 38 页表 3-4，第 39 页表 3-5；《2012 中国农村统计年鉴》第 37 页表 3-7；《2006 中国农村统计年鉴》第 37 页表 3-9。

表 18-4　1980—2016 年代表年末农业机械设备投入

单位：万台、万眼、万套

农业机械	1980	1985	1990	1995	2000	2005	2010	2015	2016
大中型拖拉机	74.5	85.2	81.4	67.2	97.5	139.6	392.2	607.3	645.4
小型拖拉机	187.4	382.4	698.1	864.6	1 264.4	1 526.9	1 785.8	1 703.0	1 671.6
大中型拖拉机农具	136.9	112.8	97.4	99.1	140.0	226.2	612.9	962.0	1 028.1
小型拖拉机农具	219.1	320.2	648.8	958.0	1 788.8	2 465.0		3 041.5	2 994.0
农用排灌电动机	258.3	321.6	430.8	535.2	741.3	921.5		1 303.0	1 313.9
农用排灌柴油机	289.9	286.5	411.1	491.2	688.1	809.9		939.9	940.8
联合收割机	2.7	3.5	3.9	7.5	26.3	48.0	99.2	173.9	190.2
机动脱粒机			493.3	605.9	876.2	926.2		1 061.8	1 063.8

（续）

农业机械	1980	1985	1990	1995	2000	2005	2010	2015	2016
电机井					435.8	476.3		483.2	487.2
节水灌溉类机械	27.1	26.8	39.3	58.6	91.9	111.3		222.9	226.0
农用水泵	456.6	519.5	723.9	903.5	1 392.5	1 719.4		2 249.2	2 241.3

资料来源：《2017 中国农村统计年鉴》第 38 页表 3-4，第 39 页表 3-5。

由表 18-3 及表 18-4 可看出，从 20 世纪 90 年代中期开始，无论是农业机械总动力投入，还是农业机械设备投入都进入快速增长期。经过 20 余年逐年的增加投入，到 2016 年末全国（不含港澳台）农机总动力已达到 9.724 6 亿千瓦的水平，公顷耕地平均农机动力也达到 7~8 千瓦的水平，主要农业机械设备也大幅度增加。在平原地区，农业机械的投入已能基本满足农业发展的需要，在山地、丘陵地区，农业机械化程度也有明显提高。

2. 各省、自治区、直辖市农业机械投入

我国地域广大，各地农业生产条件、产业构成及生产方式存在巨大差异，在农业生产过程中对农业机械的需求及使用也有很大不同。加之各省、自治区、直辖市在经济发展水平上也有很大差异，经济实力更有很大悬殊，在农业机械投入能力上自然有强弱之分。这诸多主客观因素综合作用的结果，导致各省级辖区在农业机械投入上的差别，出现区域间的不平衡。表 18-5 是 31 个省、自治区、直辖市 2016 年末的主要农业机械投入。

表 18-5 31 个省级辖区 2016 年末主要农业机械投入

单位：万千瓦、万台（套）

地区	农业机械总动力	大中型拖拉机	小型拖拉机	大中型拖拉机配套农具	农用排灌动力机械	联合收割机	节水灌溉类机械	农用水泵
北京	144.5	0.73	0.14	1.02	3.60	0.15	1.16	3.10
天津	470.0	1.54	0.28	3.22	10.07	0.58	0.27	8.58
河北	7 402.0	29.87	136.26	53.80	241.38	14.74	5.74	164.83
山西	1 744.3	13.81	35.79	27.17	17.05	3.67	1.58	15.18
内蒙古	3 331.3	76.74	38.21	124.16	40.38	3.28	7.40	39.30
辽宁	2 168.5	24.26	34.01	32.26	101.04	2.66	13.16	117.47
吉林	3 105.3	56.00	64.64	89.97	46.76	7.30	4.07	59.72
黑龙江	5 634.3	101.56	60.30	144.40	40.03	12.98	3.90	48.09
上海	122.3	0.77	0.30	2.13	1.36	0.27	0.82	1.36
江苏	4 906.6	17.99	81.86	33.71	61.05	16.96	7.52	67.61
浙江	2 136.7	1.40	11.86	2.23	90.51	1.81	2.90	82.43

（续）

地区	农业机械总动力	大中型拖拉机	小型拖拉机	大中型拖拉机配套农具	农用排灌动力机械	联合收割机	节水灌溉类机械	农用水泵
安徽	6 867.5	24.65	214.67	56.95	161.11	19.58	20.73	180.74
福建	1 269.1	0.48	9.82	0.59	17.34	0.91	2.30	19.67
江西	2 201.6	2.75	33.20	3.41	59.93	7.37	13.28	45.28
山东	9 797.6	57.18	190.93	107.94	305.20	29.11	52.35	291.58
河南	9 855.0	43.27	339.62	100.74	156.14	26.55	21.83	219.68
湖北	4 187.8	18.18	113.81	39.54	101.91	9.57	12.23	110.97
湖南	6 097.5	13.57	24.36	6.36	248.91	12.52	4.96	232.79
广东	2 390.5	3.00	32.96	4.57	82.95	2.68	13.82	81.65
广西	3 527.3	4.77	48.60	7.37	85.85	3.29	13.46	92.65
海南	516.6	4.19	5.78	1.71	24.83	0.82	0.82	16.29
重庆	1 318.7	0.50	0.84	0.34	23.63	1.00	0.18	101.46
四川	4 267.3	13.48	10.45	6.49	92.64	3.47	2.60	91.68
贵州	2 041.1	4.24	9.92	1.62	54.27	0.25	2.30	57.92
云南	3 440.6	32.13	37.18	6.52	37.91	0.81	3.35	32.38
西藏	635.1	12.23	14.40	13.03	0.88	0.41		0.56
陕西	2 171.9	11.82	21.81	21.27	40.11	4.27	4.46	33.90
甘肃	1 903.9	17.52	61.32	38.54	16.52	0.96	1.96	13.11
青海	458.6	1.78	25.86	1.84	0.29	0.25	0.12	0.21
宁夏	580.5	5.73	16.12	9.46	3.14	0.87	0.70	3.59
新疆	2 552.2	49.21	27.74	85.75	9.15	1.11	6.07	7.51

资料来源：《2017中国农村统计年鉴》第40～44页表3-6。

由表18-5可发现，华北、东北、华东、华中四大区域中，多数省级辖区农业机械投入水平较高，仅少数省级辖区农业机械投入水平较低。而华南、西南、西北三大区中，多数省级辖区农业机械投入水平不高，只有少数省级辖区农业机械投入水平较高。同时，各大区内不同省级辖区的农业机械投入水平也存在很大差异，表现出极大的不平衡。从不同省、自治区、直辖市农业生产规模考察看，有的省级辖区农业机械投入已达到了较高水平，而有的省级辖区农业机械投入水平还十分低下，存在巨大差距。

3. 农业机械投入水平

我国的农业机械投入，从20世纪50年代开始抓起，经过几十年的逐步积累，到20世纪90年代已有了一定基础。从20世纪90年代中期起，由于经济发展带来的投资能力增强，加之劳动力成本上升造成的刺激，农业机械投入步伐加快。在1995—

2016 年，农业机械总动力由 36 118 万千瓦增加到 97 246 万千瓦、增长了 1.69 倍，大中型拖拉机由 67.2 万台增加到 645.4 万台、增长了 8.60 倍，小型拖拉机由 864.6 万台增加到 1 671.6 万台、增长了 0.93 倍，大中型拖拉机农具由 99.1 万台增加到 1 028.1 万台、增长了 9.37 倍，联合收割机由 7.5 万台增加到 190.2 万台、增长了 24.35 倍，其他农业机械设备的投入在同期内也有大幅增长。在总体上，全国农业机械投入经这一时段的高速增长，达到了中等偏上的水平，2016 年机耕、机播、机收面积分别达到了播种面积的 72% 以上、52% 以上和 55% 以上。

由于农业生产的自然条件（地形、地貌、农地类型等）、产业构成及生产方式的不同，以及经济发展水平及农业投资能力的差异，不同省级辖区在某个特定时点所达到的农业机械投入水平也极不相同。若从农业机械总动力及主要农业机械设备综合考察，在 2016 年末，河北、内蒙古、辽宁、吉林、黑龙江、江苏、安徽、山东、河南、湖北、新疆等省级辖区农业机械投入水平较高，各大直辖市农业机械投入水平都不高，而浙江、福建、江西、广东、广西、海南、贵州、青海、宁夏等省级辖区农业机械投入水平很低，其余山西、湖南、四川、西藏、陕西、甘肃等省级辖区农业机械投入也较低。这些差异反映出我国农业机械投入在地域上的极大失衡，平原为主的区域、旱作为主的区域农业机械投入水平较高，山地为主的区域、南方稻作为主的区域农业机械投入水平很低，其他区域的农业机械投入水平则较低。

我国农业机械投入不仅在区域上失衡，而且在产业领域上也存在严重失衡。一是重视种植业农业机械的投入，而对林业、畜牧业、渔业机械投入长期忽视，导致林牧渔业机械投入不足。二是重视大田农业机械的投入，而对园地、温室、大棚农业机械的投入长期忽视，造成园地、温室、大棚农机的严重短缺。三是重视对大宗粮食生产农业机械投入，而对棉花、油料、蔬菜、水果、糖料等生产的农业机械投入严重忽视，造成这些农产品生产的机械化程度极低。四是重视对农业产品生产的农业机械投入，而忽视对农业废弃物处理及资源化利用的农业机械投入，造成农业面源污染治理滞后。农业机械投入在产业领域的失衡，导致不同农业部门和不同农产品生产的机械化进程差异巨大，反差强烈。

我国农业机械投入在结构上也存在不少问题，一是对常用的农业机械投入较多、对专用的农业机械投入不足；二是对普通的农业机械投入较多、对特殊工况下完成特殊作业的农业机械投入不足；三是对常规作业的农业机械投入较多，对精细化、精准化作业的农业机械投入不足；四是对低效能中小型农业机械投入较多、对高效能大型农业机械投入不足；五是对传统农业机械投入较多、对高功效及自动化和智能化现代农业机械投入不足，反映出农业机械投入在结构层次上不高。应当特别指出的是，我国农业机械投入过分看重现有生产条件，而不关注生产条件的可能改变，这可能导致对中小型农业机械的过多投入和对大型农业机械投入的忽视，而大型农业机械的效率要远高于中小型农业机械。

三、农村能源投入

农村能源包括农村居民生活用能源和农村生产用能源两部分，由于缺乏农村能源使用的分类与分项统计，农业用能难以单独计算。又因农业用能是农村能源投入的重要组成部分，故用"农村能源投入"替代"农业能源投入"进行分析。农村能源主要有电力、燃油（汽油、柴油）、天然气、生物质能（沼气、薪柴等），用在农业上的主要是电力和柴油。能源是农业发展的重要生产资料，为农业生产经营活动提供动力，农村能源的投入水平，在一定程度上决定农业现代化的水平。

1. 全国农村主要能源投入

投入农村的电力、燃油、天然气及生物质能四大能源中，用在生产上的主要是前两种，后两种主要用于生活。电力用于推动电动机械，燃油用于推动汽油和柴油发动机械，为各种农业生产经营活动提供动力源，特别是电力使用越来越广，柴油对农业机械不可或缺。改革开放前，全国电力和柴油十分短缺，投入农村的数量很少。改革开放后，随着国家电力及燃油生产能力的逐渐增强，对农村的电力及柴油投入也缓慢增加。进入 21 世纪后，因电力及燃油生产能力的进一步增强，以及农业和农村发展的需要，对农村电力及柴油的投入迅速增长。表 18 - 6 是 1980—2016 年代表年份农村的电力及柴油投入量。

表 18 - 6   1980—2016 年代表年末农村电力及柴油投入

年份	农村（乡村）办水电站			农村电力投入量（亿千瓦时）	农村柴油投入量（万吨）
	电站个数（个）	装机容量（万千瓦）	发电量（亿千瓦时）		
1980	80 319	304.1		320.8	
1985	55 754	380.2		508.9	
1990	52 387	428.8		844.5	
1995	40 699	519.5	134.1	1 655.7	1 087.8
2000	29 962	698.5	205.0	2 421.3	1 405.0
2005	26 726	1 099.2	348.4	4 375.7	1 902.7
2010	45 815	5 924.0		6 632.3	
2015	47 340	7 583.0	2 351.3	9 026.9	2 197.7
2016	47 529	7 791.1	2 682.2	9 238.3	2 117.1

资料来源：《2017 中国农村统计年鉴》第 46 页表 3-7，第 47 页表 3-8 及表 3-9。

由表 18 - 6 可知，我国农村水电站有一个从 20 世纪 80 年代初到 21 世纪初逐渐减少、再从 21 世纪初到近年逐渐增加的变动过程，但农村水电站的装机容量和发电量一直是增加的。农村电力投入在 20 世纪 80 年代初至 90 年代初增长缓慢，在 90 年代中之后投入加快，1995—2016 年农村电力投入由 1 655.7 亿千瓦时增加到 9 238.3 亿千瓦时、增长了 4.58 倍。农村柴油投入在 1995 年之后也有一定增加，但增速不如电力快，同期农村柴油投入由 1 087.8 万吨增加到 2 117.1 万吨，只增长了 0.95 倍。从表 18-6 还可发现，尽管农村办水电站的装机容量和发电量在逐年增加，但对农村电力的投入能力仍十分有限，仅占总投入的不足 30%。

2. 各省、自治区、直辖市农村主要能源投入

各省、自治区、直辖市在幅员、农村人口、农业类型及规模上差别巨大，经济发展水平各不相同，能源生产和供给能力也各不一样，对农村能源，特别是电力、燃油的投入水平自然相差很大。各省、自治区、直辖市对农村的年度燃油投入缺乏统计，但从年度的电力投入看，无论投入总量或是农村人口人均投入量，各省级辖区的投入水平差别悬殊，总的态势是经济越发达的区域农村电力投入量越大，而经济越不发达的地区农村电力投入量越少。表 18-7 是 2016 年全国 31 个省、自治区、直辖市的农村电力投入。

表 18-7　31 个省级辖区 2016 年农村电力投入

地区	农村（乡村）办水电站			农村电力投入量（亿千瓦时）	农村人均用电量〔千瓦时/(人·年)〕
	电站个数（个）	装机容量（万千瓦）	发电量（亿千瓦时）		
北京	72	4.3	0.24	54.7	1 866.7
天津	1	0.6	0.16	92.2	3 453.1
河北	250	39.6	4.82	600.8	1 717.2
山西	150	19.6	4.02	97.5	604.8
内蒙古	40	9.5	1.97	71.1	727.0
辽宁	188	44.4	8.88	489.8	3 429.9
吉林	261	58.6	18.88	51.1	424.7
黑龙江	85	35.8	8.74	77.5	500.0
上海				983.2	33 556.3
江苏	29	4.0	0.61	1 869.3	7 239.7
浙江	3 193	397.8	122.26	926.1	5 019.5
安徽	844	111.4	29.65	161.6	543.4
福建	6 554	740.6	351.23	384.4	2 726.2
江西	3 950	335.9	120.45	104.6	485.6
山东	129	9.0	0.06	488.8	1 199.2
河南	530	49.3	8.98	317.2	646.1

（续）

地区	农村（乡村）办水电站			农村电力投入量 （亿千瓦时）	农村人均用电量 [千瓦时/（人·年）]
	电站个数（个）	装机容量（万千瓦）	发电量（亿千瓦时）		
湖北	1 749	368.5	100.92	152.9	620.0
湖南	4 524	628.5	216.01	126.7	393.1
广东	9 837	754.9	290.14	1 334.8	3 939.8
广西	2 411	453.3	143.47	95.4	379.7
海南	341	43.7	11.40	13.9	351.0
重庆	1 548	254.7	72.80	78.7	690.3
四川	4 987	1 162.2	413.28	183.1	436.4
贵州	1 509	337.1	104.67	85.3	429.7
云南	1 970	1 175.8	407.81	95.3	363.3
西藏	372	36.5	8.51	1.2	51.4
陕西	690	144.9	34.28	118.7	697.0
甘肃	688	260.5	88.63	54.2	375.3
青海	250	108.3	41.63	5.9	205.5
宁夏	3	0.6	0.06	14.2	481.4
新疆	370	189.1	64.80	108.2	873.2

资料来源：《2017 中国农村统计年鉴》第 48 页表 3-10。

由表 18-7 可看出，2016 年全国 31 个省级辖区农村电力投入水平的差异很大，最高的上海农村年人均高达 33 556.3 千瓦时，最低的西藏农村年人均只有 51.4 千瓦时。农村电力投入似乎只跟经济总体发展水平有关，而与区域农业规模大小及农村人口关系不大。如京津沪、河北、江苏、浙江、福建、山东、广东等经济发达的省市，农村电力投入总量及人均量都较高。而其他经济发展落后的省区，农村电力投入的总量及人均量都较低，甚至很低，即使是黑龙江、吉林、内蒙古、河南、湖南、江西、四川等农业大省和自治区，农村电力投入也较低。

3. 农村能源投入水平

20 世纪 50 年代初至 90 年代初的 40 年内，农村能源投入虽也在逐年增长，但增长速度较为缓慢。后随国家能源生产能力的增强，20 世纪 90 年代至今的 20 余年中，农村能源投入增速加快。到 2016 年，全国 31 个省、自治区、直辖市的农村电力投入已达到 9 238.3 亿千瓦时、农村人均达到 1 571.3 千瓦时，柴油投入已达 2 117.1 万吨、农村人均达到 36.18 千克，在农业农村现有发展水平下，提供了标准不高但尚可基本满足的能源保障。农村能源投入虽取得重要进展，但在总体上仍处于较低水平，在区域上表现出极不平衡，在投向上并未突出农业。

我国种植业机械作业比重只达到 68% 左右，林牧渔业的农机化水平也不高，能源投入仅能基本满足这一农机化水平的能源需求，其投入水平显然是较低的。随着农林牧渔各业机械化水平的提高，对能源特别是电力和燃油的需求会越来越大，农业对能源投入的要求将有大幅增长，目前的投入远远不够。随着农村新型农业和非农产业的发展，对能源特别是对电力的需求也会急剧增加，目前的投入水平也不能满足需要。随着农村居民生活水平的提高，生活消费的电力、天然气等清洁能源迅速增长，目前的供给已不能满足需求。当前总的态势是，农村农业及非农产业发展和居民生活对能源需求增长迅速，但对农村能源投入相对滞后，仅能在低水平上维持基本供给。

我国农村能源投入不仅在总体水平上较低，而且在投入的区域上差异悬殊，极不平衡。2016 年 31 个省、自治区、直辖市农村电力投入 9 238.3 亿千瓦时，其中，江苏农村投入 1 869.3 亿千瓦时（占 20.23％），广东农村投入 1 334.8 亿千瓦时（占 14.44％）、上海农村投入 983.2 亿千瓦时（占 10.64％）、河北农村投入 600.8 亿千瓦时（占 6.50％）、辽宁农村投入 489.8 亿千瓦时（占 5.30％）、山东农村投入 488.8 亿千瓦时（占 5.29％），6 省市农村电力投入占全国的 62.40％，而其他 25 个省、自治区、直辖市农村电力投入只占全国的 37.60％，悬殊之巨大令人震惊。这表明，投入农村的电力集中在少数省级辖区，使其电力供给有了较好保障，而大多数省、自治区、直辖市农村电力投入不足，使其用电不能有效保障。

2016 年全国农村电力投入占比高的前 6 个省和直辖市，都是农村非农产业发达的省市，除山东外也是农业在国民经济中占比很小的省市。而农业大省的农村电力投入普遍偏低，黑龙江农村电力投入只有 77.5 亿千瓦时（占 0.83％），吉林农村电力投入只有 51.1 亿千瓦时（占 0.55％）、河南农村电力投入 317.2 亿千瓦时（占 3.43％）、湖南农村电力投入 126.7 亿千瓦时（占 1.37％）、四川农村电力投入 183.1 亿千瓦时（占 1.98％）、江西农村电力投入 104.6 亿千瓦时（占 1.13％），这 6 个农村非农产业不发达的农业大省，农村电力投入只占全国的 9.29％。由此可见，当前农村电力投入主要是投向非农产业而不是农业，农业发展所需的电力还应追加投入。

四、农业的肥料投入

肥料不仅是为植物提供养分的物料，也是保持和增进土壤肥力的物质，肥料为农作物提供足够营养使其增产，肥料提高土壤肥力使其产出率上升，使其成为农业的重要生产资料而不可或缺。肥料分有机肥和化肥两大类，有机肥是利用天然有机物生产的肥料，化肥是利用矿物以化学方法生产的肥料。在我国数千年的农业发展进程中，长期依靠有机肥为作物提供养分和改良土壤。直至 20 世纪 80 年代初，有机肥提供的养分还占主导地位，到 80 年代中期才让位于化肥。在此之后，化肥投入逐年增加，有机肥投入稳中有升，按有效成分折算，目前化肥投入占肥料总量的 70％左右，有机肥投入占肥料投入总量的 30％左右。

1. 农业的有机肥投入

在传统上，有机肥分为粪尿类、堆沤肥类、绿肥类、泥炭类、泥土类、饼肥类、城镇废弃物类、杂肥类等多种，这些肥料都是利用农业生产和居民生活废弃物或副产物生产制造的。我国有机肥生产的原材料来源众多，数量庞大，为有机肥生产创造了条件。近年全国每年出栏大牲畜 5 500 万头左右、出栏猪 68 000 万头左右、出栏羊 31 000 万只左右、出栏家禽 125 亿只左右、出栏兔 54 000 万只左右，产生的大量粪尿可用于生产有机肥料。近年全国每年生产粮食 62 000 万吨左右、油料 3 600 万吨左右、棉花 530 万吨左右、糖料 13 000 万吨左右、蔬菜 80 000 万吨左右、瓜果 10 300 万吨左右、水果 18 400 万吨左右，产生的大量秸秆、废弃物、副产物也可用于生产有机肥料。同时，全国城镇有近 8 亿人口，农村有近 6 亿人口，产生的粪便及废弃物同样可用于生产有机肥料。

我国生产有机肥的原材料虽然十分丰富，但要利用这些原材料生产出有机肥，并不是一件简单容易的事。一是人畜粪尿虽是有机肥重要原料，但若加工成商品肥会遇到收集、除臭、灭菌、干燥、加工、成形等众多经济和技术难题，若腐熟后直接利用又会遇到运输、施用、人工等实际困难。二是农作物秸秆虽量大且相对集中，但若加工成商品肥又会遇到养分含量低的问题，若直接还田用作肥料又不容易及时腐烂而影响耕作。三是蔬菜、水果等生产的废弃物及副产物虽也可用于生产有机肥，但因水分含量高、易腐烂、不容易加工处理，直接还田又会造成污染。鉴于上述原因，目前国内有机肥的投入主要有五种类型。一是农村居民及畜禽小规模养殖农户，将人畜粪尿腐熟后直接向农田施用。二是小型畜禽养殖场将畜禽粪尿腐熟后提供给周边农户使用，直接作为农作物肥料。三是大中型畜禽养殖场将畜禽粪尿加工成商品肥料，再投向种植业。四是结合农作物机收将秸秆粉碎后还田，改良土壤和增强肥力。五是将农业废弃物堆沤、发酵、降解，再作肥料使用。

近年由于点源污染治理和面源污染防治的加强，人畜粪尿禁止随便排放、作物秸秆禁止焚烧、农业废弃物禁止随便弃置，从而促进这些废弃物的资源化利用，主要是作有机肥料加以利用。加之绿色农产品生产的兴起，对有机肥的需求增加，也促进了有机肥的生产与使用。据估计，近年我国有机肥投入每年提供的养分（N、P_2O_5、K_2O）总量在 2 500 万吨左右，占肥料投入总量的 30％左右。若有机肥的生产工艺技术能得到较大改进和提高、生产成本能较大幅度降低，则有机肥的生产和使用还有很大提升空间。

2. 农业的化肥投入

我国农业的化肥投入，从 20 世纪 50 年代初的微乎其微，经 30 年到 70 年代末增加到 1 000 万吨，从 20 世纪 80 年代初至今近 40 年又增加到 6 000 万吨左右。2016 年全国化肥投入量（折纯量）达到 5 984.1 万吨，其中氮肥 2 310.5 万吨、磷肥 830.0 万吨、钾肥 636.9 万吨、复合肥 2 207.1 万吨。按 2016 年全国农作物种植面积（含水果和茶叶）计算，平均每公顷农作物投入化肥 327 千克，其中氮肥 126 千克、磷肥 45 千克、钾肥 35 千克、复合肥 121 千克。若按耕地面积（含果园、茶园）计算，2016 年全国平均每公顷耕地投入化肥 396 千克，其中氮肥 153 千克、磷肥 55 千克、钾肥 42 千克、复合肥 146 千克，化肥投入总量庞大，单位耕地面积投入也很多。

31 个省、自治区、直辖市的农业生产条件不同，种植业结构各异，经济发展水平参差，农业现代化水平各别，对农业的化肥投入也有不小差别，表现出不同的水平。表 18-8 是各省、自治区、直辖市 2016 年对农业的化肥投入。

表 18-8　31 个省级辖区 2016 年对农业的化肥投入

单位：万吨、千克/公顷

地区	化肥投入量	单位种植面积化肥投入量	地区	化肥投入量	单位种植面积化肥投入量
北京	9.7	475.00	湖北	328.0	381.00
天津	21.4	417.00	湖南	246.4	260.00
河北	331.8	338.00	广东	261.0	435.00
山西	117.1	287.00	广西	262.1	352.00
内蒙古	234.6	290.00	海南	50.6	514.00
辽宁	148.1	333.00	重庆	96.2	243.00
吉林	233.6	408.00	四川	249.0	232.00
黑龙江	252.8	228.00	贵州	103.7	163.00
上海	9.2	198.00	云南	235.6	290.00
江苏	312.5	394.00	西藏	5.9	226.00
浙江	84.5	302.00	陕西	233.1	449.00
安徽	327.0	356.00	甘肃	93.4	197.00
福建	123.8	396.00	青海	8.8	154.00
江西	142.0	233.00	宁夏	40.7	288.00
山东	456.5	391.00	新疆	250.2	364.00
河南	715.0	475.00			

注：种植面积包括农作物播种面积、水果种植面积、茶叶种植面积。

资料来源：《2017 中国农村统计年鉴》第 50 页表 3-11，第 144 页表 7-4。

由表 18-8 可知，各省级辖区对农业的化肥投入高低悬殊很大，最高的海南省每公顷种植面积投入 514 千克，而最低的青海省每公顷种植面积投入只有 154 千克，还不到前者的 1/3。同时，2/3 以上的省级辖区对农业的化肥投入每公顷种植面积都超过了 300 千克，投入水平普遍较高。

3. 农业的肥料投入水平

我国对农业的肥料投入有两大部分，一是有机肥、二是化肥，只不过 20 世纪 80

年代以来，化肥投入增长远快于有机肥，使肥料投入由有机肥为主转变为以化肥为主。按估计，2016 年全国 31 个省、自治区、直辖市有机肥投入为 2 500 万吨左右，而同年统计的化肥投入为 5 984.1 万吨，该年投入的肥料总量便达到了 8 484.1 万吨。按种植面积每公顷投入了 509 千克（其中有机肥 150 千克、化肥 359 千克），按耕地面积每公顷投入了 628 千克（其中有机肥 185 千克、化肥 443 千克）。无论是投入总量上，还是在单位耕地面积投入上，对农业的肥料投入都已经太多了，尤其在化肥投入上多得更为惊人。只不过近年化肥投入稳中有降，2014 年投入量为 5 996.4 万吨，2015 年投入量为 6 022.6 万吨，2016 年为 5 984.1 万吨。

与国外对比，我国耕地面积比印度少 2 143 万公顷，比美国少 1 968 万公顷，比俄罗斯多 1 182 万公顷，但我国 2014 年的化肥投入是印度的 2.32 倍，是美国的 2.81 倍，是俄罗斯的 31 倍，由此可见，我国农业的化肥投入太多了。与世界对比，我国耕地面积只占世界耕地总面积的 7.50%，可在 2014 年化肥投入量竟占世界化肥投入总量的 30% 以上，单位耕地面积的化肥投入量已达到了世界平均水平的 3 倍以上，充分反映了我国农业对化肥的过量投入。在化肥类型上，我国多为单养分肥料，多元复合肥仅占 35% 左右，相较国外的 80% 左右相差很远。我国投入的高浓度化肥远低于一半，与国外的 60%～70% 差距很大。在投入化肥的质量上，我国总体上还处在较低水平。

从总体上看，我国农业的肥料投入在总量上已经太过庞大，在单位耕地面积上也远超其他国家，表现出明显的过量，尤其是化肥的投入更为明显。化肥的过量投入，不仅增加农业生产成本、浪费生产资源，而且造成耕地土壤破坏，氮磷大量流失，土壤和水体污染。应当在提高化肥质量，改进施用方法基础上，逐渐减少化肥的用量，并在提高有机肥生产和使用技术基础上，适当增加有机肥用量，通过肥料投入的调整和耕作方法的改进，依靠耕地肥力的提高增加农产品产出，从而摆脱农业增产靠大量化肥投入的恶性循环。应特别指出，增加有机肥用量，减少化肥用量，不仅有利于优化肥料投入结构，改善和提高土壤肥力，而且有利于农业废弃物的资源化利用和面源污染防治，可以一举多得，造福社会。

五、农业的药物、塑料薄膜投入

农业使用的药物有两大类，一类是用于栽培植物病虫草鼠害防治的农药，另一类是用于饲养动物疫病防治的兽药。无论是大田作物、园艺作物或是森林和牧草，都有发生病害、虫害、草害、鼠害的可能，这些灾害一旦发生和蔓延，就会造成损失，轻者减产重则绝收，需要对其严加防治，而农药就是防治这些灾害必不可少的物质。无论是家畜、家禽或是水产，都有发生疫病的可能，而在大规模集中养殖条件下，这种可能性会大为增加，一旦疫病发生，轻者造成局部损失，重者对养殖业造成重创，应予以高度重视和严密防控，而兽药就是防治疫病必不可少的物质。塑料薄膜广泛用于地表覆盖栽培和温室大棚建造，在大田作物、园艺作物、苗木等生产中发挥重要作用，也是不可或缺的物资。

1. 农业的农药投入

用于大田作物、园艺作物、林草植物病虫草鼠灾害防治的农药，主要有杀虫剂、杀菌剂、除草剂三大类，杀虫剂用于防治虫害、鼠害，杀菌剂用于防治病害，除草剂用于防治杂草危害。我国地域广大，自然环境和生态类型多样，农作物种类繁多、分布广泛，病虫草鼠危害较重，防治工作量大面广，使用的农药也较多。2016年，全国31个省、自治区、直辖市使用农药174.045 9万吨，若按当年耕地及果园和茶园面积计算，每公顷农地投入农药11.54千克，若按当年农作物播种面积和水果及茶叶种植面积计算，每公顷种植的农作物投入农药9.53千克，无论是总量投入，还是单位面积投入上，投入数量都已经很大甚至过量。各省、自治区、直辖市因自然气候、农业产业结构、经济发展水平的不同，对农业的农药投入也存在很大差异。表18-9是31个省级辖区2016年的农药投入。

表18-9　31个省级辖区2016年对农业的农药投入

单位：吨、千克/公顷

地区	农药投入量	单位种植面积农药投入量	地区	农药投入量	单位种植面积农药投入量
北京	3 031	14.85	湖北	117 401	13.64
天津	3 307	6.43	湖南	118 661	12.53
河北	81 691	8.33	广东	113 652	18.89
山西	30 550	6.91	广西	85 694	11.50
内蒙古	32 339	4.05	海南	34 028	34.54
辽宁	56 264	12.66	重庆	17 604	4.90
吉林	58 523	10.22	四川	58 038	5.41
黑龙江	82 474	6.62	贵州	13 677	2.15
上海	3 913	8.46	云南	58 601	7.22
江苏	76 184	9.62	西藏	1 091	4.17
浙江	49 482	17.68	陕西	13 190	2.32
安徽	105 704	11.49	甘肃	69 915	14.75
福建	55 387	17.74	青海	1 939	3.41
江西	92 188	15.21	宁夏	2 587	1.83
山东	148 640	12.75	新疆	27 596	4.02
河南	127 107	8.45			

资料来源：《2017中国农村统计年鉴》第53页表3-13，第144页表7-4，第190页表7-31，第193页表7-32。

由表 18-9 可看出，各省级辖区单位种植面积的农药投入差别巨大，最高的海南每公顷达到惊人的 34.54 千克，最低的宁夏每公顷只有 1.83 千克，全国有 15 个省、自治区、直辖市每公顷种植面积农药投入超过 9 千克，只有 5 个省、自治区每公顷种植面积农药投入少于 4 千克，大多数省级辖区单位种植面积农药投入量都过大。

我国农业对农药的投入不仅量大，其中一部分还是有毒有残留的。在 2011—2016 年登记的 35 604 个农药产品中，低毒产品占 74.5%、中毒产品占 16.4%、微毒产品占 7.7%、高毒产品占 1.4%，有毒农药占比不低。由于农药的大量使用，加之有些农药存在毒性和残留，造成部分耕地和水资源受到污染，部分农产品质量和安全性降低。

2. 养殖业的兽药投入

用于家畜、家禽、鱼虾贝类、宠物养殖疾病防控的兽药，主要有化学药物、生物制品、中兽药三大类，用于动物疫病的预防、诊断、治疗，其中生物制品用于预防的药物占 73% 左右、用于诊断的药物占 23% 左右、用于治疗的药物占 4% 左右。我国地域辽阔，自然气候与生态环境多样，养殖的家畜、家禽、水产品种类繁多、动物疫病本来就多，加之陆地边界长，人流物流量大，域外疫病传入多，疫病防控任务很重，使用的兽药多。2015 年，全国兽药使用金额 401.90 亿元，其中化学制剂 169.41 亿元、生物制品 95.41 亿元、中兽药 42.26 亿元。2017 年，全国兽药使用金额 458.11 亿元，其中化学药和中兽药 339.47 亿元，生物制品 118.64 亿元，比 2015 年有所增加。

在我国的兽药投入中，化学药物中的抗微生物药占 71% 左右、抗寄生虫药占 12% 左右，生物制品中的活疫苗占 32% 左右、灭活疫苗占 62%。2015 年所使用的疫苗猪占 46.81%，家禽占 32.62%，牛羊占 18.35%，其他占 2.22%。2017 年所使用的生物制品中，猪类产品占 30% 左右，禽类产品占 44% 左右，牛羊类产品占 15% 左右。由此可见，我国使用的兽药在化学药物中以抗菌药为主、抗虫药为辅、其他类型药很少，在生物制品中以疫苗为主、其他类型极少，在生物制品中用于生猪和家禽疫病防控为主，用于牛羊等其他动物疫病防控上较少。

从总体上看，我国畜牧业和水产业发展投入的兽药在金额上不算少，但对动物疫病防控的效果还不够理想，有待进一步提高。一方面，我国兽药研发水平还不高，有效防预、诊断、治疗畜禽、水产重大疫病及新型疫病的兽药产品，研究开发还没有突破，新型高效兽药、中兽药还很缺乏。另一方面，我国兽药生产的技术和设备还较落后，生产的兽药产品质量还不高，使用效果还不理想，再一方面，我国兽药生产和使用监管制度不完善，监管措施不能有效落实，导致部分兽药非法生产和使用，局部地区假药流行，造成不良后果。

3. 农业的塑料薄膜投入

各种类型的塑料薄膜广泛用于大棚建造、地表覆盖、保温保湿、产品包装等领域，在农林牧渔各产业部门都有广泛应用，是农业发展的重要生产资料。无论是寒冷的北方，还是温暖的南方，无论是山地、丘陵，还是平原，在很多农业生产活动中都有塑料薄膜的使用。2016 年，全国农用塑料薄膜的使用量已达到 260.260 9 万吨，使用量很大。

各省、自治区、直辖市在农业发展中都普遍使用塑料薄膜，但因自然气候、产业结构、生产方式、经济规模各不相同，在塑料薄膜用量上差异巨大。表 18-10 是 31 个省级辖区 2016 年的塑料薄膜投入量。

表 18-10　31 个省级辖区 2016 年农用塑料薄膜投入量

单位：万吨、万公顷

地区	农用塑料薄膜用量	其中地膜使用量	地膜覆盖面积	地区	农用塑料薄膜用量	其中地膜使用量	地膜覆盖面积
北京	0.986 7	0.260 5	1.344 0	湖北	6.730 6	3.801 8	40.593 0
天津	1.164 4	0.394 2	5.374 0	湖南	8.467 9	5.663 0	72.620 4
河北	13.843 4	6.512 3	106.531 2	广东	4.550 5	2.616 6	13.464 2
山西	4.892 2	3.264 1	58.790 4	广西	4.844 5	3.695 3	56.670 2
内蒙古	9.563 1	7.352 7	127.954 4	海南	2.670 4	1.505 7	4.617 4
辽宁	13.727 3	3.811 4	32.490 3	重庆	4.526 5	2.452 0	25.529 2
吉林	5.956 5	2.842 3	17.966 8	四川	13.238 4	9.219 1	100.775 7
黑龙江	8.257 5	3.253 6	30.668 6	贵州	5.105 3	3.075 8	31.243 4
上海	1.706 2	0.453 6	1.815 2	云南	11.592 6	9.230 2	104.641 4
江苏	11.394 1	4.548 1	61.051 3	西藏	0.178 4	0.151 0	0.500 3
浙江	6.730 0	2.908 2	15.796 2	陕西	4.371 7	2.231 3	43.753 0
安徽	9.696 6	4.272 8	42.889 7	甘肃	19.509 2	12.695 4	137.274 8
福建	6.242 4	3.154 7	13.988 0	青海	0.794 4	0.641 0	7.298 1
江西	5.275 7	3.272 4	13.226 0	宁夏	1.513 7	1.152 1	19.630 5
山东	29.796 1	12.101 4	209.168 9	新疆	26.619 3	22.870 3	340.524 7
河南	16.314 9	7.608 1	101.929 0				

资料来源：《2017 中国农村统计年鉴》第 52 页表 3-12。

由表 18-10 可知，各省、自治区、直辖市农业都投入了塑料薄膜。农用塑料薄膜使用量居前三位的是山东、新疆、甘肃，居后三位的是西藏、青海、北京。地膜使用量居前三位的是新疆、甘肃、山东，居后三位的是西藏、北京、青海。地膜覆盖面积居前三位的是新疆、山东、甘肃，居后三位的是西藏、北京、上海。这表明，各地农业发展都需要塑料薄膜投入，而新疆、甘肃、山东三省区依赖性更强。

<<< ······ 第七篇

中国农业发展的结构与布局

第十九章 中国农业发展的
产业结构变迁

在很长时期内，我国将农业分为农业（种植业）、林业、牧业、副业、渔业五大产业，后因农村非农产业的大发展，将副业并入相关非农产业，不再包含在农业之内，使农业由原来的五业变成了现在的农林牧渔四业。农业的发展既表现为规模的扩大、质量的提升、效率和效益的增长，还表现为内部各业结构的优化和层次的提高。农业的发展必然带来内部结构的变迁，而内部结构的变迁又会影响农业的发展。20世纪50年代以来，我国农业发展不断促进内部结构的调整和演进，使其更加适应资源环境和市场需求的变化，而内部结构的优化调整，又有力地推进了农业的进一步发展。

一、农业产业结构变动

20世纪50年代初，我国农业不仅发展水平低、规模小，而且以种植业为主导，林牧渔业十分微小，农业产业结构是以低水平种植业独大为特征的畸形状态。经过近70年的发展，特别是改革开放近40年的发展，我国农业无论在总体上，或是在构成各业上都取得了巨大进展，发生了翻天覆地的变化。在农业产业规模大为扩张、产品产量大幅增长、发展水平显著提高的同时，其产业结构也发生了很大变动。种植业在发展中保持绝对量增长但相对比重下降，而林牧渔业在发展中既保持了绝对量增长也赢得了相对比重提高，从而在很大程度上扭转了产业发展水平低下及种植业独大的局面，使农业产业结构发生了巨大变化。

1. 全国农业产业结构变动

农业产业结构指农业内部各业（农林牧渔）的构成，这一构成可以用实物指标（如各产业的产品、各产业占用的资源、各产业消耗的物资及劳力等）反映，也可以用价值指标（如产业的产值、产业的增加值等）反映，农林牧渔四大产业无论在占用的资源上、消耗的物资上，或是产出的产品上都有极大的差异，相互之间难有可比性，不便用实物指标反映各业构成。但农林牧渔各业提供的产品及服务，都可参照市场价格折算出产值，或计算出增加值等，而这些价值指标具有可比性，方便用于反映各业构成。同时，农业产业结构的变动是一个渐进的过程，为反映这一过程，便需要对一个较长时段进行考察。表 19-1 是全国 1952—2016 年代表年份农业产值及构成，反映了这一历史时期农业发展及结构的变动。

表 19-1　全国 1952—2016 年代表年份农业产值及构成（当年价计算）

年份	农业总产值（亿元）	农业产值		林业产值		牧业产值		渔业产值	
		产值（亿元）	占比（%）	产值（亿元）	占比（%）	产值（亿元）	占比（%）	产值（亿元）	占比（%）
1952	461.0	396.0	85.9	7.3	1.6	51.7	11.2	6.1	1.3
1957	537.0	443.9	82.7	17.5	3.3	65.4	12.2	10.2	1.9
1965	833.0	684.3	82.2	22.3	2.7	111.5	13.4	14.8	1.8
1978	1 397.0	1 117.5	80.0	48.1	3.4	209.3	15.0	22.1	1.6
1985	3 619.5	2 506.4	69.2	188.7	5.2	798.3	22.1	126.1	3.5
1990	7 662.1	4 954.3	64.7	330.3	4.3	1 967.0	25.7	410.6	5.4
1995	20 340.9	11 884.6	58.4	709.9	3.5	6 045.0	29.7	1 701.3	8.4
2000	24 915.8	13 873.6	55.7	936.5	3.8	7 393.1	29.7	2 712.6	10.9
2005	39 450.9	19 613.4	49.7	1 425.5	3.6	13 310.8	33.7	4 016.1	10.2
2010	69 319.8	36 941.1	53.3	2 595.5	3.7	20 825.7	30.0	6 422.4	9.3
2015	107 056.4	57 635.8	53.6	4 436.4	4.2	29 780.4	27.8	10 880.6	10.1
2016	112 091.3	59 287.8	52.9	4 631.6	4.1	31 703.2	28.3	11 602.9	10.4

资料来源：相关各年《中国农业统计资料》，中国农业出版社；相关各年《中国农村统计年鉴》，中国统计出版社。

由表 19-1 可看出，在 1952—2016 年，农业总产值及农林牧渔各业产值都有巨大增长，规模也变得极为巨大。但在发展过程中，农林牧渔四业的增长速度不同，总的是渔业快于林业、林业快于牧业、牧业快于农业，使农林牧渔各业在动态增长中，在农业总产值中的占比发生重大变化，分别由 1952 年的 85.9%、1.6%、11.2%、1.3%，变为 2016 年的 52.9%、4.1%、28.3%、10.4%，农业（种植业）占比下降了 33 个百分点，林牧渔业占比分别提高 2.5 个、17.1 个、9.1 个百分点。农业产业结构改变了种植业主导的局面，林牧渔业地位明显得到加强，各业均衡发展态势初步形成。这一变动过程在 1978 年之后更为明显，改革开放后在推动种植业发展的同时，更加大了原本落后的林牧渔业的发展，使农业产业结构在快速发展中得到调整。

2. 各省、自治区、直辖市的农业产业结构

20 世纪 50 年代以来，特别是改革开放以来，不仅使全国农业规模发展大扩、产量大涨、质量大升，也使其结构显著改善。在这一发展历程中，各省、自治区、直辖市也都在各自努力下，促进了农业的大发展和结构的大调整，其变动趋势具有明显的一致性。但由于各省级辖区农业发展的资源状况、自然条件、社会经济环境不同,农业发展在产业选择、规模控制、速度把握上各有区别。经过几十年的发展、演进、积累,在农业发展的水平、层次、结构等诸方面出现了不同的结果,反映出不同省级辖区在农业发展上的差异性。表 19-2 是 31 个省级辖区 2016 年农业产值及构成。

表 19-2 31 个省级辖区 2016 年农业产值及构成

单位:亿元、%

地区	农业总产值	农业产值		林业产值		牧业产值		渔业产值	
		产值	占比	产值	占比	产值	占比	产值	占比
全国	112 091.3	59 287.8	52.9	4 631.6	4.1	31 703.2	28.3	11 602.1	10.4
北京	338.1	145.2	42.9	52.2	15.4	122.7	36.2	9.2	2.7
天津	494.4	244.3	49.4	8.4	1.7	140.9	28.3	89.0	18.0
河北	6 083.9	3 459.4	56.8	132.3	2.1	1 939.2	31.8	211.0	3.4
山西	1 534.0	958.1	62.4	100.3	6.7	376.2	24.5	9.9	0.6
内蒙古	2 794.2	1 415.1	50.6	98.6	3.5	1 202.9	43.5	33.0	1.2
辽宁	4 421.8	1 859.5	42.5	143.7	3.2	1 575.7	35.6	639.6	14.4
吉林	2 724.9	1 232.0	45.2	107.2	3.9	1 252.8	45.9	43.0	1.5
黑龙江	5 197.8	2 873.9	55.3	219.9	4.2	1 854.8	35.7	129.2	2.5
上海	285.1	148.5	52.1	13.2	4.6	62.6	21.9	50.2	17.6
江苏	7 235.1	3 714.6	51.3	129.3	1.7	1 331.5	17.0	1 621.9	22.4
浙江	3 146.1	1 521.2	48.3	158.1	5.0	434.3	13.8	962.0	30.5
安徽	4 655.5	2 234.1	47.9	291.1	6.2	1 375.7	29.5	513.2	11.2
福建	4 155.7	1 782.0	42.8	315.1	7.5	681.7	16.4	1 235.5	29.7
江西	3 130.3	1 446.9	46.2	324.6	10.3	788.6	25.2	458.9	14.6
山东	9 325.9	4 641.3	49.7	147.5	1.6	2 540.8	27.2	1 485.6	15.9
河南	7 799.7	4 577.2	58.7	121.3	1.5	2 611.0	33.4	128.3	1.6
湖北	6 278.4	2 921.3	46.5	203.4	3.2	1 715.2	27.5	1 030.0	16.4
湖南	6 081.9	3 255.1	53.5	321.6	5.2	1 762.7	28.9	396.7	6.5
广东	6 078.4	3 134.4	51.5	314.7	5.7	1 221.8	20.1	1 195.6	19.6
广西	4 591.4	2 347.9	51.1	323.5	7.0	1 266.4	27.6	464.2	10.1
海南	1 470.4	695.6	47.3	100.0	6.7	267.1	18.1	353.8	24.0
重庆	1 968.3	1 151.8	58.5	73.4	3.7	627.4	31.9	85.3	3.7
四川	6 831.1	3 711.0	54.3	219.1	3.2	2 551.7	37.3	223.9	3.2
贵州	3 097.2	1 888.6	61.0	195.0	6.3	797.2	25.7	68.7	2.2
云南	3 633.1	1 943.6	53.5	330.4	9.1	1 141.8	31.4	94.2	2.6
西藏	173.0	52.2	30.0	2.4	1.3	113.8	65.3	0.2	0.1
陕西	2 985.8	2 027.6	67.9	85.5	2.8	695.9	23.3	26.2	0.9

（续）

地区	农业总产值	农业产值		林业产值		牧业产值		渔业产值	
		产值	占比	产值	占比	产值	占比	产值	占比
甘肃	1 778.0	1 274.7	70.1	30.8	1.7	299.7	16.8	2.2	0.1
青海	338.8	155.5	45.9	8.3	2.4	165.7	48.8	3.3	0.9
宁夏	493.6	311.9	63.2	10.1	2.0	131.7	26.6	17.0	3.4
新疆	2 969.7	2 163.1	72.8	50.3	1.6	653.2	22.0	22.2	0.6

资料来源：《2017中国农村统计年鉴》第105～106页表6-15。

由表19-2可看出，经过数十年努力发展到2016年，31个省、自治区、直辖市的农业，在总体上和构成各业上都达到了很大规模，在产业结构上也形成了各自的特色。从总的情况看，多数省级辖区种植业产值占比在50%左右、高于70%或低于40%的很少，林业产值占比在3%～6%的省级辖区较多、高于10%或低于2%的很少，牧业产值占比在30%左右的省级辖区较多、高于40%或低于20%的很少，省级辖区渔业产值占比高低悬殊很大、占比高于15%的有9个省和直辖市、占比低于1%的有6个省和自治区。在省际间比较，种植业产值占比低于50%而牧业产值占比高于30%的省有4个，种植业产值占比高于60%而牧业产值占比低于30%的省、自治区有6个，林业产值占比高于10%的省、直辖市有2个，牧业产值占比高于40%的省、自治区有4个，渔业产值占比高于15%的省、直辖市有9个，表明各省、自治区、直辖市的农业产业结构，已初步形成了自己的某些特色。

3. 农业产业结构变动趋向

经过长期艰苦努力，我国农业在发展壮大的同时，产业结构也不断调整优化。一方面种植业经有效发展，满足人们对植物产品需求后趋向稳定，在农业中的产值占比逐步下降。另一方面，随着经济社会发展，人民生活水平提高，对畜产品、水产品需求大幅增加，拉动畜牧业和渔业大发展，使其在农业中的产值比重逐步上升。再一方面，随着生态环保意识的增强，人们对林业产品和服务需求的增加，推动了林业发展，使其在农业中的产值占比有所上升。反映在全国1952—2016年的农业总产值构成上，种植业产值占比由85.9%降为52.9%，林业产值占比由1.6%上升为4.1%，畜牧业产值占比由11.2%上升到28.3%，渔业产值占比由1.3%上升为10.4%，总体上表现为各业在发展壮大中种植业占比下降、林牧渔业占比上升，各业发展的协调性增强，农业发展由种植业独大到种植业、牧业、渔业共同支撑的格局正在形成。农业产业结构变动的这一趋势还在向前发展，种植业在发展中占比还有下降的余地，而林牧渔业在发展中占比还有上升的空间。

在农业产业结构变动总趋势引导下，各省、自治区、直辖市主动或被动接受农业产业结构调整，经过数十年，特别是改革开放近40年发展，农业产业结构已出现众多积极变化。各省级辖区种植业产值占比已显著下降，而林牧渔业产值比重已明显上升，种植业产值占比低于 50% 的有 13 个省、自治区、直辖市，而林业产值占比超过 5% 的有 12 个省、直辖市，牧业产值占比高于 30% 的有 12 个省、自治区、直辖市，渔业产值占比高于 10% 的有 13 个省、直辖市。部分省级辖区已形成种植业和畜牧业两大支柱或种植业、畜牧业、渔业三大支柱，有 6 个省、自治区、直辖市畜牧业产值占比与种植业接近，有 11 个省市的畜牧业和渔业产值占比与种植业接近。当然也还存在很多不足，还有少数省区仍以种植业为主导而畜牧业不发达，大多数省级辖区林业发展滞后而对农业支撑作用小，大多数省、自治区、直辖市畜牧业发展不充分而只有少数的状况较好，水域条件好的省、直辖市渔业发展参差不齐。鉴于此，农业产业结构还应进一步调整，对于一般的省级辖区，种植业产值占比应当保持在 50% 以内，林业产值占比应当保持在 5% 以上，畜牧业产值占比应当保持在 30% 以上，有条件的省级辖区渔业产值占比应保持在 15% 以上，以达到当前农业发展较好省级辖区已经实现的水平。

当前的农业产业结构调整，在促进种植业发展的同时，加快林业和畜牧业更加充分的发展，使种植业产值占比下降，林业及畜牧业产值占比上升，进一步改变农业以种植业为主导和林牧业发展不足的格局，形成农林牧渔各业协同发展的新局面。在促进农业产业结构较为协调的省、自治区、直辖市进一步优化的同时，加快农业产业结构矛盾突出省、自治区、直辖市进行调整，重点是推进这类省级辖区林牧渔业发展，特别是畜牧业的发展，促进种植业与林业、畜牧业、渔业发展的协调与平衡，使农业产业结构得到改善。

二、种植业结构变动

我国农业长期以种植业为主导，在习惯上将种植业作为农业的代表，将其称为"农业"，农林牧渔四业中的"农"就是指种植业。我国种植业不仅历史悠久、类型多样，而且长期在农业中占据支配地位，在 20 世纪 90 年代中期之前产值占比都在 60% 以上，直至目前其产值占比仍在 50% 以上。种植业由谷物及其他作物种植业、蔬菜及园艺作物种植业、水果坚果及饮料作物种植业、中药材种植业等所构成，长期以谷物及其他作物种植业为主导。20 世纪 90 年代之后，四大种植业在发展中逐步调整了结构，以谷物及其他作物种植业一业独大的局面有了一定改变。

1. 全国种植业结构变动

种植业是由谷物及其他作物（粮食、棉麻、油料、糖料、烟草等）种植业、蔬菜及园艺作物（蔬菜、食用菌、花卉等）种植业、水果坚果及饮料作物（各种水果、坚果、茶叶等）种植业、中药材（木本及草本药材）种植业及其他种植业所构成。由于其中的谷物及其他作物种植业为人们提供基本的生活品，故在很长历史时期内一直占据种植业主体地位。改革开放后，农业得到快速发展，粮棉油等基本农产品大幅增加，满足了人们的基本需求。随着人们生活水平的提高，对蔬菜、水果等其他种植业产品需求增加，促进了其他几种种植业的发展，并改善了种植业的结构。表 19 - 3 是1952—2016 年代表年份全国种植业产值及构成，用以反映种植业发展的规模与结构。

表 19 - 3　全国 1952—2016 年代表年份种植业产值及构成（当年价计算）

年份	种植业总产值（亿元）	谷物及其他作物种植业		蔬菜及园艺作物种植业		水果坚果及饮料作物种植业		中药材种植业	
		产值（亿元）	占比（%）	产值（亿元）	占比（%）	产值（亿元）	占比（%）	产值（亿元）	占比（%）
1952	396.00								
1957	443.90								
1965	684.30								
1978	1 117.50	949.47	84.96						
1985	2 506.40	1 930.44	77.02	245.13	9.78	104.23	4.16		
1990	4 954.30								
1995	11 884.60	5 306.40	44.65						
2000	13 873.60	7 335.60	52.87						
2005	19 613.40	10 984.10	56.00	6 031.60	30.75	2 298.00	11.72	299.80	1.53
2010	36 941.10	17 721.00	47.97	13 053.00	35.33	5 507.00	14.91	660.00	1.79
2015	57 635.80	22 253.70	38.61	22 741.80	39.46	11 153.50	19.35	1 542.20	2.68
2016	59 287.80	21 790.30	36.70	24 340.00	41.10	8 900.4	15.00	1 659.4	2.70

资料来源：相关各年《中国农业统计年鉴》，中国农业出版社。

由表 19 - 3 可知，改革开放初期，全国种植业仍以谷物及其他作物种植业为主，产值占比高达 84.96%，其他种植业产值占比很低。随着种植业的发展，谷物及其他作物种植业产值占比大幅下降，而另外三大种植业产值占比则大幅上升。谷物及其他作物种植业在产值大幅增加情况下，其产值占比逐渐下降，由 1985 年的 77.02% 降到 2005 年的 56.00%，再降至 2015 年的 38.61% 和 2016 年的 36.70%，并退出主导地位。蔬菜及园艺作物种植业产值及产值占比均大幅提升，其产值占比由 1985 年的9.78% 上升到 2005 年的 30.75%，再上升到 2015 年的 39.46% 和 2016 年的 41.10%，跃居种植业中的第一大产业。水果坚果及饮料作物种植业随产值大幅增长，其产值占比也由 1985 年的 4.16% 上升到 2005 年的 11.72%，再上升到 2015 年的 19.35% 和2016 年的 15.00%。经过 1978 年以来近 40 年的发展，种植业结构发生了天翻地覆的变化。

2. 各省、自治区、直辖市的种植业结构

经过改革开放前后数十年艰苦努力，种植业不仅在全国得到巨大发展，结构发生重大变化，而且在各省、自治区、直辖市的发展变化也十分显著。但由于各省级辖区地理区位、自然资源、气候条件、经济社会环境不同，种植业的产业类型、生产方式存在很大差异，在发展速度、规模及结构变动上各具特点、互不雷同。表 19-4 是各省、自治区、直辖市 2016 年种植业的产值及构成，用以反映各省级辖区种植业发展的规模与结构。

表 19-4　31 个省级辖区 2016 年种植业产值及构成

单位：亿元、%

地区	种植业总产值	谷物及其他作物种植业		蔬菜及园艺作物种植业		水果坚果及饮料作物种植业		中药材种植业	
		产值	占比	产值	占比	产值	占比	产值	占比
全国	59 287.8	21 790.3	36.7	24 340.0	41.1	8 900.4	15.0	1 659.4	2.7
北京	145.2	12.4	8.5	79.2	54.5	45.0	30.9	2.2	1.5
天津	244.3	45.0	18.4	161.9	66.2	36.8	15.1	0.0	0.0
河北	3 459.4	969.1	28.0	1 779.4	51.4	552.3	15.9	78.5	2.2
山西	958.1	321.7	33.5	299.0	31.2	239.1	24.9	48.4	5.1
内蒙古	1 415.1	996.7	70.4	304.9	21.5	64.2	4.5	46.0	3.2
辽宁	1 859.5	443.7	23.8	1 076.6	57.9	274.9	14.7	11.9	0.6
吉林	1 232.0	827.4	67.1	283.1	23.0	65.7	5.3	20.5	1.6
黑龙江	2 873.9	1 746.8	60.8	810.0	28.1	263.4	9.1	8.1	0.3
上海	148.5	32.3	21.7	85.8	57.7	30.1	20.2	0.2	0.0
江苏	3 714.6	1 295.3	34.8	2 021.1	54.4	328.5	8.8	15.7	0.4
浙江	1 521.2	292.1	19.2	756.2	49.6	228.0	15.0	58.3	3.8
安徽	2 234.1	1 184.5	53.0	692.5	30.0	234.8	10.5	50.3	2.2
福建	1 782.0	335.7	18.8	870.1	48.8	290.6	18.2	55.5	3.1
江西	1 446.9	734.3	50.7	455.8	31.5	222.3	15.3	17.6	1.2
山东	4 641.3	1 692.9	36.4	1 827.6	39.3	981.2	21.1	57.6	1.2
河南	4 577.2	1 862.5	40.7	1 698.5	37.1	659.7	14.4	98.1	2.1
湖北	2 921.3	1 007.5	34.4	1 428.3	48.8	255.4	8.7	59.4	2.0
湖南	3 255.1	1 049.3	32.2	1 661.6	51.7	293.4	9.0	137.3	4.2
广东	3 134.4	812.0	25.9	1 521.9	48.5	703.1	22.4	52.6	1.6
广西	2 347.9	971.2	41.3	782.6	33.3	467.6	19.9	55.6	2.2
海南	695.6	113.7	16.6	305.4	43.8	182.6	26.2	15.3	2.2

（续）

地区	种植业总产值	谷物及其他作物种植业		蔬菜及园艺作物种植业		水果坚果及饮料作物种植业		中药材种植业	
		产值	占比	产值	占比	产值	占比	产值	占比
重庆	1 151.8	362.5	31.4	514.2	44.6	155.4	13.5	81.1	7.4
四川	3 711.0	1 287.4	34.6	1 551.7	41.8	607.9	16.3	75.5	2.0
贵州	1 888.6	440.9	23.2	1 054.6	55.8	91.4	4.8	152.4	8.0
云南	1 943.6	795.5	40.9	516.3	26.5	142.8	7.3	185.6	9.4
西藏	52.2	35.7	68.2	13.0	24.8	0.8	1.5	2.1	4.0
陕西	2 027.6	449.7	22.1	617.8	30.4	770.8	38.0	71.0	3.5
甘肃	1 274.7	452.0	35.4	404.7	31.7	233.4	18.3	129.2	10.1
青海	155.5	67.4	43.3	43.8	28.1	4.8	3.1	38.9	25.0
宁夏	311.9	113.9	36.7	103.6	33.2	61.1	19.5	32.6	10.4
新疆	2 163.1	1 039.2	48.0	618.5	28.6	413.1	19.1	1.6	0.7

资料来源：《2017 中国农村统计年鉴》第 107～111 页，表 6-16。

由表 19-4 可知，虽各省、自治区、直辖市 2016 年各种植业面积占比仍是谷物及其他作物种植业最大、蔬菜及园艺作物种植业次之、水果坚果及饮料作物种植业再次之、中药材种植业最小，但产值占比却发生了重大改变。谷物及其他作物种植业产值占比超过 50% 的省、自治区只有 6 个，不足 30% 的省、直辖市有 11 个。蔬菜及园艺作物种植业产值占比超过 50% 的省、直辖市有 8 个，不足 30% 的省、自治区有 7 个，产值占比超过谷物及其他作物种植业的省、直辖市有 17 个。水果坚果及饮料作物种植业产值占比超过 20% 的省、直辖市有 7 个，不足 10% 的省、自治区有 10 个。药材种植业产值占比超过 5% 的省、自治区、直辖市有 7 个。除个别省区外，谷物及其他作物种植业为主导的产值结构已经被打破，蔬菜及园艺作物种植业地位凸显，种植业结构有了根本性改善。

3. 种植业结构变动趋向

种植业是农业的大头，其发展速度、规模、结构备受关注。经过改革开放前后 70 多年发展，种植业在发展壮大的同时，其结构也发生了深刻的变化。一方面，谷物及其他作物种植业的有效发展，使其在满足人们对粮棉油等基本农产品需求后趋于稳定，在农业中的用地及产值占比逐渐下降。另一方面，由于经济社会发展带来的人民收入增加和生活水平提高，对蔬菜、水果、茶叶等农产品的需求增加，极大促进了蔬菜及园艺作物种植业、水果坚果及饮料作物种植业的快速发展，在农业中的用地及产值占比显著上升。再一方面，人们对卫生保健的重视及对中医药信任度的增加，拉动了中药材种植业的发展，在农业中的用地及产值占比也有所上升。反映在 1978—

2016年的用地构成上，谷物及其他作物种植业面积增加11.02%，但在种植业中的面积占比由96.1%下降到79.4%；蔬菜及园艺作物种植业面积增加6.48倍，在种植业中的面积占比由2.1%上升到11.9%；水果坚果及饮料种植业面积增加4.87倍，在种植业中的面积占比由1.8%上升到7.5%；中药材种植业面积增加了10余倍，在种植业中的面积占比由微不足道上升到1.2%。2016年种植业的产值结构更表现为蔬菜及园艺作物种植业占41.1%，谷物及其他作物种植业占36.7%，水果坚果及饮料种植业占15.0%，中药材种植业占2.7%的格局。表明粮棉油等传统种植业进入稳定发展期，而果蔬茶等种植业处在扩张期。

各省、自治区、直辖市经过长期努力，种植业在发展中结构亦发生了巨大变化，总体趋势与全国保持一致，不过各地也有自身特点。有5个粮食主产省、自治区及西藏的谷物及其他作物种植业产值占比超过50%，有8个蔬菜主产省、直辖市蔬菜及园艺作物种植业产值占比超过50%，有7个水果主产省、直辖市的水果坚果及饮料作物种植业产值占比超过20%，有7个药材主产省、自治区中药材种植业产值占比超过5%。当然，谷物及其他作物种植业产值占比低于30%的也有10个省、直辖市，蔬菜及园艺作物种植业产值占比低于30%（没有低于20%）的有7个省、自治区，水果坚果及饮料作物种植业产值占比低于15%的有14个省级辖区，中药材种植业产值占比低于3%的省级辖区有18个。这表明有的省级辖区在农业产业结构调整中已有所突破，而有的省级辖区在农业产业结构调整中还未突出优势与特色。

对于种植业结构的变动，有三个方面应当认真对待并准确把握。一是谷物及其他作物种植业为人们提供重要而基本的生活资料，在种植业发展中应始终保持适当的速度与规模，还应大力改善内部品种结构，提升质量层次，以满足市场需要，特别是突破豆类和油料生产与供给不足的问题。二是蔬菜及园艺作物种植业面积和产量都已经很大，不宜再行扩大规模，应在优化品种结构、提高品质和安全性、供给可靠性上下功夫。三是水果坚果及饮料作物种植业面积和产量也已经不小，同样不宜再行扩大规模，更应防止盲目发展，同样需要在优化品种结构、提高产品质量、增强产品特色上下功夫。另外，中药材种植业应严格按市场需求发展，以销定产，以地道药材生产为主，严禁盲目扩张。

三、林业结构变动

林业虽在农业中的产值占比不高，但始终是农业的重要组成部分，发挥重大而特殊的作用。一是因其面积巨大、分布广泛而成为一个大产业，二是因其提供丰富多样的产品和服务变得不可或缺，三是因其强大而不可替代的生态环保功能而重要性凸显。林业可按不同标准进行分类并研究其结构，从生产环节或领域上判识，可将林业概略性分为林木培育和种植业、竹木采运业、林产品生产业三大类。改革开放前竹木采运业是林业的主体，很多林区靠伐木为生。改革开放后严格限制竹木采伐，大力发展林木培育和种植业、林产品生产业，使林业结构发生了较大变化。

1. 全国林业结构变动

林业由林木培育和种植业（造林和营林）、竹木采运业（竹材及木材采伐及运输）、林产品（树脂、树胶、木本油料、干果、木本药材、林特产品等）生产业所组成。改革开放前，由于经济社会发展对木材需求旺盛，加之林区还有木材可伐，竹木采伐业成为林业的重点，加之对林区经济发展的投资不足，林木培育和种植业、林产品生产业发展滞后。改革开放后，由于森林资源日渐减少，很多林区已无木可伐，加之林业发展急需寻求新的思路，于是林业发展逐渐由竹木采运转向林木培育和种植及林产品生产，使林业产业结构发生重要变动。表 19-5 是全国 1952—2016 年代表年份的林业产值及构成，反映了这一时期我国林业结构的总体变动。

表 19-5　全国 1952—2016 年代表年份林业产值及构成（当年价计算）

年份	林业产值（亿元）	其中					
		林木培育及种植业		竹木采运业		林产品生产业	
		产值（亿元）	占比（%）	产值（亿元）	占比（%）	产值（亿元）	占比（%）
1952	7.3						
1957	17.5						
1965	22.3						
1978	48.1						
1985	188.7	82.85	43.91	64.03	33.93	41.82	22.16
1990	330.3	104.00	31.49	141.15	42.73	85.12	25.77
1995	709.9	193.25	27.22	259.44	36.55	257.24	36.24
2000	936.5	255.77	27.31	281.49	30.06	399.26	42.63
2005	1 425.5	388.80	27.21	502.80	35.27	534.00	37.46
2010	2 595.5	880.00	33.90	812.00	31.28	904.00	34.83
2015	4 436.4	1 871.60	42.19	1 141.30	25.73	1 423.40	32.08
2016	4 631.6	1 852.50	40.00	1 164.50	25.20	1 614.60	34.80

资料来源：相关各年《中国农业统计资料》，中国农业出版社；相关各年《中国农村统计年鉴》，中国统计出版社。

由表 19-5 可知，1952—1978 年，林业产值较少且增长缓慢。改革开放之后，林业产值进入快速增长期，由 1978 年的 48.1 亿元增加到 1985 年的 188.7 亿元、2005 年的 1 425.5 亿元、2016 年的 4 631.6 亿元。在 1978—2016 年，林业产值结构也发生了重大变化。其间的 1978—1990 年，因集体土地承包经营，农户追求即期收益，竹

木采运增加，林木培育和种植业产值占比下降，竹木采运业产值占比上升。1990 年
之后情况开始好转，林木培育和种植业产值占比由 1995 年的 27.22% 上升到 2016 年
的 40%，竹木采运业产值占比则由 1995 年的 36.55% 下降到 2016 年的 25.20%，而
林产品生产产值占比一直处于上升状态，由 1985 年的 22.16% 上升到 2016 年
的 34.80%。

2. 各省、自治区、直辖市的林业结构

与全国的情况相类似，各省、自治区、直辖市经过几十年努力，林业有了很大发
展，产业结构也发生了变化。由于各省级辖区的自然资源、气候条件、经济社会环境
各异，林业发展在产业及产品选择上、发展类型及方式上互有区别，导致在发展速
度、规模及结构变动上各具特色，互有差别。表 19-6 是各省级辖区 2016 年林业的
产值及构成，用以反映各省级辖区林业发展的规模与结构。

表 19-6　各省级辖区 2016 年林业产值及构成

单位：亿元、%

地区	林业产值	其中					
		林木培育及种植业		竹木采运业		林产品生产业	
		产值	占比	产值	占比	产值	占比
全国	4 631.6	1 852.5	40.0	1 164.5	25.2	1 614.6	34.8
北京	52.2	50.7	97.1	1.5	2.9	0.0	
天津	8.4	7.0	83.4	1.4	16.6		
河北	132.3	99.6	75.3	5.1	3.9	27.6	20.8
山西	100.3	99.2	98.9	0.9	0.9	0.2	0.2
内蒙古	98.6	88.8	90.0	4.9	5.0	4.9	5.0
辽宁	143.7	51.4	35.7	92.3	64.3		
吉林	107.2	46.6	43.5	17.6	16.4	43.0	40.1
黑龙江	219.9	66.4	30.2	2.3	1.1	151.2	68.7
上海	13.2	12.9	97.7	0.1	0.7	0.2	1.6
江苏	129.3	92.4	71.4	23.7	18.3	13.2	10.3
浙江	158.1	7.8	5.0	47.4	29.9	103.0	65.1
安徽	291.1	65.6	22.6	99.5	34.2	125.9	43.2
福建	315.1	31.6	10.1	142.2	45.1	141.3	44.8
江西	324.6	92.7	28.6	75.0	23.1	156.9	48.3
山东	147.5	60.7	41.1	29.5	20.1	57.2	38.8
河南	121.3	70.3	57.9	13.0	10.9	37.9	31.2
湖北	203.4	73.2	35.9	55.0	27.2	75.2	36.9

（续）

地区	林业产值	其中					
		林木培育及种植业		竹木采运业		林产品生产业	
		产值	占比	产值	占比	产值	占比
湖南	321.6	127.5	39.6	57.3	17.9	136.8	42.5
广东	314.7	38.7	12.4	100.5	31.9	175.5	55.7
广西	323.5	27.8	8.5	204.6	63.3	91.2	28.2
海南	100.0	38.0	38.0	11.1	11.1	50.9	50.9
重庆	73.4	66.2	90.2	6.2	8.4	1.1	1.4
四川	219.1	195.9	89.4	22.2	10.1	1.0	0.5
贵州	195.0	122.9	63.0	41.0	21.0	31.2	16.0
云南	330.4	68.6	20.7	102.8	31.2	159.0	48.1
西藏	2.4	1.4	58.3	1.0	41.7	0.0	
陕西	85.5	61.4	71.7	3.7	4.4	20.5	23.9
甘肃	30.8	23.0	74.6	0.5	1.7	7.3	23.7
青海	8.3	7.8	93.9	0.2	2.4	0.3	3.7
宁夏	10.1	7.9	78.2	0.3	3.0	1.9	18.8
新疆	50.3	48.6	96.6	1.5	3.0	0.2	0.4

资料来源：《2017 中国农村统计年鉴》第 112 页表 6-17。

从表 19-6 可知，经过几十年发展，各省、自治区、直辖市林业规模有了显著扩大，结构有了重大变化。总体上表现为产业有了很大发展，但产值远未达到应有水平，产业结构有了显著调整、但形态还未达到优化样貌。2016 年 31 个省级辖区，林业产值达到 300 亿元的只有 6 个，不到 50 亿元的也有 5 个，其中林木培育及种植业产值达到 100 亿元的只有 3 个、竹木采运业产值达到 100 亿元的只有 4 个、林产品生产业产值达到 100 亿元的只有 8 个，林木培育和种植业产值占比超过 50% 的有 17 个、竹木采运业产值占比超过 30% 的只有 7 个、林产品生产业产值占比超过 40% 的只有 10 个。这一方面表明各省、自治区、直辖市林业还未充分发展，特别是林业大省优势还未发挥，另一方面也表明多数省级辖区林业主要靠林木培育和种植业支撑，竹木材产出能力及林产品生产能力还很弱。

3. 林业结构变动趋向

在农林牧渔四大产业中，林业虽产值不大，产值占比也不高，但仍不失为农业的重要组成部分，在竹木材和林产品生产与供给、生物多样性维护、生态环境保护、国土绿化美化等方面，发挥着重大而不可替代的作用。改革开放之前，人们收入及生活水平低，为基本生活保障而奔忙，顾不上生态环境保护。加之经济发展需要大量竹木材，当时的林业主要是竹木采运，虽也有林业培育和种植、林产品生产，但规模不大，也未成为主体。改革开放的头十年，因农村集体土地承包增强农民自主权，加之经济发展对竹木材及林产品需求大增，刺激了竹木采运业和林产品生产的发展。1985—1990年，竹木采运业产值增加了120.44%，产值占比由33.93%上升到42.73%，林产品生产业产值增加了103.54%，产值占比也由22.16%上升到25.77%。1990年之后，随着人们收入和生活水平的提高，生态环保意识的增强，加之森林资源的匮乏，林木培育和种植业发展速度加快，竹木采运业发展速度放缓，林产品生产业保持持续增长。1990—2016年，林木培育和种植业产值增加了16.81倍、产值占比增加了8.51个百分点，而竹木采运业产值只增加了7.25倍、产值占比却减少了17.53个百分点，林产品生产业产值增加了17.97倍、产值占比亦增加9.03个百分点，产业结构趋向合理。

在全国林业适应新的形势、产业结构向有利于中长期发展的方向调整时，绝大多数省、自治区、直辖市也把林业发展的重点放在林木培育和种植业及林产品生产业上，只有极少数省、自治区的竹木采运业产值占比还未降下来。2016年林木培育和种植业产值占比大于等于90%的有7个省级辖区，产值占比在70%～90%的有7个省级辖区，产值占比在50%～70%的有2个省级辖区，产值占比在30%～50%的有7个省，产值占比在30%以下的也有7个省，产值占比最高的前三位是山西（98.90%）、上海（97.7%）、北京（97.1%），产值占比最低的后三位是浙江（5.0%）、福建（10.1%）、广东（12.4%）。竹木采运业产值占比超过40%的只有4个省级辖区，产值占比在10%以下的有12个省级辖区。其余省级辖区的产值占比都不高，产值占比最高的前三位是辽宁（64.3%）、广西（63.3%）、福建（45.1%），产值占比最低的三位是上海（0.7%）、山西（0.9%）、黑龙江（1.1%）。林产品生产业产值占比在40%以上的有10个省，产值占比在20%以下的有10个省级辖区，其他省级辖区产值占比多在30%左右。

应当指出的是，20世纪90年代以来，我国林业产业结构的调整和演变，带有典型的纠偏特征。2016年全国及各省、自治区、直辖市的林业产值结构，也是调整和演变的阶段性结果。所谓纠偏，指将林业发展以竹木采运为主转换到造林营林及林产品生产为主，将林业发展以经济功能为主转换到经济、社会、生态多功能协同。所谓阶段性成果，指现在的林业产值结构是近二三十年调整和演变的中间产物，因这一调整和演进过程还在进行，林业产值结构还会进一步变化，今后的林木培育和种植业、竹木采运业、林产品生产业发展会进一步协调。应当强调，重视林木培育和种植业及林产品生产业，不应当排斥竹木采运业发展，对于成熟林和过熟林就应当适时采伐与更新。如果不让采伐竹木，也不会有人植树造林，林业就难发展了，更不用说调结构。

四、畜牧业结构变动

畜牧业又简称牧业，是农业的重要组成部分。我国畜牧业发展历史久远，类型复杂多样，与种植业关系密切。但在以农耕为主体的农业体系中，牧业长期处于种植业的从属地位，直到改革开放初期其产值占比也只有 15% 左右。改革开放后，种植业的快速发展为畜牧业发展提供了饲料基础，人们收入和生活水平的提高又增加了对畜产品的需求，促进了畜牧业的持续发展。经过这些年的发展和积累，我国畜牧业在规模上发展壮大，在产业门类上渐趋齐全，在结构上变动显著。

1. 全国畜牧业结构变动

畜牧业分为牲畜（牛、羊、奶牛）养殖业、生猪养殖业、家禽（肉禽、蛋禽）养殖业、狩猎和捕猎业、其他畜牧业，以前三大产业为主。畜牧业的发展需要饲料作保证，由于我国在很长历史时期内粮食生产不足，没有充足饲料供畜牧业发展，使其发展速度和规模受到很大限制。直到改革开放之后，粮食生产有了巨大增长，畜牧业发展才有了饲料保障，加之人们对畜产品需求增加的拉动，才使畜牧业发展走上快速增长的轨道，并在规模扩大、产值增加的同时，使结构也得到一定程度的调整。表 19 - 7 是 1952—2016 年代表年份全国畜牧业的产值及构成，用以反映畜牧业的发展及结构的变动。

表 19 - 7　全国 1952—2016 年代表年份畜牧业产值及构成（当年价计算）

年份	畜牧业总产值（亿元）	牲畜养殖业		生猪养殖业		家禽养殖业		狩猎捕猎业		其他畜牧业	
		产值（亿元）	占比（%）	产值（亿元）	占比（%）	产值（亿元）	占比（%）	产值（亿元）	占比（%）	产值（亿元）	占比（%）
1952	51.7										
1957	65.4										
1965	111.5										
1978	209.3										
1985	789.3	90.35	11.32	419.31	52.53	83.05	10.40			43.41	5.44
1990	1 967.0	589.81	29.99	1 066.96	54.24	229.75	11.68	2.93	0.15	77.55	3.94
1995	6 045.0	1 765.79	29.21	3 239.46	53.59	855.70	14.65	7.66	0.13	176.39	2.92
2000	7 393.1	2 112.69	28.58	3 840.16	51.94	1 161.02	15.70	60.95	0.82	218.28	2.95
2005	13 310.8	2 636.80	19.81	6 443.50	48.41	3 728.30	28.01	11.20	0.08	491.00	3.69
2010	20 825.7	5 047.00	24.23	9 202.00	44.19	5 639.00	27.08	19.00	0.09	920.00	4.42
2015	29 780.4	8 056.70	27.05	12 859.70	43.18	7 395.50	24.83	61.70	0.21	1 406.90	4.72
2016	31 703.2	8 105.10	22.40	14 368.50	44.10	7 619.10	24.10	63.40	0.20	1 542.10	4.80

资料来源：相关各年《中国农村统计年鉴》，中国统计出版社；相关各年《中国农业统计资料》，中国农业出版社。

由表 19-7 可知，1952—1978 年，畜牧业发展缓慢、规模也不大，产值由 51.7 亿元增加到 209.3 亿元，只增长了 3 倍。改革开放后，畜牧业迅速发展，总产值由 1978 年的 209.3 亿元增加到 1995 年的 6 045.0 亿元、2005 年的 13 310.8 亿元、2016 年的 31 703.2 亿元。在数量增长的同时，畜牧业产值结构也发生了重大变化，由过去的生猪养殖占半壁河山，改变为生猪养殖、牲畜养殖、家禽养殖三足鼎立。在 1985—2016 年，牲畜养殖业产值占比波动起伏，由 11.32% 上升到 22.40%，生猪养殖业产值占比缓慢下降，由 52.53% 降至 44.10%，家禽养殖业产值占比波动起伏，由 10.40% 上升到 24.10%，狩猎业产值占比很少，在 0.1%～0.2% 之间变动，其他畜牧业产值占比也不大，表现出先降后升，在 3%～5.5% 之间波动。

2. 各省、自治区、直辖市的畜牧业结构

经过改革开放前的积累，主要是改革开放后的努力，畜牧业无论是在全国或是在各省、自治区、直辖市都得到了巨大发展，产业规模急剧扩大，产品产量迅速增加，结构大幅调整，变化极为显著。但就不同省级辖区，因地理区位、资源禀赋、自然气候、生态环境、经济发展水平不同，畜牧业的产业类型、发展速度及规模、结构状况也相互区别，而各具特色。具体表现在产业规模上大小悬殊，在产业类别上各有侧重，在结构比例上各有特点。表 19-8 是各省、自治区、直辖市 2016 年畜牧业产值及构成，用以反映各省级辖区畜牧业发展的规模与结构。

表 19-8　各省级辖区 2016 年畜牧业产值及构成

单位：亿元、%

地区	畜牧业总产值	牲畜养殖业		生猪养殖业		家禽养殖业		狩猎捕猎业		其他畜牧业	
		产值	占比	产值	占比	产值	占比	产值	占比	产值	占比
全国	31 703.2	8 105.1	22.4	14 368.5	44.1	7 619.1	24.1	63.4	0.2	1 542.1	4.8
北京	122.7	31.9	26.0	54.3	44.2	33.9	27.6			2.6	2.2
天津	140.9	45.8	32.6	70.6	50.1	24.0	17.0			0.4	0.3
河北	1 939.2	589.4	30.4	686.6	35.4	461.3	23.7			201.9	10.5
山西	376.2	135.8	33.4	141.5	37.8	93.0	24.7	0.0		5.9	4.1
内蒙古	1 202.9	918.5	76.3	177.5	14.7	103.5	8.6			3.5	0.4
辽宁	1 575.7	553.3	35.1	519.2	33.0	497.6	31.6	0.6	0.0	5.0	0.3
吉林	1 252.8	442.5	35.4	453.4	36.2	339.9	27.1			17.0	1.3
黑龙江	1 854.8	849.9	45.8	524.6	28.2	319.2	17.2			161.1	8.8
上海	62.6	15.1	24.1	36.5	58.3	10.6	16.9			0.5	0.7
江苏	1 331.5	97.0	7.2	593.1	44.5	480.3	36.2	1.6	0.2	159.5	11.9
浙江	434.3	26.6	6.1	293.7	67.6	72.9	16.8	2.4	0.6	38.8	8.9
安徽	1 375.7	198.7	14.4	736.5	53.6	372.1	27.0	5.2	0.4	62.6	4.6

（续）

地区	畜牧业总产值	牲畜养殖业		生猪养殖业		家禽养殖业		狩猎捕猎业		其他畜牧业	
		产值	占比	产值	占比	产值	占比	产值	占比	产值	占比
福建	681.7	63.3	9.3	351.5	51.6	236.2	34.6	3.7	0.6	27.0	3.9
江西	788.6	67.0	8.5	411.0	52.1	285.9	36.3	3.0	0.4	21.7	2.7
山东	2 540.8	495.2	19.5	1 016.4	40.0	795.1	31.3	1.9	0.1	232.2	9.1
河南	2 611.3	857.3	32.8	1 242.6	47.6	447.6	17.1	2.3	0.1	61.6	2.4
湖北	1 715.2	309.4	18.1	1 050.5	61.3	347.3	20.2	0.2	0.0	7.8	0.4
湖南	1 762.7	113.7	6.4	1 206.1	68.4	361.8	20.5	8.1	0.5	73.0	4.2
广东	1 221.8	42.0	3.5	690.9	56.6	389.5	31.8	3.9	0.3	95.4	7.8
广西	1 266.4	92.6	7.7	663.6	52.4	349.7	27.6			156.1	12.3
海南	267.1	37.4	14.0	133.0	49.8	91.1	34.1	1.1	0.4	4.5	1.7
重庆	627.4	57.1	9.1	339.8	54.2	200.3	31.8			30.2	4.9
四川	2 551.7	341.4	13.4	1 262.9	49.5	837.0	32.8			110.4	4.3
贵州	797.2	210.3	26.4	463.0	58.2	121.0	15.2	0.1	0.0	2.0	0.2
云南	1 141.8	271.4	23.8	695.0	60.9	153.5	13.4	0.0		21.9	1.9
西藏	113.8	75.4	66.2	37.2	32.7	1.3	1.1			0.0	0.0
陕西	695.9	260.1	37.4	300.6	43.2	105.4	15.1	0.3	0.0	29.5	4.3
甘肃	299.7	178.4	59.5	100.7	33.5	18.4	6.2			2.2	0.6
青海	165.7	140.1	84.6	20.1	12.2	4.9	2.9	0.1	0.0	0.5	0.3
宁夏	131.7	103.3	78.4	16.1	12.7	10.6	8.1	0.0		1.0	0.8
新疆	653.2	485.3	74.3	78.7	12.3	54.2	8.2	28.8	4.4	6.2	0.8

资料来源：《2017中国农村统计年鉴》第113～114页表6-18。

由表19-8可知，各省、自治区、直辖市2016年的畜牧业产业构成较为齐全，产值也达到了较大规模，只是在产业结构上差异较大。有14个省、自治区、直辖市的牲畜饲养业产值比高于30%，有9个省、直辖市家禽饲养业产值占比高于30%，有6个省、自治区其他畜牧业产值占比高于5%，只有13个省级辖区生猪饲养业产值占比高于50%，表明多数省级辖区畜牧业已摆脱了生猪养殖为主导的旧有格局，走上了多业协同发展的道路。但目前还有13个省级辖区的牲畜饲养业产值占比不足20%，有5个省级辖区的生猪养殖业产值占比不足30%，有14个省级辖区的家禽饲养业的产值占比不足20%，表明某些畜牧产业在部分省级辖区还未充分发展，这些区域的畜牧业结构还应进一步调整。

3. 畜牧业结构变动趋向

畜牧业是农业中的第二大产业，在农业中占有重要地位。改革开放前，人们温饱还未完全解决，更没有充足的粮食发展畜牧业，在1952—1978年的20多年间，畜牧业发展十分缓慢。改革开放后，一方面种植业快速发展，粮食、油料等农产品大幅增长，为畜牧业发展提供了饲料基础，另一方面居民收入和生活水平提高，增加了对肉奶蛋等畜产品的需求，特别是对牛羊肉、牛奶、禽蛋的需求。在饲料保障和需求拉动下，畜牧业产值由 1985 年的 798.3 亿元增加到 2016 年的 31 703.2 亿元，增长了 30余倍。在快速增长的同时，畜牧业产值结构也发生了重大变化。1985 年至 2016 年，牲畜养殖业、生猪养殖业、家禽养殖业、狩猎捕猎业、其他畜牧业五业的产值比例，由 1985 年的 0.113 2：0.525 3：0.104 0：0.000 0：0.054 0，演变为 1995 年的 0.292 1：0.533 9：0.146 5：0.001 3：0.029 2、2005 年的 0.198 1：0.484 1：0.280 1：0.000 8：0.036 9 及 2016 年的 0.224 0：0.441 0：0.241 0：0.002 0：0.048 0，生猪养殖业产值占比明显下降，牲畜养殖业、家禽养殖业产值占比显著上升，其他畜牧业产值占比很小、呈波动变化。

在全国畜牧业大发展和产业结构大变动进程中，各省、自治区、直辖市因条件的差异，其畜牧业的内部结构也各不相同。有的以牲畜养殖业为主，有的以生猪养殖业为主，有的家禽养殖业占比高，有的其他养殖业占比高，表现出不同的优势与特色。对于牲畜养殖业，有 6 个省、自治区的产值占比超过 50%，有 12 个省、直辖市的产值占比在 20%～50%之间，有 7 个省的产值占比在 10%以下，产值占比最高的前三位是青海（84.6%）、宁夏（78.4%）、内蒙古（76.3%），产值占比最低的后三位是广东（3.5%）、浙江（6.1%）、湖南（6.4%）。对于生猪养殖业，有 13 个省、自治区、直辖市的产值占比超过 50%，有 13 个省、自治区的产值占比在 30%～50%之间，有 1 个省的产值占比为 28.2%，还有 4 个省、自治区的产值占比低于 15%，产值占比最高的前三位是湖南（68.4%）、浙江（67.6%）、湖北（61.3%），产值占比最低的后三位是青海（12.2%）、新疆（12.3%）、宁夏（12.7%）。对于家禽养殖业，有 9 个省、直辖市的产值占比超过 30%，有 8 个省、自治区、直辖市的产值占比在 20%～30%之间，有 7 个省、直辖市的产值占比在 10%～20%之间，有 6 个省、自治区的产值占比在 10%以下，产值占比最高的前三位是江西（36.3%）、江苏（36.2%）、福建（34.6%），产值占比最低的后三位是西藏（1.1%）、青海（2.9%）、甘肃（6.2%）。

我国畜牧业自改革开放以来一直快速增长，且结构也在逐渐调整，基本改变了生猪养殖一业独大的局面。但从 2010 年以来的近十年，我国畜牧业在增长过程中的结构变动很小，牲畜养殖业、生猪养殖业、家禽养殖业、狩猎捕猎业、其他畜牧业的产值结构大致保持在 0.230 0：0.440 0：0.240 0：0.002 0：0.047 0 的水平上，保持了生猪养殖为主导、牲畜和家禽养殖为骨干的三业支撑局面。这一方面反映了我国生猪和家禽养殖发展的条件相对较好、牲畜养殖发展条件相对不足的资源状况，另一方面也反映了我国大多数居民肉类消费以猪肉为主、牛羊肉为辅的习惯，再一方面也反映居民增加牛羊肉及奶品、蛋品消费的欲望。畜牧业的发展和结构改善，要以饲料保障为基础，搞好种植业发展、为畜禽提供充足优质的能量及蛋白饲料，搞好草地建设、为牲畜养殖提供良好草料条件，是促进我国畜牧业可持续发展及结构优化的重要保证。

五、渔业结构变动

渔业在我国的发展历史虽然十分悠久，但长期在农业中处于从属地位，产业规模小、占比也很低，在农林牧渔四业中位居林业之后处于末位。直到 1985 年其产值只有 126.1 亿元，在农业中的占比只有 3.5%。在此之后，一方面因种植业发展为渔业发展提供了丰富的饲料来源，另一方面因人们收入和生活水平提高增加了对水产品的需求，促进了渔业的快速发展。经过 20 世纪 80 年代中期以来的持续发展，海水渔业和内陆淡水渔业在规模上不断扩张壮大，在结构上逐渐调整改进，使其由一个微不足道的产业发展为农业中的第三大产业，跃居林业之前，成为农业的一大新支柱。

1. 全国渔业结构变动

渔业分为海水渔业和内陆淡水渔业两大类，海水渔业又分为海水养殖业和海洋捕捞业。按水产品划分，无论是海水养殖业或海洋捕捞业，都可分为鱼类、甲壳类、贝类、藻类。内陆淡水渔业也可分为淡水养殖业和淡水捕捞业，按水产品划分，淡水养殖和捕捞也都可分为鱼类、甲壳类、贝类。渔业发展对资金、技术、物资的投入要求较高，也需要市场需求的拉动，在 20 世纪 80 年代之前这些条件很差，极大限制了渔业的发展。在此之后，资金和物资投入能力逐渐增强，技术支撑越来越可靠，加上旺盛的市场需求，使渔业发展走上快车道，生产规模越来越大，结构变动也日益显著。表 19-9 为全国 1952—2016 年代表年份的渔业产值及构成，用以反映渔业的发展及结构变动。

表 19-9　全国 1952—2016 年代表年份渔业产值及构成（当年价计算）

年份	渔业总产值（亿元）	海水养殖业		海洋捕捞业		内陆淡水养殖业		内陆淡水捕捞业	
		产值（亿元）	占比（%）	产值（亿元）	占比（%）	产值（亿元）	占比（%）	产值（亿元）	占比（%）
1952	6.1								
1957	10.2								
1965	14.8								
1978	22.1								
1985	126.1			60.04	47.61	66.07	52.39		

（续）

年份	渔业总产值（亿元）	海水养殖业		海洋捕捞业		内陆淡水养殖业		内陆淡水捕捞业	
		产值（亿元）	占比（%）	产值（亿元）	占比（%）	产值（亿元）	占比（%）	产值（亿元）	占比（%）
1990	410.6	42.65	10.39	164.10	39.97	161.99	39.45	41.82	10.19
1995	1 701.3	287.00	16.87	589.15	34.63	698.88	41.08	126.28	7.42
2000	2 712.6	539.91	19.90	768.75	28.34	1 191.09	43.91	212.69	7.84
2005	4 016.1	885.20	22.04	932.80	23.23	1 887.60	47.00	310.50	7.73
2010	6 422.4	1 227.00	19.11	1 662.00	25.88	2 909.00	45.29	1 793.00	27.92
2015	10 880.6	2 201.30	20.23	2 801.80	25.75	4 105.40	37.73	1 772.10	16.29
2016	11 602.9	2 317.00	19.90	3 016.50	25.90	5 292.40	45.60	977.00	8.60

资料来源：相关各年《中国农村统计年鉴》，中国统计出版社；相关各年《中国农业统计资料》，中国农业出版社。

　　由表19-9可知，1952—1978年渔业发展缓慢，规模也很小。改革开放之后，渔业进入快速发展期，其产值由1985年的126.1亿元增加到1995年的1 701.3亿元、2005年的4 016.1亿元和2016年的11 602.9亿元。在快速发展进程中，渔业结构也发生了巨大的变化。在改革开放初期的20世纪80年代中期，渔业只有海洋捕捞业和内陆淡水养殖业，产值占比后者稍大。在此之后，海水养殖业、内陆淡水捕捞业也逐渐发展起来，形成海水养殖、海洋捕捞、内陆淡水养殖、内陆淡水捕捞四业共同发展，以内陆淡水养殖为主的结构形态。在这一过程中，海水养殖业从无到有、由小到大、产值比重在20%左右，海洋捕捞业由小到大稳步发展、产值比重逐渐有所下降、稳定在26%左右，内陆淡水养殖业快速发展壮大、产值占比大致保持在45%左右，内陆淡水捕捞业发展起伏大、产值占比多在8%左右。

　　2. 各省、自治区、直辖市的渔业结构

　　经过20世纪80年代中期以来的发展和积累，各省、自治区、直辖市的渔业都已发展到一定规模，产业结构也有了很大变化。各滨海省级辖区既发展海水渔业又发展内陆淡水渔业，各内陆省级辖区则努力发展淡水渔业，各省级辖区都既发展水产养殖业也发展水产捕捞业，有力地促进了渔业发展壮大，成为农业的又一支柱。我国海水渔业经历了以捕捞为主转向捕捞与养殖相结合的过程，淡水渔业经历了小规模养殖到大规模养殖的过程，并逐渐形成了当前的结构格局。表19-10是各省级辖区2016年的渔业产值及构成，用以反映发展的规模与结构。

　　由表19-10可看出，华北（天津、河北除外）和西北的省级辖区渔业发展受条件限制，规模较小，其他省市区的渔业发展都已达到相当规模，产值上1 000亿元的有5个省，产值上500亿元的有8个省。在11个滨海省级辖区中，只有上海和福建有海洋捕捞业而无海水养殖业，其余 9 个省级辖区既有海洋捕捞业也有海水养殖业。在 31 个省级辖区中，只有北京、福建、西藏没有淡水养殖业，还有上海、甘肃、青海、新疆没有淡水捕捞业。海水养殖业产值占比超过 30％的有 5 个省、自治区，海洋捕捞业产值占比超过 30％的有 5 个省、直辖市，内陆淡水养殖业产值占比超过 50％的省、自治区、直辖市有 21 个，内陆淡水捕捞业产值占比超过 20％的省、自治区、直辖市有 5 个。这表明，部分滨海省级辖区海水养殖业还未充分发展，部分内陆水面较多的省级辖区淡水养殖业也未充分发展，渔业还有发展空间，渔业结构还应优化调整。

表 19 - 10　各省级辖区 2016 年渔业产值及构成

单位：亿元、％

地区	渔业总产值	海水养殖业		海洋捕捞业		内陆淡水养殖业		内陆淡水捕捞业	
		产值	占比	产值	占比	产值	占比	产值	占比
全国	11 602.9	2 317.0	19.9	3 016.5	25.9	5 292.4	45.6	977.0	8.6
北京	9.2			1.5	16.3			7.7	83.7
天津	89.0	7.2	8.1	21.0	23.6	51.5	57.9	9.2	10.4
河北	211.0	89.9	42.6	53.6	25.4	55.0	26.1	12.4	5.9
山西	9.9					9.7	98.0	0.2	2.0
内蒙古	33.0					27.6	83.7	5.4	16.3
辽宁	639.6	311.1	48.7	236.6	37.1	65.8	10.3	26.1	3.9
吉林	43.0					36.8	85.6	6.2	14.4
黑龙江	129.2					98.4	76.2	30.8	23.8
上海	50.2			17.9	35.7	32.3	64.3		
江苏	1 621.9	244.9	15.1	208.6	12.8	1 039.9	64.2	128.5	7.9
浙江	962.0	175.3	18.2	551.8	57.4	216.1	22.5	18.8	1.9
安徽	513.2					409.6	79.8	103.6	20.2
福建	1 235.5			1 027.1	83.1			208.3	16.9
江西	458.9					412.3	89.8	46.6	10.2
山东	1 485.6	820.3	55.2	380.9	25.7	264.1	17.8	20.2	1.3
河南	128.3					120.9	94.3	7.4	5.7
湖北	1 030.0					838.3	81.4	191.7	18.6
湖南	396.7					341.1	85.9	55.6	14.1
广东	1 195.6	454.1	37.9	144.2	12.1	585.1	48.9	12.2	1.1
广西	464.2	161.2	34.7	112.3	24.2	174.7	37.6	16.1	3.5
海南	353.8	52.9	14.9	260.9	73.7	38.6	10.9	1.3	0.5
重庆	85.3					73.1	85.7	12.2	14.3

（续）

地区	渔业总产值	海水养殖业		海洋捕捞业		内陆淡水养殖业		内陆淡水捕捞业	
		产值	占比	产值	占比	产值	占比	产值	占比
四川	223.9					203.0	90.7	20.9	9.3
贵州	68.7					44.7	65.1	24.0	34.9
云南	94.2					83.6	88.7	10.6	11.3
西藏	0.2							0.2	100.0
陕西	26.2					25.6	97.8	0.6	2.2
甘肃	2.2					2.2	100.0		
青海	3.3					3.3	100.0		
宁夏	17.0					16.9	99.4	0.1	0.6
新疆	22.2					22.2	100.0		

资料来源：《2017 中国农村统计年鉴》第 115～116 页表 6-19。

3. 渔业结构变动趋势

渔业是重要的农业产业部门，在开发利用水体和水生生物资源、为人们提供各种水产品中发挥巨大而不可替代的作用。在改革开放前，一方面因经济和技术实力不强、发展渔业的能力较弱，另一方面因居民收入和生活水平低下、对水产品需求有限，导致渔业发展缓慢、规模很小。改革开放后，随着经济社会快速发展，经济技术实力增强，为渔业发展创造了条件，居民收入和生活水平提高、对水产品需求猛增，拉动了渔业发展。渔业总产值由 1985 年的 126.10 亿元，增加到 2016 年的 11 602.90 亿元，实现了高速增长，且内部结构也发生了巨大变化。其中，海水养殖业产值由 1990 年的 42.65 亿元增加到 2016 年的 2 317.00 亿元，占比由 10.39% 上升到 19.90%，海洋捕捞业产值由 1985 年的 60.04 亿元增加到 2016 年的 3 016.50 亿元，占比由 47.61% 下降到 25.90%，内陆淡水养殖业产值由 1985 年的 66.07 亿元增加到 2016 年的 5 292.40 亿元，占比由 52.39% 下降到 45.60%，内陆捕捞业产值由 1990 年的 41.82 亿元增加到 2016 年的 977.00 亿元，占比由 10.19% 降至 8.6%。经过近 40 年的发展，整个渔业呈现出以内陆淡水养殖为主、海洋捕捞和海水养殖为辅，内陆淡水捕捞为补充的产业结构形态。

渔业发展离不开水体，海水养殖和海洋捕捞要在沿海地区才能发展，而内陆淡水养殖和捕捞也要有水体才能发展。各省、自治区、直辖市因区位条件不同，水体条件不同，只有天津、河北、辽宁、江苏、浙江、山东、广东、广西、海南 9 个省、自治区、直辖市的四大渔产业齐全，北京、福建只有海洋捕捞和内陆淡水捕捞两个产业，上海只有海洋捕捞和内陆淡水养殖两个产业，西藏只有内陆淡水捕捞一个产业，甘肃、青海、新疆只有内陆淡水养殖一个产业，其他 15 个省、自治区、直辖市有内陆淡水养殖和捕捞两个产业。在拥有海水养殖业的9个省、自治区中，产值占前三位的是山东（820.30亿元）、广东（454.10亿元）、辽宁（311.10亿元），产值占比前三位的是山东（55.20%）、辽宁（48.70%）、河北（42.60%）。在拥有海洋捕捞业的12个省、自治区、直辖市中，产值前三位的是福建（1 027.10亿元）、浙江（551.80亿元）、山东（380.90亿元），产值占比前三位的是福建（83.10%）、海南（73.70%）、浙江（57.40%）。在拥有内陆淡水养殖业的28个省、自治区、直辖市中，产值前三位的是江苏（1 039.90亿元）、湖北（838.30亿元）、广东（585.10亿元），产值占比前三位的是山西（98.00%）、河南（94.30%）、四川（90.70%）。在拥有内陆淡水捕捞业的27个省、自治区、直辖市中，产值前三位的是福建（208.30亿元）、湖北（191.70亿元）、江苏（128.50亿元），产值占比前三位的是西藏（100.00%）、北京（83.70%）、贵州（34.90%）。

应当指出，改革开放以来我国渔业全面发展，不仅规模迅速扩大，而且内部各业结构渐趋合理。但与居民对水产品需求量增长相比，渔业发展还不能充分满足需求，与海洋和淡水水域利用潜力相比，渔业发展还有很大空间，特别是海水养殖业和内陆淡水养殖业还有发展潜力，而要进一步发展海水养殖和内陆淡水养殖，必须解决水产养殖对水体的污染问题。水产养殖污染水体已经成为社会关注的重大生态环境问题，应当从养殖方式、养殖技术、水体净化等方面加以系统解决，才可能促进渔业的进一步发展和结构优化。

第二十章 中国农业发展的生产布局变动

农林牧渔业中的所有产业，不仅具有一定的规模、质量、结构特征，还具有特定地域分布特点。农业的地域分布称为农业的生产布局，生产布局反映了农业生产的地理环境、区位条件、经济社会状况，对农业发展的影响很大。农业生产布局受自然条件、经济社会发展、技术进步等因素的制约，并随其发展而变动。改革开放后，我国经济社会得到快速发展，科学技术获得巨大进步，为农业发展创造了更好的条件，也为农业发展拓展了更广的空间，使农业在扩大规模、提升质量和优化结构的同时，生产布局也发生了很大的变动。农业生产布局的变动，一方面反映了经济社会发展的客观要求，另一方面在总体上促进了农业的发展，再一方面也产生了一些值得关注的问题。

一、粮棉油生产布局变动

粮食、棉花、油料是人们的基本生活资料，加之在我国长期紧缺，其生产备受重视，至今仍是农业生产的重点。在粮棉油短缺的 20 世纪 80 年代中期之前，凡是有条件生产粮食、棉花、油料的地区，都尽可能多的种植这些作物，使这几类农作物的生产布局较为分散。20 世纪 80 年代中期之后，工业化、城镇化进程加快，各省级辖区经济发展不平衡，粮棉油生产条件发生改变，加之农业发展有了新的要求，粮食、棉花、油料生产的布局开始了渐进的变化。经过近 40 年的演进，粮棉油三类作物生产在省级辖区的布局，比之 1978 年（改革开放起始年）和 1985 年（改革开放初 6 年）都有了很大的变化。这一变化又有其特点，粮食生产布局变动相对平稳，棉花和油料生产布局变动较为剧烈。

1. 粮食生产布局变动

粮食生产可用粮食作物播种面积表示，某一年份的粮食生产布局，可用该年不同省级辖区的粮食作物播种面积反映，而粮食生产布局变动，可用不同时点年份的各个省级辖区粮食作物播种面积及变化反映。若在某个时段内的不同年份，某省级辖区的粮食作物播种面积和在全国的占比都在增加，则粮食生产布局就在向该辖区转移。但若在同一时段的不同年份，某省级辖区的粮食作物播种面积和在全国的占比都在减少，则粮食生产布局就在由该辖区退出。表20-1是各省、自治区、直辖市在1978—2016 年不同代表年份的粮食作物播种面积及其在全国的占比，用以反映该历史时期全国粮食生产在省级辖区的布局变动。

表 20-1　1978—2016 年各省级辖区不同代表年份的粮食播种面积及占比

单位：万公顷、%

地区	1978 年		1985 年		1995 年		2005 年		2016 年	
	播种面积	占比	播种面积	占比	播种面积	占比	播种面积	占比	播种面积	占比
全国	12 058.7	100	10 884.5	100	11 006.04	100	10 427.8	100	11 303.5	100
北京	56.13	0.47	51.14	0.47	43.41	0.39	19.22	0.18	8.7	0.07
天津	60.13	0.50	44.60	0.41	44.33	0.40	28.77	0.28	35.7	0.32
河北	794.94	6.60	649.26	5.96	682.95	6.21	624.02	5.98	632.7	5.60
山西	369.24	3.06	305.50	2.81	315.15	2.86	303.36	2.91	324.7	2.87
内蒙古	202.40	1.68	342.18	3.14	414.32	3.76	437.36	4.19	578.9	5.12
辽宁	332.73	2.76	288.95	2.65	303.09	2.75	305.20	2.93	323.1	2.86
吉林	360.31	2.99	321.68	2.96	357.69	3.25	429.45	4.12	502.2	4.44
黑龙江	713.40	5.92	721.64	6.63	750.02	6.81	865.08	8.30	1 180.5	10.44
上海	53.22	0.44	43.82	0.40	34.39	0.31	16.61	0.16	14.0	0.12
江苏	631.09	5.23	643.25	5.91	575.52	5.23	490.95	4.71	543.3	4.81
浙江	347.22	2.88	327.12	3.01	281.44	2.56	151.08	1.45	125.5	1.11
安徽	618.68	5.13	589.96	5.42	585.25	5.32	641.09	6.15	664.5	5.88
福建	221.31	1.84	188.85	1.74	201.73	1.83	144.13	1.38	117.7	1.04
江西	382.08	3.17	365.10	3.35	350.93	3.19	344.15	3.30	368.6	3.26
山东	880.80	7.30	798.42	7.34	813.16	7.39	671.17	6.44	751.2	6.65
河南	912.33	7.57	902.81	8.29	881.00	8.00	915.34	8.78	1 028.6	9.10
湖北	554.48	4.60	510.82	4.69	477.67	4.34	392.68	3.77	443.7	3.93
湖南	582.94	4.83	516.14	4.74	511.56	4.65	483.86	4.64	489.1	4.33
广东	506.90	4.20	446.55	4.10	347.23	3.15	278.65	2.67	250.9	2.22
广西	428.47	3.55	344.72	3.17	366.27	3.33	349.62	3.35	302.4	2.68
海南					57.49	0.52	42.38	0.41	36.0	0.32
重庆							250.13	2.40	225.0	1.99
四川	744.10	6.17	938.90	8.63	993.37	9.03	656.48	6.30	645.4	5.71
贵州	269.80	2.24	221.20	2.03	286.45	2.60	307.37	2.95	311.3	2.75
云南	367.80	3.05	331.82	3.05	364.30	3.31	425.39	4.08	448.1	3.96
西藏	20.50	0.17	19.40	0.18	18.82	0.17	17.77	0.17	18.3	0.16
陕西	448.80	3.72	396.56	3.64	380.77	3.46	326.39	3.13	306.9	2.72
甘肃	299.60	2.48	276.15	2.54	292.87	2.66	258.72	2.48	281.4	2.49

（续）

地区	1978 年		1985 年		1995 年		2005 年		2016 年	
	播种面积	占比	播种面积	占比	播种面积	占比	播种面积	占比	播种面积	占比
青海	43.48	0.36	38.66	0.36	38.43	0.35	24.56	0.24	28.1	0.25
宁夏	76.40	0.63	65.05	0.60	76.18	0.69	77.59	0.74	77.8	0.69
新疆	231.07	1.92	186.16	1.71	160.25	1.46	149.28	1.43	240.1	2.12

资料来源：相关各年《中国农业统计资料》，中国农业出版社；相关各年《中国农村统计年鉴》，中国统计出版社。

由表 20 - 1 可知，在 1978—2016 年的 36 年间，全国粮食播种面积及占比均增加的是内蒙古、吉林、黑龙江、安徽、河南、四川、重庆、贵州、云南、宁夏、新疆等 11 个省、自治区，其余 20 个省级辖区的粮食播种面积及占比有下降。粮食播种面积及占比增加最显著的是黑龙江、内蒙古、吉林、云南、河南 5 个省、自治区，粮食播种面积及占比减少最显著的是浙江、广东、江苏、陕西、湖北 5 个省。由此可见，这近 40 年我国粮食生产布局的变动，在总体上是华东（安徽除外）、华中（河南除外）、华南地区的减少，以及东北、内蒙古、河南等地区的增加。粮食生产减少的地区，都是生产条件优越的传统粮食主产区，粮食生产增加的地区，大多是生产条件较差、自然风险较大的传统粮食次产区或补充区，这一布局变动增加了粮食生产的风险。

2. 棉花生产布局变动

棉花生产布局同样可以用播种面积表示，播种面积大表示布局多，反之则布局少。棉花生产布局的变动，可以用某时期不同年份播种面积及其在全国的占比增减反映，随时间推移播种面积及占比增加表示布局增多，若随时间推移播种面积及占比降低便表示布局减少。棉花是重要的纺织原料，也是人们的生活必需品，同样受到高度重视。在很长时期内，我国棉花种植范围很广，除东北、华南及青藏高原外，其他地区都有种植。经过 1985 年之后的逐渐调整，棉花生产在省级辖区及地域大区分布上有了重大变动，有些省级辖区及地域大区淡出了棉花生产，而少数省级辖区成了全国棉花的集中产地。表 20 - 2 是各省、自治区、直辖市在 1978—2016 年不同代表年份的棉花播种面积及占比，用以反映该历史时期内全国棉花生产在省级辖区的布局变动。

表 20 - 2 反映出，在 1978—2016 年，全国棉花播种面积及占比增加的有新疆和其他 3 个产棉小省及自治区，减少的有河南、山东等 17 个省级辖区，其余的 10 个省级辖区基本不种棉花。播种面积和占比增加最大的是新疆，贵州、广西、甘肃 3 个省、自治区只是略有增加。播种面积和占比减少最显著的是河南、山东、河北、江苏、湖北 5 个省，其他 12 个省、直辖市减少程度不一。这一增一减使传统的棉花主产区华北、华东、华中地区的播种面积及占比大幅度降低，原产棉大省山东、河北、

河南、江苏、湖北的降幅更大。而原有规模很小的新疆棉花播种面积扩大 11 倍以上，在全国的占比更达到 50% 以上，成了全国最大的产棉区。从比较优势的角度，新疆的自然气候条件更有利于棉花生产，棉花的单位面积产量和品质也更高，将棉花生产主要布局在新疆，对棉花生产有利。同时，减少海河、黄河、长江流域的棉花生产，有利于这些地区种植业结构的优化调整。

表 20-2　1978—2016 年各省级辖区不同代表年份棉花播种面积及占比

单位：万公顷、%

地区	1978 年		1985 年		1995 年		2005 年		2016 年	
	播种面积	占比	播种面积	占比	播种面积	占比	播种面积	占比	播种面积	占比
全国	486.0	100	514.0	100	542.2	100	506.2	100	334.47	100
北京	1.30	0.27	0.50	0.09	0.33	0.06	0.18	0.03	0.01	0.00
天津	1.89	0.39	3.88	0.75	1.72	0.32	6.12	1.21	1.42	0.42
河北	57.66	11.86	85.03	16.54	70.05	12.92	57.35	11.33	28.86	8.63
山西	23.75	4.89	12.11	2.36	12.71	2.34	9.75	1.93	0.71	0.21
辽宁	10.15	2.09	3.91	0.76	3.10	0.57	0.28	0.05	0.01	0.00
上海	9.36	1.93	7.10	1.38	0.33	0.06	0.11	0.02	0.03	0.00
江苏	59.00	12.14	59.23	11.52	56.49	10.42	36.83	7.28	6.34	1.90
浙江	8.51	1.75	9.31	1.81	6.45	1.19	1.79	0.35	1.12	0.33
安徽	32.69	6.73	23.50	4.57	44.32	8.18	37.57	7.42	18.34	5.48
江西	11.43	2.35	6.63	1.29	13.18	2.43	6.39	1.26	4.93	1.90
山东	62.70	12.90	116.97	22.76	66.63	12.29	84.63	16.72	46.52	13.91
河南	61.20	12.59	81.43	15.84	100.01	18.45	78.16	15.44	10.01	2.99
湖北	59.32	12.21	46.50	9.05	50.20	9.26	39.03	7.71	20.25	6.05
湖南	18.23	3.75	10.18	1.98	18.53	3.42	15.09	2.98	10.36	3.09
广西	0.27	0.06	0.16	0.03	0.18	0.03	0.17	0.03	0.22	0.06
四川	25.60	5.27	12.65	2.46	14.07	2.60	2.78	0.55	0.91	0.27
贵州	0.15	0.03	0.24	0.05	0.26	0.05	0.14	0.02	0.16	0.04
云南	0.57	0.12	0.28	0.05	0.19	0.04	0.06	0.01	0.01	0.00
陕西	25.27	5.20	9.46	1.84	7.28	1.34	7.02	1.39	2.41	0.72
甘肃	1.07	0.22	0.58	0.11	1.79	0.33	6.40	1.26	1.33	0.39
新疆	15.04	3.09	25.35	4.93	74.29	13.70	116.05	22.93	180.52	53.97

　　资料来源：相关各年《中国农业统计资料》，中国农业出版社；相关各年《中国农村统计年鉴》，中国统计出版社。

3. 油料生产布局变动

　　我国的油料作物主要指花生、油菜、芝麻、油葵等，不包括大豆。油料生产也可以用播种面积来表示，播种面积大表示布局多、反之表示布局少，播种面积增加表示布局上升，反之表示布局下降。油料生产布局变动，同样可用某时期内不同年份的播种面积变化加以反映，随时间推移播种面积及占比增加则表示布局提升，随时间推移播种面积及占比减少则表示布局降低。油料是人们生活的必需品，其生产一直受到重视，加之长期生产不足，更受到广泛关注。过去长时期内油料生产比较分散，只是在改革开放之后随播种面积的扩大，在各省、自治区、直辖市仍保留一定生产规模的同时，油料生产逐渐向少数省级辖区集中，生产布局发生了很大变化。表 20 - 3 是各省、自治区、直辖市在 1978—2016 年不同代表年份的油料播种面积及占比，用以反映该时段内全国油料生产在省级辖区的布局变动。

表 20 - 3　1978—2016 年各省级辖区不同代表年份油料播种面积及占比

单位：万公顷、%

地区	1978 年		1985 年		1995 年		2005 年		2016 年	
	播种面积	占比	播种面积	占比	播种面积	占比	播种面积	占比	播种面积	占比
全国	622.2	100	1 180.0	100	1 310.14	100	1 431.8	100	1 413.8	100
北京	3.28	0.53	1.80	0.15	1.18	0.09	0.86	0.06	0.22	0.01
天津	1.94	0.31	2.31	0.19	2.26	0.17	0.51	0.04	0.67	0.04
河北	30.02	4.82	47.67	4.04	60.45	4.61	55.90	3.90	46.83	3.31
山西	16.52	2.66	4.53	0.38	34.24	2.61	27.34	1.91	11.47	0.81
内蒙古	23.12	3.72	12.34	1.05	55.68	4.25	69.47	4.85	102.68	7.26
辽宁	21.22	3.41	34.44	2.92	13.18	1.01	20.33	1.42	28.90	2.04
吉林	10.62	1.71	1.37	0.11	15.11	1.15	28.85	2.01	31.71	2.24
黑龙江	13.10	2.11	2.16	0.18	14.73	1.12	41.03	2.87	11.25	0.79
上海	5.07	0.81	8.32	0.71	7.94	0.61	3.21	0.22	0.42	0.02
江苏	23.21	3.73	58.95	4.99	68.74	5.25	84.69	5.91	43.86	3.10
浙江	20.72	3.33	28.60	2.42	30.93	2.36	24.93	1.74	14.11	0.99
安徽	40.01	6.43	108.51	9.20	126.35	9.64	130.31	9.10	73.11	5.17
福建	10.84	1.74	10.55	0.89	11.82	0.90	12.24	0.85	12.01	0.85
江西	27.08	4.35	47.20	4.00	105.70	8.07	57.70	4.03	72.92	5.16
山东	53.80	8.65	95.63	8.10	87.98	6.72	89.98	6.28	75.71	5.36
河南	46.53	7.48	79.28	6.72	127.15	9.71	160.58	11.22	162.48	11.49
湖北	30.29	4.87	60.06	5.09	104.70	7.99	146.02	10.20	145.29	10.28
湖南	28.87	4.64	40.21	3.41	89.07	6.80	89.83	6.27	143.80	10.17
广东	42.36	6.81	43.10	3.65	34.74	2.65	31.80	2.22	37.91	2.68
广西	18.91	3.04	19.43	1.65	28.41	2.17	31.41	2.19	25.72	1.82
海南					5.12	0.39	4.47	0.31	4.00	0.28
重庆							25.24	1.76	32.00	2.26

（续）

地区	1978 年		1985 年		1995 年		2005 年		2016 年	
	播种面积	占比	播种面积	占比	播种面积	占比	播种面积	占比	播种面积	占比
四川	47.55	7.64	101.46	8.60	104.89	8.01	109.36	7.64	130.71	9.25
贵州	21.78	3.50	34.38	2.91	44.62	3.41	55.58	3.88	59.45	4.20
云南	11.85	1.90	12.16	1.03	14.54	1.11	22.53	1.57	35.58	2.52
西藏	1.05	0.17	1.00	0.08	1.85	0.14	2.61	0.18	2.26	0.16
陕西	12.98	2.09	10.18	0.86	30.22	2.31	27.69	1.93	30.46	2.15
甘肃	16.69	2.68	6.73	0.57	32.82	2.51	32.89	2.29	33.20	2.35
青海	6.12	0.98	9.10	0.77	14.98	1.14	16.19	1.13	14.26	1.01
宁夏	7.56	1.22	0.43	0.04	10.09	0.77	9.69	0.68	6.84	0.48
新疆	20.21	3.25	9.13	0.77	30.67	2.34	18.55	1.30	24.02	1.70

资料来源：相关各年《中国农业统计资料》，中国农业出版社；相关各年《中国农村统计年鉴》，中国统计出版社。

表 20 - 3 表明，在改革开放以来的近 40 年间，全国油料生产在规模急剧扩大的同时，布局也发生了很大变化，有 19 个省级辖区播种面积及占比增加，11 个省级辖区播种面积及占比减少，1 个省播种面积及占比基本不变。在播种面积及占比增加的省级辖区中最显著的是湖南、内蒙古、湖北、河南、吉林 5 个省及自治区，在播种面积及占比减少的省级辖区中，最显著的是安徽、江苏、浙江、山东、广东 5 个省。改革开放初期，全国油料主产区是安徽、四川、山东、湖南、江苏 5 省，现在的油料主产区则变为河南、湖北、湖南、四川、内蒙古 5 省、自治区，华东原 3 个省全部退出油料主产区，而华中 3 省新成为油料核心产区。这表明，我国油料生产正在从东部沿海地区（主要是华东及华南地区）逐步退出，而向中西部转移，造成布局的重大改变，这一趋势与粮食生产布局的变动大体类似。油料生产布局的变动虽然是经济社会发展带来的结果，但不利于黄淮海地区花生生产和长江下游区域油菜籽生产优势的发挥。

二、菜果茶生产布局变动

蔬菜、水果是人们的生活必需品，且需求量巨大，是农业中的重要产业部门。茶叶是世界性的重要饮料，茶叶生产也是历史悠久的传统产业，在世界具有重要影响。自然气候不同的地域都有其适宜生长发育的蔬菜、水果品种，使蔬菜、水果的生产范围十分广泛。茶叶生长发育有特定的自然气候条件，只能在部分省级辖区生产。改革开放前，全国人口主要在农村，农村人口所需蔬菜是自产自食，只有城镇人口所需蔬菜才由基地生产。那时人们的基本生活都还有一定困难，对水果、茶叶的需求十分有限，生产规模也不大。改革开放后，随着工业化及城镇化进程加快，人民收入及生活水平提高，对蔬菜、水果、茶叶等农产品需求急增，过去分散小规模生产的方式不断发生改变。一方面生产规模迅速扩大，由原来的小产业发展为大产业，另一方面生产由分散向集中转化，由生产基地充当主力，再一方面生产向优势区域转移，布局发生重大变化。

1. 蔬菜、瓜果生产布局变动

这里的蔬菜指人为生产的根茎类、苗叶类、瓜豆类、果实类、藤蔓类等专门的蔬菜品种，而不包括粮用菜、其他与菜兼用的品种。这里的瓜类主要指果用瓜，如西瓜、甜瓜等。改革开放前，由于人们生活水平低，对蔬菜和瓜类的品种及质量要求不高，加之当时交通运输不便，蔬菜及瓜类主要就地生产、就地消费，其生产布局高度分散。改革开放后，随着人们收入和生活水平提高，对蔬菜和瓜类的数量及种类需求提高，工业化及城镇化产生的大量城镇居民，对不同种类蔬菜和瓜类的需求大增。加之交通运输条件的极大改善，蔬菜和瓜类生产除在各省级辖区仍保持一定规模外，迅速向具有地理区位优势和气候环境优势的区域集中，使其布局发生重大变化。表 20 -4 是 1995—2016 年，各省级辖区在不同代表年份的蔬菜、瓜类播种面积及占比，反映在此期间的生产布局变动。

表 20 - 4　1995—2016 年各省级辖区不同代表年份蔬菜和瓜类播种面积及占比

单位：万公顷、%

地区	1995 年		2000 年		2005 年		2010 年		2016 年	
	播种面积	占比	播种面积	占比	播种面积	占比	播种面积	占比	播种面积	占比
全国	1 061.60	100	1 523.73	100	1 992.84	100	1 899.99	100	2 493.03	100
北京	9.61	0.91	10.78	0.71	9.63	0.48	6.75	0.36	5.17	0.21
天津	8.49	0.80	12.83	0.84	13.83	0.69	8.49	0.45	8.94	0.36
河北	46.18	4.35	86.61	5.68	121.02	6.07	113.86	5.99	134.98	5.41
山西	18.22	1.72	24.21	1.59	27.53	1.38	22.85	1.20	28.13	1.13
内蒙古	9.59	0.90	20.94	1.37	26.09	1.31	26.36	1.39	35.56	1.43
辽宁	34.42	3.24	41.32	2.71	45.72	2.29	43.02	2.26	46.04	1.85
吉林	22.71	2.14	26.49	1.74	26.28	1.32	24.55	1.29	25.70	1.03
黑龙江	34.38	3.24	44.65	2.93	44.36	2.23	18.45	0.97	30.26	1.21
上海	9.87	0.93	14.00	0.92	15.38	0.77	13.21	0.70	11.47	0.46
江苏	63.73	6.00	105.60	6.93	131.92	6.62	122.98	6.47	158.75	6.37
浙江	34.84	3.28	49.89	3.27	76.92	3.86	61.86	3.26	73.51	2.95
安徽	46.34	4.37	53.97	3.54	84.04	4.22	77.42	4.07	111.31	4.46
福建	42.77	4.03	53.81	3.53	66.92	3.36	66.69	3.51	80.50	3.23

（续）

地区	1995 年		2000 年		2005 年		2010 年		2016 年	
	播种面积	占比	播种面积	占比	播种面积	占比	播种面积	占比	播种面积	占比
江西	49.38	4.65	56.01	3.68	63.17	3.17	52.12	2.74	68.59	2.75
山东	97.46	9.18	178.84	11.74	213.97	10.74	177.08	9.32	215.60	8.65
河南	75.28	7.09	118.92	7.80	192.95	9.68	170.41	8.97	212.39	8.52
湖北	63.89	6.02	96.86	6.36	109.01	5.47	102.08	5.37	135.21	5.42
湖南	51.48	4.85	72.03	4.73	110.95	5.57	113.31	5.96	157.87	6.33
广东	86.18	8.12	101.01	6.63	121.18	6.08	117.98	6.21	146.35	5.87
广西	58.89	5.55	89.95	5.90	117.33	5.89	100.76	5.30	140.23	5.62
海南	12.55	1.18	14.89	0.98	19.50	0.98	21.46	1.13	30.03	1.20
重庆			31.76	2.08	41.76	2.10	58.91	3.31	77.05	3.09
四川	85.52	8.06	85.86	5.63	103.71	5.20	116.62	6.14	142.88	5.73
贵州	28.57	2.69	35.54	2.33	49.63	2.49	64.79	3.41	108.57	4.35
云南	22.24	2.09	35.33	2.32	50.75	2.55	67.13	3.53	106.69	4.28
西藏	0.77	0.07	0.71	0.05	1.80	0.09	2.13	0.11	2.32	0.09
陕西	20.19	1.90	22.87	1.50	38.27	1.92	44.40	2.34	61.14	2.45
甘肃	13.42	1.26	18.51	1.21	34.32	1.72	39.50	2.08	60.05	2.41
青海	1.25	0.12	1.58	0.10	2.62	0.13	4.35	0.23	5.20	0.21
宁夏	3.70	0.35	4.92	0.32	7.68	0.39	10.14	0.53	21.96	0.88
新疆	9.67	0.91	13.05	0.86	24.73	1.24	30.36	1.60	49.56	1.99

资料来源：相关各年《中国农业统计资料》，中国农业出版社；相关各年《中国农村统计年鉴》，中国统计出版社。

由表 20-4 可知，在 1995—2016 年，除北京、黑龙江外，各省级辖区的蔬菜和瓜类播种面积都有不同程度扩大，但播种面积在全国的占比有 12 个省级辖区下降，17 个省级辖区上升。播种面积增加最多的是河南、山东、湖南、江苏、河北等省，播种面积超过 200 万公顷的有山东、河南两省，播种面积超过 100 万公顷的有河北、江苏、安徽、湖北、湖南、广东、广西、四川、贵州、云南。这一方面表明，随着人们对蔬菜和瓜类需求的增加，各省级辖区（北京、黑龙江除外）都扩大了播种面积，以满足市场需要。另一方面也表明，为适应城镇化及工业化带来的人口集聚及其对蔬菜和瓜类的巨量需求，在城市群周边地区、经济发达区及周边地区大幅增加了播种面积，以满足大量城镇人口所需。再一方面表明，为适应城乡居民对新鲜蔬菜和瓜类周年均衡供应及品种多样化的要求，一些气候温和地区的生产也迅速发展起来，成为新的生产基地。蔬菜和瓜类生产布局的这一变化，有利于这一产业的发展，也有利于保障供给，但在布局变化中的生产规模确定还缺乏完善的信息引导，存在一定的盲目性。

2. 水果生产布局变动

水果有众多类型和品种，不同的气候及生态环境适应不同的水果生长发育，故我国从南至北、从东到西都有水果的生产。改革开放前，人们生活水平低，水果属于奢侈品，种植面积不大且多为零星种植，成片果园很少。改革开放后，随着人们收入和生活水平的提高，对水果的数量需求增加、品种需求增多、质量要求提高，水果成了生活必需品。在市场需求拉动及较好经济效益的刺激下，不同省级辖区竞相发展本区域的特色和优势水果产业，不仅使全国种植面积迅速扩大，还在不同地域形成了一些特色水果的集中产区，使水果生产布局发生了很大改变。表 20 - 5 是 1978—2016 年各省级辖区在不同代表年份的果园面积及在全国的占比，用以反映各省级辖区在此期间水果产业的发展及布局变化。

表 20 - 5　1978—2016 年各省级辖区不同代表年份果园面积及占比

单位：万公顷、%

地区	1978 年 播种面积	占比	1985 年 播种面积	占比	1995 年 播种面积	占比	2005 年 播种面积	占比	2016 年 播种面积	占比
全国	165.7	100	273.61	100	809.79	100	1 003.48	100	1 298.15	100
北京	0.90	0.54	2.79	1.02	5.97	0.74	7.57	0.75	5.25	0.40
天津	0.87	0.53	1.69	0.62	3.43	0.42	3.71	0.37	3.36	0.26
河北	17.95	10.83	35.25	12.88	98.28	12.14	111.51	11.11	109.01	8.39
山西	6.40	3.86	11.14	4.07	28.63	3.54	27.97	2.79	35.58	2.74
内蒙古	1.16	0.70	2.45	0.90	7.10	0.88	5.21	0.52	7.59	0.58
辽宁	22.92	13.82	28.94	10.58	44.97	5.55	31.70	3.16	38.03	2.93
吉林	2.79	1.68	2.14	0.78	9.37	1.16	6.78	0.68	4.66	0.36
黑龙江	1.82	1.10	1.46	0.53	5.55	0.68	3.95	0.39	3.42	0.26
上海	0.30	0.18	0.52	0.19	1.34	0.16	2.23	0.22	1.68	0.13
江苏	3.21	1.94	4.67	1.71	15.77	1.95	19.14	1.91	21.00	1.62
浙江	4.73	2.85	12.36	4.52	23.72	2.93	29.98	2.99	32.77	2.52
安徽	2.63	1.59	2.86	1.05	9.76	1.20	10.42	1.04	13.24	1.02
福建	7.09	4.28	14.14	5.17	53.24	6.57	55.07	5.49	54.17	4.17
江西	2.25	1.36	4.34	1.59	23.82	2.94	29.58	2.95	41.09	3.16
山东	27.21	16.42	37.25	13.61	93.52	11.55	76.79	7.65	65.33	5.03
河南	14.94	9.02	15.95	5.83	44.00	5.43	41.66	4.15	44.75	3.45
湖北	4.39	2.65	6.57	2.40	19.98	2.47	26.51	2.64	42.34	3.26
湖南	6.75	4.07	9.58	3.50	28.62	3.53	43.08	4.29	53.64	4.13
广东	3.33	2.01	28.15	10.29	73.56	9.08	99.69	9.93	113.06	8.71
广西	4.92	2.97	6.49	2.37	46.83	5.78	86.52	8.62	123.26	9.45

（续）

地区	1978 年		1985 年		1995 年		2005 年		2016 年	
	播种面积	占比	播种面积	占比	播种面积	占比	播种面积	占比	播种面积	占比
海南					8.12	1.00	16.34	1.63	16.02	1.23
重庆							17.93	1.79	30.84	2.38
四川	6.88	4.15	14.74	5.39	29.64	3.66	46.20	4.60	66.32	5.11
贵州	0.61	0.37	0.76	0.28	4.11	0.51	11.89	1.18	32.42	2.49
云南	3.21	1.94	4.49	1.64	14.38	1.78	22.48	2.24	51.56	3.97
西藏			0.08	0.03	0.09	0.01	0.11	0.01	0.32	0.02
陕西	9.85	5.94	10.99	4.02	68.50	8.46	81.75	8.15	126.38	9.74
甘肃	3.51	2.12	4.59	1.68	28.09	3.47	34.76	3.46	47.29	3.64
青海	0.21	0.13	0.34	0.12	0.57	0.07	0.43	0.04	0.76	0.06
宁夏	0.83	0.50	0.83	0.30	3.83	0.47	4.86	0.48	13.63	1.05
新疆	4.00	2.41	8.02	2.93	14.99	1.85	47.70	4.75	99.38	7.66

资料来源：相关各年《中国农业统计资料》，中国农业出版社；相关各年《中国农村统计年鉴》，中国统计出版社。

由表 20-5 可知，在 1978—2016 年，各省、自治区、直辖市果园面积都有明显扩大，只是扩大的面积悬殊较大。面积扩大最多的是广西、陕西、新疆、广东、河北 5 省和自治区，除西藏、青海因受条件制约外，面积扩大最少的是上海、天津、黑龙江、北京、吉林 5 省、直辖市。改革开放初期，全国水果生产规模较大的是山东、河北、辽宁、广东、四川、福建 6 省，经过近 40 年的发展，现在水果生产规模大的是陕西、广西、广东、河北、新疆、四川、山东 7 省、自治区。这一方面表明，我国不同自然气候区域的多种水果都在发展，使水果生产规模扩大，品种多样性增多。另一方面也表明，部分省级辖区在水果生产上异军突起，成为重要产地，如广西、陕西、广东、新疆、甘肃等省、自治区已发展成全国重要水果生产基地。再一方面也表明，重要水果生产正向优势产区集中，如苹果生产向陕西集中，柑橘生产向长江中下游地区集中，梨的生产向黄河及海河流域集中，葡萄生产向西北地区（青海除外）集中，热带水果生产向两广和海南集中。这些变化使我国水果生产布局初步得到优化，总体上对水果产业发展有利。但在水果生产发展和布局变动中，也存在脱离市场需求的盲目发展，布局调整缺乏严格论证等问题。

3. 茶叶生产布局变动

茶叶是重要的饮料，原产于我国并有悠久的种植历史。茶树只能在温暖潮湿的地方生长发育，其生产主要在江南地区，北方少数省虽也有分布，但仅局限在个别生态适宜区。改革开放前，茶叶还属于奢侈品，在国内只有少部分人消费，且消费量不大，有相当一部分产品是供出口，以换取外汇。改革开放后，随着人们收入和生活水平提高，加之饮茶有利健康，使饮茶成为时尚，国内茶叶需求量增加，再加上我国茶叶仍保持不小的出口量，茶叶需求较为旺盛。在需求拉动和较高效益刺激下，茶叶生产规模逐渐扩大。一方面，部分原有茶叶产区保持生产规模稳定，不使其在非农产业发展中遭受冲击而下滑。另一方面，部分原有茶叶产区扩大茶叶生产规模，使其成为新型农业产业。再一方面，一些有条件的地区新引进茶叶生产，作为特色产业发展。如此一来，不仅茶叶生产规模扩大，而且生产布局也发生了很大改变。表 20-6 是 1978—2016 年，各省级辖区在不同代表年份的茶园面积及在全国的占比，用以反映全国茶叶生产的发展和布局变动。

表 20-6 1978—2016 年各省级辖区不同代表年份茶园面积及占比

单位：万公顷、%

地区	1978 年		1985 年		1995 年		2005 年		2016 年	
	茶园面积	占比	茶园面积	占比	茶园面积	占比	茶园面积	占比	茶园面积	占比
全国	104.8	100	156.73	100	111.53	100	135.19	100	290.21	100
江苏	1.07	1.02	1.43	0.91	1.93	1.73	2.39	1.77	3.38	1.16
浙江	15.99	15.26	17.79	11.35	13.93	12.49	15.47	11.44	19.70	6.79
安徽	9.29	8.86	11.86	7.57	12.19	10.93	11.76	8.70	17.18	5.92
福建	9.41	9.00	12.23	7.80	13.20	11.84	15.52	11.48	25.13	8.66
江西	5.35	5.10	6.38	4.07	5.52	4.95	3.82	2.83	9.01	3.10
山东	0.56	0.53	0.24	0.15	0.33	0.30	1.45	1.07	2.69	0.93
河南	1.31	1.25	1.59	1.01	1.79	1.60	3.31	2.45	11.83	4.08
湖北	8.55	8.16	6.79	4.45	11.34	10.17	13.84	10.24	33.94	11.69
湖南	17.44	16.64	11.49	7.33	9.06	8.12	8.01	5.92	13.87	4.78
广东	4.19	4.00	4.60	2.93	4.58	4.11	3.60	2.66	5.31	1.83
广西	3.00	2.86	2.06	1.31	2.50	2.24	3.69	2.73	7.17	2.47
海南					0.58	0.52	0.15	0.11	0.15	0.05
重庆							2.58	1.91	4.23	1.46
四川	11.30	10.81	10.89	6.95	10.04	9.00	15.20	11.24	34.22	11.79
贵州	4.23	4.04	2.84	1.81	4.74	4.25	5.97	4.42	43.98	15.15
云南	9.96	9.46	11.41	7.28	16.62	14.90	21.85	16.16	43.49	14.99
西藏			0.02	0.01			0.02	0.01	0.50	0.17
陕西	3.11	2.97	2.62	1.67	3.10	2.78	5.95	4.40	13.61	4.69
甘肃	0.04	0.04	0.05	0.03	0.80	0.72	0.63	0.47	1.25	0.43

资料来源：相关各年《中国农业统计资料》，中国农业出版社；相关各年《中国农村统计年鉴》，中国统计出版社。

由表 20-6 可知，1978—2016 年全国茶园面积增加了 1.77 倍，除湖南外的各产茶省级辖区茶园面积都有不同程度的增长，但增长的幅度相差很大。茶园面积增加较多的有贵州、云南、湖北、四川、福建5省，传统产茶省面积增加较少的有广东、浙江、江苏、江西、广西5省，山东、陕西、甘肃、西藏等新茶区的茶园面积增加不多。如此形成华东及两广茶区茶园面积趋稳，两湖茶区茶园面积微增，西南茶区（西藏除外）茶园面积大增的格局。茶园面积前几位的省，也由改革开放初的湖南、浙江、四川、云南、福建、安徽，变为现在的贵州、云南、四川、湖北、福建，茶叶生产布局发生了巨大变化。茶叶生产对劳动消耗多，华东及华南劳动力成本高，稳定茶叶生产是理性选择。而两湖地区及云贵川地区适宜茶叶生产，且劳动力丰富，发展茶叶生产可以发挥比较优势，是明智之举。当然，即使茶叶生产快速发展的地区，也要因地制宜，避免盲目冒进。

三、糖烟药生产布局变化

糖是人们的生活必需品，糖料生产是农业不可缺少的部门。烟草是重要的轻工原料，烟草生产也属农业应当重视的部门。中药材是防病治病的重要物资，中药材生产也是一个古老的产业。糖料作物和烟草作物都有一定的适生区域，只能在适生区域内种植。中药材品种多、适生性各不相同，但不同种类的中药材只能在各自所适应的地域生长发育，故全国各地都有不同的中药材生产。改革开放前，为保证粮食生产，对糖料、烟草、中药材生产是严格限制的。改革开放后，为促进农业全面发展，对糖料、烟草、中药材生产逐渐按市场需求进行规划调整，并逐渐向优势产区转移，在生产规模和布局上都发生了显著变化。

1. 糖料生产布局变动

糖料作物主要有甘蔗和甜菜两种，甘蔗适合南方种植，甜菜适宜北方生长。在改革开放前，为增加粮食生产，对糖料生产进行计划控制。但因食糖供应的紧张，大多数省级辖区都保持较小面积的糖料种植，糖料生产比较分散。改革开放后，随着粮食短缺的缓解和人们对食糖需求增加，糖料种植面积迅速扩大，且多数省级辖区生产规模在原有基础上都有增长。20世纪90年代后期，进口食糖增加，对国内糖料生产造成冲击，糖料种植面积特别是甜菜种植面积显著减少。由此造成我国糖料生产南北格局、品种格局的变化，以及糖料生产向少数优势省、自治区的集中。表20-7是1978—2016年，各省级辖区在不同代表年份的糖料播种面积及在全国的占比，用以反映全国糖料生产的发展和布局变动。

由表20-7可知，改革开放后全国糖料生产规模，有一个逐渐扩大之后趋于稳定的过程，糖料播种面积由20世纪70年代末的80余万公顷，增加到90年代的180余万公顷，受廉价进口食糖的冲击，播种面积稳定在160万公顷左右。在90年代中期之前，各省级辖区糖料播种面积都有所扩大，但北方甜菜生产主要集中在黑龙江和内蒙古，南方甘蔗生产主要集中在广东、广西、云南。在90年代中期之后，由于国外食糖的竞争，国内大多数竞争力弱的省、自治区都减少了糖料生产，只有少数竞争力较强的省、自治区增加了糖料生产。在这一变动过程中，甜菜与甘蔗播种面积之比由0.3：0.7演变为0.1：0.9，糖料主产省级辖区由黑龙江、内蒙古两个甜菜产区和广东、广西、云南三个甘蔗产区变成了广东、云南、广西三个甘蔗产区。由此可见，在我国糖料产业发展中，北方甜菜产业在竞争中日渐衰落，南方甘蔗产业在竞争中向少数优势产区集中。只不过甜菜和甘蔗除榨糖外，还可做其他食用，故除主产区外，其他省级辖区都还保留了少量播种面积。

表 20-7　1978—2016 年各省级辖区不同代表年份糖料播种面积及占比

单位：万公顷、%

地区	1978 年		1985 年		1995 年		2005 年		2016 年	
	播种面积	占比	播种面积	占比	播种面积	占比	播种面积	占比	播种面积	占比
全国	87.90	100	152.50	100	182.00	100	156.40	100	169.62	100
河北	1.52	1.73	1.15	0.75	1.19	0.65	1.05	0.67	1.93	1.16
山西	0.90	1.02	1.08	0.71	2.18	1.20	0.12	0.08	0.07	0.04
内蒙古	3.43	3.90	10.03	6.58	14.03	7.71	3.81	2.44	6.36	3.75
辽宁	1.41	1.60	1.38	0.90	3.02	1.66	0.21	0.13	0.19	0.11
吉林	6.13	6.97	6.72	4.41	4.32	2.37	0.28	0.18	0.03	0.00
黑龙江	14.51	16.51	29.20	19.15	32.85	18.05	8.05	5.15	0.33	0.19
江苏	0.77	0.88	0.85	0.56	0.41	0.23	0.41	0.26	0.15	0.09
浙江	1.05	1.19	1.79	1.17	1.18	0.65	1.57	1.00	0.95	0.56
安徽	0.15	0.17	0.23	0.15	0.48	0.26	0.57	0.36	0.53	0.31
福建	4.27	4.86	7.32	4.80	3.75	2.06	1.49	0.95	0.68	0.40
江西	1.95	2.22	3.76	2.47	4.02	2.21	1.77	1.13	1.45	0.85
山东	0.89	1.01	0.46	0.30	0.03	0.02				
河南	0.33	0.38	0.50	0.30	0.50	0.27	0.48	0.31	0.34	0.20
湖北	0.25	0.28	0.80	0.52	1.60	0.88	1.00	0.64	0.90	0.53
湖南	1.46	1.66	2.51	1.65	2.90	1.59	1.96	1.25	1.34	0.79
广东	20.44	23.25	42.71	28.01	23.02	12.65	14.75	9.43	16.19	9.54
广西	14.48	16.47	22.01	14.43	45.43	24.96	74.76	47.80	95.10	56.07
海南					7.25	3.98	6.00	3.84	3.23	1.90
重庆							0.28	0.18	0.24	0.14
四川	5.72	6.51	5.62	3.69	3.57	1.96	2.69	1.68	1.29	0.76
贵州	0.62	0.71	0.47	0.31	0.93	0.51	1.95	1.25	2.09	1.23

（续）

地区	1978 年		1985 年		1995 年		2005 年		2016 年	
	播种面积	占比	播种面积	占比	播种面积	占比	播种面积	占比	播种面积	占比
云南	4.33	4.93	8.39	5.50	17.51	9.62	25.52	16.32	28.22	16.64
陕西	0.26	0.30	0.43	0.28	0.23	0.13	0.01	0.00	0.01	0.00
甘肃	0.97	1.10	1.89	1.24	2.94	1.62	0.45	0.29	0.29	0.17
宁夏	0.24	0.27	1.19	0.78	1.45	0.80				
新疆	1.77	2.01	1.89	1.24	7.11	3.91	6.99	4.47	7.71	4.55

资料来源：相关年份《中国农业统计资料》，中国农业出版社；相关年份《中国农村统计年鉴》，中国统计出版社。

2. 烟草生产布局变动

吸烟有害健康，使烟草生产备受争议。不过我国还有大量吸烟人群，烟草生产还难以断绝。烟草种类较多，在很多地域都能生长发育，在大多数省级辖区都能种植。但烟草又是一种特殊作物，因需求量有限，播种面积一直受到严格监管，在数十年间变动不大。我国种植的烟草主要有烤烟、晒烟，烤烟最适宜的生长地为西南地区（西藏除外）和华中地区及山东省（西南地区最佳），晒烟产地很广，在很多省级辖区都有种植。改革开放初期，在保持布局较为分散的同时，北方烟区和南方烟区播种面积几乎是平分秋色。经过近 40 年的发展，除大多数省、自治区仍有少量种植外，烟草生产已向少数优势产区集中。表 20-8 是 1978—2016 年，各省级辖区在不同代表年份的烟草播种面积及占比，用以反映全国烟草生产的发展及布局变动。

表 20-8　1978—2016 年各省级辖区不同代表年份烟草播种面积及占比

单位：万公顷、%

地区	1978 年		1985 年		1995 年		2005 年		2016 年	
	播种面积	占比	播种面积	占比	播种面积	占比	播种面积	占比	播种面积	占比
全国	78.39	100	138.48	100	147.03	100	136.29	100	127.33	100
河北	1.18	1.51	0.42	0.30	0.55	0.37	0.37	0.27	0.28	0.22
山西	0.19	0.24	0.12	0.09	0.62	0.42	0.27	0.19	0.28	0.22
内蒙古	0.07	0.09	0.02	0.00	0.25	0.17	0.82	0.60	0.30	0.23
辽宁	1.53	1.95	1.29	0.93	1.66	1.13	1.98	1.45	0.97	0.76
吉林	1.36	1.73	1.05	0.76	1.92	1.31	2.26	1.66	1.46	1.15
黑龙江	1.96	2.50	5.60	4.04	6.83	4.65	4.21	3.09	2.02	1.59
江苏	0.73	0.93	0.44	0.32	0.13	0.09	0.06	0.04		
浙江	0.17	0.22			0.07	0.05	0.18	0.13	0.06	0.04
安徽	3.99	5.09	5.05	3.65	2.01	1.37	1.08	0.79	1.28	1.01

（续）

地区	1978 年		1985 年		1995 年		2005 年		2016 年	
	播种面积	占比	播种面积	占比	播种面积	占比	播种面积	占比	播种面积	占比
福建	1.31	1.67	4.55	3.29	4.19	2.85	6.68	4.90	6.83	5.36
江西	0.79	1.01	0.30	0.22	1.50	1.02	1.17	0.86	3.13	2.46
山东	9.09	11.60	14.19	10.25	4.68	3.18	3.46	2.54	2.47	1.94
河南	14.21	18.13	31.88	23.02	12.64	8.60	13.23	9.71	10.92	8.58
湖北	3.41	4.35	4.85	3.50	6.74	4.58	5.84	4.28	4.90	3.85
湖南	5.67	7.23	10.60	7.65	6.22	4.23	10.01	7.34	10.49	8.24
广东	4.65	5.93	2.26	1.63	2.96	2.01	3.16	2.32	2.24	1.76
广西	4.21	5.37	1.17	0.84	2.04	1.39	2.09	1.53	1.54	1.21
重庆							5.15	3.78	4.35	3.42
四川	7.69	9.87	4.95	3.57	11.77	8.01	7.95	5.83	9.69	7.61
贵州	7.21	9.20	19.99	14.44	26.59	18.08	22.27	16.34	16.82	13.21
云南	7.10	9.06	25.88	18.69	45.58	31.00	39.26	28.81	43.83	34.42
陕西	1.30	1.66	4.44	3.21	5.09	3.46	3.29	2.41	3.07	2.41
甘肃	0.31	0.40	0.21	0.15	2.82	1.92	1.42	1.04	0.34	0.27
新疆	0.19	0.24			0.09	0.06	0.05	0.04		

资料来源：相关年份《中国农业统计资料》，中国农业出版社；相关年份《中国农村统计年鉴》，中国统计出版社。

由表 20-8 可知，改革开放以来，我国烟草生产在严格监管下，播种面积在小幅增长后又回落至初期水平，并大体保持稳定。20 世纪 70 年代末及 80 年代初，全国有 2/3 的省级辖区种植烟草，主产区为河南、云南、贵州、山东 4 省，播种面积占全国的 66.40%。到 20 世纪 90 年代中，河南、山东显著减少烟草种植，而云贵川三省大幅增加烟草种植，主产区变为云南、贵州、河南、四川 4 省。进入 21 世纪以来，在全国烟草播种面积有小幅减少的背景下，贵州、河南烟草种植面积有小幅减少，而云南、四川、湖南烟草种植面积有一定增加，使云南、贵州、河南、湖南、四川 5 省成了烟草主产区。这表明，近 40 年在烟草播种面积没有大的变化情况下，原有主产区河南、山东种植面积大减，贵州种植面积先升后降，云南、四川种植面积波动上升，湖南种植面积稳定，最终导致除晒烟和其他类型烟草生产仍处于分散状态外，烤烟生产主要向云贵川集中，形成烤烟生产以西南地区为主、中原地区为辅的布局态势。

3. 中药材生产布局变动

这里所称中药材专指可人工栽培的草本或木本中药材，不包括其他类型的中药材。我国药材资源丰富，药用植物上千种，分布在不同气候、不同地形地貌、不同生态环境的各类地域。在各省级辖区，由其独特自然环境所决定，再由人们长期探索与积累，都形成了一定规模的不同种类的中药材种植业，如云南的三七、贵州的天麻、四川的川芎、陕西的当归、甘肃的百合、重庆的黄连、河南的山药、西藏的红花、福建的砂仁、新疆的肉苁蓉、内蒙古的甘草、吉林的人参等。不少中药材有最适宜生长发育的原产地，由其原产地生产的药材称为道地中药材。20 世纪 90 年代中期之前的一段时期内，中医中药发展缓慢，中药材种植规模不大（1985 年全国只有 25.93 万公顷，1995 年全国也只有 28.48 万公顷），各省级辖区播种面积没有确切统计。在此之后，随着人们对健康、保健的日益重视，利用中药治病、利用中药调养身体成为时尚，对中药材数量、品种需求大增，对质量要求提高，极大地刺激了中药材的生产。进入 21 世纪，中药材生产规模迅速扩大，传统生产格局也有较大改变。表 20 - 9 是1995—2016 年，各省级辖区中药材播种面积及占比，用以反映全国中药材生产的发展及布局变动。

表 20 - 9　1995—2016 年各省级辖区不同代表年份中药材播种面积及占比

单位：万公顷、%

地区	1995 年		2000 年		2005 年		2010 年		2016 年	
	播种面积	占比	播种面积	占比	播种面积	占比	播种面积	占比	播种面积	占比
全国	27.90	100	67.60	100	121.33	100	123.72	100	223.61	100
北京	0.02	0.07	0.17	0.25	0.15	0.12	0.29	0.23	0.25	0.11
天津									0.35	0.16
河北	0.99	3.55	2.17	3.21	3.14	2.59	2.84	2.30	6.90	3.09
山西	0.41	1.47	3.47	5.13	3.16	2.60	2.18	1.76	4.11	1.84
内蒙古	0.62	2.22			2.63	2.17	2.65	2.14	8.80	3.94
辽宁	0.48	1.72	0.56	0.83	1.83	1.51	2.10	1.70	1.99	0.89
吉林	1.28	4.59	1.59	2.35	2.98	2.46	3.00	2.42	2.56	1.14
黑龙江	0.12	0.43	2.10	3.11	4.81	3.96	3.67	2.97	2.91	1.30
上海	0.04	0.14	0.05	0.07	0.05	0.04	0.05	0.04	0.03	0.02
江苏	0.40	1.43	1.69	2.50	1.45	1.19	1.15	0.93	1.48	0.66
浙江	0.80	2.87	1.64	2.43	2.65	2.18	3.06	2.47	4.30	1.92
安徽	1.56	5.59	5.64	8.34	6.14	5.06	6.40	5.17	9.36	4.19
福建	0.65	2.33	1.16	1.72	1.53	1.26	1.20	0.97	2.53	1.13
江西	0.59	2.11	2.03	3.00	2.43	2.00	2.01	1.62	2.43	1.09
山东	0.59	2.11	2.63	3.89	3.23	2.66	2.89	2.34	3.06	1.37
河南	1.26	4.52	6.05	8.95	17.42	14.36	12.19	9.85	9.99	4.47
湖北	1.90	6.81	4.37	6.46	6.15	5.07	10.16	8.21	17.49	7.82
湖南	3.55	12.72	4.24	6.27	8.54	7.04	6.25	5.05	8.70	3.89
广东	0.99	3.55	2.06	3.05	2.49	2.05	1.11	0.90	2.59	1.16

（续）

地区	1995 年		2000 年		2005 年		2010 年		2016 年	
	播种面积	占比	播种面积	占比	播种面积	占比	播种面积	占比	播种面积	占比
广西	0.94	3.37	2.00	2.96	4.54	3.74	5.90	4.77	10.11	4.52
海南	0.33	1.18	0.32	0.47	0.36	0.29	0.37	0.30	1.02	0.46
重庆			1.35	2.00	3.72	3.07	7.12	5.75	12.32	5.51
四川	3.37	12.08	4.58	6.78	9.33	7.69	9.51	7.69	11.68	5.22
贵州	0.74	2.65	1.35	2.00	2.37	1.95	2.81	2.27	16.83	7.53
云南	0.95	3.41	1.37	2.01	2.66	2.19	5.84	4.72	15.23	6.81
西藏									0.03	0.01
陕西	1.62	5.81	2.80	4.14	9.99	8.23	8.93	7.22	19.97	8.93
甘肃	2.83	10.14	7.96	11.78	14.28	11.77	16.54	13.37	29.05	12.99
青海			0.05	0.07	0.36	0.29	1.07	0.86	3.48	1.57
宁夏	0.18	0.65	0.61	0.90	1.31	1.08	0.93	0.75	6.06	2.71
新疆	0.67	2.40	1.27	1.88	1.63	1.34	2.00	1.62	8.00	3.58

资料来源：相关年份《中国农业统计资料》，中国农业出版社；相关年份《中国农村统计年鉴》，中国统计出版社。

由表 20-9 可知，1995—2005 年中药材生产规模迅速扩大，2005—2010 年其生产规模保持稳定，2010—2016 年其生产规模又迅速扩张。在中药材生产规模扩大过程中，除吉林、黑龙江、上海、山东、河南种植面积略有减少外，其他省级辖区的种植面积都有不同程度的增加，其中增加最显著的是贵州、云南、湖北。1995—2005 年的扩张使华中地区和陕甘地区成为中药材主产区，而 2005—2016 年的扩张又造成华中地区相对规模下降、西南地区（西藏除外）和陕甘地区成为中药材主产区。应当指出的是，各省级辖区中药材生产规模及其变动，一方面是受适生药材种类多少限制的，另一方面也是受适生药材市场需求量制约的，最后才是人为推进的作用。有的省级辖区适生药材种类丰富，不少又是大宗类型，种植面积大。而有的省级辖区适生药材种类较少，大宗药材也少，种植面积就很有限。但不同省级辖区种植的中药材互不相同，不能互相替代，故各省级辖区均保持一定生产规模的格局不会改变。

四、畜禽生产布局变化

以家畜家禽养殖为主的畜牧业是农业重要的组成部分，为人们提供肉、蛋、奶、皮、毛等产品，是关系国计民生的基础产业。畜牧业是一个大的产业门类，可粗略分为家畜养殖和家禽养殖两大类。家畜主要指猪、牛、羊，家禽主要指鸡、鸭、鹅。改革开放之后，在种植业发展提供支撑、技术进步提供保证、市场需求强力拉动之下，畜禽生产有了巨大发展，特别是1978—2005年的28年间实现了高速增长。在这一过程中，虽绝大多数省级辖区保持了发展势头，但由于地理区位、市场条件、经济社会环境的差别，有的发展较快、有的发展较慢，导致原有的畜禽生产布局发生变动。生产布局的变动，既是畜禽生产发展的产物，又给畜禽生产发展以重大的影响。

1. 生猪生产布局变动

生猪生产规模可用出栏头数表示，某一年份的生猪生产布局，可用该年不同省级辖区的生猪出栏头数反映。而生猪生产的布局变动，可用不同年份的各省级辖区生猪出栏数量及占比变化反映。如某时段内的不同年份，某省级辖区的生猪出栏量及其在全国的占比都在增加，则生猪生产布局就在向该省级辖区转移。但若在某一时段的不同年份，某省级辖区的生猪出栏量及其在全国的占比都在下降，则生猪生产布局就在该辖区退出。表20-10是1978—2016年代表年份各省级辖区生猪出栏量及在全国的占比，用以反映全国生猪生产发展及布局变动。

表 20-10　1978—2016 年各省级辖区不同代表年份生猪出栏量及占比

单位：万头、%

地区	1978年		1985年		1995年		2005年		2016年	
	出栏量	占比	出栏量	占比	出栏量	占比	出栏量	占比	出栏量	占比
全国	16 109.5	100	23 877.3	100	48 049.1	100	66 098.6	100	68 502.0	100
北京	183.8	1.14	190.5	0.80	340.2	0.71	448.7	0.68	275.3	0.40
天津	72.6	0.45	85.1	0.36	162.9	0.34	481.5	0.73	374.8	0.55
河北	570.5	3.54	1 101.0	4.61	2 409.6	5.01	4 510.6	6.82	3 433.9	5.01
山西	274.1	1.70	255.4	1.07	569.4	1.19	627.1	0.95	748.9	1.09
内蒙古	135.4	0.84	314.6	1.32	491.6	1.02	957.7	1.45	909.2	1.33
辽宁	600.8	3.73	803.8	3.37	1 461.6	3.04	2 301.9	3.48	2 608.8	3.81
吉林	305.0	1.89	411.3	1.72	837.3	1.74	1 272.4	1.93	1 619.3	2.36
黑龙江	423.6	2.63	428.6	1.79	1 000.0	2.08	1 392.2	2.11	1 844.7	2.69
上海	299.1	1.86	243.9	1.02	452.0	0.94	280.0	0.42	171.1	0.25
江苏	1 326.1	8.23	1 966.8	8.24	2 754.9	5.73	2 974.9	4.50	2 847.3	4.16
浙江	875.7	5.44	1 090.9	4.57	1 384.6	2.88	1 867.1	2.82	1 169.2	1.71
安徽	693.9	4.31	965.4	4.04	1 674.6	3.49	2 629.5	3.98	2 874.9	4.20
福建	321.9	2.00	627.7	2.63	1 284.1	2.67	1 879.0	2.84	1 720.5	2.51
江西	574.0	3.56	861.5	3.61	2 365.8	4.92	2 237.8	3.39	3 103.1	4.53
山东	901.2	5.59	1 581.5	6.62	3 328.3	6.93	4 582.7	6.94	4 662.0	6.81
河南	721.4	4.48	881.7	3.69	2 614.2	5.44	5 568.0	8.42	6 004.6	8.77
湖北	919.3	5.71	1 395.4	5.84	2 981.0	6.20	3 428.4	5.19	4 223.6	6.17
湖南	1 494.1	9.27	1 984.1	8.31	5 001.7	10.41	6 176.3	9.34	5 920.9	8.64

366

（续）

地区	1978 年		1985 年		1995 年		2005 年		2016 年	
	出栏量	占比	出栏量	占比	出栏量	占比	出栏量	占比	出栏量	占比
广东	996.6	6.19	1 533.9	6.42	2 395.2	4.98	3 616.7	5.47	3 531.9	5.16
广西	650.7	4.04	877.3	3.67	2 424.2	5.05	2 831.9	4.28	3 280.1	4.79
海南					212.5	0.44	427.5	0.65	529.6	0.77
重庆							1 993.3	3.02	2 047.8	2.99
四川	2 155.5	13.38	3 991.3	16.72	7 778.9	16.19	7 105.0	10.75	6 925.4	10.11
贵州	352.8	2.19	682.5	2.86	1 044.8	2.17	1 453.6	2.20	1 759.4	2.57
云南	515.4	3.20	785.0	3.29	1 368.1	2.85	2 733.6	4.14	3 378.6	4.93
西藏	5.7	0.04	4.3	0.02	9.5	0.02	18.9	0.03	18.3	0.02
陕西	391.1	2.43	393.9	1.65	799.0	1.66	930.4	1.41	1 142.9	1.67
甘肃	243.9	1.51	300.1	1.26	611.3	1.27	700.1	1.06	670.3	0.98
青海	28.5	0.18	40.4	0.17	80.7	0.17	121.8	0.18	138.3	0.20
宁夏	26.0	0.16	34.6	0.14	88.4	0.18	163.1	0.25	96.2	0.14
新疆	50.8	0.32	44.7	0.19	122.3	0.25	384.0	0.58	471.0	0.69

资料来源：相关年份《中国农业统计资料》，中国农业出版社；相关年份《中国农村统计年鉴》，中国统计出版社。

由表 20 - 10 可知，1978—2005 年，以出栏量表示的生猪生产持续快速增长，但 2005—2016 年发展明显减缓。改革开放初期，粮食生产的大幅增长支撑了养猪业发展，在各省级辖区均有较大发展基础上，1985 年形成了四川、湖南、江苏、山东、广东 5 个生猪主产省。1985—2005 年，由于人民收入增加、生活水平提高，对猪肉需求增加，刺激了生猪生产大发展，但由于各省级辖区发展不平衡，特别是工商业发展较快的省级辖区生猪生产放慢，导致生产布局的改变。1995 年生猪主产省变为四川、湖南、山东、湖北 4 省，而 2005 年又演变为四川、湖南、河南、山东、河北 5 省。近十余年各省级辖区虽都保有相当规模生猪生产，但华北、华东、华南多数省级辖区不同程度缩小了生猪生产规模，而东北、华中、西南地区及华东和华南少数省级辖区扩大了生猪生产规模，2016 年生猪主产省再变为四川、河南、湖南、山东、湖北 5 省。经过几十年的发展演变，全国生猪生产布局有几个显著特点，一是各省级辖区都保有一定生产规模、布局有一定均衡性，二是沿海工商业发达省级辖区生产规模在逐渐缩小、在全国的占比也在降低，三是东北、华中、西南、西北等中西部省级辖区生产规模在逐渐扩大、在全国的占比也在提高，四是主产省出栏量在全国的占比在逐渐减小，生猪生产布局集中度在下降。

2. 肉牛生产布局变动

肉牛生产规模，也可用肉牛出栏量表示。肉牛生产布局，则可用各省级辖区的肉牛出栏头数反映。而肉牛生产布局的变动，又可用不同年份的各省级辖区肉牛出栏数量及变化来反映。在一个有跨度的时期内，因资源、环境、社会经济条件的不同，各省级辖区肉牛生产的发展速度和规模差异较大，导致肉牛生产在各省级辖区的布局随时间推移而变化。若在某时期的不同年份，某省级辖区的肉牛出栏量及其在全国的占比都在增加，则肉牛生产布局就在向该辖区转移。但若在某时期的不同年份，某省级辖区的肉牛出栏量及其在全国的占比都在下降，则肉牛生产布局就在该辖区退出。表20-11是1978—2016年代表年份各省级辖区肉牛出栏数量及在全国的占比，用以反映全国肉牛生产发展及布局变动。

表 20 - 11　1978—2016 年各省级辖区不同代表年份肉牛出栏量及占比

单位：万头、%

地区	1978 年		1985 年		1995 年		2005 年		2016 年	
	出栏量	占比	出栏量	占比	出栏量	占比	出栏量	占比	出栏量	占比
全国	240.3	100	456.5	100	3 049.7	100	5 287.6	100	5 110.0	100
北京	0.5	0.21	0.8	0.18	11.0	0.36	24.5	0.46	7.4	0.14
天津	0.1	0.04	0.7	0.15	17.0	0.56	37.8	0.71	20.1	0.39
河北	4.0	1.66	15.2	3.33	333.3	10.93	579.3	10.96	331.9	6.50
山西	1.5	0.62	8.2	1.80	51.3	1.68	51.6	0.98	40.3	0.79
内蒙古	12.0	4.99	39.7	8.70	70.0	2.29	218.0	4.12	339.7	6.65
辽宁	7.6	3.16	5.6	1.23	179.3	5.88	278.8	5.27	272.3	5.33
吉林	13.2	5.49	9.1	1.99	147.5	4.84	350.0	6.62	306.4	6.00
黑龙江	8.2	3.41	7.5	1.64	150.1	4.92	212.9	4.03	274.3	5.37
上海			0.7	0.15	0.2	0.00	0.3	0.00	0.1	0.00
江苏	4.6	1.91	5.5	1.20	35.6	1.17	30.7	0.58	17.0	0.33
浙江	2.4	1.00	4.0	0.88	7.2	0.24	9.3	0.18	8.8	0.17
安徽	5.2	2.16	22.9	5.02	193.2	6.34	235.6	4.46	114.6	2.24
福建	2.4	1.00	3.4	0.74	19.3	0.63	29.7	0.56	30.2	0.59
江西	1.4	0.58	5.6	1.23	51.0	1.67	101.4	1.92	143.3	2.80
山东	4.6	1.91	27.6	6.05	381.8	12.52	546.0	10.33	445.5	8.72
河南	11.9	4.95	29.9	6.55	440.3	14.44	689.0	13.03	550.2	10.77
湖北	9.1	3.79	5.2	1.14	67.0	2.20	114.4	2.16	160.3	3.14
湖南	4.1	1.71	9.3	2.04	58.1	1.91	167.4	3.17	172.7	3.38
广东	8.6	3.58	24.5	5.37	51.9	1.70	67.1	1.27	59.1	1.16
广西	7.4	3.08	12.5	2.74	93.8	3.08	188.3	3.56	149.8	2.93
海南					20.8	0.68	33.1	0.63	26.8	0.52
重庆							54.2	1.02	70.4	1.38

（续）

地区	1978 年		1985 年		1995 年		2005 年		2016 年	
	出栏量	占比	出栏量	占比	出栏量	占比	出栏量	占比	出栏量	占比
四川	30.8	12.82	45.1	9.88	172.3	5.65	262.1	4.96	305.2	5.97
贵州	5.3	2.21	10.1	2.21	58.9	1.93	103.1	1.95	140.7	2.75
云南	15.8	6.58	16.0	3.50	64.9	2.13	207.1	3.92	300.4	5.88
西藏	19.8	8.24	34.3	7.51	61.2	2.01	106.1	2.01	125.9	2.46
陕西	3.0	1.25	7.0	1.53	52.1	1.71	88.2	1.67	55.5	1.09
甘肃	6.0	2.50	14.9	3.26	63.0	2.07	118.6	2.24	189.4	3.71
青海	31.2	12.98	47.9	10.49	81.2	2.66	96.1	1.82	125.2	2.45
宁夏	0.8	0.33	1.0	0.22	15.4	0.50	37.6	0.71	68.2	1.33
新疆	18.8	7.82	42.3	9.27	101.2	3.32	249.4	4.72	258.1	5.05

资料来源：相关年份《中国农业统计资料》，中国农业出版社；相关年份《中国农村统计年鉴》，中国统计出版社。

由表 20-11 可知，1978—2005 年，以出栏量表示的全国及各省级辖区（江苏除外）的肉牛生产规模一直在扩大，而 2005—2016 年，发展速度明显放缓，发展规模趋于稳定。肉牛养殖经多年缓慢发展，1978 年出栏肉牛 240.3 万头，形成了青海、四川、西藏三个主产省区。发展到 1985 年出栏肉牛增至 456.5 万头，主产区变成了青海、四川、新疆。又经过 20 年发展，2005 年出栏肉牛 5 287.6 万头，河南、山东、河北成为新的主产省。再经过 11 年的发展，2016 年出栏肉牛 5 110.0 万头，河南、山东、内蒙古、河北、吉林、四川、云南 7 省区出栏肉牛均超过 300 万头，成为主产区。由此可看出，改革开放初期，肉牛生产主要在牧区（青海、西藏、新疆）发展，1985 年之后肉牛生产逐渐向农区转移，特别是向种植业大省及自治区转移，到 1995 年肉牛主产区就变成了河南、山东、河北 3 个种植业大省，并延续到 2005 年。2005—2016 年，肉牛出栏量小有减少，但肉牛生产向更多种植业大省扩散，使肉牛主产区由 3 省扩大到 7 省区。

3. 肉羊生产布局变动

肉羊生产规模，可用肉羊出栏量表示。肉羊生产布局，则可用各省级辖区的肉羊出栏数量加以反映。而肉羊生产布局的变动，应当用不同年份的各省级辖区肉羊出栏数量及变化来反映。在某一时期内，因主观或客观原因，各省级辖区肉羊生产的发展速度和规模存在很大差异，导致肉羊生产布局随时间而变化。当在一定时期的不同年份，某省级辖区的肉羊出栏量及其在全国的占比都在增加，便表明肉羊生产布局在向该辖区转移。若在一定时期的不同年份，某省级辖区肉羊出栏量及其在全国的占比都在降低，则表明肉羊生产布局在该辖区退出。表 20-12 是 1978—2016 年各代表年份各省、自治区、直辖市肉羊出栏量及在全国的占比，用以反映全国肉羊生产发展及布局变动。

表 20-12　1978—2016 年各省级辖区不同代表年份肉羊出栏量及占比

单位：万只、%

地区	1978 年		1985 年		1995 年		2005 年		2016 年	
	出栏量	占比	出栏量	占比	出栏量	占比	出栏量	占比	出栏量	占比
全国	2 621.9	100	5 081.0	100	16 537.3	100	30 804.5	100	30 694.6	100
北京	12.4	0.47	24.9	0.49	71.3	0.43	256.1	0.83	69.6	0.23
天津	3.8	0.14	31.6	0.62	81.4	0.49	140.1	0.45	68.8	0.22
河北	135.7	5.18	325.9	6.41	1 200.7	7.26	2 542.0	8.25	2 303.8	7.51
山西	92.5	3.53	193.8	3.81	379.7	2.29	513.2	1.67	517.8	1.69
内蒙古	287.3	10.96	646.4	12.72	1 103.2	6.67	4 539.6	14.74	5 971.3	19.45
辽宁	57.0	2.17	50.5	0.99	185.0	1.12	563.0	1.83	769.9	2.51
吉林	43.2	1.65	27.8	0.55	136.6	0.83	335.0	1.09	403.0	1.31
黑龙江	71.9	2.74	57.6	1.13	183.3	1.11	693.7	2.25	778.1	2.53
上海	10.4	0.40	8.2	0.16	32.8	0.20	46.6	0.15	32.5	0.11
江苏	189.7	7.24	326.1	6.42	1 724.4	10.43	1 569.1	5.09	739.3	2.41
浙江	36.1	1.38	47.2	0.93	113.4	0.68	218.0	0.71	119.4	0.39
安徽	128.1	4.89	244.1	4.80	592.8	3.58	1 171.7	3.80	1 207.2	3.93
福建	13.0	0.50	31.2	0.61	75.3	0.46	150.1	0.49	179.6	0.59
江西	2.0	0.08	4.5	0.09	34.7	0.21	103.4	0.34	79.5	0.26
山东	142.4	5.43	558.3	10.99	4 387.6	26.53	3 876.9	12.59	3 298.0	10.74
河南	147.3	5.62	342.5	6.74	1 916.4	11.59	4 166.0	13.52	2 168.5	7.06
湖北	39.1	1.49	58.3	1.15	197.5	1.19	381.2	1.24	555.4	1.81
湖南	27.3	1.04	30.1	0.59	157.9	0.95	763.4	2.48	725.5	2.36
广东	5.9	0.23	13.2	0.26	15.3	0.09	40.3	0.13	49.9	0.16
广西	17.8	0.68	14.3	0.28	58.0	0.35	255.0	0.83	207.2	0.67
海南					37.6	0.23	97.6	0.32	81.1	0.26
重庆							300.5	0.97	300.7	0.98
四川	180.6	6.88	283.3	5.58	592.3	3.58	1 323.7	4.30	1 755.8	5.72
贵州	20.2	0.77	48.6	0.96	101.5	0.61	280.3	0.91	263.9	0.86
云南	72.9	2.78	75.2	1.48	151.7	0.92	568.3	1.84	871.6	2.84
西藏	138.3	5.27	283.3	5.58	388.7	2.35	483.1	1.57	473.9	1.54

（续）

地区	1978 年		1985 年		1995 年		2005 年		2016 年	
	出栏量	占比	出栏量	占比	出栏量	占比	出栏量	占比	出栏量	占比
陕西	61.6	2.35	125.0	2.46	289.5	1.80	618.7	2.01	506.1	1.65
甘肃	91.6	3.49	150.4	2.96	375.2	2.27	778.8	2.53	1 310.1	4.27
青海	168.5	6.43	294.6	5.80	397.2	2.40	558.1	1.81	676.2	2.20
宁夏	42.5	1.62	60.6	1.19	107.4	0.65	389.2	1.26	598.2	1.95
新疆	382.8	14.60	723.5	14.24	1 148.7	6.95	3 081.9	10.00	3 612.8	11.77

资料来源：相关年份《中国农业统计资料》，中国农业出版社；相关年份《中国农业统计年鉴》，中国统计出版社。

　　由表 20 - 12 可知，1978—2005 年，以出栏量表示的全国及各省级辖区（江苏除外）的肉羊生产规模在迅速扩大，而 2005—2016 年，发展速度大为放慢，且发展规模趋于稳定。在多年发展基础上，1978 年出栏肉羊 2 621.9 万只，形成了新疆、内蒙古、江苏 3 个主产省区。发展到 1985 年，出栏肉羊猛增到 5 081.0 万只，主产区变成新疆、内蒙古、山东三省区。发展到 1995 年，出栏肉羊更大幅增长到 16 537.3 万只，主产区也变为山东、河南、江苏三省，而新疆、内蒙古退出主产区。发展到 2005 年，出栏肉羊进一步增长到 30 804.5 万只，主产区又变为内蒙古、河南、山东、新疆四省区。发展到 2016 年，肉羊出栏量略有减少，只有 30 694.6 万只，而主产区也变为内蒙古、新疆、山东三省区。由此可看出，改革开放之初，肉羊主要在牧区和个别种植业生产大省发展，随后肉羊生产又向种植业生产大省转移，近年肉羊生产又转向牧区及个别种植业大省。这表明，内蒙古、新疆等传统牧区具有肉羊生产的独特优势，种植业大省也有肉羊生产的潜力，肉羊生产应以牧区为主、农区为辅进行布局。

4. 家禽生产布局变动

　　家禽有肉禽和蛋禽两类，肉禽育肥后要出栏，蛋禽淘汰时也要出栏。从产肉的角度，家禽生产规模可用家禽出栏量表示。而家禽生产布局，可用各省级辖区的家禽出栏量及占比反映。家禽生产布局的变动，则应当用不同年份的各省级辖区家禽出栏数量及变化加以反映。在一定时期内，因各省级辖区在区位、资源、生态环境、经济社会发展等方面的差异，家禽生产发展的速度和规模有很大不同，导致家禽生产在各省级辖区布局的变化。当在一定时期内的不同年份，某省级辖区的家禽出栏量及其在全国的占比都在增加，便表明家禽生产布局在向该辖区转移。若在一定时期内的不同年份，某省级辖区的家禽出栏量及其在全国的占比都在下降，则表明家禽生产布局从该辖区退出。表 20 - 13 是 1995—2016 年各代表年份各省级辖区家禽出栏量及在全国的占比，用以反映全国家禽生产发展及布局变动。

表 20 - 13　1995—2016 年各省级辖区在不同代表年份家禽出栏量及占比

单位：万羽、%

地区	1995 年		2000 年		2005 年		2010 年		2016 年	
	出栏量	占比	出栏量	占比	出栏量	占比	出栏量	占比	出栏量	占比
全国	630 213.1	100	809 857.1	100	986 491.8	100	1 100 578.0	100	1 237 300.1	100
北京	7 001.5	1.11	13 896.9	1.73	16 852.5	1.71	11 774.3	1.07	3 882.7	0.31
天津	3 121.3	0.49	4 484.7	0.55	9 205.6	0.93	6 951.1	0.63	7 910.6	0.64
河北	31 457.7	4.99	53 301.7	6.58	70 579.8	7.15	47 980.7	4.36	60 772.4	4.91
山西	2 849.9	0.45	3 350.3	0.41	3 494.2	0.35	5 822.9	0.53	9 639.6	0.78
内蒙古	2 976.6	0.47	4 682.1	0.58	14 535.9	1.47	8 958.9	0.81	10 950.0	0.88
辽宁	26 368.4	4.18	38 038.8	4.70	54 757.8	5.55	71 975.0	6.54	91 622.8	7.41
吉林	19 433.0	3.08	41 498.8	5.12	47 998.0	4.87	37 759.5	3.43	41 556.5	3.36
黑龙江	17 189.6	2.73	17 057.8	2.11	15 096.3	1.53	18 089.0	1.64	21 452.3	1.73
上海	14 882.1	2.36	17 213.1	2.13	7 700.0	0.78			1 713.5	0.14
江苏	59 084.9	9.38	57 275.3	7.07	61 706.2	6.26	80 440.7	7.31	71 462.1	5.78
浙江	12 691.7	2.01	17 380.8	2.15	21 624.5	2.19	26 630.5	2.42	14 941.7	1.21
安徽	23 571.0	3.74	46 521.3	5.74	48 794.4	4.95	64 795.4	5.89	78 146.9	6.32
福建	15 628.9	2.48	20 633.9	2.55	19 585.0	1.99	19 934.3	1.81	57 062.1	4.61
江西	17 357.6	2.75	28 521.6	3.52	35 313.9	3.58	40 016.2	3.64	50 656.1	4.09
山东	121 444.9	19.27	109 168.0	13.48	173 620.0	17.60	163 295.6	14.84	187 826.2	15.18
河南	27 630.1	4.38	43 872.3	5.42	69 270.0	7.02	85 101.7	7.73	93 420.0	7.55
湖北	22 457.8	3.56	29 967.3	3.70	35 792.3	3.63	46 665.0	4.24	52 195.9	4.22
湖南	23 198.2	3.68	30 448.9	3.76	39 209.8	3.97	38 355.2	3.49	42 671.9	3.45
广东	77 573.4	12.31	92 913.4	11.47	101 019.4	10.24	113 731.0	10.33	97 391.1	7.87
广西	31 566.9	5.01	37 981.9	4.69	27 111.6	2.75	77 058.4	7.00	82 237.3	6.65
海南	7 304.4	1.16	7 636.6	0.94	8 841.8	0.89	12 062.7	1.15	15 315.0	1.24
重庆			10 209.1	1.26	15 038.2	1.52	19 672.2	1.79	24 928.1	2.01
四川	46 318.6	7.35	58 169.6	7.18	47 619.8	4.83	56 420.2	5.13	67 776.9	5.48
贵州	3 236.1	0.51	2 992.0	0.37	7 038.8	0.71	8 391.1	0.76	10 397.3	0.84
云南	4 653.8	0.74	8 313.2	1.03	12 148.9	1.23	19 316.3	1.76	21 698.8	1.75
西藏							111.3	0.01	171.8	0.01
陕西	4 372.1	0.74	5 136.0	0.63	6 366.0	0.65	4 781.0	0.43	5 278.6	0.43
甘肃	2 898.8	0.46	2 465.8	0.30	3 708.6	0.38	3 360.3	0.31	4 024.9	0.32
青海	155.3	0.02	242.2	0.03	264.7	0.03	342.3	0.03	463.3	0.03
宁夏	938.6	0.15	1 859.5	0.23	1 848.1	0.19	1 135.1	0.10	1 088.3	0.08
新疆	2 549.9	0.40	4 534.2	0.56	10 349.5	1.05	5 024.5	0.46	8 645.4	0.70

资料来源：相关年份《中国农业统计资料》，中国农业出版社；相关年份《中国农村统计年鉴》，中国统计出版社。

由表 20-13 可知，1995—2016 年，以出栏量表示的全国及大多数省级辖区的家禽生产规模在迅速扩大，且各省级辖区都保持了相当的发展规模。改革开放后，随着人们收入和生活水平的提高，对家禽需求增加，拉动了家禽生产。从 20 世纪 80 年代中前期开始，工厂化养禽在全国兴起，到 1995 年各省级辖区都形成了具有一定规模的家禽生产，发展较快的山东、广东、江苏、四川成为主产省，4 省出栏量占全国的近一半。1995—2005 年，除黑龙江、上海、广西有所下降外，其他省级辖区家禽生产规模继续扩大，但原来生产规模大的省、自治区、直辖市发展放慢，原来生产规模小的省级辖区发展加快，整个发展趋向均衡，山东、广东、河北、河南成为主产省，4 省出栏量占全国的 42%。2005—2016 年，京津沪三市及河北、内蒙古、吉林、浙江、广东家禽生产下降，而其余省级辖区家禽生产继续发展，原有生产规模大的省级辖区发展继续放缓，而原有生产规模小的省级辖区发展继续加快，整个发展更趋均衡。到 2016 年，全国家禽出栏超过亿羽的有 21 个省级辖区，出栏超过 5 亿羽的有 12 个省级辖区，山东、广东、河南、辽宁成为主产省，但 4 省出栏量只占全国的 38%。这表明，全国家禽生产在发展中逐渐趋向区域均衡，生产布局也由相对集中趋于相对分散。

五、水产品生产布局变动

水产品分为内陆淡水产品和海水产品两类，内陆淡水产品以内陆淡水养殖和捕捞获取、以养殖为主，海水产品以海水养殖和海洋捕捞获取、养殖产品稍多。因此，水产品生产可分为内陆淡水养殖、内陆捕捞、海水养殖、海洋捕捞四部分，因内陆捕捞量小，可以忽略。内陆淡水养殖受内陆淡水制约，海水养殖也受海域限制，均不能突破限制而扩张，只是海洋捕捞可到远洋，限制较小。我国水产品生产长期落后，20 世纪 80 年代中期开始加快发展，经过近 40 年艰苦努力，全国各省级辖区内陆淡水养殖面积逐渐扩大，沿海省级辖区海水养殖面积逐渐增加，海洋捕捞逐年增大，发展至今，不仅水产品生产规模有了极大扩张，而且生产布局也有了很大变动。

1. 内陆淡水养殖生产布局变动

内陆淡水养殖有池塘养殖、湖泊养殖、河沟养殖、水库养殖、其他养殖等多种类型，用养殖面积表示其生产规模。内陆淡水养殖生产布局，可用各省级辖区的内陆淡水养殖面积反映。内陆淡水养殖生产布局的变动，则需用不同年份各省级辖区的内陆淡水养殖面积及其变化来反映。若在某一时段的不同年份，某省级辖区的内陆淡水养殖面积和在全国的占比都在增加，便表明内陆淡水养殖生产布局向该辖区转移。若在某一时段的不同年份，某辖区的内陆淡水养殖面积和在全国的占比都在降低，则表明内陆淡水养殖生产布局从该辖区退出。表 20-14 是 1978—2016 年不同代表年份各省级辖区内陆淡水养殖面积及其在全国的占比，用以反映该时期全国内陆淡水养殖生产发展及布局变化。

表 20-14　1978—2016 年各省级辖区代表年份内陆淡水养殖面积及占比

单位：万公顷、%

地区	1978 年		1985 年		1995 年		2005 年		2016 年	
	养殖面积	占比	养殖面积	占比	养殖面积	占比	养殖面积	占比	养殖面积	占比
全国	272.28	100	362.54	100	466.93	100	586.37	100	617.96	100
北京	1.72	0.63	1.90	0.52	2.22	0.47	1.97	0.34	0.35	0.06
天津	0.60	0.22	1.46	0.40	2.70	0.58	3.69	0.63	3.52	0.57
河北	5.01	1.84	5.97	1.65	6.86	1.47	7.47	1.27	7.51	1.22
山西	1.31	0.48	1.90	0.52	1.88	0.40	1.83	0.31	1.59	0.26
内蒙古	3.96	1.45	9.77	2.69	10.74	2.30	12.02	2.05	11.56	1.87
辽宁	12.41	4.56	9.33	2.57	11.36	2.43	16.72	2.85	23.03	3.73
吉林	14.97	5.50	16.46	4.54	21.24	4.55	20.12	3.43	31.89	5.16
黑龙江	9.41	3.46	19.46	5.37	27.77	5.95	39.52	6.74	39.27	6.35
上海	2.12	0.78	2.79	0.77	3.20	0.69	4.10	0.70	1.86	0.30
江苏	26.39	9.69	34.51	9.52	46.73	10.01	64.06	10.92	56.79	9.19
浙江	14.62	5.37	17.47	4.82	19.44	4.16	20.52	3.50	20.21	3.27
安徽	27.38	10.06	36.57	10.09	49.68	10.64	59.80	10.20	58.47	9.46
福建	3.07	1.13	4.93	1.36	7.53	1.61	10.05	1.71	10.25	1.66
江西	14.44	5.30	24.23	6.68	31.18	6.68	37.43	6.38	43.82	7.09
山东	11.70	4.30	11.03	3.04	19.97	4.28	28.14	4.80	27.65	4.47
河南	13.12	4.82	16.36	4.51	17.43	3.73	23.00	3.92	29.17	4.72
湖北	24.31	8.93	41.19	11.36	53.38	11.43	66.67	11.37	69.89	11.31
湖南	25.32	9.30	33.07	9.12	39.03	8.36	48.17	8.21	47.50	7.69
广东	19.74	7.25	26.57	7.33	32.97	7.06	38.03	6.49	35.91	5.81
广西	6.43	2.36	11.79	3.25	15.06	3.23	20.30	3.46	18.39	2.98
海南					4.09	0.88	4.63	0.79	3.77	0.61
重庆							6.97	1.19	9.96	1.61
四川	14.41	5.29	16.43	4.53	19.47	4.17	20.09	3.43	21.49	3.48
贵州	1.19	0.44	1.20	0.33	2.16	0.46	4.32	0.74	6.08	0.98
云南	4.78	1.76	5.87	1.62	7.27	1.56	8.60	1.47	14.90	2.41
陕西	2.25	0.83	2.61	0.72	2.95	0.63	2.67	0.46	5.05	0.82

（续）

地区	1978年		1985年		1995年		2005年		2016年	
	养殖面积	占比	养殖面积	占比	养殖面积	占比	养殖面积	占比	养殖面积	占比
甘肃	1.73	0.64	1.85	0.51	1.91	0.41	1.89	0.32	1.55	0.25
青海	0.07	0.03	0.51	0.14	0.46	0.09	4.28	0.73	4.24	0.69
宁夏	0.24	0.09	0.89	0.25	1.01	0.22	1.71	0.29	4.75	0.77
新疆	6.79	2.49	6.43	1.77	7.25	1.55	7.60	1.30	7.51	1.22

资料来源：相关年份《中国农业统计资料》，中国农业出版社；相关年份《中国农村统计年鉴》，中国统计出版社。

由表20-14可知，1978—2005年内陆淡水养殖生产规模持续扩大，且发展速度较快，2005—2016年生产规模也有扩大，但发展速度放慢。改革开放初各省级辖区都很重视内陆淡水养殖，到1985年各省级辖区都形成了一定的养殖规模，为当地及周边提供鲜活水产品，且出现了湖北、安徽、江苏、湖南、广东5个内陆淡水养殖大省，养殖面积占全国的47%。从1998年至2005年，除个别省级辖区外，绝大多数省级辖区的内陆淡水养殖规模仍保持增长势头，养殖面积虽然明显扩大，但在全国的占比只有小幅调整，养殖大省只增加了一个黑龙江，生产布局变化不大。从2005—2016年，有一半的省级辖区内陆淡水养殖面积微小下滑（江苏下滑较大）。从总的情况看，经近40年发展，全国及各省级辖区（北京、山西、上海、甘肃除外）的内陆淡水养殖规模虽有扩大，但各省级辖区养殖面积在全国的占比变化不大。这表明，以主要为当地及周边地区提供鲜活水产品的内陆淡水养殖，随生产规模的扩大，仍基本保持了原有生产布局的态势。

2. 海水养殖生产布局变动

海水养殖有浅海养殖、滩涂养殖、陆基养殖三大类，也是用养殖面积表示生产规模。某一年海水养殖生产布局，可用该年相关省级辖区的海水养殖面积反映。海水养殖生产布局的变动，需用不同年份相关省级辖区的海水养殖面积及其变化来反映。若在某一时段的不同年份，某省级辖区的海水养殖面积及其在全国的占比都在增加，便表明海水养殖生产布局在向该辖区转移。若在某一时段的不同年份，某省级辖区的海水养殖面积及其在全国的占比都在下降，则表明海水养殖生产布局从该辖区退出。表20-15是1978—2016年不同代表年份相关省级辖区海水养殖面积及其在全国的占比，用以反映该时期全国海水养殖生产发展及布局变动。

由表20-15可知，1978—2016年海水养殖生产规模增长很快，生产布局也有较大改变。改革开放初期海水养殖规模小，沿海11个省级辖区虽都有养殖，但面积都不大，生产较为分散。发展到1985年，除上海、天津、河北、广西仍只有小面积养殖外，其他几省都明显发展，广东、辽宁、江苏发展较快成为海水养殖大省。在此之后，上海淡出养殖，江苏、浙江、福建、广东4省海水养殖发展减缓，而辽宁、山东等省海水养殖发展加快，到2005年辽宁、山东两省海水养殖面积占全国的50%，到2016年这两省海水养殖面积更占到全国的60%。这表明，随海水养殖规模的扩大，其生产布局由比较分散向少数养殖大省集中。

表 20 - 15 1978—2016 年各相关省级辖区代表年份海水养殖面积及占比

单位：万公顷、%

地区	1978 年		1985 年		1995 年		2005 年		2016 年	
	养殖面积	占比	养殖面积	占比	养殖面积	占比	养殖面积	占比	养殖面积	占比
全国	10.06	100	27.70	100	71.59	100	169.45	100	216.67	100
天津	0.11	1.09	0.27	0.97	0.42	0.59	0.48	0.28	0.32	0.15
河北	0.56	5.57	0.95	3.43	5.09	7.11	9.04	5.33	11.54	5.33
辽宁	2.73	27.14	5.57	20.11	14.14	19.75	44.93	26.52	76.93	35.51
上海			0.67	2.42	0.09	0.13	0.01			
江苏	0.43	4.27	4.85	17.51	8.79	12.28	17.30	10.21	18.53	8.55
浙江	0.84	8.35	2.45	8.84	5.08	7.10	11.24	6.63	8.88	4.10
福建	1.71	17.00	4.16	15.02	8.33	11.64	15.27	9.01	17.46	8.06
山东	1.79	17.79	3.31	11.95	13.04	18.42	40.74	24.04	56.15	25.91
广东	1.70	16.90	5.87	21.19	11.62	16.23	22.44	13.24	19.61	9.05
广西	0.19	1.89	0.19	0.69	4.10	5.73	6.20	3.66	5.47	2.52
海南					0.69	0.96	1.81	1.07	1.78	0.82

资料来源：相关年份《中国农业统计资料》，中国农业出版社；相关年份《中国农村统计年鉴》，中国统计出版社。

3. 海洋捕捞生产布局变动

海洋捕捞生产规模可用捕捞量表示，某年海洋捕捞生产布局，可用该年相关省级辖区的海洋捕捞量反映。而海洋捕捞生产布局的变动，则需用不同年份相关省级辖区的海洋捕捞量及其变化来反映。若在某一时期的不同年份，某省级辖区的海洋捕捞量及其在全国的占比都在增加，便表明海洋捕捞生产布局向该辖区转移。若在某一时期的不同年份，某省级辖区的海洋捕捞量及其在全国的占比都在下降，则表明海洋捕捞生产布局在该辖区退出。表 20 - 16 是 1978—2016 年不同代表年份相关省级辖区海洋捕捞量及其在全国的占比，用以反映该时期全国海洋捕捞生产发展及布局变动。

由表 20 - 16 可知，改革开放初期海洋捕捞生产规模很小，1985 年，除浙江以及广东外的其他省、自治区、直辖市生产规模都不足 20 万吨。1985—2005 年是海洋捕捞业发展最快的时期，沿海 11 个省级辖区除天津、上海、江苏增长较慢外，其他省、自治区的海洋捕捞量都有显著增长，尤以浙江、福建、山东增长为多。在 2005—2016 年，海洋捕捞生产发展放慢，河北、辽宁、上海、江苏、广东、广西生产规模都有一定缩小，但浙江、海南、山东三省增长较多。从总的情况看，经过近40年发展，海洋捕捞生产在规模不断壮大的同时，其生产布局的大格局相对稳定，除江苏及广东捕捞量占比显著下降、海南捕捞量占比明显上升外，其他省、自治区海洋捕捞量占比只有小幅波动，海洋捕捞大省也没有大的变化。

表20-16　1978—2016年各相关省级辖区代表年份海洋捕捞量及占比

单位：万吨、%

地区	1978年		1985年		1995年		2005年		2016年	
	捕捞量	占比	捕捞量	占比	捕捞量	占比	捕捞量	占比	捕捞量	占比
全国	314.52	100	140.34	100	1 026.74	100	1 453.55	100	1 527.02	100
天津	3.92	1.25	1.26	0.90	2.41	0.23	3.80	0.26	5.84	0.38
河北	12.38	3.94	2.90	2.07	16.01	1.57	31.08	2.14	29.54	1.93
辽宁	35.49	11.28	10.81	7.70	91.15	8.88	152.04	10.46	136.70	8.95
上海	19.59	6.23	8.93	6.36	16.18	1.58	14.96	1.03	14.18	0.93
江苏	19.96	6.35	10.77	7.67	56.71	5.52	58.28	4.01	56.90	3.73
浙江	78.12	24.84	38.61	27.51	247.02	24.06	314.26	21.62	388.50	25.44
福建	34.33	10.92	19.50	13.89	162.00	15.78	222.14	15.28	232.91	15.25
山东	50.15	15.94	19.53	13.92	161.81	15.76	268.08	18.44	282.17	18.48
广东	52.04	16.55	24.17	17.22	161.42	15.72	172.05	11.84	152.57	9.99
广西	8.55	2.72	3.87	2.76	49.82	4.85	84.58	5.82	65.86	4.32
海南					34.06	3.32	107.98	7.43	140.75	9.22

资料来源：相关年份《中国农业统计资料》，中国农业出版社；相关年份《中国农村统计年鉴》，中国统计出版社。

第二十一章　中国农业发展的产区分布变动

改革开放以来，我国农林牧渔四业中的所有产业，在生产布局上均发生了重大变化。农业生产布局的变化，又带来了农产品产地的变化及主要产区分布的变动。农产品产区分布的变动，主要受资源环境、区位条件、经济社会发展、技术进步等因素影响，同时也受市场需求变动的制约。这一变动既由生产所引起、是生产变动的产物，又对农产品数量及质量施加约束、反作用于生产。随着近40年经济社会的发展，科学技术的进步，农业生产条件的改善，主要农产品产区也发生了很大改变。这一方面表明农产品生产有更新更广阔的空间可以开拓，另一方面也提醒我们产区的变动可能产生风险。

一、粮食、棉花、油料产区变动

粮食、棉花、油料是关系国计民生的重要农产品，其生产的数量、质量及产地备受关注。改革开放前，主要根据不同地域自然气候条件及土地资源，计划安排农业生产，粮食、棉花、油料等农产品生产也逐渐形成了主要产区。改革开放后，随着经济社会发展、技术进步、农业生产条件的改善，农业生产布局发生了很大变化，使粮食、棉花、油料的产区随之发生改变，有的老产区产量大量减少、甚至不再生产，有的新产区产量大增甚至成为主产区，形成了新的产区格局。这一产区新格局的形成，有的是符合自然及经济规律的，而有的则是被动而为的，分析其成败得失，有利于粮食、棉花、油料生产及供给的数量及质量安全。

1. 粮食产区的变动

粮食产区指产出粮食的地域，在我国这一地域一般指省级辖区，有时也指流域或大的区域。粮食是广义的，既包括谷物，也包括薯类，还包括豆类。改革开放初期的粮食产区，是在计划经济体制下，根据不同地域自然气候、土地及水资源，随农业长期发展逐渐形成的，并且还有品种的区分。改革开放后，一方面技术的进步和生产条件的改善使粮食产区变动，另一方面区域粮食生产的经济社会环境变化及资源变动也使粮食产区发生改变。原有粮食主产区有的保持、有的退位，原有粮食非主产区有的升位、有的甚至成为核心产区。表21-1是各省级辖区1978—2016年不同代表年份的粮食产量及其在全国的占比，用以反映改革开放以来全国粮食产区的变动。

表 21-1 1978—2016 年各省级辖区不同代表年份粮食产量及占比

单位：万吨、%

地区	1978 年		1985 年		1995 年		2005 年		2016 年	
	产量	占比	产量	占比	产量	占比	产量	占比	产量	占比
全国	30 476.5	100	37 910.8	100	46 661.8	100	48 402.2	100	61 625.0	100
北京	186.0	0.61	219.7	0.58	259.8	0.56	94.9	0.20	53.7	0.09
天津	117.0	0.38	140.5	0.37	207.5	0.44	137.5	0.28	196.4	0.32
河北	1 615.0	5.30	1 966.6	5.19	2 739.2	5.87	2 598.6	5.37	3 460.2	5.61
山西	674.0	2.21	822.7	2.17	917.1	1.97	978.0	2.02	1 318.5	2.14
内蒙古	180.0	0.59	604.1	1.59	1 055.4	2.26	1 662.2	3.43	2 780.3	4.51
辽宁	1 175.0	3.86	976.0	2.57	1 423.5	3.05	1 745.8	3.61	2 100.6	3.41
吉林	1 056.0	3.46	1 225.3	3.23	1 992.4	4.27	2 581.2	5.33	3 717.2	6.03
黑龙江	1 500.0	4.92	1 430.0	3.77	2 552.1	5.47	3 092.0	6.39	6 058.5	9.83
上海	261.0	0.86	213.8	0.56	210.4	0.45	105.4	0.22	99.2	0.16
江苏	2 290.0	7.51	3 126.5	8.25	3 286.3	7.04	2 834.6	5.86	3 466.0	5.62
浙江	1 395.0	4.58	1 621.3	4.28	1 430.9	3.07	814.7	1.68	752.2	1.22
安徽	1 482.0	4.86	2 168.0	5.72	2 580.7	5.53	2 605.3	5.38	3 417.4	5.55
福建	728.5	2.39	794.4	2.10	919.7	1.97	715.2	1.48	650.9	1.06
江西	1 050.0	3.45	1 533.5	4.05	1 607.4	3.44	1 757.0	3.63	2 138.1	3.47
山东	2 250.0	7.38	3 137.7	8.28	4 246.4	9.10	3 917.4	8.09	4 700.7	7.63
河南	1 900.0	6.23	2 710.5	7.15	3 466.5	7.43	4 582.0	9.47	5 946.6	9.45
湖北	1 725.5	5.66	2 216.1	5.85	2 463.8	5.28	2 177.4	4.50	2 554.1	4.14
湖南	1 900.0	6.23	2 514.3	6.63	2 691.6	5.77	2 678.6	5.53	2 953.2	4.79
广东	1 632.0	5.35	1 737.9	4.58	1 734.8	3.72	1 395.0	2.88	1 360.2	2.21
广西	927.0	3.04	1 117.1	2.95	1 508.2	3.23	1 487.3	3.07	1 521.3	2.47
海南					201.8	0.43	153.0	0.32	177.9	0.29
重庆							1 168.2	2.41	1 166.0	1.89
四川	3 000.0	9.84	3 830.7	10.10	4 365.0	9.35	3 211.1	6.63	3 483.5	5.65
贵州	643.5	2.11	595.0	1.57	948.9	2.03	1 152.1	2.38	1 192.4	1.93
云南	864.0	2.83	935.0	2.47	1 188.9	2.55	1 514.9	3.13	1 902.9	3.09
西藏	50.5	0.17	53.1	0.14	70.0	0.15	93.4	0.19	101.9	0.17
陕西	800.0	2.62	951.9	2.51	913.4	1.96	1 043.0	2.15	1 228.3	1.99
甘肃	491.0	1.61	530.5	1.40	644.2	1.38	836.9	1.73	1 140.6	1.85
青海	90.5	0.30	100.3	0.26	114.2	0.24	93.3	0.19	103.5	0.17
宁夏	118.0	0.39	139.5	0.37	203.2	0.44	299.8	0.62	370.6	0.60
新疆	375.0	1.23	498.8	1.32	718.5	1.54	876.6	1.81	1 512.3	2.45

资料来源：相关年份《中国农业统计资料》，中国农业出版社；相关年份《中国农村统计年鉴》，中国统计出版社。

由表 21-1 可知，改革开放初期粮食产量迅速增长，1985 年粮食总产比 1978 年增加近 25%。出现了四川、山东、江苏三个粮食产量超 3 000 万吨的省。1985—1995年粮食产量仍保持增长势头，1995 年粮食总产比 1985 年增加了 23%，有四川、山东、河南、江苏四个省粮食产量超过 3 000 万吨。1995—2005 年粮食增长缓慢，只增加了 3.73%，2005 年粮食产量超 3 000 万吨的省变成了河南、山东、四川、黑龙江。2005—2016 年粮食又进入快速增长期、增加了 27%，2016 年黑龙江、河南、山东、吉林、四川、江苏、河北、安徽等 8 省粮食产量超过 3 000 万吨。将各大区 1985 年和2016 年粮食产量在全国的占比进行比较，华北区从 9.90% 上升到 12.67%，东北区由 9.57% 上升到 19.27%，华东区由 33.24% 下降到 24.70%，华中区由 19.63% 下降到 18.38%，华南区由 7.53% 下降到 4.97%，西南区由 14.28% 下降到 12.75%，西北区由 5.86% 上升到 7.06%。这表明，在近 40 年的粮食产量大幅增长中，北方产区（北京除外）增长较快，南方产区增长较慢，有的省份（上海、浙江、福建、广东）的产量还有所减少。8 个粮食主产省（产量 3 000 万吨以上的省）有 5 个在北方，产量前三位的黑龙江、河南、山东都是北方省份，粮食产区北移较为明显。

2. 棉花产区的变动

棉花有特定的生长发育条件，只在部分省、自治区、直辖市生产。改革开放初期的棉花产区，是在计划经济体制下，根据不同地区自然环境和适生条件，经长期发展形成的。改革开放之后，棉花生产逐步摆脱计划约束，加之各地不断调整农业产业结构，原有棉花产区有的增加生产、有的减少生产、有的甚至放弃生产，使棉花产区发生较大变化，对棉花产量、质量产生重大影响。表 21-2 是相关省级辖区 1978—2016年，不同代表年份棉花产量及其在全国的占比，用以反映该时期全国棉花产区的变动。

表 21-2　1978—2016 年相关省级辖区不同代表年份棉花产量及占比

单位：万吨、%

地区	1978年		1985年		1995年		2005年		2016年	
	产量	占比	产量	占比	产量	占比	产量	占比	产量	占比
全国	216.7	100	414.7	100	476.75	100	571.42	100	529.95	100
北京	0.3	0.14	0.4	0.09	0.26	0.05	0.21	0.04	0.00	0.00
天津	0.2	0.09	2.4	0.58	1.12	0.23	8.35	1.46	2.33	0.44
河北	11.7	5.40	62.9	15.17	37.05	7.77	57.70	10.10	29.95	5.65
山西	6.9	3.18	7.4	1.78	9.08	1.90	10.29	1.80	1.03	0.19
内蒙古							0.18	0.03	0.02	0.00
辽宁	2.4	1.11	2.4	0.58	2.37	0.50	0.27	0.05	0.01	0.00
上海	11.9	5.49	4.9	1.18	0.36	0.08	0.18	0.03	0.03	0.00

（续）

地区	1978年		1985年		1995年		2005年		2016年	
	产量	占比	产量	占比	产量	占比	产量	占比	产量	占比
江苏	47.5	21.92	47.9	11.55	56.15	11.78	32.27	5.65	7.38	1.39
浙江	7.3	3.37	8.1	1.95	6.25	1.31	2.16	0.38	1.65	0.31
安徽	11.5	5.31	16.7	4.03	30.12	6.32	32.46	5.68	18.46	3.48
江西	3.5	1.62	6.2	1.50	11.85	2.49	8.72	1.53	7.33	1.38
山东	15.4	7.11	106.2	25.61	47.08	9.88	84.63	14.81	54.83	10.35
河南	22.4	10.34	54.7	13.19	77.00	16.15	67.70	11.85	9.75	1.84
湖北	36.7	16.94	49.2	11.86	58.60	12.29	37.50	6.56	18.85	3.56
湖南	7.6	3.51	10.1	2.44	22.35	4.69	19.75	3.46	12.27	2.32
广东									0.25	0.05
广西	0.1	0.05			0.07	0.01	0.09	0.02		
四川	14.8	6.83	11.3	2.72	11.21	2.35	2.47	0.43	0.88	0.17
贵州			0.1	0.02	0.09	0.02	0.06	0.01	0.12	0.02
云南	0.2	0.09	0.1	0.02	0.07	0.01	0.02	0.00	0.01	0.00
陕西	10.5	4.85	4.3	1.04	3.99	0.84	7.78	1.36	3.38	0.64
甘肃	0.3	0.14	0.5	0.12	2.29	0.48	11.05	1.93	1.99	0.38
宁夏					0.01	0.00	0.00	0.33		
新疆	5.5	2.54	18.8	4.53	99.37	20.84	187.40	32.80	359.38	67.81

资料来源：相关年份《中国农业统计资料》，中国农业出版社；相关年份《中国农村统计年鉴》，中国统计出版社。

由表 21-2 可知，改革开放初期棉花产量迅速增长，1985 年比 1978 年增长 91%，并形成了山东、河北、河南三个主产省，产量占全国的 53.97%。1985—1995 年棉花产量增长减缓、仅增长 14%，主产省变成了新疆、河南、湖北三省区，产量占全国的 49.28%。1995—2005 年棉花产量恢复增长，增长了 19%，主产省又变为新疆、山东、河南三省区，产量占全国的 59.46%。2005—2016 年棉花产量略有下降，下降了 7%，主产省再变为新疆、山东、河北三省区，产量占全国的 83.81%。将各大区 1985 年和 2016 年棉花产量在全国的占比进行比较，华北区从 17.62% 下降到 6.28%，华东区由 45.82% 下降到 16.91%，华中区由 27.49% 下降到 7.72%，西南区由 2.76% 下降到 0.19%，只有西北区由 5.69% 上升到 68.83%。这表明，经过近 40 年的发展，华东、华中、华北原三大棉花主产区大大减少产量，原本产量不大的西南棉区基本退出生产，取而代之的是新疆产区，其棉花产量占全国的 2/3。

3. 油料产区的变动

我国的油料主要指花生、油菜籽、芝麻、葵花籽等，以花生、油菜籽为主，但不包括大豆。油料品种多，在不同自然环境下都有适生类型，产区较为广泛。改革开放前，油料生产要受计划约束，其产区是计划和生态环境双重决定的结果。改革开放后，油料生产主要受市场调节，按比较优势选择生产地区和产量，原有油料产区有的增加生产、有的减少生产、有的退出生产，新的油料产区也时有出现，使油料产区发生变化，并对油料生产数量、质量、结构产生重要影响。表 21 - 3 是各省级辖区1978—2016 年不同代表年份油料产量及其在全国的占比，用以反映该时期全国油料产区的变动。

表 21 - 3　1978—2016 年各省级辖区不同代表年份油料产量及占比

单位：万吨、%

地区	1978 年		1985 年		1995 年		2005 年		2016 年	
	产量	占比	产量	占比	产量	占比	产量	占比	产量	占比
全国	521.8	100	1 578.4	100	2 250.34	100	3 077.14	100	3 629.50	100
北京	2.6	0.50	3.9	0.25	3.28	0.15	2.49	0.08	0.56	0.01
天津	1.0	0.19	6.8	0.43	4.01	0.18	1.29	0.04	1.60	0.04
河北	24.5	4.70	86.9	5.51	109.86	4.88	152.73	4.96	156.50	4.31
山西	4.2	0.80	44.4	2.81	22.26	0.99	21.26	0.69	15.43	0.42
内蒙古	7.7	1.48	79.4	5.03	70.24	3.12	122.17	3.97	220.02	6.06
辽宁	11.6	2.22	54.0	3.42	19.77	0.88	36.84	1.20	81.33	2.24
吉林	16.4	3.14	48.4	3.07	25.55	1.14	54.45	1.77	82.54	2.27
黑龙江	9.3	1.78	28.4	1.80	20.08	0.89	60.59	1.97	21.75	0.60
上海	11.6	2.22	15.4	0.98	15.77	0.70	6.94	0.23	0.90	0.02
江苏	33.4	6.40	108.8	6.89	159.46	7.07	215.99	7.02	131.93	3.63
浙江	22.1	4.24	44.2	2.80	50.00	2.22	50.14	1.63	29.09	0.80
安徽	32.6	6.25	145.7	9.23	191.76	8.52	270.67	8.80	214.83	5.92
福建	13.8	2.64	17.4	1.10	23.28	1.03	27.42	0.89	31.03	0.85
江西	13.5	2.59	28.9	1.83	103.58	4.60	76.12	2.47	122.02	3.36
山东	87.0	16.67	267.9	16.97	315.00	14.00	363.86	11.82	326.78	9.00
河南	24.2	4.64	96.2	6.09	298.00	13.24	449.60	14.61	619.09	17.06
湖北	23.7	4.54	73.0	4.62	189.44	8.40	293.90	9.55	326.75	9.09
湖南	19.7	3.78	42.4	2.69	112.04	4.98	140.98	4.58	242.87	6.69
广东	38.9	7.45	61.6	3.90	71.02	3.16	77.01	2.50	113.29	3.12
广西	17.8	3.41	22.8	1.44	45.35	2.02	63.18	2.05	68.95	1.90
海南					7.60	0.34	8.53	0.28	11.18	0.31
重庆							42.71	1.39	62.72	1.73
四川	58.5	11.21	151.2	9.58	170.17	7.56	232.34	7.55	311.29	8.58

（续）

地区	1978年		1985年		1995年		2005年		2016年	
	产量	占比	产量	占比	产量	占比	产量	占比	产量	占比
贵州	9.9	1.90	32.0	2.03	58.83	2.61	84.89	2.76	103.43	2.85
云南	5.5	1.05	11.8	0.75	19.58	0.87	36.22	1.18	68.50	1.89
西藏	0.8	0.15	1.4	0.09	3.37	0.15	6.13	0.20	6.21	0.17
陕西	5.6	1.07	29.9	1.89	38.15	1.70	45.35	1.47	63.80	1.76
甘肃	8.6	1.65	26.3	1.67	31.69	1.41	50.31	1.63	76.02	2.09
青海	4.5	0.86	9.9	0.63	16.21	0.72	31.85	1.03	30.04	0.83
宁夏	2.5	0.48	5.3	0.34	5.59	0.25	12.21	0.40	14.65	0.40
新疆	10.3	1.97	34.3	2.17	49.41	2.20	38.94	1.27	71.39	1.97

资料来源：相关年份《中国农业统计资料》，中国农业出版社；相关年份《中国农村统计年鉴》，中国统计出版社。

由表21-3可知，改革开放初期油料产量迅速增长，1985年比1978年增长了202%，形成了山东、四川、安徽三个主产省，油料产量占全国的35.60%。1985—1995年油料继续保持增长势头，增长了42%，并形成了山东、河南、安徽三个主产省，油料产量占全国的35.64%。1995—2005年油料仍较快增长，增长了36%，主产省变为河南、山东、湖北，油料产量占全国的35.98%。而2005—2016年油料增长放缓，仅增长了16%，油料主产省仍为河南、湖北、山东，油料产量占全国的35.15%。将各大区1985年和2016年油料产量在全国的占比进行比较，华北区由14.03%下降至10.84%，东北区由17.13%下降至5.11%，华东区由39.80%下降至23.58%，华中区由13.4%上升到32.84%，华南区由5.34%变为5.33%，西南区由12.45%上升至15.22%，西北区由6.70%微升至7.05%。这表明，在近40年发展中，华北、东北、华东三大区油料产量虽有增长但在全国占比降低，其他大区油料产量和占比都有不同程度上升，华中地区最为突出，华中和华东已成为我国最主要的油料产区。

二、蔬菜、水果、茶叶产区变动

蔬菜、水果是人们日常生活的必需品，茶叶是大众化饮料，其生产数量、质量、产地广泛受到关注。蔬菜、水果品种众多，适应不同自然环境的品种都有，产地很广。茶叶有较为特殊的生长发育条件，产地有一定局限。改革开放前，农民所需蔬菜主要是自种自食，城镇居民所需蔬菜靠城镇周边农村生产，水果和茶叶生产主要根据自然条件进行发展，生产较为零星。改革开放后，随着人们收入和生活水平提高，对蔬菜、水果、茶叶需求量增大、质量要求提高、品种需求多样。在市场需求拉动下，蔬菜、水果、茶叶生产越来越向优势产区集中，使产区随之发生变化。这一变化不仅对区域经济产生影响，而且还对蔬菜、水果、茶叶生产的数量、质量及供给有重要决定作用。

1. 蔬菜产区的变动

蔬菜品种繁多，不同自然环境都有适生品种，产区广泛。改革开放前，蔬菜主要是就地生产、就地消费，产区比较分散。改革开放后，一方面市场对蔬菜需求数量增加、品种增多、分散生产和供给不能满足要求，另一方面随着蔬菜运输条件的改善，蔬菜生产在各地区保持相当规模的同时，逐渐向具有区位优势、自然环境优势的区域集中，产区亦相应变化。这一变化对蔬菜生产数量、质量和供给产生重大影响，使其得到极大改善和提高。表 21-4 是各省级辖区 1995—2016 年蔬菜及果用瓜产量及其在全国的占比，用以反映该时期全国蔬菜产区变动。

表 21-4　1995—2016 年各省级辖区不同代表年份蔬菜和瓜类产量及占比

单位：万吨、%

地区	1995 年		2000 年		2005 年		2010 年		2016 年	
	产量	占比	产量	占比	产量	占比	产量	占比	产量	占比
全国	25 727.45	100	44 982.64	100	56 451.49	100	65 099.41	100	79 779.71	100
北京	397.30	1.54	470.10	1.05	423.89	0.75	302.98	0.47	183.58	0.23
天津	434.17	1.69	559.27	1.24	542.74	0.96	419.31	0.64	450.36	0.56
河北	2 148.38	8.35	4 577.36	10.18	6 467.61	11.46	7 073.57	10.87	8 193.37	10.27
山西	542.87	2.11	846.09	1.88	901.54	1.60	909.09	1.40	1 294.51	1.62
内蒙古	308.00	1.20	883.07	1.96	1 009.14	1.79	1 350.90	2.08	1 502.25	1.88
辽宁	1 268.09	4.93	1 862.63	4.14	1 954.78	3.46	2 668.23	4.10	2 257.48	2.83
吉林	530.55	2.06	793.05	1.76	832.56	1.47	1 078.75	1.66	852.44	1.07
黑龙江	338.11	1.31	1 307.37	2.91	1 153.55	2.04	723.83	1.11	936.84	1.17
上海	244.33	0.95	397.43	0.88	409.03	0.72	398.08	0.61	334.23	0.42
江苏	1 600.00	6.22	3 187.45	7.09	3 604.69	6.39	4 234.00	6.50	5 593.91	7.01
浙江	822.87	3.20	1 298.28	2.89	1 764.60	3.13	1 788.81	2.75	1 865.09	2.34
安徽	1 006.85	3.91	1 376.86	3.06	1 671.23	2.96	2 137.36	3.28	2 774.69	3.48
福建	733.12	2.85	1 110.41	2.47	1 402.66	2.48	1 563.34	2.40	1 951.62	2.45
江西	809.42	3.15	1 074.23	2.39	1 145.93	2.03	1 115.31	1.71	1 420.16	1.78
山东	3 694.80	14.36	7 304.70	16.24	8 606.98	15.25	9 030.75	13.87	10 327.05	12.94
河南	1 660.80	6.46	3 930.81	8.74	5 880.25	10.42	6 624.26	10.18	7 807.61	9.79
湖北	1 663.36	6.47	2 665.08	5.92	2 916.91	5.17	3 131.53	4.81	4 001.70	5.02
湖南	1 134.63	4.41	1 724.17	3.83	2 399.05	4.25	3 122.93	4.80	4 196.40	5.26

（续）

地区	1995 年		2000 年		2005 年		2010 年		2016 年	
	产量	占比	产量	占比	产量	占比	产量	占比	产量	占比
广东	1 703.86	6.62	2 137.07	4.75	2 596.02	4.60	2 718.59	4.18	3 569.12	4.47
广西	1 302.00	5.06	1 651.38	3.67	2 130.59	3.77	2 129.44	3.27	2 928.81	3.67
海南	1 327.41	5.16	255.07	0.57	312.16	0.55	442.41	0.68	579.75	0.73
重庆			699.66	1.56	890.47	1.58	1 309.54	2.01	1 875.13	2.35
四川	1 389.56	5.40	2 163.99	4.81	2 714.29	4.81	3 408.30	5.24	4 388.58	5.50
贵州	360.80	1.40	596.81	1.33	839.87	1.49	1 202.04	1.85	1 878.48	2.35
云南	405.60	1.58	590.93	1.31	970.89	1.72	1 255.03	1.93	1 968.61	2.47
西藏	9.31	0.04	16.31	0.03	42.92	0.08	58.12	0.09	70.69	0.09
陕西	362.86	1.41	482.98	1.07	869.93	1.54	1 384.02	2.13	1 896.11	2.34
甘肃	327.59	1.27	593.43	1.32	866.91	1.53	1 235.46	1.90	1 951.48	2.45
青海	38.31	0.15	56.53	0.12	84.46	0.15	141.63	0.22	170.02	0.21
宁夏	87.60	0.34	156.46	0.35	183.61	0.33	407.42	0.63	593.12	0.74
新疆	269.55	1.05	504.49	1.12	862.23	1.52	1 734.40	2.66	1 966.45	2.46

资料来源：相关年份《中国农业统计资料》，中国农业出版社；相关年份《中国农村统计年鉴》，中国统计出版社。

由表 21-4 可知，改革开放后蔬菜（含果用瓜）产量增长十分迅速，虽 1995 年前缺乏统计数据，但到 1995 年蔬菜产量已达 25 727.45 万吨，且山东产量超过 3 000 万吨，河北产量超过 2 000 万吨，广东、湖北、河南、江苏产量均超过 1 500 万吨。1995—2005 年蔬菜产量增加了 119%，并形成了山东、河北、河南三个年产 5 000 万吨以上蔬菜主产省，其产量占全国的 37.13%。2005—2016 年蔬菜产量又增长了41%，山东、河北、河南仍保持全国蔬菜产量前三名，其产量占全国的 33.00%。将各大区 1995 年和 2016 年蔬菜产量在全国占比进行比较，华北区由 14.69% 变为14.56%，东北区由 8.30% 下降至 5.07%，华东区由 34.64% 下降至 30.42%，华中区由 17.34% 上升至 20.07%，华南区由 16.84% 下降至 8.87%，西南区由 8.42% 上升至 12.76%，西北区由 4.22% 上升至 8.20%，除华南区蔬菜产量占比下降幅度较大外，其他区域蔬菜产量占比升降幅度较小。从 1995 年至 2016 年，全国蔬菜产量前三位的省都是山东、河北、河南，这表明改革开放以来，各省、自治区、直辖市蔬菜生产都在快速发展，产量增长较为同步，山东、河北、河南三省区位及资源优势明显，成为蔬菜生产重要基地。

2. 水果产区的变动

水果种类及品种众多，不同地域都有相适应的水果类型及品种，产区极为广泛。改革开放前，水果多为零星生产，产区分散、规模也较小。改革开放后随着人们收入和生活水平的提高，对水果的数量、质量、品种要求提高，原先零星分散的生产已不能满足要求。加之随着水果运输条件的改善，不同种类的水果生产逐渐向最适宜的产区集中，并进行大规模生产，使水果产区发生改变。水果产区的变化，不仅使相关地区农业及农村经济发生改变，也使水果生产的数量、质量、供给发生改变。表 21-5 是各省级辖区 1978—2016 年水果产量及其在全国的占比，用以反映该时期全国水果产区的变动。

表 21-5　1978—2016 年各省级辖区不同代表年份水果产量及占比

单位：万吨、%

地区	1978年 产量	占比	1985年 产量	占比	1995年 产量	占比	2005年 产量	占比	2016年 产量	占比
全国	657.0	100	1 163.9	100	4 214.63	100	16 120.09	100	28 351.09	100
北京	16.55	2.52	17.9	1.54	45.24	1.07	111.88	0.69	78.97	0.28
天津	2.93	0.45	6.8	0.58	19.92	0.47	68.24	0.42	61.50	0.22
河北	79.51	12.10	160.2	13.76	431.97	10.25	1 397.88	8.67	2 138.51	7.54
山西	30.76	4.68	45.2	3.88	102.58	2.43	314.45	1.95	840.77	2.97
内蒙古	1.16	0.18	6.8	0.58	18.15	0.43	178.79	1.11	316.28	1.12
辽宁	94.86	14.44	80.7	6.93	219.99	5.22	451.29	2.80	802.26	2.83
吉林	6.63	1.01	6.4	0.55	27.97	0.66	235.33	1.46	241.10	0.85
黑龙江	3.24	0.49	3.1	0.27	12.70	0.30	352.56	2.19	259.88	0.92
上海	2.99	0.46	4.1	0.35	21.71	0.52	101.03	0.63	50.64	0.18
江苏	15.48	2.36	34.4	2.96	101.35	2.40	606.35	3.76	893.00	3.15
浙江	14.62	2.23	44.6	3.83	214.62	5.09	577.96	3.59	724.32	2.55
安徽	9.15	1.39	13.9	1.19	52.66	1.25	711.59	4.41	1 043.49	3.68
福建	10.10	1.54	29.4	2.53	239.33	5.68	559.08	3.47	853.81	3.01
江西	2.93	0.45	10.8	0.93	42.76	1.01	325.43	2.02	617.40	2.18
山东	151.56	23.07	212.9	18.29	717.69	17.03	2 546.84	15.80	3 255.43	11.48
河南	47.11	7.17	57.4	4.93	211.66	5.02	1 842.17	11.43	2 871.26	10.13
湖北	10.27	1.56	21.7	1.86	114.70	2.72	566.77	3.52	1 010.40	3.56
湖南	5.77	0.88	25.6	2.20	116.94	2.77	519.49	3.22	1 048.18	3.70
广东	31.42	4.78	121.9	10.47	414.51	9.84	946.46	5.87	1 717.01	6.06
广西	15.96	2.43	38.8	3.33	266.60	6.33	766.84	4.76	1 882.50	6.64
海南					36.05	0.86	220.36	1.37	395.39	1.39
重庆							154.63	0.96	408.69	1.44
四川	25.72	3.91	81.7	7.02	215.32	5.11	527.16	3.27	979.32	3.45
贵州	4.82	0.73	10.1	0.87	20.97	0.50	95.96	0.60	243.88	0.86

（续）

地区	1978 年		1985 年		1995 年		2005 年		2016 年	
	产量	占比	产量	占比	产量	占比	产量	占比	产量	占比
云南	11.62	1.77	21.2	1.82	55.71	1.32	169.69	1.05	759.11	2.68
西藏	0.31	0.05	0.4	0.03	0.56	0.01	0.89	0.00	1.53	0.00
陕西	33.41	5.09	33.5	2.88	283.96	6.74	906.14	5.62	2 017.84	7.12
甘肃	11.69	1.78	19.9	1.71	80.36	1.91	280.70	1.74	737.96	2.60
青海	0.65	0.10	2.0	0.17	2.68	0.06	2.60	0.02	4.02	0.01
宁夏	1.85	0.28	3.5	0.30	11.64	0.28	69.61	0.43	305.77	1.08
新疆	13.98	2.13	49.2	4.23	114.34	2.71	511.91	3.18	1 790.88	6.32

资料来源：相关年份《中国农业统计资料》，中国农业出版社；相关年份《中国农村统计年鉴》，中国统计出版社。

由表 21-5 可知，改革开放后水果生产快速发展，水果产量迅速增加。1978—1985 年水果产量增长了 77%，并形成了山东、河北、广东三个水果生产大省，水果产量占全国的 42.52%。1985—1995 年水果产量高速增长，增长了 262%，并使山东、河北、广东三个水果大省得以保持，水果产量占全国的 37.12%。1995—2005 年水果产量增长更快，增长了 282%，水果产量前三位的省变成了山东、河南、河北，水果产量占全国的 35.90%。2005—2016 年水果产量增长放缓，增长了 75%，水果产量前三的省仍然是山东、河南、河北，水果产量占全国的 29.15%。只不过陕西的水果产量赶了上来，与河北的产量接近。将各大区 1985 年和 2016 年水果产量在全国的占比进行比较，华北区由 20.34% 降至 12.13%，东北区由 7.75% 降至 4.60%，华东区由 30.08% 降至 26.23%，华中区由 8.99% 上升至 17.39%，华南区由 13.80% 微升至 14.09%，西南区由 9.74% 降至 8.73%，西北区则由 9.29% 上升至 17.13%。这表明，改革开放以来，各省、自治区、直辖市水果生产都在快速发展，在产量上都有很大增长，只是华中区和西北区发展更快，其产量在全国的占比上升，而其他地区产量在全国的占比有一定下降。与此同时，山东、河南、河北、陕西、广西、新疆、广东 7 省区成了水果重点产区，与 1985 年比有了很大变化。

3. 茶叶产区的变动

茶叶原产于我国，是人们喜爱的饮料。茶叶生产需要特定自然环境，主产于温暖湿润的南方。改革开放前，国内茶叶消费还不普遍，出口也很有限，茶叶生产较为零星分散，规模也不大。改革开放后，特别是 20 世纪 90 年代之后，国内对茶叶需求数量增加、品质提高，极大地刺激了茶叶生产发展，原有茶叶产区纷纷扩大生产规模，新的茶叶产区也不断建设投产。目前，南方各省级辖区都有茶叶生产，靠近南方的北方省份也在局部地域生产茶叶，茶叶生产遍及 19 个省级辖区。在历史上，华东、华中、西南是茶叶主产区，经过近 40 年的发展，三大主产区虽未改变，但各省级辖区的茶叶生产已发生了不小的变化，有的实现高速增长，有的只有小幅增加。表 21－6 是相关省级辖区 1978—2016 年茶叶产量及其在全国的占比，用以反映该时期全国茶叶产区的变动。

表 21－6　1978—2016 年相关省级辖区不同代表年份茶叶产量及占比

单位：万吨、%

地区	1978 年		1985 年		1995 年		2005 年		2016 年	
	产量	占比	产量	占比	产量	占比	产量	占比	产量	占比
全国	26.8	100	43.2	100	58.86	100	93.49	100	240.49	100
江苏	0.46	1.72	0.9	2.08	1.06	1.80	1.21	1.29	1.40	0.58
浙江	5.87	21.90	9.3	21.53	10.21	17.35	14.44	15.45	17.22	7.16
安徽	3.00	11.19	4.3	9.95	4.59	7.80	5.96	6.38	11.21	4.66
福建	2.03	7.57	4.1	9.49	9.45	16.06	18.48	19.77	42.68	17.75
江西	0.93	3.47	1.4	3.24	2.03	3.45	1.67	1.79	5.75	2.39
山东	0.09	0.34	0.1	0.23	0.11	0.19	0.66	0.71	2.16	0.90
河南	0.11	0.41	0.2	0.46	0.45	0.76	1.69	1.81	6.86	2.85
湖北	1.74	6.49	2.3	5.32	3.90	6.63	8.50	9.09	29.61	12.31
湖南	5.51	20.56	7.3	16.90	6.14	10.43	7.20	7.70	18.60	7.73
广东	1.09	4.07	2.3	5.32	3.96	6.73	4.45	4.76	8.68	3.61
广西	0.72	2.69	1.0	2.31	1.94	3.30	2.62	2.80	6.81	2.83
海南					0.38	0.65	0.10	0.11	0.10	0.04
重庆							1.65	1.76	3.70	1.54
四川	2.71	10.11	5.3	12.27	6.10	10.36	9.79	10.47	26.77	11.13
贵州	0.66	2.46	1.1	2.55	1.56	2.65	2.29	2.45	14.13	5.88
云南	1.78	6.64	3.1	7.18	6.41	10.89	11.59	12.40	38.45	15.99
西藏					0.01	0.02	0.00	0.00	0.01	0.00
陕西	0.14	0.52	0.3	0.69	0.53	0.90	1.14	1.22	6.21	2.58
甘肃					0.02	0.03	0.05	0.05	0.13	0.05

　　资料来源：相关年份《中国农业统计资料》，中国农业出版社；相关年份《中国农村统计年鉴》，中国统计出版社。

　　由表 21－6 可知，改革开放以来，茶叶生产迅速发展，茶叶产量持续增长。1978—1985 年茶叶产量增长了 61%，浙江、湖南、四川是前三位的主产省，茶叶产量占全国的 50.72%。1985—1995 年茶叶生产发展放缓，产量仅增长了 36%，茶叶产量前三位的是浙江、福建、云南（湖南和四川的产量与云南接近），占全国的 44.30%。1995—2005 年茶叶生产发展加快，产量增长了 58%，福建、浙江、云南是前三位生产省，产量占全国的 47.62％。2005—2016 年茶叶生产大发展，产量增长了 157％，茶叶产量前三的省又变为福建、云南、湖北，其产量占全国的 46.05％。将各大区 1985 年和 2016 年茶叶产量在全国的占比进行比较，华东区由 46.5％下降至 33.44％，华中区由 22.68％变为 22.89％，华南区由 7.63％小幅降为 6.48％，西南区由 21.77％上升至 34.54％，西北区由 0.69％上升至 2.63％。原来的茶叶生产大省浙江、安徽、湖南增长较慢、相对地位下降，老茶区福建、云南、湖北发展较快，相对地位上升。

三、糖料、烟草、蚕茧产区变动

糖料、烟草、蚕茧都是重要的轻工业原料，其生产不仅关系农业发展，而且还关系到工业部门的运行。糖料有甘蔗和甜菜，甘蔗在南方生产，甜菜在北方生产，其产地较大。烟草有烤烟和晒烟之分，适生范围广泛，产地也较多。蚕茧有桑蚕茧和柞蚕茧之分，后者主要在北方生产，前者主要在南方生产，产地也较广。改革开放前，主要依据不同地域自然气候条件，按加工业需求计划安排糖料和烟草生产，并鼓励蚕茧生产，逐渐形成了主要产区。改革开放后，随着市场环境、农业发展条件的变化，糖料、烟草、蚕茧生产的发展形势有了巨大改变，布局也有了很大调整，产区随之产生变动并形成了新的格局。产区的变动，对糖料、烟草、蚕茧生产和供给带来重要影响。

1. 糖料产区的变动

糖料生产有特定自然环境要求，甘蔗适宜高温高湿环境，甜菜适宜冷凉环境，甘蔗适合在热带及亚热带生产，而甜菜适合在温带生产。改革开放前，为保障国内食糖的基本供给，每年都在南方少数省份的部分地域安排一定的甘蔗生产，也在北方少数省份的局部地域安排一定的甜菜生产，其他省份则自主零星生产糖料，由此形成原来的糖料产区。改革开放后，计划生产体制被打破，市场引导糖料生产，在农业产业结构的优化调整中，一些劣势产区减少或放弃糖料生产，一些优势产区则扩大糖料生产，使糖料产区发生了不小的变化。这一变化不仅改变了原有糖料生产格局，而且对糖料的产量、质量及生产效率与效益产生重要影响。表 21-7 是各省级辖区 1978—2016 年糖料产量及其在全国的占比，用以反映该时期全国糖料产区的变动。

由表 21-7 可知，改革开放后在市场需求增长的拉动下，我国糖料产量长期保持增长。改革开放初期的 1978—1985 年，糖料产量增长了 153％，形成了内蒙古和黑龙江两大甜菜主产区和广东、广西、云南三个甘蔗主产区，糖料产量占全国的 70.53％。1985—1995 年糖料产量增长了 31％，内蒙古和黑龙江仍保持了较大的甜菜产量，广西、广东、云南也仍为甘蔗主产区（广西超过了广东），糖料产量占全国的比重上升到 75.08%。1995—2005 年糖料产量受食糖进口影响增长放缓，只增长了 19%，内蒙古、黑龙江甜菜生产大幅萎缩，新疆甜菜生产有较大发展，广西、云南甘蔗产量进一步增长，而广东甘蔗产量有所下降，广西、云南、广东、新疆成为糖料主产区，糖料产量占全国的比重高达 85.74%。2005—2016 年糖料产量增长 30%，广西、云南、广东、新疆仍为糖料主产区，糖料产量占全国的比重更上升到 91.04%。这表明，经过近 40 年发展，一方面甜菜产区在缩小，只有内蒙古、新疆还保有不大的产量，另一方面甘蔗成为主要糖料但产区也在缩小，除广西、云南、广东外的其他区域产量极少，再一方面糖料产区高度集中，甘蔗生产集中在广西及云南和广东，甜菜生产集中在新疆和内蒙古。

表 21-7 1978—2016 年各省级辖区不同代表年份糖料产量及占比

单位：万吨、%

地区	1978 年		1985 年		1995 年		2005 年		2016 年	
	产量	占比	产量	占比	产量	占比	产量	占比	产量	占比
全国	2 381.8	100	6 046.8	100	7 940.14	100	9 451.91	100	12 340.65	100
河北	8.3	0.35	19.9	0.33	12.36	0.16	42.66	0.45	93.14	0.75
山西	5.5	0.23	24.9	0.41	39.70	0.50	3.96	0.04	3.32	0.03
内蒙古	31.1	1.31	254.2	4.20	263.52	3.32	138.28	1.46	267.44	2.17
辽宁	13.2	0.55	22.7	0.38	50.41	0.63	6.29	0.07	9.40	0.08
吉林	49.9	2.10	87.7	1.45	83.64	1.05	7.35	0.08	1.41	0.01
黑龙江	1 222.9	5.16	315.2	5.21	500.82	6.31	155.00	1.64	11.39	0.09
上海					4.90	0.06	14.51	0.15	0.55	0.00
江苏	6.9	0.29	35.9	0.59	23.37	0.29	22.23	0.24	9.03	0.07
浙江	64.2	2.70	132.2	2.19	65.79	0.83	89.97	0.95	62.08	0.50
安徽	2.1	0.09	13.0	0.21	17.86	0.22	21.32	0.23	20.36	0.16
福建	267.2	11.22	472.9	7.82	248.60	3.13	93.33	0.99	37.02	0.30
江西	68.3	2.87	172.0	2.84	200.03	2.52	78.31	0.83	65.75	0.53
山东	7.7	0.32	9.1	0.15	1.21	0.02			0.02	0.00
河南	8.7	0.37	20.4	0.34	20.66	0.26	25.20	0.27	23.47	0.19
湖北	8.7	0.37	52.4	0.87	73.58	0.93	42.90	0.45	37.51	0.30
湖南	60.4	2.54	166.2	2.75	141.52	1.78	100.40	1.06	66.20	0.54
广东	895.0	37.58	2 044.3	33.81	1 591.4	20.05	1 114.25	11.79	1 479.29	11.99
广西	376.7	15.82	1 121.4	18.55	2 555.73	32.19	5 154.69	54.54	7 461.32	60.46
海南					335.94	4.23	278.90	2.95	204.60	1.66
重庆							11.46	0.12	9.70	0.08
四川	185.4	7.78	247.0	4.08	179.64	2.26	133.15	1.41	49.60	0.40

（续）

地区	1978 年		1985 年		1995 年		2005 年		2016 年	
	产量	占比	产量	占比	产量	占比	产量	占比	产量	占比
贵州	12.6	0.53	19.2	0.32	27.20	0.34	67.80	0.72	117.81	0.95
云南	160.0	6.72	529.5	8.76	1 056.31	13.30	1 415.89	14.98	1 738.40	14.09
陕西	1.9	0.08	7.9	0.13	1.03	0.01	0.30	0.00	0.16	0.00
甘肃	5.8	0.24	61.6	1.02	107.01	1.35	14.54	0.15	16.63	0.13
青海	0.6	0.03	0.9	0.01	0.04	0.00	0.04	0.00	0.06	0.00
宁夏	2.4	0.10	38.5	0.64	49.48	0.62	0.06	0.00		
新疆	16.4	0.69	40.7	0.67	288.14	3.63	419.12	4.43	554.99	4.50

资料来源：相关年份《中国农业统计资料》，中国农业出版社；相关年份《中国农村统计年鉴》，中国统计出版社。

2. 烟草产区的变动

烟草既为社会所需求又对人们健康有负面影响，是一种特殊的农产品，其生产一直受到控制。烟草适生范围广，其产地也很广泛，加之很多省级辖区都建有卷烟厂，为提供原料也都进行烟草生产。不同地域因气候及水土资源不同，生产的烟草质量差异大，产量水平也高低悬殊，高产优质的地区才是烟草的最佳产区。改革开放前，在计划指导下各省级辖区都有规模不等的烟草生产，但也逐步形成了少数烟草主产区，形成了小集中、大分散的产区格局。改革开放后，在控制烟草生产总量的同时，一方面大多数省、自治区保留了烟草的小规模生产，另一方面大量的烟草生产向少数省、自治区集中，使烟草产区发生了改变。这一改变使烟草的产量、质量、供给随之变动，对烟草产业发展产生重要影响。表 21-8 是各省级辖区 1978—2016 年烟草产量及其在全国的占比，用以反映该时期全国烟草产区的变动。

表 21-8　1978—2016 年各省级辖区不同代表年份烟草产量及占比

单位：万吨、%

地区	1978 年		1985 年		1995 年		2005 年		2016 年	
	产量	占比	产量	占比	产量	占比	产量	占比	产量	占比
全国	124.2	100	242.50	100	231.42	100	268.30	100	272.57	100
河北	1.1	0.89	2.00	0.82	0.94	0.41	0.98	0.36	0.61	0.22
山西	0.2	0.16	0.50	0.21	1.05	0.45	0.63	0.23	0.90	0.33
内蒙古	0.1	0.08	0.60	0.24	0.52	0.22	1.97	0.73	1.02	0.37
辽宁	3.3	2.66	3.40	1.40	3.20	1.38	3.42	1.27	2.72	1.00
吉林	2.7	2.17	3.80	1.57	3.07	1.33	5.97	2.23	3.97	1.46
黑龙江	4.6	3.70	8.90	3.67	11.18	4.83	7.35	2.74	5.30	1.94

（续）

地区	1978 年		1985 年		1995 年		2005 年		2016 年	
	产量	占比	产量	占比	产量	占比	产量	占比	产量	占比
江苏	1.2	0.97	0.90	0.37	0.27	0.12	0.07	0.02		
浙江	0.4	0.32	0.50	0.21	0.14	0.06	0.40	0.15	0.14	0.05
安徽	5.2	4.19	8.00	3.30	4.40	1.90	2.60	0.97	2.89	1.06
福建	1.4	1.13	3.70	1.53	5.90	2.55	11.66	4.35	14.48	5.31
江西	0.6	0.48	0.90	0.37	1.59	0.69	2.12	0.79	6.41	2.35
山东	18.6	14.98	30.10	12.41	8.64	3.73	7.55	2.81	6.61	2.43
河南	29.9	24.07	53.90	22.23	22.26	9.62	28.84	10.75	28.26	10.37
湖北	5.4	4.35	9.70	4.00	11.11	4.80	11.14	4.15	8.99	3.30
湖南	6.1	4.91	14.70	6.06	9.29	4.01	21.30	7.94	23.13	8.49
广东	4.8	3.86	4.90	2.02	5.04	2.18	6.30	2.35	5.52	2.03
广西	4.6	3.70	2.00	0.82	2.74	1.18	3.30	1.23	2.73	1.00
重庆							9.02	3.36	8.39	3.08
四川	9.2	7.41	14.30	5.90	15.60	6.74	18.17	6.77	21.78	7.99
贵州	9.2	7.41	28.90	11.92	35.80	15.47	36.90	13.75	29.78	10.93
云南	12.9	10.39	42.20	17.40	76.83	33.20	79.09	29.48	90.74	33.29
陕西	1.9	1.53	7.20	2.97	6.60	2.85	5.92	2.21	6.92	2.54
甘肃	0.5	0.40	1.00	0.41	4.89	2.11	3.38	1.26	1.10	0.40
宁夏			0.00	0.00	0.06	0.02	0.08	0.02	0.17	0.06
新疆	0.5	0.40	0.00	0.00	0.25	0.11	0.07	0.02		

资料来源：相关年份《中国农业统计资料》，中国农业出版社；相关年份《中国农村统计年鉴》，中国统计出版社。

由表 21-8 可知，除改革开放初期烟草产量增长较快外，这之后的 30 年间烟草产量变动不大。1978—1985 年烟草产量增长 95%，形成了河南、云南、山东、贵州四大产烟大省，烟草产量占全国的 63.96%。1985—1995 年烟草产量略有下降，山东、河南烟草产量下降，云南、贵州烟草产量上升，云南、贵州、河南、四川成为烟草生产大省，其产量占全国的 65.03%。1995—2005 年烟草产量小有上升，云南、贵州、河南、湖南成为烟草大省，其产量占全国的 61.92%。2005—2016 年烟草产量变动微小，烟草生产大省仍然是云南、贵州、河南、湖南（四川的产量已与湖南接近），其产量占全国的 63.08%。将各大区 1985 年和 2016 年烟草产量在全国的占比进行比较，东北和华北两区由 7.91% 降至 5.32%，华东区由 18.19% 降至 11.20%，华中区由 32.29% 降至 22.16%，华南区由 2.84% 微升至 3.03%，西南区由 35.22% 上升至 55.39%，西北区由 3.38% 微降至 3.00%。由此可见，经过近 40 年的发展，烟草除在大多数省级辖区保留小规模生产（河南、湖南除外），主产区已转移至云、贵、川、渝四省、直辖市。

3. 蚕茧产区的变动

养蚕产茧是中国农耕文明的重要组成部分，有十分悠久的历史。蚕茧有桑蚕茧和柞蚕茧之分，桑蚕茧在南方和北方都有生产，但主产区在南方。柞蚕茧则主要在北方生产。蚕茧生产需要土地建设桑园和柞坡，也需要适宜的气候条件，还需要较多的劳动力。在改革开放前，农村劳动力充足，很多地区都有养蚕产茧的习惯，蚕茧生产比较分散，但因历史传统也有蚕茧生产大省。改革开放后，一些蚕茧生产条件相对较差的地区，或土地及劳动力紧缺的地区，逐渐减少或放弃了蚕茧生产，使蚕茧产区发生了很大变化，这一变化对蚕茧产业发展产生了不小影响。表 21－9 是各省级辖区1978—2016 年蚕茧产量及其在全国的占比，用以反映该时期全国蚕茧产区的变动。

表 21－9　1978—2016 年各省级辖区不同代表年份蚕茧产量及占比

单位：万吨、%

地区	1978 年		1985 年		1995 年		2005 年		2016 年	
	产量	占比	产量	占比	产量	占比	产量	占比	产量	占比
全国	22.80	100	37.10	100	80.02	100	78.02	100	88.26	100
河北	0.08	0.35	0.00	0.00	0.11	0.14	0.10	0.13	0.10	0.11
山西	0.15	0.66	0.30	0.81	0.68	0.85	0.43	0.55	0.30	0.34
内蒙古			0.10	0.27	0.08	0.09			0.63	0.71
辽宁	4.06	17.81	2.70	7.28	3.30	4.12	4.33	5.55	4.43	5.02
吉林	0.06	2.26	0.10	0.27	0.10	0.12	0.15	0.19	0.33	0.37
黑龙江	0.21	0.92	0.10	0.27	0.09	0.11	0.34	0.44	0.49	0.56
江苏	2.63	11.54	7.30	19.68	18.62	23.27	10.59	13.57	3.95	4.48
浙江	4.68	20.53	8.50	22.91	12.23	15.28	8.54	10.95	3.31	3.75
安徽	0.30	1.32	0.90	2.43	4.04	5.05	3.13	4.01	2.95	3.34
江西	0.01	0.04	0.10	0.27	1.55	1.94	0.87	1.12	0.67	0.76
山东	1.50	6.58	1.20	3.24	5.24	6.55	6.34	8.13	1.98	2.24
河南			0.50	1.35	2.04	2.55	2.04	2.61	2.19	2.48
湖北	0.47	2.06	0.50	1.35	2.24	2.80	1.07	1.37	0.63	0.71
湖南	0.13	0.57	0.30	0.81	0.30	0.37	0.05	0.06	0.06	0.07
广东	2.29	10.04	2.70	7.28	3.32	4.15	6.52	8.36	11.26	12.76
广西	0.18	0.79	0.50	1.35	2.12	2.65	14.85	19.03	37.80	42.83
重庆									1.63	1.85
四川	3.66	16.05	10.70	28.84	20.29	25.36	9.80	12.56	11.07	12.54
贵州					0.20	0.25	0.10	0.13	0.06	0.07

（续）

地区	1978 年		1985 年		1995 年		2005 年		2016 年	
	产量	占比	产量	占比	产量	占比	产量	占比	产量	占比
云南	0.06	0.26	0.20	0.54	0.78	0.97	1.92	2.46	3.46	3.92
陕西	0.23	1.01	0.50	1.35	1.77	2.21	2.28	2.92	0.85	0.96
甘肃			0.00	0.00	0.04	0.05	0.04	0.05	0.05	0.06
新疆			0.10	0.27	0.55	0.69	0.03	0.03		

资料来源：相关年份《中国农业统计资料》，中国农业出版社；相关年份《中国农村统计年鉴》，中国统计出版社。

由表 21-9 可知，改革开放的头十余年蚕茧产量快速增长，但 20 世纪 90 年代中期之后，受市场需求限制蚕茧增长很慢。1978—1985 年蚕茧产量增长了 62%，辽宁成了柞蚕主产区，四川、浙江、江苏成了桑蚕茧主产区，其产量占全国的 78.71%。1985—1995 年蚕茧产量增长了 116%，四川、江苏、浙江成为桑蚕茧主产省，辽宁柞蚕茧产量有小幅增长，其产量占全国的 68.03%。1995—2005 年蚕茧产量略有下降，原 3 个桑蚕茧主产省产量下降较多，但广西异军突起、产量大增，辽宁柞蚕茧产量也有增长，2005 年广西、江苏、四川成为桑蚕茧主产区，辽宁仍然保持柞蚕主产区，4 个省、自治区产量占全国的 50.71%。2005—2016 年蚕茧产量实现恢复性增长，广西产茧量猛增，广东及四川产茧量也有明显增长，辽宁产茧量保持稳定，但江苏和浙江等传统生产大省产茧量大幅下降。2016 年广西、广东、四川成为桑蚕茧主产区，辽宁亦保持柞蚕茧主产区，4 个省、自治区蚕茧产量占全国的 73.15%。这表明，改革开放以来，沿海经济发达地区逐渐退出了桑蚕茧生产，耗费人工较多的桑蚕茧生产正从东部向中西部转移，且产区越来越向少数省、自治区集中。

四、肉类、奶类、蛋类产区变动

肉奶蛋是人们生活必需的动物食品，关系人们生活质量和身体健康。改革开放前的很长时期，我国因粮食不足、饲料短缺、生产技术落后，肉类、奶类、蛋类生产严重不足。改革开放后，随着粮食产量的迅速增加，为肉奶蛋生产发展打下了坚实基础，加之人们对肉奶蛋需求的大幅度增长，极大拉动了肉奶蛋的生产，从 1978 年至今其产量一直在增加。在这一发展过程中，各省级辖区都尽力发挥各自的资源、区位、技术优势，促进肉奶蛋的生产。因各地区经济社会条件不同，有的地区发展较快，有的地区发展较慢，使肉类、奶类、蛋类的产区随之发生变化。产区的变化，不仅使肉奶蛋生产的数量、质量、供给发生改变，也使肉奶蛋生产的效率和效益受到影响。

1. 肉类产区的变动

肉类主要包括猪肉、牛肉、羊肉、禽肉等，过去长期以猪肉为主。在改革开放前，因粮食不足，缺乏饲料生产肉类。为解决肉类的低标准供给，鼓励各省级辖区多生产肉类以解决自身供给，同时要求少数省、自治区成为肉类生产和调出大省，以解决其他省级辖区的肉类供给紧缺，由此形成原有的肉类产区。改革开放后，由于粮食产量大增、饲料供给充足、养畜养禽技术进步，加之巨大的市场需求，使肉类生产在各地区迅速发展。但各地区资源、气候、经济社会环境不同，肉类生产发展极不平衡，并导致原有产区的改变。表 21-10 是各省级辖区 1978—2016 年肉类产量及其在全国的占比，用以反映该时期全国肉类产区的变动。

表 21-10 1978—2016 年各省级辖区不同代表年份肉类产量及占比

单位：万吨、%

地区	1978年 产量	占比	1985年 产量	占比	1995年 产量	占比	2005年 产量	占比	2016年 产量	占比
全国	856.3	100	1 760.7	100	5 260.09	100	7 743.1	100	8 537.8	100
北京	11.95	1.40	13.5	0.77	37.61	0.71	66.7	0.86	30.4	0.36
天津	6.51	0.76	6.3	0.36	21.23	0.40	57.8	0.75	45.5	0.53
河北	41.70	4.87	81.9	4.65	310.72	5.91	571.9	7.39	457.7	5.36
山西	15.42	1.80	20.9	1.19	60.97	1.16	68.2	0.88	84.4	0.99
内蒙古	20.90	2.44	34.9	1.98	81.89	1.56	229.5	2.96	258.9	3.03
辽宁	36.11	4.22	57.0	3.24	222.39	4.23	347.9	4.49	430.9	5.05
吉林	15.64	1.83	29.9	1.70	134.54	2.56	260.2	3.36	260.4	3.05
黑龙江	33.00	3.85	31.5	1.79	135.75	2.58	173.5	2.24	231.2	2.71
上海	12.90	1.54	17.1	0.97	57.83	1.10	31.3	0.40	17.4	0.20
江苏	21.10	2.46	139.5	7.92	305.90	5.82	352.3	4.55	355.6	4.17
浙江	42.27	4.94	76.7	4.36	121.24	2.30	165.3	2.13	118.1	1.38
安徽	49.76	5.81	71.4	4.06	197.34	3.75	340.1	4.39	411.4	4.82
福建	28.56	3.34	44.2	2.51	126.61	2.41	165.9	2.14	225.6	2.64
江西	26.27	3.07	60.3	3.42	219.40	4.17	237.1	3.06	330.9	3.88
山东	60.80	7.10	119.4	6.78	585.91	11.14	753.9	9.74	777.5	9.11
河南	45.64	5.33	67.5	3.83	333.00	6.33	685.9	8.86	697.0	8.16
湖北	63.89	7.46	97.8	5.55	279.40	5.31	327.3	4.23	425.2	4.98
湖南	69.02	8.06	138.5	7.87	345.52	6.57	523.5	6.76	529.8	6.21
广东	48.45	5.66	108.6	6.17	305.06	5.80	384.3	4.96	415.5	4.87
广西	35.61	4.16	62.1	3.52	250.17	4.76	242.9	3.14	411.2	4.82
海南					31.92	0.61	58.2	0.75	76.3	0.89

（续）

地区	1978 年		1985 年		1995 年		2005 年		2016 年	
	产量	占比	产量	占比	产量	占比	产量	占比	产量	占比
重庆							178.0	2.30	210.8	2.47
四川	78.00	9.11	283.9	16.12	625.74	11.90	653.6	8.44	696.3	8.16
贵州	12.80	1.49	48.6	2.76	105.54	2.01	167.5	2.16	199.3	2.33
云南	29.23	3.41	56.8	3.23	128.21	2.44	298.6	3.86	375.6	4.40
西藏	4.71	0.55	7.1	0.40	11.55	0.22	21.5	0.28	27.7	0.32
陕西	14.20	1.66	29.3	1.66	79.14	1.50	102.8	1.33	111.7	1.31
甘肃	14.99	1.75	24.4	1.39	62.70	1.19	82.1	1.06	97.3	1.14
青海	5.99	0.70	11.0	0.62	18.37	0.35	25.8	0.33	36.0	0.42
宁夏	1.23	0.14	3.3	0.19	12.06	0.23	26.2	0.34	30.9	0.36
新疆	9.65	1.13	17.3	0.98	52.38	1.00	143.3	1.85	161.0	1.89

资料来源：相关年份《中国农业统计资料》，中国农业出版社；相关年份《中国农村统计年鉴》，中国统计出版社。

由表 21-10 可知，从改革开放至 2005 年，全国肉类产量大幅增长，只是近十年（2005—2016 年）增长有所放缓。1978—1985 年肉类产量增长 105%，在各省级辖区产量普遍增长基础上，四川、江苏、湖南肉类产量占前三名，占全国的 31.91%。1985—1995 年肉类产量猛增了 198%，各省级辖区产量增长都很显著，四川、山东、湖南、河南产量名列前四位，占全国的 35.94%。1995—2005 年肉类产量增长放缓，但也增长了 47%，除上海外的其他省级辖区，肉类产量都有不同程度的增长，山东、河南、四川的产量位居前三位，占全国的 27.04%。2005—2016 年肉类产量小有增长，只增长了 10%，北京、天津、上海、浙江产量下降，其他省级辖区产量略有增加，山东、河南、四川肉类产量虽仍居前三位，但三省产量只占全国的 25.43%。将各大区 1978 年和 2016 年肉类产量在全国的占比进行比较，华北区由 8.95% 上升到 10.27%、东北区由 6.73% 上升到 10.81%，华东区由 30.20% 下降至 26.20%，华中区由 17.25% 上升至 19.35%，华南区由 9.69% 上升至 10.58%，西南区由 22.51% 下降至 17.68%，西北区由 4.84% 微升至 5.12%。由此可见，经近 40 年发展，虽华东、华中、西南三区仍为肉类三大主产区，但相对地位下降，而其他区域因肉类产量显著增长，相对地位提高，肉类产区较为均衡。

2. 奶类产区的变动

奶类包括牛奶、羊奶、驼奶、马奶等，主要是牛奶，通过奶牛养殖生产。改革开放前，奶畜养殖规模小，奶产量很低，主要是城镇周边规模不大的奶牛养殖场生产牛奶供婴儿、病人食用，生产十分分散。改革开放后，由于人们收入的增加和生活水平提高，对奶类的需求大增，过去小而分散的生产远远不能满足需要。加之奶畜养殖技术的进步和饲料供给的增加，区位及资源条件较好的地区，大力发展奶畜（主要是奶牛）养殖，增加奶类生产以供应市场。在这一发展过程中，草地资源丰富的地区、农牧结合具有优势的地区，奶类生产高速发展，成为奶类的主产区，其他地区奶业也有很大发展，成为奶类的次要产区。因各地区基础和发展速度的差异，奶类产区也在产业发展中发生了很大变化。表 21-11 是各省级辖区 1978—2016 年的奶类产量及其在全国的占比，用以反映该阶段全国奶类产区的变动。

表 21-11　1978—2016 年各省级辖区不同代表年份奶类产量及占比

单位：万吨、%

地区	1978 年		1985 年		1995 年		2005 年		2016 年	
	产量	占比	产量	占比	产量	占比	产量	占比	产量	占比
全国	97.10	100	289.4	100	672.80	100	2 864.8	100	3 712.2	100
北京	5.40	5.56	13.7	4.73	20.61	3.06	64.2	2.24	45.7	1.23
天津	1.72	1.77	4.4	1.52	11.13	1.65	63.4	2.21	68.0	1.83
河北	2.46	2.53	10.0	3.46	38.92	5.78	348.6	12.17	448.0	12.09
山西	1.71	1.76	10.2	3.52	29.29	4.35	73.8	2.58	95.9	2.58
内蒙古	6.41	6.60	25.9	8.95	51.17	7.61	696.9	24.33	741.3	19.97
辽宁			10.2	3.52	18.33	2.72	78.8	2.75	144.2	3.88
吉林	2.02	2.08	6.4	2.21	11.32	1.68	30.0	1.05	53.4	1.44
黑龙江	13.90	14.32	45.4	15.69	166.56	24.76	444.2	15.51	548.6	14.78
上海	6.34	6.53	14.2	4.91	21.81	3.24	23.8	0.83	26.0	0.70
江苏	1.65	1.70	7.5	2.59	10.43	1.55	57.9	2.02	59.0	1.59
浙江	3.75	3.86	10.7	3.70	9.20	1.37	26.7	0.93	15.3	0.41
安徽	0.51	0.53	1.9	0.66	2.49	0.37	11.0	0.38	32.7	0.88
福建	0.93	0.96	4.2	1.45	6.32	0.94	19.8	0.69	15.9	0.43
江西	0.50	0.52	1.8	0.62	3.22	0.48	12.8	0.44	13.5	0.36
山东	6.83	7.03	15.2	5.25	66.76	9.92	221.0	7.71	276.8	7.46
河南	1.51	1.56	4.5	1.55	9.75	1.45	108.5	3.79	336.6	9.07
湖北	1.95	2.01	3.8	1.31	3.82	0.57	12.2	0.43	16.9	0.46
湖南			1.0	0.35	0.82	0.12	6.9	0.24	10.1	0.27
广东	1.66	1.71	4.3	1.49	5.71	0.85	11.9	0.41	13.0	0.35
广西			0.6	0.21	0.91	0.14	5.4	0.19	9.7	0.26
海南					0.05		0.1		0.2	
重庆							8.6	0.30	5.5	0.15
四川	5.77	5.94	22.3	7.71	28.12	4.18	59.0	2.06	62.8	1.69
贵州			0.6	0.21	1.38	0.20	3.8	0.13	6.4	0.17

（续）

地区	1978年		1985年		1995年		2005年		2016年	
	产量	占比	产量	占比	产量	占比	产量	占比	产量	占比
云南	1.45	1.49	4.4	1.52	10.14	1.51	32.7	1.14	64.1	1.73
西藏	9.34	9.62	10.3	3.56	17.68	2.63	27.0	0.94	34.7	0.93
陕西	4.55	4.69	14.6	5.04	32.59	4.84	141.7	4.95	189.1	5.09
甘肃	2.14	2.20	4.4	1.52	9.91	1.47	31.7	1.11	40.7	1.10
青海			15.9	5.49	20.60	3.06	25.0	0.87	34.2	0.92
宁夏	0.37	0.38	1.3	0.45	14.04	2.09	57.9	2.02	139.5	3.76
新疆	5.25	5.41	19.7	6.81	49.74	7.39	159.8	5.58	164.4	4.43

资料来源：相关年份《中国农业统计资料》，中国农业出版社；相关年份《中国农村统计年鉴》，中国统计出版社。

由表 21-11 可知，改革开放以来奶类产量一直增长，其中 1978—2005 年增长很快，在此之后增长放缓。1978—1985 年奶类产品增长了 1.98 倍，形成了黑龙江、内蒙古、四川、新疆 4 个产奶大省区，其产量占全国的 39.16%。1985—1995 年奶类产量增长了 132%，形成了黑龙江、山东、内蒙古、新疆 4 个产奶大省区，其产量占全国的 49.68%。1995—2005 年奶类产量猛增了 325%，形成了内蒙古、黑龙江、河北、山东 4 个产奶大省区，其产量占全国的 59.72%。2005—2016 年奶产量增长放慢，只增长了 29%，形成了内蒙古、黑龙江、河北、河南 4 个产奶大省区，其产量占全国的 55.91%。将各大区 1985 年和 2016 年奶类产量在全国的占比进行比较，华北区由 22.18% 上升到 37.70%，东北区由 21.42% 微降至 20.10%，华东区由 19.18% 大降至 11.83%，华中区由 3.21% 升至 9.80%，华南区由 1.70% 降至 0.61%，西南区由 13.00% 猛降至 4.67%，西北区由 19.31% 降至 15.30%。这表明，经过近 40 年发展，奶类生产在向华北、东北、西北地区集中，"三北"地区是奶类主产区。但就省级辖区而言，产量较大的省区是华北的内蒙古及河北、东北的黑龙江、华东的山东、华中的河南、西北的陕西，这些省区是奶类主产区。

3. 禽蛋产区变动

禽蛋包括鸡蛋、鸭蛋、鹅蛋等，主要是鸡蛋。改革开放前，除少数大中城市建有蛋禽养殖场生产禽蛋外，禽蛋主要靠农户分散小规模饲养蛋禽生产，产量很少，禽蛋在当时是生活中的奢侈品。改革开放后，随着人们收入和生活水平提高，禽蛋成为大众化生活消费品，需求量大增。在市场需求拉动下，首先在大城市周边，然后扩展到许多地区建设蛋禽养殖场（主要是蛋鸡场），生产禽蛋供应市场。在各省级辖区蛋禽养殖发展过程中，一些区位条件好、技术力量强、饲料供给充足的省级辖区发展更快，成为禽蛋的主产区。又由于经济社会发展带来养禽业发展环境的变化，使不同区域禽蛋生产规模发生改变，并由此造成禽蛋产区的变动，且对禽蛋生产与供给产生影响。表 21 - 12 是各省级辖区 1978—2016 年的禽蛋产量及其在全国的占比，用以反映该时期全国禽蛋产区的变动。

表 21 - 12　1978—2016 年各省级辖区不同代表年份禽蛋产量及占比

单位：万吨、%

地区	1978 年		1985 年		1995 年		2005 年		2016 年	
	产量	占比	产量	占比	产量	占比	产量	占比	产量	占比
全国	88.30	100	534.7	100	1 676.66	100	2 879.5	100	3 094.9	100
北京	2.10	2.38	14.1	2.64	28.53	1.70	16.0	0.56	18.3	0.59
天津	1.64	1.86	10.6	1.98	24.07	1.44	23.5	0.82	20.6	0.67
河北	5.57	6.31	33.4	6.25	205.29	12.24	459.0	15.94	388.5	12.55
山西	3.90	4.42	11.0	2.06	36.06	2.15	56.9	1.98	89.0	2.88
内蒙古			9.1	1.70	18.86	1.12	46.2	1.60	58.0	1.87
辽宁			30.4	5.69	102.85	6.13	224.0	7.78	287.6	9.29
吉林	3.94	4.46	17.2	3.22	48.89	2.92	100.0	3.47	114.4	3.70
黑龙江	6.70	7.59	20.5	3.83	78.98	4.71	102.7	3.57	106.3	3.43
上海	2.28	2.58	10.4	1.95	14.78	0.88	8.4	0.29	3.5	0.11
江苏			60.7	11.35	175.32	10.46	182.0	6.32	198.5	6.41
浙江			16.2	3.03	31.73	1.89	44.5	1.55	30.8	0.99
安徽			24.7	4.62	51.24	3.06	122.1	4.24	139.5	4.51
福建			8.3	1.55	26.95	1.61	43.9	1.52	27.8	0.90
江西	4.60	5.21	11.4	2.13	33.41	1.99	42.1	1.46	51.7	1.67
山东	22.50	25.48	72.5	13.56	317.40	18.93	441.8	15.34	440.6	14.24
河南			37.1	6.94	140.01	8.35	375.3	13.03	422.5	13.65
湖北			40.1	7.50	87.92	5.24	121.3	4.21	167.8	5.42
湖南			24.4	4.56	46.55	2.78	92.1	3.20	104.7	3.38
广东			12.6	2.36	31.11	1.86	33.2	1.15	33.3	1.08
广西			4.1	0.77	14.75	0.88	17.7	0.61	23.1	0.75
海南					2.20	0.13	2.7	0.09	4.8	0.16
重庆							39.1	1.36	47.4	1.53
四川			32.5	6.08	79.15	4.72	157.2	5.46	148.1	4.79
贵州			4.6	0.86	5.82	0.35	11.1	0.39	18.3	0.59
云南			6.3	1.18	6.85	0.41	19.0	0.66	26.4	0.85
西藏	0.11	0.12	0.1	0.02	0.71	0.04	0.4	0.01	0.5	0.02
陕西	2.37	2.68	11.2	2.09	40.15	2.39	48.7	1.69	59.3	1.92

（续）

地区	1978年		1985年		1995年		2005年		2016年	
	产量	占比	产量	占比	产量	占比	产量	占比	产量	占比
甘肃	1.27	1.44	4.9	0.92	12.43	0.74	14.5	0.50	15.1	0.49
青海			0.9	0.17	1.24	0.07	1.4	0.05	2.4	0.08
宁夏			1.1	0.21	3.90	0.23	7.8	0.27	9.7	0.31
新疆			4.3	0.80	9.51	0.57	25.0	0.87	36.1	1.17

资料来源：相关年份《中国农业统计资料》，中国农业出版社；相关年份《中国农村统计年鉴》，中国统计出版社。

由表 21-12 可知，改革开放至今，我国禽蛋产量一直在增长。1978—1985 年禽蛋产量增长了 5.06 倍，在各省级辖区禽蛋产量都有显著增长的同时，山东、江苏、湖北成为禽蛋主产省，产量占全国的 32.41%。1985—1995 年禽蛋产量猛增了 213%，在各省级辖区都有很大增长情况下，山东、河北、江苏成为禽蛋产量前三名，其产量占全国的 41.59%。1995—2005 年禽蛋产量增长了 71%，除北京、天津、上海外，其他省、自治区禽蛋产量都有明显增长，并形成了河北、山东、河南三个禽蛋生产大省，其产量占全国的 44.31%。2005—2016 年禽蛋产量增长大为放慢，只增长了 7%。天津、河北、上海、浙江、福建、山东、四川的产量小有下降，其他省、自治区、直辖市的产量有所上升，山东、河南、河北成为禽蛋产量前三名，产量占全国的 40.44%。将各大区 1985 年和 2016 年禽蛋产量在全国的占比进行比较，华北区由 14.63% 上升到 18.56%，东北区由 12.74% 上升到 16.42%，华东区由 38.19% 下降到 28.83%，华中区由 19.00% 上升到 22.45%，华南区由 3.13% 下降到 1.99%，西南区由 8.14% 微降至 7.78%，西北区也由 4.19% 微降至 3.97%。这表明，经过近 40 年的发展，华东及华中作为禽蛋主产区的格局虽然未变、但相对地位下降，华北和东北的禽蛋产量和占比上升。禽蛋主产省也有较大变动，山东、河南、河北的主产省地位牢固。

五、水产品产区变动

水产品包括淡水产品和海水产品，是人们重要的食品。改革开放前，水产品是奢侈品、消费有限，加之饲料短缺、技术落后、投入不足等原因，生产量十分有限。改革开放后，人们收入和生活水平提高，对水产品需求急增，加之技术的进步、饲料的保障、投资的增加，水产养殖业和水产捕捞业迅速发展。一方面内陆省级辖区大力发展淡水养殖，使淡水产品迅速增加。另一方面沿海省级辖区大力发展海水养殖和海洋捕捞，使海水产品大幅增长。由于内陆各省级辖区发展淡水养殖的条件不同、沿海各省级辖区的海况和其他条件也不一样，导致在水产品生产上发展不平衡，产区发生变动。

1. 淡水产品产区变动

淡水产品包括鱼类、虾蟹类、贝类、其他等，通过养殖和捕捞获取。改革开放前，人们收入水平低，对淡水产品消费少，淡水养殖只在部分省区的大城市周边进行，规模不大，产量也不多，而天然捕捞产量也很有限。改革开放后，人们收入和生活水平提高，对淡水产品需求急增，加之淡水养殖技术的进步和不少业主的投资，使淡水养殖迅速发展，特别是天然水面和水资源丰富的地区发展更快，形成少数淡水产品生产大省，使淡水产品产区发生变化。表 21 - 13 是各省级辖区 1978—2016 年的淡水产品产量及其在全国的占比，用以反映该时期全国淡水产品产区的变动。

表 21 - 13　1978—2016 年各省级辖区不同代表年份淡水产品产量及占比

单位：万吨、%

地区	1978 年		1985 年		1995 年		2005 年		2016 年	
	产量	占比	产量	占比	产量	占比	产量	占比	产量	占比
全国	105.90	100	285.41	100	1 078.05	100	2 269.31	100	3 411.11	100
北京	0.18	0.17	1.59	0.56	8.05	0.75	6.43	0.28	4.08	0.12
天津	0.57	0.54	2.07	0.73	12.76	1.18	28.92	1.27	32.47	0.95
河北	1.16	1.10	2.30	0.81	18.59	1.72	41.77	1.84	56.25	1.65
山西	0.07	0.06	0.28	0.09	1.75	0.16	3.75	0.17	5.23	0.15
内蒙古	0.20	0.19	1.79	0.63	4.76	0.44	8.26	0.36	15.83	0.46
辽宁	0.73	0.69	3.09	1.08	19.44	1.80	61.18	2.70	103.10	3.02
吉林	1.14	1.08	2.96	1.04	11.06	1.03	11.89	0.52	20.07	0.59
黑龙江	3.18	3.00	6.64	2.33	25.29	2.35	44.60	1.97	57.30	1.68
上海	1.81	1.71	5.31	1.86	12.86	1.19	20.32	0.90	15.44	0.45
江苏	18.31	17.29	43.44	15.22	154.39	14.32	275.22	12.13	373.43	10.95
浙江	5.83	5.51	15.78	5.53	39.37	3.65	81.40	3.59	114.27	3.35
安徽	5.32	5.02	17.31	6.06	75.20	6.98	177.57	7.82	235.80	6.91
福建	1.25	1.18	4.88	1.71	33.07	3.07	70.34	3.10	102.50	3.00
江西	5.93	5.60	16.02	5.61	84.04	7.80	168.66	7.43	271.61	7.96
山东	4.88	4.61	8.45	2.96	53.63	4.97	110.03	4.85	155.23	4.55
河南	2.47	2.33	6.37	2.23	18.09	1.68	51.68	2.28	128.35	3.76
湖北	11.00	10.39	37.49	13.14	150.91	14.00	318.21	14.02	470.84	13.80
湖南	11.87	11.21	31.99	11.21	86.28	8.00	179.22	7.90	269.57	7.90
广东	19.30	18.22	51.81	18.15	157.12	14.57	297.28	13.10	407.41	11.94
广西	2.82	2.66	6.71	2.35	38.80	3.60	110.24	4.86	174.45	5.11

（续）

地区	1978年		1985年		1995年		2005年		2016年	
	产量	占比	产量	占比	产量	占比	产量	占比	产量	占比
海南					7.72	0.72	22.96	1.01	45.92	1.35
重庆							25.06	1.10	50.84	1.49
四川	4.74	4.48	12.90	4.52	42.00	3.90	98.25	4.33	145.44	4.26
贵州	0.37	0.35	1.35	0.47	3.27	0.30	9.46	0.42	28.99	0.85
云南	1.12	1.06	2.65	0.93	8.42	0.78	23.85	1.05	74.37	2.18
西藏			0.03	0.01	0.13	0.01	0.01	0.00	0.09	0.00
陕西	0.22	0.21	0.61	0.21	3.77	0.35	7.36	0.32	15.90	0.47
甘肃	0.02	0.02	0.06	0.02	0.76	0.07	1.57	0.07	1.53	0.04
青海	0.44	0.42	0.44	0.15	0.24	0.02	0.09	0.00	1.21	0.03
宁夏	0.03	0.03	0.21	0.07	1.84	0.17	5.83	0.26	17.46	0.51
新疆	0.62	0.59	0.90	0.32	4.44	0.41	7.93	0.35	16.16	0.47

资料来源：相关年份《中国农业统计资料》，中国农业出版社；相关年份《中国农村统计年鉴》，中国统计出版社。

由表21-13可知，从改革开放至今，淡水产品产量一直在快速上升。1978—1985年淡水产品增长了169.51%，形成了广东、江苏、湖北三大主产省，产量占全国的46.78%。1985—1995年淡水产品产量更增长了277%，在各省级辖区大幅增长基础上，广东、江苏、湖北仍保持全国淡水产品产量前三名，占全国总产的42.89%。1995—2005年淡水产品产量又增长了110%，除北京、西藏、青海外，其他省级辖区淡水产品产量均有显著增长，湖北跃居首位，广东退居第二，江苏退居第三，其产量占全国的39.25%。而2005—2016年淡水产品产量也增长了50%，除北京、上海外，其他省级辖区淡水产品产量仍有明显增长，湖北、广东、江苏的产量仍居前三位，占全国的36.69%。将各大区1985年和2016年淡水产品产量在全国的占比进行比较，华北区由2.82%微升至3.33%，东北区由4.45%微升至5.29%，华东区由38.95%略降至37.17%，华中区由26.58%略降至25.46%，华南区由20.50%略降为18.40%，西南区由5.93%上升至8.78%，西北区由0.77%上升至1.52%。这表明，经过近40年的发展，我国淡水产品产量在各大区基本实现了同步增长，且产区变化不大，华东、华中、华南始终是主要产区。可惜的是，有条件更大发展的西南区，淡水产品产量不高。

2. 海水产品产区变动

海水产品包括鱼类、虾蟹类、贝类、藻类、其他等，通过海水养殖和海洋捕捞获取。改革开放前，我国海水养殖和海洋捕捞设施、设备、技术落后，规模很小，海水产品产量也很少，在沿海 11 个省级辖区中，只有部分省级辖区海水产品产量多一些。改革开放后，一方面居民对海水产品需求量大幅增长，另一方面海水养殖和海洋捕捞设施及设备越来越好，技术越来越先进，有力促进了海水养殖和海洋捕捞，沿海省级辖区的海水产品生产都有很大发展。在这一发展过程中，占有海况、技术、投资优势的省级辖区，海水产品生产（养殖或捕捞）发展更快，并成为海水产品主产区。由于沿海各省级辖区的条件不同，海水产品生产发展不平衡，海水产品的产区也时有变化。表 21-14 是沿海各省级辖区 1978—2016 年的海水产品产量及其在全国的占比，用以反映该时期全国海水产品产区的变动。

表 21-14　1978—2016 年相关省级辖区不同代表年份海水产品产量及占比

单位：万吨、%

地区	1978 年		1985 年		1995 年		2005 年		2016 年	
	产量	占比	产量	占比	产量	占比	产量	占比	产量	占比
全国	359.48	100	419.75	100	1 439.13	100	2 838.33	100	3 490.15	100
北京									1.35	0.04
天津	3.93	1.09	2.80	0.67	2.58	0.18	4.90	0.17	6.97	0.20
河北	12.53	3.49	10.45	2.49	21.02	1.46	57.18	2.01	80.68	2.31
辽宁	46.16	12.84	55.24	13.16	178.43	12.40	364.16	12.83	446.97	12.81
上海	19.59	5.45	15.29	3.64	16.21	1.13	15.03	0.53	14.18	0.41
江苏	21.46	5.97	24.10	5.74	65.09	4.52	113.43	4.00	147.31	4.22
浙江	81.69	22.72	89.04	21.21	278.70	19.37	402.37	14.18	490.27	14.05
福建	43.51	12.10	71.18	16.96	224.19	15.58	531.88	18.74	665.29	19.06
山东	69.15	19.24	72.96	17.38	327.32	22.74	626.11	22.06	794.95	22.78
广东	52.88	14.71	66.48	15.84	197.21	13.70	397.95	14.02	466.38	13.36
广西	8.60	2.39	12.19	2.90	64.57	4.49	173.96	6.13	187.32	5.37
海南					35.54	2.47	127.06	4.48	168.72	4.83

资料来源：相关年份《中国农业统计资料》，中国农业出版社；相关年份《中国农村统计年鉴》，中国统计出版社。

由表 21-14 可知，改革开放以来我国海水产品产量持续快速增长，特别在 1978—2005 年增长很快。1978—1985 年海水产品产量增长了 16.77%，并形成了浙江、山东、福建、广东、辽宁 5 个产量大省，其产量占全国的 84.55%。1985—1995 年海水产品产量猛增 242%，在沿海各省级辖区都有大幅增长情况下，山东、浙江、福建、广东、辽宁是海水产品产量前五位，其产量占全国的 83.79%。1995—2005 年海水产品产量仍增长了 97%，在除上海之外的沿海各省级辖区都有显著增长的背景下，山东、福建、浙江、广东、辽宁是海水产品产量的前五位，其产量占全国的 81.83%。2005—2016 年海水产品产量只增长了 20%，除上海外的其他沿海各省级辖区都有一定增长，海水产品产量前五位的仍是山东、福建、浙江、广东、辽宁，其产量占全国的 82.06%。这表明，改革开放以来我国海水产品产量虽然有了很大增长，但产区变化不太大，山东、福建、浙江、广东、辽宁五省始终是主产区。

第八篇

中国农业发展的分工、专业化与规模化

第二十二章　中国农业发展的生产分工

生产分工是产业发展的产物，也是产业发展的需要。分工可以提高生产效率、降低生产成本、提高产品质量，是促进产业发展的有效手段。农业是依靠动植物生长发育提供产品和服务的特殊产业，经济再生产与自然再生产交织在一起。农业的多部门、多产业、多产品，为其生产的部门分工、产业分工、产品分工提供了条件，农业生产过程的连续性和难可分性，又为其生产的细化分工，特别是生产过程的分工带来困难。但随着生产条件的改善，生产技术的进步，生产工具的改进，农业生产过程的分工也渐成现实。农业生产分工的深化，将极大促进农业生产的专业化和规模化，有力推进现代农业的发展。

一、农业生产分工

不同地域及不同主体分别从事不同农业生产部门、农业产业、农产品生产，以及不同主体分别从事不同农事活动，统称为农业分工。农业是包括农林牧渔四大部门、每一部门又包括众多产业、每一产业又包括众多产品生产的产业集群，虽部门间、产业间、产品间在生产上有密切联系，但其生产领域、生产方式、生产特征各不相同，主要还是靠分工发展。农业的生产分工，既有生产主体的农业生产分工，也有地理区域的农业生产分工，还有生产过程的农事作业（活动）分工，这三类分工相互区别又相互关联，形成农业生产的分工体系。农业生产分工由农业发展水平决定，条件越优越、技术越先进、工具越精良，农业生产分工就越细密，而生产分工越深化农业发展也越先进。

1. 生产主体的农业生产分工

农业生产主体有农户、个体农业企业、国有农业企业三大类。农户是以血缘为纽带组成的微小农业生产单元，2016年末全国有23 000万户左右。个体农业企业是近年不同类型主体（工商业者、科技人员、自由投资者等）自主建立的农业生产企业，规模大小不等，2016年末全国有数百万家之多。国有农业企业是各级政府在不同时期兴办的农场、林场、畜牧场、渔场，2016年全国仅农垦系统的国有农场就有1 781个。农业生产的三类主体中，农户生产规模虽小但数量庞大，是农业生产的主要主体，个体农业企业数量较少但生产规模较大，是农业生产的新型主体，国有农业企业数量虽少但规模庞大，是农业生产的特殊主体，他们在农业生产中都有不同程度和不同方式的分工。

作为农业生产主要主体的农户，其生产分工首先体现在农业生产部门上，其次体现在农业产业领域上，再次体现在农产品类型上。对不同的农户，他们通过在不同的农业生产部门、不同农业产业领域、不同类型农产品生产中从业，实现彼此间的生产分工。对于一个特定的农户，他若从事种植业就是农业户，若从事林业就是林业户，若从事畜牧业就是牧业户，若从事渔业就是水产户。对于不同生产部门的农户还可细分，如对于农业户，若从事粮食生产就是粮农，若从事蔬菜生产就是菜农，若从事水果生产就是果农。对于不同产业的农户也可细分，如对于粮农，若从事水稻生产就是稻农，若从事小麦生产就是麦农，若从事大豆生产就是豆农。正是不同农户在不同农业部门中的不同产业从事不同类型的农产品生产，才形成了广大农户在农业生产中的分工。

作为农业生产新型主体的个体农业企业，其分工同样表现在农业生产部门上、农业产业领域上、农产品生产类型上。对于不同的个体企业，它们通过在不同农业生产部门、不同农业产业领域选择不同类型产品生产，实现相互间的生产分工。对于特定的个体企业，若从事种植业就是种植企业，若从事林业就是林业企业，若从事畜牧业就是养殖企业，若从事渔业就是水产企业。对不同的生产部门的企业也可细分，如对种植企业可分为粮食生产企业、油料生产企业、棉花生产企业、蔬菜生产企业、水果生产企业等，对养殖企业也可分为养猪企业、养牛企业、养羊企业、养禽企业等。正是不同个体企业在不同农业部门、不同农业产业中选择不同类型农产品生产，才形成了众多个体农业企业在农业生产中的分工。

作为农业生产特殊主体的国有农业企业，其分工也表现在农业生产部门上、农业产业领域上、农产品生产类型上，对于不同的国有农业企业，它们通过在不同农业生产部门、不同农业产业领域选择不同类型产品生产，实现彼此间的生产分工。对于特定的国有农业企业，若从事种植业就是国有种植农场，若从事林业就是国有林场，若从事畜牧业就是国有畜牧场，若从事渔业就是国有渔场。对不同生产部门的国有农业企业也可细分，如国有种植农场可分为国有粮食农场、棉花农场、水果农场等，国有畜牧场可分为国有养牛场、奶牛场、养猪场、养禽场等。正是不同国有农业企业在不同农业部门、不同农业产业选择不同类型农产品生产，才形成了数量虽然不够多但规模庞大的国有农业企业在生产上的分工。

生产主体的农业生产分工，既由其所在地域决定，也由其自身能力决定。处在不同地域的生产主体，因自然环境条件不同，而从事不同农业产业或产品生产，实现农业生产分工。相同地域的生产主体，因自身抉择能力、技术水平、投资能力不同，而从事不同农业产业或产品生产，也可实现农业生产分工。

2. 地理区域的农业生产分工

无论是栽培植物或饲养动物，都有特定的自然环境适应性，不同的植物及动物只能在其适应的自然环境中生长发育。这里的自然环境主要指地形、地貌、土壤、气候、水源等，特定的自然环境只适合某些具有适应性的植物栽培和动物饲养。我国地域辽阔，各地的地形、地貌、土壤、气候、水源等自然环境的类型复杂、表现形式多样，特别是不同气候带和不同地形、地貌区的自然环境更是差别巨大。不同地域自然环境的差异，必然导致不同地域栽培植物和饲养动物的区别，造成地理区域的农业生产分工。

种植业生产要依靠栽培植物的生长发育才能完成，林草业生产要依靠林木和牧草植物生长发育才能完成。不同的栽培植物、林木及牧草，其生长发育都需要特定的地形、地貌、土壤、气候、水源等自然环境，只有这些环境条件得到满足，才能顺利完成生长发育全过程，提供农产品、林产品、草产品及相关服务。由于不同地理区域有其不同的自然环境，而不同区域特定的自然环境又只适宜某些栽培植物、林木、牧草生长发育，造成不同地理区域的栽培植物、林木、牧草类型和品种的差异，进而形成地理区域的农业生产分工。如黑龙江的粳稻生产、吉林的玉米生产、河南的小麦生产、新疆的棉花生产、湖北的柑橘生产、陕西的苹果生产、海南的杧果生产、大兴安岭的红松生产、南方山地的杉木生产、呼伦贝尔的牧草生产，都是因当地特定自然环境造成的种植业和林草业生产地域分工。

畜牧业生产要依靠家畜家禽生长发育才能完成，渔业生产也要靠鱼、虾、蟹、贝、其他水生生物的生长发育才能完成。不同的家畜、家禽及其他饲养动物，其生长发育需要特定的地形、地貌、气候、水源、生态等自然环境和饲料（草）资源，只有这些环境和资源条件得到满足，才能正常经历生长发育全过程，提供畜禽产品及相关服务。而不同的淡水及海水鱼类、虾蟹类、贝类、其他类别及海藻生物，其生长发育也需要特定的气温、水体、水域生态环境等自然环境。只有当这些环境条件得到保证，这些水生生物才能完成生长发育全过程，提供水产品及相关服务。由于不同地理区域有其不同的自然环境和饲料（草）资源条件，而这些条件又只能满足某些家畜、家禽及某些其他饲养动物生长发育，造成不同地理区域的家畜、家禽、其他饲养动物类型和品种的差异，进而形成地理区域畜牧业生产的分工。又由于不同地理区域气候、水体、水域生态差异很大，各特定区域也只适合部分水生动物及藻类生长发育，形成不同地理区域在渔业生产上的分工。如内蒙古的奶牛养殖、河南的肉牛养殖、四川的生猪养殖、湖北的淡水养殖、山东的海水养殖等，就是因当地特定自然环境和资源条件带来的畜牧业及渔业生产地域分工。

地理区域的农业生产分工，主要是由不同地理区域自然环境的差异性决定的，但也与其技术水平和投资能力有关。不同地理区域的自然环境各异，适宜生长发育的动植物也不一样，自然形成在种植业和养殖业上的分工。但随着技术的进步和投资能力的增强，原有的自然环境可以适应新型农业产业发展，从而形成农业生产新的地域分工格局。

3. 农业生产过程的分工

农业生产过程就是农产品生产各个环节的总和，因农产品生产是依靠动物、植物生长发育完成的，故农业生产过程也可视为动物、植物生长发育的全过程。农业生产有很多种，但可粗略将其归为种植业生产和养殖业生产，前者为植物种植、后者为动物养殖。虽不同的农产品生产有不同的具体过程，但种植业中不同产品的生产过程大致相似，而养殖业中不同产品的生产过程也基本类同。对于种植业生产，其生产过程大致可分为种子（苗）生产、土地翻耕平整、施肥播种（移栽）、田间管理（中耕、除草、追肥、灌溉等）、病虫害防治、产品收获、副产物处理等环节。对养殖业生产，其生产过程大致可分为仔畜（雏禽、鱼虾蟹苗）生产、仔畜（雏禽）入栏或鱼虾蟹苗入塘、饲养管护、疫病防治、粪污清理、育肥出栏等环节。只不过不同的种植业和养殖业都有其不同的特点与要求，在不同生产环节的农事作业互有区别。

种植业生产过程可分为很多环节，有的环节还涉及不同的生产作业，但在传统上，这些生产环节及所涉及的生产作业，都是种植业生产经营微观主体（农户和农业企业）独自完成的，没有其他主体的大规模介入，这时的种植生产过程还未出现分工。随着种植技术的进步、农业机械化程度的提高，特别是现代种植业的发展，种植业生产过程分工逐渐兴起。首先是种子（苗）生产从种植业生产过程中独立出来、成为种子（苗）产业，专门为种植业生产者提供种子（苗）。其次是出现了一批种植业生产服务主体，为种植业生产者提供耕作、播种、收获等服务。再次是出现了一批种植业技术服务主体，为种植业生产者提供测土施肥、病虫害防治等服务。这些专项的生产服务表明，种植业生产过程是可以在科学分解基础上，使不同环节的生产作业分别由不同主体完成。即种植业生产过程是可实现分工的，种植业生产过程中的生产作业可分别由多个不同主体完成。

养殖业生产过程同样可分为很多环节，各环节同样涉及不同的生产作业。对于传统养殖业，因多为分散的小规模生产，这些生产环节及相关生产作业，都是养殖业生产经营微观主体（畜牧户和畜牧企业）独自完成的，一般没有其他主体参与，这样的养殖业生产过程还未出现分工。随着养殖技术的进步、养殖机械设备的大量使用，特别是现代化畜牧业和水产业发展，仔畜、雏禽、鱼虾蟹贝苗生产从养殖业生产过程中独立出来，为养殖业提供服务。也出现了一批养殖生产服务主体，为养殖生产主体提供饲料供给、防疫、出栏、粪污处理等专项服务。这些专项的生产服务表明，养殖业生产过程也可以在科学分解基础上，使不同环节的生产作业分别由不同主体完成。即养殖业生产过程是可实现分工的，养殖业生产过程中的不同生产作业可分别由多个不同主体完成。

农业生产过程的分工要有三个前提，一是分工可以提高劳动生产率，二是分工可以提高作业质量，三是分工可以降低生产成本。能够显著提高农业劳动生产率，分工才会有相关主体参与，能够提高作业质量，分工才会增加产量和提高品质，能够降低生产成本，分工才会为农业生产经营微观主体所接受。

二、微观主体的农业生产分工

农业生产经营微观主体，是指直接从事农业生产经营的基本组织单元，农户、个体农业企业、国有农业企业就是我国的农业生产经营微观主体。虽均为农业生产经营微观主体，但三者在组织架构、决策方式、运行机制上有很大不同，加之生产经营规模差别巨大，他们在农业生产分工上自然彼此差异显著，各具特点。当然，三大微观主体的巨大差别，并不影响他们各自在农业生产中的分工，也不妨碍他们利用分工在农业生产中得到更好发展。事实上，不同的农户、个体农业企业、国有农业企业都依据各自的主客观条件，在不同农业部门、不同农业产业从事某种或某些农产品生产，并形成彼此间的农业生产分工，进而造成我国农业部门的多样性、农业产业的复杂性、农产品类型的特殊性。

1. 农户的农业生产分工

农户是我国农业生产经营微观主体中最大的群体，是我国农业发展的主要承担者，也是我国大多数农产品的主要生产者。农户的农业生产分工，主要指农户在农业生产部门、农业产业、农产品生产上的从业分化。农户在不同农业部门、不同农业产业领域专门从事某种类型农产品生产，一是可以有效促进传统农业产业的发展、提高效率和效益，二是可以在传统农业产业基础上发展出新型农业产业、拓展农业发展空间，三是可以使农户积累经验、成为某一农业产业发展或某种农产品生产的行家里手。

农户的农业生产分工有不同的类型，一是在不同农业生产部门上的分工，二是在同一农业生产部门内的不同产业上的分工，三是在同一产业内的不同产品生产上的分工。第一类分工使农户在生产部门上分化，成为种植户、林业户、畜牧户、水产户等不同部门农户。第二类分工又将不同部门农户在产业上细分，如将种植户分化为粮农、菜农、果农等，将畜牧户分化为家畜养殖户、家禽养殖户、特种动物养殖户等。第三类分工更将各产业农户进一步在产品生产上细分，如将粮农分化为稻农、麦农、豆农等，将家畜养殖户分化为养猪户、养牛户、养羊户等。当然，农户因受小农自给自足生产传统影响，以及现实生产及生活需要，农业生产分工并不细致和严格，有的种植农户也饲养少量家畜或家禽，而一般粮食生产农户也不会只种一种粮食作物，显示出农户农业生产分工的复杂性和多样性。

农户的农业生产分工，有些是由农业生产的外在条件所致，不同地域，特别是不同生态、气候、水土资源地区的农户生产分工，就是外在条件约束下发生的。我国的两亿多农户，零散分布在从东到西、从南到北相距均超过 5 000 公里的广大国土之上，生产和生活的地理区域从热带到寒带、从高山到平原、从沃野到荒漠、从雨水丰沛到极度干旱等各种类型都有。居住在不同地理区域和生态环境、资源条件下的农户，只能选择在当地适宜发展的农业产业从业，而不能在当地条件许可范围之外的产业上寻求出路。由于不同地理区域的自然资源和生态条件千差万别，适宜在不同区域发展的农业产业自然也多种多样，导致不同地理区域农户所从事的农业产业也各不相同，造成不同区域农户在农业生产上的分工。由不同地理区域自然环境和资源条件差异引起的农户生产分工，是一种条件胁迫下的农户被动农业生产分工，或为农户顺应自然的农业生产分工，这种分工目前是农户生产分工的主流。

农户的农业生产分工，有的是由农户的内在原因所致，相同地域内农户的生产分工，就是主要由农户自身的因素造成的。在相同的地理区域，甚至在同一社区内，农户间从事的农业产业也是有区别的，大多数农户从事的是传统的农业产业，少数农户从事的是新的附加值高的农业产业。外在条件相同的农户出现农业生产分工，是因为有的农户掌握了新的市场信息、新的生产技术，并具有一定的投资能力，可以从事新的附加值高的农业产业，而其他农户因不具备这些条件只能抱守传统农业产业。目前掌握新信息、新技术又有投资能力的农户还不多，同一地域内农户的农业生产分工还不充分，不过这种情况正在改变。

2. 个体企业的农业生产分工

个体农业企业是新型农业生产经营微观主体，在农业发展中发挥十分重要的作用。20 世纪 90 年代以来，一些工商业者、城镇自由投资人、农业科技人员、返乡务工农民等，谋求在农业领域发展，自主投资建设农业企业，从事农业生产经营。这些农业企业转租农民承包地、租用农村集体土地、甚至租用国有土地，从事粮棉油生产、果蔬生产、特产及药材生产、花卉苗木生产、家畜养殖、家禽养殖、特种动物养殖、水产养殖等。这些个体农业企业分布在全国各省、自治区、直辖市，从事的生产经营范围十分广泛，有的从事高端、特种农产品生产，有的从事新型农业生产经营，与农户的农业生产有很大差别，与国有农场的生产经营也不相同。

个体农业企业的农业生产分工，首先表现为这些企业之间的分工上。不同的个体农业企业从事不同的生产经营，有的从事种植业、有的从事林业、有的从事畜牧业、有的从事水产业、有的从事新型农业，在农业生产部门上出现分工。在从事种植业生产的个体农业企业中，有的从事粮食生产、有的从事蔬菜生产、有的从事水果生产、有的从事花卉生产、有的从事药材生产等，在从事养殖业生产的个体农业企业中，有的从事养猪业、有的从事养牛业、有的从事养羊业、有的从事养禽业、有的从事特种动物养殖业等，在农业产业领域上实现分工。更进一步，不同的个体农业企业从事的农产品生产也不同，如个体粮食生产企业有的生产水稻、有的生产玉米、有的生产大豆，个体水果生产企业有的生产苹果、有的生产梨、有的生产柑橘，个体养猪企业有的生产仔猪、有的生产种猪、大多数则生产肉猪，个体养禽企业有的养鸡、有的养鸭、有的养肉禽、有的养蛋禽，如此实现农产品生产上的分工。个体农业企业之间的农业生产分工，是由众多企业各自确定不同生产经营方向所造成的。

个体农业企业的农业生产分工，也表现在这些企业与农户的分工上。大多数农户因受信息传播、技术水平和投资能力的限制，一般从事的是传统农业，生产的是大众化的农产品。但个体农业企业对市场信息的获取和分析判断力强、掌握先进的农业生产技术、具有较强的投资能力，一般从事的是新兴农业产业和高附加值农业产业，生产的是中高端农产品或特色农产品。由此形成个体农业企业与普通农户在农业产业上的层次分工，以及在农产品生产类别和质量上的分工。

个体农业企业的农业生产分工，还表现为这些企业与国有农业企业的分工。大多数国有农业企业都是为实现经济社会发展特定目标而建立的，它的生产也是根据特定目标要求进行选择的。如在东北建设国有农场是为了给国家提供商品粮，这些农场就主要生产粮食，在新疆建设国有农场（生产建设兵团）是为了给国家提供棉花和粮食，这些农场就主要生产粮食和棉花，在海南和云南建设国有林场是为了给国家提供橡胶，这些林场就主要生产橡胶。国有农业企业的农业产业选择和产品生产主要是按国家需要来决定。而个体农业企业的产业选择和产品生产，是以盈利目标来决定，凡具有较强公共目标又不具盈利优势的产业发展和产品生产，一般不会为个体农业企业所选择。

3. 国有农业企业的农业生产分工

为建设和保卫边疆，开发和利用农业资源、开展农业科技试验和示范，也为国家提供重要农产品，中央和地方政府在不同历史时期（主要是 20 世纪 50 年代至 70 年代），先后建设了各种类型的国有农场、林场、畜牧场、渔场（包括新疆生产建设兵团），这些国有农业企业分布在各省、自治区、直辖市的不同地区，在多种不同的自然环境、资源条件、生态状况下，各自在不同的农业生产部门、不同的农业产业从事不同的农产品生产，完成各自的使命。国有农林牧渔企业数量虽不多，但生产经营规模不小，仅农垦系统的国有农场 2016 年末耕地面积就达 644.69 万公顷，而林业系统的国有林场面积更大得惊人。这些国有农业企业的农业生产分工，对全国农业发展的影响不可小视。

国有农业企业的农业生产分工，既表现在农业生产部门上，也表现在农业产业上，还表现在农产品生产上。国有农业企业有的从事种植业，有的从事林业，有的从事畜牧业，有的从事渔业，在农业产业部门上实现分工。不同生产部门的国有农业企业从事不同的农业产业，如种植业农场中有的从事粮食生产、有的从事棉花生产、有的从事水果生产等；林场中有的从事生态林植造及管护、有的从事用材林植造和管护、有的从事经济林营造及管护等；畜牧场中有的从事家畜养殖、有的从事家禽养殖、有的从事经济动物养殖等，在不同农业产业上实现分工。不同产业的国有农业企业从事不同农产品的生产，如粮食生产农场中有的生产水稻、有的生产小麦、有的生产大豆，水果农场中有的生产苹果、有的生产梨、有的生产葡萄，家畜养殖场中有的养猪、有的养牛、有的养羊，养禽场中有的养鸡、有的养鸭、有的养鹅，在不同农产品生产上实现分工。

国有农业企业的农业生产分工，主要是由这些企业所处的不同外在条件引起的，同时也与国家经济社会发展需求有关。我国的国有农业企业分布在各省、自治区、直辖市的广大地域，它们所在的区域在地形、地貌、土地、气候、水源等方面存在巨大差别，在环境条件上只能使其在相应的农业生产部门、农业产业中选择合适的产品生产。不同地域国有农业企业的外在条件不同，在农业生产部门、农业产业、农产品生产的选择上随之不同，从而引起了这些企业在农业生产上的分工。相同地域的国有农业企业也有农业生产分工，这种分工有的是市场引导的结果，而有的则是国家某些发展要求的结果。如黑龙江省的国有农场，水稻市场需求旺盛时就生产水稻，玉米需求旺盛时就生产玉米，大豆需求旺盛又生产大豆。又如新疆生产建设兵团部分团场可生产粮食、也可生产棉花，当国家需要棉花时就生产棉花。再如海南的国有林场可生产热带水果、也可生产橡胶，当国家需要橡胶时就生产橡胶。

三、农村社区的农业生产分工

农村社区是一个模糊的地域概念，有时指农村地区行政村的辖区，有时也指行政村下面的村民组的辖区。相对农业生产分工的讨论，行政村似乎更具代表性。行政村一般有数百户农户，几平方公里的土地，自然环境、资源条件基本一致，有村党支部和村委会等组织架构，既是农村的基本地域单元，也是农村的基本社会单元，还是农业发展的基本组织单元。我国农业生产的主体是农户，而农户都分属于不同的农村社区。因此，农村社区的农业生产是全国农业生产的基础，农村社区的农业生产分工，表现为不同社区分别从事不同农业产业发展或不同农产品生产，这一分工对全国农业生产分工影响很大。通过农村社区的农业生产分工，不仅能有效地促进社区农业发展，也有利于全国农业发展总体水平的提高。

1. 不同类型地域农村社区的农业生产分工

不同类型地域指地理区位、自然气候、生态环境、地形地貌、资源禀赋等各不相同的区域。我国地域辽阔、农村范围广大，不同地区的这些条件自然不同，各地农村社区的农业生产条件也大相径庭。不同自然条件只适合不同的动植物生长发育，不同的区位及经济社会条件只适合不同的农业产业发展。不同类型地域的农村社区在自然条件、地理区位、经济社会条件上各不相同，它们在农业生产部门、农业产业、农产品生产选择上也不一样，由此造成彼此的农业生产分工。这种分工是不同条件约束下的区域农业生产分工，也是最常见的农村社区农业生产分工。

不同类型地域农村社区的农业生产分工，同样表现在农业生产部门、农业产业、农产品生产三个层次上。我国农村分布于各类地域，有的在农区、有的在林区、有的在牧区、有的在渔区，这些地区的农村社区便只能分别在种植业、林业、畜牧业、水产业部门谋发展，实现在农业生产部门的分工。而不同类型地域的农区、林区、牧区、渔区，自然及生态条件、资源及经济环境差异很大，只能适应不同的农业产业发展和农产品生产，导致在这些区域的农村社区，只能按所在区域的既定条件选择农业产业和农产品生产，实现在农业产业和农产品生产上的分工。不同类型地域农村社区的农业生产分工，主要是由不同自然环境及资源禀赋约束带来的生产分化，当各种条件未发生改变时，这类分工不易发生改变。但当自然环境得到改造，资源禀赋有了改变，出现了适应特殊自然环境的动植物新品种、作物栽培及动物饲养新方法，则这类农业生产分工的格局就会发生巨大变化。

以行政村为代表的农村社区，虽不是一个独立的生产主体，也不以生产主体身份参与农业生产分工，但它是一个由多个农户组织起来的集体，并以这种身份参与农业生产分工。之所以能够如此，是因为在同一行政村内的农户，一般都按照条件最适宜的标准选择农业生产部门和农业产业从业，以及相关农产品的生产，大家的选择较容易统一，其结果便表现为农村社区的选择。不同类型地域农村社区的农业生产部门、农业产业、农产品生产都如此选择，便表现为农村社区的农业生产分工。不同类型地域农村社区的农业生产分工，不仅有利于充分发挥不同地域的优势、将农业产业放在最适宜的区域发展，将农产品放在条件最好的地方生产，还能大大提高农村社区农业生产的特色和水平。

2. 相同类型地域农村社区的农业生产分工

相同类型地域或指地理区位相同，或指气候、生态环境、地形地貌、资源禀赋相同或类似的地域，在广大农村，这些条件相同或相近的地域不少。不同地域凡在生态环境、资源禀赋、气候、地形地貌方面相同或相近，它们适宜的农业生产部门、农业产业、农产品生产也应该是相同或相近的，这些地区的农村社区的农业生产部门、农业产业和农产品生产也应该是相同或相近的。但实际的情况是，在相同类型地域的不同农村社区，在农业生产部门、农业产业、农产品生产上有的相同，而有的也相异，亦即在这些农村社区中也出现了农业生产分工。

相同类型地域农村社区的农业生产分工，同样表现在农业生产部门、农业产业、农产品生产三个层次上。具体反映在同一地域内，或自然及经济社会环境相同的不同地域内的农村社区，有的利用现有条件和原有技术在传统农业生产部门、原有农业产业部门，生产传统农产品，有的则通过改造现有条件、采用先进技术在新的农业生产部门、新的农业产业生产优质特色的农产品。这就出现了在生态环境、资源禀赋、气候、地形地貌相同地域的农村社区，有的从事种植业、有的从事林业、有的从事畜牧业、有的从事渔业，并且从事的农业产业和生产的农产品大不一样，分工十分明确。例如在成都市的郊区农村，有的行政村主要从事粮油生产、有的主要从事蔬菜生产、有的主要从事水果生产、有的主要从事苗木生产、有的从事养猪、有的从事养鸡、有的从事养鱼等，农村社区的农业生产分工广泛而细致。

相同类型地域农村社区发生农业生产分工，可能由多种原因造成。一是因为在相同类型地域可能给不同农业生产部门、农业产业、农产品生产提供了必要条件，而不同社区又选择了不同产业发展。二是有的社区或改变生产条件，或采用新的技术从事新的农业产业及生产新的农产品，从而实现彼此之间的农业生产分工。无论属于哪种原因，这类农业生产分工都是一种主动的选择行为，前者是在多种可能的现实中进行农业生产部门、产业、产品的选择，后者是在传统与创新中进行农业生产部门、产业、产品中的选择。相同类型地域内的不同农村社区，在农业生产上发生分工，一是有利于社区内传统农业的改造和新兴农业产业的发展，二是有利于充分合理开发利用社区内多种农业资源，拓展农业发展空间，三是有利于调整和优化社区农业产业结构，提高社区农业发展的效率与效益。目前只有少部分相同类型的农村社区实现了农业生产分工，发展还很不充分。

3. 技术及投资与农村社区的农业生产分工

以行政村为代表的农村社区，是由若干农户组成的集体，但不是生产经营主体。在市场经济体制下，社区农户的生产决策由自己做出。在这种情况下，无论是不同类型地域的农村社区，或是相同类型地域的农村社区，要实现农业生产上的分工，都离不开对社区农户生产决策的引导。只有将社区农户的生产决策引导到与其他社区的生产分工上来，农村社区的农业生产分工才能大规模实现。对社区农户生产决策的引导，除行政村党支部和村委会的组织引导外，更加有效的是新技术应用和农业生产投资，使社区农户改造传统农业、发展现代新型农业、生产优质特色农产品，实现农村社区的农业生产分工。

农业技术包括品种技术、种植技术、养殖技术、农机技术、农业设施技术等众多方面，现代农业技术、特别是创新农业技术的应用，可以促进农村社区的农业生产分工。一方面，新技术的应用，使农业生产部门、农业产业、农产品生产的环境适应性增强，可以在更加广泛的地域发展，带来农村社区农业发展领域的拓宽、新产业的发展、新产品的生产，实现与其他社区的农业生产分工。另一方面，新技术的应用，可以在一定程度上改善农业生产条件，使原有条件下不可能出现的农业生产部门和产业产生，使原本不能生产的农产品生产可以大规模进行，并进一步造成部分农村社区放弃传统产业和产品生产、发展新的效益更好的农业产业、生产附加值更高的农产品，实现农村社区的农业生产分工。再一方面，新技术的应用，可以改进生产手段和方法，提高原有产业层次和产品质量，实现农村社区在农业生产层次上的分工。正因为新技术的应用，黑龙江大片地域的农村社区才能生产水稻，大量北方地域农村社区才能生产多种蔬菜，多种类型的新型农业才会出现，从而促进农村社区的农业生产分工。

农业生产投资对农村社区农业生产分工，具有不可替代的作用。首先，农村社区的农业生产分工，离不开传统农业改造、新农业产业发展，都需要有一定投资才能完成，否则，农业生产分工就不可能实现。其次，农村社区的农业生产分工，需要改善原有的生产条件，建设必要的生产设施，这些也需要有足够的投资才能完成，否则，农业生产分工就没有条件实现。再次，农村社区的农业生产分工，离不开新技术的应用，而新技术的应用需要追加投入，没有投入做保证，新技术难以应用，农村社区的农业生产分工便无法实现。近些年，一些农村社区利用投资，发展新型农业产业、生产名特优农产品、提供特色农业服务，在农业生产分工中实现了大发展。可惜这样的农村社区还不多，今后需要解决投资渠道，促进其发展。

四、行政辖区的农业生产分工

这里所谓的行政辖区，指乡（镇）级、县（市、区）级、省（自治区、直辖市）级等三级行政辖区内的地域范围，是一个区域概念。对于农业生产的地域分工，主要还是按自然条件和生态环境划分的，与各级行政辖区的边界并没有必然联系。但我国农业生产的地域分工，在实际上并不是一个完全由自然条件及生态环境决定的结果，政府的引导在其中也发挥了不小的作用，不同行政辖区政府所发挥的引导作用不同，其辖区地域内的农业生产分工状况也不一样。因此，分析不同层级行政辖区的农业生产分工，是研究我国农业生产地域分工的重要组成部分。与农业生产微观主体及农村社区农业生产分工的个体行为相比，行政辖区的农业生产分工带有典型的政府行为色彩。

1. 乡（镇）级行政辖区的农业生产分工

乡（镇）是我国行政区划中的最低一级，辖区面积一般有数十平方公里，有数万至十数万人口。在边远地区，乡（镇）级辖区面积可达数百平方公里，而人口只有数百至数千人。乡（镇）以下设有数个至十数个行政村，每个行政村又分为若干个村民组。乡（镇）级政府是农村基层政府，发展农业是其基本任务和职责，乡（镇）级行政辖区一般按自然条件及生态环境相似的原则划分，以便于农业生产的发展。2016年底，我国有乡（镇）级行政区划 31 755 个，分布在全国不同自然条件和生态环境的各个地域，进行着多种多样的农业生产活动，承担着农产品生产的主要任务。乡（镇）级行政辖区的农业生产分工，是基层一级的农业地域分工，不仅对乡（镇）级经济发展有很大影响，而且对全国农业发展作用巨大。

乡（镇）级行政辖区的农业生产分工，仍然也有农业生产部门分工、农业产业分工、农产品生产分工三个层次，只不过这一分工是以主导生产部门、主导产业、主要产品加以判别的。如以种植业为主的乡就是农业乡、以畜牧业为主的乡就是牧业乡、以林业为主的乡就是林业乡、以渔业为主的乡就是水产乡，这里为主指产值达到农业总产值 60％及以上。农业产业及产品生产的分工划分也同此理，只求主体部分的差异，不求总体的完全不同。在全国 31 755 个乡（镇）行政辖区中，有些在自然条件、生态环境、地理区位上有很大差别，它们所能选择的农业生产部门、所能从事的农业产业、所能生产的农产品自然大不相同，自然条件迫使它们进行农业生产分工。而有的乡（镇）级行政辖区在自然条件、生态环境、地理区位上是类同的，它们中的大部分在农业生产部门和产业选择及农产品生产上是趋同的、没有出现分工，但它们中的小部分则在农业生产部门和产业选择及农产品生产上是相异的、出现了分工，显然这种分工不是天然条件造成的，而是人为因素的结果。

无论是自然条件、生态环境、地理区位类同带来的乡（镇）级行政辖区农业生产的趋同，还是这些条件相异带来的乡（镇）级行政辖区农业生产的分工，都是自然力作用的结果，这一结果的好处是使农业发展顺应自然，其缺陷是使农业发展的效率、效益及空间受制于既定的自然条件。但若通过投入资金和应用先进技术，改善原有生产条件、改造传统农业生产、发展新型现代农业、生产优质特色农产品，实现与其他乡（镇）级行政辖区的分工，就能极大拓展农业发展空间、显著提高农业的效率和效益。近些年，有一批乡（镇）级政府，组织动员群众、筹措资金、引进技术、建设农业基础设施、改善农业生产条件、改造传统农业、发展新型农业产业、淘汰低端农产品生产、转而生产优质特色农产品，使其在新的更高的层次上实现了与其他乡（镇）级行政辖区的农业生产分工。而有的乡（镇）级政府没有作为，只能抱守原有产业。这表明，乡（镇）级政府的引导动员、组织指挥、实施推进等，对推进乡（镇）级行政辖区的农业生产分工具有不可替代的重要作用。

2. 县（市、区）级行政辖区的农业生产分工

县、县级市、县级区是我国行政区划中的地方一级，辖区面积数百至数千平方公里、人口数十至上百万，在边远地区则面积很大而人口很少。县以下设有数个至数十个乡（镇），每个乡（镇）下又设有数个至十数个行政村。县级政府是连接城乡的重要地方政府，农业发展是县域经济的重要组成部分，自然成为县级政府的重任。2016年底我国有县（市、区）级区划数 2 851 个，除其中的少数市辖区外，都有农业产业。这些县（市、区）分布在全国不同的自然、气候区，进行各种类型农业生产活动，生产各色各样农产品。由于不少县（市、区）级辖区范围广、农业生产规模大，其农业生产分工便是重要一级的农业地域分工，对县域经济和农业发展都有很大影响。

县（市、区）级行政辖区的农业生产分工，也是表现在农业生产部门分工、农业产业分工、农产品生产分工三个层次上。由于县域范围较大，农业的部门、产业、产品可能多样，这一分工可以用规模最大的农业部门、农业产业、农产品加以识别。不同的县级辖区，凡其最大农业生产部门、最大农业产业、最多的农产品互不相同时，它们在农业生产上就实现了分工，否则就没有出现分工。在全国的 2 851 个县（市、区）级行政辖区中，有的县（市、区）域在自然条件、生态环境、地理区位等方面有很大的差别，它们所能选择的农业生产部门、农业产业、农产品生产必然大不相同，客观条件迫使其进行农业生产分工。而有的县（市、区）域在自然条件、生态环境、地理区位上类同，它们中的大部分县（市、区）选择了相同的农业生产部门、农业产业和农产品生产而未进行分工，但少部分县（市、区）选择了不同的农业生产部门、农业产业和农产品生产而实现了分工。很显然，在自然条件、生态环境、地理区位类同的县（市、区）级辖区之间，出现农业生产分工，绝不是客观条件所致，而是人为作用的结果。

与乡（镇）级辖区的农业生产分工类似，无论是由自然条件、生态环境、地理区位相异带来的县级辖区的农业生产分工，还是这些条件类同带来的县级辖区的农业生产趋同，都是自然力作用的结果。这一结果的优点是使农业发展顺应自然，其局限是农业资源利用范围较窄、程度不高、农业发展空间受限、农业发展效率及效益不高。如若通过投入资金和应用先进技术，改善农业生产条件、改造传统农业、发展新型农业产业、生产特色优质农产品，实现与其他县级辖区的生产分工，就可开辟新领域、拓展农业发展新空间、极大提高农业生产的效率和效益。县（市、区）级政府具有经济发展的决策权、指挥权，也拥有一定的人财物力资源，可以在农业发展上有所作为。近些年来，有一批县级政府，在科学规划设计基础上，广泛组织动员群众，筹集大量资金，引进先进技术和人才，新建和改造农业基础设施，改造和淘汰传统农业，大力发展新型高附加值农业，着力培育农业主导产业和骨干产业，大规模生产特色优质农产品，使其在农业产业类型和层次上实现了与其他县级辖区的分工。而有的县（市、区）级政府在这一方面缺乏有效作为，只能抱守传统农业受困。这充分表明，县（市、区）级政府的组织动员、运筹谋划、人财物力投入、实施推进等，对县级辖区内的农业生产分工具有关键的作用。

3. 省（自治区、直辖市）级行政辖区的农业生产分工

省、自治区、直辖市是我国行政区划中的区域一级，辖区面积数万至上百万平方公里，人口数百万至数千万。省（自治区、直辖市）以下设有数十至上百个县（市、区），县（市、区）以下又设有数个至十数个乡（镇）。省（自治区、直辖市）级政府是连接中央与地方的重要区域政府，主管一方经济社会发展大事、完成中央政府规定的各项任务，包括农业发展的重任。2016年底除港澳台外，我国有省级行政辖区31个，分布在祖国东西南北中的不同地域，习惯上分为华北、东北、华东、华中、华南、西南、西北七大区，其自然条件、生态环境、地理区位、资源禀赋各具特色，差异巨大。各省（自治区、直辖市）都有规模不等的农业，从事不同的农业产业和农产品生产。由于省级辖区农业生产规模的巨大，其农业生产分工对全国农业发展具有决定性影响。

省（自治区、直辖市）级行政辖区地域范围大，区内不同地区的自然条件、生态环境、地理区位、资源禀赋也互不相同，农业生产部门、农业产业、农产品生产一般都较为齐全，但发展不平衡，在发展规模和水平上存在差异。省级行政辖区的农业生产分工，仍是表现在农业生产部门、农业产业、农产品生产三个层次上，但更多地表现在产业发展和产品生产上。在31个省（自治区、直辖市）级辖区中，有些辖区在自然条件、生态环境、地理区位、资源禀赋上差异巨大，它们所选择的农业生产部门、农业产业、农产品生产也大不相同，特别是从事的农业产业和生产的农产品差别很大，实现了彼此之间的农业生产分工。有些辖区在自然条件、生态环境、地理区位、资源禀赋上基本相似或大体类同，它们中的部分辖区选择了相似或相同的农业生产部门、农业产业和农产品生产，另一部分辖区选择了不同的农业生产部门、农业产业、农产品生产。这反映出自然条件、生态环境、地理区位、资源禀赋差异很大的省级辖区，在农业产业上都选择了分工；而客观条件上差异不大或类同的省级辖区，在农业生产上有的未选择分工，有的则选择了分工，出现了分化。自然条件、生态环境、地理区位及资源禀赋类同的省级辖区间出现农业生产分工，显然不是客观条件造成而是人为作用的结果。

与县（市、区）级行政辖区的农业生产分工同理，无论是自然条件、生态环境、地理区位、资源禀赋相异带来的省级辖区的农业生产分工，还是这些条件类同带来的省级辖区的农业生产趋同，都是自然力作用的结果。这一结果的优点是使农业发展顺应自然，其缺陷是受自然力约束太强，使农业资源难以充分利用，农业发展空间和领域受限，农业效率和效益难以提升。若通过资金投入和先进技术推广应用，改善农业生产条件、改造传统农业、发展优势农业产业、生产特色优质农产品，实现与其他省级辖区的农业生产分工，就会促进传统农业向现代农业的转化，并开辟农业发展新领域、拓展农业发展新空间，极大提高农业生产的效率和效益。改革开放以来，一些省

（自治区、直辖市）级政府，在严密论证和科学规划的基础上，广泛组织动员干部和群众，集中人财物力、引进先进技术和专门人才、大规模改造和新建农业基础设施、改造和淘汰传统农业、大力发展现代高附加值农业、着力打造农业主导产业和骨干产业、大规模生产特色优势农产品，使其在农业生产类型和层次上实现了与其他省级辖区的农业生产分工，取得了很好的效果。黑龙江的水稻种植业、吉林的玉米种植业、河南的小麦种植业、山东的蔬菜种植业、新疆的棉花种植业、内蒙古的奶业、四川的养猪业、陕西的苹果种植业、福建的茶产业、广西的蚕桑业等农业产业的发展，无一不是人们长期努力的结果，而不是简单的自然条件赐予。

五、农业生产过程的分工

农业生产过程是农产品生产各环节农事活动（作业）的总和。农产品生产种类繁多，但可粗略分为植物类产品生产和动物类产品生产两大类，前者属种植业，后者属养殖业。因此，农业生产过程也可归结为种植业生产过程和养殖业生产过程两类，可分别研究其过程的实施与完成。在传统上，不同农业产业发展和不同农产品生产，由不同生产经营微观主体承担、且分工明确，但生产某种农产品各环节的农事活动，则由其生产经营微观主体独立完成并未出现分工。随着现代农业发展，农业生产过程的分工也越来越广泛，越来越深入。一个农产品生产的不同农事活动、甚至不同生产环节都可由不同主体分别完成，农业生产经营微观主体有可能只参与个别农事活动。农业生产过程的分工，不仅极大改变了传统农业生产的样貌，也改变了农业生产经营微观主体的角色，并对农业生产效率和效益带来巨大影响。

1. 种植业生产过程分工

种植业包括谷物及其他作物种植业、蔬菜及园艺作物种植业、水（坚）果及饮料和香料作物种植业等，这些种植业虽各有特点，但其生产过程有很多相似之处。若进行粗略划分，种植业生产过程大致可分为种子（种苗）生产、土地翻耕及平整、施肥及播种（移栽）、作物田间管理（中耕、除草、施肥、灌溉等）、病虫害防治、产品收获、副产物处理等环节，各环节中又包括很多具体的农事活动（作业）。在传统上，种植业生产各环节的农事活动，都是由种植生产经营微观主体（农户、个体农业企业、国有农业企业）自己完成的，只是在力所不及时，有些农事活动才雇人完成。随着现代农业的发展，种植业生产各环节农事活动的质量要求越来越高、越来越精准，时间要求也越来越严苛，农业生产经营微观主体（特别是农户）难以独自完成，或独自完成成本高昂，便出现了农事活动（作业）外包给其他主体（农业生产服务主体）完成的现象，也即出现了种植业生产过程的分工。这种分工首先出现在部分平原地区的少数种植业生产过程中，现在正快速向更广泛的地区和更多种植业生产过程蔓延。

种植业生产过程的分工，就是该过程中各生产环节及各种农事活动（作业），在农业生产经营微观主体安排下，分别由其他主体按约定的质量（作业标准）和时间完成，而不是由农业生产经营微观主体自己独立完成。也就是种子（种苗）由种子（种苗）公司生产与供给，土地翻耕及平整、施肥及播种由农机服务公司完成，田间管理分别由相应的服务主体承担，病虫害防治由植保服务公司完成，产品收获及副产物处理也可由农机服务公司一体化完成。种植业生产过程的这种分工，在很多平原地区已普遍实现，在丘陵山地及小宗种植业生产上，只有少数生产环节和农事活动实现了分工。种植业生产过程的分工，将各生产环节及各种农事活动外包给掌握专门生产技术、拥有先进农业机械设备的服务主体完成，既可大大提高农事作业效率，又可显著提高农事作业质量，还可大大降低农事作业成本。如黑龙江的三江平原，农机站大功率拖拉机每台一天可翻耕平整土地 40 公顷、每公顷收费只有 1 200 元，大型插秧机每台一天可插秧 4 公顷、每公顷收费只有 900 元，大型收割机每台一天可收割玉米（包括秸秆打碎还田）40～50 公顷、每公顷收费只有 1 200 元。

种植业生产过程的各个环节和各种农事活动，在客观上是可以划分的，也是可以由不同主体来完成的，即是可以进行分工的。但能不能实现分工，一要看农业生产经营微观主体愿不愿意将农事活动外包给其他主体完成，二要看有没有农业生产服务主体及愿不愿意承接并完成相关农事活动，只有二者具备，种植业生产过程分工才能实现。农业生产经营微观主体对农业生产环节及农事活动外包的意愿，取决于收益和成本的核算，若农事活动外包可带来生产收益的增加和成本的降低，或净盈利的增加，农业生产经营微观主体就会将其外包，否则外包就不会出现。农业生产服务主体的存在，是以农业生产服务市场需求为基础的，如果农业生产服务有足够大的市场需求，而服务工作又能高效大规模提供，则农业生产服务主体就会应运而生，否则，就不会有以此为业的主体。农业生产服务主体承接并完成农业生产作业及农事活动的意愿，一是要看服务项目的难易及服务效率，二是要看服务的工作量，三是要看服务项目的价格。若服务项目可高效率完成、服务工作量能达到一定规模、服务价格较为合理，农业生产服务主体就会承接并完成外包的农事活动。平原地区耕地平坦且集中连片，种植的作物较为单一，耕、种、收等农事活动都能使用大中型农业机械完成，农机服务市场巨大，农机作业效率高、质量好、成本低，农业生产经营微观主体愿意将农业生产环节及农事活动外包给农机服务主体。大规模的农机作业服务能获得丰厚的服务收益，农机服务主体便容易产生，生产作业服务也易于广泛开展。农业生产经营微观主体与农机服务主体的有效配合，便能有力推进种植业生产过程的分工。

2. 养殖业生产过程分工

养殖业包括牲畜（牛、羊、其他牲畜）养殖、生猪养殖、家禽养殖、水产养殖、特种动物养殖等，这些养殖业各不相同，但都属于动物养殖，其主要生产过程有不少相似之处。如抛开细节进行粗略划分，养殖业生产过程可大致分为仔畜（雏禽、鱼苗等）生产、饲舍（鱼塘）清理消毒及仔畜（雏禽、鱼苗）入栏（入塘）、饲养及管护、疫病防治、商品畜禽出栏或水产品捕捞、粪污处理等环节，每个环节中还包含很多具体的农事活动（作业）。在小规模分散养殖情况下，养殖业生产各环节的农事活动，都是由养殖生产经营微观主体（养殖农户）自己完成。随着现代大规模工厂化养殖业的发展，养殖业各环节及各项农事活动的质量要求、安全要求、生态环保要求越来越高，有些生产环节及农事活动难度大、技术要求高，养殖生产经营微观主体（养殖农户、个体养殖企业、国有养殖企业）难以自己完成，或自己完成成本太高，便将部分农事活动外包给其他主体完成，出现了养殖业生产过程的分工。这种分工首先出现在养殖业发达（特别是工厂化养殖发达）的地区，目前正向更广地区扩散。

养殖业生产过程分工，就是在养殖生产经营微观主体安排下，将养殖生产过程的某些环节及农事活动外包给服务主体，分别由不同生产服务主体按约定的质量和时间完成。这一分工主要体现在仔畜（雏禽、鱼苗）由专门企业生产和供给，饲舍清理消毒及仔畜（雏禽）入栏由专门企业服务，鱼塘清淤消毒及鱼苗入塘由专门企业提供服务，疫病防治由专门部门实施，畜禽出栏由经销商提供服务，水产捕捞由专业捕捞队伍服务，粪污处理也由专业化的服务企业完成。只是日常的饲养和管护，是一个不可间断的农事活动，不便外包给其他主体，而只能由养殖生产经营微观主体自己完成。养殖业生产过程的这种分工，在工厂化养殖场比较集中的地区较为普遍，而在一般地区的养殖业生产只有少数生产环节及农事活动才有分工。养殖业生产过程的分工，将某些生产环节及农事活动，外包给具有专门技术和专业设施、设备的生产服务主体完成，不仅可以提高养殖生产作业效率和质量，还能显著降低成本，更重要的是还能防治养殖污染。

养殖业生产过程中，除饲养及管护外，其他生产环节及农事活动是可以清楚划分并可由不同主体完成的，即是可以进行分工的。但养殖业生产过程能否实现分工，还要由养殖生产经营微观主体的意愿和养殖生产服务的提供决定。养殖生产经营微观主体是否愿意将某些生产环节及农事活动外包给其他主体完成，取决于收益与成本的核算。若生产环节及农事活动外包可以带来收益的增加和成本的降低，或带来净利润的增加，养殖生产经营微观主体就会将其外包，否则就会自己完成。养殖生产服务提供一要有服务主体、二要有服务意愿，只要有足够大的养殖生产服务市场需求，就会有服务主体产生，只要服务价格有利可图，服务主体就会提供服务。目前，我国养殖业以大规模工厂化养殖为主，为降低固定资产投入、减少人工使用、解决粪污污染，养殖生产经营微观主体将可划分的生产环节及农事活动外包，而养殖生产服务企业也应运而生提供多种服务，特别是仔畜（雏禽、鱼苗）生产与供给、疫病防治、粪污处理服务等方面，已取得较大发展。

3. 林草业生产过程分工

林草业包括生态林业、景观林业、用材林业、草业等不同类型，这些产业虽各有区别，但其主要生产过程较为相似。这些过程大致可分为树种（草种）生产、树苗（草苗）生产、林地（草地）整治、树种（草种）播种或树苗（草苗）移栽、林地（草地）管理及维护、林地（草地）病虫草鼠害防治、林木采运、牧草收割等环节，每个环节又有多种农事活动。在小规模分散生产情况下，林草业各环节的农事活动，都是由林草生产经营微观主体（林业户、牧业户）自己完成。在大规模集中生产条件下，林草业生产各环节及各农事活动难度加大，技术要求提高，林草生产经营微观主体（林业户、牧户、个体林草企业、国有林草企业）难以自己完成，或自己完成的成本太高，便将某些生产环节及农事活动外包给其他主体完成，出现了林草业生产过程的分工。这种分工首先出现在个别生产环节及农事活动，并逐渐向林草业生产全过程发展。

林草业生产过程的分工，是在林草生产经营微观主体安排下，将林草生产过程中的某些环节及农事活动外包给相关生产服务主体，分别由这些服务主体按约定的质量标准和时间完成。这一分工主要体现在，树种（草种）由专门企业生产与供给，树苗（草苗）由专门企业培育和提供，种树（种草）由企业提供服务，病虫鼠害由专门企业提供防治，森林间伐、木材采运、牧草收割等也由专门企业服务。只是林地（草地）日常的管理及维护由林草生产经营微观主体自己完成。林草生产过程中的某些环节及农事活动，外包给相关专业化生产服务主体完成，可以提高生产作业的效率、保证生产作业质量、并降低生产成本，还可减少林草生产企业的人员配备。改革后的国有林场及牧场，新建的个体林业及草业企业，大多采用林草生产过程的分工，以提高林草业生产效率和效益。

林草生产过程中除林地（草地）管理和维护外，其他生产环节及农事活动均可清晰划分，并可外包给其他主体完成，即进行生产分工。但在林草生产过程中能否实现分工，还要由林草生产经营微观主体的意愿和林草业生产服务的提供决定。林草生产经营微观主体，是否愿意将某些生产环节及农事活动外包给其他主体完成，取决于成本及收益的核算。若林草生产的某些环节及农事活动外包，可使收益增加和成本降低、或可带来净盈利增加，则这些生产环节及农事活动就会外包，否则就会自己完成。林草业生产服务的提供，一要有林草业生产服务主体，二要这些主体有提供服务的意愿。只要有广大的林草业生产服务市场，其服务主体就会应运而生，只要服务价格合理，服务主体就会提供相关服务。目前，国有林业企业、牧业企业改革后，实行职工承包经营，需要大量的林草业生产服务。也有一些业主或农民承包荒山、荒坡、沙漠，植树造林、种草绿化、发展林草业，对林草业生产服务需求很大。在林区、草原，各种林草业生产服务已有较大发展，并有力地推进林草业生产的过程分工。

第二十三章　中国农业发展的生产专业化

生产专业化是生产分工的结果，也是生产分工的深化，既是产业发展的产物，也是产业发展的需要。专业化可以创新技术、创建标准，还可以提高生产效率、降低生产成本、提高产品质量，是促进产业高效发展、产品标准化生产的重要途径。农业是一个由多个生产部门、多种产业、众多产品生产组成的产业集群，这为在分工基础上的专业化生产提供了广阔空间。农业生产部门因其包含相互差异很大的产业，不便专业化发展，农业产业包含的是同类农产品生产，可以实施专业化，农产品较为独特，容易进行专业化生产。农业生产过程中的不同环节及农事活动虽较为复杂，但掌握了相关技能也能使其专业化。随着农业现代化进程加快，农业生产专业化也在迅速发展，其促进农业发展的重要作用也日益凸显。

一、农业生产专业化

不同地域及不同主体专门从事某一农业产业或某种农产品的生产，以及不同主体专门从事某一生产环节或某一农事活动，统称为农业生产专业化。农业有四大生产部门、众多产业、无数的农产品，它们在生产上虽有联系，但在生产领域、生产方式及特征上互有区别且差异巨大，在分工基础上实施专业化生产较为有利。农业生产的专业化，有生产主体的农业生产专业化，也有地理区域的农业生产专业化，还有农业生产过程中生产环节及农事活动的专业化，这三类专业化相互联系又相互区别，形成农业生产专业化体系。与农业生产分工相类似，农业生产专业化由农业发展条件及水平决定，生产条件越好、技术越先进、工具越精良，农业生产专业化水平也越高。

1. 生产主体的农业生产专业化

对于农户、个体农业企业、国有农业企业三类农业生产经营微观主体，农业生产的专业化，就是专门从事某一类或某一种农产品的生产，甚至以某一类或某一种农产品的生产为专门职业。农户、个体农业企业、国有农业企业从事专业化农业生产，一是可以按特定需要改造和整治农地，二是可以按特定需求建设必要的生产设施，三是可以有针对性地引进和应用先进技术，四是可以熟练掌握和使用专门化的先进技术，五是有利于提高农产品生产数量、质量和效益。正因如此，过去多种经营的农户生产越来越专业化，新建的个体农业企业主要搞专业化生产，而国有农业企业在新的发展中也越来越重视主要产品的专业化生产。

农户作为农业生产经营微观主体的最大群体，在传统上都是种植业和养殖业结合、实行多种经营。随着农业和农村经济发展，这种多业生产经营因效率低下而逐渐被放弃，专业化生产在农户中逐渐兴起。在这一过程中，农户的生产专业化程度各不相同。有的农户专门从事某些农业产业，如专门从事粮食生产、油料生产、棉花生产、蔬菜生产、水果生产、林木生产、家畜生产、家禽生产、水产生产等，这些农户在从事的产业中生产少数几种同类农产品、而不是单一农产品，表现为产业专一而产品不专一。有的农户则只从事某种农产品的生产，如东北等地每年只能生产一季，有的农户专门生产水稻、有的农户专门生产玉米、有的农户专门生产大豆。全国各地农户中有的专门从事单一水果（苹果、梨、桃、柑橘等）生产，有的专门从事某种特种作物（烟草、药材、茶叶等）生产，有的专门从事苗木、花卉生产，有的专门从事单一畜禽（牛、羊、猪、鸡、鸭、鹅等）养殖，有的专门从事单一水产（鱼、虾、蟹等）养殖，表现为产业专一且产品也专一。

个体农业企业作为新型农业生产经营微观主体，它的生产专业化是与生俱来的。个体农业企业的兴办是为了获利，提高产品产量、质量和降低生产成本是其途径，专业化生产便成为必然选择。实际上，个体农业企业在筹建时，就根据比较选择，确定了企业生产的产品或是提供的服务，明确了专业化生产的方向。并按生产特定产品或提供专门服务的需要，进行农业基本建设、设备购置、设施建造、引进优良品种和先进种植或养殖技术，生产某种优质特色农产品，或提供某种独特的农业服务。一方面通过专业化生产节约生产成本，另一方面通过专业化生产提高劳动生产率、土地产出率、农产品（农业服务）质量。现有的个体果园、茶园、桑园、养猪场、养牛场、养鸡场等农业企业，大多是单一产品（或服务）的专业化生产。

国有农业企业作为特殊农业生产经营微观主体，它的建立就有特定的目标和任务，如在黑龙江建设国有农场是为了生产粮食，在新疆建设国有农场（生产建设兵团）是为了生产粮食和棉花等农产品，在海南、云南建设国有林场是为了生产橡胶，在林区建设国有林场是为了生产木材和保护生态环境。国有农业企业生产的目标定位，就决定了它的生产专业化方向，特别是决定了它的主要产品生产。由于国有农业企业特别是地处边远省份的国有农业企业规模大，农业资源类型多样，除主要产品的生产外，往往还有其他产品生产，呈现一业为主、多业并存的局面，生产的专业化主要体现在主产品的生产上。如黑龙江的水稻生产农场以水稻生产为主，但也有少量玉米等作物生产，新疆的棉花生产农场以棉花生产为主，但也有少量粮食作物生产等。

2. 地理区域的农业生产专业化

地理区域一般指具有明显边界的区域，这种边界可以是有形的（如山川、河流），也可以是无形的（如省界、县界、乡界），地理区域就是边界之内的区域。地理区域有地域面积很大的,也有地域面积微小的;有自然环境及生态条件相似的,也有自然环境及生态条件迥然不同的。不同地理区域处在不同的地域空间,在自然环境、生态条件、资源禀赋、经济社会等方面各有差异,各自只适应某些农业产业发展及农产品生产,只在某些(某个)产业发展及产品生产上具有比较优势。若不同地理区域依据各自条件,主要发展具有比较优势的农业产业,主要生产具有比较优势的农产品,则便能实现某些农业产业发展及某些农产品生产向特定地理区域集中。

地理区域的农业生产专业化就是在一定地域内专门(或主要)从事某类农业产业发展,或专门(或主要)从事某种农产品生产,或专门(或主要)提供某种农业服务。地理区域的农业生产专业化,是以地域内自然环境、生态条件、资源类型、经济社会等条件的类同为基础的,只有这些农业生产的主要条件基本相同,才能在区内专门(或主要)发展某类农业产业,也才能在区内专门(或主要)生产某种农产品。如果地理区域内自然环境、生态条件、资源类型、经济社会等条件多样,且差异较大,因不同条件只适合不同农业产业发展及不同农产品生产,则区内农业生产不可能实现专业化。地理区域内生产条件的类同,是农业生产专业化的必要条件,只有在此基础上,因技术上的突破使某个产业发展及某种产品生产优势凸显,以及相关组织及个人的引导和带动,地域内的农业生产专业化才能实现。地理区域农业生产专业化,可以使不同的农业产业发展和农产品生产向最适宜的地域集中,充分有效利用不同地域的农业资源及自然条件,也有利于专门农业生产技术、设施、设备的应用,从而提高农业劳动生产率、资源产出率和降低农业生产成本。同时,还能使不同地理区域成为不同农业产业的集聚区,及不同农产品的集中产区,避免农业产业发展和产品生产的趋同。

在特定的地理区域,农业资源往往不止一个类型,在客观上可以发展多个而不是一个产业,可以生产多种而不是唯一农产品。同时,为充分而又均衡地利用土地、劳动力等农业生产要素,任何一个地理区域一般都不会单一从事某种农业产业,更不会只单独生产某种农产品,而只会以某种最具优势的农业产业为主业,以某种最具优势的农产品为主产品,不适应主业的资源用于发展其他农业产业,不宜用于主产品生产的要素用于其他农产品生产。如此一来,就造成了地理区域的农业生产专业化,在产业和产品两个层面上都难以专一,而只能达到"一专多业"或"一专多品",即主要产业和主要产品专业化,但产业和产品不单一。如黑龙江省三江平原主产水稻也产少量大豆和玉米,河南省主产小麦也产其他粮食,陕西北部主产苹果也产其他水果等。

3. 农业生产过程的专业化

无论是种植业、林业还是畜牧业、水产业,其生产过程都是由不同生产环节所构成的,每个生产环节又包括不同的农事活动(作业),当每个生产环节及所有农事活动都按时按质按量完成,才能生产出人们所需的农产品。在传统上,农业生产过程的各个环节及所有农事活动除个别之外，都是农业生产经营微观主体独自完成的。随着现代农业发展，农业生产的分工越来越细，并从产业发展分工及产品生产分工进一步深入到生产过程分工。农业生产过程的分工又催生了农业生产服务业的发展，产生了为农业生产过程各环节和各农事活动提供专门化服务的队伍，使农业生产过程实现专业化。由掌握专门知识与技能的人员完成农业生产环节的农事活动，不仅有利于先进技术应用，还能提高农事活动的质量、效率，并降低农业生产成本。

种植业生产过程主要有种子（苗）生产、土地翻耕平整、施肥播种（移栽）、田间管理（中耕、除草、追肥、灌溉）、病虫害防治、产品收获、副产物处理等环节，这些生产环节及农事活动在传统上由种植生产经营微观主体（种植农户及企业）完成。随着种植业生产分工的深化，其生产过程中的各个环节和各种农事活动，部分或全部外包给相关生产服务主体，由服务主体安排专业人员完成。这种由相关专业生产服务主体分别完成不同生产环节的不同农事活动，便实现了种植生产过程的专业化。如作物种子、种苗由种子公司生产与提供，土地翻耕平整、施肥播种、产品收获、副产物处理等，由农机服务站派专门人员分别完成，病虫害防治由植保公司完成，有些田间管理活动也由农机服务站完成。种子的专业化生产已经普及，而耕、种、收的农机作业服务也在平原地区推广。生产过程的专业化，不仅可以极大提高种植业生产各环节、各农事活动的作业质量，还可以显著提高生产效率并降低生产成本。

养殖业生产过程主要有仔畜（雏禽、鱼苗）生产、圈舍（鱼塘）清理及仔畜入栏和鱼苗入塘、饲养管护、疫病防治、粪污清理、育肥出栏等环节，这些生产环节及农事活动在传统上也由养殖生产经营微观主体（养殖农户及企业）完成。随着养殖业的现代化和生产分工细化，其生产过程中各环节和各农事活动，部分或全部外包给相关专业生产服务主体，由服务主体安排专业人员完成。这种由相关专业服务主体分别完成不同生产环节和不同农事活动，便实现了养殖生产过程的专业化。如仔畜、雏禽、鱼虾蟹苗由专门养殖场生产与供给，圈舍及鱼塘清理与消毒由专门公司服务，饲料由专门公司生产与供给，疫病防治由专门机构提供，畜禽出栏由专门公司收购，水产捕捞由专业化队伍服务，粪污处理由肥料生产企业进行专业化处理。目前仔畜（雏禽、鱼虾蟹苗）生产与供给已经专业化，饲料生产与供给也已专业化，疫病防治早已专业化，粪污处理在大型养殖场或集中养殖区已有肥料生产企业提供服务，只是日常饲养管护仍主要由养殖生产经营微观主体完成。生产过程的专业化，不仅可以保证养殖业生产各环节、各农事活动的质量与安全，还能提高养殖生产效率和降低生产成本。

二、农户及农业企业的生产专业化

农户、个体农业企业、国有农业企业，是农业生产经营的三类微观主体，无论是何种农业发展、或是何种农产品生产，都由其决策、操控及实施。农户及农业企业作为生产经营主体，其生产的专业化，指专门从事某种农业产业、或专门生产某种农产品、或专门提供某种农业服务。农户、个体农业企业、国有农业企业在生产经营目标、资源禀赋、经济及技术实力、装备水平等方面差别巨大，生产的专业化也互有区别并各具特色。但他们作为农业生产经营微观主体，其生产专业化与地理区域农业生产专业化及农业生产过程专业化，有着密不可分的关系。

1. 农户的农业生产专业化

农户是农业生产经营微观主体的主要部分，也是大多数农产品的主要生产者。我国农户数量庞大但规模很小，户均人口一般为 3 人左右，户均耕地少者 0.3 公顷左右、多者 5 公顷左右，传统的农户称为小农。农户的农业生产专业化，是指农户在分工基础上专门从事某种农业产业、或专门生产某种农产品、或专门提供某种农业服务。农户生产的专业化，一方面有利于农户按专业化生产需要进行农业基本建设，另一方面有利于农户有针对性地学习和掌握先进的专门农业技术，再一方面有利于农户积累专门的农业生产经验及技能，还有一方面有利于农户集中生产要素扩大某个产业或产品的生产规模，从而提高农业劳动生产率和资源产出率。

农户的农业生产专业化有三种类型，一类是专门从事某一农业产业，二是专门生产某种农产品，三是专门提供某种农业服务。第一类专业化是农户分化为不同农业产业的专业生产经营者，如粮食生产专业农户、蔬菜生产专业农户、水果生产专业农户等，这类农户生产几种同类农产品，只在产业发展上而不在产品生产上专业化。第二类专业化是农户分化为不同农产品的专门生产经营者，如水稻生产专门农户、玉米生产专门农户、棉花生产专门农户、养猪专业户、养牛专业户、养鸡专业户等，这类农户只生产一种农产品，在产业发展上和产品生产上都实现了专业化。第三类专业化是农户分化为不同农业服务的专门提供者，如农业生态服务提供者、农业景观服务提供者、农业体验服务提供者、农业休闲服务提供者等，在新型农业产业发展和农业服务提供上实现了专业化。农户拥有的可资利用的资源数量少，但种类并不单一，在将主要资源用于某个产业发展或某个产品生产时，往往还利用剩余资源发展其他产业或生产其他产品，使农户的农业生产专业化只体现在主要产业和主要产品上，而少有仅存一个产业或单个产品的"纯粹"的专业化。

农户的农业生产专业化，有的是由外在的自然条件形成的。不同地域的生态环境、气候、水土资源各不相同，适合不同农业产业发展和不同农产品生产。各地域农业产业发展和农产品生产虽有一定的选择空间，但也有各自不同的优势。在这种情况下，不同地域的农户自然选择本地域的优势农业产业发展和优势农产品生产，并逐渐形成产业发展和产品生产的专业化，也由此造成不同自然条件地域的农户，在不同农业产业发展和不同农产品生产上的专业化。

农户的农业生产专业化，有的也是由内在因素形成的，同一地域内农户农业生产专业化差异，就是由农户自身原因造成的。在相同地理区域，甚至在同一社区内，农户之间从事的主要产业及生产的主要产品是存在差别的，这种差别不是来自外在自然条件，而是来自农户自身。有的农户因掌握了新的技术、新的市场信息，具备了一定的投资能力，而专门从事新的附加值更高的产业，或专门生产附加值更高且市场前景更好的名特优新农产品。更多的农户则仅掌握传统技术、或不了解市场变化、或无必要的投资能力，而只能抱守传统产业、生产传统产品，在自然条件约束下被动地接受效率及效益并不理想的专业化生产。

2. 个体农业企业的农业生产专业化

个体农业企业是近些年发展起来的新型农业生产经营微观主体，数量还不够多，在农产品生产中所占份额也十分有限，但它在新型农业产业发展、传统农业转型、现代科学技术应用、农业发展理念更新等方面，发挥了重要的试验、示范作用。个体农业企业的农业生产专业化，是指个体农业企业在分工基础上，专门从事某个农业产业发展，或专门从事某种农产品生产，或专门提供某种农业服务。农业生产的专业化，使个体农业企业按专业化生产要求利用农业生产要素，进行农业基本建设，购置专用生产设备，采用专门生产技术，以提高农业劳动生产率、资源产出率，提高产品质量并降低生产成本。

个体农业企业的农业生产专业化，主要表现在某种农产品的专门生产或某种农业服务的专门提供。对于大多数个体农业企业，因投资能力和技术实力有限，生产经营规模较小，往往将有限资源集中投入到单个名特优新农产品生产或单个特优农业服务提供上，通过优质产品的生产或优质服务的提供，获得企业生产经营的成功。如目前个体的优质水稻生产企业、专用小麦生产企业、苹果生产企业、葡萄生产企业、柑橘生产企业、生猪养殖企业、肉牛养殖企业等，以及观光农业企业、观光林业企业、休闲及度假农业企业等，就属于这一类的农业生产专业化。还有部分个体农业企业，因投资能力和技术实力较强，生产经营规模较大，可使用的农业生产资源较多，可以在某个生产领域生产多个同类农产品，通过多个名特优新农产品的组合生产，获取企业生产经营的成功。如目前较大的个体粮食生产企业同时生产几种粮食，较大的个体蔬菜生产企业同时生产几种甚至十数种蔬菜，较大的个体水果生产企业同时生产几种水果等，就属于这一类的农业生产专业化。

个体农业企业的农业生产专业化，一方面要受自然条件的约束，另一方面也要受自身条件的影响。在自然条件相差较大的不同地域内，个体农业企业无论是专门从事农业产业，或专门生产的农产品都是不同的，他们的专业化生产差异是自然条件不同所造成的。在自然条件类同的不同地域、甚至在同一地域内，个体农业企业之间在专门从事的农业产业、或专门生产的农产品上也存在极大差别，它们在专业化生产上的差异便是企业自身原因造成的。有些个体农业企业虽自然条件等外在因素类似，但因在管理决策、市场评估、投资能力、技术实力等方面的差别，所愿意和可能选择的产业发展及产品生产，在专门方向上差异巨大，在不同产业专门化发展、不同产品专业化生产上各显神通。

3. 国有农业企业的农业生产专业化

国有农业企业是在不同历史时期建立的特殊农业生产经营微观主体，数量虽少但规模很大，在某些农产品生产和供给中占有重要地位，并在现代农业发展、先进技术试验及示范中发挥重大作用。国有农业企业的农业生产专业化，是在国家给定目标之下经生产分工专门从事某个农业产业发展，或专门从事某种农产品生产。由于国有农业企业一般规模较大，资源数量和类型较多，经济及技术能力较强，其产业发展往往是一业为主、多业并存，其产品生产也是一品为主、多品并存，生产的专业化重点体现在主要产业或主要产品上。农业生产的专业化，使国有农业企业按专业化生产要求进行基本建设、购置专用设施及设备、配置生产要素、采用专门生产技术，以提高劳动生产率、资源产出率，降低生产成本，提高生产效益。

国有农业企业的农业生产专业化，既有农业产业发展的专业化，也有农产品生产的专业化。对于不少国有农业企业，因其规模大且资源类型多，在发展某种主要产业的同时，也发展少量其他产业，以利于资源的充分利用和效益的提高。如不少国有谷物生产农场在主要生产粮食时，也有少量经济作物种植、甚至家畜（家禽）饲养，一些国有油料生产农场在主要生产油料时，也有少量粮食作物生产，一些国有林场在主要发展林业时，也有林下经济、森林旅游业的发展等。还有不少国有农业企业在生产某个主要农产品的同时，也生产少量其他农产品，以充分利用资源和增加收益。如一些国有水稻农场在主要生产水稻时，也利用旱地生产部分玉米，一些国有奶牛场在主要饲养奶牛时，也饲养少量肉牛，一些国有橡胶农场在主要生产橡胶时，还生产一部分热带水果等，以减少单一产品生产可能带来的不利影响。也有少数的国有农业企业，其规模虽大但资源类型单一，生产的农产品也很单一，如国有蛋鸡场只生产鸡蛋，国有肉鸡场只生产肉鸡，国有养猪场只生产生猪等，这类国有企业的生产专业化极为单一。

国有农业企业的农业生产专业化，一方面受到自然条件约束，另一方面受到国家目标的制约，再一方面还受到自身条件的影响。每个国有农业企业，所选择的主要农业产业或生产的主要农产品，都要受当地自然气候、生态环境、资源禀赋的限制，只有适应这些条件的产业才能发展，适应这些条件的农产品才能生产，这导致不同地理区域的国有农业企业在生产专业化方向上的差别。每个国有农业企业的建立，都有一定的预定目标，在农业生产专业化的推进中，都要确保预定目标的实现，而不能抛开预定目标搞别样的农业生产专业化。每个国有农业企业，其经济实力、技术能力、管理决策等方面各不相同，所选择的主导产业发展或主要产品生产，都要与这些自身条件相适应，而不能不顾自身条件盲目搞不切实际的农业生产专业化。正是这三种因素共同决定了国有农业企业的生产专业化方向，也正是这三种因素的相互差异，使不同国有农业企业的生产专业化各不相同。

三、农村社区的农业生产专业化

农村社区虽无明晰界定，但习惯上是指农村行政村的辖区或村民组的辖区，大多指行政村辖区。农村社区的生产活动主要是农业生产，农村社区的农业生产便成为全国农业生产的微小组成部分，并形成微观基础。农村社区的农业生产专业化，必然对全国农业生产专业化产生重要影响。农村社区农业生产的专业化，就是在社区内专门从事某一农业产业发展或某一农产品生产，社区农业生产专业化必然促进全国农业生产的专业化。农村社区因其外在条件差异和内在因素的不同，在所发展的农业主导产业和生产的主要农产品上互有区别，表现出在农业生产专业化发展方向及水平上的巨大差异。

1. 农村社区农业生产专业化方向

农村社区农业生产专业化方向，指社区内专门（主要）从事的农业产业类别，或专门（主要）生产的农产品品种。不同农村社区如果专门（主要）从事的农业产业或生产的农产品相同，则它们的农业生产专业化方向就是趋同的，否则，他们的农业生产专业化方向就是相异的。农村社区若以行政村计有数十万个，若以村民组计有数百万个，它们分布在不同类型的地理区域，且各地理区域在地理区位、自然气候、生态环境、地形地貌、资源禀赋等方面互不相同。处在不同类型地理区域的农村社区，根据其所在地域提供的自然条件及市场需求，以及其他主观因素，选择专门（主要）发展的农业产业、或专门（主要）生产的农产品，由于各自的选择不同，由此形成农村社区农业生产专业化方向的多样性。

我国农村地域广大，不同地域因地理区位、自然气候、生态环境、地形地貌、资源禀赋的巨大差异，各自为域内农村社区的农业发展提供了各不相同的自然条件。这些自然条件对农业发展有很强的刚性约束，所在地域内的农村社区，只能在自然条件允许的范围内，选择可发展的农业主导产业或可生产的主要农产品。处在不同地域的农村社区因自然条件的差别，在专门（主要）发展的农业产业、专门（主要）生产的农产品的选择上也各不相同，出现农业生产专业化的不同方向。正是众多农村社区在不同农业产业发展和不同产品生产上的专业化，才推动了整个农业生产专业化的发展。农村社区农业生产的专业化，可以在局域内使某个农业产业集中发展、某个农产品集中生产，形成一村一业或一村一品的特色优势。若多个相邻农村社区农业生产专业化方向相同，还能在一定区域内形成某个农业产业发展或某个农产品生产的积聚优势。

农村社区的农业生产是由社区的农户进行的，农村社区农业生产的专业化，自然也是由社区内的农户推动的。在同一农村社区内，地理区位、自然气候、生态环境、资源禀赋大致是一致的，但社区内的农户在农业产业发展及农产品生产上是自主决定的。若社区内的多数农户并不专门（主要）从事某种农业产业发展、也不专门（主要）生产某种农产品，而是各自从事不同农业产业或各自生产多个农产品，则该社区的农业生产就不存在专业化。若社区内的多数农户各自专门（主要）从事某种农业产业发展，各自专门（主要）生产某种农产品，但各农户从事的农业产业、生产的农产品是不同的，则该社区的农业生产也不存在专业化。若社区内的多数农户同时专门（主要）从事某种农业产业发展，或同时专门（主要）生产某种农产品，则该社区的农业生产就实现了专业化，专门（主要）从事的农业产业、专门（主要）生产的农产品就是其生产专业化的方向。这表明，社区内大多数农户的农业生产专业化方向，就是社区农业生产的专业化方向。

2. 农村社区农业生产专业化水平

农村社区农业生产专业化水平，指社区内专门（主要）从事的某种农业产业发展的相对规模、或专门（主要）生产的某种农产品的相对规模，这里的相对规模可以是对资源的占用比例，也可以是产出的占比等。若社区内发展某个农业产业或生产某种农产品，占用的土地、劳动力等资源在总量中的占比较高，或其产出在社区农业总产出中占比较高，则社区的农业生产专业化水平就较高，否则社区的农业生产专业化水平就低。对于农村社区的农业生产，有一种极端情况是只发展一个农业产业、或只生产一种农产品，而另一种极端情况是同时发展多个农业产业、或同时生产多种农产品且没有主次，而一般的情况是同时发展多个农业产业、或同时生产多种农产品但有主导产业或主要产品。前一种情况表明社区农业生产达到了高度的专业化，中间一种情况表明社区农业生产还不存在专业化，后一种情况表明社区农业生产存在一定程度的专业化。

农村社区的农业生产专业化水平，与社区的地理区位、自然气候、生态环境、资源禀赋有密切关系。如社区地处大中城市郊区，便会主要生产鲜活农产品供应市场，专业化生产水平一般较高。如社区地处偏远，为更多满足自己生活所需，农业生产专业化水平就不会太高。若社区内的自然气候、生态环境、地形地貌、资源类型比较一致（如平原地区的农村社区），可以集中发展某个农业产业、或可集中生产某种农产品，农业生产专业化水平可能较高。若社区内的自然气候、生态环境、地形地貌、资源类型多样（如山区的农村社区），只能顺应自然发展不同的农业产业、生产不同的农产品，农业生产专业化水平就会很低，甚至消失。还有一类农村社区，其自然及资源条件只能发展一种农业产业，或只能生产一种农产品，则这类社区的农业生产专业化水平就很高。

农村社区的农业生产专业化水平，与社区内农户的农业生产决策密切相关。若社区内的大多数农户都各自从事多种农业生产经营，则社区内的农业生产就不会有专业化。若社区内的大多数农户都各自从事农业的专门化生产，但各自从事的产业或生产的产品又不相同，则社区内农业生产也不存在专业化。若社区内大多数农户都同时专门（主要）从事某个农业产业、或同时专门（主要）从事某种农产品生产，则社区内农业生产的专业化水平便较高。应当指出的是，一个农村社区内的农户，他们在农业产业发展及农产品生产上的选择是自主的。要让社区的大多数农户选择同一农业产业发展、或选择同一农产品生产，则一方面该产业发展或该产品生产要有突出的特点和明显的优势，另一方面还需要示范引领和必要的组织动员。

3. 市场、技术、投资与农村社区的农业生产专业化

我国绝大多数农村社区，农业生产在传统上是多业结合、共同发展的，只在特定地域的极少数农村社区，农业生产才存在专业化。随着现代农业的发展，农业专业化生产渐成趋势，社区农业正从多业发展向专业化生产转变。社区农业生产由多业发展向专业化生产转变，是一场深刻的变革，它的实现需要市场的拉动、技术的支撑和资金的投入。

农村社区的农业专业化生产，是典型的农业商品生产，而不是传统的自给、半自给生产，对市场依赖很大。我国是一个人口大国，对农产品的需求数量庞大、品种繁多。我国又是一个消费分层明显的国家，对农产品的质量、规格要求多样性显著。巨大的农产品需求市场，为农村社区农业发展提供了机会，也为农村社区的农业发展指明了方向。一些若能准确及时把握市场需求的农村社区，就会集中使用自身资源和要素，专门（主要）发展市场急需的产业，专门（主要）生产市场急需的农产品，实现农业产业的专业化，并通过专业化使社区农业得到更好的发展，也使社区农业获得更高收益。当然，也有一些农村社区未能及时整合资源和要素，也未集中发展优势产业、集中生产优势产品，失去了市场机会，延误了农业生产专业化，也阻碍了社区农业的发展。

农村社区无论是专门（主要）从事某个农业产业的发展，还是专门（主要）从事某种农产品的生产，都离不开先进技术的支持。只有利用现代先进的农业技术成果，才能保证社区所选农业产业优势的充分发挥、风险的有效防范，才能保证社区所选农产品生产的产量和质量提高以及成本的下降，从而降低社区农业生产专业化的风险，提高社区农业生产专业化的效益。如果农村社区专门（主要）从事的是农业新产业，或专门生产的是新的农产品，则必须掌握相应的新技术，才能支撑新的农业产业发展或新的农产品生产。有的农村社区正是掌握了某个产业发展或某种产品生产的专门技

术，才推进了该产业或该产品在社区内的专业化生产。有的农村社区正是率先学到了某个新产业发展或某种新产品的生产技术，才在社区内实现了农业新产业发展、新产品生产的专业化，并占据先发优势。

农村社区的农业专业化生产，也离不开资金的投入。一是农村社区内无论专门（主要）从事某个农业产业发展，或专门（主要）从事某种农产品生产，都需要进行一定的基础设施建设及专业设备购置，以创造必要的条件。二是农村社区内无论专门（主要）从事某个农业产业发展，或专门（主要）从事某种农产品生产，都需要追加投入某些生产资料，甚至专用生产资料，以保证专业化生产的正常进行。三是农业专业化生产往往需要专门化的技术支持，而有些专门化的技术不能无偿获取，社区农业生产专业化就需要付出技术成本（获取及学习成本）。

四、行政辖区的农业生产专业化

行政辖区是指一个行政单元所管辖的地域范围，是一个特定的区域概念。我国中央政府下设省（自治区、直辖市）、县（市、区）、乡（镇）三级政府，行政辖区也就相应分为省级辖区、县级辖区、乡级辖区三个层次。农业生产区域专业化虽主要按自然条件及生态环境、而不是按行政辖区划分，但因不同层级政府在农业生产专业化中的引导、支持作用巨大，研究行政辖区的农业生产专业化，就成为农业生产专业研究的重要内容。行政辖区的农业生产专业化，是一个特定区域的农业生产专业化，因不同层级行政辖区在地域范围、自然条件及生态环境类型、资源类别及数量、人财物力、社会资本、管理决策及组织动员能力等方面的巨大差异，它们的农业生产专业化也各有特点。

1. 乡（镇）级行政辖区的农业生产专业化

乡（镇）作为我国行政区划的基层一级，辖区面积虽然不大、人口也不算多，但也达到了一定规模。在内地乡（镇）级辖区一般有数十平方公里、耕地数百公顷、人口数万至十余万；在边远地区乡（镇）级辖区面积较大、但人口稀少。在平原及丘陵地区，一个乡（镇）级辖区内的自然条件、生态环境、资源类型较为一致；但在山区，一个乡（镇）级辖区内的不同地点，其自然条件、生态环境、资源类型就可能各不相同，表现出"十里不同天"的景象。乡（镇）级政府是农村基层政府，负有发展农业、建设农村的重要任务和职责。乡（镇）级辖区的农业生产专业化，是关键的基层一级的区域农业生产专业化。

乡（镇）级辖区农业生产的专业化，其本意是辖区内专门（主要）从事某个农业产业的发展，或专门（主要）从事某种农产品的生产。但如果考虑乡（镇）级辖区的资源利用及农业自身特点，在数十平方公里范围内只发展一种农业产业、或只生产一种农产品，简直是不可想象的。实际的情况是，乡（镇）级辖区农业生产的专业化，是辖区内专门（主要）从事少数几个农业产业发展，或专门（主要）从事少数几种农产品生产。这里所谓"少数几个"也就指一两个，所谓"少数几种"也就是两三种，农业产业多了、农产品种类多了，就不存在农业专业化生产了。如果乡（镇）级辖区内形成了一两个农业主导产业，或成为一两种（或两三种）重要农产品的集中产地，则该乡（镇）的农业发展就搞出了特色。目前我国已有一批农业生产专业化乡（镇），如粮食生产乡（镇）、蔬菜生产乡（镇）、水果生产乡（镇）、肉鸡生产乡（镇）、肉牛生产乡（镇）、苹果生产乡（镇）等，它们已成为重要农产品的生产基地。

乡（镇）级辖区内的农业生产，是由辖区内农户和农业企业进行的，发展什么产业、生产什么产品也是由其自主决定的。若辖区内的农户和农业企业都各自从事多个农业产业、或都各自生产多种农产品，则辖区内的农业生产不存在专业化。若辖区内的农户和农业企业都专门（主要）从事某个农业产业发展、或都专门（主要）从事某种农产品生产，但他们从事的农业产业或生产的农产品又是各不相同的，则辖区内也不存在农业的专业化生产。若辖区内的大多数农户和农业企业，同时专门（主要）从事某个农业产业发展，或同时专门（主要）从事某个农产品生产，辖区内的农业生产才实现了专业化。而要让乡（镇）级辖区内的多数农户及农业企业，同时发展某个农业产业或同时生产某种农产品，就离不开组织、动员和引导。一方面，通过引进高附加值农业产业，或引进优新农产品，在乡（镇）级辖区内推广，使其成为区内农业主导产业或区内主要农产品，使农业生产实现专业化。另一方面，通过推广应用某个农业产业发展、或某种农产品生产的先进技术，使该产业发展、该产品生产发挥出独特的优势，并成为乡（镇）级辖区内的农业主导产业或主要农产品，也能使区内农业生产专业化。再一方面，通过组织动员群众进行农业基本建设、改善农业生产条件、使其适合某个优势农业产业发展、或适应某种优势农产品生产，也能促进乡（镇）级辖区内的农业生产专业化。

2. 县（市、区）级行政辖区的农业生产专业化

县（市、区）在我国行政区划中属地方一级，是一个连接城乡的重要行政层级。县级辖区一般面积较大，人口也较多，规模不小。内地县级辖区面积小者有数百平方公里、大者有数千平方公里，人口少者有数十万人、多者有上百万人。边远地区县级辖区面积很大（多者上万平方公里），但人口稀少（少者数万人）。在全国的 2 851 个县级辖区中，只有少数市辖区没有农业，也只有少数县级辖区内的自然条件、生态环境、资源类型是一致的。对于绝大多数县级辖区，因其地域较大，区内的自然条件、生态环境、资源类型也是多种多样，且农业是区内经济的重要组成部分，有的甚至以农业经济为主。由于农业在县级经济中的重要地位，为突出农业发展的重点与特色，推进县级辖区内的农业生产专业化，便显得十分必要。

县级辖区的农业生产专业化，是一种特定区域的农业生产专业化。县（市、区）作为一级行政单元，拥有经济社会发展的管理决策权力，也拥有一定可支配的人财物力资源，还拥有较为广泛的社会资源，可以在农业生产专业化上有所作为。县级辖区作为一个地理区域，面积较大且内部自然条件、生态环境、资源类型往往不一致，使农业生产专业化遇到的情况较为复杂。鉴于此，县级辖区内的农业生产专业化，就是根据内部自然条件、生态环境、自然资源的不同类型，集中发展几个重点农业产业，使其成为辖区内的农业支柱产业，集中生产几种大宗农产品，使其成为辖区内的主要农产品。当然，一些平原地区的县级辖区内的自然条件、生态环境、资源类型基本一致，可以在辖区内专门（主要）发展一两个农业产业，或在辖区内专门（主要）生产两三种农产品，实现农业生产的专业化。目前国内已有一批水稻、玉米、小麦生产大县，一批棉花、油料、糖料生产大县，一批蔬菜、水果、茶叶生产大县，一批生猪、肉牛、肉羊、肉鸡生产大县，一批水产养殖大县等，这些县级辖区内的农业生产已经达到了很高的专业化水平。

县级辖区内的农业生产，是由区内众多农户及农业企业各自进行的，发展何种产业、生产什么产品是由其自主决定的。若辖区内的农户和农业企业都各自从事多个农业产业、或都各自生产多种农产品，则该县级辖区的农业生产不存在专业化。若辖区内的农户和农业企业专门（主要）从事某个农业产业发展，或专门（主要）生产某种农产品，但各自从事的产业和生产的产品并不相同，则该县级辖区的农业生产也不存在专业化。只有辖区内多数农户和农业企业，同时专门（主要）从事某个农业产业发展，或同时专门（主要）进行某种农产品生产，则该县级辖区的农业生产才能实现专业化。要让县级辖区内的多数农户及农业企业，同时发展某个农业产业或同时生产某种农产品，就必须进行组织、动员和引导、扶持。一方面，通过试验示范，引进新的高附加值农业产业、或引进名特优新农产品，在县级辖区内推广，使其成为农业主导产业、主要农产品，实现新型农业的生产专业化。另一方面，通过先进技术的应用与推广，使县级辖区内原有农业产业得到现代技术的改造，使个别传统农业产业发展和个别传统农产品生产焕发出新的活力，成为众多农户和农业企业追捧的对象，从而实现农业生产的专业化。再一方面，在农业产业结构调整和发展转型中，县级政府经充分调查、研究、论证，确定了农业发展的重点产业、主要产品，组织动员并引导和扶持广大农户和农业企业，发展这些产业、生产这些产品，使其实现生产的专业化。

3. 省（自治区、直辖市）**级行政辖区的农业生产专业化**

省级辖区在我国行政区划中属区域一级，是连接中央和地方的关键层级。省级辖区面积很大、人口众多，小的省级辖区面积有数万平方公里、人口有数百万人，大的省级辖区面积大到上百万平方公里、人口多达数千万人。除港澳台外全国 31 个省级辖区，分布在东西南北广大地域，辖区内外的自然条件、生态环境、资源禀赋各具特色、差别巨大。各省级辖区都有规模不等的农业，从事不同农业产业发展和不同农产品生产。由于省级辖区农业生产的绝对数量巨大，其农业生产专业化对全国农业生产专业化和农业发展均有重大影响。

省级辖区地域范围广大，辖区内不同地区的自然条件、生态环境、资源禀赋互有区别，其多样性特征突出，适宜多种农业产业发展及多种农产品生产，使其农业生产部门齐全、农业产业多样、农产品种类丰富。但省级辖区内不同农业部门及不同农业产业发展和不同农产品生产，在发展潜力、生产规模、生产水平上是各不相同的，且差异巨大。省级政府作为重要的行政层级，拥有辖区经济社会发展的管理决策权、组织指挥权，拥有较大的人财物力调度和使用权，拥有广泛的可调度使用的社会资源，并可利用这些资源全力推进辖区的农业发展。因此，省级辖区的农业生产专业化，是特种类型的区域农业生产专业化。一方面，省级辖区的农业生产专业化，只能是辖区内不同自然条件、生态环境、资源禀赋分区的农业生产专业化，而不是全辖区的农业生产专业化。另一方面，省级辖区的农业生产专业化，是不同农业产业分别在辖区内不同地区集中大规模发展、或多种农产品分别在辖区内不同地区集中大规模生产的专业化。再一方面，省级辖区的农业生产专业化，更多表现在农业重点产业发展和主要农产品生产上，其他农业产业发展和其他农产品生产仍可能零星分散。

省级辖区及其内部各地区的农业生产，是由区内数量巨大的农户和农业企业自主进行的，发展什么产业、生产什么产品由其自主决定。若辖区内各地区的农户及农业企业都各自从事多个农业产业，或都各自生产多种农产品，则该省级辖区内的农业生产不存在专业化。若辖区内各类不同自然、生态区域的农户及农业企业，都专门（主要）从事某个农业产业发展、或专门（主要）从事某种农产品生产，但各自从事的产业和生产的产品并不相同，则该省级辖区内的农业生产也不存在专业化。只有辖区内各同类自然、生态区域的大多数农户和农业企业，都同时发展某个农业产业或同时生产某种农产品，则该省级辖区的农业生产才实现了专业化。然而要让省级辖区内各同类自然、生态区域的大多数农户和农业企业，都同时发展某个农业产业或生产某种农产品，就必须有严密的组织动员和有力的引导及扶持。首先，省级政府要对辖区内不同的自然、生态区域农业发展进行科学规划，搞好农业产业发展和农产品生产的精准定位，确定农业主导产业、农产品主要种类。其次，认真搞好农业基本建设，为农业主导产业发展、主要农产品生产的专业化创造必要条件。再次，引进技术和人才，应用先进技术支撑农业主导产业的专业化发展、支撑主要农产品的专业化生产。最后，省级政府对农业主导产业发展、重要农产品生产基地建设、主要农产品专业化生产给予必要的资金扶持和物资支持。

五、农业生产服务的专业化

农业生产是一个复杂的过程，若对全产业链考察，农业再生产的全过程应当包括农业的产前阶段、农业的产中阶段、农业的产后阶段，在各个阶段又包含若干生产经营活动。在传统上，农业生产各阶段的生产经营活动，都是由农业生产经营微观主体（农户及农业企业）自己完成的。但随着传统农业向现代农业的转化、农业生产分工的深化，农业生产服务业迅速兴起，在产前为农业生产提供物资供应服务，在产中为农业生产提供农事作业服务，在产后为农产品提供营销服务。农业生产服务业在发展中越来越细分，服务主体也越来越专业化，在农业发展中发挥着越来越大的作用。

1. 农业生产资料供给服务的专业化

农业生产资料种类繁多，主要包括种子（苗）、仔畜（雏禽、鱼苗）、肥料、饲料、农药及兽药、塑料制品等，还包括一些日常生产工具及器具。农业生产资料供给服务，就是农业生产资料生产、营销、配送服务的总和。农业生产资料供给服务的专业化，就是农业生产资料由专门主体进行专业化生产，由专门主体进行专业化营销，由专门主体进行专业化配送。农业生产资料供给服务的专业化，不仅可以保证其高效率生产和充分供给，还能使其生产成本下降和质量提高，也可使其供给更为及时、有效和精准。

农业生产资料生产的专业化，就是某种或某类农业生产资料由相关企业专门生产，或相关企业专门从事某种或某类农业生产资料的生产。如种子公司专门生产农作物种子、种苗公司专门生产农作物种苗、仔猪场专门生产仔猪、孵雏场专门生产小鸡及小鸭、化肥厂专门生产一两种化肥、饲料厂专门生产几种动物饲料、农药厂专门生产几类农药等。相关企业专门从事某种或某类农业生产资料生产，便于采用先进的设施、设备及技术，按严格的规程和标准进行生产，有利于提高生产效率和产品质量，也有利于扩大生产规模和降低生产成本。目前，我国农业生产资料已基本实现专业化生产，各种农作物种子都由相关种子公司生产供应，各种植物苗木都由专业企业生产提供，各种仔畜、雏禽、鱼苗也由专门企业生产提供，化肥及农药等生产资料更是由大中型工业企业生产，农业生产资料专业化生产体系已经形成。但这一体系大而不强，尚处在发展水平不高的阶段，突出表现在优质高效农业生产资料的生产能力不足、大宗农业生产资料生产效率不高、农业生产资料生产主体多而分散等方面，急须在发展中改变。

农业生产资料营销的专业化，就是某种或某类农业生产资料由相关企业专门经销，或相关企业专门经销某种或某类农业生产资料。农业生产资料种类繁多，为保证供给安全，对经销商还有一定资质要求，且都应有经销许可。大宗农业生产资料（如种子、化肥、农药、饲料、兽药等）都有专门的经销商负责营销，经批发到零售，形成各自的营销体系，将各种农业生产资料从产出方传递给使用方。目前我国农业生产资料的专业营销体系已经形成，农业生产者都能方便地购买到所需的农业生产资料。

农业生产资料的生产和营销虽实现了专业化，但农业生产经营微观主体在购买生产资料后，还需要将其配送到使用地点，生产资料的配送需要专业化。在传统上，农业生产资料经销商只管销售而不管送货，这就使农业生产经营微观主体在购买生产资料后要独自解决运输问题，带来很大不便。目前，应充分利用已经十分发达的物联网，将农业生产资料的营销和配送结合起来，同时实现农业生产资料营销和配送的专业化。

2. 农业生产作业服务的专业化

农业生产是依靠动物、植物生长发育以获取农产品的复杂过程，这一过程要经过一系列农业生产作业（农事活动）才能完成。如种植业生产要经过耕地、施肥、播种、田间管理、病虫害防治、收割、废弃物处理等作业才能完成，养殖业生产要经过圈舍清理消毒、仔畜（雏禽）入栏、每日饲喂及粪污清理、疫病防治、出栏、粪污无害化处理等作业才能完成。在传统上，这些生产作业是农业生产经营微观主体自己完成的。随着传统农业向现代农业的转化，农业生产过程的分工也日益发展。不少农业生产经营微观主体，将部分或全部农业生产作业外包给相关生产服务主体完成，有些生产服务主体也专门从事某种或某类农业生产作业服务，使农业生产作业服务专业化。农业生产作业服务专业化，可以扩大农业生产作业的规模、提高农业生产作业的效率和质量、降低农业生产作业的成本。

农业生产作业服务的专业化，就是某种或某类农业生产作业由相关专业生产服务主体完成，或相关服务主体专门提供某种或某类农业生产作业服务。如农机服务主体可为农户和农业企业提供专门的耕作服务、播种（栽插）服务、收割服务等，植保服务主体可专门提供病虫害防治服务，生产管理服务主体可专门提供田间管理服务，动物疫病防治服务主体专门提供圈舍消毒、防疫等服务，畜禽粪污处理服务主体专门提供粪污无害化处理和资源化利用服务等。这些专业化的农业生产作业服务，在平原地区及畜禽养殖集中地区已广泛推行，且由专业人员使用农业机械完成，并在提供农业生产作业专业化服务的同时，由服务主体（如农机站）帮助农业生产经营微观主体（农户及农业企业）实现了农业机械化。可惜的是，农业生产作业专业化服务，在我国广大山地、丘陵地区还未开展起来。若有朝一日，我国农业生产作业专业化服务普遍推行，则全国农业生产的面貌将发生根本改观。

农业生产作业服务的专业化，有两个必备条件才会产生。一是要有一个大而稳定的农业生产作业服务市场需求，二是农业生产作业服务能达到高效率、高质量、低成本。有了大而稳定的农业生产作业服务市场需求，就会促使农业生产作业服务主体的生成与发展，去满足市场的需要。农业生产作业服务若能达到高效率、高质量、低成本，则农业生产经营微观主体就会将农业生产作业外包给服务主体完成，以降低成本和提高质量，而生产作业服务主体也乐于提供服务，以获取服务收益。平原地区种植业适合机械化生产，而农户及农业企业又难投入巨资购买农机，对农机作业的市场需求很大。平原地区的机耕、机播、机收不仅效率高、质量好，而且成本低廉，使农户及农业企业普遍将农业生产作业外包。在这一背景下，大批农机服务主体迅速生成和发展，为农户和农业企业提供各种专业化的生产作业服务。在畜禽养殖场集中的区域，动物防疫及粪污处理服务有很大市场，一个动物防疫站可同时为多个养殖场提供专业化防疫服务，使防疫效果提高且成本下降，一个有机肥生产企业就可完成多个养殖场的粪污资源化利用，既防治污染又增加收益。

3. 农产品营销服务的专业化

对于农业生产经营微观主体，生产的农产品只有在市场上完成销售，并收回生产成本和获得盈利，整个再生产过程才算完成。若生产的农产品不能在市场上出清，则生产成本就难以收回，更无盈利可言，后续农业生产活动便难以为继。因此，农产品营销是农业再生产不可缺少的一环，不能有任何疏忽。在传统上，农产品营销也是由农业生产经营微观主体自己完成的，这与自给半自给小农生产相适应。随着农业现代化的推进，农业商品生产也越来越发达，加之农业生产分工与专业化，农业对市场的依赖越来越强，农产品营销更是越发重要。在这一背景下，众多农业生产经营微观主体需要农产品营销服务，农产品营销服务主体便应运而生。农产品营销服务专业化可以促进农产品生产与市场需求的衔接，疏通农产品流通渠道，减少农产品流通环节，甚至在一定条件下还能争取到好价格，保护农业生产者利益。

农产品营销服务的专业化，就是农业生产经营微观主体（农户及农业企业）的农产品销售由专门的服务主体完成，或相关服务主体专门为农业生产经营微观主体提供农产品营销服务。在农产品贸易市场已经放开的情况下，目前为农业生产经营微观主体提供农产品营销服务的主体很多，有农产品个体经销商、农产品集体经销商、农产品加工企业、国有农产品收贮企业、农产品电商等多种。个体经销商向农户及农业企业收购农产品再用于销售，集体经销商多为农户组织起来的农产品营销团体，为自己服务和维护自己的利益，加工企业收购农产品主要是自己加工使用，国有收贮企业收购农产品是为了稳定农产品价格，而电商是一种新的营销平台，农户和农业企业可灵活运用。这些农产品营销服务主体，在农产品营销中发挥了不同作用、做出了相应贡献，还应充分发展。

目前农产品营销专业化服务主体虽多，在农产品营销中也发挥了重要作用，但在这种服务中如何合理定价以保护农民利益是面临的大问题。一方面，农户和农业生产企业与农产品经销商在市场信息掌握上不对等，在议价上难以准确把握，有时还会上当吃亏。另一方面，单个农户或农业企业销售的农产品数量有限，与农产品经销商讨价还价的能力弱小。在这种情况下，有两种办法可以在农产品营销中保护农民的利益，一是社区农户及农业企业联合起来销售农产品，以增加与营销服务主体的议价能力；二是社区农户及农业企业组织起来，采取多种形式（包括电商）自主销售农产品。

第二十四章 中国农业发展的生产规模化

生产规模化是指生产所使用的资源及要素、所开展的生产活动、所生产的产品都达到了一定数量级别，并在这个量级上可获得较好效益。在一定生产规模上获得的效益称为规模报酬或规模经济，恰当的生产规模才会有较高的收益，生产规模过小或过大，都会使规模报酬降低。生产规模化既是针对产业和产品的，也是针对主体和地域的。我国农业生产规模就地域而言是巨大的，就农户而言是微小的。正是广大农户生产规模的微小，才造成农业生产效益的低下及其他问题的产生。随着现代农业发展，改变大量农户小规模生产、提高农业生产规模报酬，已变得刻不容缓。

一、农业生产规模化

农业生产规模指农业产业发展或农产品生产所达到的相关数量指标，这些指标主要是指使用（占用）的生产要素数量、开展的农事活动工作量、产业发展的大小及产品生产的数量。这些指标可以针对农业生产主体，也可针对农业产区，它们与农业生产效益关系密切。当这些指标达到一定的数量标准，农业生产效益就会最好，高于或低于这一数量标准，农业生产效益就会降低。这一数量标准称为农业生产最适（适度）规模，农业生产达到了最适规模，就视为实现了规模化。因此，农业生产经营微观主体有其农业生产规模化，不同地域（农产区）也有其农业生产规模化，农业生产作业（农事活动）也有其规模化。这三类规模化相互联系又相互区别，构成农业生产规模化体系，对农业发展产生重要影响。

1. 生产主体的农业生产规模化

我国农业生产的微观主体主要是农户，另外还有个体农业企业和国有农业企业。这些主体的农业生产规模化，就是在生产中使用（占用）的生产要素、开展的农事活动、产出的产品达到一定的数量标准，使其生产效益达到最好。但这三类主体在农业生产要素获取的来源和方式、农事活动开展的方式、农产品产出的类型和能力等方面有很大不同，其农业生产规模化的目标任务、重点难点、方式途径也有很大差别。特别是在农地资源不足、农地质量较差、其他农业生产资源较紧缺的情况下，如何解决农业生产主体生产规模过小、生产效率和效益不高的问题，已成为当下农业发展不能回避的大事。

自 1978 年农村集体土地农户家庭承包经营以来，农户就是主要的农业生产经营微观主体，肩负我国农业发展的艰巨任务。改革开放近 40 年来，农户数量虽有所减少，但总数仍在 2.30 亿户左右。对于如此众多的农户，1 亿多公顷集体耕地分摊到每个农户，数量自然很少，平均每户 0.4 公顷左右。如此少量的耕地，对于种植业农户根本谈不上规模经营，不仅占用劳力多、生产成本高，而且收益低，难以维持一家生计。很多农户的主要劳动力便外出务工，将小块耕地经营仅作为副业，其农业生产不可能规模化。但有少数农户通过转租其他农户承包地扩大种植业规模，或利用非耕地发展规模化水果、干果、药材、特产种植，或通过转行从事规模化养殖业，实现了农业生产的规模化。总之，大多数农户的农业生产规模很小，不仅生产效率和效益低下，而且还影响其就业和生计。要实现生产的规模化还存在不少困难，同时也还需要一个发展过程。

20 世纪 90 年代以来逐渐兴起的个体农业企业，是新一类农业生产经营微观主体。这类企业一般是通过转租农户承包地、或租用农村集体土地、或租用国有土地等方式组建，租用土地面积按企业发展需要而定，企业发展不会出现用地不足的问题。企业根据其发展的需要聘用工人，使每项农事活动有人承担，也使每个聘用者满负荷工作，达到人员与农事活动的匹配。企业自然也要精细计算其成本与收益，使产业达到一定产出水平，既可收回成本还可取得盈利。由于个体农业企业在土地使用、人员聘用、产品产出上都有很大的自主权，不会受到农户遇到的某些约束，如果自己有周密的筹划，其农业生产是易于实现规模化的，目前的大多数个体农业企业也的确实现了农业生产规模化。

自 20 世纪 50 年代以来先后建立的国有农业企业，是一类独特的农业生产经营微观主体。这类企业是政府划拨国有土地组建的，划拨的土地多少是根据所建企业的目标及任务决定的，企业发展也不会出现用地不足的问题。企业根据其发展需要聘用人工，使各项农事活动有人承担，也使所有聘用人员有事可做而各得其所。企业也有一定的生产经营目标，不仅要达到一定产出水平，还要取得一定盈利。国有农业企业都承担有重要公共责任，或给国家提供农产品、或开发某片国土、或保护某些农业资源、或保护某个区域生态环境等，面积一般较大、农业生产工作量也大、产出的农产品也多，其农业生产规模化程度很高，如黑龙江省三江平原的国有农场，其农业生产规模化程度之高，就是全国的典范。

2. 地理区域的农业生产规模化

地理区域是个不确定的概念，可以有不同指代，可以是一个社区，也可以是一个行政辖区，还可以是一个自然区或生态区等，这里泛指某一范围的农业区。一个地理区域内的农业生产规模化，不是对该区农业生产总体而言的，而是对该区某个农业产业发展或某种农产品生产而言的，只有针对具体的农业产业发展和农产品生产，才能正确判定区域农业生产规模化的程度。地理区域的农业生产规模化，就是区内各主要农业产业发展及主要农产品生产，所使用（占用）生产要素的数量和占比、相关农事活动的工作量及占比、产出的数量及占比所能达到的标准，这些标准越高，表明区内农业生产的规模化程度越高，这些标准越低，表明区内农业生产规模化程度越低。

地理区域农业生产规模化，可以直观理解为区内重要生产要素向主要农业产业发展和主要农产品生产集中，使其生产规模扩大和产出规模增加。但这里有个前提，就是区内有足够多的同类生产要素，以满足某些农业产业大规模发展、某些农产品大规模生产。这便要求区内自然气候、生态环境、资源禀赋是同类的，只有如此才能使诸如土地一类要素，向某个产业发展和某种产品生产集中，使其生产规模在区内尽可能扩大，也使其产出水平在区内大幅提升，促进其生产规模化程度提高，在平原地区出现的某些农产品大规模生产就是如此。如果区域内的自然气候、生态环境、资源禀赋是多种类型的，没有足够多的同类生产要素向某个产业发展或某种产品生产集中，使其各个农业产业发展和各种农产品生产规模难以扩大，产出也不易增加，便使其生产规模化程度难以提升，山区的农业产业发展和农产品生产就是如此。

地理区域农业生产规模化不仅受制于区内自然气候、生态环境、资源禀赋等外在条件的影响，同时也受到农业投资、技术进步等内在因素的影响。在一个区域内大规模发展某个农业产业、或大规模生产某种农产品，一般都需要改善某些农业生产条件、建设某些农业基础设施、增加某些农业生产投入，离不开一定的农业投资。在一个区域内大规模发展某个农业产业、或大规模生产某种农产品，也离不开先进品种技术、种植或养殖技术、植物病虫害及动物疫病防治技术、生产废弃物处理技术、大宗农产品贮藏运输技术的支撑。没有这些技术的支撑，在一个区域大规模发展某个农业产业或大规模生产某种农产品，要么就不可能，要么勉强发展也不会有好效果。

应当指出，地理区域农业生产规模化，对区域农业发展具有多重利好。一方面，有利于某些农业产业集中在优势区域发展，也有利于某些农产品集中在优势区域生产，充分发挥不同地理区域的农业生产潜力。另一方面，将某些农业产业集中在优势区域发展、将某些农产品集中在优势区域生产，有利于先进技术的大面积推广应用，使这些农业产业发展和农产品生产有更高的效率和效益，提高区域农业发展水平。再一方面，将某些农业产业集中在优势区域发展，将某些农产品集中在优势区域生产，使有的区域成为某些重要农业产业的主要发展基地，也使有的区域成为某些重点农产品的主要生产基地，更使农业生产布局得以优化。

3. 农业生产作业的规模化

农业生产作业有时也称农事活动，是农业生产过程中必须完成的一项工作任务。这些工作任务各不相同，农业生产作业也就有很多种。这些农业生产作业可以由农业生产经营微观主体自己完成，也可以外包给农业生产服务主体完成。农业生产作业的规模化，是针对某一种农业生产作业，而不是针对多种不同的农业生产作业，是指相关主体承担并完成某种农业生产作业所能达到的数量标准，这一标准越高，表明这种农业生产作业规模化程度越高，这一标准越低，表明这种农业生产作业规模化程度越低。

在生产作业由农业生产经营微观主体自己完成的情况下，农业生产作业规模化由其生产规模化决定。微观主体的农业生产规模小，生产过程中的各种生产作业工作量就小，由主体承担并完成的生产作业量自然也小，生产作业便不可能达到规模化。但若微观主体的农业生产规模大，生产过程中的各种生产作业工作量大，由主体承担并完成的生产作业量自然也大，生产作业便能提高规模化程度，以致达到生产作业的最适规模。目前，我国广大农户的农业生产规模很小，生产过程中产生的各种生产作业量都不大，靠自己完成不仅效率不高，而且作业规模也上不去，还占用不少生产资源。我国的大多数国有农业企业生产规模很大，生产过程中产生的各种生产作业量也很大，自己完成所承担的生产作业规模随之扩大，生产作业规模化程度自然较高，生产资源利用也会更充分。

在农业生产作业工作量充足的情况下，农业生产作业规模化由作业的方式决定。当前，除国有农业企业因生产规模大而农业生产作业量也大之外，单个农户和个体农业企业生产规模及生产作业量都较小。但近年大量农户和个体农业企业并不自己完成农业生产作业，而是将其外包给农业生产服务主体完成，这就在农村形成了一个巨大的农业生产作业服务市场。如平原地区的种植业农户生产作业都需要耕地、播种、施肥、病虫害防治、收割等，当他们将这些生产作业外包时，就会形成这几种生产作业的巨大工作量，并有待农业生产服务主体去完成。在农业生产作业量巨大的情况下，生产服务主体的农业生产作业规模化，主要由其采用的作业方式所决定。如果服务主体采用人工或小型农业机械作业，因效率不高完成的生产作业量有限，不可能实现生产作业的规模化。但若服务主体采用高效能大中型农业机械作业，因效率高完成的生产作业量很大就能实现生产作业的规模化。

必须指出，农业生产作业的规模化，对农业发展意义重大。第一，有利于提高农业生产作业效率，确保各种农事活动不违农时，减少农业风险、确保农业丰收。第二，有利于提高农业生产作业的质量和精准度，提高农产品的产出和质量。第三，可以大幅度降低农业生产作业人工使用和物资消耗，进而显著减少农业生产成本。第四，如果农户的农业生产作业外包给生产服务主体，让其利用专门技术并采用先进农业机械完成，就可使农户小生产变为现代化大农业。农业生产作业规模化带来的多重效益，可视为农业生产作业规模经济。在某种意义上，农业规模经济便主要来源于农业生产作业规模经济。

二、农户及农业企业的农业生产规模化

农户和个体农业企业、国有农业企业，是农业生产经营的微观主体，它们的农业生产规模化，是全国农业生产规模化的基础。农业生产规模化若作为标准，它表示农户及农业企业的农业生产所使用（占用）的生产要素、所开展的农业生产作业、所产出的农产品应达到的数量标准。农业生产规模化若作为进程，则它表示农户及农业企业在农业生产中达到规模化的程度。农业生产规模化的标准难以确定，但进程易于分析。由于农户、个体农业企业与国有农业企业在经济体制、资源禀赋、经济技术实力、运行方式等方面差别巨大，它们的农业生产规模化自然也有很大不同。

1. 农户的农业生产规模化

农户的农业生产规模化进程，一方面可用所使用（占用）的农业生产要素（如土地等资源）数量、所进行的农业生产作业数量、所产出的农产品产量加以判断，另一方面也可用农业生产保证家庭劳动力充分就业的程度、农业生产的产出保障家庭生存与发展的程度进行衡量。很显然，农户使用（占用）的生产要素少、农业生产作业量小、农业生产产出量少，反映其生产规模小、远未达到生产规模化，农户劳动力不能在农业中充分就业、农业产出不能维系家庭生存与发展，反映其生产规模小、也未达到生产规模化。由此可见，农户的农业生产规模化，不仅关系到农户的农业生产效率与效益，更直接关系到农户家庭劳动力的就业、农户家庭的生存与发展，事关重大、不可小视。

我国农户有 2 亿多户，大多数农户从事种植业，少数农户从事林业、畜牧业、水产业，从农村集体承包土地进行生产经营。由于人多地少，种植业农户耕种的耕地平均不足 0.4 公顷，少的地区农户的耕地甚至不足 0.2 公顷。如此少的耕地，既不能让农户家庭劳动力充分就业，也没有足够产出维系农户家庭生存与发展，更谈不上农业生产规模化。在这种情况下，大多数农户主要劳动力外出务工，留辅助劳动力（老人、妇女等）对小块土地进行生产经营，有的农户甚至放弃农业生产（但不放弃承包土地），举家外出务工。但也有少数农户执着农业，探索农业生产规模化的路子。有的农户转包其他农户承包地扩大农业生产规模，通过应用先进技术或从事新的农业产业发展、新的农产品生产实现生产的规模化。有的农户放弃粮油生产，利用承包的耕地和非耕地从事水果、干果、药材等高附加值农产品的规模化生产。有的农户放弃种植生产，转而从事不受耕地约束的林业生产、畜牧业生产、水产生产，并在林产品、苗木、生猪、肉牛、肉羊、肉禽、禽蛋、鱼、虾、蟹等农产品生产上实现规模化，可惜的是，实现农业生产规模化的农户还太少。

由人多地少的基本国情所决定，我国农户农业生产的规模化不仅难度很高，而且

还需要经历一个较长的过程。但如果我们在农地制度改革、农地建设、农户分工分业上有所突破，农户的农业生产规模化程度一定能逐步提升。一方面，农村土地制度改革不应只强调"三权分置""经营权流转"，还应强调"集体所有"，即集体成员所共有，坚持只有集体成员才有权分享土地，若丧失了集体成员身份就无权分享土地，从而使进了城且落了户、成为市民、有稳定工作和收入、已失去集体成员身份的人退还承包土地，留给在乡农户耕种，使在乡农户耕种的土地面积逐渐增加，农业生产规模就可逐渐扩大。另一方面，开展大规模的耕地和草地建设，显著提高耕地质量和草地载畜量，使农户农业生产的产出水平大幅度提高，使其生产在产出规模上有明显改善。再一方面，在显著提高农户科技水平及管理决策水平基础上，下功夫培养农户对生产要素的获取和利用能力，引导他们分工分业，充分利用非耕地资源各自在农林牧渔各产业领域发展，实现农业生产规模化。

2. 个体农业企业的农业生产规模化

个体农业企业的农业生产规模化，虽然也可以用所使用（占用）生产要素数量、所进行农业生产作业工作量、所产出农产品产量加以衡量，但不如用该企业农业生产效率和效益评判更好。很显然，能使个体农业企业生产效率达到最高，生产效益达到最好的生产规模，就是最适宜的生产规模，个体农业企业达到了这样的生产规模，其农业生产就实现了规模化。个体农业企业从事不同的农业产业发展或进行不同农产品的生产，便造成不同类型的个体农业企业，其最适宜的生产规模也是不相同的，各自应达到何种规模，需要在发展过程中总结。

个体农业企业的农业生产规模，可以由企业主调节，可以变动所使用（占用）生产要素的数量、也可以改变农业生产作业工作量，还可以改变农业生产产出的预期等，通过必要的变动与改变，能使农业生产规模变得对个体农业企业更为适宜，也即个体农业企业的农业生产规模化。当然，这是指个体农业企业发展过程中的情况，并不是企业初创时的情景。在个体农业企业的初创时期，企业主往往根据发展的农业项目特征、自己的生产经营能力、自有的投资能力确定该农业项目的生产规模。在建设运行中，再通过人力、物资投入的调配，使农业生产活动正常开展。对于熟悉农业投资的企业主，能较为准确地把握农业企业的生产规模，使企业在建成后能正常运行。但若企业主对农业投资不熟悉，便难以准确把握农业企业的生产规模，要么生产规模太小使企业不具有商业价值，要么生产规模太大使企业运行效率低下。如果个体农业企业在初创时确定的农业生产规模过小或过大，虽在建成运行中可以调整，但这种调整要付出一定的成本，有时甚至要带来很大损失。

近年我国个体农业企业发展较快，遍布在农林牧渔各大产业部门，分布在东西南北各地，其企业主有原工商业主、城镇自由投资人、务工返乡农民工、农业科技人员、农机服务人员等。有的业主建立个体农业企业是为了生产名特优新农产品，提高农业的效率和效益，有的业主建立个体农业企业是为了打造农业景观、拓展农业功能、塑造农业新业态，有的业主建立个体农业企业是为了展示新品种、新技术，带动区域农业发展，有的业主建立个体农业企业是为了提供各种农业生产服务。无论这些农业企业干什么，都有必要确定合适的农业生产规模，以保证企业建成后的顺利运行。对于上述可能的农业企业主，他们虽对农业有很高热情，但对现代农业企业的建设及运行大多是不熟悉的，不可能凭自己的力量对一个农业企业的建设和运行进行周密策划，并极可能在农业企业的生产规模确定上发生偏差。在这种情况下，最好的办法就是聘请相关农业发展的规划专家和技术专家，对个体农业企业建设与发展进行规划设计，并按规划设计的要求及生产规模进行建设和运行，使其农业生产达到合适的规模，即实现生产的规模化。

3. 国有农业企业的农业生产规模化

国有农业企业所使用的土地是政府划拨的，有些其他的生产要素也是由政府配置的，其数量相对固定。国有农业企业的农业生产规模化，就是在土地等生产要素既定条件下，确定所发展的农业产业、生产的农产品应达到的适当规模，使企业的农业生产效率最高、效益最好。如果实现了这一目标，国有农业企业的农业生产就实现了规模化，否则，农业生产规模化便未实现。由于不少国有农业企业土地面积都很大，发展的农业产业可能有多个，生产的农产品可能有多种，其农业生产规模化自然应当是主要产业发展的规模化，以及主要产品生产的规模化。国有农业企业主要农业产业发展的规模化及主要农产品生产的规模化，不仅可显著提高企业农业生产效率和效益，还能使企业成为某些重要农业产业发展基地，以及某些重要农产品的生产基地。

国有农业企业的土地等生产要素虽是一个既定的量，不可能增加、也不应该减少，但国有农业企业可按不同方式将其生产要素在不同农业产业发展和不同农产品生产之间进行配置，配置的方式不同则不同农业产业发展规模、不同农产品生产规模也不同，从而实现对企业内部农业产业结构及发展规模的调整。通过农业产业结构及农业生产规模的调整，实现企业农业产业结构的优化、农业生产的规模化。国有农业企业所使用的生产要素虽然较多，但数量终归有限，在农业产业结构及农业生产规模调整中，需要优先保障对企业生存和发展有重要影响的重点产业发展和主要产品生产，生产要素也优先向这些产业发展和这些产品生产配置，并使这些产业发展及这些产品生产实现规模化。当国有农业企业的重点产业发展和主要农产品生产都实现了规模化，则其农业生产效率和效益便会有很大提高。

目前，我国的大多数国有农业企业实行了职工家庭承包经营，土地等生产要素掌握在职工家庭手中，农业生产决策也由职工家庭自主做出，这对国有农业企业通过生产要素配置，调整农业生产结构和规模变得较为困难。即便如此，国有农业企业仍有能力和手段，调控生产要素的使用方向，引导和促进重要农业产业发展和主要农产品生产的规模化。一是国有农业企业可将土地按规定使用作为向职工家庭发包的条件，保证土地等生产要素向重点产业发展和主要产品生产配置，促进其生产规模化。二是国有农业企业还掌握物资供应服务、生产技术服务、生产作业服务、产品销售服务等资源，可以通过这些服务，引导职工家庭主要发展企业选择的重点农业产业、主要生产企业选择的主要农产品，通过职工家庭的共同行动，使国有农业企业的重点产业发展和主要农产品生产实现规模化。三是国有农业企业选择发展的重点农业产业、所选择生产的主要农产品，都是当地的优势产业和产品，发展这些产业、生产这些产品，不仅对国有农业企业有利，而且对职工家庭更为有利，职工家庭自然愿意接受，从而使这些优势农业产业发展和优势农产品生产实现规模化。

三、农村社区的农业生产规模化

农村社区无论指行政村或村民组，它都是一个微小的地理区域，地域面积很小、资源数量有限。在平原及丘陵地区，一个农村社区内的自然条件、生态环境、资源类型大体一致，农业生产一致性较强。但在山区，一个农村社区内的自然条件、生态环境、资源类型多样，农业生产差异性较大。在这种情况下，农村社区的农业生产规模化，就不能仅看使用（占用）生产要素的数量、农业生产作业工作量、农业生产产出量的多少，还应当参考生产要素使用量、生产作业量、生产产出量在其总量中的占比。同时，农村社区的农业生产规模化，也是针对特定农业产业和特定农产品而言的，特别是针对社区内重点农业产业和主要农产品而言的。农村社区的重点农业产业实现规模化发展，主要农产品实现规模化生产，不仅能凸显社区农业特色，实现"一村一业、一村一品"，还能大大提升社区农业生产的效率与效益。

1. 农村社区的农业生产规模

农村社区的农业生产规模，有农业生产总体规模、农业产业发展规模、农产品生产规模之分，三者既有联系又有区别。社区农业生产总体规模，指社区农林牧渔各业发展及各种农产品生产使用（占用）的生产要素数量、所进行的农业生产作业工作量、农业生产的产出总量。社区某农业产业发展规模，指社区内该农业产业发展所使用（占用）的生产要素数量、所进行的生产作业工作量、所实现的产出数量。社区某农产品生产规模，指社区内该农产品生产所使用（占用）的生产要素数量、所进行的生产作业工作量、所生产的产品产量。社区农业生产总体规模，是其各产业规模之和，也是其各种农产品生产规模之和。

农村社区受面积和资源的约束，农业生产总体规模、农业产业发展规模、农产品生产规模都很有限，但它们的大小和多少是可以发生变动的。如果社区内的资源得到充分利用、农业产业结构得到优化，则农业生产使用（占用）的生产要素数量、进行的生产作业工作量、产出总量都会增加，农业主导产业发展使用（占用）的生产要素数量、进行的生产作业工作量、产业产出量也都会增加，主要农产品生产使用（占用）的生产要素、进行的生产作业工作量、农产品产量仍都会增加，从而使农业生产总规模、农业产业发展规模、农产品生产规模扩大，如果社区内资源利用不充分，甚至造成资源闲置，若再加上农业产业结构不合理，则社区内农业生产总规模、农业产业发展规模、农产品生产规模都会缩小。由此可见，农村社区的农业生产规模与资源利用和产业结构是密不可分的，要在地域面积和资源既定条件下，扩大农村社区的农业生产规模，只能在资源利用上找潜力，在产业结构优化上找出路。

农村社区因面积窄小、资源有限，农业生产总体规模无论怎样扩大，其绝对量也很少，谈不上有什么规模优势。但农村社区内有显著地域特征的特色农业产业发展、名特优农产品生产规模扩大，对社区农业发展作用很大。一是具有显著地域特征的农业产业，一般都是十分珍稀的高附加值产业，因其独特性而具有很大优势，扩大其发展规模可以使社区农业地位提升、实力增强。二是名特优农产品受市场追捧且价格较高，扩大这类产品生产可增强社区农业竞争力和提高其效益。三是特色产业发展和名特优产品生产的扩大，使社区农业产业层次提升，并实现与其他社区的农业产业的分层，跳出了与其他社区在农业产业发展及农产品生产上的同质化竞争。应当指出的是，有些农村社区的特色农业产业发展和名特优产品生产，是自然条件或历史原因形成的，而有的农村社区的特色农业发展和名特优产品生产，是人们改造自然条件、应用先进技术带来的。这启示我们，在自然条件优越或有历史传统的农村社区，应当充分利用自然条件和历史经验，扩大特色农业发展和名特优农产品生产规模，而在自然条件一般的农村社区，也可以创造条件发展相宜的特色农业产业、生产适宜的名特优农产品，并使其规模逐步扩大。

2. 农村社区的主要农业生产规模化

农村社区不仅面积小、资源少、农业总体规模不大，而且受传统自给半自给生产习俗的影响，大多社区发展的农业产业有多种、生产的农产品更是多样，农业生产的专业化水平较低。在如此小的范围内，利用少量的资源，还要发展多个农业产业、生产多种农产品，必然造成每个农业产业发展、每种农产品生产的规模都很小。而社区内多个农业产业零星发展，多种农产品分散生产又必定带来农业生产效率和效益的低下。为摆脱这一困境，农村社区可以通过农业产业结构调整，将农业发展的重点放在主导产业（特色产业）及主要产品（名优产品）上，将生产要素集中配置在主导产业发展和主要产品的生产上，促进社区内农业主导产业的规模化发展、主要农产品的规模化生产。

农村社区的农业主导产业，指对社区农业发展有决定性影响的产业，如重点农业产业、优势农业产业、特色农业产业等。农村社区的主要农产品，指对社区农业产出有决定性影响的农产品，如产出量最大的农产品、产出价值最高的农产品、名特珍稀农产品等。对于面积很小的农村社区，农业主导产业只有一个，主要农产品有两三种就够了，选多了也就不存在主导产业和主要产品了。在选定主导产业和主要产品后，就要将社区内的生产要素重点投向一个主导农业产业发展或两三种主要农产品生产，并使其在生产要素使用（占用）数量、进行的农业生产作业工作量、生产产出数量上达到一定的规模化标准，并使农业主导产业及主要农产品生产的效率和效益有很大提高，且成为社区农业的支柱。

农村社区农业主导产业发展的规模化，或主要农产品生产的规模化，若只用使用（占用）生产要素数量、生产作业工作量、生产产出量的三个绝对量指标衡量，还不能充分反映农村社区这一微小区域农业生产规模化的特征。如果再加上使用（占用）生产要素在社区的占比、生产作业工作量在社区的占比、生产产出量在社区的占比三个相对量指标衡量，就能充分全面反映农村社区的农业生产规模化程度。当社区内的农业主导产业发展或主要农产品生产使用（占用）生产要素数量、生产作业工作量、生产产出数量达到一定量级，且其占比达到多数份额，则社区的主要农业生产就实现了规模化。如果农村社区农业产业发展多样、农产品生产多种，且生产要素在多个产业发展和多种产品生产中的配置又没有重点，就必然造成每个农业产业发展和每种农产品生产所使用（占用）的生产要素很少、所进行的生产作业工作量不足、所产出的产品甚微，且其各自在社区内的占比极低，社区的农业生产便是一个小而全的状态，根本谈不上农业生产规模化。目前，我国广大农村已有一部分社区，经过周密筹划和努力发展，逐步形成了优势特色的主导产业发展、名特优新的主要产品生产，并集中人财物力大加发展，形成规模化生产，不仅农业发展有了根本改观，而且社区面貌也有了重大改变。可惜的是，还有大部分农村社区农业生产十分散乱，效率和效益低下，需要尽快改变。

3. 组织、引导与农村社区农业生产规模化

农村社区的农业生产是由农户分散进行的，发展什么农业产业、生产什么农产品都由农户自主决定。若社区是行政村，农户可能多达数百户，若社区是村民组，农户也有数十户。这些农户家庭情况各不一样，生产目标也互不相同，在没有协商与协调的情况下，各个农户在农业产业发展和农产品生产上，往往各行其是，难以统一行动。其结果必然导致社区内农业产业发展五花八门，农产品生产多种多样，不可能形成一个主导产业，也不可能集中生产一两种或两三种主要产品，每个农业产业发展规模都不大、每种农产品产量都很小，农业发展没有特色、农业生产效益十分低下。要改变这一状况，就要组织与引导社区农户协调行动，共同发展某个优势农业产业、共同生产某种特色农产品，在社区内形成主导产业的规模化发展、主要产品的规模化生产。

对社区农户农业生产的组织与引导，可以由社区组织（村党支部、村委会）承担。首先，社区组织经过深入调查研究，广泛征求群众意见、接受专家咨询后，提出适宜在本社区发展的农业主导产业及适宜在本社区生产的主要农产品，并制定出主导产业发展和主要产品生产的具体规划。其次，社区组织向农户广泛宣传主导产业发展和主要农产品生产的规划与前景，利用主导产业发展和主要产品生产的优势与特色动员农户，引导他们积极参与主导产业发展和主要产品生产。再次，社区组织引进先进农业技术支撑主导产业发展及主要产品生产，促进其生产效率和效益的显著提升，并吸引农户主动扩大主导产业发展规模以及主要产品生产规模。最后，社区组织重视协助农户解决在主导产业发展和主要产品生产中的困难和问题，使社区内主导产业的规模化发展、主要产品的规模化生产能持久稳定。

对社区农户农业生产的组织与引导，也可通过异质农户带动或农业企业引领完成。部分农村社区内有的农户敢闯敢干，率先从事某个新产业的发展或某种新产品的生产，在取得成功、特别是在获得高收益后，会产生很大的示范效应，引导社区内农户普遍跟进，并迅速形成规模化生产。这样形成的主要农业生产规模化，是农户自觉行为，易于稳定与长久。还有一种情况是某些社区被工商企业选中作为原材料生产基地，并获得农户认可，转而按要求生产企业所需的原材料农产品，并使这类产品的生产在社区内一举实现规模化生产。但这种社区内原材料类农产品规模化生产，是以特定企业稳定需求及产品价格有利为前提的，若二者中任一条件不满足，这类农产品的规模化生产马上就会消失。

四、行政辖区的农业生产规模化

含港澳台在内的34个省（自治区、直辖市）级行政辖区构成全国疆域。不同层级的行政辖区都有农业发展的重任，并构成全国农业发展的组成部分，对不同层级行政辖区农业生产规模化进行分析，自然就成为农业生产规模化研究的重要内容。行政辖区农业生产规模化，是一级政府管辖区域的农业生产规模化，因不同层级行政辖区在地域范围、地理区位、自然条件、生态环境、资源禀赋、人财物力、社会资本、组织动员、管理决策等方面的巨大差异，它们的农业生产规模化也有很大不同且各具特色。

1. 乡（镇）级行政辖区的农业生产规模化

乡（镇）级行政辖区是最低一个层级的行政辖区，但其面积和人口并不算少。在内地乡（镇）级行政辖区的面积一般有数十平方公里、耕地有数百公顷、人口数万至十数万，在边远地区乡（镇）级行政辖区的面积有数百平方公里，但耕地及人口不多。在平原及丘陵地区，同一乡（镇）级行政辖区内的自然条件、生态环境、地形地貌、资源类型大体一致，但山区的同一乡（镇）级行政辖区内的这些条件可能极不相同。乡（镇）级行政辖区多地处农村，农业发展是其经济发展的主要内容，通过农业生产规模化提高其农业生产效率和效益，自然是应有之义。

乡（镇）级行政辖区，无论地处外在条件相对一致的平原及丘陵地区，或是地处外在条件差异较大的山区，为充分利用各种生产要素，其农业产业发展和农产品生产都不可能太过单一，而表现出一定的多样性，但有主导产业和主导产品之分。乡（镇）级行政辖区的农业生产规模化，不是区内所有农业产业发展和所有产品生产的规模化，而是区内农业主导产业发展和主要产品生产的规模化。其规模化的内涵是，区内农业主导产业发展和主要农产品生产所使用（占用）生产要素数量、进行农业生产作业工作量、农业生产产出量达到一定的量化标准，使农业主导产业发展、主要农产品生产效率最高和效益最好，并进而推进乡（镇）级行政辖区农业的总体发展及水平提升。在一个乡（镇）级辖区内实现一两个农业主导产业规模化发展，或实现一两种主要农产品规模化生产，一方面通过集中人财物力将其做大做强、使该辖区成为重要农业产业发展基地和重要农产品生产基地，另一方面通过先进技术的应用推广，大大提高农业主导产业发展和主要农产品生产的劳动生产率和资源产出率，再一方面通过农业主导产业发展和主要农产品生产，凸显乡（镇）级行政辖区农业发展的特色。

乡（镇）级辖区内的农业生产，是所辖各行政村的农户自主进行的，发展什么产业、生产什么产品都由农户自行作主。要将辖区内众多分散的农户调动起来，去集中发展某个农业主导产业或集中生产某种主要农产品，既是难事又是必须做好的大事，这就需要广泛组织动员和精心示范引导。首先，乡（镇）级政府应在深入调查研究、广泛咨询论证基础上，选择适合本辖区发展的优势特色产业作为农业主导产业，选择适宜在本辖区生产的名特优新农产品作为主要产品。其次，搞好农业主导产业发展和主要农产品生产的试验和示范，展示其发展成效和前景，并总结其发展经验。再次，在行政村、村民组及农户中广泛宣传动员，并组织条件较好的村及农户率先发展所选择的主导产业、生产所选择的主要产品，形成发展势头。最后，在取得发展成效的基础上，进一步引导各行政村、村民组及农户，扩大农业主导产业的发展规模和主要农产品的生产规模，实现生产的规模化。

乡（镇）级行政辖区的农业生产规模化，既是一个特定类型区域（行政区域）的农业生产规模化，也是一个由多主体组成的农业生产群体规模化。在乡（镇）级辖区内，每个农户从事的农业主导产业发展和主要农产品生产规模可能很小，每个行政村发展的农业主导产业和生产的主要农产品也不可能有多大，但如果辖区内的绝大多数农户及行政村都同时集中发展所选定的农业主导产业，或都同时集中生产所选定的主要农产品，则主导产业发展和主要农产品生产就能形成较大规模，实现乡（镇）级行政辖区农业生产的规模化，也就是所谓农业生产区域规模化、农业生产集成规模化。

2. 县（市、区）级行政辖区农业生产规模化

县（市、区）级行政辖区是一个连接城乡的地方层级行政辖区，其面积和人口数量都比较大。在内地县级行政辖区面积有数百至数千平方公里、耕地数万至数十万公顷、人口有数十万至上百万人，在边远地区县级行政辖区面积有数千至数万平方公里、但耕地和人口一般较少。在平原和丘陵地区，同一县级行政辖区内的自然条件、生态环境、地形地貌、资源类型大体一致，但在山区同一县级行政辖区内的自然条件、生态环境、地形地貌、资源类型就会多种多样。在传统上，县级辖区中除大中城市的建成区外，其经济发展长期以农业为主。改革开放近 40 年来，虽因工商业的大发展，农业在县级辖区经济体系中的占比已大为下降，但农业仍是不可或缺的重要产业，发展农业仍是县级辖区的重大任务，通过农业生产规模化提高农业生产效率和效益，提升农业发展总体水平，便顺理成章、必应达成。

县级行政辖区，无论处在自然条件相对一致的平原及丘陵地区，或是处在自然条件差异较大的山区，因地域范围大、资源类型及数量不少，加之农业自身的特点，为充分利用各种生产要素，其农业产业发展和农产品生产都不可能单一，而是表现出极强的多样性。当然，也因特定的自然条件约束及习俗的影响，在多样的农业产业发展和农产品生产中，也逐渐形成了各自的农业主导产业和主要农产品，有的农业主导产业发展和主要农产品生产还集中在所辖某些乡（镇）及行政村。县级行政辖区的农业生产规模化，不是辖区内所有农业产业发展和所有农产品生产的规模化，而是辖区内有限几个农业主导产业发展和有限几种主要农产品生产的规模化。具体表现为，农业主导产业发展和主要农产品生产在使用（占用）生产要素数量、所进行农业生产作业工作量、农业生产产出量上达到一定量化标准，使农业主导产业发展、主要农产品生产效率最高及效益最好，并进而推进县级行政辖区农业的总体发展和水平提升。在一个县级行政辖区内实现几个农业主导产业规模化发展、实现几种主要农产品的规模化生产，一是可以形成县级行政辖区农业产业发展和农产品生产的特色，二是可显著提高农业主导产业发展及主要农产品生产的效率和效益，三是可将县级行政辖区建成某些优势农业产业发展和某些名特优农产品生产基地，四是可通过主导产业发展和主要农产品生产规模化、推进县级行政辖区农业的总体发展和水平提升。

县级行政辖区内的农业生产，是所辖各乡（镇）及其行政村的众多农户及农业企业自主进行的，发展的农业产业、生产的农产品均由农户自己作主。要让县级行政辖区内众多分散的农户和农业企业统一行动，集中发展某几个农业主导产业、集中生产某几种主要农产品，的确是件难事而又是农业生产规模化必须完成的大事，这便需要广泛的动员、精心的示范、有力的引导。首先，县级政府应在深入调查研究、充分试验论证基础上，选择少数几个优势特色产业作为农业主导产业，选择少数几个名特优重要产品作为农业主要产品，并制定发展目标与规划。其次，应在适宜区域开展所选农业主导产业发展及所选农业主要产品生产的试验和示范，一方面总结产业发展经验和产品生产经验，另一方面展示主导产业发展和主要产品生产的成效与前景。再次，在乡（镇）、行政村、村民组干部和群众中广泛宣传动员，让他们认识、了解和接受所选择的农业主导产业和主要产品。最后，县级政府努力改善农业主导产业发展和主要农产品生产的基础条件、引进和推广相关先进技术，给予必要的资金和物资扶持，引导农业主导产业发展和主要农产品生产，并逐渐使其实现规模化。

县级行政辖区的农业生产规模化，不仅是辖区内农业主导产业发展和主要农产品生产的规模化，也是由众多主体组成的农业生产集成规模化。在县级行政辖区内，每个农户、每个村民组、每个行政村各自集中发展某个农业主导产业或生产某种主要农产品，其规模也很有限，但若发展某个农业主导产业、生产某种主要农产品的农户、村民组、行政村很多，形成一个巨大生产群体，便产生一个巨大的集聚效应，使辖区内农业主导产业发展和主要农产品生产形成很大规模，在总体上实现农业生产规模化。

3. 省（自治区、直辖市）级行政辖区的农业生产规模化

省（自治区、直辖市）级行政辖区，是高层级行政辖区，其面积和人口数量巨大。小的省级行政辖区面积有数万平方公里、耕地数十万公顷、人口数百万人；大的省级行政辖区面积有上百万平方公里、耕地数百万公顷、人口数千万人。大多省级行政辖区地域广大，区内自然条件、生态环境、地形地貌、资源类型多样性显著。省级行政辖区产业体系完整，经济规模庞大，农业虽在经济总量中占比不高，但绝对规模很大，加之农业作为关系国计民生的基础产业，发展农业仍是重要任务。通过农业生产规模化提高其效率和效益，进而提升农业发展总体水平，是省级行政辖区农业发展的重要途径。

省级行政辖区，作为一个自然条件、资源类型多样的广大地域，其发展的农业产业有很多个、生产的农产品有很多种，不同的农业产业发展和不同的农产品生产还分布在不同地域。同时，经过长期生产实践的积累、生产条件的改善、先进技术的应用，也在辖区内及辖区各地域形成了某些农业主导产业发展、某些主要农产品生产。省级行政辖区农业生产的规模化，不是辖区内所有农业产业发展、所有农产品生产的规模化，而是辖区内农业主导产业发展和主要农产品生产的规模化。所谓农业主导产业就是支撑辖区农业发展的骨干产业，所谓主要农产品就是辖区最大宗也最有价值的农产品，当然也包括在国内独具特色的农业产业和农产品。所谓的生产规模化，就是农业主导产业发展和主要农产品生产使用（占用）生产要素数量、所进行的农业生产作业量、农业生产的产出量达到一定的量化标准，使其生产效率最高、生产效益最好，并促进辖区农业总体发展及水平的提升。省级行政辖区农业主导产业发展及主要

农产品生产实现规模化，一是可以使辖区成为全国某些农业产业发展和某些农产品生产的重要基地，二是可以使辖区农业产业结构得到优化、突出农业主导产业发展和主要农产品生产，三是通过农业主导产业发展和主要农产品生产规模化、提高辖区农业生产效率与效益、提升农业发展总体水平。

省级行政辖区的农业生产，是所辖各县级辖区内的各乡（镇）、各行政村的农户和农业企业进行的，有的农业主导产业发展、有的主要农产品生产是在部分县（市、区）、乡（镇）、部分行政村由农户和农业企业进行的，他们在农业产业发展和农产品生产上都有自主权。要使辖区内众多分散的农户或某些地域的农户及农业企业，集中发展某个农业主导产业或集中生产某个主要农产品的确十分困难，但要实现农业生产规模化，就必须搞好条件创造、组织动员、扶持引导。首先，省级政府要搞好农业发展科学决策，准确选择辖区内农业的主导产业和主要农产品，并做好这些产业发展及这些产品生产的规划与布局安排。其次，根据农业主导产业发展和主要农产品生产的规划与布局，进行必要的农业基本建设及相关条件建设，为其发展创造良好条件。再次，在相关地域搞好农业主导产业发展、主要农产品生产的试验及示范，总结成功经验并展示成果。最后，给予农业主导产业发展和主要农产品生产一定的资金及物资支持，引导广大农户积极参与，并由相关县（市、区）级政府具体组织实施，使省级行政辖区内的农业主导产业发展和主要农产品生产实现规模化。

五、农业生产服务的规模化

狭义的农业生产服务专指农业生产的产中服务，广义的农业生产服务泛指农业生产的产前、产中及产后服务。农业生产的产前服务主要指农业生产资料的供给服务，农业生产的产中服务主要指农业生产作业服务，农业生产的产后服务主要指农产品营销服务。传统小农生产的这些服务由农业生产经营微观主体自我提供，服务规模很小。随着农业生产分工和专业化的发展，这些服务逐渐转由专门的农业生产服务主体完成，这时的服务规模不仅关系到服务主体的生存与发展，而且关系到农业生产成本、效率和效益。

1. 农业生产资料供给服务的规模化

农业生产资料类型众多，其供给服务包括生产、营销、配送三方面的总和。农业生产资料供给服务的主体有生产商、经销商、配送商，农业生产资料供给服务的受体是农户及农业生产企业。农业生产资料供给服务的规模，分别指生产商的农业生产资料产出规模，经销商的农业生产资料销售规模，配送商的农业生产资料配送规模。农业生产资料供给服务的规模化，是指生产商生产的农业生产资料达到一定的数量，使其生产效率最高和效益最好；经销商销售的农业生产资料达到一定的数量，使其营销效率最高和效益最好；配送商配送的农业生产资料达到一定的数量，使其配送效率最高和效益最好。农业生产资料供给服务的规模化，可以提高供给效率、降低供给成本，有利于农业生产发展。

农业生产资料生产的规模化，有利于提高生产效率、保证质量、降低成本，在提高生产商效益的同时，还能保证农业生产资料的优质优价，使农业生产资料使用成本降低。我国已有的各种农业生产资料都由多家企业生产，有的生产资料主要由大型企业生产，有的生产资料主要由中小型企业生产。大型企业设备和技术较为先进，生产效率高、产品质量好、成本较低。中小型企业设备和技术较为落后，生产效率低、产品质量差、成本较高。应当加快对中小型农业生产资料生产企业进行归并重组，更新设备、改进技术，以提高农业生产资料生产效率和质量，并降低生产成本，一方面提升农业生产资料生产的竞争力，另一方面为农业发展提供优质优价农业生产资料。目前，我国的种子、部分肥料产品、农药、兽药等农业生产资料，因生产企业小和生产规模小，生产成本高、质量不稳定，应加快种子企业、肥料企业、农药及兽药企业优化重组，使其生产实现规模化。

农业生产资料营销的规模化，有利于提高营销效率，降低营销成本，保证农业生产资料的及时供应，在提高经销商效益的同时，还能让使用者节省购买成本。我国现有的农业生产资料营销，仍然主要是多层批发再到零售的实体店销售，不仅使仓储和转运费用增加，而且占用大量人力，且每个实体店的供应范围十分有限，难以形成营销规模。有的农业生产资料还搞专营或代销，使营销成本上升，营销规模也上不去。而营销成本的上升，最终会通过农业生产资料的销售加价由使用者承担。为解决当前农业生产资料营销小而散的格局，应对现有农业生产资料营销体系进行整合，组建地区性农业生产资料综合经销企业，建立农业生产资料营销信息网络，减少农业生产资料批发层次，降低对销售实体店的依赖，利用现代营销手段实现农业生产资料营销的规模化，为农户和农业企业提供优质服务。

农业生产资料的配送规模化，有利于提高配送效率、降低配送成本、保证配送的及时，在提高配送商效益的同时，还有利于减少使用者运输成本。目前，农户及农业企业购买农业生产资料，都由自己解决运输问题，不仅会遇到不少困难，还要付出很高成本。需要解决农业生产资料购买和配送的衔接，一种办法是农业生产资料营销企业同时兼顾配送服务，将农业生产资料直接送到使用者手中。另一种办法是成立独立物资配送企业，并与农业生产资料营销企业合作，完成农业生产资料的配送服务。无论采用何种办法，只要农业生产资料营销实现了规模化，农业生产资料配送也会随之实现规模化。

2. 农业生产作业服务的规模化

农业生产作业是指农业生产过程中需要完成的一系列农事活动，如种植业生产中的耕地、播种、中耕施肥、灌溉、病虫害防治、收割等，养殖业生产中的圈舍清理消毒、仔畜（雏禽）入栏、饲喂、防疫、粪污处理、育肥出栏等，完成这些农事活动就是农业生产作业。农业生产作业可以由农业生产经营微观主体自己完成，称为自我服务。农业生产作业也可以由专门的农业生产服务主体完成，称为外包服务。农业生产作业服务的规模化，就是某一主体完成某种农业生产作业达到一定数量标准，使该农业生产作业的效率最高、效益最好。农业生产作业实现规模化，特别是由专门服务主体实现的农业生产作业规模化，可以提高农业生产作业效率和质量，降低作业成本，并进而增加农业生产产出，提高农业生产效益。

农业生产作业服务的规模化，前提是要有足够多的同种农业生产作业需要服务主体完成。在农业生产经营三大主体农户、个体农业企业、国有农业企业中，只有单个大型国有农业企业的同种农业生产作业量才足够大，而单个农户和个体农业企业的同种农业生产作业量很小。很显然，对单个大型国有农业企业提供农业生产作业服务可以达到很大规模，以致可以实现规模化，而对单个农户或个体农业企业提供农业生产作业服务则规模太小，以致难以开展。但如果一个区域内的众多农业生产经营微观主体（农户、个体农业企业、国有农业企业），都将部分或全部农业生产作业外包，交由专门的农业生产服务主体完成，则该区域内同种农业生产作业量就会很大，农业生产服务主体提供农业生产作业服务就能实现规模化。应当指出的是，大量农户为了节省人工，减少固定资产投资，降低农业生产作业成本，将大多种类的农业生产作业外包，从而在农村形成了巨大的农业生产作业服务市场，并诱发了农业生产服务主体的生成与发展，他们以提供专门化农业生产作业服务为业，服务范围越来越广，服务规模也越来越大，规模化趋势也越来越明显。

农业生产作业服务的规模化，要在特定农事季节完成大规模的某种农业生产作业，必须建立在高效率农业机械化作业基础上。只有使用先进农业机械及相关生产技术，才能在规定的农事季节内高效率、高质量完成大量的农业生产作业。目前在平原地区，农户普遍将农业生产作业外包给生产服务主体完成，生产服务主体使用大中型农业机械为农户提供耕、种、收全程服务，在耕、种环节在大片耕地无障碍作业，只是在收割时分界清仓，作业效率很高。由于农业生产采用机械化大规模标准作业，不仅保证了农时，还提高了生产作业质量，更显著降低了生产作业成本，广受农户欢迎，同时生产服务主体也得到发展壮大。当然，农业生产作业要实现高效率机械化，离不开农地的平整和连片，只有这样的农地才能使用大中型农机作业，也才有作业的高效率及农业生产作业服务的规模化。

3. 农产品营销服务的规模化

农产品营销在这里专指农业生产经营者对自己所生产农产品的销售，农产品营销服务指对农业生产经营者所产农产品的销售服务。在传统上，农产品由农业生产者自己销售，或直接在市场上进行交易、或出售给国有农产品收购企业。随着农产品交易方式及渠道的改变，以及农产品加工程度的提高，如农户那样的小宗原料农产品销售越来越困难，广大农村和农户需要相关主体为他们提供农产品销售服务，也就是农产品营销服务。农产品营销服务的规模化，就是营销主体为农业生产经营者销售的农产品达到一定的数量，使农产品营销的效率最高、营销商和农业生产经营者的效益都好。农产品营销服务的规模化，有利于解决农产品的产销对接和销售难，可以降低农产品销售成本，也有利于维护合理的交易价格。

目前为农业生产经营者提供农产品营销服务的主体，有大中型农产品加工企业、国有农产品收贮企业、农产品经销商、农业合作经济组织、农村电商等。加工企业一般到主产地大规模收购农产品，价格由双方议定，交易较为公平，农业生产经营者易于接受。国有收贮企业按政府定价收购农产品，由农业生产经营者自愿出售。农产品经销商直接向分散的农业生产经营者收购农产品，容易出现压级压价、损害生产经营者利益的现象。农业合作经济组织将分散的农户组织起来出售农产品，可增强市场谈判能力。农村电商是农产品营销新的平台，可以按生产经营者的意愿自主销售农产品。总的情况是，农产品营销服务主体多而杂乱，营销服务不够规范，营销活动也缺乏监管，农产品营销服务还未走上正轨，更远未达到规模化。与农业生产资料供给服务和农业生产作业服务相比，农产品营销服务还十分落后，离规模化就更远。

为给农业生产经营者提供有效的农产品营销服务，一方面需要加强农产品营销服务主体建设，另一方面需要规范农产品营销行为。农产品营销服务主体建设，一是鼓励农产品加工企业与农产品产区密切合作、实现产销对接，二是引导区域性农产品营销服务主体发展、使其成为农产品营销主力军，三是保持国有农产品收贮企业正常运行、使其成为农产品营销的稳定器，四是支持农业生产经营主体组织自己的农产品营销队伍、自主销售农产品，五是支持农村电商平台建设、灵活销售农产品。在农产品营销服务主体建设的同时，应当对农产品营销中的质量认定、计量方法、价格协商、交易程序、合约内容等做出详细规定，并对农产品营销服务市场进行有效监管，坚决制止欺行霸市、欺诈蒙骗、损害农业生产经营者利益的行为。当这些工作都很有成效时，农产品营销服务的规模化也就容易实现了。

第九篇

中国农业发展的风险

第二十五章　中国农业发展的内生动力风险

农业作为关系国计民生的基础产业，其发展壮大需要强大的动力推进。农业发展的推动力有的来自农业系统外部，称为外生动力；有的来自农业系统内部，称为内生动力。这两种动力对农业发展都不可缺少，但内生动力是推进农业发展的关键，而外生动力只是辅助力量。农业发展的内生动力，是农业系统内相关主体推动农业发展所提供的有形或无形力量的总称，它可以是政策及制度，也可以是活动及行为，还可以是资金及物质等。农业发展内生动力有其自身的形成机理，并随经济社会环境变化而改变。农业发展与其内生动力息息相关，内生动力强则农业兴、内生动力弱则农业衰。

一、农业发展内生动力的来源

农业发展内生动力来源于农业系统内的相关主体，这些主体可以粗略分为农业发展的决策者、农业发展的分享者、农业发展的生产者三类。决策者指制定农业发展政策与制度的政府，分享者指消费农产品的社会公众，生产者指从事农业发展及农产品生产的农户和农业企业。当然，政府、农户、农业企业也是农业发展的分享者，只不过其分享的内涵与社会公众不同。这三类主体以不同的方式为农业发展提供不同类型的动力，单独或相互结合推进农业的发展。若这三类主体对农业发展提供的动力强劲，农业发展就会兴旺，否则就会衰落。同时，三类主体提供的动力都不可缺少，且相互配合才有更好的效果。

1. 政府提供的农业发展动力

政府掌握重大行政权力，也掌握巨大的人财物力资源，还掌握广泛的社会资源，拥有农业发展的管理决策权、制度及政策制定权，也拥有农业发展的人财物力调度权，还拥有农业发展的巨大社会组织动员能力。在必要的情况下，政府甚至有能力集中全社会力量，集中推进农业发展。在我国，只要政府高度重视农业发展，它就有能力为农业发展提供强大动力。各级政府可为农业发展提供的动力在内容和类型上有所区别，但它们都能从不同角度和侧面促进农业发展。

中央政府可为农业发展提供的动力，包括确立农业重要地位、农业发展规划制定、农业基本建设开展、农业发展支撑条件创造、农业发展支持保护系列政策及制度的建立与完善等。确立农业为国民经济基础产业的重要地位，有利于引起全社会对农业的高度重视。制定农业发展规划，明确农业发展目标和方向，可以引领农业发展。开展农田整治、农地改造、农田水利等农业基本建设，可以改善农业生产条件，促进农业发展。发展农业科学技术，保护和改善农业生态环境，保护农业资源，可以给农业发展提供有力支撑，并增强农业发展的可持续性。建立农业发展的财政支持制度、金融支持制度、农业生产补贴制度、农产品价格稳定制度、农业生产经营者权益保护制度、特定农业产业发展和特种农产品生产扶持制度，更是对农业发展提供直接推动力量。

省（自治区、直辖市）级政府可为本辖区农业发展提供的动力，包括辖区内农业发展规划的制定、农业基本建设的开展、中央一系列农业发展支持及保护政策的贯彻落实、辖区内支持和保护农业发展的特殊政策制定等。制定科学的农业发展规划，明确省级辖区农业发展目标、任务，既保证与全国农业发展协调统一，又使本辖区农业具有鲜明特色，引领辖区农业发展。搞好包括农田整治、土壤改良、中低产田改造、农田水利建设、农业生态环境建设等农业基本建设，可以为辖区农业创造更好的条件。研究和推广农业科学技术，保护和改善农业生态环境，保护农业资源，可以使辖区农业发展有更可靠的支撑。贯彻落实中央政府一系列支持及保护农业发展的政策，可以将中央支农、惠农政策落到实处，使其在农业发展中充分发挥作用。根据各省级辖区的实际情况，制定和实施一些特殊的农业发展政策，可以更有针对性地支持农业发展。

县（市、区）级和乡（镇）级政府是基层政府，处在农业发展的一线，可为农业发展提供的动力，包括县级辖区和乡级辖区农业发展规划制定、中央和省级各项农业发展支持及保护政策的贯彻落实、农业基本建设的组织实施、农业特色产业发展和名特优农产品生产的组织动员及开展等。制定农业发展规划，明确辖区农业发展的目标、任务，有利于正确把握县级和乡级辖区农业发展方向。贯彻落实中央和省级政府政策，可以使这些支农、护农、惠农政策落实到农业一线及农户身上，充分发挥作用。组织动员群众搞好农业基本建设，可为辖区农业发展创造更好的条件。组织动员农户及农业企业发展特色农业产业和生产名特优新农产品，则可显著提高辖区农业发展的水平。

2. 社会公众提供的农业发展动力

这里所谓的社会公众是指农民之外的所有社会成员，主要包括各级公务人员、工商企业人员、各类事业单位人员、城镇一般居民等，也就是传统意义上的城镇居民。从表面上看，这里所指的社会公众就是农产品的消费者，他们与农业发展的关系就是农产品需求与供给的关系，他们对农业发展提供的动力就是需求的拉动力。但如果进一步深入分析，这些社会公众对农业发展提供的动力是有多种类型的，提供的方式也是多种多样的，而且不同类别的社会公众为农业发展提供的动力也是不同的。对于农业发展而言，来自社会公众的动力既珍贵又不可缺少。

社会公众对农业发展提供的最明显的动力，就是对农产品需求形成的拉动力。正是多达数亿人的社会公众，每天要消费大量的各式各样的农产品或其加工制成品，才形成国内巨大而稳定的农产品需求市场，为各种农业产业发展和各种农产品生产，提供了广阔的市场消纳空间；也是因国内巨大农产品需求市场的形成，才强有力拉动了农林牧渔各业及粮棉油、肉奶蛋、瓜果菜等农产品生产的大发展。同时，广大社会公众对农产品品种和质量需求的变化，又引导农业产业结构的调整，传统农业的改造，新的特色农业产业的发展，名特优新农产品的生产，使农业发展水平提升。

社会公众对农业发展还提供了一种隐蔽动力，就是对国家农业政策的影响。社会公众的日常生活与农业发展息息相关，对农业发展有较高的关注度，并形成对农业发展的某些认知，当这些认知形成社会舆论，就会影响国家对农业政策的制定，进而影响农业的发展。特别在农业发展遇到困难、农产品供给不足、农产品价格上涨时，社会公众就会希望国家加大对农业发展的支持，以改善农产品供给状况。同时，社会公众中的公务人员本来就有发现政策问题、提出政策建议的责任，他们会更加直接地对国家农业政策产生影响。

社会公众中不同角色的人很多，其中有的人是为农业发展提供服务的，有的人甚至是直接参与农业发展的，他们以不同的方式为农业发展提供动力。农业科技人员研究开发和推广先进农业科学技术，为农业发展提供可靠的支撑力。农业生产资料供给服务人员，为农业发展提供物质保障力。农产品营销服务人员，为农业发展提供产销衔接力。除此之外，近年来还有一批工商业者、城镇自由投资人、农业科技人员，带着项目、技术、资金到农村兴办各种类型农业企业，有的还带动农户发展新的农业产业、生产新的农产品，更直接地为农业发展增添了新的动力。

3. 农业生产经营主体提供的农业发展动力

农业生产经营主体，又称为农业生产经营微观主体，有农户、个体农业企业、国有农业企业三类。虽然也还有农业合作经济组织、农业股份合作制经济组织，但办得好的像农业企业、办得不好的还是农户经营，故不单列。农业生产经营主体对农业发展提供的动力，既表现在农业发展的积极性和主动性上，更表现在农业发展的投入上，还表现在对政府（特别是中央和省级政府）农业发展政策的响应上。农业生产经营主体提供的动力，对农业发展具有最为直接也最为关键的作用，缺乏这一动力或这一动力不足，农业发展将一事无成。

农业生产经营主体对农业发展提供的基本动力，就是对农业发展的积极性和主动性，这种积极性和主动性越高，对农业发展提供的动力越强劲。农业生产经营主体是推动农业发展的主要力量，也是农业发展任务的直接承担者，他们对农业发展的积极性越高、主动性越强，就会全身心地投入农业发展，努力承担并完成各项农业发展任务，挖掘农业发展潜力，提高农业发展质量，成为农业发展的动力源泉。如果农业生产经营者对农业发展的积极性和主动性下降，他们就会缩小农业发展规模，降低农业发展速度，使农业发展停滞不前。如果农业生产经营者丧失了农业发展的积极性和主动性，就会放弃农业而另谋出路。

农业生产经营主体对农业发展提供的动力，具体表现在对农业的劳动力投入、资源投入、技术投入、资金投入上，这些投入既包括农业生产过程的流动投入，也包括农业基本建设的固定投入。农业生产经营者在农业基本建设中投入的劳动力、资金、物质越充足，采用的技术越先进，农业发展的基础条件就会越好。农业生产经营者在农业生产中投入的劳动力、资源、资金、物质越充足，采用的技术越先进，农业发展的效率和效益就越高。农业生产经营者是农业发展的投入主体，其充足有效的投入为农业发展提供了强有力的动力。如果农业生产经营主体的投入不足，则农业发展就会因直接推动力下降而受阻。

农业生产经营主体为农业发展提供的另一动力，就是对政府（特别是中央和省级政府）农业发展政策的正面响应。中央和省级政府制定和实施的一系列农业发展政策具有很强的导向性，体现了经济社会发展的客观要求，也体现了政府的偏好。而县、乡两级政府制定的农业发展规划等，也反映了基层政府对农业的筹划及其发展的地区特色。如果农业生产经营主体在科学判定基础上，响应政府的政策引导及规划指引，去发展政府倡导的优势农业产业，去生产国家急需的农产品，去发展农业新业态，就会受到政府的鼓励和支持，为农业发展提供新的动力。

二、农业发展内生动力的产生

在农业系统内的相关主体中，无论是政府，还是社会公众，抑或是农业生产经营主体，他们为农业发展提供动力，是直接或间接参与经济活动的行为。这种为农业发展提供动力的行为，有其内在的原因和深刻的机理，这些原因和机理可以对农业发展内生动力的产生做出诠释。农业系统内的三类相关主体身份不同、角色不一，对农业发展提供动力的原因自然不同，发生的机理也不一样。但无论有什么不同，这三类主体为农业发展提供动力，都与对农业重要性的认知、对农产品的巨大需求、对农业发展的回报密切相关。

1. 农业的极端重要性激发其发展内生动力产生

农业是国民经济体系的重要组成部分，不仅为人们提供生活必需品、为工业提供原料和产品市场，还为社会提供大量就业、生态环境保障，具有很强的经济功能、社会功能和生态功能。在国家工业化、城镇化的起步阶段及发展初期，农业为其提供原始积累，支撑基本工业体系的形成。在国家工业化、城镇化的起飞阶段，农业又提供大量的土地、劳力、物质及部分资金，强力推进工业大国、制造业大国的形成及城镇化水平提升。在新的历史时期，农业在国民经济中的占比虽然下降，但其基本功能不仅没有削弱，而且还得到加强。农业发展为国之大计、民之大事的大势未变，在国家安全及可持续发展中地位进一步提高。

中央政府作为全国经济社会发展的最高决策者和管理者，对农业在国计民生中的极端重要性有深刻认知，对农业的经济功能、社会功能、生态功能也有全面的估计，对农业在国家安全和可持续发展中的地位更有充分评估。由于中央政府的很多经济社会发展目标都与农业发展有关，农业的发展有利于这些目标的实现，便会极大地激发中央政府发展农业的动力。一旦中央政府将农业发展作为一项国策，省级政府、县级政府、乡级政府就会层层跟进，将本级行政辖区经济社会发展与农业发展联系在一起，激发其为农业发展提供动力，并通过农业发展促进经济社会发展目标的实现。当然，全国的经济社会发展目标总是与农业发展联系在一起，所以中央政府可以给农业发展提供充足动力。但在不同省级、县级、乡级政府辖区，其经济社会发展目标与农业发展的联系在密切程度上会有区别，它们为农业发展所提供的动力大小也会随之出现差异。

社会公众作为农业发展利益的分享者，更为直观地体验到农业的重要性。农业的良好发展，既能为社会公众提供丰富及价廉物美的农产品，使其生活水平提高，又能有效保护生态环境，使社会公众生存环境得到改善，还能促进整个国民经济发展更加协调和稳健，使社会公众的福利得以提升。既然农业发展与其切身利益休戚相关，社会公众自然愿意为农业发展提供动力。当然，社会公众有时也表现出强烈的现实主义倾向，当农业发展不好对其造成不良影响时，提供动力的愿望就强，当农业发展好给其带来福利时，提供动力的愿望反而可能减弱。

农户、个体农业企业、国有农业企业作为农业发展的生产者，因身在其中而深知农业的重要性。但这种对农业重要性的认知，还不足以使农业生产者产生对农业发展提供动力的冲动。只有当各级政府和广大社会公众对农业重要性有了深刻的认知，并对农业发展提供了足够的动力，使农业发展出现了良好的预期，才能使这些农业生产者对农业发展提供充足的动力。正是对农业发展有了良好的预期，才为农业生产者带来了光明的前景和更多的机会，从而激发农业发展的动力。

2. 巨大的农产品需求压力迫使农业发展内生动力产生

我国人口 14 亿多、占全球的近 19%，而耕地只占全球的不足 10%，淡水只占全球的 6.4%，要用如此少的资源养活如此多的人口，对农业造成了巨大压力。2016 年全国虽生产粮食 61 625 万吨、棉花 530 万吨、油料 3 630 万吨、糖料 12 341 万吨、肉类 8 538 万吨、水产品 6 901 万吨、奶类 3 712 万吨、水果 28 351 万吨，但如此巨大的产量仍不能满足需求，仍需大量进口以补充缺额。在这一严峻形势面前，迫使农业系统相关主体为农业发展提供充分动力，保证农业发展的速度和规模，进而保障农产品的供给。

保障人民安居乐业是政府的责任，而基本生活保障是安居乐业的起码条件。因此，促进农业发展、以保证农产品充分供给、满足人民基本生活所需，便成为政府必须履行的职责，而对农业发展提供必要的动力，也就成了各级政府的责任所系。在面对资源约束刚性越来越强、生态环保要求越来越高、农产品需求数量大质量高、国外农产品激烈竞争的情况下，农业发展的要求日渐提高，农业发展的困难也逐渐加大。这就更要各级政府加大对发展的支持力度，增大农业发展的内生动力，通过国内农业发展保证农产品的充分供给，将"饭碗端在自己手里"。当然，大量进口农产品也可缓解需求压力，但国内农产品需求量太大，单靠进口不仅难以满足需要，还面临巨大的经济、政治、社会风险。求人不如求己，各级政府坚持不懈为农业发展提供充足动力，保障农业发展速度和规模，提高农业发展质量和水平，增强农产品供给能力，才是正确的选择。

社会公众是农产品的最大需求群体，农业的发展状况会以最快的速度和最直接的方式，反映在对他们的农产品供给上。农业发展状况越好，社会公众的农产品供给就越丰富，价格也越低廉。农业发展遇到困难或发展有所迟缓，社会公众的农产品供给就会匮乏，价格也会上涨，甚至给社会公众的生活及健康造成伤害。社会公众对农产品巨大需求的现实，以及广大社会公众提高生活水平、改善生活质量的强烈要求，都使他们对农业发展具有良好的愿望和美好的期待，并尽其所能为农业发展提供动力。

农户、个体农业企业、国有农业企业既是农产品的生产者，也是农产品的消费者，对农产品的需求量也非常巨大。农业发展的好坏同样会以很快的速度和最直接的方式，影响对他们的农产品供给。若农业发展状况良好，这些农业生产者的农产品消费当然能得到有效保障。但如果农业发展极差，则农业生产者的农产品供给也会匮乏。从满足自身需求的角度，农户、个体农业企业、国有农业企业，也会对农业发展提供一定的动力，保持农业发展的一定水平，以保障自己的农产品消费。

3. 利益的追求诱导农业发展内生动力产生

农业发展会产生经济、政治、社会、生态等多种类型的利益。这些利益有的供特定主体专享，有的供多个主体分享，有的供所有社会成员共享。作为农业系统内的政府、社会公众、农业生产者三类主体，他们可以从农业发展中分享到相关利益，并且这些利益对他们的生存和发展都极为重要。这三类主体为农业发展提供动力，虽原因各不相同，也不单纯是为了获取利益，但仍具有功利性。正是农业发展可能产生巨大利益，并且这些利益可被政府、社会公众、农业生产者所分享，才促使这三大主体为农业发展提供动力。

农业发展可以保障农产品充分供给，不仅能满足人民生活所需，还能提高人民生活水平。农业发展还能使广大农民摆脱贫困，过上小康生活。农业发展也能保护和改善生态环境，增强经济社会发展的可持续性。农业发展更能为工业化及城镇化提供坚实基础，实现国家工业化和城镇化。农业发展支持的工商业大发展，更能极大增强国家经济实力，促进科教文卫发展和提高社会保障水平。对于我国这样一个人口众多、资源匮乏、原本贫穷落后的国家，如果能实现这些目标，就能充分证明我国政治制度、社会制度的无比优越性，就能充分体现政府执政为民的坚定信念、强国富民的巨大决心、长治久安的聪明睿智、一往无前的坚强勇气，就能树立政府在人民群众中的光辉形象，使其凝聚力、公信力、号召力、组织动员能力极大增强。

农业发展可以提供数量丰富、品种多样、质量优良、价廉物美的农产品和农业服务，使社会公众的生活需求得到充分满足，生活水平得以提高。农业发展还能增加森林植被、治理沙漠戈壁、防治环境污染、美化自然环境，使社会公众生存环境得到改善。农业发展可为工商业打下坚实基础，而工商业的大发展又可为社会公众提供大量的就业机会，促进社会公众的收入增长。同时，农业发展可为整个国民经济发展创造基本条件，而国民经济持续发展可使国家经济实力大为增强，并进而为社会公众的各种社会福利带来显著增加。

农业发展可以为农业生产者提供丰富农产品，满足其消费需求，提高其生活质量，免除其生活后顾之忧。农业发展也能为农户、个体农业企业、国有农业企业提供更多发展机会，或扩大农业生产规模、或提高农产品质量、或改造传统农业产业、或调整农业生产结构、或从事新产业发展、或从事新产品生产，从而拓展农业发展领域，提高农业发展质量，使从事农业有更好前景。农业发展还能为农业生产经营者创造盈利，使其收入增加并变得富裕。正因为有这些好处，才诱使农业生产者为农业发展提供动力。但农业发展的这些好处具有不确定性，特别是自然风险和市场风险可能使这些好处大打折扣。当这两种风险增大，以致造成农业生产无利可图时，农业生产者便不愿为农业发展提供动力，即使不完全放弃农业发展，可能也会将发展规模控制在满足自需的水平上。

三、各级政府农业发展的动力差异

我国的中央、省（自治区、直辖市）、县（市、区）、乡（镇）四级政府，因其地位、职责、权力的巨大差别，也因经济社会发展形势的变化，发展农业的动力存在很大的差异，并对农业发展带来很大影响。中央政府从全国经济社会发展全局出发，对农业这一基础产业高度重视，对其发展会提供足够动力。省、县两级地方政府，从区域经济社会发展局部出发，对农业发展带有一定的实用主义色彩，对农业发展提供动力也会因形势不同而变化。在农业发展一线的乡级政府，其工作职责决定了对农业发展的重视和担当，但作为最基层的政府为农业发展提供的动力较为有限。

1. 中央政府农业发展动力强劲

中央政府肩负经济社会协调发展、人民安居乐业、社会和谐稳定、建设强大社会主义国家的历史使命，而农业对这些使命的完成发挥着不可替代的基础作用。加之我国农业发展资源不足、基础薄弱、困难较大，中央政府对农业发展始终予以高度重视，对其发展不断提供强大动力。我国农业在耕地和淡水严重不足、自然灾害频发的不利条件下，发展成为世界农业大国，不仅解决了 14 亿人的农产品供给，而且还使农村近 8 亿贫困人口摆脱了贫困。农业如此巨大的成就，除全国人民（特别是农民）的艰苦努力外，中央政府源源不断地为农业发展提供的强大动力功不可没。

中央政府对农业的重要定位，是农业发展的动力源泉。无论是改革开放前或是改革开放后，无论是农产品匮乏或是农产品丰富，无论农业在国民经济中的占比是高或是低，中央政府都将农业作为国民经济的基础，都将农业发展视为关系国计民生的大事，都将推进农业发展放在经济工作的重要位置，制定一系列法律，保护农业资源，保护农业生产者权益，保护农业可持续发展。制定一系列政策，激励和扶持农业发展，减轻农业生产者负担，创造农业发展的良好社会环境，为农业发展提供更好的公共服务，为农业生产者带来更多利益。加强农业发展的组织领导，制定农业发展规划并认真组织实施，每年发布 1 号文件对农业发展进行宏观指导，每年召开农业工作会议对当年农业发展进行部署。

中央政府长期投资农业基本建设，为农业发展创造良好条件。数十年来，中央政府坚持对农业基本建设的投入，极大改善了农业生产条件。兴建了近十万座大中小型水库，使耕地灌溉面积超过一半。治理了大江大河，防治了农业严重灾害，建设南水北调工程，改善了黄淮海地区农业生产条件。1/3 的耕地建成了高标准农田，显著改善了耕地质量。建造了 8 000 万公顷人工林，恢复了大量草地植被，绿化了大片沙漠，极大地改善了农业生态环境。在农村修建了数以百万公里的公路，建设了大量通信和能源设施，极大地改善了农业发展的基础条件。目前，中央政府仍在坚持农业基本建设投入，每年的投入高达数千亿元。如果在耕地和草原的改造上，每年投入一万亿元，则持续投入十年可建成高标准耕地 8 000 万公顷、人工草地 5 700 万公顷、改良草地 8 600 万公顷，使我国农业发展的土地条件根本改观。

中央政府为激励和引导农业发展，对某些农业发展项目还给予专项补贴。一是对重要粮食生产进行补贴，二是对某些重要畜产品生产进行补贴，三是对某些重要林产品生产进行补贴，四是对退耕还林、草原禁牧进行补贴，五是对农机购置和使用进行补贴等。这些补贴稳定了重要农产品的生产，促进了退耕还林、退牧还草，加快了农业机械化进程。当然，我国当前对农业的补贴还是很低的，补贴的方式也还存在一些缺陷，还有待改进。

中央政府为农业发展提供的另一动力是科技支撑。长期以来，中央政府投入大量人财物力，建设农业高校和科研院所，开展动植物育种、植物栽培、动物饲养、农业生产资料开发、植物病虫害及动物疫病防治、农业设施建设、农产品贮藏运输、农产品加工等方面科学研究，为农业发展提供了大量的科技成果，极大地提高了农业劳动生产率和资源产出率，极大地提高了农产品产量和品质。长期由政府主导的农业科学研究，为农业发展提供了可靠支撑，在农业发展中贡献巨大。

2. 地方政府农业发展动力不足

这里所谓的地方政府，指省（自治区、直辖市）和县（市、区）级政府。这两级政府本来相差很大，但也有一些共同之处。他们都管辖一个区域的经济社会发展，他们都有辖区内经济社会发展的管理决策权，他们都掌握一定的人财物力支配权，他们都要为自己辖区经济社会发展负责，他们都必须贯彻执行中央政府的大政方针。由于有这些共同之点，这两级政府在为其辖区农业发展提供动力上，也会有很多相似之处。一方面他们要按中央政府要求重视农业、为农业发展提供一定动力，另一方面他们更看重本辖区经济总体发展及实力增强，为农业发展提供动力的意愿不强、内在动力不足。

省（自治区、直辖市）级政府作为中央下辖的高层级地方政府，必须按照中央政府要求重视农业发展，认真贯彻执行中央关于农业发展的方针政策，制定促进本辖区农业发展的地方政策，加强农业发展的领导，制定本辖区农业发展规划，搞好本辖区农业基本建设，加强农业发展的科技支撑等。20 世纪 80 年代中期之前，在农产品供给不足、人民基本生活不能满足、国民经济又以农业为主的情况下，省级政府一定会紧跟中央，尽其所能为农业发展提供动力，促进其发展以解决人民生活所需。但省级政府又负有辖区经济社会全面发展和实力增强、提高辖区公民福利的现实责任，同时还面临其他省级政府在经济社会发展上的激烈竞争。20 世纪 80 年代中期之后，农产品供给充足，人民生活得到满足，经济发展也逐渐转向以工商业为主。东南沿海省级辖区率先发展工商业很快实现经济起飞，中西部省级辖区仍主要发展农业而经济增长缓慢。这一强烈反差诱发了此后 30 余年间各省级辖区在工商业发展上的你追我赶，并争相将农业劳动力、土地、水资源、资金等要素向工商业大量转移。再加之 20 世纪 90 年代中期以来的城镇化浪潮和房地产业迅猛发展，更成为各省级辖区经济发展的宠儿。在这样的大背景下，低附加值的农业在省级辖区经济中的地位必然下降，对其发展的投入也必然有限。虽然现在所有的省级政府对农业都非常重视，但实际上对农业发展的动力明显不足。

县（市、区）级政府作为省级下辖的地方政府，必须按中央和省级政府要求重视农业发展，认真贯彻执行上级政府农业发展的方针政策，制定农业发展规划，搞好农业基本建设，推广先进农业技术，加强农业生产组织领导。改革开放前，县一级的经济工作主要是农业发展，县级政府会尽全力为农业发展提供动力。改革开放后随着农产品短缺问题的解决，县一级的经济工作重点逐渐向工商业转移，一些工商业起步早、发展好的县级辖区，经济高速发展，人们收入迅速增加。这对那些仍以农业为主而经济发展迟缓的县级辖区起到了巨大的示范作用，使其争相效尤，并在全国形成风潮。从20世纪80年代中期以来的30余年间，全国绝大多数县级辖区都被卷进了工商业发展的狂潮，搞开发区、招商引资几乎成为县级政府的首要任务，不少县级辖区甚至大力举债发展工商业，并将大量农业劳动力、土地等投向工商业。在这一背景下，不少县级政府对农业发展的动力严重不足。

3. 基层政府农业发展动力力所不及

这里所谓的基层政府，就是最低层级的乡（镇）级政府。这一级政府没有经济社会发展重大问题的决策权，也缺乏人财物力的支配权，但具有辖区内经济社会发展的组织、管理权，并为其承担工作责任。在传统上，乡（镇）经济都是以农业为主，经过改革开放后的发展，乡（镇）的加工业、服务业也逐渐发展起来，但对于大多数乡（镇），农业仍占有重要地位。从经济社会发展的角度，乡（镇）这一级政府的权力小而责任大。

乡（镇）政府作为县（市、区）下辖的基层政府，必须按上级政府特别是县级政府对农业发展的要求，认真贯彻执行上级政府农业发展的方针政策，制定辖区农业发展规划，组织动员群众搞好农业基本建设，搞好农业科技试验、示范、推广，加强农业生产组织领导，促进农业产业发展和农产品生产。在20世纪80年代中期前，因农产品长期匮乏，人民基本生活无保障，乡（镇）经济又以农业为主，所以乡（镇）级政府心无旁骛，尽其所能为农业发展提供动力，尽最大努力促进农产品产出增加。在此之后，农产品产量大幅增长、供给充足，人民生活有了保障，一部分乡（镇）也有了发展工商业的条件，逐渐将劳动力、土地等农业生产要素向工商业转移，经济工作的重点也随之向工商业倾斜，对农业的重视程度下降，对农业发展提供的动力减少。还有一部分乡（镇）缺乏发展工商业的条件，为追求经济增长，便减少低附加值粮棉油的生产，增加高附加值的其他农产品生产，为粮棉油这些大宗农产品生产提供的发展动力降低。

乡（镇）政府在农业发展的第一线，对当地农业熟悉，与农业生产经营者关系密切，对辖区农业发展的组织、领导、推进应当十分有力。但因乡（镇）级政府没有经济社会发展重大问题的决策权，又没有可支配的人财物力可以利用，包括农业在内的重要发展项目要经上级政府批准，包括农业发展在内的人财物需求要上级政府支持，经常忙于向上级政府争取农业发展项目、争取农业发展的资金和物资，在农业发展上既缺乏主动权也没有可利用的调控和激励手段。即使从上级政府争取到农业发展项目和资金、物资投入，乡（镇）政府也只能被动地按上级要求组织群众实施，不能做科学改进和合理调整，也不能与相关项目整合，导致不少农业发展项目效果较差。加之现在很多农村青壮年劳动力外出务工，在乡劳动力不足，有一部分农村甚至留乡人口都很少，这给乡（镇）级政府组织动员群众发展农业生产、建设农业发展项目，造成了很大的困难。当然，在传统农业向现代农业转型，农业供给侧改革深化的新形势下，一部分乡（镇）级政府的工作也还存在与农业发展要求不相适应的问题。这些主客观原因加在一起，使乡（镇）级政府在农业发展动力提供上显得力所不及。

四、社会公众发展农业的动力衰减

由各级公务人员、各种工商企业人员、各类事业单位人员、一般城镇居民等构成的社会公众，虽身份、职业、收入等各不相同，但他们都是商品农产品的消费者，农产品供给的品种、数量、质量、价格，与他们的生活水平及生活消费支出息息相关。而农产品的供给又是由农业发展决定的，故农业发展历来备受社会公众关注。但社会公众对农业发展的关注，只是从农产品供给出发的，并没有上溯到农业生产的源头。当农产品供给品种及数量充足、质量优良、安全可靠、价格相宜，社会公众就不会对农业发展有多少关注，也不会花心思为农业发展提供动力。只有农产品供给紧张、农产品价格高昂、已经对正常生活造成不良影响，社会公众才会对农业发展高度关注，并努力为其提供动力。改革开放近40年来，农业发展了、农产品生产和进口增加了，社会公众日子过好了，但他们发展农业的动力也衰减了。

1. 农产品充分供给使社会公众农业发展动力减退

改革开放前，全国农产品长期短缺、供给不足，严重影响了人民生活，广大社会公众高度关注农业发展，并以各种方式为农业发展提供动力。改革开放从农业发端，社会公众以前所未有的热情，给予"家庭承包经营"制改革以巨大的支持，以各种方式为农业发展增添力量。在包括广大社会公众在内的全国人民努力下，农业生产迅速发展、农产品产量高速增长，只用了短短5年，就基本扭转了农产品短缺的局面，使人民生活水平显著提高。广大社会公众从农业改革中分享到实实在在的好处，使其更加关注农业的发展。无论是20世纪80年代后期至21世纪初的农村劳动力问题、耕地撂荒问题、承包地使用权流转问题、耕地征占及保护问题，或是几次出现的粮食生产波动问题等，社会公众都给予了特别重视，并为这些问题的解决做出了多方面的贡献。

21 世纪初以来，中央先后出台了一系列支农、护农、惠农政策，使近十余年农业平稳发展，农产品产量逐渐增长，农产品种类丰富多样，农产品质量显著提高，农产品价格相对稳定，农产品市场供给充足，社会公众生活水平显著提高，生活质量也显著改善。如果从 20 世纪 80 年代中期农产品短缺局面的扭转、到 21 世纪初农业发展的某些波动，还能引起社会公众对农业发展的关注，还担心农业发展受挫再度引起农产品短缺，则近十余年的农业发展及农产品供给状况，使社会公众消除了对农业发展的担忧，也不再有农产品短缺的恐惧心理。这种心理的转变，使社会公众对农业发展的重视程度降低，为其发展提供动力的积极性和主动性减退。

改革开放初期，通过"家庭承包经营"的制度创新，在短短 5 年时间内就扭转了农产品长期匮乏的局面。在其后的 30 余年中，农业发展虽也有波动和起伏，但在中央政府一系列支农、护农、惠农政策支持下，经过农村广大干部和农民群众的努力，农业一直在稳步发展，农产品产量逐年增长，农产品种类日渐丰富，农产品质量显著提高。在近 40 年的时间内，我国由一个农产品严重短缺、人民生活困难的农业弱国，一跃变为主要农产品产量居世界首位、人民生活富足的农业大国。这一切来得太快了，改变也太惊人了，使部分社会公众产生了"农业发展问题已经解决"的盲目乐观情绪，而不去深入思考我国农业发展所面临的刚性资源约束、严峻的环境约束、农业劳动生产率和资源产出率低下、农产品生产成本高效益低、农产品市场竞争力弱以及农产品进口对农业发展的冲击等问题。社会公众对农业发展高枕无忧，自然也不会对其高度关注，随之也不会重视为其发展提供动力，甚至不认为有提供这种动力的必要。

2. 资源宿命使社会公众农业发展动力衰退

我国农业资源数量不丰、质量不高，对农业发展带来刚性约束。2016 年耕地面积 13 492.93 万公顷、中等及低等地占 70%，园地面积 1 426.63 万公顷、大多缺乏灌溉设施和交通设施，林地面积 25 290.81 万公顷、只有 70% 的有林地，牧草地面积 28 628.20 万公顷、绝大多数是产草量很低的天然牧草地。我国常年形成的水资源总量为 27 460.3 亿立方米，且时空分布极不均衡。我国耕地占全球 7.5%、淡水占全球 6.4%，要用如此稀少的资源生产农产品养活全球 20% 的人口，这对农业发展的确是一个巨大的考验。

新中国成立以来，特别是改革开放以来，我国农业通过制度创新、技术创新、组织创新、基本建设投入、生产过程投入，经过全国人民特别是农民的艰苦奋斗，使我国 2016 年成为世界谷物、小麦、稻谷、花生、茶叶、水果、蔬菜、肉类、蛋类、水产品、羊毛第一生产大国，油料第二生产大国，玉米、糖料、牛奶第三生产大国，籽棉第四生产大国，主要农作物单位面积产量在世界处于中上水平。这些成就的取得，不仅是人们主观努力的结果，也是农业资源产出潜力充分发挥的结果。一些社会公众认为，对农业资源的利用已经很充分了，在资源刚性约束下农业发展已经很不错了，农产品也不短缺了，不能刻意再为农业发展增添新的动力。这种对农业资源利用的成就感和满足感，使一些社会公众看不清农业进一步发展的前景，也就使其农业发展动力减退。

不少社会公众因知识、技能、职业的局限，容易以静态的、不变的观点看待农业资源，只看到农业资源不足的宿命，看不到现有农业资源经建设、改造可以提高质量并提升产出的能力，看不到一些不宜直接利用的农业资源经改造可直接利用，更看不到现代科学技术改造和利用非传统农业资源、发展非传统农业的广阔前景。因而不能正确认识现有农业资源生产潜力的提升，亦不能正确估计某些看似无用农业资源的真正利用价值，更不能正确判断非传统农业资源利用的广阔前景。受农业资源宿命观念影响的人，不能认知农业资源随科技进步、建设改造而发生的领域拓展、数量增加和质量提升，也就不能预见农业发展领域的拓展、规模的扩大、方式的创新，从而失去了对农业更好发展的信心，对农业发展提供动力也随之减退。当然，随着社会公众认知能力的提高，资源宿命观念会逐渐弱化，对农业发展提供动力又会增强。

3. 农产品进口使社会公众农业发展动力逐渐丧失

经过长达 15 年的谈判，我国于 2001 年 12 月 11 日正式加入世界贸易组织（WTO），成为该组织正式成员。加入世界贸易组织之后，国内农产品市场逐渐对外开放，农产品进口关税也逐年降低，国外农产品及其加工产品进口亦逐年增加，成为国内农产品消费的组成部分。表 25 - 1 是 1995 年、2005 年、2016 年三个时点年份的海关进口农副产品及加工品数量及金额，以反映加入世界贸易组织前后的变化。

表 25 - 1　1995 年、2005 年、2016 年农副产品及加工品进口

进口品	单位	1995 年进口		2005 年进口		2016 年进口	
		数量	金额（亿美元）	数量	金额（亿美元）	数量	金额（亿美元）
冻鱼	万吨			158	21.942 9	193	32.368 1
鲜、干水果及干果	万吨			116	6.269 1	397	57.053 6
其中：香蕉	万吨			36	0.999 7	89	5.854 8
谷物及谷物粉	万吨	1 286	35.815 3	627	14.088 7	2 199	57.050 3
其中：玉米	万吨				0.014 8	317	6.385 6
小麦	万吨	1 159	20.263 9	354	7.728 7	341	8.158 5
小麦粉	万吨			3	0.107 3	4	0.148 3
大麦	万吨	127	2.405 4	218	4.294 4	500	11.419 4
稻谷及大米	万吨			52	1.994 5	356	16.140 8

（续）

进口品	单位	1995 年进口		2005 年进口		2016 年进口	
		数量	金额（亿美元）	数量	金额（亿美元）	数量	金额（亿美元）
大豆	万吨	29	0.754 9	2 659	77.787 9	8 391	339.846 9
食用植物油	万吨	213	14.548 2	621	28.150 8	553	41.639 3
其中：豆油	万吨			169	9.077 7	56	4.520 8
棕榈油	万吨			284	11.992 7	316	20.105 3
菜（芥）籽油	万吨			18	1.042 1	70	5.239 0
其他植物油	万吨	160	9.767 3	42	2.804 0		
食糖	万吨	295	8.975 8	139	3.832 7	306	11.705 3
饲料用鱼粉	万吨			158	10.826 5	104	16.131 7
豆饼、豆粕	万吨			20.256 2	0.493 2	1.807 7	0.134 9
干苜蓿	万吨					168.58	5.230 0
配制动物饲料	万吨			10.732 8	1.210 7		
纸烟	万吨			1 340	0.518 6	7 612	5.626 5
天然橡胶	万吨			141	18.546 6	250	33.536 2
合成橡胶	万吨			109	17.981 0	331	53.557 0
原木	万吨			2 937	32.435 6	4 872	80.763 7
锯材	万吨			597	15.077 9	3 151	81.351 9
纸浆	万吨			759	37.255 1	2 106	122.388 6
纸及纸板	万吨					297	32.804 2
羊毛（含毛条）	万吨	28	9.441 4	27	13.179 7	32	23.491 8
棉花（原棉）	万吨	74	13.778 2	257	31.970 9	90	15.701 4
奶粉	万吨	17.583 4	4.859 8	18.616 0	5.019 6	75.240 8	30.285 3
乳清	万吨	6.613 7	3.739 4	20.509 0	16.982 4	50.695 9	44.896 7
其他奶制品	万吨	1.692 4	0.226 9	1.207 2	0.179 2	8.007 5	0.945 5
猪牛羊肉	万吨	12.196 1	3.586 6	24.679 2	6.355 8	176.060 3	63.897 9

资料来源：《2006 中国农村统计年鉴》，第 245～246 页，中国统计出版社，2006 年 9 月；《2017 中国农村统计年鉴》，第 279～280 页，中国统计出版社，2017 年 9 月。

由表 25-1 可看出，加入世界贸易组织后，我国农产品进口猛增。农产品出口大国凭借其资源和技术优势，农产品生产有很高的劳动生产率和资源产出率，农产品生产成本较低，质量也较好。大量国外农产品进口并进入国内消费市场，使广大社会公众可以消费国外优质且价格能够承受的农产品，如泰国的大米、美国的大豆、加拿大的油菜籽、西班牙的橄榄油、阿根廷的牛肉、新西兰的奶制品、菲律宾的香蕉等。社会公众对进口农产品的逐渐适应，加之国内又缺乏质量与价格有竞争优势的替代品，使其产生国产农产品不如进口农产品、农产品靠进口也能保证供给的倾向。在这种倾向下，一些社会公众只看眼前消费，既不能正确估计大量进口农产品的潜在风险，也不能正确评价本国农业发展在食物安全、以致国家安全上的作用，自然也就不会关注农业发展，而自觉或不自觉丧失农业发展动力。

如果说一些社会公众因一时消费的满足而主张农产品进口替代国内生产、农产品进口商因有利可图而鼓吹农产品进口替代国内生产的想法，都可以理解也不难消除，则社会公众中的一些精英因认知偏误，而宣扬的农产品大量进口必然、农产品大量进口有利的观点，却让人费解且容易产生误导。这些人以我国耕地少质量差、草原面积虽大但载畜量低、水资源少且时空分布不均为基本依据，推导出利用这些资源不可能生产出国内需要的农产品，还有相当大一部分需要进口的结论。这些人还证明我国进口农产品就相当于进口耕地和水资源，并进一步利用成本价格分析证明进口农产品的有利。这些人以静止观点看待我国农业资源，以理想化的心态看待农产品国际市场，使人们看不到农业资源改造及其巨大产出潜力，看不到科技进步带来的农业后备资源利用前景，更使人们忽视国际风云变幻对大量进口农产品可能遭遇的"禁运""断供"风险。对大量进口农产品的追捧，极大削弱了社会公众对农业发展的关注，也使一部分社会公众丧失了农业发展动力。

五、农业生产经营主体农业发展动力消退

农户、个体农业企业、国有农业企业，这三类农业生产经营微观主体，有的对农业很热爱、有的想为社会作贡献、有的是为国家建设服务，除了这些情怀外，他们从事农业生产经营的根本目的，一是为了从业和维持生计，二是为了获取盈利和进一步发展。农业生产经营是一项经济活动，相关主体从事这项活动，是为了自身从中求得生存与发展，若能达到这一目的这些主体就有农业发展的足够动力，若这一目的不能达成这些主体农业发展的动力就会消退或丧失。农业生产经营主体是农业发展最直接和最重要的力量，在微观层面上，农业发展要由其谋划、农业投入要靠其筹措、农业产业发展和农产品生产要靠其组织实施，整个农业生产过程都需要其积极参与。农业生产微观主体的动力，对农业发展有决定性作用，动力强则农业兴，动力弱则农业衰。近年来多种原因造成这些主体农业发展动力消退，给农业发展带来很大隐患。

1. 效益低下使生产经营主体农业发展动力消退

21世纪以来，农业生产物资与服务费用上涨，人工成本飙升，土地成本剧增，使农业生产成本越来越高，生产效益越来越低，表25-2是2005年和2016年主要农产品生产的成本与收益。

表 25-2　2005 年、2016 年全国主要农产品平均生产成本及收益

单位：千克、元

项目	年份	主要农产品产量	总产值	总成本	其中			净利润
					物资与服务费用	人工成本	土地成本	
水稻 (亩)	2005	431.00	686.02	493.31	242.45	184.54	66.32	192.71
	2016	484.75	1 343.77	1 201.81	484.53	495.34	221.94	141.96
玉米 (亩)	2005	422.60	487.82	392.28	176.08	148.38	67.82	95.54
	2016	480.29	765.89	1 065.59	369.55	458.10	237.94	−299.70
小麦 (亩)	2005	325.80	468.96	389.61	216.35	121.34	51.92	79.35
	2016	406.34	930.36	1 021.51	434.60	370.99	206.92	−82.15
大豆 (亩)	2005	132.20	352.02	270.54	113.79	81.53	75.22	81.48
	2016	120.20	468.63	678.44	201.33	218.11	259.00	−209.81
花生 (亩)	2005	199.80	677.33	473.74	225.28	190.60	57.86	203.59
	2016	259.01	1 684.48	1 414.04	463.62	695.08	255.34	270.44
油菜 (亩)	2005	127.50	294.78	295.31	107.86	147.06	40.39	−0.53
	2016	128.14	590.22	921.20	221.27	580.08	119.85	−330.98
棉花 (亩)	2005	74.80	1 122.86	791.50	295.49	397.43	98.58	331.36
	2016	98.55	1 818.31	2 306.61	610.71	1 393.72	302.18	−488.30
生猪 (头)	2005	105.90	814.38	773.90	661.13	111.48	1.29	40.48
	2016	118.79	2 219.11	1 930.41	1 586.18	342.87	1.36	288.70
蛋鸡 (100 只)	2005	1 544.20	8 956.77	8 219.68	7 772.92	438.85	7.91	737.09
	2016	1 762.28	14 919.79	14 545.49	13 237.11	1 286.53	21.85	374.30
肉鸡 (100 只)	2005	196.90	1 504.32	1 441.93	1 364.71	72.21	5.01	62.39
	2016	235.15	2 658.18	2 505.01	2 219.47	280.17	5.37	153.17
奶牛 (头)	2005	5 243.60	10 864.74	8 751.91	7 729.76	992.15	30.00	2 112.83
	2016	5 722.76	23 784.94	18 543.77	14 982.47	3 507.30	54.00	5 241.17

　　资料来源：《2006 中国农村统计年鉴》，第 253～263 页，中国统计出版社，2006 年 9 月；《2017 中国农村统计年鉴》，第 285～294 页，中国统计出版社，2017 年 9 月。

　　由表 25-2 可知，2005—2016 年的 11 年间，种植业生产的物资及服务费增加了一倍多、人工成本增加了两倍左右、土地成本增加了 2 至 3 倍，养殖业生产的物资及服务费增加了 1 至 2 倍、人工成本增加两倍以上，使农业生产成本急剧飙升，使种植业生产由盈利转为亏损。2005 年除油菜籽生产微亏外，主要的粮棉油产品生产都是盈利的。到 2016 年除水稻、花生生产还小有盈利外，其他主要农作物生产全是亏损。2005 年至 2016 年虽畜禽养殖保持盈利，但在高物价下养一头猪、养一只蛋鸡、养一只肉鸡只能分别盈利 288.70 元、3.74 元、1.53 元，收益很低。只有饲养奶牛效益较好，养一头奶牛每年可盈利 5 241.17 元。从事农业生产要么亏损、要么收益低下，

使农户、个体农业企业、国有农业企业发展农业的动力日渐消退。

2. 小规模生产经营使农户农业发展动力消退

31个省、自治区、直辖市的农户2.3亿户左右，这些农户中的绝大多数从事种植业，少数从事林业、畜牧业、水产业。从事种植业的农户平均每户承包耕地0.4公顷（6亩）左右，东北、内蒙古、新疆等耕地较多的地区，农户的承包地可以达到3～10公顷（45～150亩），但内地省份人多地少，农户的承包地少则只有0.2公顷（3亩）左右。东北、内蒙古、新疆、西藏、青海等地无霜期短，每年只能种一季，主要农作物有玉米、小麦、谷子、大豆、水稻、棉花等，其他地区无霜期较长，每年可种植两季或三季（已很少种三季），作物组合有小麦—玉米、小麦—薯类、油菜—玉米、油菜—水稻、水稻—水稻等。若以2016年全国平均主要农产品单位面积产量、产值、物资及服务费为依据，在不考虑外雇人工及不租用他人土地情况下，可以估算出农户利用不同面积承包地，种植不同作物可获取的农业增加值，如表25-3所示。

表 25-3　不同面积承包地农户种植业增加值模拟计算

种植方式选择	每亩种植面积增加值（元）	农户种植业年增加值［元/（户·年）］				
		承包地3亩农户	承包地6亩农户	承包地45亩农户	承包地75亩农户	承包地150亩农户
一季水稻	859.24	2 577.72	5 155.44	38 665.80	64 443.00	128 886.00
一季玉米	396.34	1 189.02	2 378.04	17 835.30	29 725.50	59 451.00
一季小麦	495.76	1 487.28	2 974.56	22 309.20	37 182.00	74 364.00
一季大豆	267.30	801.90	1 603.80	12 028.50	20 047.50	40 095.00
一季花生	1 220.86	3 662.58	7 325.16	54 938.70	91 564.50	183 129.00
一季油菜	368.95	1 106.85	2 213.70	16 602.75	27 671.25	55 342.50
一季棉花	1 207.60	3 622.80	7 245.60	54 342.00	90 570.00	181 140.00
小麦—玉米组合	892.10	2 676.30	5 352.60			
油菜—玉米组合	765.29	2 295.87	4 591.74			
油菜—水稻组合	1 228.19	3 684.57	7 369.14			
水稻—水稻组合	1 374.78	4 124.34	8 248.68			

由表25-3可知，承包地面积0.4公顷（6亩）左右的大多数农户，无论种植何种粮油作物，也无论是一年种植一季或两季，从种植业获取的增加值总计少者1 600多元、多者8 200多元，家庭人均少的只有500多元、多的也只有2 000多元。承包地面积0.2公顷（3亩）左右的部分农户，无论种植什么粮油作物，也无论一年种植一季或两季，从种植业获取的增加值总计少者只有800多元、多者也只有4 100多元，家庭人均少的仅200多元、多的仅有1 000多元。农户辛辛苦苦耕作一年，从种

植业生产中得到的收入如此之低，根本就不可能维持一家生计，对农业发展的动力自然会消退。承包地面积 3 公顷（45 亩）及以上的农户，主要分布在东北、内蒙古、新疆等地，虽一年只能种植一季，但面积大的优势使其获得的农业增加值较多，维持一家生计没有困难，发展得好还会变得较为富裕。可这样的农户很少，他们对农业发展虽有足够动力，但改变不了多数农户动力不足和动力消退的倾向。

3. 不少农业生产经营主体被迫从事农业生产

从农业生产统计、农业生产经营主体反映、社会公众感受三方面的信息，都证明近年来农业生产的物资及服务费猛涨、人工成本和土地成本飙升，使农业生产总成本成倍增加，导致大多数粮棉油产品生产亏损，只有少数大田作物生产有微利，也导致畜禽产品和水产品生产风险加大、稳定性下降。在这种不利条件下，虽也有极少数农户放弃了农业生产经营，但绝大多数农户、个体农业企业和国有农业企业，仍坚持从事农业生产经营，且没有放弃农业的意向。这一看似违背经济规律的现象，既不能视为农业生产经营微观主体的奉献精神，更不能解释为农业生产经营微观主体的保守，而是他们在不利条件下的理性应对策略。

目前在农村务农的农户，大多是留守农村的农户老年或妇女劳动力，少数是家庭劳动力不适应外出务工而留村务农的农户。这两类农户如果放弃农业生产经营，则他们没有机会从事其他工作而失去生活来源。这两类农户如果坚持农业生产经营，则他们虽不能获得盈利，但能生产出农产品，有了生活来源。同时，农户利用自家承包地从事农业生产经营，不用付土地租金，使用家庭劳动力也不用付人工费。生产经营成本只剩物资及服务费，农业生产经营还能产生一定增加值，一般不会出现连物资及服务费都不能收回的情况。这实际上是农户在坚持农业生产经营和放弃农业生产经营都无利可图的情况下，选择损失小的坚持农业生产经营，即遵循了"两害相权取其轻"的理性原则，但这并不表明这部分农户有农业发展的动力，只是不得已而为之。

近些年建立的个体农业企业，有的生产经营蔬菜、水果、干果、茶叶、药材，有的生产粮食、棉花、油料，有的养殖家畜、有的养殖家禽、有的养殖水产。种植蔬菜、水果、干果、茶叶、药材的个体农业企业，因市场需求旺盛、效益较好，对其发展动力充足。从事畜禽和水产养殖的个体农业企业，因固定资产投资较大、又不便转作他用，在生产经营效益低下时，只会缩小生产规模而不会放弃生产，待生产经营形势好转时，及时扩大生产规模，对其发展的动力能够保持。只是从事粮棉油生产的个体农业企业发展较为困难，这类企业一般租用多个农户大片承包地进行生产，也投入了不少固定资产，放弃生产经营造成很大损失、带来很多矛盾，不得不坚持生产经营，但对农业发展缺乏动力。

国有农业企业有种植业企业、林业企业、畜牧业企业、水产业企业，这些企业经政府投资建设，既形成了很大生产规模，也形成了巨大的固定资产。同时，不少国有企业还担负一定国家使命和社会责任。近年国有农业企业生产经营存在一定困难，生产效益也不尽如人意，特别是生产粮棉油的国有农业企业更是如此。但国有农业企业承担有某些使命和责任，要使国有资产保值增值，要保证职工就业和生计，在任何情况下都不能放弃生产经营。同时，也有部分国有农业企业资源丰富、生产规模大、技术力量强，发展空间广阔，潜力巨大，农业发展的动力较强。

第二十六章 中国农业发展的自然灾害风险

地处亚洲东部的中国，东西跨 62 个经度、南北跨 49 个纬度，东西跨不同时区、南北跨不同气候带，地形地貌复杂，高原、山地、丘陵、平原、沙漠、戈壁广布。广大的地域、复杂的地形、多样的地貌、多类型的气候，以及与多国的陆海相接，使中国成为旱灾、洪涝灾、风雹灾、冷冻灾、台风灾、植物病虫害、动物疫病多发的国家。这些自然灾害，不仅频繁发生，而且范围较广、严重程度较高，对农业的破坏作用很大，是我国农业发展面临的重大风险。数十年来虽对这些自然灾害进行了有力防范，也取得了很大进展，但其危害还不能充分控制，对农业发展的威胁仍然存在。

一、农业发展的干旱灾害风险

农业发展中的干旱灾害发生原因有多种，一是降水少而过境水也少的地区、因水资源不足而发生干旱灾害，二是缺水季节（如冬春季）因供水不足而发生的干旱灾害，三是气候异常造成的降水严重不足而发生的干旱灾害，四种是气候异常造成降水时空打破常规而发生在一定地域的干旱灾害。干旱灾害也有不同的类型，有短期的及单个季节的干旱，也有连季节甚至全年的干旱，还有连续几年的干旱；有小范围的干旱，也有数县甚至数百县的连片干旱，还有数省的连片干旱；有损失较轻的干旱，也有损失严重的干旱，还有造成绝收的干旱。干旱灾害不仅破坏种植业生产，而且也给林业、草业发展造成困境，甚至还给人畜饮水带来威胁。

1. 降水与干旱灾害

我国的地理区位及气候特征，决定了降水量不丰沛且空间分布不均。正常年份年平均降水量 642.5 毫米，最多的海南省年均降水 1 750 毫米，最少的新疆年均降水 151.5 毫米。在除港澳台外的 31 个省级辖区中，只有 15 个年均降水超过 800 毫米，有 5 个年均降水不足 400 毫米，其余 11 个年均降水为 400～800 毫米，且多在 500～600 毫米。总的态势是南方降水多而北方降水少，国土面积大的几个省级辖区降水量很少（新疆为 151.5 毫米、内蒙古为 282.1 毫米、西藏为 571.6 毫米、青海为 289.6毫米），年际间降水量变幅很大，可达到正负 30% 左右。造成北京、天津、河北、山

· 482 ·

西、内蒙古、吉林、黑龙江、山东、河南、陕西、甘肃、青海、宁夏、新疆等省级辖区，因降水量少而使农业干旱灾害发生概率大增。

我国的气候特征又造成降水的时间分布不均，各省级辖区降水主要集中在夏秋两季、占全年降水量的 70%，而冬春两季降水少、只占全年降水量的 30%。各地区年际间降水量也不稳定，有平水年、丰水年、枯水年之分，且交替发生，降水量相差高达正负 30% 以上。个别地区也有连续几年降水偏少的情况，在南方和北方都曾出现。各地区年内各季节降水也不稳定，某些年份有的季节降水偏少，甚至连续两三个季节降水都少，如冬春两季降水少于常年、春夏两季降水少于常年等。降水的时间分布失衡，特别是降水在年际间、季节间的巨大波动，使干旱年、干旱季经常出现，不仅出现在降水量少的地区，也出现在降水量丰沛的地区，更加大了农业干旱灾害发生的概率。

由特殊的气候及环境条件所决定，中国干旱灾害发生频率之高、发生范围之广、危害之烈为世所罕见。在历史上，不仅降水量少的北方旱灾频繁，而且降水量丰沛的南方旱灾也时有发生，受灾范围小则数县、数十县，大则数省、十数省。严重旱灾在河南、河北、山东、山西、陕西、安徽等省反复出现，而大范围旱灾在江苏、浙江、湖南、湖北、广东、广西、四川、重庆等地也曾发生。在清代几次大的旱灾都造成严重饥荒、上千万人成为难民、上百万人成为饿殍。即使在水利建设已有巨大进步的近几十年，旱灾仍如影随形，局部旱灾年年发生，大范围的旱灾 3 年左右就有一次。大范围干旱可造成上千万公顷农作物歉收，较轻的旱灾使农作物减产 10% 左右，较重的旱灾使农作物减产 20%～30%，严重的旱灾还会使农作物绝收。2006 年 7—8 月，川东大片地区和重庆全境大旱，100 余县（市、区）的 80 余万公顷农作物严重减产或绝收，大片森林枯死，上千万人饮水困难，直接经济损失 200 多亿元。干旱是中国农业的主要自然灾害，给农业发展带来重大风险。

2. 全国农作物旱灾受灾及成灾

自 20 世纪 50 年代初以来，我国数十年坚持农田水利建设，虽在防旱抗旱上发挥了巨大作用，但旱灾发生和危害仍然十分严重。从旱灾发生看，旱灾年年都有，受旱灾影响的农作物面积很大，占农作物播种面积比重也不低。从旱灾成灾看，旱灾成灾连年不断，旱灾成灾面积也很大，在农作物播种面积中也占不小的比重。表 26-1 是 1952—2016 年相关年份，全国农作物旱灾受灾及成灾面积及占比，用以反映该时期农作物旱灾发生情况。

由表 26-1 可知，在所列示的 45 个年份中，年年都有旱灾，旱灾受灾面积占农作物播种面积 5% 以下的只有 2 年、占 5%～10% 的有 9 年、占 10%～20% 的有 25 年、占 20% 以上的有 9 年，多数年份旱灾受灾面积占比都很高，最高的 2000 年竟高达 25.94%。旱灾成灾面积占农作物总播种面积 5% 以下的有 14 年、占 5%～10% 的有 20 年、占 10% 以上的有 11 年，多数年份旱灾成灾面积占比也较高，最高的 2000 年竟高达 17.14%。由此可见，旱灾对我国种植业发展造成了巨大风险，且这一风险具有持续性，难以消除。

表 26-1　全国农作物旱灾受灾和成灾面积及占比

单位：万公顷、%

年份	旱灾受灾		旱灾成灾		年份	旱灾受灾		旱灾成灾	
	受灾面积	占播种面积比重	成灾面积	占播种面积比重		受灾面积	占播种面积比重	成灾面积	占播种面积比重
1952	423.60	3.00	258.90	1.83	1995	2 345.50	15.65	1 040.20	6.94
1957	1 720.50	10.94	740.00	4.71	1996	2 015.20	13.22	624.70	4.10
1962	2 080.80	14.84	869.10	6.20	1997	3 351.60	21.77	2 001.20	13.00
1965	1 363.10	9.51	810.70	5.66	1998	1 423.60	9.14	506.00	3.25
1970	572.30	3.99	193.10	1.35	1999	3 015.60	19.28	1 661.40	10.62
1975	2 483.20	16.61	531.80	3.56	2000	4 054.10	25.94	2 678.40	17.14
1978	3 264.10	21.75	1 656.40	11.04	2001	3 847.20	24.71	2 369.80	15.22
1979	2 464.60	16.60	931.60	6.27	2002	2 212.40	14.31	1 317.40	8.52
1980	2 190.10	14.96	1 417.40	9.68	2003	2 485.20	16.31	1 447.00	9.49
1981	2 569.30	17.70	1 213.40	8.36	2004	1 725.30	11.24	848.20	5.52
1982	2 069.70	14.30	997.20	6.89	2005	1 602.80	10.31	847.90	5.45
1983	1 608.90	11.17	758.60	5.27	2006	2 073.80	13.63	1 341.10	8.81
1984	1 581.90	10.97	701.50	4.86	2007	2 938.60	19.15	1 617.00	10.54
1985	2 298.90	16.10	1 006.30	7.01	2008	1 213.70	7.77	679.80	4.35
1986	3 104.20	21.53	1 476.50	10.24	2009	2 925.90	18.45	1 319.70	8.31
1987	2 492.00	17.19	1 303.30	8.99	2010	1 325.90	8.25	898.70	5.59
1988	3 290.40	22.71	1 530.30	10.56	2011	1 630.40	10.05	659.90	4.07
1989	2 935.80	20.03	1 526.20	10.41	2012	934.00	5.72	350.90	2.15
1990	1 817.50	12.25	780.50	5.26	2013	1 410.00	8.56	585.20	3.55
1991	2 491.40	16.66	1 055.90	7.06	2014	1 227.20	7.42	567.70	3.43
1992	3 298.10	22.13	1 704.70	11.44	2015	1 061.00	6.38	586.30	3.52
1993	2 109.70	14.28	865.60	5.86	2016	987.30	5.92	613.10	3.68
1994	3 042.30	20.52	1 705.00	11.50					

资料来源：根据《2017 中国农村统计年鉴》第 69 页表 4-10 及第 131 页表 7-1 数据计算。

3. 各省（自治区、直辖市）农作物旱灾受灾及成灾

我国干旱灾害不仅年年发生、受灾和成灾规模巨大，而且发生范围广泛、遍及各省级辖区。由于地理区位和气候特征的差异，各省级辖区干旱灾害发生的频率与规模有很大差别。又由于年际间气候的变化，各省级辖区在年际间干旱灾害受灾和成灾规模也不相同。表 26-2 是 1995 年、2005 年、2016 年 3 个代表年份，31 个省级辖区农作物旱灾受灾及成灾面积，用以反映农作物旱灾地域分布。

表 26-2　各省级辖区代表年份农作物旱灾受灾及成灾面积

单位：万公顷

地区	旱灾受灾面积			旱灾成灾面积		
	1995 年	2005 年	2016 年	1995 年	2005 年	2016 年
全国	2 345.53	1 602.80	987.30	1 040.07	847.90	613.10
北京	6.67	3.20		0.80		
天津	10.00	3.40				
河北	111.80	82.60	21.70	33.40	25.70	2.10
山西	152.33	168.80	7.70	76.00	101.60	4.40
内蒙古	183.20	138.20	277.10	84.93	73.50	195.80
辽宁	33.33	39.40	40.10	10.00	26.80	4.90
吉林	124.33	40.60	52.40	48.07	24.20	33.70
黑龙江	206.67	43.80	295.50	80.00	16.20	216.60
上海						
江苏	66.67	34.80	13.40	22.73	15.40	1.00
浙江	50.07	11.90		23.80	6.00	
安徽	80.00	59.80	18.00	34.67	28.70	12.70
福建	22.60	1.50		6.73	0.60	
江西	42.20	5.70	3.50	14.07	2.80	3.00
山东	119.53	35.60	21.20	26.20	7.20	8.50
河南	168.60	42.40	17.30	68.67	14.20	7.40
湖北	126.67	77.10	34.20	68.07	38.00	15.80
湖南	122.80	84.00	1.20	53.33	53.60	0.50
广东	30.00	17.50		11.47	6.40	
广西	40.00	89.40	3.50	16.33	54.40	2.00
海南	16.00	26.00	1.60	4.80	18.40	0.40
重庆		25.10	4.70		9.80	3.00
四川	68.00	21.30	11.30	28.67	8.60	6.80
贵州	40.00	44.20	0.70	22.40	17.00	0.30
云南	29.47	205.30	4.80	11.80	119.20	1.50
西藏	4.00	3.40	0.10	2.00		0.04
陕西	213.33	102.20	24.00	123.73	51.50	11.10
甘肃	185.07	110.00	99.80	122.67	68.70	59.50

（续）

地区	旱灾受灾面积			旱灾成灾面积		
	1995 年	2005 年	2016 年	1995 年	2005 年	2016 年
青海	26.00	8.00	3.80	13.87	2.10	2.80
宁夏	32.00	42.10	27.90	22.67	30.10	17.50
新疆	35.33	35.60	2.00	8.20	27.20	1.90

资料来源：相关年份《中国农业统计资料》，中国农业出版社；相关年份《中国农村统计年鉴》，中国统计出版社。

由表 26-2 可知，1995 年旱灾受灾程度中等，2005 年和 2016 年旱灾受灾程度较轻，即使旱灾不是很重的这三年，华北的河北、山西、内蒙古，东北的吉林、黑龙江，华东的江苏、安徽、山东，华中的河南、湖北、湖南，西南的重庆、四川、贵州、云南，西北的陕西、甘肃，旱灾受灾面积和成灾面积都不小。这表明旱灾在全国的发生范围广，特别在重要粮棉油生产大省经常发生，对农业发展造成很大的风险。

二、农业发展的洪涝灾害风险

洪涝灾害是因洪水、内涝引起的破坏农田和毁坏农作物的现象。农业发展中的洪涝灾害发生原因有多种，一是山洪暴发使河谷（山谷）中的农田和庄稼毁坏，二是暴雨导致江河水位猛涨淹没农田及禾苗，三是水库溃坝及江河溃堤造成的水灾，四是持续降水造成的低洼地带积水和内涝。洪涝灾害也有不同的类型，有短暂淹没的洪涝、也有淹没数天甚至数十天的洪涝，有只毁庄稼不毁地的洪涝、也有农地和庄稼全毁的洪涝，有小范围的洪涝、也有大范围甚至跨省区的洪涝，有本区域降水诱发的洪涝、也有上游暴雨引起的下游洪涝。洪涝灾害往往来势凶猛，破坏性极大，不过大多数洪涝灾害也有来得快、去得快的特点。

1. 地势、降水与洪涝灾害

中国的地势西高东低，西部为高原山地，东部为低矮平原，主要河流（海河、黄河、淮河、长江、珠江等）都发源于山地，自西向东流。江河径流居高临下，一出山谷便流进平原低地，极易造成洪涝灾害。江河上游集水面积广大，一到每年 5—9 月（部分地区为 4—11 月）降水集中时期，不少地区常出现连续暴雨，导致江河上游河水猛涨，巨大的洪水在山谷中横冲直撞、扫荡一切，并借山势落差积累巨大能量冲击山谷、猛扑平原，造成严重洪涝灾害。若江河上下游同时发生暴雨，则洪涝灾害会更加严重。

由特殊的地形地势及气候特征所决定，洪涝灾害始终与中国人相伴。在漫长的历史进程中，大江大河频繁泛滥，造成无数次洪涝灾害。黄河的大洪水曾使中原数省受淹，不仅使农业遭受灭顶之灾，还使数千万人成为难民、数十万人溺毙。在近代因多种因素综合影响，大江大河的水患更为频繁，大的洪涝灾害三五年就有一次，而小的洪涝灾害几乎年年发生，损失也越来越大。1954年长江发生洪水，湖北、湖南等数省受灾，大片土地被淹，众多城镇被毁，数万人被夺去生命，财产损失无数。1963年夏，海河发生大洪水，河北大片地区沦为泽国，平地起水1～3米，工农业生产均遭重创。1981年夏，汉江、嘉陵江上游多日暴雨引发山洪，汹涌奔腾的洪水横扫沿江两岸大片地区，毁坏农田数万公顷，毁坏公路和铁路上千公里、房屋上百万间，洪水所至席卷一切，地表物体荡然无存。1998年夏，长江上、中游同时连降暴雨引发洪灾，华中及华东地区全面告急，湖北、湖南、安徽、江西、江苏等省大范围受灾，各行各业均受重创，直接经济损失高达1 600亿元。同年夏天松花江、辽河同时发大水，大片农田、数十座城市、多个工业基地受灾，造成巨大财产损失。2003年8月，渭河上游大范围暴雨引发洪水，使下游数县大片地区被淹，农业损失惨重，数十万间民房被毁，30余万人流离失所，直接经济损失近百亿元。

中国的洪涝灾害不仅因大江大河泛滥而发生，也会因小江小河泛滥而形成。小江小河数量庞大、分布极广，都有一定集水汇水面积，一般河道较窄、平时水量也不大，但一旦暴雨来临，河水便会猛涨，毁坏两岸农田、林木、道路、房屋等，造成不小损失。由于小江小河洪涝灾害范围较小，容易被忽视。实际上，众多小江小河洪涝灾害汇集起来，损失也很巨大，应当给予高度关注。同时，个别北方地区春天冰雪融化，也有在局域范围发生洪涝灾害的可能，这类灾害来势猛、破坏力强。再者，山地丘陵持续降雨还会诱发山体滑坡及泥石流灾害，毁坏农田、房屋、道路，甚至造成人员伤亡，这类灾害发生突然、来势凶猛，往往造成毁灭性破坏。各式各样的洪涝及次生灾害，轻者毁坏庄稼，重者毁坏农田及农业设施，给农业发展带来很大风险。

2. 全国农作物洪涝灾害受灾及成灾

20世纪50年代以来的近70年间，全国持续进行大中小型水利工程建设，修堤筑坝拦蓄洪水，建设水库蓄积调控水资源，疏浚及开挖河道疏导水流，植树造林保持水土。先后对海河、黄河、淮河、长江、珠江等大江大河进行了治理，使海河、黄河多年未发生大的洪涝灾害，淮河、长江、珠江等江河的洪涝灾害受到一定控制。但因为特定地形地貌及气候特征，使洪涝灾害易于发生，加之洪涝灾害小灾易控、大灾难防，虽水利工程建设发挥了巨大防灾减灾作用，但洪涝灾害的发生和危害仍然严重。小的洪涝灾害年年都有，不是这里发生就是那里发生，大的洪涝灾害隔几年就发生一次，有的洪涝灾害只在一个流域发生，有的洪涝灾害同时在两个或多个流域发生。洪涝灾害破坏力极大、破坏范围广，对农业的破坏主要反映在农作物和农地上。表26-3是1952—2016年的相关年份中，洪涝灾害受灾及成灾面积和占比，用以反映该时期农作物洪涝灾害发生情况。

表 26 - 3　全国农作物洪涝灾害受灾和成灾面积及占比

单位：万公顷、%

年份	洪涝受灾		洪涝成灾		年份	洪涝受灾		洪涝成灾	
	受灾面积	占播种面积比重	成灾面积	占播种面积比重		受灾面积	占播种面积比重	成灾面积	占播种面积比重
1952	279.40	1.98	184.40	1.31	1995	1 273.40	8.50	760.40	5.07
1957	808.30	5.11	603.20	3.84	1996	1 814.70	11.91	1 085.50	7.12
1962	981.00	7.00	631.80	4.51	1997	1 141.50	7.41	583.90	3.79
1965	558.70	3.90	281.30	1.96	1998	2 229.20	14.32	1 378.50	8.85
1970	312.90	2.18	123.40	0.86	1999	902.00	5.77	507.10	3.24
1975	681.70	4.56	346.70	2.32	2000	732.30	4.69	432.10	2.76
1978	310.90	2.07	201.20	1.34	2001	604.20	3.88	361.40	2.32
1979	575.70	3.88	286.80	1.93	2002	1 228.80	7.95	738.80	4.78
1980	968.70	6.62	607.00	4.15	2003	1 920.80	12.60	1 228.90	8.06
1981	862.50	5.94	397.30	2.74	2004	731.40	4.76	374.70	2.44
1982	836.10	5.78	439.70	3.04	2005	1 093.20	7.03	604.70	3.89
1983	1 216.20	8.45	574.70	3.99	2006	800.30	5.26	456.90	3.00
1984	1 063.20	7.37	539.50	3.74	2007	1 046.30	6.80	510.50	3.33
1985	1 419.70	9.88	894.90	6.23	2008	647.70	4.14	365.60	2.34
1986	915.50	6.35	560.10	3.88	2009	761.30	4.80	316.20	1.99
1987	868.60	5.99	410.40	2.83	2010	1 752.50	10.91	702.40	4.37
1988	1 194.90	8.25	612.80	4.23	2011	686.30	4.23	284.00	1.75
1989	1 132.80	7.73	591.70	4.04	2012	773.00	4.73	414.50	2.54
1990	1 180.40	7.96	560.50	3.78	2013	875.70	5.32	485.90	2.95
1991	2 459.60	16.44	1 461.40	9.77	2014	471.80	2.85	270.40	1.63
1992	942.20	6.32	446.30	3.00	2015	562.00	5.38	332.70	2.00
1993	1 639.00	11.09	860.80	5.83	2016	853.10	5.12	433.80	2.60
1994	1 732.80	11.69	1 074.40	7.25					

资料来源：根据《2017 中国农村统计年鉴》第 69 页表 4 - 10 及第 131 页表 7 - 1 数据计算。

由表 26 - 3 可看出，在列出的 45 年中，年年都有洪涝灾害，洪涝受灾面积占农作物总播种面积 5%以下的有 14 年，占 5%～10%的有 24 年，占 10%以上的有 7 年，多数年份洪涝受灾面积占比都不低，最高的 1991 年占比高达 16.44%。洪涝成灾面积占农作物总播种面积 5%以下的有 37 年，占 5%～10%的有 8 年，多数年份洪涝成灾面积占比不高，最高的 1991 年占比为 9.77%。洪涝受灾和成灾面积占比虽不如旱灾高，但洪涝灾害损失比一般旱灾重。由此可见，洪涝灾害对我国农业发展也造成了很大风险。

3. 各省（自治区、直辖市）农作物洪涝灾害受灾及成灾

我国洪涝灾害不仅年年发生，受灾和成灾面积大，而且发生范围广，遍及各省、自治区、直辖市。因地理区位、地形地貌、气候特点的不同，各个地区洪涝灾害发生的频率及规模差异很大。加之年际间的气候变化，各省级辖区在年际间洪涝灾害受灾和成灾规模也会有很大变动。表 26 - 4 是 1995 年、2005 年、2016 年 3 个代表年份 31 个省级辖区农作物洪涝受灾及成灾面积，用以反映农作物洪涝灾害地域分布。

表 26 - 4　各省级辖区代表年份农作物洪涝受灾及成灾面积

单位：万公顷

地区	洪涝受灾面积			洪涝成灾面积		
	1995 年	2005 年	2016 年	1995 年	2005 年	2016 年
全国	1 306.40	1 093.20	853.10	763.00	604.70	433.80
北京	1.67		1.60	1.40		1.30
天津	1.47		2.40	1.33		2.10
河北	27.20	6.50	95.40	11.33	4.50	37.20
山西	55.20	1.10	25.70	8.73	0.50	7.80
内蒙古	20.53	28.10	25.60	15.87	19.40	6.10
辽宁	108.27	34.50	9.60	81.40	21.00	5.70
吉林	65.47	36.40	7.10	45.47	25.20	4.30
黑龙江	49.53	131.40	28.40	7.80	43.40	5.60
上海	1.27			1.27		
江苏	26.87	6.40	9.30	7.93	2.80	4.40
浙江	44.20	5.80	7.60	21.87	2.40	3.60
安徽	68.00	146.30	110.70	41.93	102.70	40.50
福建	7.47	28.20	5.00	5.01	11.10	2.90
江西	108.80	55.50	41.70	77.67	15.30	26.40
山东	42.67	52.40	10.60	27.40	34.20	5.90
河南	24.07	110.00	20.70	14.80	65.30	12.50
湖北	115.27	90.00	187.00	60.07	55.90	123.00
湖南	171.00	49.50	114.20	119.53	29.90	48.30
广东	66.00	27.30	7.30	46.67	17.80	3.30
广西	35.80	52.00	8.60	28.67	24.90	4.90
海南	3.80			2.20		
重庆		39.40	12.80		29.30	7.80
四川	123.20	96.00	13.90	64.13	40.00	8.30
贵州	51.60	17.40	19.80	27.07	9.30	10.80

（续）

地区	洪涝受灾面积			洪涝成灾面积		
	1995 年	2005 年	2016 年	1995 年	2005 年	2016 年
云南	40.13	15.90	22.50	22.93	11.30	14.30
西藏	0.60	0.30	1.30	0.33		1.00
陕西	19.60	40.00	9.80	11.73	24.80	6.20
甘肃	9.80	13.50	10.40	2.20	8.90	7.40
青海	8.47	0.10	1.30	1.07		0.90
宁夏	3.07	0.50	1.20	1.13	0.30	1.10
新疆	5.40	8.80	41.90	4.20	4.80	29.00

资料来源：相关年份《中国农业统计资料》，中国农业出版社；相关年份《中国农村统计年鉴》，中国统计出版社。

由表 26-4 可知，1995 年、2005 年、2016 年的洪涝灾害受灾及成灾，都是中等偏轻的。即使在这种灾情下，河北、辽宁、吉林、黑龙江、安徽、江西、湖南、湖北、广西、四川等省级辖区洪涝受灾和成灾面积都不小，其他省级辖区也都有不同程度洪涝灾害。这表明，洪涝灾害在全国发生范围广，特别在一些农业生产大省发生还较重，给农业发展带来的风险也很大。

三、农业发展的风雹、低温冷冻、台风灾害风险

由我国地形地貌及气候特征所决定，夏秋的大风、冰雹灾害经常发生，春季的低温冷害、秋冬季的早霜冷冻灾害也时有发生。这些灾害不仅发生在北方，也发生在南方，不仅发生在山地丘陵，也发生在平原。这些灾害往往来势凶猛，破坏力强，有时甚至造成毁灭性破坏。我国东南面向太平洋，每年夏秋两季有多个台风来袭，或袭击海南、两广，或袭击福建、浙江、江苏、山东，所到之处狂风暴雨、摧枯拉朽，造成极大破坏，其破坏力西可至贵州和云南，中可至湖南、湖北、安徽、江西，北可至辽宁、吉林、黑龙江。这些自然灾害均由极端气候造成，威力特别巨大且难以防范，给农业发展带来不小风险。

1. 气候、地形地貌、区位与风雹、冷冻、台风灾害

我国地形地貌复杂，有平原、丘陵、山地、高原，有森林、草原、戈壁、沙漠、湖泊。我国南北跨热带、亚热带、暖温带、温带、寒带 5 个气候带，东西跨多个时区，气候条件十分复杂。我国夏秋气温较高、降水较多、气流活跃、空气湿度较大，常出现大风、有时是巨大阵风，伴随大风常降暴雨或冰雹，这类灾害多出现在山地、丘陵，平原地区虽也有出现但较为少见。夏秋的大风，特别是巨

大的阵风，不仅掀翻房屋、毁坏设施、折断树木，还造成大片庄稼倒伏使其严重减产或绝收。夏天的冰雹不仅毁坏房屋、设施，还造成大片禾苗、果园、菜园毁损甚至绝收，秋天的冰雹更是将要收获的农作物毁于一旦。风雹灾害虽可短期预报，但难防治。风雹灾害虽来得快去得快、持续时间短，但破坏力强、灾后恢复时间长。

我国黄河以北地区，特别是东北、西北及部分华北地区，春天气温回升较慢且起伏较大。而长江流域广大地区虽春天温度回升快，但 3—4 月份气温波动较大，常出现"倒春寒"。春季的低温和气温的剧烈波动，往往使春播的作物幼苗遭受冷害而死亡，既要重新补种，还会耽误农时，造成很大损失。在北方的秋季和南方的初冬，有时霜期早至，使有些农作物不能成熟，也使有些农作物受冷害而减产。在冬季有时受寒潮侵袭而温度大降，北方一些越冬作物遭受冻害，很多温室作物被毁，南方很多露地作物被毁，甚至一些林木也被冻死。冷冻灾害对某些地域造成损失巨大，新疆及东北如遇春季冷冻灾害，农作物幼苗损坏需大范围补种，而南方如遇"倒春寒"，水稻育秧也会遭受重创。秋冬冷冻灾害，使晚熟和秋收作物减产或绝收，使很多蔬菜和水果受到严重损失，更会使北方牧区牲畜损失惨重。

我国东南面向太平洋，每年夏秋两季都有台风来袭，少的一年有四五次，多的一年有十余次。台风来袭的方向很多，有的从海南、广东登陆向北袭击广西、湖南、贵州、江西，有的从海南中部或南部登陆向西袭击广东、广西沿海地区，有的从福建南部登陆袭击广东、江西，有的从福建东部、浙江沿海登陆向西袭击江西、安徽、湖南、湖北、河南或向北袭击江苏、山东，最远可达辽宁、吉林、黑龙江。台风所经地区狂风大作、暴雨倾盆，树木、房屋、农业设施被毁，大片农田被淹、庄稼损毁、果园被严重破坏、当年绝收。强台风还引起数省、甚至十数省暴雨，造成大范围受灾。向北的台风可以跨过山东半岛进入辽宁、吉林，形成狂风暴雨。向西的台风可以影响重庆、四川，形成大风和强降雨，造成风灾和洪涝灾害。台风发生在 5 月至 10 月，延续时间长，每次预防都要花费大量人财物力。有时台风还接连发生两三次，造成灾害叠加、损失惨重。

2. 全国农作物风雹、冷冻、台风灾害受灾及成灾

20 世纪 50 年代以来，我国农业生产条件有了很大改善，农业防护设施建设也有了较大进展。但风雹、冷冻、台风是气候异常形成的，只能预防而不能避免，这些灾害年年都有，对农作物的影响很大。一方面，这三种灾害每年都有发生，使农作物受灾面积较大。另一方面，这三种灾害中冷冻灾害多发生在春季和冬季，影响农作物播种和越冬，另两种灾害主要发生在夏秋两季，影响农作物生长与收获，对农作物生长发育全过程均造成威胁。表 26－5 是 1980 年以来几个代表年份全国农作物这三种灾害的受灾及成灾面积，用以反映农作物受灾情况。

表 26-5　全国农作物风雹、冷冻、台风灾害受灾及成灾面积

单位：万公顷

年份	三灾合计		风雹灾害		冷冻灾害		台风灾害	
	受灾面积	成灾面积	受灾面积	成灾面积	受灾面积	成灾面积	受灾面积	成灾面积
1980	926.86	480.67	689.93	363.00	236.93	117.67		
1985	717.87	369.34	623.00	335.27	94.87	34.07		
1990	849.50	440.90	635.40	341.50	214.10	99.40		
1995	805.20	386.60	447.60	207.50	357.60	179.10		
2000	682.40	326.90	230.70	116.20	279.50	103.20	172.20	107.50
2005	1 185.80	543.90	297.70	163.50	442.80	183.80	445.30	196.60
2010	644.21	252.70	218.00	91.60	412.10	144.40	34.10	16.70
2016	781.60	320.10	290.80	142.40	288.50	117.90	202.30	59.80

资料来源：《2006 中国农村统计年鉴》第 70 页表 4-8，中国统计出版社，2006 年 9 月；《2017 中国农村统计年鉴》第 70 页表 4-11，中国统计出版社，2017 年 9 月。

由表 26-5 可知，在 1980—2016 年的 8 个代表年份，风雹灾害农作物受灾面积最大的年份有近 700 万公顷，最小的年份也有 218 万公顷，风雹灾害的农作物成灾面积最大的年份有 360 余万公顷，最小的年份也有 90 多万公顷，表明这种灾害是对农作物造成很大风险的大灾，不可忽视。同期内冷冻灾害的农作物受灾面积最大的年份达到 440 多万公顷，最小的年份也有近 100 万公顷，冷冻灾害的农作物成灾面积最大的年份达到 180 余万公顷，最小的年份有 30 余万公顷，表明这种灾害虽比不上风雹灾害大，但对农作物带来的风险也不小。在台风灾害有统计的 4 年中，农作物受灾面积最大的年份达到近 450 万公顷，最小的年份也有 30 余万公顷，农作物成灾面积最大的年份有近 200 万公顷，最小的年份也有 16 万多公顷，表明这一灾害规模不小，对农作物带来的风险仍然不小。

风雹、冷冻、台风都是极端气候带来的突发性灾害，这三类灾害虽各不相同，但都具有突发性及暴发力大、破坏力强的特点。如果将这三类灾害的农作物受灾及成灾加在一起，每年受灾面积多的有 1 100 多万公顷，少的也有 600 多万公顷，每年成灾面积多的有 500 多万公顷，少的也有 200 多万公顷。如此规模受灾及成灾面积，已接近于农作物洪涝灾害的受灾及成灾规模，对农业发展带来的风险自然不小，应引起高度关注。

3. 各省（自治区、直辖市）农作物风雹、冷冻、台风受灾及成灾

风雹、冷冻、台风灾害年年都有发生，年际间发生的次数、强度、影响范围也不相同。风雹灾害和冷冻灾害在各地都有可能发生，而台风灾害影响只能达到一定范围。但因各省级辖区在地理区位、地形地貌、气候特征上差异巨大、各有特点，在风雹、冷冻、台风灾害受灾和成灾上也各不相同。表 26-6 是各省级辖区 2016 年

农作物风雹、冷冻、台风受灾及成灾面积，用以反映农作物遭受这三类灾害的地域分布。

表 26 - 6　各省级辖区 2016 年农作物风雹、冷冻、台风受灾及成灾面积

单位：万公顷

| 地区 | 三灾合计 | | 其中 | | | | | |
| | 受灾面积 | 成灾面积 | 风雹灾害 | | 冷冻灾害 | | 台风灾害 | |
			受灾面积	成灾面积	受灾面积	成灾面积	受灾面积	成灾面积
全国	781.60	320.10	290.80	142.40	288.50	117.90	202.30	59.80
北京	1.90	1.30	1.90	1.30				
天津	0.04	0.02	0.04	0.02				
河北	27.70	16.90	26.20	15.70	1.50	1.20		
山西	17.00	8.50	10.40	7.10	6.60	1.40		
内蒙古	60.40	25.80	41.90	9.60	18.50	16.20		
辽宁	8.50	1.70	3.90	1.00			4.60	0.70
吉林	15.30	7.80	6.10	4.10	1.90	1.10	7.30	2.60
黑龙江	98.50	43.30	21.10	15.00	10.00	9.70	67.40	18.50
上海	0.30	0.20					0.30	0.20
江苏	7.40	1.20	7.00	1.10	0.40	0.10		
浙江	38.04	13.60	0.04		26.60	7.80	11.40	5.80
安徽	5.40	2.50	3.50	1.00	1.90	1.50		
福建	33.60	16.40	0.20	0.10	15.50	7.90	17.90	8.40
江西	33.40	9.60	3.50	1.00	29.10	8.30	0.80	0.60
山东	23.60	8.40	20.90	7.90	2.70	0.50		
河南	14.00	3.90	13.90	3.90	0.01			
湖北	52.90	11.80	3.70	2.00	49.20	9.80		
湖南	22.20	9.31	4.50	2.20	17.30	7.10	0.30	0.01
广东	55.70	15.40	0.20	0.20	14.80	2.40	40.70	12.80
广西	18.00	2.30	5.10	0.50	9.40	0.60	3.50	1.20
海南	49.40	9.32	0.10	0.02	3.40	1.60	45.90	7.70
重庆	1.60	1.10	0.20	0.10	1.40	1.00		
四川	15.90	9.20	7.20	4.40	8.70	4.80		
贵州	12.70	6.00	11.10	5.30	1.20	0.40	0.4	0.30
云南	59.50	28.00	15.80	9.50	41.80	17.50	1.9	1.00
西藏	0.13	0.05	0.10	0.04	0.03	0.01		
陕西	29.50	19.20	28.70	18.80	0.80	0.40		

（续）

地区	三灾合计		其中					
	受灾面积	成灾面积	风雹灾害		冷冻灾害		台风灾害	
			受灾面积	成灾面积	受灾面积	成灾面积	受灾面积	成灾面积
甘肃	24.10	14.60	7.70	3.90	16.40	10.70		
青海	8.20	7.30	6.60	6.10	1.60	1.20		
宁夏	9.90	5.40	3.30	1.30	6.60	4.10		
新疆	37.00	19.70	36.00	19.20	1.00	0.50		

资料来源：《2017中国农村统计年鉴》第72页表4-12，第74页续表4-13，中国统计出版社，2017年9月。

由表26-6可知，即便如2016年这样的轻灾年份，农作物风雹、冷冻、台风灾害受灾及成灾面积仍然不小，且分布范围很广。风雹灾害有30个省级辖区受灾，农作物受灾面积最大的内蒙古有41.90万公顷，成灾面积最大的新疆有19.20万公顷。冷冻灾害也有30个省级辖区受灾，农作物受灾面积最大的湖北有49.20万公顷，第二的云南有41.80万公顷，成灾面积最大的云南有17.50万公顷，第二的内蒙古有16.20万公顷。台风灾害有13个省级辖区受灾，向北到达东北三省、向西到达云南及贵州、向内到达湖南、安徽、江西，农作物受灾面积和成灾面积最大的都是黑龙江，分别达到了67.40万公顷和18.50万公顷。由此可见，这三类灾害发生和危害面很广，几乎遍及全国各地，对不同地区农业发展都带来了不小的风险。

四、农业发展的病虫草鼠灾害风险

我国地域辽阔、地形地貌复杂、生态环境多样、跨多个气候带，加之与多个国家陆地相连，农业的病害、虫害、草害、鼠害多有发生。从东到西，从南到北，从高山到平原，从陆地到水面，全国每年都有病虫草鼠灾害发生，不仅发生范围广，而且发生面积大，往往造成重大损失。2016年灾情偏重，病虫草鼠灾害发生面积高达44 702万公顷次，防治面积高达54 071.70万公顷次，实际损失粮食1 709.20万吨、棉花29.94万吨、油料84.72万吨、其他农作物1 274.89万吨。由此可见，病虫草鼠灾害给农业发展带来重大风险。

1. 农作物病虫灾害发生、防治及损失

一般的农作物都有病虫害，只要气候条件适宜就会发生，甚至大范围暴发。如水稻有稻瘟病、稻飞虱，小麦有锈病、麦蚜虫，玉米有黑穗病、玉米螟，棉花有黄（枯）萎病、棉铃虫等。农作物的病虫害常年也会发生，但不会大范围暴发，当气候异常（如高温高湿），病虫害就易于大规模暴发。农作物病虫害还会产生耐药性，防治具有一定难度，如果大规模暴发又不能有效防治，就会造成农作物减产甚至绝收。

20 世纪 80 年代的棉铃虫危害，就是典型一例。2016 年是农作物病虫害偏重的一年，可用该年病虫害发生规模及分布，反映其对全国及各省级辖区种植业发展的影响，具体情况如表 26 - 7 所示。

表 26 - 7　各省级辖区 2016 年农作物病虫害发生、防治及损失

单位：万公顷次

地区	病虫害发生面积	病虫害防治面积	病虫害造成实际损失（万吨）			
			粮食	棉花	油料	其他作物
全国	32 180.00	41 398.30	1 229.58	24.23	64.60	1 116.44
北京	47.70	59.60	0.82		0.01	2.98
天津	117.30	118.80	5.14	0.20		7.40
河北	2 677.50	2 396.00	50.02	5.11	1.63	30.82
山西	763.80	689.90	25.64	0.02	0.13	63.23
内蒙古	582.20	572.20	51.35		2.29	16.95
辽宁	757.20	901.70	58.21		0.98	89.75
吉林	446.90	702.30	59.36		0.09	1.41
黑龙江	1 112.90	1 309.80	83.94		0.03	8.75
上海	148.50	231.00	1.44		0.04	7.69
江苏	2 310.60	4 385.40	58.34	0.03	2.43	33.10
浙江	827.50	1 221.40	12.59	0.04	0.63	33.79
安徽	1 638.20	2 596.50	116.88	0.19	3.56	24.27
福建	377.70	522.80	8.42		0.25	10.35
江西	999.20	2 151.20	42.26	0.27	1.93	19.26
山东	3 101.00	3 285.70	92.85	0.90	6.62	187.22
河南	3 158.10	3 933.70	133.24	0.27	12.61	29.73
湖北	1 652.60	2 457.50	59.96	1.57	7.98	63.01
湖南	2 978.60	3 690.00	56.56	0.62	7.55	41.39
广东	1 751.80	2 338.60	58.49		4.20	81.78
广西	1 175.40	1 230.10	18.43		0.66	85.39
海南	168.80	176.40	2.92		0.16	26.05
重庆	425.30	405.20	18.47		0.96	15.75
四川	1 043.50	1 578.70	27.95	0.01	2.19	23.75
贵州	503.70	434.50	40.69		2.09	58.76
云南	678.00	1 011.20	20.04		0.92	28.85
西藏						
陕西	1 103.30	1 292.90	32.28	0.02	0.85	28.73

（续）

地区	病虫害 发生面积	病虫害 防治面积	病虫害造成实际损失（万吨）			
			粮食	棉花	油料	其他作物
甘肃	614.30	706.10	19.60	0.02	0.69	21.45
青海	57.60	50.20	2.80		1.75	3.53
宁夏	210.50	198.60	11.95		0.28	20.17
新疆	750.60	750.30	58.94	14.96	1.10	51.12

资料来源：《2017 中国农业年鉴》第 398～399 页，中国农业出版社，2018 年 4 月。

由表 26-7 可知，2016 年农作物病虫害发生范围很广、面积很大，除西藏无记录外，其他各省级辖区都有发生，面积在 3 000 万公顷次以上的有两个省、面积在 2 000 万～3 000 万公顷次以上的有 3 个省、面积在 1 000 万～2 000 万公顷次以上的有 7 个省（自治区）。病虫害防治面积更大，面积在 3 000 万公顷次以上的有 4 个省、面积在 2 000 万～3 000 万公顷次以上的有 5 个省、面积在 1 000 万～2 000 万公顷次以上的有 6 个省（自治区）。病虫害给各省级辖区带来了巨大损失，共损失粮食 1 229.58 万吨、损失最多的河南达到了 133.24 万吨，损失棉花 24.23 万吨、损失最多的新疆达到 14.96 万吨，损失油料 64.60 万吨、损失最多的河南达到 12.61 万吨，损失其他农作物 1 116.44 万吨、损失最多的山东达到 187.22 万吨。病虫灾害发生面积如此之大，使防治面积大增，消耗大量人财物力，尽管大规模防治，仍给各地带来巨大损失。由此可见，病虫灾害是各地农业生产面临的共同风险。

2. 农田草害发生、防治及损失

我国辽阔的国土、多样的自然气候、复杂的生态环境、各种类型的生态系统，为各种植物提供了生长、发育、繁衍的适宜条件，既培育出各种各样的农作物，也衍生出很多不同种类的杂草。又由于自然传播、人为引进、人员及货物流动携带等原因，国外一些杂草也流入国内。如此一来，目前已形成土生杂草和外来杂草共同危害农作物的局面。杂草与农作物相伴，因其生长势、繁殖力强于农作物，往往形成杂草危害。轻者与农作物争水争肥、影响农作物正常生长发育，重者使农作物被杂草淹没而绝收。有些恶性杂草（如紫茎泽兰、空心莲子草、箭茅草等）疯狂生长和扩张，对农作物造成极大威胁。在传统上农田杂草靠人工清除以防治草害，后来改由机器中耕消灭杂草，为节省人工和简化生产过程，又改由除草剂消灭杂草。因除草剂对杂草有选择性，有些杂草除不了，加之杂草对除草剂也会产生抗性，故目前草害仍是农业一大灾害，且有扩张之势。2016 年是草害偏重的一年，该年草害发生的规模及分布，可反映其对全国及各地区种植业发展的影响，具体情况如表 26-8 所示。

表 26 - 8　各省级辖区 2016 年农作物草害发生、防治及损失

单位：万公顷次

地区	草害发生面积	草害防治面积	草害造成实际损失（万吨）			
			粮食	棉花	油料	其他作物
全国	9 722.60	10 566.90	331.19	5.71	20.12	158.45
北京	9.10	8.20	0.21			
天津	32.70	34.20	1.21	0.02		0.45
河北	659.50	656.80	15.05	0.33	0.46	7.01
山西	196.80	181.10	4.34		0.04	2.60
内蒙古	543.10	527.60	31.51		1.67	2.97
辽宁	281.50	386.30	14.89		0.30	3.72
吉林	407.90	469.30	24.82		0.05	0.39
黑龙江	799.00	898.20	29.95		0.03	0.30
上海	13.00	26.80	0.79		0.03	
江苏	520.30	659.20	12.60		0.51	0.72
浙江	148.70	191.80	2.38		0.18	4.61
安徽	580.90	700.70	37.57	0.22	1.43	3.09
福建	95.40	106.80	0.98		0.12	1.24
江西	186.60	238.40	3.65	0.28	0.78	2.03
山东	842.50	834.20	36.66	0.20	0.94	47.01
河南	755.50	784.90	22.30	0.08	4.89	6.16
湖北	384.00	443.90	13.79	0.29	2.52	9.76
湖南	699.70	737.40	11.32	0.11	1.03	5.06
广东	368.50	495.50	8.51		1.12	10.60
广西	359.50	334.80	3.24		0.25	16.60
海南	41.70	38.20	0.74		0.05	2.32
重庆	124.80	104.80	4.50		0.46	3.56
四川	418.70	438.70	9.73		1.12	6.74
贵州	121.20	110.30	3.75		0.45	1.92
云南	257.00	319.80	7.34		0.26	5.73
西藏						
陕西	254.80	249.50	7.92		0.32	1.67
甘肃	206.50	197.20	4.73		0.21	2.07
青海	29.10	28.40	2.11		0.55	0.31
宁夏	69.40	62.80	3.76		0.10	2.45
新疆	315.40	301.20	10.85	4.16	0.22	7.34

资料来源：《2017 中国农业年鉴》第 400～401 页，中国农业出版社，2018 年 4 月。

由表 26-8 可知，2016 年农作物草害发生面积和防治面积都很大，除西藏无记录外，各省级辖区都有发生。发生面积在 700 万公顷次以上的有 3 个省、面积在 500 万～700 万公顷次以上的有 5 个省（自治区）、面积在 300 万～500 万公顷次以上的有 6 个省（自治区），防治面积在 700 万公顷次以上的有 5 个省、面积在 500 万～700 万公顷次以上的有 3 个省（自治区）、面积在 300 万～500 万公顷次以上的有 8 个省（自治区）。草害带来的损失也不小，损失粮食 331.19 万吨、损失最多的安徽达 37.57 万吨，损失棉花 5.71 万吨、损失最多的新疆达 4.16 万吨，损失油料 20.12 万吨、损失最多的河南达 4.89 万吨，损失其他农作物 158.45 万吨、损失最多的山东达 47.01 万吨。草害的大面积发生带来很高的防治成本，草害造成的实际损失也不小，使其成为农业发展的又一大风险。

3. 农田鼠害发生、防治及损失

老鼠适应性强，繁殖速度快，又是杂食动物，农田就是其重要生存空间，既能为其提供巢穴，又能为其提供食物，还能为其提供掩护，由此便形成老鼠对农田的危害。一是鼠洞破坏耕地及农田设施，二是老鼠吃掉种子（种苗），三是老鼠啃食未成熟农作物，四是老鼠盗窃储存成熟农作物作食物，老鼠对农作物生产全过程都有破坏，若鼠害成灾会造成极大破坏。老鼠本来有天敌蛇和鹰，可是因森林不足使鹰减少、人为捕杀又使蛇类减少，由此造成农田鼠害较为严重。表 26-9 是 2016 年全国及各省级辖区的农田鼠害发生、防治及损失，用以反映鼠害的分布。

表 26-9　各省级辖区 2016 年农田鼠害发生、防治及损失

单位：万公顷次

地区	鼠害发生面积	鼠害防治面积	实际损失（万吨）	地区	鼠害发生面积	鼠害防治面积	实际损失（万吨）
全国	2 421.90	1 762.40	131.15	安徽	55.40	41.80	1.75
北京	15.70	11.90	0.40	福建	31.00	29.70	1.49
天津	13.30	6.70	0.59	江西	72.90	33.60	4.72
河北	135.20	55.00	2.94	山东	57.60	50.30	6.13
山西	40.80	28.50	1.32	河南	101.30	107.10	0.78
内蒙古	47.50	16.20	2.04	湖北	53.30	45.40	3.74
辽宁	85.50	60.10	6.37	湖南	181.40	186.30	3.78
吉林	252.30	158.70	24.65	广东	171.90	194.60	19.63
黑龙江	360.60	74.50	6.72	广西	121.60	113.40	6.72
上海	6.50	6.50	0.03	海南	17.00	14.00	2.25
江苏	49.90	31.80	1.17	重庆	64.20	43.80	4.78
浙江	37.30	36.70	0.75	四川	148.20	146.40	5.82

（续）

地区	鼠害发生面积	鼠害防治面积	实际损失（万吨）	地区	鼠害发生面积	鼠害防治面积	实际损失（万吨）
贵州	43.00	36.00	3.72	甘肃	72.90	58.90	2.38
云南	73.60	101.80	5.29	青海	20.70	13.80	0.47
西藏				宁夏	7.50	4.30	0.58
陕西	52.80	39.30	3.92	新疆	31.00	15.40	6.15

资料来源：《2017 中国农业年鉴》第 402 页，中国农业出版社，2018 年 4 月。

由表 26-9 可知，2016 年农田鼠害发生及防治面积都很大，除西藏无记录外，各省级辖区都有发生，发生面积最大的黑龙江有 360.60 万公顷次，防治面积最大的广东有 194.60 万公顷次。农田鼠害的损失也不小，损失最大的吉林达到 24.65 万吨。这一灾害的大面积发生，不仅带来巨大的防治成本，也造成不小的实际损失，加之难防难治，农田鼠害也成为农业发展的又一风险。应特别指出，过去大量采用毒药灭鼠，造成了很大的负面作用，应全面且彻底禁止，灭鼠正确而有效的办法是培育和保护鹰和蛇等天敌，利用天敌灭鼠。

五、林业病虫鼠害及火灾风险

我国林区地理区位、地形地貌、自然气候、生态环境多样，不仅为林木生长发育提供了条件，也为病虫草鼠滋生提供了场所，并带来病虫鼠害对森林的危害。病虫鼠害对森林破坏极大，因扩散速度快，又难以防治，往往造成大片森林死亡。我国从春天到秋天各地都易发生雷电而引发森林火灾，加之人口众多，林区及周边人流量不小，人为失火也会引发森林火灾。再者若长时间干旱高温，森林也可能自燃。森林火灾一旦发生，易迅速蔓延，灭火不仅十分困难而且还很危险，往往造成大片森林被毁。森林要经多年抚育生长才能长成，森林具有重大的经济社会功能和生态环保功能，一旦受灾损毁不仅要遭受重大经济损失，而且还会造成很大的环境破坏，恢复重建要花费数十年甚至上百年时间。因此，这些灾害发生可能对森林造成毁灭性破坏，使林业发展面临巨大风险。

1. 森林病虫害风险

森林中的林木是很多病菌的寄主，森林中林木的根、树干、叶、花、果又是很多昆虫的食物，这些病菌和昆虫依靠森林生存和繁衍。一些有害病菌会严重危害寄主且能快速繁殖，会很快在同类林木中传播，形成森林病害。一些恶性昆虫能疯狂繁殖，大量啃食林木的根、干、叶，使大片林木死亡。森林病害和虫害最容易在单一树种的森林中发生，如果发生，很快就会毁掉大片树林。松毛虫发生会很快毁坏大片松树林；天牛发生会很快毁坏大片杨树林就是典型例证。我国森林病虫害年年都有发生，且分布面很广。表 26－10 就是 2016 年全国及各省级辖区森林病虫害发生及治理情况。

表 26－10　各省级辖区 2016 年森林病虫害发生及防治

单位：万公顷次

地区	森林病害		森林虫害		地区	森林病害		森林虫害	
	发生面积	防治面积	发生面积	防治面积		发生面积	防治面积	发生面积	防治面积
全国	138.89	95.90	857.02	615.03	河南	11.23	9.97	47.71	38.91
北京	0.21	0.21	3.55	3.55	湖北	4.51	3.27	33.53	25.89
天津	0.69	0.69	4.01	4.01	湖南	7.92	3.33	30.33	23.48
河北	2.40	2.17	4.17	3.79	广东	2.33	1.99	25.60	12.51
山西	0.41	0.22	17.73	12.63	广西	4.54	0.76	33.82	5.79
内蒙古	16.17	8.20	69.74	35.30	海南	0.15	0.07	1.02	0.64
辽宁	6.40	5.67	53.56	44.92	重庆	2.34	1.80	21.21	8.02
吉林	2.27	2.11	15.72	12.75	四川	8.80	3.89	55.66	42.19
黑龙江	3.32	2.12	17.00	11.30	贵州	1.42	1.00	18.58	11.68
上海	0.07	0.07	0.69	0.67	云南	8.37	7.51	35.78	33.13
江苏	0.80	0.80	9.80	9.00	西藏	7.67	4.65	15.46	10.12
浙江	1.43	0.88	12.57	11.82	陕西	3.34	2.12	29.33	19.31
安徽	3.97	2.98	45.85	34.41	甘肃	9.34	7.07	15.59	7.76
福建	1.80	1.72	18.80	17.93	青海	2.57	1.90	10.72	8.22
江西	5.28	3.50	17.18	11.95	宁夏	0.29		8.11	1.52
山东	8.04	7.50	37.41	36.68	新疆	8.99	7.57	105.20	80.57

资料来源：《2017 中国农业年鉴》第 403 页，中国农业出版社，2018 年 4 月。

由表 26－10 可知，2016 年森林病虫害偏重，病害和虫害发生面积分别达到138.89 万公顷次和 857.02 万公顷次，且发生面广，各省级辖区都有发生。森林病害发生最多的是内蒙古，达到了 16.17 万公顷次；森林虫害发生最多的是新疆，达到了105.20 万公顷次。森林病虫害防治面积也很大，分别达到了 95.90 万公顷次和615.03 万公顷次。病害防治最多的是河南，达到了 9.97 万公顷次；虫害防治最多的是新疆，达到了 80.57 万公顷次。2016 年还不是森林病虫害重灾年，发生面积和防治面积都如此巨大，可见森林病虫害对林业发展是个不小的风险，应大力发展混交林及采用保护鸟类等措施加以防范。

2. 森林鼠害风险

森林里有很多喂养老鼠的食物，森林又能为老鼠提供居所和掩护，使其成为老鼠理想的生存繁衍之地。老鼠繁殖速度很快，大量老鼠在林地下挖掘洞穴，不仅破坏林木根系，而且还阻断林木的水分及养分供给，造成林木死亡。老鼠不仅吃树木果实，也会吃有些树木的根、茎、叶，对林木造成伤害。老鼠也会捕食小鸟及鸟蛋，破坏森林生态系统，增加森林虫害风险。在气候适宜、食物又充足的年份，森林中的老鼠大量繁殖、暴发式增长，就会出现严重鼠害，对森林造成很大破坏。表 26-11 是全国及各省级辖区 2016 年森林鼠害发生及防治面积，用以反映鼠害的规模与分布。

表 26-11　各省级辖区 2016 年森林鼠害发生及防治

单位：万公顷次

地区	森林鼠害发生面积	森林鼠害防治面积	地区	森林鼠害发生面积	森林鼠害防治面积	地区	森林鼠害发生面积	森林鼠害防治面积
全国	195.51	112.13	浙江			重庆	6.08	1.43
北京			安徽			四川	5.46	3.82
天津			福建			贵州	0.33	0.31
河北	3.13	2.82	江西			云南	0.46	0.43
山西	4.79	2.42	山东			西藏	5.97	2.70
内蒙古	22.34	14.85	河南			陕西	8.74	7.03
辽宁	1.14	0.55	湖北	0.38	0.29	甘肃	15.32	7.14
吉林	4.10	3.28	湖南			青海	12.25	9.45
黑龙江	17.62	16.17	广东			宁夏	17.10	7.20
上海			广西	0.03	0.03	新疆	62.31	30.01
江苏			海南			兴安岭	7.98	2.20

资料来源：《2017 中国农业年鉴》第 403 页，中国农业出版社，2018 年 4 月。

由表 26-11 可知，2016 年森林鼠害发生及防治面积都不小，分别达到 195.51 万公顷次和 112.13 万公顷次，但分布不均，只发生在华北、东北、西南、西北四大片区，华东、华中、华南基本未发生。在发生鼠害的省级辖区中，新疆、内蒙古、黑龙江、宁夏、甘肃五省区又最为严重，这似乎表明越是干燥寒冷的地区森林鼠害越严重。而干燥寒冷地区不仅造林困难，而且树木生长缓慢，森林一旦毁坏恢复十分困难，鼠害对森林破坏造成的林业发展风险不可小视，应通过保护和放养鹰和蛇等措施加以防治。

3. 森林火灾风险

森林中的树木和枯枝落叶都是可燃物，遇到火种就会引起火灾。引起森林火灾的有自然因素和人为因素，自然因素如雷击、枯枝落叶高温干燥自燃等，人为因素如在森林中用火、在森林周边用火等。由于森林中不少活立木和地面枯枝落叶均为易燃物，森林一旦发生火灾就会很快蔓延，并形成很大火势难以扑救，若不能阻止火势蔓延，就会烧毁大片森林和伤害其中的动物，使多年长成的森林毁于一旦。多树种的混交林对火灾有一定的阻滞作用，而单一树种的人工林更易发生火灾。火灾对森林是一种毁灭性灾害，大火过后森林会变成一片白地，森林防火始终是林业发展的大事。森林火灾也是一种多发性灾害，表 26 - 12 是全国及各省级辖区 2016 年森林火灾的情况，用以反映发生规模及分布。

表 26 - 12 各省级辖区 2016 年森林火灾次数及面积

单位：次、公顷

地区	森林火灾次数					受害森林面积		
	合计	一般火灾	较大火灾	重大火灾	特大火灾	合计	其中	
							天然林	人工林
全国	2 034	1 340	693	1		6 224	898	3 962
北京	4	1	3			52		
天津	1		1			6		6
河北	42	30	12			134	35	99
山西	10	5	5			39		39
内蒙古	78	16	61	1		1 478	393	323
辽宁	97	44	53			696	136	274
吉林	66	49	17			57	4	45
黑龙江	29	27	2			43	33	9
上海								
江苏	15	15				1		1
浙江	83	23	60			261		148
安徽	42	27	15			76	7	69
福建	29	8	21			221	17	205
江西	43	16	27			190	63	127
山东	13	8	5			56		56
河南	191	179	12			69		69
湖北	213	192	21			117	32	85
湖南	65	30	35			316	1	315
广东	64	21	43			287	12	256
广西	401	245	156			1 090	29	1 061
海南	57	20	37			117		117
重庆	14	11	3			9	7	2
四川	263	230	33			217	67	148
贵州	37	28	9			37		36
云南	73	27	46			394	10	374
西藏								

（续）

地区	森林火灾次数					受害森林面积		
	合计	一般火灾	较大火灾	重大火灾	特大火灾	合计	其中	
							天然林	人工林
陕西	52	40	12			87	31	56
甘肃	9	7	2			101		5
青海	11	11				52	14	34
宁夏	20	19	1			12		3
新疆	12	11	1			7	7	

资料来源：《2017 中国农业年鉴》第 404 页，中国农业出版社，2018 年 4 月。

　　由表 26-12 可知，2016 年全国森林火灾发生次数不少，虽受害森林面积不算大，但具有毁灭性，损失也不小。除上海和西藏无记录外，其他各省级辖区都有森林火灾发生，发生次数最多的是广西，达到了 401 次，受灾森林面积较大的是内蒙古，达到 1 478 公顷。同时，在发生的森林火灾中 1/3 以上是较大火灾，在受灾的森林中大多数是人工林。由此可见，森林火灾是一种发生范围广、发生概率高的灾害，而单一树种人工林发生火灾的概率更高。由于森林火灾的严重危害，已成为林业发展的重大风险，应当严加防范。

第二十七章　中国农业发展的国际竞争风险

改革开放后，农业对外贸易逐渐发展和扩大。2001年12月加入世界贸易组织（WTO）之后，我国大幅度降低农产品进口关税税率，显著增加农产品进口数量，取消很多非关税壁垒，取消我国农产品出口补贴，使进口农产品逐年快速增长，而国内农产品出口逐年萎缩，由传统的农产品出口大国迅速改变为农产品进口大国。与此相对应，我国农产品与国外农产品的竞争，也由国际市场的竞争转向了国内市场的竞争。国外大量优质廉价农产品的涌入，迅速而有力地挤占国内农产品市场，侵蚀和压缩国内农业生存和发展的空间，我国农业发展已经面临严峻的国际竞争风险。

一、市场开放与农产品国际竞争

目前经济全球化进程受到一定阻碍，部分国家对经济全球化提出质疑，但经过几十年的融合发展，各国已经形成了紧密的经济联系，难以相互割裂开来，也难以相互分手或脱钩，只有加强联合与合作，才能获得发展。正因如此，包括中国在内的世界大多数国家的市场仍是对外开放的，包括农产品在内的商品是可以自由贸易的。如此一来，中国的农产品可以进入国际市场与国外农产品竞争，而国外农产品也可以进入中国市场与国产农产品竞争，竞争能力强的一方占领市场，竞争力弱的一方退出市场。

1. 中国农产品市场开放

在20世纪80年代初期之前，为了保护国内农业发展，也为了让农业为工业发展提供原始积累，鼓励甚至补贴农产品出口以换取外汇，利用高关税及非关税措施限制农产品进口，国内农产品市场是一个封闭的市场。那时的农产品由政府实行统购统销，主要农产品没有市场自由贸易。20世纪80年代中期之后，随着农产品产量的增加、农产品短缺状况的扭转，统购统销制度功能逐步丧失，农产品市场自由贸易制度逐步确立，实现了农产品交易市场的开放。不过这时的农产品市场开放主要是对内开放，因关税及非关税阻碍国外农产品进入我国市场还很少，农产品市场的竞争主要表现为国内不同生产者的竞争，即国产农产品之间的内部竞争。随着改革开放的深入、经济的快速发展、人民收入及生活水平的提高，使农产品进口有所增加，但因高关税和非关税壁垒未消除，直至 20 世纪 90 年代后期，农产品及其加工品进口数量和品种都很有限，还不足以对国内农产品形成竞争压力。

2001 年 12 月我国正式加入世界贸易组织（WTO）后，按照加入该组织所作承诺及作为成员应尽的义务，我国农产品市场、农业生产资料市场、农产品加工市场、农产品营销市场应对外开放，大幅降低农产品关税税率，对重要农产品（粮食、棉花、植物油、食糖、羊毛、天然橡胶等）实行关税配额管理、配额进口农产品关税税率 1%～9%，大豆进口无配额限制、关税税率 3%，我国取消农产品出口补贴（价格补贴、实物补贴、加工及仓储和运输补贴），我国将农产品价格补贴、投资补贴、投入品补贴限定在农产品总产值 8.5% 以内，我国有条件解除美国小麦和柑橘疫区的产品进口禁令等。加入世界贸易组织之后，我国不仅充分履行了承诺和义务，还放宽和取消了不少农产品进口配额，大幅降低了农产品进口关税，甚至对某些农产品进口免征关税，农产品市场对外开放的大格局已经形成。

近年来经济全球化和自由贸易虽受到某些质疑，少数国家也搞起了单边主义和保护主义，但各国经济相互联系、难以割裂，也不可能关闭国门、断绝外贸。我国经济社会发展受益于改革开放，已经开放的国门不仅不会关上，而且会越开越大。我国的农产品及农业服务可以出口到国际市场，与国外农产品及农业服务竞争，国外的农产品及农业服务也可以进口到国内市场，与国内农产品及农业服务竞争。在这样一个开放的农产品市场上，农产品的出口和进口都是正常的交易行为，交易的品种、数量、次数也会越来越多。

2. 中国是一个农产品大市场

中国是一个人口大国，2016 年总人口已达 13.872 1 亿人，很快就会达到 14 亿，到人口高峰时可能达到 14.50 亿左右。如此庞大的人口，每年生活需要消费数量惊人的谷物、豆类、薯类、油脂、食糖、蔬菜、水果、干果、多种肉类、奶品、禽蛋、水产品，形成一个巨大的农产品生活消费市场。中国还是一个农产品加工大国，粮食加工、油料加工、食品加工、饲料加工、纺织服装、竹木加工等规模巨大，每年也要消费大量的农产品、林产品、畜产品、水产品，形成一个巨大的农产品加工消费市场。中国也是一个农业生产大国，需要大量的种子、种苗、仔畜、雏禽、鱼苗、饲料、饲草等，每年也要消耗大量的农产品，形成一个巨大的农产品生产消费市场。将这三类农产品消费加在一起，中国便成为世界上规模最大的农产品消费市场。

按近年国内农产品居民生活消费、加工消费、农业生产消费情况，每年农产品的人均占有量，如果达到谷物 450 千克、豆类 50 千克、薯类 50 千克、油料 50 千克、籽棉 6 千克、麻类 1 千克、糖料 120 千克、烟草 2 千克、蔬菜 183 千克、茶叶 2 千克、果用瓜 80 千克、水果 120 千克、板栗 5 千克、油茶籽 10 千克、核桃 16 千克、笋干 1 千克、木材 0.12 立方米、肉类 72 千克、奶类 36 千克、禽蛋 24 千克、水产品

60 千克（海水产品和淡水产品各半），就能满足目前的需要。按这一标准并以 14 亿人口计算，则目前我国每年需要谷物 63 000 万吨、豆类 7 000 万吨、薯类 7 000 万吨、油料 7 000 万吨、籽棉 840 万吨、麻类 280 万吨、糖料 16 800 万吨、烟草 280 万吨、蔬菜 25 620 万吨、茶叶 280 万吨、果用瓜 11 200 万吨、水果 16 800 万吨、板栗 700 万吨、油茶籽 1 400 万吨、核桃 2 240 万吨、笋干 140 万吨、木材 16 800 万立方米、肉类 10 080 万吨、奶类 5 040 万吨、禽蛋 3 360 万吨、水产品 8 400 万吨，数量非常巨大。

改革开放以来，经济持续快速发展，城乡居民收入大幅增长，生活水平显著提高。普通居民在满足温饱后，对农产品逐渐追求享受型消费，消费的农产品品种更为多样化、质量更好更安全。全国 4 亿左右的中高收入居民，不仅消费更多名特优新农产品，更需要消费高品质、高营养、高安全性的农产品。全国居民生活消费的农产品变动趋势是谷物减少、肉奶蛋增加，主食减少、蔬菜及水（干）果增加，低质量农产品减少、优质特色农产品增加。如此一来，我国农产品市场不仅需要数量巨大的农产品，更需要品种丰富多样、品质优良安全、食性营养可口的农产品，从而成为一个名副其实的农产品大市场。

3. 中国农产品市场的国际竞争

即使按并不太高的需求标准计算，我国需要的农产品数量也大得惊人。要满足国内农产品需求，一是靠国内生产，二是靠国外进口。农产品靠国内生产满足市场需求，一可以充分利用国内农业资源、发展壮大农业产业、增加社会财富，二可以保障大量劳动力在农业内部就业和创业、增加收入、维持生计，三可以避免对国外农产品的依赖、保证农产品供给安全，四可以节省农产品进口支出、减少外汇使用。当然，当国内生产不足或国内生产代价太高时，农产品也需要进口。农产品进口一可以补充国内生产不足、满足市场需要，二可以弥补国内生产空缺、为市场提供国外新产品，三可以部分替代国内产品生产、节省国内重要农业资源、降低国内市场农产品价格。但农产品大量进口会对国内农产品生产造成很大冲击，国内农产品市场也可能受外方控制，农产品供给安全程度会显著下降，农产品进口的外汇支出也会大幅增加。

由于我国耕地资源数量不足，且质量不高，草地资源数量虽大但质量较差，水资源总量不足且时空分布不均，农业发展面临诸多困难。虽经长期努力，特别是改革开放以来的发展，我国谷物、水稻、小麦、花生、茶叶、蔬菜、水果、肉类、蛋类、水产品、羊毛产量已居世界第一，油料产量居第二，玉米、糖料、牛奶产量居第三，籽棉产量居第四，大豆产量居第六，但 2016 年我国农产品实际产量与上述测算的市场需求量相比，谷物还差 6 462 万吨、豆类还差 5 269 万吨、薯类还差 3 644 万吨、油料还差 3 371 万吨、籽棉还差 310 万吨、麻类还差 254 万吨、糖料还差 4 459 万吨、烟草还差 7 万吨、茶叶还差 40 万吨、果用瓜还差 968 万吨、板栗还差 471 万吨、油茶籽还差 1 184 万吨、核桃还差 1 875 万吨、笋干还差 63 万吨、木材还差 9 024 万立方米、肉类还差 1 542 万吨、奶类还差 1 328 万吨、禽蛋还差 265 万吨、水产品还差 1 499 万吨，还有很大的缺口，需要增加国内产出或进口加以填补。

中国农产品市场需求如此之大，国内农产品供给又存在不小缺口，这给国外农产品进入我国市场提供了机会。中国农产品市场也已逐步开放，这又给国外农产品进入我国市场提供了可能。如此一来，在 21 世纪以来的近 20 年间，国外农产品进入我国市场的种类越来越多，数量也越来越大。原来进口的农产品种类不多，数量也有限，只能作为市场的补充。后来进口的农产品种类增多、数量增大，有些进口产品（如大豆、奶粉、植物油、热带水果等）甚至成为市场主销产品，与国内生产的产品形成很强的竞争。随着我国农产品市场的进一步开放，还会有更多国家的更多农产品进入国内市场，并在国内市场与我国生产的农产品展开激烈竞争。

二、中国农产品市场的国外竞争者众多

中国人口众多，中等收入人群数量庞大，是一个巨大的农产品消费市场，对不同品种、规格的农产品需求量都很大。国内农产品生产虽获得举世瞩目的成就，但在农产品生产数量、质量、品种、规格上，还不能完全满足市场需求，需要进口部分国外农产品加以补充。对于中国这个需求巨大而又具有购买能力的农产品市场，各农产品生产和出口大国自然争相进入，并力求占有更多市场份额。在我国农产品市场已经对外开放，农产品进口关税已降至很低水平、有些农产品进口甚至免税的情况下，多个国家的不同农产品已经进入我国农产品市场，并占有一定市场份额。由于不少国家具有农产品生产优越的自然条件、先进技术、投资能力，农产品生产和出口能力很强，并都加大向我国出口，已形成了中国农产品市场竞争者众多的局面。

1. 中国粮食市场的国外竞争者众多

如仍将谷物、豆类、薯类统称为粮食，而粮食进口主要考虑谷物和豆类，则国外谷物和豆类生产大国及出口大国，便可能成为我国粮食市场的竞争者。这里所指的谷物主要是水稻（大米）、小麦（面粉）、玉米、大麦、高粱等，所指的豆类主要指大豆，所指生产大国指谷物和豆类产量巨大的国家，所指谷物和豆类出口大国指谷物和豆类出口数量巨大的国家。谷物和豆类出口大国有两类国家，一类是生产数量巨大、国内消费量也大，但还有大量剩余出口；另一类是生产数量较大、国内消费量不大，有大量产品可供出口。很显然，这两类国家都不少，便形成多个粮食出口国家竞逐我国粮食市场的局面。

国外谷物产量超过亿吨的有美国（4 亿多吨）、印度（近 3 亿吨）、俄罗斯（1 亿

吨稍多）、巴西（1亿吨稍多），美国人均谷物占有1 000千克以上、俄罗斯人均谷物占有700多千克、巴西人均谷物占有400多千克、印度人均谷物占有200多千克，美国有大量谷物（特别是玉米、小麦）可供出口、俄罗斯也有一定数量谷物（主要是小麦）可供出口、巴西谷物出口能力有限、印度则无多余谷物出口。乌克兰、法国、阿根廷、加拿大、澳大利亚等国的小麦、玉米生产量较大，但国内消费有限，还有不少剩余可供出口。越南、泰国、缅甸、菲律宾、孟加拉国等水稻产量较大，除国内消费外，还有一定的剩余可供出口。还应指出，如美国、俄罗斯、巴西、加拿大、澳大利亚、哈萨克斯坦等国土地资源丰富，还有能力生产更多的谷物供出口。还有一大批国家谷物生产水平低下，一旦产量提高也有不少谷物可供出口。这些已有的及潜在的谷物出口国，特别是谷物生产和出口大国，就可能是我国谷物市场的外国竞争者，它们的数量显然不少。

国外的大豆生产主要集中在美国（1亿吨左右）、巴西（1亿吨左右）、阿根廷（0.6亿吨左右），其他国家虽也有种植但产量不多。这三个国家耕地资源丰富、大豆生产优势很强，不仅现在产量很大，而且还有很大增产潜力，生产的大豆主要用于出口，是目前的主要出口国。由于我国对大豆的需求（主要是植物油料和动物蛋白饲料需求）巨大，这三个国家的大豆主要销往中国，并超过我国国产大豆数倍，占领了国内大豆市场。同时，印度、缅甸、墨西哥现有大豆生产能力也不小，也有一定出口能力，也有可能进入中国市场，成为新的竞争者。再者，俄罗斯、哈萨克斯坦、乌克兰、波兰等国也有条件大规模生产大豆用于出口，同样可能进入中国市场，成为有力的竞争者。

我国是白酒和啤酒生产大国，生产白酒要消耗大量高粱，生产啤酒要消耗大量大麦，这两种谷物国内生产不足，需要进口加以弥补。这给那些高粱和大麦生产大国提供了出口机会，这些生产国也会进入中国市场，成为竞争者的一小部分。

2. 中国畜产品和水产品市场的国外竞争者众多

这里所指畜产品是肉、奶、蛋、毛等，肉包括猪肉、牛肉、羊肉、禽肉、兔肉等，奶包括液态奶及加工的奶粉、乳清等，蛋包括鸡蛋、鸭蛋、鹅蛋、其他家禽蛋，毛主要指羊毛。这里所指的水产品主要是海水和淡水鱼类，也包括虾、蟹、贝等。这些产品的生产大国和出口大国，就可能是我国畜产品和水产品市场的竞争者。所谓畜产品和水产品生产大国，就是这些产品产量巨大的国家。所谓畜产品和水产品出口大国，就是这些产品出口量巨大的国家。这种国家有两类，一类是生产量巨大，在满足自己消费后还有大量剩余出口，另一类是生产量较大，自己消费少，大多数产品都可供出口。由于这两类畜产品和水产品出口大国数量不少，便可能形成多个国家竞逐我国畜产品和水产品市场的局面。

国外肉类产量巨大的有美国（4 300万吨左右）、巴西（2 600万吨左右）、俄罗斯

（900万吨左右）、德国（850万吨左右），美国、巴西和德国人均肉类占有量都超过100千克，俄罗斯人均肉类占有量超过60千克，美国有大量肉类（主要是猪肉、牛肉、禽肉）出口，巴西有较多肉类（主要是牛肉、禽肉）出口，德国有一定数量肉类（主要是猪肉、禽肉）出口，俄罗斯有少量肉类（主要是猪肉）出口。还有些肉类产量较大而国内人口较少的国家，也有相当数量的肉类可供出口。如西班牙、法国、阿根廷、澳大利亚、加拿大、波兰、荷兰、新西兰等国，肉类产量不少而人口不多，有的人均肉类占有量远超100千克，除了自己消费还有不少剩余可供出口。这些国家的肉类产品可能进入中国市场，从而使其成为我国肉类市场的竞争者。

国外奶类产量巨大的有印度（14 600万吨左右）、美国（9 300万吨左右）、巴基斯坦（4 000万吨左右）、巴西（3 500万吨左右）、德国（3 200万吨左右）、俄罗斯（3 000万吨左右），人均奶类占有量印度超过100千克、美国超过270千克、巴基斯坦超过200千克、巴西超过170千克、德国超过380千克、俄罗斯超过200千克。这些国家中除印度外，都有能力出口奶类及制品，尤以美国可能的出口量最大。还有一些奶类产量较大而国内人口较少的国家，也有数量不少的奶类可供出口。如法国、新西兰、荷兰、乌克兰、阿根廷、澳大利亚等国，人均奶类占有量都较大，除自己消费外还有不少奶类产品可供出口。这些国家的奶类产品可能进入中国市场，从而使其成为我国奶类市场的竞争者。

国外鱼类产量巨大的有印度尼西亚（2 200万吨左右）、印度（1 000万吨左右）、越南（600万吨左右）、美国（500万吨左右），人均鱼类占有量印度尼西亚超过80千克、印度不足10千克、越南超过60千克、美国只有10余千克，印度尼西亚和越南有能力出口鱼类产品，而美国有能力出口某些海产品（如龙虾等）。还有一些鱼类产量较大而国内人口较少的国家，数量不少的鱼类产品可供出口，如秘鲁、缅甸、挪威、菲律宾、加拿大、厄瓜多尔、西班牙、冰岛、俄罗斯等，人均鱼类占有量较多，除自己消费外还有较多的鱼类产品可供出口。这些国家的鱼类产品都可能进入中国市场，从而使其成为我国鱼类市场的竞争者。

3. 中国其他农产品市场的国外竞争者众多

这里所指其他农产品，是指我国需要或能够进口的某些农产品，这些农产品或我国不能生产、或我国生产量不足、或我国自己生产不经济，需要进口弥补。目前这些农产品主要有油料（油菜籽、花生）和植物油（大豆油、棕榈油、菜籽油）、籽棉、糖料和食糖、水果及制品、羊毛、木材等。这些产品的生产大国和出口大国，就可能将这些产品出口到我国，成为我国农产品市场的竞争者。这些产品的生产大国指这些产品产量巨大的国家，这些产品的出口大国指这些产品出口量巨大的国家。产品出口数量巨大的国家有两类，一类是生产量巨大、在满足自己消费后还有大量剩余出口，另一类是生产量较大、自己消费少、大多数产品可供出口。由于上述产品的出口大国不少，它们的产品都可能向中国出口，使我国国内这些农产品市场的国外竞争者众多。

国外油菜籽产量巨大的有加拿大（1 550 万吨左右）、印度（780 万吨左右）、德国（620 万吨左右）、法国（550 万吨左右）、澳大利亚（380 万吨左右）、波兰（320万吨左右），除印度外的五个国家都能出口大量油菜籽或菜籽油。还有英国（250 万吨左右）、乌克兰（220 万吨左右）、俄罗斯（150 万吨左右）、罗马尼亚（110 万吨左右）、捷克（150 万吨左右）、美国（110 万吨左右），也有能力出口一定数量的油菜籽或菜籽油。马来西亚、印度尼西亚、文莱等东南亚国家盛产棕榈油，有大量产品出口。美国、巴西、阿根廷是大豆主产国，有大量大豆油出口。西班牙、意大利等国盛产橄榄油，有不少产品可供出口。这些油料及植物油出口国，都可能将产品出口到中国，从而成为我国油料及植物油市场的竞争者。

国外籽棉产量巨大的有印度（1 900 万吨左右）、美国（900 万吨左右）、巴基斯坦（600 万吨左右），有大量籽棉可供出口。还有籽棉产量很大的巴西（400 万吨左右）、乌兹别克斯坦（350 万吨左右）、澳大利亚（270 万吨左右）、土耳其（230 万吨左右）、阿根廷（100 万吨左右）、希腊（90 万吨左右）、布基纳法索（90 万吨左右）、墨西哥（90 万吨左右），这些国家也有不少籽棉可供出口。国外羊毛生产大国有澳大利亚（36 万吨左右）和新西兰（17 万吨左右），也是羊毛主要出口国。还有一些羊毛生产国产量较小，如英国（6.8 万吨左右）、伊朗（6 万吨左右）、摩洛哥（5.6 万吨左右）、俄罗斯（5.5 万吨左右）、土耳其（5 万吨左右），有一定出口但数量有限。这些籽棉和羊毛出口国都可能将产品出口到中国，从而成为我国籽棉和羊毛市场的竞争者。

国外水果产量巨大的有印度（8 800 万吨左右）、巴西（3 700 万吨左右）、美国（2 600 万吨左右）、墨西哥（1 800 万吨左右）、西班牙（1 800 万吨左右）、印度尼西亚（1 700 万吨左右）、菲律宾（1 600 万吨左右）、意大利（1 600 万吨左右），这些国家都有能力出口大量的水果，美国、巴西等国还可出口大量橙汁。还有一些国家水果产量较大，满足自己消费后还有大量剩余可供出口，如泰国（1 100 万吨左右）、哥伦比亚（920 万吨左右）、厄瓜多尔（830 万吨左右）、阿根廷（800 万吨左右）、智利（1 600 万吨左右）等国也有不少水果可供出口。还有的国家生产特色水果，如东南亚国家生产热带水果，新西兰生产猕猴桃，中东国家生产椰枣等，他们也可以出口这些水果。这些水果出口国都可能将水果出口到中国，从而成为我国水果市场的竞争者。

三、国外农产品市场竞争力很强

世界上有一些农地资源（主要是耕地资源和永久性草地资源）丰富、人口又相对较少、农业技术和装备又很先进的国家，不仅农产品生产能力和出口能力很强，而且以其优良的品质、低廉的价格使市场竞争能力也很强。世界上还有一些农地资源丰富、人口也相对较少、但农业技术和装备还较为落后的国家，正在努力改善生产条件、提高农业技术水平、逐步提高农产品生产和出口能力，并增强其市场竞争能力。这两类国家的力量合在一起，使农产品出口能力增加，农产品市场竞争加剧。同时，少数资源、装备、技术、生产经营优势齐备的国家，表现出超强的农产品生产效率和巨大的产出能力，成为某种或某些农产品的主要出口国，并相应变为农产品市场上的强势竞争者。

1. 主要农产品出口国生产能力极强

农产品出口大国一般都是农业资源丰富、人口相对较少、农产品产量巨大且人均占有量多、在满足国内消费后还有大量剩余，从而成为某种或多种农产品的出口大国。也有的国家虽然不大，但生产某种农产品的能力较强，因本国消费有限，还有相当剩余出口，也成为农产品出口国，只不过不是出口大国。我国进口的大宗农产品主要来源于生产及出口大国，进口的小宗农产品来源较为广泛。进口的大宗农产品主要有谷物、油料及植物油、棉花、橡胶、肉类、木材等，这些产品都有相应的生产大国，其生产和出口能力很强。

农地是农产品生产的基础，农产品生产大国也必然是农业资源大国，丰饶的耕地、草地为农产品生产提供了优越的条件。如果利用 2014 年资料，列出耕地面积或草地面积超过 1 000.00 万公顷国家的谷物、油料、肉类、奶类产量，便可知道这些国家巨大的农产品生产能力。

表 27 - 1　2014 年世界耕地、草地大国的农产品产量

单位：万公顷、万人、万吨

国别	耕地面积	草地面积	总人口	谷物总产	油料总产	棉花总产	肉类总产	奶类总产
印度	15 630.0	1 024.00	129 529	29 399	1 443.70	1 900.00	660.10	14 631.00
美国	15 460.50	25 100.00	31 945	44 293	349.01	930.00	4 256.50	9 346.00
俄罗斯	12 312.20	9 300.00	14 343	10 315	146.40		907.00	3 076.00
巴西	8 001.70	19 600.00	20 608	10 140	47.20	429.00	2 605.30	3 528.00
澳大利亚	4 695.70	35 896.20		3 841	383.00	270.00	486.40	954.00
加拿大	4 601.50	1 460.00	3 559	5 130	1 555.51		438.40	840.00
阿根廷	3 920.00	10 850.00	4 298	5 551	127.48	235.00	519.30	1 101.00
尼日利亚	3 400.00	3 030.00	17 748	2 583	341.00	30.00		
乌克兰	3 253.10		4 500	6 338	219.80		236.20	1 113.00
巴基斯坦	3 044.00		18 504	3 811	23.74	635.00	318.20	4 028.00
哈萨克斯坦	2 939.50	18 746.50		1 710	27.10	40.00		507.00
印度尼西亚	2 350.00	1 100.00	25 445	8 985	64.00		338.00	

（续）

国别	耕地面积	草地面积	总人口	谷物总产	油料总产	棉花总产	肉类总产	奶类总产
墨西哥	2 299.30	8 103.50	12 539	3 653	10.40	86.00	622.40	1 129.00
土耳其	2 070.60	1 461.70	7 752	3 271	23.00	235.00	316.90	1 863.00
法国	1 833.30	943.80	6 412	5 615	552.30		548.90	2 620.00
泰国	1 681.10		6 773	3 784			295.60	
伊朗	1 468.70	2 947.70	7 814	1 706	34.00	23.00	255.70	636.00
南非	1 250.00	8 392.80	5 397	1 727	12.10	2.00	322.20	334.00
西班牙	1 227.80		4 626	2 036	10.56	22.00	574.20	786.00
德国	1 187.10		8 065	5 201	624.74		835.60	3 243.00
蒙古国		11 236.40		52				
委内瑞拉		1 820.00		356				
英国		1 095.40	6 433	2 451	246.20		369.60	1 505.00
新西兰		1 045.90		110	0.23		137.50	2 132.00

资料来源：《2017 中国农村统计年鉴》第 381 页、第 383 页、第 389~396 页、第 402 页、第 405 页，中国统计出版社，2017 年 9 月。

由表 27-1 可知，在 24 个耕地资源丰富、草地资源丰富或二者均丰富的国家中，除尼日利亚、巴基斯坦、哈萨克斯坦、蒙古国等少数国家农业较为落后、农产品生产能力较弱外，其他国家的农产品生产能力都很强。在农产品生产能力较强的国家中，印度、印度尼西亚、墨西哥、伊朗等国因人口众多，农产品出口能力不强。除此之外，北美的美国和加拿大，南美的巴西和阿根廷，西欧的法国和德国，中东欧的乌克兰和俄罗斯，大洋洲的澳大利亚和新西兰，不仅耕地和草地丰饶，而且农业技术先进、农业装备精良、现代农业发达、生产能力极强，有大量的谷物、油料、棉花、肉类、奶类等农产品可供出口，势必对中国这一世界最大农产品市场形成冲击。

2. 主要农产品出口国生产效率很高

当今世界农业强国凭借农地（耕地、草地）资源优势、先进农业科技优势、现代农业装备优势，使农业劳动生产率和农地产出率大为提高，使农业的竞争力大为增强。美国、加拿大、巴西、阿根廷、法国、德国、乌克兰、俄罗斯、澳大利亚、新西兰就是这类国家的代表，表 27-2 是这 10 个国家 2014 年劳动生产率水平。

由表 27-2 可知，这 10 个农业强国有很高的劳动生产率，每个农业劳动力在一年中可以生产大量的农产品。加之这些国家有丰富的农地资源，通过高效率生产，可产出大量的谷物、油料、棉花、肉类、奶类等农产品供出口。同时，由于这些国家的耕地、草地质量较好（不使用劣质农地）、生产技术先进，耕地和草地产出率很高。表 27-3 是这 10 个国家 2014 年的主要农作物单位面积产量。

表 27-2　10 个农业强国 2014 年的农业劳动生产率

国别	农村人口（万人）	农村劳动力（万个）	每个农村劳动力年平均生产农产品［千克/（人·年）］				
			谷物	油料	棉花	肉类	奶类
美国	5 985.00	3 591.00	12 334.45	97.19	258.98	1 185.32	2 602.62
加拿大	652.00	391.00	13 120.20	3 978.29		1 121.23	2 148.34
巴西	2 943.00	1 766.00	5 741.79	26.73	242.92	1 475.25	1 997.73
阿根廷	351.00	211.00	26 308.06	604.17	1 113.74	2 461.14	5 218.01
法国	1 339.00	803.00	6 992.53	687.80		683.56	3 262.76
德国	2 059.00	1 235.00	4 211.34	505.86		676.60	2 625.91
乌克兰	1 372.00	823.00	7 701.09	267.07		287.00	1 352.37
俄罗斯	3 715.00	2 229.00	4 629.64	65.68		406.91	1 379.99
澳大利亚	338.00	204.00	18 828.43	1 878.43	1 323.53	2 384.31	4 676.47
新西兰	63.00	38.00	2 894.74	6.03		3 618.42	56 105.26

资料来源：《2017 中国农村统计年鉴》第 381 页、第 383 页、第 389～391 页、第 399 页、第 402 页，中国统计出版社，2017 年 9 月。

表 27-3　10 个农业强国 2014 年主要农作物单位面积产量

单位：千克/公顷

国别	水稻	小麦	玉米	大豆	油菜籽	棉花	烟叶	水果
美国	8 487.00	2 944.00	10 733.00	1 965.00	1 809.00	2 458.00	2 596.00	227 226.00
加拿大		3 095.00	9 365.00	2 282.00	1 926.00		2 799.00	
巴西	5 201.00	2 209.00	5 176.00	1 034.00	1 532.00	3 732.00	2 074.00	166 153.00
阿根廷	6 504.00	2 810.00	6 600.00	836.00	1 920.00	1 988.00	1 919.00	166 520.00
法国	4 994.00	7 357.00	8 170.00	1 875.00	3 675.00		2 218.00	100 222.00
德国		8 630.00	10 684.00		4 481.00			155 324.00
乌克兰	4 988.00	4 012.00	6 159.00	1 510.00	2 540.00			96 802.00
俄罗斯	5 362.00	2 498.00	4 359.00	1 747.00	1 379.00			74 744.00
澳大利亚	10 920.00	2 006.00	7 500.00	868.00	1 408.00	6 000.00		121 777.00
新西兰		8 627.00	10 989.00		1 018.00			

资料来源：《2017 中国农村统计年鉴》第 384～397 页相关统计表，中国统计出版社，2017 年 9 月。

由表 27-3 可知，10 个农业强国的谷物、油料、棉花、烟叶及水果的单位面积产量都较高，美国的水稻、玉米、大豆、水果，加拿大的玉米、油菜籽、烟叶，巴西的棉花、水果，阿根廷的水稻、油菜籽、水果，法国和德国的小麦、玉米、油菜籽，澳大利亚的水稻、玉米、棉花，新西兰的小麦、玉米等，其单位面积产量都达到世界先进水平。这些国家广阔的耕地与单位面积高产相结合，可生产出大量农产品供出口，并依靠其很高的劳动生产率和土地产出率，获得很大的市场竞争优势。

3. 主要农产品出口国生产成本低

世界主要农产品出口国，依靠其丰富优质的耕地及草地，先进的种植和养殖技术及现代化的装备，实现农业的机械化大生产，不仅生产效率高，而且还大幅度减少农业生产的劳力及物质投入，使农产品生产成本显著降低。大规模生产低成本农产品，不仅使农产品在市场竞争中具有数量上的优势，而且更使农产品在市场竞争中具有价格上的优势，这两种优势结合在一起，使少数农业强国成为国际农产品市场的主宰。

按联合国粮农组织的有关统计，世界主要农产品出口国的作物产品和畜禽产品的生产者价格如表 27 - 4 和表 27 - 5 所示。

表 27 - 4　作物产品主要出口国 2016 年的生产者价格

单位：美元/吨

国别	稻谷	小麦	玉米	大豆	籽棉	油菜籽	花生（带壳）	甘蔗	甜菜
美国	229.00	143.00	132.00	348.00	856.00	556.00	343.00	36.00	39.00
加拿大		174.40	146.20	341.70		357.80			
巴西	257.80		183.70	343.90	1 031.00			20.50	
法国	361.30	159.90	175.90	380.20		400.80			31.30
德国		154.90	168.10			393.80			38.70
俄罗斯	240.70	131.80	124.50	349.90		336.80			43.50
巴基斯坦	192.80	286.30			668.10			39.40	
印度尼西亚	492.24		307.70	622.50			1 094.40		
泰国	159.74		194.40	448.20			1 312.60	20.90	
缅甸	198.59								
孟加拉国	152.74	254.70		458.10		560.60	878.80		

资料来源：FAO 统计数据库。

表 27 - 5　畜禽产品主要出口国 2016 年的生产者价格

单位：美元/吨

国别	猪肉	牛肉	羊肉	鸡肉	鲜牛奶
美国	1 531.00	4 603.50		1 467.10	360.00
巴西	1 464.00	2 783.40		1 421.60	332.00
墨西哥	2 215.00	3 389.50	3 436.20	1 598.70	312.70
阿根廷		5 230.30	4 503.60	1 368.70	262.20
澳大利亚		5 230.30	2 252.30		281.20
新西兰	2 812.50	3 309.40	2 911.20	1 777.40	244.30
德国	1 648.20	3 432.40	5 995.30	1 448.00	300.90

（续）

国别	猪肉	牛肉	羊肉	鸡肉	鲜牛奶
俄罗斯	2 238.40	3 751.70	2 776.70	1 408.10	325.30
荷兰	1 820.70	2 442.70	5 542.10	1 192.40	324.90
越南	2 075.30	4 682.20		4 093.10	
西班牙	1 419.80	2 650.80	3 049.70	1 142.00	331.70

资料来源：FAO 数据库。

由表 27-4 及表 27-5 可知，农产品生产强国和某些农产品出口国，作物产品及畜禽产品的生产者价格普遍很低，表明这些国家能以很低的成本大量生产农产品和畜禽产品，生产者以较低的价格出售产品也能获利，这样的产品在市场上有极大的价格优势，一旦进入国内市场，必然对国产作物产品及畜禽产品造成很大冲击。

四、国产农产品市场竞争力弱

农产品的市场竞争，包括数量竞争、质量竞争和价格竞争，数量多才能占据较大市场份额，质量好才受市场欢迎，价格适宜才被市场接受。我国是一个耕地资源数量不足且质量不高、草地资源数量虽大但载畜量很低、水资源不足且时空分布不均的国家，农业技术有一定支撑能力，但农业装备还不够先进，生产以小农户为主、现代化水平不高。在这一背景下，我国农产品生产在数量增长上受到诸多制约，在质量提高上存在不少障碍，在成本降低上更是困难重重，由此导致国产农产品市场竞争力的弱小。

1. 我国农产品生产与供给能力的局限

我国虽然也是农地大国，2016 年耕地面积为 13 492.93 万公顷，草地面积为 28 628.20 万公顷，林地 25 290.81 万公顷。但耕地中优等和高等地只占 29.4%，中等和低等地占 70.6%，总体质量较差。草地中大多是高寒草地和干旱草地，人工草地很少，产草量很低、载畜量小。林地多为次生林、人工林，且以中幼林为主、产出水平低。我国水资源总量不足、时空分布不均，南方水资源多、北方水资源少，夏秋水资源较多、冬春水资源少。农地和水资源的限制，使农业发展条件"先天不足"，农产品生产能力提升受到很大局限。

2016 年我国生产了 56 538 万吨谷物、1 731 万吨豆类、3 356 万吨薯类、530 万吨棉花、3 630 万吨油料、12 341 万吨糖料、8 538 万吨肉类、3 712 万吨奶类、3 095 万吨禽蛋，多种产品产量居世界首位，数量之大极为惊人。但因人口多、需求巨大，这些产品还不能完全满足需要，还进口了 2 199 万吨谷物（及谷物粉）、8 391 万吨大豆、553 万吨植物油、75 万吨奶粉、51 万吨乳清、8 万吨其他奶制品、176 万吨肉类加以弥补。2016 年我国农产量并不算低，是近年的中等偏上年份，但农产品生产仍不能满足需要，这表明在巨大的需求面前，农产品的生产和供给能力仍显不足。

应当指出，2016 年的农产品是在付出巨大努力的情况下取得的，来之不易。该年农作物播种面积达到 16 665.00 万公顷、耕地复种指数达到 123.51%，养殖了大量畜禽，出栏量和存栏量很大，无论是种植业或是畜牧业，其生产规模均为世界之首。表 27 - 6 是中国 2016 年种植业和畜牧业生产情况。

表 27 - 6　中国 2016 年种植业和畜牧业生产规模

农作物播种面积（万公顷）				畜禽养殖规模（万头、万只、亿只）		
粮食作物		其他作物		畜禽	其中	
作物	播种面积	作物	播种面积		出栏	存栏
水稻	3 017.80	油菜	733.10	肉牛	5 110.00	7 441.00
小麦	2 418.70	花生	472.70	奶牛		1 425.30
玉米	3 676.80	其他油料	183.70	马	160.50	550.70
谷子	85.70	棉花	334.50	驴	216.90	456.90
高粱	62.50	麻类	8.80	骡	39.50	192.90
其他谷物	177.90	糖料	169.60	骆驼	9.80	38.10
豆类	970.00	烟叶	127.30	猪	68 502.00	43 503.70
其中：大豆	720.20	药材	223.60	羊	30 694.60	30 112.00
薯类	894.10	蔬菜、瓜类	2 493.00	家禽	123.70	59.00
		其他作物	590.80	兔	53 688.60	20 277.40

资料来源：《2017 中国农村统计年鉴》第 133 页、第 208 页，中国统计出版社，2017 年 9 月。

由表 27 - 6 可知，我国农作物播种面积已超过耕地面积的 23.51%，已经给耕地使用形成了不小压力，再依靠扩大播种面积增加农作物产量难度较大。畜禽养殖规模也十分巨大，已经给饲料供给和生态环境造成极大压力，也难再依靠扩大养殖数量增加畜禽产品。同时，2016 年的农产品生产共投入劳动力 21 496.00 万个、大中型拖拉机 645.35 万台，使用化肥 5 984.10 万吨（是美国 2014 年的 2.81 倍）、农药 178.30 万吨、地膜 147.01 万吨、柴油 2 117.10 万吨、加工饲料 20 917.52 万吨，数量之大、代价之高，令人震惊。由此可见，在现有条件下要增加农产品的生产与供给能力，有很大的困难，受到诸多局限。

2. 我国农产品生产效率不高

我国农业生产虽有一定科技优势，但缺乏农地（耕地、草地）优势和装备优势，加之种植业生产以农户小规模生产经营为主，养殖业生产以中小型养殖场为主，生产经营规模小，使农业劳动生产率、农地产出率、饲料转化率不高，导致农产品生产效率不高、竞争力不强。表 27 - 7 是中国 2016 年主要农产品产量及劳动生产率水平。

表 27 - 7　中国 2016 年主要农产品产量及农业劳动生产率

农产品	2016 年总产量 （万吨）	每个农业劳动力平均产量 [千克/（人·年）]	农产品	2016 年总产量 （万吨）	每个农业劳动力平均产量 [千克/（人·年）]
谷物	56 538	2 630.17	油料	3 630	168.85
豆类	1 731	80.52	糖料	12 341	574.09
薯类	3 356	156.13	烟叶	273	12.68
水果	18 119	842.92	肉类	8 538	397.18
蔬菜	79 780	3 711.37	奶类	3 712	172.69
棉花	530	24.63	禽蛋	3 095	143.98
麻类	26	1.22			

资料来源：《2017 中国农村统计年鉴》第 160、208 页，中国统计出版社，2017 年 9 月。

由表 27 - 7 可知，我国农业劳动生产率很低，每个劳动力平均生产的谷物是美国和加拿大的 1/5、生产的油料是加拿大的 1/20、生产的棉花是美国和巴西的 1/10、生产的肉类是美国的 1/3 及阿根廷的 1/6、生产的奶类是美国的 1/15 及阿根廷的 1/30，使我国农产品竞争力低下。

2016 年我国每公顷水稻产量 6 861.70 千克、比美国低 1 625.30 千克，每公顷小麦产量 5 327.10 千克、比法国低 2 029.90 千克，每公顷玉米产量 5 971.30 千克、比美国低 4 761.70 千克，每公顷大豆产量 1 796.30 千克、比加拿大低 485.70 千克，每公顷油菜籽产量 1 984.10 千克、比德国低 2 496.90 千克，每公顷棉花产量 1 584.40 千克、比美国低 873.60 千克，土地产出率不高，也使我国农产品竞争力下降。

应当指出的是，我国种植业生产中的劳动生产率和土地产出率不高，除农业技术和农业装备与先进国家还存在差距外，一个重要的原因就是耕地适耕性和肥力较差。一方面，不少耕地零星小块，分散且不连片，不便于大中型机械耕种，有的甚至主要依靠人工种植，劳动生产率无从提高。另一方面，中低产耕地占 70% 以上，肥力不足，只能靠过量化肥投入，耕地产出率也难以提高。

3. 我国农产品生产成本高

由于我国耕地、草地在总体上质量较差，加之超负荷利用，使其利用中的要素投入增加，而产出率不高。又由于我国农业机械化水平还不高，且中小型农机作业占有不小比重，使农业生产（特别是丘陵、山地农业生产）消耗的人工较多，加之劳动力价格上涨，使人工成本居高不下。再由于我国农户小规模经营，占用的劳动力和生产资料不少，产出的产品不多，形成高投入、低产出，没有规模效益。还由于近年农户承包地经营权流转范围扩大、数量增加，使土地租金成为农产品生产成本的重要组成部分。这些原因加在一起，使我国农产品生产成本大幅飙升。根据全国农产品成本和收益调查，2016 年主要农产品每亩和每吨、主要畜禽产品每头（只）和主产品每吨生产成本如表 27－8 及表 27－9 所示。

表 27－8　中国 2016 年每亩农作物、畜禽生产成本与收益

农作物或畜禽	每亩、头（只）产量［千克/亩、千克/头（只）］	每亩、头（只）产值［元/亩、元/头（只）］	每亩、头（只）成本［元/亩、元/头（只）］	其中		
				生产成本［元/亩、元/头（只）］		土地成本［元/亩、元/头（只）］
				物质及服务费	人工成本	
水稻	484.75	1 343.77	1 201.81	484.53	495.34	221.94
小麦	406.34	930.36	1 012.51	434.60	370.99	206.92
玉米	480.29	765.89	1 065.59	369.55	458.10	237.94
大豆	120.20	468.63	678.44	201.33	218.11	259.00
棉花	98.55	1 818.31	2 306.61	610.71	1 393.72	302.18
油菜	128.14	590.22	921.20	221.27	580.08	119.85
花生	259.01	1 684.48	1 414.04	463.62	695.08	255.34
甘蔗	5 352.20	2 658.47	2 248.02	795.36	1 172.57	280.09
甜菜	3 799.43	1 781.06	1 697.94	671.90	758.30	267.74
烟草	135.62	3 561.23	3 673.36	1 039.18	2 318.69	315.49
肉猪	118.79	2 219.11	1 930.41	1 586.18	342.89	1.36
肉鸡	2.351 5	26.581 8	25.050 1	22.194 7	2.801 7	0.053 7
蛋鸡	17.622 8	149.197 9	145.454 9	132.371 1	12.855 3	0.218 5
奶牛	5 722.76	23 784.94	18 543.77	14 982.47	3 507.30	54.00

资料来源：《2017 中国农村统计年鉴》第 285～294 页，中国统计出版社，2017 年 9 月。

表 27－9　中国 2016 年每吨农产品生产成本及出售价格

单位：元/吨

产品	平均出售价	总成本	其中		产品	平均出售价	总成本	其中	
			生产成本	土地成本				生产成本	土地成本
稻谷	2 735.80	2 446.80	1 995.00	451.80	甘蔗	491.80	415.80	364.00	51.80
小麦	2 232.60	2 429.80	1 933.20	496.60	甜菜	464.00	442.40	372.60	69.80
玉米	1 539.80	2 142.40	1 664.00	478.40	烟叶	26 221.00	27 046.60	24 723.60	2 323.00
大豆	3 804.00	5 507.20	3 404.80	2 102.20	猪肉	18 556.00	16 141.80	16 130.60	11.20
籽棉	14 762.40	18 726.80	16 273.40	2 453.40	鸡肉	11 183.20	10 538.80	10 516.20	22.60
油菜籽	4 532.00	7 073.40	6 153.20	920.20	鸡蛋	7 307.60	7 124.20	7 113.60	10.60
花生	6 429.80	5 397.60	4 422.80	974.80	牛奶	3 762.60	2 933.40	2 925.00	8.00

资料来源：《2017 中国农村统计年鉴》第 285～294 页，中国统计出版社，2017 年 9 月。

由表 27－8 可知，我国每亩农作物生产成本很高，大多数作物生产的人工成本高于物资及服务费用，加之过多的土地成本，使其生产成本居高不下。而由于物资及服

务费用的高昂，又使单头（只）畜禽养殖成本过高。若将表27-9中每吨农产品的生产成本按7∶1的汇率折合为美元，则我国农产品生产成本，远高于表27-4及表27-5所列的农产品主要出口国的生产者价格。农产品生产成本的高昂必然造成其市场的高定价，使其丧失市场竞争力，这正是我国农产品的真实写照。

五、农产品国际竞争带来的风险

我国人口众多，人民收入增加，生活水平提高，已成为世界最大农产品消费市场。加入WTO后，农产品市场逐渐对外开放，品种越来越多、数量越来越大的国外农产品进入国内市场，与国产农产品竞争。同时，我国农产品出口在国际市场上也面临众多参与者的激烈竞争。由于资源、技术、装备的约束，加之自给性消费数量巨大，我国虽是农产品生产大国，但在市场上并不占有（商品）数量、质量、价格上的优势，在国际和国内市场的竞争中处于不利地位，由此可能对农产品生产、外贸、内销造成很大冲击，甚至可能对整个农业发展带来重大影响。

1. 农产品出口受到抑制

我国是农产品生产大国，很多种农产品产量位居世界首位，但也是农产品消费大国，可供出口的农产品有限。加之农产品在质量和价格上不占优势，在国际市场上难与农业强国的产品竞争，使我国农产品出口品种较少、数量不多、价格较低，处于不利地位。改革开放以来，我国农产品产量大幅增长，2016年粮食、水果、肉类、禽蛋产量分别是美国2014年的1.323 4倍、2.047 9倍、2.005 8倍、2.090 6倍，也分别是印度2014年产量的1.744 0倍、6.982 4倍、12.934 1倍、2.805 1倍，但农产品出口量一直不大，处于抑制状态，以致该年海关农产品出口金额仅有462.330 7亿美元，只占海关进口金额（1 050.526 2亿美元）的44.01%。表27-10是1980—2016年我国5个代表年份的主要农产品出口情况。

表 27-10　1980—2016年中国代表年份的农产品出口数量

出口农产品	单位	1980年	1985年	1995年	2005年	2016年
活猪	万头	316.00	296.00	253.00	176.00	155.00
活家禽	万只	1 945.00	3 451.00	5 263.00	2 502.00	440.00
冻肉	万吨	15.057 6	17.949 5	43.918 7	36.892 5	34.50
鲜蛋	百万牧	1 080.00	1 018.00	358.00	921.00	1 303.00
水产品	万吨	11.570 7	11.959 5	61.00	176.00	409.00
罐头	万吨	4.657 9	31.988 3	25.40	37.50	27.50
生丝	万吨	0.534 0	1.089 3	1.30	1.10	0.70

（续）

出口农产品	单位	1980 年	1985 年	1995 年	2005 年	2016 年
粮食	万吨	109.00	933.00	64.00	1 014.00	58.00
棉花	万吨	1.00	35.00	2.20	0.50	0.80
蔬菜	万吨	47.00	51.200 8	158.00	520.00	827.00
水干果	万吨	23.650 1	25.694 7	49.00	200.00	347.00
茶叶	万吨	1.012 8	13.678 7	16.70	28.70	32.90
食糖	万吨	30.08	18.402 5	48.00	35.80	20.10
天然蜂蜜	万吨	6.171 4	5.479 0	8.70	8.80	12.80
食用植物油	万吨	6.259 3	16.161 8	51.00	22.80	11.40
食用油籽	万吨	30.594 7	40.960 4	121.00	102.00	57.00

资料来源：相关年份《中国农村统计年鉴》，中国统计出版社。

由表 27 - 10 可知，相对于我国巨大的农产品生产量，我国农产品出口量显得太过微小，以致小到微不足道。同时，在 1980—2016 年，除水产品、蔬菜、水干果、茶叶、天然蜂蜜出口量保持增长外，其他农产品出口量均趋于下降，特别是粮食、棉花、油料及油脂、食糖、活畜禽及肉类这些重要而大宗农产品出口量下降。表明在激烈的国际市场竞争中，我国农产品处于不利地位，出口被严重抑制。

2. 农产品国内市场受到挤压

加入世界贸易组织之后，我国农产品市场逐渐对外开放。一方面，我国人口众多，生活水平提高，对农产品需求增加，国内生产不能完全满足需要，引起农产品进口增加。另一方面，受资源、技术、装备及小规模生产的影响，国产农产品在质量与安全性上与国外产品有差距，在价格上比国外产品高，也导致农产品进口大增。表 27 - 11 是 2012—2016 年主要粮食产品国内外价格，表 27 - 12 是 1985—2016 年我国农产品进口量，两个表的数据充分反映了这一趋势。

表 27 - 11　2012—2016 年主要粮食产品国内外价格

单位：元/千克

产品	项目	2012 年	2013 年	2014 年	2015 年	2016 年
小麦	国内价格	2.15	2.44	2.50	2.97	1.42
	进口价格	2.06	1.94	1.87	1.99	0.92
稻谷	国内价格	3.80	3.94	4.00	4.16	2.07
	进口价格	3.45	3.22	2.56	2.60	1.56
玉米	国内价格	2.29	2.26	2.33	2.38	0.92
	进口价格	1.87	1.61	1.25	1.60	0.81

（续）

产品	项目	2012 年	2013 年	2014 年	2015 年	2016 年
大豆	国内价格	3.94	4.80	4.42	3.84	3.41
	进口价格	4.45	4.19	3.90	3.07	3.33

资料来源：Wind 数据库。

表 27-12　1985—2016 年代表年份农产品及加工品进口

单位：万吨、万立方米

进口品	1985 年	1990 年	1995 年	2000 年	2005 年	2010 年	2016 年
水果、干坚果					116.00	261.00	397.00
谷物及谷物粉	550.10	1 318.00	1 286.00	315.00	627.00	571.00	2 199.00
大豆	0.10	0.10	29.00	1 042.00	2 659.00	5 480.00	8 391.00
食用植物油	3.50	112.00	213.00	179.00	621.00	687.00	553.00
食糖	191.00	113.00	295.00	64.00	139.00	177.00	306.00
饲用鱼粉				118.57	158.00		104.00
豆饼、豆粕	0.375 5	2.628 8	5.012 5	57.523 2	20.256 2	18.774 3	1.807 7
纸烟（万条）					1 340.00	1 877.00	7 621.00
天然橡胶	0.188 9	3.329 2	6.552 1	8.313 6	141.00	186.00	250.00
合成橡胶		4.450 4	31.102 4	71.00	109.00	157.00	331.00
原木及锯材			343.10	1 718.52	3 534.00	4 911.00	8 023.00
纸浆	54.73	34.00	82.00	335.00	759.00	1 137.00	2 106.00
羊毛及毛条		3.00	28.00	30.00	27.00	33.00	32.00
棉花（籽棉）		42.00	74.00	5.00	257.00	284.00	90.00
干苜蓿						22.70	168.58
牛肉		7.148 0	9.231 8	10.501 3	11.492 9	23.209 2	91.303 1
羊肉		1.602 3	2.142 8	4.645 2	7.746 1	10.442 1	24.494 2
猪肉		0.121 1	0.821 5	14.059 3	5.440 2	21.799 0	60.260 3
冻鱼				89.00	158.00	200.33	193.00
液态奶		0.000 4	0.298 3	0.273 3	0.092 1	0.275 1	5.546 1
奶粉		11.678 6	17.583 4	20.036 3	18.616 0	50.713 0	75.240 8
乳清		2.855 4	6.613 7	14.390 3	20.509 0	27.710 0	50.695 9
其他乳品		0.969 4	1.394 1	1.139 4	1.115 1	1.427 8	2.461 4

资料来源：相关年份《中国农村统计年鉴》，中国统计出版社；FAO 数据库。

　　由表 27-11 可知，进口农产品具有明显的价格优势，在我国农产品市场有很强竞争力，大量进口农产品必然挤占国内市场，压缩国产农产品市场空间。由表 27-12 可知，在 1990 年之前我国农产品进口品种少、数量也不大，在此之后进口品种及数量逐渐增加。2000 年之后进口品种迅速增加，进口数量快速增长，进口大豆、食用植物油、天然橡胶等已占据我国大部分市场，进口食糖、木材、棉花、奶品等也占据了国内相当部分市场，国外的猪牛羊肉、禽肉也在努力打进我国市场并取得不小进展。这一态势，必然带来进口农产品和国产农产品的国内市场竞争，挤占和压缩部分国产农产品国内市场空间。

3. 部分农业产业面临生存危机

受耕地资源数量不足、质量不高、零星分散的约束，受草地多处于高寒、干旱地区的限制，受水资源数量不足、时空分布不均的制约，加之以农户小规模生产经营为主生产方式的局限，我国农产品生产的劳动生产率和资源产出率都不高。与农业强国的耕地及草地富饶、水资源丰富、机械化大生产的高劳动生产率和高资源产出率相比，我国农业处于明显的不利地位。在过去的很长时期，由于劳动力成本的极度低下，使我国劳动密集型农产品（如畜产品、家禽产品、水果、蔬菜、土特产品等）在市场上有一定竞争力。但随着工业化、城镇化的推进，劳动力价格上涨，劳动密集型农产品的市场竞争力也随之消失。至于资源密集型农产品（如大豆、油菜籽、棉花、牛羊肉、牛奶等），市场竞争力本来就很弱。我国农产品在总体上缺乏竞争力，在优质廉价进口农产品的冲击下，部分农业产业的生存与发展面临严峻考验。

国外优质廉价农产品大量进口，对我国很多农产品生产都会造成冲击，受冲击最大的是资源密集型农产品生产。这类农产品生产需要占用大量农地资源，我国农地资源不足，难以支撑大规模生产，首当其冲受到进口产品的冲击。我国对大豆、油菜籽、棉花等农产品的需求量很大，但没有足够多的耕地种植，在生产技术与装备上也存在一定差距，国内产品难与进口产品竞争，使生产陷于停滞或萎缩。2000 年至今的近 20 年间，我国大豆、棉花、甜菜播种面积分别下降 200 万公顷、250 万公顷、20 万公顷，油菜籽、花生等油料作物播种面积没有增长，大豆产量下降 300 万吨，油料和棉花产量仅有小幅增长。我国对牛肉、羊肉、奶品的需求也很巨大，但没有足够的耕地生产充足的饲料（特别是蛋白饲料），也缺乏优质的草地放牧牛羊，在牛肉、羊肉、奶品质量及生产成本上难与美国、巴西、阿根廷、澳大利亚、新西兰的产品竞争，导致近年大量进口，给国内相关产业带来巨大影响。自 2009 年以来，由于进口奶品猛增，严重抑制了国内奶业发展，近十年来全国牛奶产量不仅没有增长，反而还有所下降。

我国山地、丘陵面积广大，在各种农产品生产中，山地、丘陵地区占有很大比重。山地、丘陵地区地形地貌复杂，耕地零星分散，高低不平，农业生产主要靠人工或小型农机作业，效率低而成本高。加之山地、丘陵不少耕地较为贫瘠，产出水平较低，导致其农产品生产成本高，市场竞争力更弱。在质优价廉进口农产品的冲击下，山地丘陵地区生产的农产品很难在市场上站住脚，进而使这些地区的农业更难发展。

我国农产品生产虽然取得了巨大成就，但我国仍然只是一个农业大国而不是农业强国，我国大多数农产品无论在质量上或是在价格上，都没有市场竞争优势。在消费需求拉动下，农产品大量进口难以避免，由此产生的对国内某些农业产业发展及某些地域的农产品生产的影响，目前已有局部表现，若这一势头继续发展下去，则我国很多农业产业、不少地区的农业，必然会遇到难以想象的生存和发展危机。这绝不是危言耸听，发达国家的传统轻工业、家电产业在中国优质廉价产品冲击下，纷纷覆灭就是前车之鉴。

第十篇

中国农业发展的持续性、成长性与安全

第二十八章　中国农业发展的可持续性

农业发展的可持续性，可简单地理解为农业发展的连续性、长期性、持久性。对于作为国民经济基础和关系国计民生的农业，发展的可持续性极为重要，也是农业安全的关键所在。农业是一个利用动物、植物、微生物生长发育获取农产品的特殊产业，而这些生物的生长发育又离不开土地和水资源，也离不开人类劳动和技术支撑，更离不开再生产过程周而复始进行。因此，农业发展的可持续性便与农地可持续利用，水资源可持续利用，农业劳动力持续供给，农业技术的持续支撑，农业再生产过程的完成联系在一起，并且缺一不可。

一、农地利用的可持续性

农地包括耕地、园地、牧草地、林地、可养殖水面五大类，这些农地分别是种植业、园艺业、草食畜牧业、林业、水产业的基础。有时也将耕地和园地合在一起，且不单列养殖水面，使农地变为耕地、林地、牧草地三类。农地的可持续利用是指农地供求的持续平衡，它有两重含义，一是农地不因占用或损毁而减少，二是农地不因损坏或不当使用而肥力降低（利用价值降低）。农地不减少、原有规模农地便可长期使用，农地肥力不降低、农地使用价值便可长期保持。做到这两点，农地就实现了可持续利用，否则就是不可持续的。农地的可持续利用是针对不同类型农地而言的，而不是针对所有类型农地笼统界定的，在这里不包括各类农地之间的转换。

1. 耕地利用的可持续性

新中国成立以来，耕地面积出现了较大的起伏变化。1949 年全国耕地约有 9 800 万公顷，1949—1978 年共开发耕地约 4 400 万公顷，1978—1999 年共开发耕地约 1 870 万公顷，到 20 世纪 80 年代初耕地面积达到峰值，按第一次全国土地资源调查口径，有 13 787 万公顷。随后，因为建设占用、灾害损毁、农业生产结构变动，耕地面积有所减少，到 2000 年实有 12 824.31 万公顷，20 年间耕地减少了 962.69 万公顷。2000—2008 年，全国耕地面积净减少 652.71 万公顷，按第一次全国土地资源调查的口径，2008 年全国耕地 12 171.60 万公顷。2009—2016 年，全国耕地净减少了 146.37 万公顷，按第二次全国土地资源调查的口径，2016 年全国耕地 13 492.93 万公顷。因为两次全国土地资源调查的方法和口径有一定差别，第二次调查数据比第一次调查数据多 1 500 万公顷左右，使 2009 年前后的耕地在面积上不可对比。但从 20 世纪 80 年代初至今的近 40 年内，全国耕地净减少 1 761.77 万公顷却是不争的事实。而今后由于工业发展、城镇建设、基础设施建设、农业生产结构优化、生态环境建设等，还可能使耕地净减少 1 000 万公顷左右。耕地如此大规模减少，使大量耕地退出了农业利用，永久丧失了农用价值，使耕地利用的可持续性受到很大削弱。

20 世纪 80 年代以来的耕地大量减少，主要是由工业发展、城镇建设、基础设施建设等非农占用造成的，在大量占用后又开发了一部分耕地弥补。每年净减少的耕地，是当年减少的耕地由当年开发耕地弥补后的余额，实际减少的耕地远比净减少的耕地多。由于实际减少的耕地多是地势平坦、土质肥沃、肥力很高、产出能力强的好地，而开发的耕地又多是山地丘陵坡地、贫瘠土地或有生产障碍的土地，造成耕地中优等地减少、劣等地增加。长江三角洲地区、珠江三角洲地区、京津地区、西（安）咸（阳）地区、成渝地区、武汉地区、长株潭地区、各省会及中心城市周边地区等，原有的优质耕地被大量非农占用，有些地区已不再有农田。全国优质耕地明显减少，而新开发的耕地在质量上难以快速提高，使耕地质量在总体上下降，耕地产出能力可持续性受到削弱。

数十年来我国虽高度重视耕地建设，坚持平整土地、改良土壤、提高肥力，但因我国耕地少，农产品需求压力大，对耕地的使用强度很高。不仅不少地区一年种植两季、甚至三季农作物，而且为了追求高产而大量施用化肥、农药，造成耕地地力消耗过大、土壤结构变差、肥力下降、甚至污染，过去耕地保护行之有效的轮作换茬、增施有机肥等措施，也因追求产量和节约用工而放弃。部分山地、丘陵地区使用人力、畜力或小型农机耕作，使耕地耕层变浅、质量下降。还有部分农民将承包耕地撂荒，有的甚至多年不耕种，已经变为荒地，如不重新开垦已不能耕种。这些原因加在一起，使我国优等地只占 2.9%、高等地只占 26.5%，而中等地占 52.8%、低等地占 17.7%，耕地肥力的可持续性受到削弱。如不大规模平整土地、改良土壤、培肥地力，使其实现机械化大生产，则耕地利用的可持续性便难以保持，种植业自然也不能可持续发展。

2. 林地利用的可持续性

20 世纪 50 年代以来，我国林地面积起伏变化大，因毁林开荒等而减少，也因大范围造林、退耕还林而增加。1952 年全国林地约为 6 303 万公顷，到 2000 年增加到 22 878.92 万公顷。在此之后，由于连年植树造林、封山育林、退耕还林，使林地逐年有所增加。按第一次全国土地资源调查口径，2001—2008 年全国林地由 22 919.06 万公顷增加到 23 606.00 万公顷，共增加了 686.94 万公顷。按第二次全国土地资源调查口径，2009—2016 年全国林地又由 25 394.95 万公顷，略微减少到 25 290.81 万公顷，共减少了 104.14 万公顷。这表明 21 世纪头 8 年因大规模退耕还林使林地面积扩大，而后几年因退耕还林接近完成使林地面积趋于稳定。预计今后随防护林建设、沙漠治理等，林地面积还有可能有所增加，在数量保证上是可持续的。

在 2016 年的全国 25 290.81 万公顷林地中，有林地 18 706.98 万公顷、占 73.97%，灌木林地 4 326.50 万公顷、占 17.11%，其他林地 2 257.33 万公顷、占 8.92%，有林地占比偏低，而灌木林地、其他林地占比过高。在有林地中天然林 10 700 万公顷左右，人工林 8 000 万公顷左右，人工林占比很高。天然林中国有林面积占 51.50%、集体林面积占 48.50%，人工林中国有林面积占 18.88%、集体林面积占 81.12%、集体林占比很高。在林地的树龄结构上，全国林分中的幼中龄林、近熟林、过熟林面积比重为 70∶10∶20，蓄积量比重为 40∶20∶40。全国中幼林占林分面积的 71% 左右，而在人工林林分中的中幼林面积竟占到 85% 左右，整个有林地以中幼林为主。在林地的树种结构上，混交林比重小，林分中珍贵树种稀少，人工林树种单一、结构不稳定、生产力低下，易遭受病虫害，全国以栎类、马尾松、杉木、桦木、落叶松、硬阔类、杨树、阔叶混、软阔混、云杉等 10 个树种为主的林分面积占近 80%，林种及树种结构不合理。

在林地利用上，有近 9% 的其他林地未得到有效利用，这部分林地还未达到可持续利用的程度，有 17% 的灌木林利用效率低下，这部分林地可持续利用的程度很低，还有近 74% 的有林地虽实现了利用，但其可持续利用的水平不高、能力不强。从产出能力看，2016 年全国林业产值 4 631.60 亿元，每公顷林地平均产值只有 1 381.34 元，森林蓄积 175.60 亿立方米，每公顷有林地平均蓄积只有 93.87 立方米，全部可采森林面积 1 500 万公顷左右、木材蓄积 25 亿立方米左右，且多在江河上游深山峡谷及偏远山区。从发展能力上看，虽有林地以中幼龄林为主、中长期发展前景看好，但全国森林资源中次要树种占主导、珍贵树种稀少，原始林向次生林演变，稀疏林、低价值残次林增加趋势明显，使林地可持续利用受到损害。同时，林地产出水平低下，林地投入后的林产品实现困难，生态环境需求与林产品需求的矛盾等，已给林地可持续利用造成很大障碍。只有优化林地利用结构、提高产出水平、确保林地投入回收，将生态环境保护与林产品获取有机结合，林地可持续利用才能最终实现，林业发展才能实现可持续。

3. 草地利用的可持续性

新中国成立以来，我国草地面积起伏变化也很大，因毁草开荒等而减少、也因退耕还草等而增加。由于历史上缺乏草原面积的统计，在改革开放前后的相当长时期内，全国草原面积有多种说法，极不统一。直至第一次全国土地资源调查，才确认 1996 年全国草地面积为 26 606.48 万公顷。在此之后，因农业产业结构调整和非农占用，草原面积逐年有所减少，2001 年降为 26 384.59 万公顷、2008 年又降为 26 180.00 万公顷，12 年减少了 426.48 万公顷。第二次全国土地资源调查在方法和口径上与第一次有所不同，因此确认 2009 年全国草地面积为 28 731.34 万公顷，在此之后逐年有所减少，到 2016 年降为 28 628.20 万公顷，7 年减少 103.14 万公顷。预计今后会加强草地保护，草地面积会趋于稳定，可以在数量上保持可持续。

我国草地主要分布在年降水小于 400 毫米的内蒙古、新疆、青海、西藏、甘肃、宁夏及东北三省西部、川西北、晋西北、冀北、陕北和滇西北等干旱、半干旱地区，也有一部分分布在云贵高原、桂西北、黔西南、湘西、鄂西、豫西、四川盆地周边山地，以及南岭、大别山、太行山、鲁中南及江南丘陵、东南海岸带等湿润地区。草地分为天然牧草地（用于放牧或割草的草地）、人工牧草地、其他牧草地（未用于放牧或割草的草地），2016 年我国天然牧草地 21 754.26 万公顷、占 75.98%，人工牧草地 181.66 万公顷、占 0.63%，其他牧草地 6 692.28 万公顷、占 23.39%。全国的草地主要分布在西藏、内蒙古、新疆、青海、甘肃、四川等六省、自治区，其草地和天然牧草地面积分别占全国的 91.45%、95.19%，草地分布在牧区且集中连片。其他的草地主要分布在半农半牧区、农区、林区的山地和丘陵，较为零星分散。

在草地的利用上，用于放牧和割草的天然牧草地只占草地的 3/4，利用率还不高，产草和载畜量高的人工牧草地太少、草原建设十分落后，未利用草地占 1/4、草地闲置太多。在草地生产能力上，占全国草地面积第一的西藏、第四的青海、第六的四川，除少数低平河谷地区草地外，绝大多数草地都在高寒山地，春季升温慢、夏秋季节短，草地产草量很低。占全国草地面积第二的内蒙古、第三的新疆、第五的甘肃，除少数有水源草地产草量较高外，绝大多数草地干旱缺水，产草量极低。分布在其他省、自治区山地和丘陵的草地，虽温暖湿润，但杂草生长迅速且难以清除，牧草产量也受到不利影响，加之零星分布，利用率也不高。全国天然牧草地因长期重利用轻保护，超载过牧，人为破坏（大量开垦撂荒、滥挖、滥采、滥搂）、水资源不合理利用、鼠虫灾害危害等，草原退化、荒漠化、盐碱化严重，植被破坏、野生生物资源濒危、各种灾害频繁、水土流失严重，总体质量很差，近年平均每公顷天然牧草地鲜草产量仅 167 千克。目前虽稍有改变，但总体形势还未改观。如果不大规模建设高标准人工牧草地，不大范围禁牧以恢复天然牧草地生态、植被，不对大量未利用草地进行切实开发利用，则我国草地就不可能可持续利用，草食畜牧业自然也不能可持续发展。

二、水资源利用的可持续性

水是农业的命脉，水资源可持续利用是农业可持续发展的基本保障。一个国家的水资源有三个来源，一是过往时期在国土内蓄积的水资源，二是当年国土内降水形成的水资源（地表水和地下水），三是当年由国境外流入的水资源。水资源的可持续利用有多重含义，一是水循环年复一年正常进行，按常规为生态环境和人类经济社会提供淡水；二是水资源总量和可使用量不随时间推移而减少，水资源供给能力不出现衰减；三是水资源质量和安全性不随时间推移而降低，所有水资源不因质量和安全问题而影响使用。水资源赋存的形式主要为地表水和地下水，水资源的可持续利用既包括地表水，也包括地下水，不可偏废。

1. 水资源供给的可持续性

在水资源的三个来源中，过往蓄积的水资源有积存在高山的冰川和积雪、存蓄在河湖及水库中的淡水、埋藏在地下的地下水，当年降水形成的水资源有大气降水蒸发后留存的地表水和地下水，境外流入的水资源一般汇入国内江河、计入地表水。据测定，我国多年平均的地表水资源量为 26 478.20 亿立方米（包括当年降水形成的地表水、地下水自然排泄量、冰川融水补给量、境外流入水量），地下水资源 8 149.00 亿立方米（山地及丘陵区占 82%、平原地区占 18%），地表水和地下水重复计算量 7 166.90 亿立方米，年平均水资源总量为 27 460.30 亿立方米。这些水资源总量虽然不小，但全国年平均每平方公里只有 29.5 万立方米，年平均每人只有 1 986 立方米，水资源十分缺乏。这给全国的水资源供给在总体上带来巨大困难。

我国地域广大、人口众多，农业生产、工业生产、城乡居民生活、生态环境保护等，都需要用水，但水资源在时间和空间两个维度上分布都极不均衡，水资源分布与土地资源和人口分布也不匹配，对水资源供给造成极大挑战。一方面，我国年际间、年内季节间降水变化大，南方最大年降水量是最小年降水量的 2~4 倍、北方地区为 3~8 倍，大部分地区汛期 4 个月（6~9 月）降水量占全年的 70% 左右（南方 60%、北方 80%），全国水资源中的 2/3 为洪水径流量，使水资源供给的年际余缺、季节余缺矛盾十分突出。另一方面，我国地区间水资源状况差异巨大，华北、西北、东北三大区常年每平方公里土地水资源分别只有 6.20 万立方米、7.20 万立方米、19.30 万立方米，而华南、华东、华中、西南四大区常年每平方公里土地水资源则分别有 88.60 万立方米、68.40 万立方米、53.60 万立方米、46.70 万立方米，华北、华东、华中、东北四大区常年人均水资源分别只有 541.00 立方米、1 194.00 立方米、1 356 立方米、1 402 立方米，而西南、华南、西北三大区常年人均水资源则分别有 5 445.00 立方米、2 395.00 立方米、2 215 立方米，导致水资源供给的区际余缺矛盾十分尖锐。再一方面，我国部分地区有水资源但因不便利用而缺水，造成有水用不上的困境。这几种情况加在一起，使我国农业用水（其他用水也一样）供给实现可持续的难度极大。

为解决我国水资源紧缺、农业发展年际及季节性和区域性缺水、保障农业用水的基本供给，既要保护好水资源的源头、不使之枯竭，又要将可用的水资源充分有效利用，使其在农业用水供给中发挥应有作用。对水资源源头的保护，一是对过往蓄积的水资源（冰川、永久积雪、地下水、江河湖泊及水库蓄水），在保护前提下控制性利用、适时进行补充，不使之损坏和减少，二是保护水源地森林植被，使之更好汇集水资源，三是加强全国生态环境建设、改善水循环条件，使大气降水有所增加且时空分布有所改观，四是搞好跨境河流水资源管理、维护正当用水利益。对水资源的充分有效利用，一是将丰水年、丰水季节的水资源（包括汛期洪水径流）尽可能多地蓄积在水库和湖泊，使水库蓄水达到总库容 70%（6 300 亿立方米左右）、湖泊蓄水达到贮量的 90%（2 000 亿立方米左右）；二是搞好南水北调东中西线工程，每年稳定向北方调水 400 亿立方米以上；三是搞好东北地区包括界江界河在内的江河水资源开发利用，大幅度降低对地下水的开采；四是加快工程性缺水地区的引水及输水和提水工程建设，增加该类地区水资源；五是搞好供水设施建设，使水资源快速高效、低损耗送达用户。如果不对水资源源头实施强有力保护，如果不采取重大工程措施改善水资源时空分布严重失衡的问题，中国水资源的供给是不可能持续的。

2. 水资源保护的可持续性

水资源保护内容广泛，这里主要指以污染防治为重点的水资源质量保护。水资源质量是指各类水体（江河、湖泊、地下水等），由其理化性状、生物群落、洁净程度、与外界物质能量交换能力等所决定的功能状况。由优到劣可分为Ⅰ类、Ⅱ类、Ⅲ类、Ⅳ类、Ⅴ类、劣Ⅴ类共 6 种类型。Ⅰ类和Ⅱ类为优质水体，水资源可直接饮用；Ⅲ类为良好水体，可用于养殖及游泳；Ⅳ类为较差水体，不能作为饮用水源，只能作一般工业使用；Ⅴ类为劣质水体，只能作普通农业用水或景观用水；劣Ⅴ类为丧失功能的水体，没有利用价值且污染环境。由此可见，水资源中Ⅰ、Ⅱ、Ⅲ类水体有很高利用价值，Ⅳ、Ⅴ类水体利用范围和价值已大为降低，而且按现代化工业和农业发展要求，Ⅳ、Ⅴ水体也已失去利用价值。在自然的情况下，无论是过往蓄积的水资源，还是当年大气降水形成的水资源，抑或是境外流入的水资源，都应当是洁净而优质的，只是因各种污染使其变劣。因此，防治污染、保护水质，便成为保护水资源、保障水资源供给的重要任务。

由于在经济社会快速发展中生态环境保护滞后，使我国水环境恶化，不少水体受到污染、水质变差，近年虽大力治理而有所好转，但全国水体在总体上质量仍然较差。据 2016 年江河水质监测，在全国监测的 235 218.80 公里河段中，Ⅰ、Ⅱ、Ⅲ类水质的河段分别占 6.5%、48.3%、22.1%，Ⅳ、Ⅴ、劣Ⅴ类水质的河段分别占 9.6%、3.7%、9.8%，有近 10% 江河河段水体失去了利用价值。在监测的大江大河中，海河、辽河、淮河、黄河劣Ⅴ类水质河段竟占各自监测河段的 44.6%、19.6%、19.6%、19.5%。可见这四条大河的水质之差。据同年湖泊水质监测，在重点监测的 36 个湖泊中，水质为Ⅱ类的只有 6 个，水质为Ⅲ类的只有 4 个，水质为Ⅳ类的有 12 个，水质为Ⅴ类的有 10 个，水质为劣Ⅴ类的有 4 个，湖水水质也较差。据全国 118

座城市饮用水调查，64%的城市地下水含水层受到严重污染，33%的城市地下水受到轻度污染，可见地下水污染之重。如此之差的水质使相当一部分水资源丧失了利用价值，导致本就不足的水资源更加稀缺。

为逐渐改变我国水资源质量较差的状况，并逐步消灭劣Ⅴ类水体、减少Ⅳ类和Ⅴ类水体，就必须强化污染治理、改善水环境。一是搞好城镇污水净化处理及达标排放、搞好城镇垃圾无害化处理及资源化利用，二是搞好工商业"三废"治理及资源化利用，三是搞好农业废弃物无害化处理和资源化利用，四是严格控制化肥用量、严格禁止高毒高残留农药使用，五是对已污染水体采取生物措施、工程措施加以改造与净化。只有将这些治污措施在全国推行、持续实施，长期坚持并逐步提高标准，才能彻底改变水体污染、水质较差的局面，并使水资源在总体上洁净可用。若我国不能长期坚持高标准治理污染，则全国水资源水质必然进一步恶化，有更多的水体变为劣Ⅴ类，出现有水不能用的局面，对包括农业在内的经济发展，甚至对人类生存带来严重威胁。

3. 水资源节约利用的可持续性

我国水资源总量不足、人均量少，而用水量巨大，供求矛盾十分突出。为缓解水资源供求紧张关系，满足农业用水、工业用水、城乡居民生活用水、生态用水的基本需要，必须长期坚持节约用水。通过全国各地及各行各业的节约用水，实现水资源的可持续利用，支撑经济社会的可持续发展。我国常年水资源总量虽有 27 460.30 亿立方米，但因水资源的供给和需求在时间、地点、条件、方式等方面不对应、不衔接、不匹配，使经济社会发展能够实际利用的水资源并不多。我国又是有近 14 亿人口、世界最大的农业和工业国，还是生态环境保护任务十分艰巨的国家，近年用水总量已超过 6 000 亿立方米，达到了水资源总量的 22%。而今后我国人口还有一定增长，工农业还有很大发展，生态环保还要加大建设，用水总量还会增加。但为了保护生态环境安全和水资源可持续利用，用水总量应当控制在水资源总量的 30%以内。如果再考虑一部分水资源利用的难度，实际上可用水总量只能达到水资源总量的 25%左右，即 6 865.08 亿立方米。在这一可用水总量上限的约束下，要保证工农业发展、人民生活、生态环保用水，不节约用水难以维系。

2016 年我国在已建有大量水利设施条件下，31 个省（自治区、直辖市）的用水总量已达到 6 040.20 亿立方米，其中农业用水 3 768.00 亿立方米、工业用水 1 308.00 亿立方米、人民生活用水 821.60 亿立方米、生态用水 142.60 亿立方米。平均每公顷农作物播种面积用水 2 261 立方米，平均每万元农业 GDP 用水 591.79 立方米，平均每万元工业 GDP 用水 44.15 立方米，平均每万元国内生产总值（GDP）用水 81.17 立方米，平均每人一年生活用水 59.42 立方米。与 2000 年比较，全国用水增加 542.6 亿立方米，其中农业用水减少 15.50 亿立方米、工业用水增加 168.90 亿立方米、人民生活用水增加 246.70 亿立方米、生态用水增加 63.10 亿立方米。用水标准与国外比，我国平均每公顷农作物播种面积用水、每万元 GDP 及每万元工业及农业 GDP 用水都较多，远高于国外万元 GDP 用水 50 立方米以下、万元农业 GDP 用水 300 立方米、万元工业 GDP 用水 30 立方米左右的中上水平，只是人均生活用水与国外中等水平［60 立方米/（人·年）］接近，在生态用水上仍显不足，这表明我国用水还有不小的节约空间。如果国内用水标准能达到国外中等偏上的水平，即使全国工农业生产规模再扩大，人民生活水平再提高，生态环境保护和建设再加强，将用水总量控制在水资源总量的 25% 以内（6 865.08 亿立方米），是完全可以实现的。

我国的节水应从输水开始，通过高标准渠道和管网建设，减少输水损失，提高水资源利用率。节水的大头是农业，应大面积推广滴灌、喷灌等节水灌溉技术，逐步建设农田、园地智能化灌溉系统，使每公顷农作物平均用水在 2 100 立方米以内。工业是用水大户，应普遍推广节水和水资源循环再生利用技术，使万元工业 GDP 用水在 30 立方米以内。严格控制人们生活用水，将每年人均生活用水限定在 65 立方米以内，并对城镇污水净化和再生利用，净化再生水不少于 200 亿立方米。若能达此目标，我国即使农作物播种面积达到 16 667 万公顷（25 亿亩）、园地面积达到 1 600 万公顷（2.40 亿亩），工商业再大幅度增长、人民生活水平再提高、生态保护再加强，也能为农业发展提供 3 638 亿立方米用水，为工业及其他非农产业提供 2 000 亿立方米用水，为人民生活提供 943 亿立方米用水，再为生态保护提供 286 亿立方米用水（包括 200 亿立方米净化后的再生水），从而保障经济社会发展的水资源利用。但如果节水目标不能实现，则我国水资源可持续利用就会出现严重困难，农业用水的可持续自然难以实现。

三、农业劳动力投入的可持续性

农业也和其他产业一样，其发展离不开劳动力的投入，农业的可持续发展总是与农业劳动力的可持续投入相联系。农业劳动力的可持续投入，一是需要有可持续的劳动力供给，二是需要有一代又一代的劳动力愿意从事农业，二者缺一不可。在传统上，农业劳动力来源于农村的农民，在一定意义上，农村劳动力与农业劳动力是同义语。在城乡劳动力市场放开的情况下，农业劳动力主要来源于农村劳动力，也有少部分来源于城镇劳动力，甚至还有来源于外省的劳动力。

1. 劳动力供给的可持续性

劳动力可持续供给指劳动力年复一年以一定规模再生产，并提供给劳动力市场使用。劳动力是人口中有劳动能力的部分（一般指 15～64 岁人口），人口年龄结构年轻、劳动力占人口比重可高达 65% 左右，人口年龄结构老龄化、劳动力占人口数量比重就会降至 60% 以下。只要人口保持一定的增长和规模，则劳动力总量也会保持一定的增长和规模，劳动力的供给就是可持续的。但若人口在增长速度上出现非正常波动，则人口规模也会随之非正常波动，劳动力供给的可持续性就会受到一定影响。

我国人口由 1949 年的 54 167 万增加到 1973 年的 89 211 万，再增加到 1980 年的 98 705 万、1990 年的 114 333 万、2000 年的 126 743 万、2010 年的 134 091 万及 2016 年的 138 271 万，人口总量已十分庞大。在 1949—2016 年，出现了 1953—1957 年和 1962—1973 年两个人口生育高潮，前一高潮净增人口 5 857 万，后一高潮净增人口 23 352 万。1974 年至今，因人口控制政策及后效应，人口增长放缓，预计我国人口峰值为 145 000 万左右。若劳动力占人口比重 2016 年以 60%、人口峰值期（2030 年左右）以 55% 计算，则 2016 年全国劳动力有 82 963 万个，人口峰值期（2030 年左右）也有 79 750 万个左右。即便在人口峰值期过后几十年，全国人口降至 120 000 万左右，劳动力占人口比重也降至 55% 左右，劳动力总量仍可高达 66 000 万个。由此可见，从人口变化的角度，无论是现在还是将来，中国劳动力数量始终能保持一个巨大规模，劳动力供给也是可持续的。

我国农村人口由 1949 年的 48 402 万（占总人口 89.36%），增加到 1973 年的 73 866 万（占总人口 82.80%），再增加到 1980 年的 79 565 万（占总人口 80.61%）、1990 年的 84 138 万（占总人口 73.59%），再减少到 2000 年的 80 837 万（占总人口 63.78%）、2010 年的 67 113 万（占总人口 50.05%）、2016 年的 58 973 万（占总人口 42.65%），农村人口数量仍然庞大。若我国人口在峰值期（145 000 万时期）的城镇化率为 80%，全国农村人口仍有 29 000 万。即使在人口峰值期后几十年，全国人口降至 120 000 万，城镇化率仍为 80%，农村人口还是有 24 000 万，数量仍然不少。如果农村劳动力占农村人口比重 2016 年为 60%、2016 年之后降为 55%，则 2016 年全国农村劳动力有 35 384 万个，人口峰值期农村劳动力有 15 950 万个，全国人口降至 120 000 万时农村劳动力仍有 13 200 万个。由此可见，从农村人口变化的角度，无论是现在或是将来，中国农村劳动力的数量始终是庞大的，农村劳动力的供给也是可持续的。

2. 农业劳动力来源的可持续性

农业劳动力指以农为业、以农谋生的劳动者，在这里主要指从事农业生产过程中各种农事活动的劳动力，不包括农业产前物资供应和产后产品营销的劳动力。在 20 世纪 80 年代中期之前，城乡劳动力市场处于封闭状态，农村劳动力不可流动，农业劳动力主要来源于本地农村的行政村或村民组。在此之后，城乡劳动力市场逐渐开放，劳动力可以在城乡之间、城镇之间、农村之间自由流动和就业，农村劳动力可以进入城镇从事非农产业，也可以在本地或外地从事农业，而城镇劳动力既可以进入农村从事农业，也可以在本地或外地从事非农产业。如此一来，农业劳动力的来源便逐渐由单一变为多元，有的仍然来源于本地农村社区、有的则来源于城镇、还有的可能来源于外地农村、甚至遥远的农村。

目前，我国农业劳动力仍主要来自本地农村社区，也就是广大农村的农业劳动，主要依靠本地农村的劳动力完成。一方面，虽然广大农村有大量劳动力外出务工经商，甚至有一部分人口进入城镇就业（创业）和生活，但除个别的行政村或村民组外，都还有相当一部分农户和劳动力留在原住地，从事农业生产和照顾家庭，并能完成本来规模就小的家庭农业生产经营。另一方面，广大农村农户家庭或农业企业有时也需雇佣劳动力，为降低雇佣劳动力的成本，一般也会就地雇佣本地劳动力。再一方面，留在农村的劳动力，或因不能离开农村外出务工，或因不适应外出务工，不得不留在农村从事农业劳动，在别无选择的情况下，无论农业劳动的收益是高还是低，这些劳动力从事农业劳动、搞好农业生产经营才是理性的选择。

现在，我国农业劳动力有少部分来自城镇，也就是有一部分农业生产劳动是由城镇劳动力而不是农村劳动力完成的。一方面，近年的城镇居民、工商业者、科技人员到农村兴办农业企业，将城镇一些有知识、有技术的劳动力带到农村，从事农业生产经营。另一方面，近年有的城镇居民、工商业者、科技人员投资农业生产服务业，建设农机站、购买农业机械、培训农机作业人员，为农业生产各个环节、各种农事活动提供高效专业化服务。再一方面，近年有的外出务工经商农民工回乡创业、发展新型农业，雇佣有专业知识和技能的劳动者，进行生产经营。如此一来，使我国农业劳动力的构成开始发生变化，一批有专业知识和专业技能的新成员加入了农业劳动力大军。

另外，还有一部分地方的农民，凭借自己的技术和投资能力，购买并操作农机，跨区域开展农业生产服务，也为服务地区提供了农业劳动力。近些年每年有数万台收割机跨区域从江苏、安徽经河南、河北、山东直到东北收割小麦，也有数万台收割机跨区域从湖南、湖北、浙江、江苏直接到辽宁、吉林、黑龙江收割水稻，还有操控无人机跨区域防治农作物病虫害等，就是农业劳动力来源于外地的例证。当然，也有一些地方的农地租给外地农民生产经营，这些地方的农业劳动力来源于外地农村。

3. 劳动力农业就业的可持续性

我国无论是劳动力总量或是农村劳动力数量，在现在和将来都是充足的，农业所需要的劳动力是有来源保障（供给保障）的。但农业劳动力的来源保障和投入保障是不同的，来源保障只是可能性保障，而投入保障才是现实性保障。在劳动力来源充分的情况下，只有足够多的劳动力选择农业就业，农业劳动力的来源（供给）保障才能转化为投入保障。劳动力农业就业的可持续，就是有足够多的劳动力自愿选择农业就业，并能满足农业发展年复一年对劳动力的需求。很明显，劳动力农业就业是可持续的，农业劳动力的投入就是可持续的，农业发展也才可持续。相反，若劳动力农业就业不可持续，则农业劳动力投入也不可持续，农业发展就会萎缩或中断。

劳动力就业是劳动者自由选择的行为，一方面它要受劳动者体能、智能、技能的较大约束，另一方面它要受劳动报酬的决定性影响，再一方面它要受劳动条件的一定制约，最后一方面它还要受家庭条件的某些限制。在一般情况下，劳动者只会选择自己力所能及和家庭条件许可的行业就业，当这两个条件都满足时，劳动者会优先选择劳动报酬高的行业就业，当劳动报酬相当时，劳动者才会选择劳动条件好的行业就业。对于农村劳动力而言，在本地农业就业、从事家庭传统农业生产经营，其体能、智能、技能是具备的，还能与家人在一起相互照顾，家庭条件更是允许的。但目前农业劳动收益很低、劳动条件也比较艰苦，加之生产经营规模小，从农业获取的收入太少，难以维持家庭生计。故此，大多数农户家庭都让青壮年劳动力外出务工以增加家庭收入，只留下老人、妇女照顾家庭和从事农业生产。这些留在农村从事农业生产的劳动力，并非自愿农业就业，而是不得已的被迫选择。对于城镇劳动力而言，他们中的一小部分选择农业就业，都集中在高附加值农产品生产和高盈利农业生产服务上，鲜有从事传统农业生产经营，如粮食油料生产经营。由此可见，在当前情况下，农村劳动力农业就业的意愿不强、城镇劳动力农业就业也只限于极少数，劳动力农业就业的可持续性不容乐观。

在劳动力农业就业意愿不强的背景下，为吸引更多劳动力农业就业，满足农业发展对劳动力的需求，保证农业可持续发展，最根本的是在提高农业劳动生产率和资源产出率基础上，显著提高农业劳动者收入，在改善农业生产条件和农村生活条件基础上，使农业及农村令人向往。一要大力进行耕地建设、使其平整肥沃、便于机械化大生产、大幅度提高产出水平，大力进行林地建设、优化林种及树种结构、发展林下经济、同时提高生态及经济功能，大力推进草地建设、恢复草地生态植被、大幅提高草地产草量和载畜量。二要努力推进传统农业的技术改造和新型农业的发展，充分利用农业资源、拓展农业发展空间，提高农业生产效率、农产品产量和品质。三要鼓励农村劳动力或农户在农、林、牧、渔各领域自主创业、分工分业，并实现规模经营，使其能以农为业、以农谋生、以农发展。四要搞好农村交通、通信、能源等公共设施建设，教育、医疗等服务设施建设，生态环境保护，使农村环境优美、生活方便。若能如此，不仅农村劳动力乐于农业就业，而且城镇劳动力也向往农业就业，届时农业劳动力可持续投入就有了可靠保障，农业可持续发展也有了劳动力保障。

四、农业技术创新的可持续性

农业技术创新有狭义和广义之分，狭义的农业技术创新指农业新技术的研究开发活动，广义的农业技术创新指农业新技术的研究开发、推广应用、更新换代的全过程，此处所指为广义的农业技术创新。农业技术可持续创新有两重含义，一是创新过程及其中的每一环节是可持续的，二是一个又一个创新过程也是可持续的。技术创新不仅能提高农业劳动生产率和资源产出率，还能降低农业生产成本和提高农业效益，不仅能有效节约和充分利用农业资源，还能成功改造劣质资源和开发利用新的资源，不仅能改造传统农业产业而提高产量和质量，还能创造新型农业产业而生产特优产品。技术创新对解决我国农业资源不足、农业生产效率和效益不高、农业生产环境脆弱等问题，具有不可替代的功能，是农业发展的强大推动力量，农业技术可持续创新是农业可持续发展的可靠支撑。

1. 农业新技术研究开发的可持续性

农业新技术是指比已有技术效率更高、效益更好的技术，或是过去不曾有的农业新领域、新产业的技术。农业新技术的可持续研究开发，一方面指农业新技术体系总体的研究开发是连续不断的、持久稳定进行的、逐步深化拓展的，另一方面指农业新技术体系中的重要领域的研究开发也是连续持久的、稳定推进而又逐步深化的。要实现农业新技术可持续研究开发，一是要有稳定而强大的农业技术研究开发队伍，二是要有科学而又准确的农业新技术研究开发领域定位，三是要有对农业新技术研究开发持续而稳定的投入。

从 20 世纪 50 年代初期以来，我国先后在全国和各省、自治区、直辖市建设了综合性农业、林业、牧业、水产业科学研究院（所），在部分地区建立了不同类型的专业性农业（或林、牧、水产等）科研所，组织了一大批专业科技人员，专门从事农林牧渔各产业发展、农业资源开发、农业生态环保、农产品储藏及运输和加工等领域的科学技术研究。与此同时，我国也先后建立全国性、大区性、省属的农科类大专院校数十所，农科类中等专业学校数百所，这些农科类大中专院校的教师除进行人才培养外，还有一批人从事农业各领域的科学技术研究。近年来，我国非农高校和科研院所跨入农业科学研究，成为新的研究力量。不过，我国涉农企业的农业科研力量还严重不足。总的看，我国已有一支庞大而稳定的农业科技研究开发队伍，主要集中在农业科研院所和农业高校，但涉农企业的研究力量不足。

长期以来，我国农业新技术的研究开发领域十分广泛，既有全国共通性农业新技术的研究、也有区域性农业新技术的研究，既有生产领域新技术的研究、也有资源环境领域新技术的研究，既有农产品生产领域新技术的研究、也有农业生产资料及农产品加工的新技术研究，既有种植及养殖新技术的研究、也有种植及养殖设施设备和工具技术的研究，既有农林牧渔四大产业发展新技术的研究、也有四大产业中重要类别发展和重点产品生产新技术的研究，既有传统农业发展和改造新技术的研究、也有新型农业发展及名优特产品生产新技术的研究等，涉及领域很宽，研究范围很广。但过往的研究重点集中在现有农业资源利用和农业增产增收的相关领域，这些领域的研究是持续进行并逐步加强的。但对农业资源的深度开发与保护、农业生态环境保护与建设、农业劳动生产率和资源产出率提高、农业生产资料和人工节省、高效率低成本农业生产、高效率低能耗农业机械及设施技术等方面的研究，便有波动起伏的现象，时而重视、时而放松，研究开发的持续性不强。同时，在新形势下，对农业生产信息化、自动化、精准化、智能化技术的研究开发也显不足。

农业新技术的研究开发离不开持续而稳定的投入，在研究开发机构和人员已经具备的情况下，这里所指投入主要是研究开发经费。我国当前的农业新技术研究开发任务，主要由农业科研院所和高等院校承担，研究开发经费主要由政府财政资金按研究开发项目支持，由研究开发单位和项目研究人员向相关机构（如政府科技管理部门）申请，获得批准后便可开展研究开发。由于研究开发经费是按研究开发项目支持的，研究开发项目结束经费支持便告终止，若需进行继续研究则需另行申请，如果申请不成功，就会因失去经费支持而使研究开发中断。在当前这种研究开发项目申请审批及经费支持制度下，虽有不少重要农业新技术研究开发得到政府财政资金的持续稳定支持，但也有一些重要农业新技术研究开发只得到政府财政资金断断续续的支持，有的甚至半途而废，在强调所谓"研究基础"的约束下，一些具有开创性、革命性的新技术研究开发还容易被排除在经费支持范围之外。另外，我国涉农企业（如种子、肥料、饲料、农药、兽药企业等）的农业新技术研究开发投入不足，使农业新技术研究开发投入渠道单一，在部分领域存在投入不持续、不稳定的问题。

2. 农业新技术应用推广的可持续性

农业新技术只有在农业生产经营中应用推广，才能发挥对农业发展的支撑作用，农业新技术可持续应用推广，才能保证农业发展有新技术的持续支撑。这里所指农业新技术可持续应用推广，一是指研究开发的农业新技术都应当在适宜的农业生产领域应用推广，使其在应用生命周期内充分发挥效能；二是指原有农业新技术完成使命后要有更好的新技术替代，使农业新技术一代又一代在农业发展中更新应用。农业新技术可持续应用推广需要一定的条件，一是新技术要比原有技术效率和效益更好，而且十分成熟可靠；二是新技术要有必备的应用推广条件，缺乏必要条件新技术难以应用或应用效果不好；三是要不断有一代又一代新技术研究开发成功，拥有足够的技术储备，为农业新技术更新提供支持。

自 20 世纪 50 年代以来，特别是改革开放以来，在一代又一代科技工作者的艰苦努力下，进行了广泛深入的农业科学技术研究开发，创造出了数以十万计的农业技术新成果，有的还是领先世界的新成果。这些研究开发的新技术有一部分在生产中得到应用、发挥了重大作用、极大促进了我国农业发展，最为典型的例子就是杂交水稻的研究成果和广泛应用。正因为大量农业新技术的应用推广，才使我国在农地资源、水资源紧缺而自然灾害又十分频繁的不利条件下，成为世界农业大国并有效解决了农产品基本供给。但与巨大的研究开发人财物力投入和研究项目鉴定验收认可的成果相比，在农业发展中应用的成果仍然太少，有人估计不到30％，即有70％左右研究开发的农业新技术没有被应用，未能在农业发展中发挥作用。还有的农业新技术虽在农业发展中得到应用，可只在局部范围使用，未能推广到较大的适宜范围，其作用未能充分发挥。也有的农业新技术在应用多年后出现退化，又没有更新的先进技术替代，以致对农业发展造成损失。这些都表明，我国农业新技术应用推广还存在一些不可持续的问题，并对农业发展产生不利影响。

我国农业新技术应用推广的某些不可持续，除研究开发的选项不符合农业发展需要外，还有四个方面的原因。一是有的农业新技术还不完善、不成熟，还未经过严格的实践检验，也未达到规模化应用推广的程度。二是农业科研院所及高校十分重视农业新技术研究开发，以享有新技术研究开发的成果，而对与己并不直接相关的新技术应用推广，关注度并不高。三是农业新技术研究开发部门与使用部门间信息不对称，出现农业新技术找用户与用户找农业新技术之间的错位。四是有些农业新技术应用的基础设施条件不具备，限制了它的应用推广。要增强我国农业新技术应用推广的可持续性，就应加强科研管理，使研究开发的农业新技术完善、成熟、实用，就应改革科技成果评定，以农业新技术应用推广绩效为依据，就应搞好农业基础设施建设，改善农业生产条件。

3. 农业新技术更新换代的可持续性

农业新技术在应用推广一定时期之后，或因其功能减退而不再有利用价值，或因更加优良和先进的技术出现，就需要对其更新换代。农业技术也与其他事物一样，有产生（研究开发）、发展（应用推广）、消亡（更新换代）的生命周期。再新再先进的农业技术，都只适应特定的生产目标和生产条件，在应用推广一定时期后，原有目标和条件就可能改变，原有技术的先进性就可能丧失。有的农业新技术（如新品种）在应用推广中可能退化，使用一定时期后就失去了价值。同时，只要农业技术的研究开发持续进行，就会不断有更新更有效的技术出现。无论出现了哪种情况，都必须用更新更有效的技术去替代原有技术，实现技术的换代。农业技术的更新换代，可以为农业发展增添新的动力。

新中国成立几十年来，不仅高度重视农业新技术的研究开发、农业新技术的应用推广，而且也同样重视农业技术的更新换代，用更先进更有效的新技术去替代原有相对落后的技术。粮食作物品种由高秆良种更换为矮秆良种再更换为杂交品种，家畜家禽品种由地方良种更换为引进良种再更换为杂交品种，动植物品种由低产到高产、由不抗（病）到多抗（病），由高产到优质更新换代了多次。作物栽培和动物饲养技术也由传统经验到科学规范，更换了多次并日益精准。土壤肥料技术、植物保护和动物防疫技术、灌溉技术等，更是经过多次更新而变得精准、高效。正是在品种、栽培、饲养、土壤、肥料、饲料、植保、防疫、灌溉等方面一次又一次技术更新，才能不断为农业发展增添新的动力，促进我国农业发展。但由于农业新技术研究开发的艰巨性、长周期及偶然性，部分新技术研究开发还不能满足农业发展需要。我国在部分农作物和畜禽品种上、在高效低成本作物栽培和动物饲养上、在资源开发利用和生态环保上等方面，技术更新换代的速度还比较慢，以致一部分技术虽已明显落后，但没有更新更有效的技术替代，不得不继续使用。

农业新技术的更新换代，首先要以建立在研究开发基础上的新技术储备为前提，其次要以农业基本条件建设为基础，再次要以追加投入为条件。没有先进有效的技术储备，农业技术更新换代就是无米之炊，没有较好的基本条件，先进有效的技术便难以应用，没有追加投入，先进有效技术对原有技术的替代就不可能实现。为改变我国在某些领域农业新技术更新换代不可持续的问题，应当在三个方面下功夫，一是要增强重要农业技术领域研究开发的可持续性，农业新技术的研究开发要做到应用一代、储备一代、预研一代，使一代一代接上班。二是搞好耕地、园地、林地、草地建设，道路设施、水利设施、防护设施完善配套，耕地和草地整治改良，适宜机械化大生产，为农业新技术更新换代创造良好条件。三是为农业新技术的更新换代提供或筹备足够的人财物力，以满足其追加投入的需要。有了这三个方面的扎实工作，农业新技术的更新换代就能实现可持续。

五、农业再生产过程的可持续性

农业生产全过程应当包括农业生产要素的投入、农产品的生产、农产品的销售三个环节，土地、劳动力、资金、物质的投入是农业生产的条件，通过完成相关农事活动才能生产出农产品，将生产的农产品在市场销售以收回生产成本并获取盈利，农业生产过程才算真正完成。农业再生产过程就是农业生产过程的循环往复，用上一生产周期收回的生产成本投入下一生产周期、生产规模和水平保持不变，就是简单再生产，用上一生产周期收回的生产成本和部分盈利投入下一生产周期、生产规模扩大或水平提高，就是扩大再生产。收回生产成本是农业简单再生产的基本条件，而获取盈利是农业扩大再生产的基本条件。简单再生产只能使农业维持现状，扩大再生产才能使农业发展壮大。

1. 农产品市场出清的可持续性

农产品市场出清，就是生产的农产品在市场全部销售，并为消费者所消费。在商品生产体制下，农产品的生产是为了销售，而不是为了自给。农产品能在市场出清，农业生产的全过程才算真正完成，农业生产成本才有可能收回，农业生产盈利才有可能获取。农产品不能在市场出清，不能被消费者所消费，农业生产过程就不算真正完成，农业生产成本便无法收回，农业生产盈利更是无从谈起。只有上一农业生产周期收回了生产成本和获取了盈利，才能进行下一周期的农业再生产。因此，每一农业生产周期的农产品市场出清，即农产品可持续市场出清，是农业再生产过程可持续的基本要求，也是农业可持续发展的条件。

20世纪80年代中期之前，我国农产品长期短缺，生产的农产品供不应求，从未出现过市场不能出清的情况。在此之后，随着农产品产量的增长、农产品品种的增加，加之加工转化的滞后，一部分农产品出现卖难，在市场上不易出清。20世纪80年代后期的山楂、90年代的红橘和广柑、21世纪初的苹果，近年的部分蔬菜、调味品、红枣等，还有新出现的早籼稻，南方的小麦、玉米等，都出现过卖难、市场难以出清的状况，不仅给农民造成很大损失，而且给农业发展带来巨大伤害。之所以出现部分农产品卖难、市场难以出清的情况，一是因为盲目生产和一哄而上，使某些产品在短期内急剧增加及市场难以消化；二是某些产品不符合市场需求和不为消费者接受，不能在市场出清；三是某些产品无质量和价格优势，在市场竞争中处于劣势，被挤出了市场。这三种原因造成的部分农产品市场不能出清虽出现过多次，也引起了社会关注，但至今仍然存在，并对农业可持续发展造成负面影响。

无论是何种主体在哪个周期生产何种农产品，只要不能在市场出清，便收不回生产成本也不能获取盈利，下一周期的农业生产就难以进行，再生产过程就可能中断。为促进生产的农产品市场出清，保证农业再生产过程的可持续，应该对每一周期农业生产过程严格把关。一是农业生产要素应主要投向市场需求量大而稳定、供给尚不饱和的大宗农产品生产，严格控制需求不确定、市场供给已饱和的产品生产。二是大力发展市场前景广阔的优质特色农产品生产，严格控制质量较差的低端农产品生产，严禁市场行情低迷的农产品生产。三是大力提高农业劳动生产率和资源产出率，减少物质和人工消耗，显著降低农产品生产成本，增强农产品的价格竞争力。农产品生产层层把关，则农产品市场出清就是可持续的。

2. 农产品生产成本回收和盈利获取的可持续

农产品生产成本回收和农产品生产盈利获取，是指在农产品市场出清的条件下，从农产品产值中扣除生产成本和获得盈余。农产品产值是由农产品数量及其价格共同决定的价值量，农产品生产成本是由价值表现的物质成本、人工成本、土地成本的总和。如果农产品的产值小于农产品生产成本，则农产品生产成本不能完全收回，农业生产处于入不敷出的亏损状态。如果农产品产值等于农产品生产成本，则农产品生产成本可以收回，农业生产处于不亏不盈的状态。如果农产品产值高于农产品生产成本，则农产品生产成本不仅能全额收回，而且还有盈余，农业生产处于盈利状态。当农业生产不能完全收回成本时，不可能进行再生产；当农业生产只能收回成本时，可以进行简单再生产；当农业生产不仅能收回生产成本而且还有盈利时，便可以进行扩大再生产。这表明，农业生产至少做到不亏本，其再生产过程才可能持续。

随着我国经济社会发展，生产要素价格上涨，对农业生产成本带来重大影响。自20世纪90年代以来，农地使用成本上升，劳动力价格上涨。进入21世纪，特别是近年来，土地和劳动力价格更是大幅飙升，加上农业生产资料价格也居高不下，使农业生产成本快速攀升，造成很多农产品生产处于亏损状态，只有少数农产品生产可获微利。据统计，2016年全国三大粮食作物（水稻、小麦、玉米）生产平均每公顷亏损 1 204.20 元，其中每公顷水稻生产盈利 2 129.40 元，每公顷小麦生产亏损 1 232.25 元，每公顷玉米生产亏损 4 495.50 元。另外，同年每公顷大豆生产平均亏损 3 147.15 元，每公顷花生生产平均盈利 4 056.60 元，每公顷油菜籽生产平均亏损 4 964.70 元，每公顷棉花生产平均亏损 7 324.50 元，每公顷烤烟生产平均亏损 1 681.95 元，每公顷甘蔗生产平均盈利 6 156.75 元，每公顷甜菜生产平均盈利 1 246.80 元，每公顷桑蚕生产亏损 7 976.10 元，每公顷苹果生产盈利 13 452.00 元，每养殖一头生猪平均盈利 288.70 元，每养殖 100 只蛋鸡平均盈利 374.30 元，每养殖 100 只肉鸡平均盈利 153.17 元，每养殖一头奶牛平均盈利 5 241.17 元。由此可见，近年我国大多数粮棉油作物生产处于亏损状态，连生产成本都不能完全收回，农业再生产较为困难。

近年来我国农产品生产大范围亏损，部分不亏损产品的生产盈利也不高，究其原因主要有三。其一是农业机械化程度不高，农业生产用工多、人工成本太高；其二是农业发展片面依靠物资投入、生产资料投入量过大，加上生产资料价高，导致物质成本上升；其三是土地流转扩大、流转租金上涨，推高土地使用成本。若不下大功夫扭转这一局面，农业再生产过程很难持续。要从根本上改变目前的困局，一是需要大规模耕地建设和养殖设施建设，使其适应机械化大生产要求，大幅提高种养业生产全程机械化水平，大幅降低人工使用；二是需要大规模改良耕地和草原，显著提高耕地肥力，提高草地质量，推广先进种植和养殖技术，明显降低农业生产物质消耗；三是提高农民的组织化程度，提高农业生产合作水平，搞好农业生产社会化服务，降低农业发展对土地流转的依赖。如果在这三个方面都大有突破，农产品生产成本就会大幅度降低，农产品生产也应当有盈利，农业再生产过程也会可持续。

3. 相关主体农业再生产的可持续性

相关主体指从事农业生产经营的微观主体，包括农户、个体农业企业、国有农业企业三大类，每一类中都有众多相对独立的个体。这三类主体及其中的个体在生产经营上自主决策，在某一生产周期之后是否继续从事农业生产、生产什么农产品及生产多少农产品，都由自己决定。如果三类主体中的全部或绝大多数个体在每个生产周期之后都继续保持或扩大农业生产经营，则对这些个体及社会总体农业再生产都是可持续的。如果这三类主体中的相当一部分个体在多个生产周期之后，均出现或放弃农业生产经营，或缩小农业生产规模，则对这些个体和社会总体农业再生产都是不可持续的。由此可见，农业生产经营微观主体的生产决策行为，特别是他们生产决策的群体行为，对农业再生产的可持续性具有决定性作用。

农业生产经营微观主体在某一生产周期之后，是否继续保持或扩大农业生产经营，一要看农业生产经营的市场前景，二要看农业生产经营的盈利和收入预期，三要看转行转业的机会和风险，四要看这些主体的自身状况，五要看这些主体的环境条件。如果农业生产经营市场前景看好，发展某些农业产业和生产某些农产品能够获取较高盈利，继续从事农业生产有较为理想的收入，则农业生产经营微观主体就会继续保持或扩大农业再生产。如果农业生产经营市场前景不容乐观，农业产业发展和农产品生产利润微薄、收入不高、甚至亏本，则有相当一部分农业生产微观主体就会放弃或缩小农业再生产，只有那些如果放弃农业损失和风险太大、或本来就难以从事其他产业、或因其他原因不得不从事农业的微观主体，才会继续保持农业再生产。另外，有些农业产业发展和农产品生产本来难以获取盈利，或会出现亏损，但有不同名义的政府补贴，在补贴之后可以获利，则相关的微观生产经营主体也会保持或扩大再生产。

农业生产经营微观主体保持和扩大再生产，是农业可持续发展的前提，为增强绝大多数微观主体农业再生产的持续性，应当在提高农业生产效率和效益上狠下功夫。农业生产效率主要指农业劳动生产率和土地产出率、投入物（化肥、饲料等）产出率，农业劳动生产率的提高主要靠农业生产的机械化和自动化、智能化，土地产出率的提高主要靠土地改良和培肥、优质高产技术的应用推广，投入物产出率的提高则要靠投入物的优质高效、使用精准。农业生产效益主要指农业的收入和盈利，农业收入增加主要靠提高农产品单产和品质，而农业盈利增加除提高农产品单产和品质外，还要降低生产成本。只要农业生产效率和效益有了显著提升，从事农业的收益和福利不比别的行业差，农业生产经营微观主体农业再生产就是可持续的，农业可持续发展也就有了基础保障。

第二十九章　中国农业发展的可成长性

农业发展的可成长性，是农业发展规模扩大、领域拓展、质量提升、效益提高、竞争力增强的可能性。这种可能性越大、越容易成为现实，农业的可成长性越强，农业发展的前景也越广阔，安全性也越高。农业在传统上包含种植业、林业、畜牧业、水产业四大产业部门，都是依托传统农业自然资源和自然条件发展的产业。随着科学技术的进步，又产生了不依赖传统自然资源和传统自然条件的新型农业产业，使农业产业有了新成员。对由多个产业组成的农业这一产业集群，若其中的每个产业都具有可成长性，则整个农业就具有可成长性，若其中的主要产业没有可成长性或成长性差，则整个农业就不具可成长性。由此，对农业可成长性的判断，就转换成了对不同农业产业可成长性的分析。

一、种植业发展的可成长性

我国种植业包含粮食、油料、棉花、麻类、糖类、烟草、中药材、蔬菜（含果用瓜）、其他农作物种植业九大类，以粮食、油料、棉花、蔬菜四大种植业为主。种植业的可成长性表现为播种面积的可扩张性、单位耕地面积产量的可增长性、农产品质量的可优化性、生产效率与效益的可提升性，如果播种面积可以扩大、单产和质量可以提高、生产效率和效益可以提升，则种植业发展就具有可成长性。而播种面积由耕地面积和复种指数决定，单产主要由种植技术及生产投入决定，效率和效益由生产条件、生产工具、种植技术等多种因素决定，从这些方面进行分析，可以对种植业发展的可成长性做出基本判断。

1. 农作物播种面积的可扩张性

农作物播种面积是耕种土地的面积与复种指数的乘积，耕种的土地面积越大、复种指数越高，农作物播种面积就越大。在农作物单位播种面积产量既定的情况下，农作物的产量就由播种面积决定，播种面积越大、农作物的总产量就越多。一个国家或一个地区，其耕地资源是一个既定的量，虽随时间推移而有变化，但还是相对稳定。而由气候条件和种植习惯所决定，一国或一地区的复种指数，也保持在一定水平上，即使变动区间也较小。当然也有特殊情况，一是后备耕地多的国家将其投入耕种会显著增加播种面积，二是某些国家将部分耕地休耕会显著减少播种面积，三是有的国家在特定时期耕地大量减少也会使播种面积减少。

2016 年我国耕地面积 13 492.09 万公顷，农作物播种面积 16 665.00 万公顷，复种指数 123.52%。在总播种面积中，粮食作物 11 303.40 万公顷、占 67.83%，油料作物 1 413.80 万公顷、占 8.48%，棉花 334.50 万公顷、占 2.01%，麻类 8.80 万公顷、占 0.05%，糖料 169.60 万公顷、占 1.02%，烟草 127.30 万公顷、占 0.76%，中药材 223.60 万公顷、占 1.34%，蔬菜及果用瓜 2 493.00 万公顷、占 14.96%，其他农作物 590.80 万公顷、占 3.55%，粮、油、棉、菜四大类作物播种面积占总量的 93.28%。耕地后备资源少且开垦难度大，我国耕地总量难以增加，工业化及城镇化还要占用部分耕地，现有耕地还有可能减少。耕地利用强度已经很大、地力消耗过度，加之提高复种指数会大幅度增加种植成本，复种指数也只能保持在 125% 左右。鉴于此，今后若干年内我国耕地按现有趋势发展，农作物播种面积不仅不会增加，而且在现有基础上还有可能会减少。

如果我们不甘于耕地现状，下大决心、花大力气搞耕地改造与建设，我国耕地面积也会稍有增加，质量则会显著提高。一是在不破坏生态环境的前提下开发耕地后备资源，使土质较好、有水源条件、便于垦殖和利用的后备资源变为耕地。二是在西线调水工程建成输水后，在甘肃、宁夏、陕西、内蒙古、山西开垦一部分荒地，将其建成高标准农田。三是在农民新村建设基础上，搞好废弃宅基地复垦，在江河治理基础上，建设江河沿岸耕地，增加部分耕地面积。四是通过盐碱地治理、沙漠治理等，建成一部分可耕地。若这几项工作都能做好，我国耕地有望增加 800 万公顷左右，播种面积也有望增加 800 万公顷以上。只不过要完成上述工作以增加耕地及播种面积，要投入大量人财物力，并且不是在短期内能完成的。

2. 农作物单位面积产量的可提升性

在农作物播种面积既定的情况下，单位播种面积产量（简称单产）越高，农作物产量也就越大。若农作物单产水平有提升的空间，则农作物总产就有增加的可能，种植业也就表现出一定的可成长性。与受耕地数量约束的农作物播种面积不易增加不同，受耕地质量、技术水平、投入水平决定的农作物单产提升有很大余地。相对耕地增加的困难，提高耕地质量，提升技术水平，增加投入就显得容易得多。因此，通过提升农作物单产，绝对是增强种植业可成长性的有效办法。

我国种植业经过几十年的发展，通过耕地改良、技术创新、增加投入，农作物单位面积产量有了很大提高，但与农业发达国家相比还有较大差距，与我国农业技术可实现的单产水平相差也很远。表 29-1 是 2016 年我国主要农作物单产与 2014 年美国单产、世界最高单产以及我国技术可实现单产的比较。

由表 29-1 可知，我国主要农作物单位面积产量并不算低，但与农业强国美国相比还有很大差距，除小麦、油菜籽、麻类单产比美国稍高外，我国谷物、稻谷、玉米、大豆、薯类、花生、籽棉、甜菜、甘蔗、烟叶、水果单产分别只有美国的 78.43%、80.85%、55.63%、91.41%、8.42%、83.16%、64.46%、94.09%、93.76%、82.46%、9.61%，粮食、油料、水果单产显著低于美国。若与世界最高单产水平相比，我国主要农作物单产水平更显低下。表 29-1 中所列"中国技术可实现单产潜力"，是利用我国现有技术在一定区域已经实际达到的单产，只是在全国范围内还未达到。这些情况表明，我国农作物单产提升空间还较大，种植业还有不小成长潜力。

表 29-1　中国 2016 年主要农作物单产的国际比较

单位：千克/公顷

农作物	2016 年 中国单产	2014 年 美国单产	2014 年 生产大国单产	2014 年 世界最高单产	中国技术可实现 单产潜力
谷物	5 989.60	7 637	4 641（巴西）	9 074（荷兰）	8 250.00
小麦	5 327.10	2 944	7 357（法国）	9 170（荷兰）	7 500.00
稻谷	6 861.70	8 487	3 622（印度）	10 920（澳大利亚）	9 000.00
玉米	5 971.30	10 733	5 176（巴西）	34 098（以色列）	9 000.00
大豆	1 796.30	1 965	1 419（缅甸）	4 286（哈萨克斯坦）	3 000.00
薯类	3 753.80	44 562	7 351（尼日利亚）	47 944（法国）	6 000.00
油菜籽	1 984.10	1 809	1 926（加拿大）	4 481（德国）	3 000.00
花生	3 657.30	4 398	1 400（印度）	5 534（尼加拉瓜）	6 000.00
籽棉	1 584.40	2 458	2 613（乌兹别克斯坦）	6 000（澳大利亚）	3 000.00
麻类	2 990.40	931	2 010（孟加拉国）	6 730（比利时）	4 500.00
甜菜	57 702.90	61 330	79 861（德国）	94 466（智利）	67 500.00
甘蔗	74 550.30	79 511	76 641（泰国）	126 051（秘鲁）	82 500.00
烟叶	2 140.70	2 596	2 648（巴基斯坦）	15 834（秘鲁）	3 000.00
茶叶	828.69		2 193（肯尼亚）	7 063（伊朗）	2 250.00
水果	21 839.61	227 226		302 653（哥斯达黎加）	37 500.00

资料来源：《2017 中国农村统计年鉴》第 178 页、第 383～397 页，中国统计出版社，2017 年 11 月。

3. 农作物主产品质量的可优化性

农作物主产品指粮油作物的籽实、薯类的块根、棉麻的纤维、糖料的块根和茎秆、蔬菜的根茎叶、水果的果实等，也就是常说的种植产品。农作物主产品种类繁多，形态各异，一般分为食用、饲用、加工用三大类，不同用途的农产品对质量有不同要求。食用的农产品在营养、卫生、安全、色香味等方面有特定质量要求，饲用农产品在营养、安全、适口等方面有特定质量要求，加工用农产品在营养、安全、风味、物理性状等方面有特定质量要求。农作物主产品质量对种植业发展有重要影响，产品质量优良不仅更容易占领市场，而且还能获得更高的市场价格，使种植业发展空间更大、效益更好，否则，种植业就会丧失市场竞争力，而不具成长性。

经过数十年农作物品种改良、栽培技术创新，我国食用农产品在营养成分、卫生标准、安全保障、色香味等方面都有明显提升，除了能生产大众化的食用产品，还能生产名特优食用农产品和专用农产品。如生产一、二级大米的优质水稻、高氨基酸玉米，专用的面条小麦和面包小麦，名特蔬菜及瓜类，名优水果等，使人民生活水平得到提高。但也无可讳言，我国名特优食用农产品和专门食用的农产品比较少，质量一般的食用农产品还占大多数。食用的谷物大多是营养成分、卫生安全、色香味一般的产品，这类产品生产因追求高产而过量使用化肥、农药，不仅使营养受损、口味不佳，而且卫生安全标准也不高。食用的蔬菜、瓜果虽多为优良品种，但因土壤及水体、大气环境优劣不齐，加之过量使用化肥及农药，也导致营养不足、风味变差、卫生安全标准不高。为解决我国大多数食用农产品质量不高的问题，一是要选育和使用品质优良的品种、淘汰产品质量差的品种，二是要减少数量已经过剩而质量又较差的食用农产品生产、增加优质食用农产品生产，三是要改善食用农产品生产的生态环境、严格控制化肥及农药使用量，四是要对耕地改良培肥、推广精准化种植技术。只要做到这些，我国食用农产品质量就可显著提高，使食用农产品生产更具成长性。

我国饲用农产品主要有玉米、薯类、杂粮、豆类等，其他农作物的主副产品也可以作饲用。经过多年的品种技术、栽培技术创新，饲用农产品在营养卫生安全及适口性等方面有了大幅提升，但也存在一些问题。一是缺乏专用的饲用农产品，饲用农产品和食用农产品无太大差别；二是提供能量的饲用农产品多、提供蛋白质的饲用农产品不足；三是有些饲用农产品（如薯类）不便加工、难以生产商品饲料。从总体上看，我国饲用农产品质量还有待提升，一要培育专门饲用的农作物品种并进行专门生产，二要增加大豆生产、改善饲料农产品的结构，三要大力开发非大豆植物蛋白来源、减少对饲用大豆的依赖，四要创新薯类加工技术、使其成为商品饲料的重要原料。若能做到这些，将大大提高饲用农产品质量，使其生产成长性提高。

经过多年品种技术、栽培技术的创新，加工用农产品的质量有了显著提升，只能用于加工的农产品（如棉、麻、油料、糖料等）在营养、卫生安全、物理性状等方面有了明显改善，可作多用的农产品（如谷物、豆类、薯类）在营养、安全卫生、风味、特质等方面也有很大改善。但我国加工农产品大多缺乏专门用途的品种（如专门用途的棉花、生产特定油品的油料、生产特定原料和食品的谷物和薯类等），影响了加工效率和加工品质量。但只要在加工农产品专用品种选育、专门生产和专门使用上下功夫，我国加工农产品质量还有很大提升空间，其成长性还有巨大潜力。

二、林业发展的可成长性

林业包括林木培育和种植业、竹木采运业、林产品生产业三大类，这三大类产业都是依靠林地完成的，分析林地利用的潜力，就可以对林业发展的可成长性做出判断。我国林地分为有林地、灌木林地、其他林地三种，有林地指树木郁蔽度≥0.2 的乔木林地（包括红树林及竹林地），灌木林地指灌木覆盖度≥40％的林地，其他林地包括疏林地（0.2≥树木郁蔽度≥0.1）、未成林地、迹地、苗圃等。这些林地的使用潜力可用其面积的可扩张性、单位面积产出的可提升性、综合功能的可优化性来衡量，面积可扩大、单产可提升、综合功能可优化，林地发展就具有可成长性。

1. 有林地利用潜力的可成长性

2016 年我国有林地 18 706.98 万公顷，虽还有一部分陡坡地退耕还林、部分疏林及迹地造林、部分未成林地成林、大规模防护林建设可增加有林地面积，但农业产业结构调整、非农占用、人为或自然损毁等，也会使有林地面积减少。从总体上看，在林地管理趋严、森林抚育加强、天然林禁伐，以及"三北"防护林、长江中上游防护林、沿海防护林、平原绿化、太行山绿化、防风治沙、淮河及太湖流域防护林、珠江流域防护林、黄河中上游防护林、辽河流域防护林等十大工程建设，全国有林地面积应当有明显增长，且地域分布会趋向均衡。

在有林地中，天然林占 70％左右，人工林占 30％左右。我国的天然林经 20 世纪50 至 80 年代的大量采伐，绝大多数已是低密度残次林和次生林，只有深山峡谷的偏僻地方还有少量原始林，活立木蓄积量不高，每公顷蓄积量只有 90 立方米左右。在黑龙江、内蒙古、四川、云南等主要天然林区，成熟林和过熟林很少，大多数林区已无木可采。我国人工林建造历史虽早，但大规模造林和成林还是 20 世纪 90 年代以来的事。由于历史不长，目前人工林多为中幼林，活立木蓄积量很低，每公顷蓄积量只有 40 立方米左右，以致造成我国主要林产品产量很低。2016 年采伐木材 7 776 万立方米、竹材 25 亿根、板栗 229 万吨、笋干 77 万吨、油茶籽 216 万吨、核桃 265 万吨、生漆 2.2 万吨、油桐籽 41 万吨、乌柏子 2.6 万吨、五倍子 2.2 万吨、棕片 6.1万吨、松脂 133 万吨、紫胶 0.8 万吨，当年林业产值只有 4 631.60 亿元。很显然，有林地单位面积活立木蓄积量还能大幅增加，主要林产品产量也能大幅增长，林业产值也能大幅提高，成长性较好。

在天然林中，国有天然林面积占 52％左右，集体所有天然林面积占 48％左右，活立木蓄积国有天然林占 75％左右、集体所有天然林占 25％左右，国有天然林每公顷活立木蓄积有 120 立方米，集体所有天然林每公顷活立木蓄积只有 50 立方米。由于不合理采伐，天然林树种结构不合理，混交林少，林分中珍贵树种稀少。不少国有天然林郁蔽度下降至 0.2～0.3，林相残破、林分稀疏。人工林普遍树种单一，结构不稳，生产力低下，易遭受病虫危害。整个林地中，以材质较差的栎类、马尾松、杉木、桦木、落叶松、硬阔类、杨树、阔叶混、软阔类、云杉等树种为主。若这些问题得到有效解决，有林地的利用效率和效益将会显著提高，成长潜力很大。

2. 灌木林地和其他林地利用潜力的可成长性

2016 年我国灌木林地 4 326.60 万公顷，其他林地 2 257.32 万公顷，面积都很大。灌木林地有多种类型，一类是土层很薄只能生长灌木和野草的土地，另一类是干旱缺水只能生长耐旱灌丛的土地（如沙漠及沙化土地），再一类是乔木林被彻底破坏后主要由灌木覆盖的土地，还有一类是高海拔大风低温地带只适宜某些耐寒灌木生长的土地（如杜鹃灌丛）等。灌木林地在南方和北方都有分布，在山地和丘陵更是多见，在部分沙漠、戈壁则分布广泛。其他林地也有多种类型，有严重采伐后的疏林地、有人工林成活率不高的疏林地、有全部采伐后留下的迹地、有未成林的林地、还有苗圃等，这些林地的分布也很广。

灌木林地不能提供木材和其他林产品，长期只能起到绿化环境、保持水土、防风固沙等作用，发挥的主要是生态功能。随着科学技术的进步，灌木林地的经济功能也逐渐发展。一是利用一些灌木林的观赏性，春夏观花、秋冬观叶，发展自然景观旅游。二是利用灌木林发展林下经济，种植药材、生产食用菌，发展林特产品生产。三是利用灌木林枝条、藤蔓发展编织产品、生产生活及生产用品、手工艺品。四是在灌木林大量成片地区，利用灌木林枝条发电，生产生物质能源。五是在立地条件（主要指土地、地形、气候）较好的灌木林地，种植经济类乔木（如水果、干果），改变灌木林地利用方式。若在大范围内对灌木林地善加利用，则灌木林地在发挥生态功能的同时，也能发挥较好的经济功能，使其利用潜力提升、可成长性增强。

从其他林地的构成看，除苗圃有特殊用途、不能改为他用外，疏林地是需要补植或补种的林地，迹地是需要重新造林的闲置林地，而未成林地是需要抚育的林地，属于有待建设的林地。这些林地在建设和改造之前，既没有林产品产出，也没有生态环保功能。但这些林地在建设和改造之后，其利用潜力就可大大提升。疏林地科学补植（补种），不仅能扩大林分，还可改善和优化树种结构。迹地建造人工林，可通过规划设计，建造出林种合理、树种优化、珍贵树种占比提高的有林地。而苗圃则可以利用现代生物技术、设施技术，提高种苗生产能力、种苗生产效率及效益，特别是提高名贵珍稀树种的种苗生产能力。只要在这些方面取得突破，其他林地的利用潜力就能极大发挥，其林业可成长性也会增强。

3. 林地利用综合功能的可优化性

林地利用应发挥三重功能，一是发挥经济功能，二是发挥社会功能，三是发挥生态功能，这三种功能缺一不可，三者的结合就是林地综合功能。经济功能指在林地生产各种林产品，满足经济发展需要，并为生产经营者带来收益。社会功能指林地利用为人们提供就业，为人们提供适宜生存环境，为人们提供丰富多彩的自然景观。生态功能指林地形成的森林植被系统，在陆地生态系统维护、生物多样性保护、水土资源保护、生态环境改善、物质能量循环等方面的重要作用。这三种功能相互联系又相互区别，经济功能是利用林地发展林业的动力之源，社会功能是经济功能和生态功能共同作用的结果，生态功能是利用林地发展林业的核心。

林地利用综合功能的优化，首先要实现经济功能、社会功能、生态功能的各自提升，只有三项功能的各自提升，综合功能优化才有坚实基础。林地利用经济功能的提升，是在优化林种和树种结构、增加活立木蓄积基础上提高木材产量及质量，在充分利用各类林地发展林业生产基础上提高林产品产量和质量，显著提高林地单位面积产出和总产出。林地利用社会功能提升，是在充分利用林地发展传统林业、开拓新型林业、发展多种林产品生产基础上，既增加林业就业岗位，为人民提供更加丰富的林产品，又带来山川的绿化美化。林地利用的生态功能提升，是在扩大森林植被面积、实现森林植被空间合理布局、优化森林植被林种及树种结构、提高森林郁蔽和蓄积基础上，提高涵养水源、保持水土、防风固沙、保护生物多样性、净化和改善大气和水环境、维持陆地生态系统稳定和良性循环的能力。目前林地利用的这三种功能发挥水平还很低，成长和提升空间还很大。

林地利用综合功能的优化，关键要搞好经济功能、社会功能、生态功能的协调，特别是经济功能与生态功能的协调。利用林地发展林业是相关主体的生产经营行为，是为了获取一定的经济利益，若没有经济功能而只有社会功能和生态功能，就没有人愿意无偿从事林业生产经营，自然也不会有林地利用和任何功能产生。利用林地发展林业，又是保护和改善生态环境和人类生存发展条件的重大举措，若没有生态功能而只有经济功能和社会功能，则经济社会发展就会出现严重的环境危机、资源危机，甚至人类生存条件危机，到最后林业自身也不能发展或严重受阻，林地利用遭遇困难自然造成功能的衰退和丧失。林地利用的经济功能和生态功能都需要充分发挥，不可偏废，但需协调。一方面是生态功能必须充分发挥、不能损害，但应给经济功能发挥留有足够空间。另一方面是经济功能不可或缺，但应在生态功能得到保障的前提下有效发挥。再一方面是探寻林地利用新思路及新技术，使其生态功能和经济功能协同增进。我国利用林地发展林业的政策曾经左右摇摆、走极端，在强调经济功能时只伐木不造林、造成生态功能丧失，在强调生态功能时只造林禁伐木、造成经济功能丧失。若制定和执行更加科学的林业政策，林地利用的三种功能会更好地发挥，林业可成长性也会更强。

三、畜牧业发展的可成长性

畜牧业是由牲畜养殖业、生猪养殖业、家禽养殖业、狩猎及动物捕捉业、其他畜牧业组成，其中牲畜养殖业、生猪养殖业、家禽养殖业是三大主要产业。畜牧业发展的可成长性，表现为由出栏量和单产决定的畜产品产量的可增长性、由营养成分及风味和安全卫生标准决定的产品质量可优化性以及畜禽产品生产效率和效益的可提升性。如果畜产品产量可以扩大，畜产品质量可以优化，畜产品生产效率和效益可以提升，则畜牧业发展便具有可成长性。而畜产品产量的扩大、质量的优化、生产效率和效益的提升，都与资源、技术、投资及市场需求有关，从这些方面分析，便可对畜牧业发展的可成长性做出正确判断。

1. 牲畜养殖业发展的可成长性

牲畜养殖业①发展的可成长性，集中反映在肉奶产品产量的可增长上，肉奶产品质量的可优化改良上，肉奶产品生产效率和效益的可提升上。能否具备发展的可成长性，既有市场需求的约束，也有资源、技术、投资的现实约束。牲畜养殖业主要生产牛羊肉和牛奶，这两类产品国内市场需求量巨大、质量要求也越来越高，但产量不足、质量一般，远不能满足市场需求，这一产业发展的市场空间广阔。牲畜养殖业的发展受资源、技术、投资的约束，其成长性必然受到这些因素的重要影响。

牧草和精饲料是牲畜养殖业的物质基础，特别是草质优良、载畜量大、适宜放牧的草原是牲畜养殖业发展的重要资源，对其发展规模及肉奶产品产量影响很大。我国草原面积虽大，但干旱荒漠草原、高寒山地草原占了大多数，产草量少、载畜量低，加之人工草地很少，牛、羊、奶牛主要靠圈养而不是放牧。牲畜圈养所需的牧草要靠大规模种植提供，所需的精饲料要靠大量粮食生产解决。由于耕地的不足，我国既没有足够多的耕地种植牧草，也难以为庞大的牲畜养殖业提供充足的精饲料，在目前状况下，维持牲畜养殖业现有规模，保持其肉奶的现有产量已显力有不逮，要扩大生产规模和增加产量就更为困难。但如果能将20%的草原建设成产草量大、载畜量高的人工草地，将30%的草原禁牧和自然修复、恢复生态植被、提高其利用价值，则我国牲畜养殖业规模还可扩大、肉奶产品还可增加，其成长性也会增强。

我国草原质量的低下，使牲畜不能靠放牧而只能靠圈养，而圈养不仅不利于提高肉奶产品的质量，更不利于提高牲畜养殖业的效率和效益。一是牲畜集中圈养使野外活动减少、疫病增加，其肉奶品质比天然放牧养殖的差。二是牲畜集中圈养需要种植大量牧草，并要收割、运输、投喂，比天然放牧由牲畜自主采食，要增加大量的人工和物质成本。三是牲畜集中圈养要比天然放牧消耗更多精饲料，增加不少饲料成本。四是牲畜集中圈养会产生大量粪污，需要进行无害化处理和资源化利用，增加不少的生态环保费用。在这些方面牲畜养殖业发展并不具备成长性，但若搞好草原建设，逐渐将牲畜以圈养为主转变为以天然放牧为主，则其成长性就会得到极大增强。另外，

---

① 这里所称牲畜养殖业，指大牲畜（牛、马、驴、骡、骆驼、奶牛）及小家畜（羊、兔等）养殖业，因这些动物食用草料，有人又称之为草食畜牧业，其中以养牛业、养羊业、奶牛养殖业为主。

由于品种和养殖技术的原因，牲畜单产水平较低，平均每头牛产肉量只有 140 千克左右，平均每只羊产肉量只有 15 千克左右，平均每头奶牛年产奶量又只有 6 000 千克左右，只要改良品种和改进养殖技术，还有很大的提升空间。

2. 生猪养殖业发展的可成长性

生猪养殖是我国畜牧业的主体，猪肉是我国居民的主要肉食品。生猪养殖是一个传统产业，近年正向现代产业转型，其发展的可成长性也表现在生猪出栏规模和猪肉产量的可增长上、生猪单产及肉品质量可提高上、养殖业效率和效益的可提升上。生猪产业发展能否具有成长性，同样既受市场决定，也受资源、技术、投资的约束。2016 年我国生猪出栏 68 502 万头、猪肉产量 5 299.10 万吨，若以人均占有猪肉 45 千克计算，生猪产业发展规模还有一定成长空间。生猪平均每头产肉只有 77 千克左右，瘦肉率也不高，还有很大提高余地。生猪养殖业发展受资源、技术、投资影响很大，其成长性受这些因素的影响很大。

精饲料是养猪业的物质基础，丰富、优质、廉价的精饲料，对生猪养殖业规模扩大、单产及肉品质量提高、效率和效益提升均有决定性影响。生猪精饲料主要由能量物质、蛋白物质、其他营养物质组成，以能量物质、蛋白物质为主，能量物质主要是玉米或其他谷物，蛋白物质主要是大豆及豆粕或鱼粉等。我国耕地面积不足且质量不高，加之单位产量也不高，使玉米生产成本高、价格贵，大豆生产严重不足，造成国内玉米库存及进口玉米增加，大豆则主要依靠进口、以致年进口量超过国内产量的 5 倍左右。目前国内虽能生产足够的生猪精饲料，但其中的小部分能量物质（玉米等）、绝大部分蛋白物质（大豆、豆粕等）来自国外，"国产化率"已经下降。这表明，我国生猪养殖业的发展是建立在大量进口饲料原料基础上的，有一定外在风险，成长性脆弱。若国内大豆生产大幅增加或蛋白饲料可从其他途径在国内解决，玉米生产单产提高和成本下降，则生猪精饲料可立足国内原料生产，使生猪养殖业在规模成长上更为可靠。

我国生猪养殖业因品种良莠不齐，饲养方法及模式多样，单产和肉质不高，与世界先进水平相比差距很大。每头生猪平均产肉只有 77 千克左右、比先进国家低 15 千克左右，瘦肉率多在 50% 上下、比先进国家低 5 个百分点左右，同时我国工厂化养猪只占 70% 左右、还有 30% 是农户分散养殖，加之大多养猪场圈舍机械化程度不高，生猪养殖人工成本较高。加之饲料及服务费用较贵，生猪养殖业成本较高，生产效率和效益都不高。更为严重的是，由于信息不对称，生猪养殖业波动起伏很大，猪肉过少和过多交替出现，形成"猪周期"。由于防疫上的不足，疫病对生猪产业的危害也时有发生，有时甚至造成重创。如果提高生猪工厂化养殖比重，提高养猪场机械化及智能化程度，降低饲料和服务成本，提高防疫水平，生猪养殖业在单产、质量、效率及效益上的成长是可期待的。

3. 家禽养殖业发展的可成长性

家禽养殖业包括肉鸡养殖业、肉鸭养殖业、肉鹅养殖业、蛋鸡养殖业、蛋鸭养殖业、蛋鹅养殖业，以肉鸡和蛋鸡养殖为主，肉鸭和蛋鸭养殖次之，肉鹅和蛋鹅养殖较少。另外，也还有鹌鹑、鸽、野鸡等鸟类养殖，但一般不将其归入家禽养殖业。家禽养殖业发展的可成长性，同样表现在家禽出栏规模及肉蛋产量的可增长上、家禽单产及产品质量的可提高上、养禽业效率和效益的可提升上。而家禽养殖业发展能否具有可成长性，既要受市场需求决定，还要受资源、技术、投资的约束。2016年，我国出栏家禽123.70亿只，生产禽蛋3095万吨，人均占有量不高，家禽养殖业规模扩大还有不小空间。家禽单产和肉、蛋质量还不高，还有很大提高余地；养禽业的效率和效益也不高，也有很大提升空间。家禽养殖业受制于资源、技术、投资，其成长性受这些因素影响巨大。

精饲料也是养禽业的物质基础，丰富、优质、廉价的精饲料，同样也是扩大养禽业规模、提高养禽业单产和肉蛋品质、提升养禽业效率和效益的决定性条件。由于我国用于家禽精饲料生产的原料不足或价格高昂，需要大量进口，对家禽精饲料生产和供给产生了一定的不确定性，由此对家禽养殖业规模扩大产生潜在风险。若国内玉米、大豆等饲料原料生产量显著增加、成本大幅下降，则我国家禽精饲料生产与供给就会丰富、优质、廉价，家禽养殖业发展壮大就有了可靠的物质基础。

我国家禽养殖业因品种多为引进且相对单一，地方良种严重缺乏，抗病性较弱、疫病风险较大。家禽的圈养又使其无法运动且只能依靠配方饲料生长，而且肉禽饲养周期很短，由此造成禽肉、禽蛋品质不高，禽肉不仅脂肪过多、水分过重，而且风味很差，禽蛋也是风味不佳，以致造成肉禽场的肉鸡和肉鸭、蛋禽场的鸡蛋和鸭蛋不仅价格低廉，而且不受消费者喜欢。人们往往愿意多花3～5倍的价钱购买农民用传统方法生产的家禽和禽蛋，也不愿轻易购买养殖场的家禽产品。如果不选育更加优良的品种、改进饲料配方、创新饲养方法、提高防疫水平，禽肉及禽蛋品质没有改观，家禽养殖业的成长性就可能丧失。另外，既然消费者青睐农民用传统方法生产的家禽产品，在重视发展工厂化养禽、提高养殖场禽产品质量的同时，应当鼓励农民利用林地、草地养鸡，利用稻田和水面养鸭、养鹅，用传统方法生产一部分家禽产品，以改变家禽产品的构成。

四、渔业发展的可成长性

渔业包括海洋捕捞业、海水养殖业、内陆淡水捕捞业、内陆淡水养殖业四大类，前二者为海洋渔业，后二者为内陆渔业，只不过内陆淡水捕捞业规模小。渔业发展的可成长性，既体现在产业规模和产品产量的可扩大上，产业发展的效率和效益的可提高上，更体现在产业发展的生态环境可承载上。如果渔业发展规模可以扩大、水产品产量可以增加、水产养殖和水产捕捞的效率和效益都可以提高、渔业发展不会破坏水产资源和水生态环境，则这一发展便有成长性，否则这一发展便不可持续、并具有破坏性。渔业发展是否具有成长性，一是要看市场需求，二是要看资源、技术、投资状况。我国水产品市场需求巨大，还有不小增长空间，渔业发展的可成长性主要由资源、技术、投资决定。

1. 内陆淡水养殖业发展的可成长性

在传统上，内陆淡水养殖包括池塘养殖、湖泊养殖、河沟养殖、水库养殖、其他养殖五类，不包括稻田养殖。但我国稻田养殖面积不小，在广义上内陆淡水养殖应当包括稻田养殖。内陆养殖的水产品主要有鱼类、甲壳类、贝类等，各类产品中又有众多不同品种。内陆淡水养殖业的可成长性，表现在养殖水面可扩大上、单位养殖水面产量可提高上、产业效率和效益可提升上、生态环境可承载上，受市场需求及资源、技术、投资制约。在市场需求还未充分满足的情况下，内陆淡水养殖业的成长性便由养殖水面、养殖技术、养殖投资决定，如果养殖水面可以扩大，养殖技术可以不断进步，养殖投资能逐渐增加，其发展便具有可成长性，否则，其发展便不具可成长性。

2016年我国内陆淡水养殖面积617.96万公顷，其中的池塘养殖276.26万公顷、湖泊养殖99.08万公顷、河沟养殖26.77万公顷、水库养殖201.09万公顷、其他养殖14.76万公顷，当年稻田养殖151.61万公顷。全国可用于水产养殖的池塘（蓄水池塘和养殖池塘）、湖泊、河沟、水库、稻田面积远比2016年的实际养殖面积大，内陆淡水养殖面积还有扩大的余地。只是因为高密度及大量投料人工饲养污染水体，使部分蓄水池塘和水库被禁养，因水产品捕捞难以控制，使部分湖泊、河沟无人养殖，因水稻种植使用农药和化肥，使部分稻田无法养殖，造成内陆淡水养殖面积受到限制。如果池塘养殖能使水体净化和循环使用，水库及湖泊每年投放水产幼苗并优化品种结构、让其自然生长，大小江河每年投放适生水产幼苗、让其自然生长，使用抗病品种和施用有机肥种植水稻、在稻田发展水产养殖，并执行严格的水产养殖管理和水产资源管理，则内陆淡水养殖面积的扩大和产量增加是可期待的。

经过几十年的研究和生产实践，我国内陆淡水养殖技术有了很大进步。一是传统水产养殖技术更加成熟，二是新兴水产养殖技术有了重大进步，三是珍稀名特水产养殖技术有了突破（特别是在野生和珍稀鱼、虾、蟹、贝的繁殖、饲养、疫病防控技术上有所突破），促进了内陆淡水养殖业的发展和水产品质量提高。但内陆淡水养殖还有一些关键技术没有解决，一是池塘等小型水体养殖的水体净化和循环利用，二是湖泊及水库等大型水体养殖的增产和水体净化协调，三是一些水产养殖重大疫病防控，四是一些珍稀鱼、虾、蟹、贝等物种繁衍保护等技术，还有缺失或不足，对其发展的可成长性，特别是单产、效率和效益的提高造成制约。如果能在这些技术领域取得重大突破，并在生产上广泛应用，则内陆淡水养殖在单产、效率和效益上将有很大提升。

2. 海水养殖业发展的可成长性

在传统上，海水养殖包括浅海养殖、滩涂养殖、陆基养殖三类，随着科学技术的进步，深海养殖也有发展，只是规模尚小。海水养殖的水产品主要有鱼类、甲壳类、贝类、藻类、其他类别，各类中又包含很多不同品种。海水养殖业可成长性，也表现在养殖面积可扩大上、单位养殖面积产量可提高上、产业效率和效益可提升上、生态环境可承载上，也受市场需求及资源、技术、投资的制约。在市场需求量大、还未充分满足的情况下，海水养殖业发展的可成长性便主要由养殖面积、养殖技术、养殖投资决定，如果养殖面积可以拓展、养殖技术可以提高、养殖投资可以加大，海水养殖业发展便具有成长性，否则，其发展就不具可成长性或成长性较差。

2016年我国海水养殖面积216.67万公顷，其中浅海养殖125.40万公顷、滩涂养殖60.56万公顷、陆基养殖30.72万公顷，与可养殖浅海、滩涂及陆地相比，已养殖的面积不足，还有较大的拓展空间。至于深海养殖虽已有试验，但还未形成规模。浅海养殖要建设网箱、桩排、漂浮设施等，滩涂和陆基养殖要建设塘、池及防护和抽、排海水的相关设施，这些设施建设投资较大、回收期不短，建成后的使用还有一定的自然风险，没有相当经济实力是难以从事海水养殖的。但若有足够的投资，还可在浅海、滩涂、陆基扩大海水养殖面积，甚至在深海发展设施养殖，以增加海水产品产量。

经过数十年探索，我国海水养殖技术有了长足进步，支撑了海水养殖业的发展。但与海水养殖业发展需要相比，海水养殖技术还有一些短板。一是海水养殖现代化设施建设技术，特别是智能化、信息化设施建设技术不足；二是海水养殖重大疫病防控技术还未充分有效，还需要完善与提升；三是海水养殖的生态环保研发和应用还较落后，还有待突破。这些技术障碍既阻碍了海水养殖面积的扩大，又妨害了海水养殖单产及海产品质量提高，也影响了海水养殖效率和效益的提升，甚至还可能造成沿海水域的污染。如果在这些技术领域取得重大突破，海水养殖业发展的可成长性是可期待的。

应当强调的是，海水养殖特别是浅海网箱养殖及滩涂和陆基地池塘养殖，会造成一定的污染，对沿海生态环境有一定负面影响。在海水养殖业发展中，一是要采用生态环保型技术，减轻污染；二是要控制养殖规模，特别是对养殖范围和面积严加控制，防止污染扩大；三是要对海水养殖严加管理，防止盲目发展，保护生态环境和海洋水产资源。只有如此，海水养殖业发展才具有可持续性和可成长性。

3. 海洋捕捞业发展的可成长性

海洋捕捞是一个古老的产业，有近海捕捞和远洋捕捞之分，近海指我国海岸周边海域，远洋指世界各大洋，远洋捕捞是近代的产物。海洋捕捞的是海洋中天然生长的鱼类、甲壳类、贝类、藻类、其他类水产品，每一类水产品中又分若干品种。海洋捕捞业发展的可成长性，表现为捕捞海产品数量的可扩增上、海产品质量的可提高上、产业发展效率和效益的可提升上，受海洋海产品资源、捕捞船队实力、捕捞作业范围、捕捞技术等多种因素所决定。在这些因素中，海洋海产品资源这一最重要的基础因素受自然而不受人为控制，捕捞作业范围也难以固定不变，海洋捕捞产业发展的可成长状况存在一定的不确定性。

2016 年我国海洋捕捞产量 1 527.02 万吨，其中鱼类 1 117.27 万吨、甲壳类 239.64 万吨、贝类 56.13 万吨、藻类 2.39 万吨、其他类 111.59 万吨，为世界海洋捕捞大国。按我国捕捞船队实力、捕捞作业范围、捕捞技术，海洋捕捞的产量还应更多，但我国近海渔场因过度捕捞导致资源量减少，而外国的 200 海里专属经济区又对我国远洋捕捞造成很大限制，使海洋捕捞业发展面临不少困难。目前的资源瓶颈如能突破，海洋捕捞产量还有可能增大，否则，海洋捕捞产量的增长就很难实现。

解决我国的海洋捕捞业的资源瓶颈，一是要保护和发展我国近海的水产资源，二是要开发利用外国水产资源，三是要开发利用公海水产资源。我国近海的水产资源保护和发展，一是要保护近海生态环境，二是要控制捕捞，三是要严格实行休渔并适当延长休渔期，四是要在重要渔场实施育苗放流，使近海渔业恢复和增强生产能力。国外水资源的利用，主要是与其他国家搞好渔业合作，共同开发利用其海洋水产资源，互利互惠并消弭矛盾与冲突。一部分公共海域也有水产资源，可以利用先进的设备和技术获取。

应当特别指出，海洋产品是大自然的馈赠，海洋捕捞业是向大自然索取馈赠，在索取过程中不能损害海洋水产品的可再生能力，即不能损害海洋水产品繁衍扩增能力，只有如此才能保证海洋水产资源的可持续供给，也才会有海洋捕捞业可成长的基础。因此，破坏海洋生态环境、海洋过度捕捞、水生生物繁殖季捕捞等行为，都应坚决禁止，若坚守这三条底线再假以时日，海洋水产资源就会大为丰饶，海洋捕捞业自然随之兴盛。

五、非常规农业发展的可成长性

按生产资源与环境、生产技术与手段、生产任务与目标的不同，农业还可以分为常规农业和非常规农业两大类。常规农业指利用常规农业资源（如农用地等）和环境（如适生条件等），使用传统或现代技术和手段，从事农产品生产并获取收益的农业，如现在的种植业、林业、畜牧业、渔业等。非常规农业指利用非常规农业资源（如非农用地等）和环境（如非适生条件），使用现代新兴技术和手段，从事生态修复及资源开发和产品生产（或相关服务）为一体的农业，如旅游观光农业、生态修复农业、设施农业等。非常规农业突破了常规农业发展条件和模式，其发展的可成长性虽也主要表现为产业规模的可扩张性、产品（服务）质量的可优化性、产业效率和效益的可提升性三个方面，但它的发展主要由技术、投资、效益三因素决定，而受资源约束较小。

1. 旅游观光农业发展的可成长性

旅游观光农业是将农产品生产与农业景观观赏、农事活动体验、农家生活分享结合在一起的新型农业。农业虽本身就有一定景观特征，但并不是所有的农业都是旅游观光农业，只有经过设计并凸显农业景观特色，又具有很强的观赏性、体验性、分享性的农业才能称之为旅游观光农业。农林牧渔各业都能发展旅游观光农业，如大规模园林化果园、茶园、苗木园、花卉园，大规模连片种植的油菜田、葵花田、藕田，广阔壮美的草原、森林，园林式发展的特色农业园区、社区，风景优美的水库、鱼塘等，都是发展旅游观光农业的可选场所。旅游观光农业发展的可成长性，表现在产业的可扩张性、产品及服务的可优化性、产业效率和效益的可提升性，它们受市场需求的限制，也受资源、技术、投资的约束。

农业旅游观光、休闲度假古已有之，但将其作为一类产业发展还是近二三十年的事。20世纪90年代以来，以观赏、餐饮结合的农家乐（牧家乐、林家乐、渔家乐）、农林景观旅游、农林特区休闲度假逐步发展起来，并逐步形成各具特色的旅游观光种植业、果业、茶业、苗木业、花卉业、草原牧业、山地林竹业、河湖渔业等众多类型。顺应这一产业发展，一些生态环境良好、自然风景优美的地区还建设了旅游观光农业园、农庄、村社等，并取得了较好效果。随着人们收入增加、生活水平提高，城镇居民对农业旅游观光、休闲度假的需求日渐增加，旅游观光农业的市场在扩大，依托农业发展旅游观光的领域很宽广，这一产业的可成长性较强。

旅游观光农业与一般农业的最大区别，是其极强的观赏性、体验性、分享性。观赏性就是可观赏其壮观、其秀美、其自然生境，体验性就是可体验其理念、其过程、其文明，分享性就是可分享其生活、其苦乐、其成果。这"三性"也是旅游观光农业的基本特征，突出"三性"是发展这一产业的核心。为此，一要选择环境优美、区位优越、交通便利、人流量大的地区发展旅游观光农业，二要选择有特色的农业产业为载体、应用先进技术进行规划设计、突出所选农业的"三性"要求，三要投入必要的人财物力按"三性"要求对该农业产业进行建设。对于一些条件较好的已有农业产业园区或产区，也可以按"三性"要求进行改造，将其建成旅游观光农业区。按这一要求发展旅游观光农业，则其产品（或服务）质量的提高和产业发展效率和效益的提升是可期待的，在这些方面的可成长性也是具备的。

旅游观光农业的理念是农业与旅游观光业的有机结合，其中农业是根基、是载体，丢掉了农业就失去了这一产业的根本。现在发展旅游观光农业有两个偏向，一是不顾条件、不讲特色、不看游客流量，盲目发展；二是不以农业为依托、抛开农产品生产搞景观，以假乱真。前者必定遭到失败，而后者不仅改变了资源用途和影响农业发展，还会带来很大的风险。很显然，这两种倾向都会使旅游观光农业失去可成长性，应当坚决纠正。

2. 生态修复农业发展的可成长性

生态修复农业是将农产品生产与退化或恶劣生态系统恢复重建相结合的全新农业，是农业发展的新领域，也是生态环境建设的新途径。退化生态系统指原本稳定并可再生循环的生态系统，在遭到自然或人为破坏后已丧失植被而失去生态功能并不可再生循环，如石漠化、沙漠化土地等。恶劣生态系统指原本就不稳定且无（少）植被，亦无再生循环的生态系统，如盐碱土地、沙漠、戈壁等。要修复这类生态系统，就必须恢复其植被，生态修复农业就是用发展全新农业的办法，使其植被恢复、系统稳定并步入良性循环。生态修复农业的可成长性同样表现在产业发展领域和规模的可扩张性、产品（或服务）质量的可优化性、产业发展效率和效益的可提升性，而这些主要受技术和投资的约束。

生态修复农业将生态系统恢复重建与农业发展紧密结合，可以同时获取生态效益和经济效益，其意义重大。一是可将生态修复这一公益行为转换为农业发展的经济行为，二是将生态修复这一政府投资转换为民间业主投资，三是可加快已退化及恶劣生态系统恢复重建，四是可缓解我国农业发展的资源压力。我国有退化耕地（沙化、石漠化、盐渍化土地）上千万公顷，退化的草地数千万公顷，有未开发利用的盐碱土地上亿公顷，未开发利用的沙漠、戈壁面积更是数量惊人。这些生态环境退化或本就恶劣的土地，有一部分是可以通过发展农业或改造后发展农业，而加以改造和利用的，如部分退化土地、盐碱较轻的土地，地下水位较高的沙漠及边沿地带，这类可改造和利用的土地数量不小。这表明，以改造和利用这些土地为主旨的生态修复农业，具有广阔的发展空间，在产业发展范围和规模上有很强的成长性。

经过几十年的科技攻关和生产实践，我国在生态修复农业技术上取得了多方面突破，并投入实际应用。通过工程和生物技术改造，已在海边盐碱滩种植小麦、并能获得每公顷 4 500 千克以上的产量，能在盐碱 6‰ 以下的水体中种植水稻、并能获得每公顷 4 500 千克以上的产量（最高可达 7 500 千克以上），能通过种植耐盐碱牧草、在 3 年内将盐碱滩改造为可耕地，能使大片沙漠恢复林草植被、发展林业、畜牧业、果蔬业、中药材业、旅游业等农业产业，能在部分沙漠种植高产牧草、发展养牛和养羊业，能在石漠化土地上发展蚕桑业及花椒种植业和水果业并获得较高收益。正是众多关键技术的突破，才改变生态修复农业高投入、低产出的局面，使其变得越来越具有商业价值。加之生态修复农业产品和服务的特殊品质，使这一产业正受到青睐，已在不少地区兴起，表现出很强的成长势头。

生态修复农业是在恶劣的自然条件下，利用先进而特别技术发展的全新农业，不仅投入的人财物力巨大，而且耗费的时间很长。人类改造自然的力量是有限的，生态修复农业目前还只能在条件相对较好的地方发展。塞罕坝在荒漠上建成 10 万公顷林场用了半个多世纪，八步沙六老汉三代人才在沙漠里建成了 2 万公顷林场和 1 万多公顷耕地，库布其更是花费大量人财物力并用了近 40 年才在数千平方公里沙漠内建起了一系列农业产业。由此可见，生态修复农业虽意义重大、前景广阔、成长性好，但并不是容易发展的，不仅需要破解众多技术难题，还需要有长期投入。因此，对生态修复农业发展既要主动进取，又要谨慎稳重，避免盲目冒进。

3. 设施农业发展的可成长性

设施农业一般是对种植业而言的，是在设施内而不是在露地上进行的新型种植业。这里所谓的设施指温室、大棚、植物工厂等，类型很多。它们可以对光照、温度、湿度、养分进行人为控制和调节，从而影响农作物生长发育，或增加产量、或提高品质、或改变收获季节等。我国在玻璃温室基础上发明了塑料大棚，广泛用于蔬菜、花卉、苗木、瓜果生产，遍布南北广大区域，在延长生长周期、增加产量、提高品质，特别是在北方冬春季节鲜菜生产和供给上，发挥了极其重要又难以替代的作用。这一新型种植业发展的可成长性，反映在规模和产量上的可扩增性、产品种类和品质的可优化性、产业发展效率和效益的可提升性，这些都与市场需求以及技术、投资紧密相关，受资源约束较小。

20 世纪 80 年代中期以来，以塑料大棚为主的设施种植业逐渐兴起，由于塑料大棚建造简单、成本低廉，加之使用方便、自然采光、运行成本不高，可在耕地上建造利用现成土壤生产，也可在非耕地上建造利用人工土壤或水培生产，在北方冬春加温可全年生产，在南方常温下即可全年生产。这些优越性能使其成为一种优势产业，单位面积产量是露地的 2 倍以上，产值和盈利更是露地的 3～5 倍。塑料大棚主要生产的是蔬菜、瓜果，正季和反季都能生产，这些都是需要量极大的生活必需品，使其发展有巨大空间、成长性很好。当然，以塑料大棚为主的设施种植，与露地种植在环境条件上有很大不同，在品种、栽培、灌溉、病虫害防治、机械应用等方面应有新的技术支撑。但目前这些方面的专门技术还较缺乏，若在这些方面有所突破，以塑料大棚种植为主的设施农业还将有很大发展。

我国也已开发全自动控制光温水气的智能化工厂农业系统，在一个封闭空间内进行高效立体种植，在使用很少土地和水资源条件下，获得大量优质农产品。工厂化农业的优势是节省土地和水资源，集中大规模生产和供给。但这种极为先进的生产系统，是靠复杂的设施建设、精准的运行控制、大量的能源投入维系的，这必然造成设施建设成本巨大，运行成本高昂，农产品生产成本随之高涨，产品价格使消费者难以承受。在目前情况下，工厂化农业还不具有广泛的商业价值，其成长性有限。但若将工厂化农业的无土栽培，水气控制等技术用在大棚生产中，则可在有一定水源的沙漠、戈壁，利用自然光温资源进行大棚种植，大量生产优质农产品。如果工厂化农业技术能与大棚种植技术有机结合，实现优势互补，则这样的设施农业将前途无量，成长性超强。

第三十章 中国农业发展的产品
生产与供给安全

中国是世界人口第一大国，尽管增长缓慢，但在可预见的未来人口仍然众多。中国也是世界农业大国，主要农产品产量均居世界各国之首。中国还是一个耕地资源、水资源严重不足的国家，农业发展受到很大制约。人口多对农产品的需求量大，资源不足生产能力有限，由此产生供求矛盾。改革开放后，我国农产品匮乏的状况已根本改变，但随着人民生活水平的提高，部分农产品还不能完全自给、少数农产品还需大量进口也是不争的事实。在此背景下，农业发展中的产品生产与供给安全备受关注且引起各方重视。这里所谓的生产与供给安全指主要农产品生产的品种、数量、质量、价格，能够满足人民生活的需求和经济社会发展的需要。

一、粮食生产与供给安全

粮食有谷物、豆类、薯类三大类，谷物中有稻谷、小麦、玉米、谷子、高粱、其他小品种等多种，豆类中有大豆、绿豆、红小豆等多种，薯类中有马铃薯、甘薯、芋头等多种。粮食是人们的主要食物，也是畜禽的主要饲料，还是重要的农业生产资料（种子）和工业原材料，是人类生存和经济社会发展的重要物质基础。粮食生产与供给安全，就是相对于人民生活需求和经济社会发展需要，国内粮食生产与供给的保障程度，保障程度越高就越安全，否则便不安全。

1. 粮食需求量

粮食的用途有食用、饲用、农业生产用、工业生产用、其他使用等，若能将一国每种用途的粮食在某一时点（或时段）的用量加在一起，便可得到全国该时点（时段）粮食的需求量。但按用途统计或预测一国某一时点（时段）不同用途粮食数量是一件较为困难的事，故而人们往往采用"人均占有量"这一指标，按人口数量对粮食需求量进行推算。"人均占有量"依据近年本国已经达到的水平、国外已经达到的水平、经验估计的水平确定，人口数量则可依据统计或预测数量确定。2016年我国生产粮食61 625万吨，进口谷物及谷物粉2 199万吨，进口大豆8 391万吨，按当年138 271万的人口数量计算，人均粮食占有量为522.27千克。当年还进口了不少肉奶产品，若将这些畜产品生产消耗的饲料考虑在内，我国人均粮食占有量应当高于

522.27 千克。

近期我国人口可达 140 000 万，2030 年前后人口达到峰值有 145 000 万左右，若按人均每年占有粮食 550 千克（谷物 450 千克、豆类 50 千克、薯类 50 千克）计算，近期及人口峰值期的全国粮食需求量如表 30 - 1 所示。

表 30 - 1　全国近期及人口峰值期粮食需求量测算

单位：千克/（人·年）、万吨/年

项　目	每人平均占有量	14 亿人时总需求量	14.5 亿人时总需求量
粮食合计	550.00	77 000.00	79 750.00
其中：谷物	450.00	63 000.00	65 250.00
豆类	50.00	7 000.00	7 250.00
薯类	50.00	7 000.00	7 250.00

由表 30 - 1 可知，即使按比 2016 年人均粮食占有量稍高的标准计算，我国近期每年粮食需求量也有 77 000 万吨（其中谷物 63 000 万吨、豆类和薯类各 7 000 万吨），2030 年前后每年粮食需求量更会增加到 79 750 万吨（其中谷物 65 250 万吨、豆类和薯类各 7 250 万吨），数量之大十分惊人。但这也是一个较为切合实际的数量，是以 2016 年已经达到人均占有量为参照推算的，只有达到这一数量，才能满足人民生活需要和经济社会发展需求。而所设定的人均粮食占有结构和由此推算的粮食总占有构成，是根据近年不同类别粮食的使用情况确定的。至于确定了较高的人均豆类和薯类占有量、总的豆类和薯类占有量，主要是考虑加工和饲用的需要。

2. 粮食生产量及供给缺口

粮食生产量由粮食作物播种面积和单位面积产量共同决定，而播种面积又是由耕地面积和复种指数决定，单位面积产量则是由耕地肥力、品种、栽培技术、人工及物质投入等多因素决定。我国耕地面积总量虽大，但人均耕地少、耕地质量不高，靠扩大耕地和提高复种增加播种面积几乎不可能。由于耕地中 70% 为中低产田，不少耕地还有旱涝灾害威胁，单位面积产量提高虽有潜力，但难度很大。在这一状况下，利用现有耕地及相关条件生产粮食，在数量、质量、品种上要完全满足国内需要是十分困难的，国产粮食不够国内需要、存在供给缺口，不能保证粮食完全自给，使粮食安全存在一定隐患。以 2016 年为例，粮食自给率只有 85.43%，安全性并不算高。

2016 年我国耕地 13 492.93 万公顷，农作物播种面积 16 665 万公顷，复种指数 123.51%。同年粮食作物播种面积 11 303.40 万公顷，占农作物播种面积的 67.83%，粮食总产量 61 625.00 万吨、平均每公顷产量 5 451.90 千克。在粮食作物中，谷物播种 9 439.40 万公顷、每公顷产量 5 989.60 千克、总产量 56 538.10 万吨，豆类播种 969.99 万公顷、每公顷产量 1 784.30 千克、总产 1 730.80 万吨，薯类播种 894.06 万公顷、每公顷产量 3 753.80 千克、总产量 3 356.20 万吨。在谷物中，水稻播种 3 017.82 万公顷、每公顷产量 6 861.70 千克、总产量 20 707.50 万吨，小麦播种 2 418.68 万公顷、每公顷产量 5 327.10 千克、总产量 12 884.50 万吨，玉米播种 3 676.77 万公顷、每公顷产量 5 971.30 千克、总产量 21 955.20 万吨。2016 年的粮食产量虽在近年不是最高的，但也算丰收年，可以代表当前的生产水平。将该年粮食产量与人口达到 140 000 万和 145 000 万的需求量相比，大致就能估计出国内粮食生产量与需求量之间的缺口，比较结果如表 30 - 2 所示。

表 30 - 2　按 2016 年产量估计的近期及人口峰值期粮食供给缺口

单位：万吨/年

项　　目	2016 年实际产量	14 亿人时粮食供给缺口	14.5 亿人时粮食供给缺口
粮食合计	61 625.00	15 375.00	18 125.00
其中：谷物	56 538.10	6 461.90	8 711.90
豆类	1 730.80	5 269.20	5 519.20
薯类	3 356.20	3 643.80	3 893.80

从表 30 - 2 可看出，如果粮食生产保持在 2016 年的水平，则近年我国每年自产粮食的供给缺口就有 15 375.00 万吨，而 2030 年左右每年自产粮食的供给缺口更会达 18 125.00 万吨。当然今后每年的粮食生产不可能与 2016 年相同，但从近十余年的情况看，粮食年产量最高也就在 65 000.00 万吨左右。若以此推算，近年我国每年自产粮食的供给缺口仍有 12 000.00 万吨，2030 年左右每年自产粮食供给缺口仍有 14 750.00 万吨。无论如何估算，如果国内粮食生产没有重大突破，国内自产粮食的供给缺口就会很大，粮食安全就存在风险。

3. 粮食产量提升及供给缺口缩小

如前所述，中国靠扩大粮食作物播种面积增加产量几乎是不可能的，唯一的途径是提高主要粮食作物的单位面积产量。我国粮食作物的单位面积产量虽不算太低，特别与过去相比有了很大提高，但与美国、法国、德国等粮食生产强国相比，我国主要粮食作物单位面积产量仍然较低，与单位面积产量最高的国家相比差距就更大（表 29 - 1）。这就为我们通过提高单位面积产量增加粮食总产提供了机会。

2016 年我国粮食作物播种面积代表了近年的一般水平，若仍大致保持粮食作物总播种面积和各主要作物播种面积的这一水平，但能将水稻、小麦、玉米、豆类、薯类五大作物每公顷产量分别提高到 7 500 千克、6 000 千克、7 500 千克、3 000 千克、7 500 千克的水平，则粮食产量会显著增加，供给能力会大大增强，供给缺口会大幅缩小。单位面积产量提高后的粮食供给缺口如表 30-3 所示。

表 30-3 单位面积产量提高后的近期及人口峰值期粮食供给缺口

项 目	2016 年粮食作物播种面积（万公顷）	设定粮食作物单位面积产量（千克/公顷）	设定单产下的粮食总产（万吨/年）	人口 14 亿时粮食供给缺口（万吨/年）	人口 14.5 亿时粮食供给缺口（万吨/年）
粮食合计	11 303.40	6 664.17	75 327.73	1 672.27	4 422.27
其中：谷物	9 439.40	6 961.50	65 712.41	−2 712.41	−462.41
豆类	969.99	3 000.00	2 909.97	4 090.03	4 340.03
薯类	894.06	7 500.00	6 705.45	294.55	544.55

由表 30-3 可知，只要水稻、小麦、玉米、豆类、薯类五大作物单位面积产量有明显提高，即使保持 2016 年的种植面积不变，粮食产量也会大幅增加，使人口达到 14 亿或者 14.5 亿时的粮食供给缺口大幅下降。表 30-3 中设定五大粮食作物的单位面积产量并不算高，在我国部分地区早已实现。如果水稻、小麦、玉米、豆类、薯类作物每公顷产量能进一步分别提升到 8 250 千克、6 750 千克、8 250 千克、3 750 千克、8 250 千克，并对 2016 年粮食播种面积进行适当调整，则粮食产量会进一步增加，粮食供给缺口可能消除。单位面积产量进一步提高后的粮食供给缺口如表 30-4 所示。

表 30-4 播种面积调整及单产再提高的近期及人口峰值期粮食供给缺口

项 目	粮食作物播种面积（万公顷）	设定粮食作物单位面积产量（千克/公顷）	设定单产下的粮食总产（万吨/年）	14 亿人时粮食供给缺口（万吨/年）	14.5 亿人时粮食供给缺口（万吨/年）
粮食合计	11 300.00	7 134.96	80 625.00	−3 625.00	−875.00
其中：谷物	8 400.00	7 821.46	65 700.00	−2 700.00	−450.00
豆类	2 000.00	3 750.00	7 500.00	−500.00	−250.00
薯类	900.00	8 250.00	7 425.00	−425.00	−175.00

由表 30-4 可知，在保持 2016 年粮食播种面积情况下，只要水稻、小麦、玉米、豆类、薯类单位面积产量达到列示水平（相当于水稻和玉米亩产 550 千克、小麦亩产 450 千克、豆类亩产 250 千克、薯类亩产 550 千克），就能满足需要而不会出现供给缺口。应当指出的是，表 30-4 中所设定的粮食作物单位面积产量，在品种和栽培技术上是早就能达到的，不少地方在生产上也早已实现，只是因一些地方耕地质量差、灌溉缺乏、加之投入不足和管理不善，使单位面积产量不高。如果加强耕地改良和配套设施建设，推广应用先进技术，适当增加投入，就能使粮食作物单位面积产量提高，进而使总产量增加并实现粮食自给。

二、油料生产与供给安全

这里的油料指草本食用油料，主要有花生、油菜籽、芝麻、胡麻籽、向日葵等，以花生和油菜籽为主。这些油料部分用于加工植物油，部分用于加工食品，有的还可直接食用。植物油是人们不可缺少的重要食物，也是一些加工业的原料，在国外还可作生物质能源（但我国不会），用途很广。在我国植物油与人们生活息息相关，是重要的生活资料。油料生产与供给安全，就是相对于人民生活所需和经济社会发展需要，国内油料生产与供给的保障程度，保障程度越高就越安全，反之则相反。

1. 油料需求量

在油料中除油菜籽只能榨油外，其他几种油料既可榨油，也可直接食用，还可用于加工食品。人们对植物油的直接消费量易于测定，但对油料的直接食用量或加工食品的食用量难以测定，所以不便按用途测算油料的需求量。但若将近年国内油料生产量、油料和植物油进口量放在一起推算，便可大致估算出人均油料占有量。2016年我国生产油料 3 629.50 万吨（其中花生 1 728.98 万吨、油菜籽 1 454.56 万吨、其他油料 445.96 万吨），进口食用植物油 553 万吨，还进口了部分油菜籽。若将进口植物油折合为油料，再加上自产和进口油料，大致人均的占有量在 50 千克左右。如果以人均年消耗食用植物油 12 千克计算，需要油料 40 千克左右，若再加上食品加工和直接消费，人均年需求再加上 10 千克，大致与实际需求相等。

2016年我国人口已达 13.827 1 亿，近期即可达到 14 亿，2030 年前后人口达到峰值有 14.50 亿左右，若按人均每年占有油料 50 千克（花生 20 千克、油菜籽 25 千克，其他油料 5 千克）计算，近期及人口峰值期的全国油料需求量如表 30 - 5 所示。

表 30 - 5   全国近期及人口峰值期油料需求测算

单位：千克/（人·年）、万吨/年

项　目	每人平均占有量	14 亿人时总需求量	14.5 亿人时总需求量
油料合计	50.00	7 000.00	7 250.00
其中：花生	20.00	2 800.00	2 900.00
油菜籽	25.00	3 500.00	3 625.00
其他	5.00	700.00	725.00

由表 30 - 5 可知，即使按 2016 年人均油料占有量计算，我国近期油料需求量也有 7 000.00 万吨（其中花生 2 800.00 万吨、油菜籽 3 500.00 万吨，其他油料 700.00 万吨），2030 年前后需求量则有 7 250 万吨（其中花生 2 900.00 万吨、油菜籽 3 625.00

万吨，其他油料725.00万吨），数量巨大。但这一数量也是切合实际的，一方面每年人均消费是按2016年实际发生的数量确定的，另一方面人口数是经过统计分析确定的。之所以每年人均占有量以50千克为准而不变，是因为我国人均年消费食用油的数量已超过健康要求标准，不宜再增加了。当然，油料需求量中的结构不是固定的，可根据生产和消费变化进行调整。

2. 油料生产量及供给缺口

与粮食相类似，油料生产量也是由油料作物播种面积和单位面积产量共同决定的，而播种面积又是用于油料生产的耕地及复种指数决定的，单位面积产量则是由耕地肥力、品种及栽培技术、人财物力投入决定的。我国耕地面积有限，大部分耕地要用于粮食生产，专门用于油料生产的耕地面积不多。但油料作物中的花生、芝麻在部分地区可在夏收作物收获后种植，油菜籽在长江流域可在水稻收获后种植，在一年两熟地区只占一季耕地，为其扩大播种面积提供了一定空间。在两熟地区种植油料作物（如在长江流域一季水稻产区种植油菜籽）、在黄河流域麦产区种植花生，虽茬口允许、但难度很大。一是耗费人工多，二是收益低，农民不愿接受。我国耕地质量本来就不高，用于油料生产的耕地多为较差类型，对油料作物的生产管理也较粗放，这些原因加在一起，油料作物单位面积产量也不高。由此造成国内油料生产严重不足，供给缺口很大。

2016年我国油料作物播种面积1 413.81万公顷、占农作物播种面积的8.48%，油料总产3 629.50万吨，平均每公顷产量2 567.18千克。其中，花生播种面积472.75万公顷、每公顷产量3 657.30千克、总产1 728.98万吨，油菜籽播种面积733.11万公顷、每公顷产量1 984.10千克、总产1 454.56万吨，其他油料作物播种面积183.75万公顷、每公顷产量2 189.71千克、总产402.36万吨（其中芝麻播种面积40.20万公顷、每公顷产量1 569.30千克、总产63.09万吨，胡麻籽播种面积28.24万公顷、每公顷产量1 426.40千克、总产40.28万吨，向日葵播种面积115.31万公顷、每公顷产量2 592.90千克、总产298.99万吨）。这一年的生产规模大致代表了近年的油料生产水平，将该年油料产量与人口达到14.00亿和14.50亿的需求量相比，大致可估计出国内油料生产量与需求量之间的缺口，比较结果如表32-6所示。

由表30-6可知，如果油料生产保持在2016年的水平，则近年我国每年自产油料的供给缺口就会有3 370.50万吨，而2030年左右每年自产油料的供给缺口会进一步扩大到3 620.50万吨，自给率只有50%左右。虽然今后油料生产不会与2016年相同，但从发展情况看，油料生产变动较为缓慢，不太可能出现大起大落。由此看来，如果今后油料生产没有大的突破，近期我国每年自产油料的供给缺口不会少于3 300万吨，2030年左右每年自产油料的供给缺口不会少于3 600万吨，国内自产油料供给缺口太大，油料安全风险极高。

表 30-6　按 2016 年产量估计的近期及人口峰值期油料供给缺口

单位：万吨/年

项　目	2016 年实际产量	14 亿人时油料供给缺口	14.5 亿人时油料供给缺口
油料合计	3 629.50	3 370.50	3 620.50
其中：花生	1 728.98	1 071.02	1 171.02
油菜籽	1 454.56	2 045.44	2 170.44
其他	445.96	254.04	279.04

3. 油料产量提升及供给缺口缩小

与粮食生产的情况不同，我国油料作物的播种面积有一定的扩大空间，但单位面积产量提高的潜力有限。我国黄淮海及其他"小麦—玉米"一年两熟地区，为调整结构、恢复地力，可减少部分玉米种植面积，增加花生种植面积，增加"小麦—花生"种植模式。我国长江流域的稻田大多只生产一季水稻、冬春休闲，利用这些冬春休闲的稻田种植油菜，不仅可以扩大油菜种植、增加油菜籽产量，而且还有利于改良稻田土壤。我国花生、油菜籽这两种主要油料作物的单位面积产量虽不算高，但已处于生产大国的中上水平，提升的潜力不会太大。当然，从我国已有的品种技术、栽培技术上看，这两种油料作物的单位面积产量还有上升空间。

2016 年我国油料作物单位面积产量代表了近年的一般水平，若仍大致保持这一水平，而扩大油料作物播种面积，使花生种植面积达到 600.00 万公顷，油菜籽种植面积达到 1 000.00 万公顷，其他油料种植面积达到 250.00 万公顷，则油料产量就会明显增加，供给能力显著增强，供给缺口也会随之缩小。播种面积扩大后的油料供给缺口如表 30-7 所示。

表 30-7　油料播种面积扩大的近期及人口峰值期油料供给缺口

项　目	设定油料作物播种面积（万公顷）	2016 年油料作物单产（千克/公顷）	设定面积下的油料总产（万吨/年）	14 亿人时油料供给缺口（万吨/年）	14.5 亿人时油料供给缺口（万吨/年）
油料合计	1 850.00	2 567.18	4 725.91	2 274.09	2 524.09
其中：花生	600.00	3 657.30	2 194.38	605.62	705.62
油菜籽	1 000.00	1 984.10	1 984.10	1 515.90	1 640.90
其他	250.00	2 189.71	547.43	152.57	177.57

由表 30-7 可知，当油料播种面积增加 436.16 万公顷（其中花生播种面积增加 127.25 万公顷，油菜籽播种面积增加 266.89 万公顷，其他油料作物播种面积增加

42.02 万公顷），即使油料作物单产维持在 2016 年的水平，油料产量也有明显增加，使人口达到 14.00 亿和 14.50 亿时的油料供给缺口显著减少。若在扩大油料种植面积时，也促进油料作物的单产提高，使每公顷花生产量达到 4 500.00 千克，每公顷油菜籽产量达到 2 250 千克，每公顷其他油料产量达到 3 000.00 千克，则油料产量将会进一步增长，油料供给缺口会进一步缩小。播种面积扩大及单位面积产量提高的油料供给缺口如表 30-8 所示。

表 30-8　设定油料播种面积和单产的近期及人口峰值期油料供给缺口

项　目	设定油料作物播种面积（万公顷）	设定油料作物单产（千克/公顷）	设定条件下的油料总产（万吨/年）	14 亿人时油料供给缺口（万吨/年）	14.5 亿人时油料供给缺口（万吨/年）
油料合计	1 850.00	3 081.08	5 700.00	1 300.00	1 550.00
其中：花生	600.00	4 500.00	2 700.00	100.00	200.00
油菜籽	1 000.00	2 250.00	2 250.00	1 250.00	1 375.00
其他	250.00	3 000.00	750.00	−50.00	−25.00

由表 30-8 可知，在适当扩大油料作物播种面积和提高油料作物单位面积产量后，油料产量就可大幅增长，油料供给缺口相应大幅下降。而所设定的油料作物播种面积增加不多，且部分还属休闲季利用，不会明显挤占其他农作物播种面积。所设定的油料作物单位面积产量，则是现有品种技术和栽培技术早就超过、不少地区生产已达到或超过的水平。这表明，表 30-8 中油料作物播种面积和单产设定是有客观依据的，是可以达到的。但真要实现这一设定，一是要提高油料生产机械化水平，使其与前茬及后茬作物及时衔接；二是要改良和培肥油料生产用地，提高其产出水平；三是提高油料生产效益，调动油料生产积极性。这几条做到了，不仅设定的面积和单产可以实现，还有可能进一步提高。否则，这些设想就只能是愿望。

三、棉花、麻类及糖料生产与供给安全

棉花、麻类是重要的纺织原料，糖料是制糖原料，都是重要的工业原料。棉花和麻类生产与供给不仅关系到国内居民衣着及其他生活所需，而且还关系到我国纺织品、服装等产品出口，而糖料的生产与供给，则主要关系到国内食糖供给及纸张生产等。棉花、麻类、糖料三类农作物虽只在部分地区种植，播种面积也不大，在种植业中只能算"小宗"作物，但关系到国民经济发展和人民生活，不可或缺。这三类农产品的生产与供给安全，就是相对经济社会发展和人民生活所需，国内生产与供给的保障程度，保障程度越高就越安全，否则便不存在安全性。

1. 棉花、麻类、糖料需求量

棉花、麻类主要用作纺织原料，同时也用于其他领域，其加工产品不仅满足国内人民需要，而且还供应国外市场，其需求量是针对棉麻纺织产业发展而言的，而不只是针对国内需求而言的。糖料主要用于制糖，而食糖可以直接食用，还可以加工食品，用途也很广泛，其需求量则是针对国内需求而言的。这三类农产品如按用途确定需求量是十分困难的，但按近年国内生产量、国外进口量（进口棉花折合为籽棉、进口食糖折合为糖料）确定人均需求量却十分容易，再按全国人口计算需求量就简单了。2016 年我国生产籽棉 529.90 万吨，生产麻类 26.20 万吨，生产糖料 12 340.70万吨，进口籽棉 90.00 万吨（2005 年进口 257.00 万吨）、进口食糖 306.00 万吨，国内生产加上进口大约折合人均占有籽棉 6 千克，人均占有麻类 1 千克，人均占有糖料120 千克。若按这一标准，近期人口达到 14.00 亿、2030 年前后人口达到 14.50 亿时，棉花、麻类、糖料需求量如表 30 - 9 所示。

表 30 - 9　全国近期及人口峰值期棉花、麻类、糖料需求测算

项目	每人平均占有量 [千克/(人·年)]	14 亿人时需求量（万吨/年）	14.50 亿人时需求量（万吨/年）
棉花	6.00	840.00	870.00
麻类	1.00	140.00	145.00
糖料	120.00	16 800.00	17 400.00

由表 30 - 9 可知，即使按 2016 年的人均占有量计算，我国近期籽棉需求量也有840.00 万吨、麻类需求量 140.00 万吨、糖料需求量 16 800.00 万吨，2030 年前后籽棉需求量更达到 870.00 万吨、麻类需求量 145.00 万吨、糖料需求量 17 400.00 万吨，数量巨大。不过这一测算的需求量是切合实际的，一方面人均占有量是以 2016 年实际发生数量为基础的，另一方面我国纺织工业规模巨大、对棉花及麻类需求量大。再者，以 2016 年人均占有量为参照测算近年及 2030 年前后需求量，一方面考虑到我国纺织业规模扩展空间不大，另一方面是考虑到我国居民食糖消费不会有大的增长。

2. 棉花、麻类、糖料生产量及供给缺口

与其他农作物一样，棉花、麻类、糖料生产的产量，是由播种面积和单位面积产量共同决定的，播种面积主要由适宜产地的农业用地结构决定，而单位面积产量则由土地肥力、品种及栽培、人财物力投入决定。我国适宜棉花、糖料生产的地域有限，且粮食生产用地与棉花、糖料生产用地存在竞争，不能用太多耕地种植棉花、麻类、糖料，通过大幅扩大播种面积增加产量不太现实。但我国当前棉花、糖料单位面积产量不高、提高潜力较大，通过提高单产增加产量较为可行。

2016 年我国棉花播种面积 334.47 万公顷、每公顷产量 1 584.40 千克、总产529.90 万吨，麻类播种面积 8.76 万公顷、每公顷产量 2 990.40 千克、总产 26.20 万

吨，糖料播种面积 169.20 万公顷、每公顷产量 72 755.20 千克、总产 12 340.70 万吨。这三种作物的播种面积是 2010 年以来最少的，但单位面积产量是近年较高的，棉花和糖料总产量与一般年份相当，但麻类总产偏低。若今后棉花、麻类、糖料生产仍保持 2016 年的水平不变，则全国人口达到 14 亿和 14.5 亿时，国内棉花、麻类、糖料生产量与需求量之间的缺口如表 30-10 所示。

表 30-10　按 2016 年生产能力估计的近期及人口峰值期棉、麻、糖料供给缺口

项目	2016 年产量（万吨/年）	14 亿人时供给缺口（万吨/年）	14.5 亿人时供给缺口（万吨/年）
棉花（籽棉）	529.90	310.10	340.10
麻类	26.20	113.80	118.80
糖料	12 340.70	4 459.30	5 059.70

由表 30-10 可知，若棉花、麻类、糖料生产今后仍保持在 2016 年的水平，则近期及 2030 年前后我国的这三类农产品都有很大缺口，棉花自给率只有 60% 左右、麻类自给率不足 20%、糖料自给率也只有 75% 左右。如此大的缺口、如此低的自给率，表明其安全风险极高。应当指出的是，我国 2015 年前的棉花播种面积都在 400 万公顷以上，多的年份甚至超过 600 万公顷，麻类面积大的年份曾达 100 万公顷之上，糖料面积大的年份达到 180 万公顷，但由于国外廉价棉花和食糖的冲击，导致国内棉花和糖料生产的减少。这种局面具有一定的不确定性，若国外棉花和食糖价格继续处于低位，就会使我国棉花、糖料生产受到抑制而难以增长，否则才会刺激国内生产发展而降低安全风险。

3. 棉花、麻类、糖料产量提升及供给缺口缩小

我国棉花及糖料播种面积除受耕地面积约束外，更多还是受国外棉花、食糖价格影响。若国内棉花、糖料生产经济效益较好，其播种面积还可以增加。而国内棉花及糖料作物单位面积产量不高、提高潜力较大，麻类作物单位面积产量虽不低、但也还有提高空间。如果能将棉花、麻类、糖料播种面积分别扩大到 400.00 万公顷、20.00 万公顷、180.00 万公顷，将这三类作物平均每公顷产量分别提高到 1 875.00 千克、3 300.00 千克、82 500.00 千克，则在近期及人口峰值期的棉花、麻类、糖料的供给缺口就会有所减少，具体推算结果如表 30-11 所示。

由表 30-11 可知，在播种面积有一定增大，单位面积产量有小幅提高的情况下，棉花、麻类、糖料的产量就有明显增加，在近期及人口峰值期的供给缺口也显著缩小。而表 30-11 中所设定的播种面积是过去年份中较少的，设定的单位面积产量也是不少地方早已实现的，较为切合当前的生产实际。如果考虑已经达到的品种技术和栽培技术，棉花、麻类、糖料每公顷产量有条件分别达到 2 250.00 千克、3 750.00 千克、90 000.00 千克。若以这一单产水平计算，在扩大播种面积后的棉花、麻类、糖料产量会进一步增长，在近期及人口峰值期的供给缺口也会更小，具体推算结果如表30-12表示。

表 30-11　面积扩大、单产提高后的不同时期的棉、麻、糖料供给缺口

项目	设定播种面积（万公顷）	设定单位面积产量（千克/公顷）	设定条件下的总产（万吨/年）	14亿人时的供给缺口（万吨/年）	14.5亿人时的供给缺口（万吨/年）
棉花（籽棉）	400.00	1 875.00	750.00	90.00	120.00
麻类	20.00	3 300.00	66.00	74.00	79.00
糖料	180.00	82 500.00	14 850.00	1 950.00	2 550.00

表 30-12　面积扩大、单产再提高后不同时期的棉、麻、糖料供给缺口

项目	设定播种面积（万公顷）	新设定单位面积产量（千克/公顷）	新设定条件下的总产（万吨/年）	14亿人时的供给缺口（万吨/年）	14.5亿人时的供给缺口（万吨/年）
棉花（籽棉）	400.00	2 250.00	900.00	−60.00	−30.00
麻类	20.00	3 750.00	75.00	65.00	70.00
糖料	180.00	90 000.00	16 200.00	600.00	1 200.00

由表30-12可知，如果对2016年棉花、麻类、糖料播种面积适当扩大，并使其单位面积产量显著提高，则这三类农产品的产量会大幅增长，在近期及人口峰值期的供给缺口也会大幅减小。应当指出的是，表30-12中设定的三类农作物播种面积只比2016年稍有增加、且比过往年份播种面积还有减少，而设定的单位面积产量是现有技术早就可以达到、且在部分产区早已超过的水平，都有其现实依据。这表明，在保持一定播种面积基础上，大幅度提高单位面积产量，才能有效保障棉花、麻类、糖料生产与供给安全。

四、畜产品生产与供给安全

畜产品有肉、奶、蛋、皮、毛等多种，最主要的是肉类、奶类、禽蛋类三大类。在肉类中有猪肉、牛肉、羊肉、禽肉、兔肉等，在奶类中有牛奶、羊奶、驼奶等，在禽蛋类中有鸡蛋、鸭蛋、鹅蛋等。畜产品中的肉类、奶类、禽蛋类是人们的重要食物，皮、毛等是重要工业原料，是人类生存和经济社会发展的重要物质基础，不可或缺。畜产品（主要是肉奶蛋）生产与供给安全，就是相对于人民生活所需和经济社会发展所求，国内畜产品生产与供给的保障程度，保障程度越高就越安全，保障程度越低便越不安全。

1. 肉类、奶类、禽蛋需求量

肉类、奶类、禽蛋可直接食用，也可加工成食品后食用。但人们对这些畜产品的消费，一方面要根据生活需要，另一方面要依据购买能力，并由购买力最终决定实际需求量。对于肉类、奶类、禽蛋的需求量，人们也用"人均占有量"这一指标，按人口数量对其进行推算。"人均占有量"可依据国内近年已达到的水平、国外已达到的水平、经验估计的水平综合决定，人口数量则依据统计和预测数量确定。2016年我国生产肉类8 537.80万吨（其中猪肉5 299.10万吨、牛肉716.80万吨、羊肉459.40万吨、禽肉1 888.20万吨、兔肉86.90万吨），生产奶类3 712.10万吨（其中牛奶3 602.20万吨）、生产禽蛋3 094.90万吨，加上当年进口的猪牛羊肉176.060 3万吨、奶粉75.240 8万吨、乳清50.695 9万吨，2016年我国人均占有肉类63.02千克、奶类30千克左右、禽蛋22.38千克。考虑到人民生活水平提高的需要，将肉奶蛋的人均占有量定为肉类72千克（其中猪肉45千克、禽肉16千克、牛肉6千克、羊肉4千克、兔肉1千克）、奶类36千克、禽蛋24千克较为适宜。按这一标准推算，我国近期及人口峰值期对肉奶蛋的需求量如表30-13所示。

表30-13　全国近期及人口峰值期肉类、奶类、禽蛋需求测算

项　目	每人平均占有量 [千克/（人·年）]	14亿人时总需求量 （万吨/年）	14.5亿人时总需求量 （万吨/年）
肉类合计	72.00	10 080.00	10 440.00
其中：猪肉	45.00	6 300.00	6 525.00
禽肉	16.00	2 240.00	2 320.00
牛肉	6.00	840.00	870.00
羊肉	4.00	560.00	580.00
兔肉	1.00	140.00	145.00
奶类	36.00	5 040.00	5 220.00
禽蛋	24.00	3 360.00	3 480.00

由表30-13可知，在人均占有量比2016年稍高的标准下，全国近期肉类、奶类、禽蛋类需求量也分别有10 080.00万吨、5 040.00万吨、3 360.00万吨，在人口峰值期肉类、奶类、禽蛋需求量也分别有10 440.00万吨、5 220.00万吨、3 480.00万吨，数量十分庞大。但这一需求量的测算标准（人均每月占有肉类6千克、奶类3千克、禽蛋2千克）是不高的，且较为符合人们的食物消费习惯，故测算结果是可信的。当然，要生产出如此大量的肉奶蛋，也对畜牧业发展提出了很高要求。

2. 肉类、奶类、禽蛋生产量及供给缺口

肉类产量由肉畜及肉禽出栏量和单头（只）平均产量决定，奶类产量由奶畜饲

养量及单头平均产量决定，禽蛋产量由蛋禽饲养量和每只平均产蛋量决定。单独增加畜禽饲养、提高单头（只）畜禽产量、或增加畜禽养殖的同时提高单头（只）畜禽产量，都可以增加肉类、奶类、禽蛋产量。增加畜禽饲养量，一是需要增加投资、二是要有足够的饲料，投资较为容易解决，但我国饲料特别是蛋白饲料并不充足，给扩大畜禽养殖带来一定困难。提高畜禽单头（只）产量，一是要有先进养殖技术、二是要有先进养殖设施、三是要有优质专用饲料，我国在这三个方面都还存在差距。总之，无论是增加畜禽养殖，或是提高单头（只）畜禽产量，都还存在一定困难。

2016 年，我国出栏猪 68 502.00 万头、每头产肉 77.40 千克、共生产猪肉 5 299.10 万吨，出栏家禽 123.70 亿只、每只产肉 1.53 千克、共生产禽肉 1 888.20 万吨，出栏肉牛 5 110.00 万头、每头产肉 140.30 千克、共生产牛肉 716.80 万吨，出栏肉羊 30 694.60 万只、每只产肉 15.00 千克、共生产羊肉 459.40 万吨，出栏肉兔 53 688.60 万只、每只产肉 1.62 千克、共生产兔肉 86.90 万吨，共出栏其他大牲畜 426.70 万头、每头产肉 206.00 千克、共生产肉类 87.40 万吨。2016 年肉奶蛋产量在近年为较高水平（比 2015 年稍低），可代表当前实际生产能力，将其与人口达到 14 亿和 14.5 亿的需求量相比，就可大致估计出国内肉奶蛋生产量与需求量之间的缺口，比较结果如表 30-14 所示。

表 30-14　按 2016 年生产能力估算的近期及人口峰值期畜产品供给缺口

项目	2016 年实际产量（万吨/年）	14 亿人时供给缺口（万吨/年）	14.5 亿人时供给缺口（万吨/年）
肉类合计	8 537.80	1 542.20	1 902.20
其中：猪肉	5 299.10	1 000.90	1 225.90
禽肉	1 888.20	351.10	431.80
牛肉	716.80	123.20	153.20
羊肉	459.40	100.60	120.60
兔肉	86.90	53.10	58.10
奶类	3 712.10	1 327.90	1 507.90
禽蛋	3 094.90	265.10	385.10

由表 30-14 可知，若保持 2016 年的生产水平，则近期我国肉类、奶类、禽蛋缺口分别有 1 542.20 万吨、1 327.90 万吨、265.10 万吨，人口峰值期这三类畜产品的供给缺口还会分别达到 1 902.20 万吨、1 507.90 万吨、385.10 万吨，缺口不小。虽然今后的肉类、奶类、禽蛋生产可能与 2016 年不同，但要填补如此巨大的供给缺口也绝非易事，其生产和供给安全存在较大风险。

3. 肉类、奶类、禽蛋产量增长及供给缺口缩小

从理论上讲，肉类、奶类、禽蛋产量的增长，可以通过增加饲养和出栏量、提高单头（只）畜禽产量、或同时增加出栏量和单产加以实现。可是在实际上，当饲养量和出栏量已经达到很大规模，再靠进一步扩大规模增加畜产品产量，不仅不可持续，而且付出的代价很大。只有在提高畜禽单头（只）产量上下功夫，使其显著提高，并由此促畜禽产品产量增长才是理性选择。

我国 2016 年出栏的猪、家禽、牛和其他大牲畜、羊、兔数量十分巨大，奶牛存栏也有 1 425.30 万头，蛋禽存栏虽无统计，但根据每只年均产蛋 17.26 千克推算约有 17.56 亿只。出栏和饲养这些畜禽，已经造成了极大的饲料供给和生态环保压力，如果再从数量增加既不可行也不经济。肉畜及肉禽和肉兔、奶牛、蛋禽出栏和饲养量虽大，但单头（只）产量不高，提高潜力很大，如将单头（只）产量明显提高，则肉类、奶类、禽蛋产量会大幅增长，供给缺口也会显著减少。当每头出栏猪、牛、羊的产肉量分别提高到 90 千克、180 千克、20 千克，每头出栏其他大牲畜产肉量提高到 250 千克，每只出栏肉禽和肉兔的产肉量分别提高到 1.80 千克、2.00 千克，每头存栏奶牛年平均产奶提高到 3 000 千克，每只蛋鸡年产蛋提高到 19.00 千克，在保持 2016 年畜禽出栏量和饲养量不变的情况下，肉类、奶类、禽蛋产量也会显著增加，供给缺口也会明显减少，其推算结果如表 30 - 15 所示。

表 30 - 15　单头（只）畜禽产量提高后的近期及人口峰值期畜产品供给缺口

项目	2016 年畜禽出栏量、饲养量（万头、亿只）	设定畜禽单头（只）产量[千克/头（只）]	设定单产下畜产品产量（万吨/年）	14 亿人时供给缺口（万吨/年）	14.5 亿人时供给缺口（万吨/年）
肉类合计			10 139.53	−59.53	300.47
其中：猪肉	68 502.00	90.00	6 165.18	134.82	359.82
禽肉	123.70	1.80	2 226.60	13.40	93.40
牛肉	5 110.00	180.00	919.80	−79.80	−49.80
羊肉	30 964.60	20.00	613.89	−53.89	−33.89
兔肉	53 688.60	2.00	107.38	32.26	37.62
奶类	1 425.30	3 000.00	4 275.90	764.10	944.10
禽蛋	17.56	19.00	3 336.40	23.60	143.60

由表 30 - 15 可知，只要出栏畜禽单头（只）产量，奶牛年均产奶量，蛋禽年均产蛋量有一定提高，即使保持 2016 年养殖规模不变，也会使肉类、奶类、禽蛋产量显著增加，使近期及人口峰值期的供给缺口大幅减少。虽猪肉、禽肉、兔肉还有缺口，但牛肉、羊肉有多余可以弥补，且肉牛、肉羊单头产量还有较大提高潜力。虽奶类缺口较大，但若将每头存栏奶牛年均产奶量提高到 3 500 千克，则缺口就会很小。

这表明，提高畜禽单头（只）产量是增加肉奶蛋产量、缩小供给缺口、增强生产及供给安全的主要途径。

五、林产品生产与供给安全

通常所指林产品主要包括板栗、竹笋干、油茶籽、核桃、橡胶、生漆、油桐籽、乌桕子、五倍子、棕片、松脂、紫胶等多种，为了分析方便也将木材、竹材纳入其中。因为有些产品生产量很少，用途也不普遍，不便纳入分析范围，故林产品主要包括板栗、核桃、油茶籽、竹笋干、油桐籽、橡胶、松脂、木材、竹材九大类。板栗、核桃、竹笋干是重要食材，核桃、油茶籽是食用植物油料，油桐籽、橡胶、松脂是工业原料，木材和竹材是重要生产及生活资料，对人民生活和经济社会发展具有重要作用。林产品生产与供给安全，就是相对于人民生活及经济社会发展的需要，国内林产品生产与供给的可满足程度，满足程度越高就越安全，否则就越不安全。

1. 林产品需求量

林产品种类多，用途广，有的用于人民生活，有的用于经济社会发展，不便按具体用途测算需求量。但林产品的使用都与人们生产、生活相关，可依据"人均占有量"和"人口数量"进行粗略估计。"人均占有量"可依据惯常经验确定，也可按近年的实际标准确定，还可按经济社会发展目标确定。"人口数量"则依据人口统计和人口预测数确定，如近期全国人口为14亿，峰值期（2030年前后）人口为14.5亿左右。确定了"人均占有量"和"人口数量"，就可推算出林产品需求量。

2016年我国生产板栗228.92万吨、核桃364.52万吨、油茶籽216.40万吨、竹笋干77.07万吨、油桐籽40.90万吨、橡胶81.60万吨、松脂132.90万吨、木材7 776.00万立方米、竹材25.06亿根，进口橡胶250.00万吨、木材8 023万立方米（原木4 872.00万立方米、锯材3 151.00万立方米）。根据人们对干果、高品质植物油、天然食品的需求，经济社会发展对原材料的需要，以及2016年对某些林产品的实际消费，设定人均占有板栗5.00千克、核桃16.00千克、油茶籽10.00千克、竹笋干1.00千克、油桐籽0.50千克、橡胶2.50千克、松脂1.00千克、木材0.12立方米、竹材3根较为适宜。若以此为标准推算，我国近期和人口峰值期的主要林产品需求量如表30-16所示。

由表30-16可知，无论在近期或人口峰值期，对主要林产品的需求量都很大，特别是对板栗、核桃、油茶籽的需求量巨大。这一方面是因为板栗是人们喜爱的干果，也是优质特色食材，人们需求日益增加。另一方面是因为核桃、油茶籽是重要木本油料，可以为人们提供优质食用植物油，减少我国对进口植物油及油料的依赖。

表 30-16　全国近期及人口峰值期主要林产品需求量

项目	年人均占有量 （千克、立方米、根）	14亿人时年需求量 （万吨、万立方米、亿根）	14.5亿人时年需求量 （万吨、万立方米、亿根）
板栗	5.00	700.00	725.00
核桃	16.00	2 240.00	2 320.00
油茶籽	10.00	1 400.00	1 450.00
竹笋干	1.00	140.00	145.00
油桐籽	0.50	70.00	72.50
橡胶	2.50	350.00	362.50
松脂	1.00	140.00	145.00
木材	0.12（立方米）	16 800.00（万立方米）	17 400.00（万立方米）
竹材	3.00（根）	42.00（亿根）	43.50（亿根）

2. 林产品生产量及供给缺口

林产品的生产量也由种植面积和单位面积产量决定，只不过有些产品的种植面积已经确定，其产量主要由单位面积产量决定，有些产品的种植面积还有变动空间，其产量就由种植面积和单位面积产量共同决定。我国林地面积巨大、类型多样、地域分布广泛，各种林产品生产用地可以在内部调整，只是有些产品的生产受地域限制大，只能在局域调整。在九类主要林产品中，板栗和核桃适生范围很广、南方和北方都有分布，油茶籽适生于长江流域及以南的酸性土壤，出产笋干和竹材的竹林只在江南地区广布，油桐籽主要分布在长江中上游地区，橡胶只宜在海南、云南南部的热带地区生产，有松林的地区就有松脂生产，而松树全国各地都有分布。目前，除橡胶林较为稳定之外，生态林、用材林、经济林都还在发展，不同林产品生产的种植面积和单位面积产量也处在变动之中。

2016年只有林产品的产量统计，而没有不同林产品生产的种植面积和单位面积产量的数据，不便对林产品生产做详细分析。但从林产品的产量看目前的生产水平还很低，远远不能满足人民生活和经济社会发展的需要，供给缺口很大。表 30-17 是根据 2016 年产出水平测定的近期及人口峰值期林产品供给的缺口。

表 30-17　按 2016 年产量估算的近期及人口峰值期林产品供给缺口

项目	单位	2016 年实际产量	人口 14 亿时年供给缺口	人口 14.5 亿时年供给缺口
板栗	万吨	228.92	471.08	496.08
核桃	万吨	364.52	1 875.48	1 955.48
油茶籽	万吨	216.40	1 183.60	1 233.60
竹笋干	万吨	77.07	62.93	67.93

（续）

项目	单位	2016年实际产量	人口14亿时年供给缺口	人口14.5亿时年供给缺口
油桐籽	万吨	40.90	29.10	31.60
橡胶	万吨	81.60	268.40	280.90
松脂	万吨	132.90	7.10	12.10
木材	万立方米	7 776.00	9 024.00	9 624.00
竹材	亿根	25.06	16.94	18.44

由表 30-17 可知，以 2016 年的产量计算，无论是近期或人口峰值期（2030 年前后），林产品的供给缺口都非常大。核桃和油茶籽的供给缺口是 2016 年产量的 5 倍以上，板栗的供给缺口是 2016 年产量的 2 倍以上，橡胶的供给缺口是 2016 年产量的 3 倍以上，木材的供给缺口是 2016 年产量的 1 倍以上，其他林产品也有多少不等的供给缺口。这表明我国林产品生产能力和供给能力严重不足，存在严重的安全缺陷。

3. 林产品产量增长及供给缺口缩小

对于一般的农产品，增加产量可以通过扩大种植面积、提高单位面积产量或二者兼有而实现。但要增加林产品产量，则会因不同产品而有所区别。首先是橡胶，因可种植的地区均已种植，面积不可能扩大，单位面积产量虽还有一定提高潜力，但因生产能力终究有限，供给缺口只能有限缩小。其次是木材、竹材、竹笋干、松脂，虽然目前生产量不足，但多年来的造林和森林抚育，我国成熟林逐渐增多，随着时间推移，这几种林产品产量会逐年增加，供给缺口容易缩小。再次是板栗、核桃、油茶籽、油桐籽，过去长期零星种植，不加管理，处于半野生状态，只是近些年才成片种植（板栗较早）、幼林较多，加之品种和栽培技术不配套，单位面积产量不高，要增加其产量需要从扩大种植面积和提高单位面积产量入手。

由于幼林较多，加之管理粗放，技术不配套，使当前板栗、核桃、油茶籽、油桐籽单位面积产量很低，据估计每公顷产量分别只有 1 500.00 千克、600.00 千克、450.00 千克、750.00 千克左右。依据 2016 年这几种林产品产量推算，该年板栗、核桃、油茶籽、油桐籽的种植面积大致分别是 150.00 万公顷、600.00 万公顷、450.00 万公顷、50.00 万公顷。按国家木本油料和木本粮食发展规划，核桃、油茶籽、油桐籽、板栗种植面积可分别扩大到 800.00 万公顷、600.00 万公顷、60.00 万公顷、250.00 万公顷。根据现有技术，只要选用适宜品种，提高建园种植质量、加强管理，每公顷核桃、油茶籽、油桐籽、板栗的产量可分别达到 3 000.00 千克、2 250.00 千克、1 500.00 千克、3 000.00 千克。若按设想的种植面积和可达到的单位面积产量推算，这 4 种重要林产品的生产能力及供给缺口如表 30-18 所示。

表 30 - 18　设定面积和单产条件下的 4 种林产品产量及供给缺口

项目	设定种植面积 （万公顷）	设定单位 面积产量 （千克/公顷）	设定条件下 的总产量 （万吨/年）	14 亿人时 的供给缺口 （万吨/年）	14.5 亿人时 的供给缺口 （万吨/年）
板栗	250.00	3 000.00	750.00	−50.00	−25.00
核桃	800.00	3 000.00	2 400.00	−160.00	−80.00
油茶籽	600.00	2 250.00	1 350.00	50.00	100.00
油桐籽	60.00	1 500.00	90.00	−20.00	−17.50

由表 30 - 18 可知，如果板栗、核桃、油茶籽、油桐籽种植面积扩大到设定水平，单位面积产量达到较高水平，则 4 种林产品产量就能大幅增加，供给缺口也能基本消除，重要林产品生产和供给安全也有充分保障。事实上，近年这 4 种林产品的生产发展很快，不少南方和北方山区县大力发展核桃、板栗，一些南方山区县大力发展油茶籽，部分县发展油桐籽，预计到 2020 年左右，设定的种植面积就可达到。表 30 - 18 中设定的单位面积产量，也是近年已经可以达到的中等产量，只要品种选择合理、技术措施落实、管理及时到位，达到这一产量水平也不困难。应当特别指出，搞好这 4 种林产品生产与供给，其经济意义十分巨大，一是增加了 750.00 万吨木本粮食，可减轻大田粮食生产压力；二是增加了 3 750.00 万吨木本油料，可生产核桃油 600.00 万吨和茶籽油 270.00 万吨，可显著减轻大田油料作物生产压力，还可保证食用植物油自给；三是可提供核桃饼粕 600.00 万吨、茶籽饼粕 270.00 万吨，用作蛋白饲料，减少大豆进口，实现一举多得。

参 考 文 献

韩长赋，2019. 新中国农业发展 70 年：政策成就卷［M］. 北京：中国农业出版社.

韩长赋，2019. 新中国农业发展 70 年：科学技术卷［M］. 北京：中国农业出版社.

李翠霞，吕新业，2018. 推进供给侧改革　加快现代农业发展［M］. 北京：中国农业出版社.

李崇光，吕新业，青平，2016. 适应经济发展新常态　加快现代农业发展［M］. 北京：中国农业出版社.

吕火明，李晓，吕新业，2015. 粮食安全　科技创新与现代农业［M］. 北京：中国农业科技出版社.

尹成杰，2014. 制度创新与农业现代化、新型镇城化［M］. 北京：中国农业出版社.

乔瓦尼·费德里科，2011. 养活世界——农业经济史（1800—2000）［M］. 何秀荣，译. 北京：中国农业大学出版社.

宋洪远，2009. 农村改革三十年［M］. 北京：中国农业出版社.

段应碧，2006. 农村发展与制度创新［M］. 北京：中国农业出版社.

杨雍哲，2003. 论提高农产品国际竞争力［M］. 北京：中国农业出版社.

农业部发展计划司，2003. 农业结构战略性调整：理论、政策与实践［M］. 北京：中国农业出版社.

温思美，罗必良，2003. 技术、制度与发展［M］. 北京：中国数字化出版社.

农业部软科学委员会课题组，2002. 加入世贸组织与中国农业［M］. 北京：中国农业出版社.

农业部软科学委员会办公室，2001. 粮食安全问题［M］. 北京：中国农业出版社.

农业部软科学委员会办公室，2001. 农业发展战略与产业政策［M］. 北京：中国农业出版社.

刘江，2001. 中国可持续发展战略研究［M］. 北京：中国农业出版社.

中华人民共和国农业部，1999. 中国农业五十年［M］. 北京：中国农业出版社.

关锐捷，1999. 半个世纪的中国农业［M］. 北京：南方日报出版社.

中华人民共和国农业部，1995—2019. 中国农业发展报告（历年）［M］. 北京：中国农业出版社.

中国工程院农业、轻纺与环境工程学部，2003. 中国区域发展战略与工程科技咨询研究［M］. 北京：中国农业出版社.

刘江，2003. 21 世纪初中国农业发展战略［M］. 北京：中国农业出版社.

王纲，钱龙，2019. 新中国成立 70 年来的粮食安全战略：演变路径和内在逻辑［J］. 中国农村经济（9）.

杨子，饶芳萍，诸培新，2019. 农业社会化服务对土地规模经济的影响［J］. 中国农村经济（3）.

魏后凯，2019. 当前"三农"研究的十大前沿前课题［J］. 中国农村经济（4）.

郭海红，2019. 改革开放四十年的农业科技体制改革［J］. 农业经济问题（1）.

孙东升，孔凡丕，陈学渊，2019. 小农户与现代农业衔接的经验、启示与建议［J］. 农业经济问题（4）.

高秀海，王明利，石自忠，倪印锋，2019. 中国牧草产业发展的历史演进　现实约束与战略选择［J］.

农业经济问题（5）.

陈克恭，师安隆，2019. 戈壁农业是生态文明背景下的农业革命探索［J］. 农业经济问题（5）.

万宝瑞，2019. 我国农业三产融合沿革及其现实意义［J］. 农业经济问题（8）.

冀名锋，2018. 农业生产服务业：我国农业现代化历史上的第三次功能［J］. 农业经济问题（3）.

辛翔飞，孙致陆，王济民，张怡，2018. 国内外粮价倒挂带来的挑战、机遇及对策建议［J］. 农业经济
    问题（3）.

叶兴庆，2018. 我国农业经营体制的 40 年演变与未来走向［J］. 农业经济问题（6）.

郭庆海，2018. 小农户：属性、类型、经营状态与现代农业衔接［J］. 农业经济问题（6）.

张广胜，田洲宇，2018. 改革开放四十年中国农村劳动力流动变迁、贡献与展望［J］. 农业经济问题
    （7）.

王明利，2018. 改革开放四十年我国畜牧业发展：成就、经验及未来趋势［J］. 农业经济问题（8）.

魏后凯，2017. 中国农业发展的结构性矛盾及其政策转型［J］. 中国农村经济（7）.

李国祥，2017. 论中国农业发展动能转换［J］. 中国农村经济（7）.

张占仓，2017. 中国农业供给侧改革的若干战略思考［J］. 中国农村经济（10）.

罗浩轩，2017. 中国区域农业要素禀赋结构变迁的逻辑和趋势分析［J］. 中国农村经济（3）.

翁鸣，2017. 中国农业转型升级与现代农业发展［J］. 中国农村经济（4）.

罗明忠，林家宝，张奕婧，2017. 制度创新与农业发展［J］. 中国农村经济（11）.

汤敏，2017. 中国农业补贴政策调整优化研究［J］. 农业经济问题（12）.

罗翔，张略，朱媛媛，2016. 基于耕地压力指数的中国粮食安全［J］. 中国农村经济（3）.

付明辉，祁春节，2016. 要素禀赋、技术进步偏向和农业全要素生产率增长［J］. 中国农村经济（12）.

肖卫东，梁春梅，2016. 农村土地"三权分置"的内涵、基本要义及权利关系［J］. 中国农村经济
    （11）.

陈锡文，2016. 落实发展新理念　破解农业新难题［J］. 农业经济问题（3）.

李靖，张正尧，毛翔飞，张汝南，2016. 我国农业生产力布局评价及优化建议——基于资源环境承载力
    的分析［J］. 农业经济问题（3）.

万宝瑞，2016. 加快提高我国农业竞争力的思考［J］. 农业经济问题（4）.

薛亮，2016. 当前农业创新发展的几个问题［J］. 农业经济问题（5）.

姜长云，2016. 关于发展农业生产服务业的思考［J］. 农业经济问题（5）.

赵亮，2016. 城市化进程中农业生产结构调整及发展方向［J］. 中国农业资源与区划（1）.

张红宇，张海阳，李伟毅，李冠佑，2015. 中国特色农业现代化：目标定位与改革创新［J］. 中国农村
    经济（1）.

李谷成，2015. 资本深化、人地比例与中国农业生产率增长［J］. 中国农村经济（1）.

李文明，罗丹，陈洁，谢颜，2015. 农业适度规模经营：规模效益、产出水平与生产成本［J］. 中国农
    村经济（3）.

张军，2015. 农业发展的第三次浪潮［J］. 中国农村经济（3）.

王向辉，2015. 新阶段中国粮食安全问题探讨［J］. 中国农村经济（7）.

张红宇，2015. 农业产业化：新形势、新任务和发展取向［J］. 农村经济管理（9）.

冒佩华，徐骥，2015. 农地制度、土地经营权流转与农民收入增长［J］. 管理世界（5）.

朱晓峰，2013. 新阶段我国农业发展的特征、问题与对策 [J]. 学术界 (6).

吴毅，陈颀，2015. 农地制度变革的路径、空间与界限 [J]. 社会学研究 (5).

李国祥，2015. 我国农业支持制度改革创新探讨 [J]. 新视野 (5).

秦中春，2015. 国外农产品目标价格制度的分析与借鉴 [J]. 区域经济评论 (3).

罗明忠，刘恺，2015. 农业生产的专业化与横向分工：比较与分析 [J]. 财贸研究 (2).

陈晓华，2015. 正确认识和把握国家粮食安全新战略 [J]. 农业经济问题 (1).

冯海发，2015. 农业补贴制度改革的思路与措施 [J]. 农业经济问题 (3).

张震，刘学瑜，2015. 我国设施农业发展现状与对策 [J]. 农业经济问题 (5).

周曙东，赵明正，陈康，肖宵，2015. 世界主要粮食出口国的粮食生产潜力分析 [J]. 农业经济问题 (6).

谢杰，李鹏，2015. 中国农业现代化进程直接影响因素与空间溢出效益 [J]. 农业经济问题 (8).

王银海，刘丹丹，2015. 我国财政农业支出效率评价 [J]. 农业经济问题 (8).

叶贞琴，2015. 新形势下我国农业管理改革研究 [J]. 农业经济问题 (9).

米黎钟，郭元晓，2015. 现代农业生产组织模式解构 [J]. 农业经济问题 (9).

蒋黎，朱福守，2015. 我国主产区粮食生产现状与政策建议 [J]. 农业经济问题 (12).

丁声俊，2014. 对建立农产品目标价格制度的探讨 [J]. 价格理论与实践 (8).

高强，孔祥智，2014. 中国农业结构调整的总体估价与趋势判断 [J]. 改革 (11).

肖卫东，2013. 中国农业生产地区专业化的特征及变化趋势 [J]. 经济地理 (9).

胡德胜，2013. 培育多元经营主体　构建新型农业经营体系 [J]. 农业经济与管理 (1).

张攀峰，杜辉，2011. 中国农业支持制度的历史变迁　发展回顾与规律辨析 [J]. 理论探讨 (3).

张晓山，2006. 创新农业基本经营制度　发展现代农业 [J]. 农业经济问题 (8).

陈锡文（专访），2015. 中国农业农村发展面临的新形势新任务 [N]. 中国农村金融，2015 - 02 - 01.